Daphne-Ariane Simotta (Hrsg.)

Der Zivilprozess zu Beginn des 21. Jahrhunderts

Vergangenheit, Gegenwart und Perspektiven

Festschrift für Wolfgang Jelinek zum 60. Geburtstag

Der Zivilprozess
zu Beginn des 21. Jahrhunderts

Vergangenheit, Gegenwart und Perspektiven

Festschrift für Wolfgang Jelinek
zum 60. Geburtstag

herausgegeben von
O. Univ.-Prof. MMag. Dr. Daphne-Ariane Simotta

LexisNexis
ARD Orac

Wien 2002

Leben des Jubilars

Wolfgang Jelinek feiert am 27. Juni seinen 60. Geburtstag. Diese Gelegenheit soll wahrgenommen werden, um den Jubilar mit einer Festschrift zu ehren.

Wolfgang Jelinek wurde 1942 in Wien als Sohn des Staatsanwaltes und späteren Rechtsanwaltes *Dr. Josef Jelinek* und seiner Ehefrau *Else* geboren. Die „Juristerei" wurde ihm damit gleichsam in die Wiege gelegt.

Die Kriegsjahre verbrachte *Wolfgang Jelinek* mit seiner Mutter in Osttirol, die Jugend erlebte er in Wien. Zahlreiche Opern- und Museumsbesuche mit seinen Eltern legten schon damals den Grundstein für seine Liebe zur Musik und Kunst.

Wolfgang Jelinek besuchte zunächst die Volksschule in der Sechskrügelgasse und dann das Humanistische Gymnasium in der Kundmanngasse, wo er am 18. Juni 1960 die Reifeprüfung mit Auszeichnung ablegte.

1960 begann *Wolfgang Jelinek* sein Jusstudium an der Rechts- und Staatswissenschaftlichen Fakultät der Universität Wien. Er legte die juristischen Staatsprüfungen in sämtlichen Fächern mit Auszeichnung ab. Beim staatswissenschaftlichen und beim rechtshistorischen Rigorosum erhielt er eine „mehrstimmige Auszeichnung", beim judiziellen Rigorosum – leider auf Grund einer Verwechslung – „einstimmig gut". Am 10. Dezember 1964 promovierte *Wolfgang Jelinek* zum Doktor der Rechte.

Nach seiner Promotion war *Wolfgang Jelinek* zunächst als Rechtspraktikant am Handelsgericht Wien tätig, kehrte aber bereits nach zwei Monaten an die Universität zurück: Am 1. März 1965 wurde er zum Hochschulassistenten an der Lehrkanzel für Zivilgerichtliches Verfahren an der juridischen Fakultät der Universität Wien bei Herrn o.Univ.-Prof. *DDr. Hans W. Fasching* bestellt.

Während seiner Zeit als Assistent bzw später als Dozent an der Universität Wien hielt *Wolfgang Jelinek* als Lehrbeauftragter zunächst Repetitorien aus Zivilgerichtlichem Verfahren ab. Die Herausgeberin hat noch heute ein Zeugnis des Jubilars aus dem Wintersemester 1966/67. Ab dem Sommersemester 1967 umfaßte seine Lehrtätigkeit auch Pflichtübungen. Im Sommersemester 1972 begann *Wolfgang Jelinek* mit Vorlesungen über die besonderen Verfahrensarten. Ab dem Wintersemester 1975/76 waren diese mit – den auch heute noch sehr beliebten – praktischen Übungen an Hand von ihm erarbeiteter Musterakten verbunden.

Neben seiner Lehrtätigkeit betreute *Wolfgang Jelinek* insbesondere auch die Drucklegung des III. und IV. Bandes des von seinem Lehrer, Herrn o.Univ.-Prof. *DDr. Hans W. Fasching*, verfaßten Kommentars zu den Zivilprozeßgesetzen.

Ab dem Wintersemester 1970/71 war *Wolfgang Jelinek* zunächst Prüfungskommissionär der judiziellen Staatsprüfungskommission; ab dem Wintersemester 1971/72 auch für das judizielle Rigorosum.

Am 17. Jänner 1972 wurde *Wolfgang Jelinek* die Lehrbefugnis als Universitätsdozent für Zivilgerichtliches Verfahren verliehen. Das Thema seiner Habilitationsschrift lautete: „Zwangsweise Erwirkung von Unterlassungen." Die

Wahl seines Themas für den Probevortrag – „Der Stimmenkauf im Kridarecht" – lässt schon seine besondere Vorliebe für das Insolvenzrecht erkennen.

Mit 31. März 1973 endete *Wolfgang Jelinek*s dienstrechtliche Stellung als Oberassistent an der Universität Wien. Dennoch blieb er der Universität verbunden. Trotz anderweitiger Berufstätigkeit hielt er weiterhin Lehrveranstaltungen ab und war auch als Prüfer tätig.

Schon vor seinem Ausscheiden als Universitätsassistent setzte *Wolfgang Jelinek* ab November 1972 seine Gerichtspraxis fort, wobei er in Zivil- und Strafsachen – hier vor allem bei der Staatsanwaltschaft Wien – eingesetzt wurde. Mit 1. Mai 1973 wurde er zum Richteramtsanwärter ernannt. Die Richteramtsprüfung legte er am 19. Juli 1973 mit Auszeichnung in allen Prüfungsfächern ab. Bereits am 1. August 1973, also nach bloß dreimonatiger Zeit als Richteramtsanwärter, wurde *Wolfgang Jelinek* zum Richter beim Oberlandesgericht Wien in der Standesgruppe 1 („Sprengelrichter") mit Zuteilung zum BG Floridsdorf ernannt. Mit 1. Jänner 1974 erfolgte seine Ernennung zum Richter des BG Floridsdorf in der Standesgruppe 2, dh zum Landesgerichtsrat. Als erkennender Richter in erster Instanz war er hauptsächlich in allgemeinen Streitsachen, Vaterschaftssachen sowie Exekutionssachen (Liegenschaftsexekutionen) tätig.

Kurz nach seiner Ernennung zum Landesgerichtsrat, nämlich mit 1. Juli 1974, wurde *Wolfgang Jelinek* dem Evidenzbüro des Obersten Gerichtshofs zugeteilt und mit 1. Jänner 1975 zum Richter im Evidenzbüro des OGH ernannt. Vom 7. Oktober 1975 bis 31. Dezember 1977 war er darüber hinaus Senatsvorsitzender der Bundesentschädigungskommission (§ 21 Abs 1 Besatzungsschädengesetz, BGBl 1958/126 iVm § 35 Satz 2 Entschädigungsgesetz CSSR, BGBl 1975/452) und vom 15. Juli 1976 bis 31. Dezember 1977 Stellvertreter des Vorsitzenden des Kartellgerichts beim Oberlandesgericht Wien. Zu erwähnen ist auch seine Tätigkeit in der Justizverwaltung als stellvertretender Präsidialrichter.

Mit Wirkung vom 8. Juni 1976 wurde *Wolfgang Jelinek* der Abteilung I 5, der vor allem für das Zivilprozess-, Exekutions- und Insolvenzrecht zuständigen Legislativabteilung des Bundesministeriums für Justiz zugeteilt. Der Kontakt zum Bundesministerium für Justiz bestand aber schon vorher. *Wolfgang Jelinek* war nämlich bereits seit 1972 Mitglied der Arbeitsgruppe „Zivilprozeß" im BMJ. Mit 1. Jänner 1976 wurde *Wolfgang Jelinek* in den Ministerialdienst übernommen. Er wurde auf die Planstelle der Dienstklasse VI des Höheren Dienstes im Bundesministerium für Justiz, dh zum „Rat", ernannt.

Während seiner Zeit im Bundesministerium für Justiz betreute *Wolfgang Jelinek* vor allem das Konkurs-, Ausgleichs- und Anfechtungsrecht sowie das Zivilprozessrecht. Er leistete dabei insbesondere wichtige Vorarbeiten für das IRÄG 1982. Darüber hinaus erstellte er Entwurfsarbeiten auf dem Gebiet des Rechtsmittelverfahrens nach der Zivilprozessordnung sowie solche zur Erleichterung des Zugangs zu Gericht. *Wolfgang Jelinek* wirkte aber auch auf den verfahrensrechtlich relevanten Gebieten der Familienrechtsreform, nämlich beim KindRÄG 1977 und dem EheRÄG 1978 mit.

Seine – nach wie vor bestehende – Leidenschaft für die Rechtspolitik führte dazu, dass ihm für die über seine Ministerialzeit hinaus andauernde Mitarbeit am IRÄG 1982 das Große Ehrenzeichen für Verdienste um die Republik Österreich verliehen wurde.

Mit 1. Oktober 1978 wurde *Wolfgang Jelinek* zum Ordentlichen Universitätsprofessor für Zivilgerichtliches Verfahren, Internationales Zivilprozessrecht und Agrarrecht an der Universität Graz ernannt. Seither ist er Vorstand des Institutes für Österreichisches und Internationales Zivilgerichtliches Verfahren, Insolvenzrecht und Agrarrecht, Mitglied des Fakultätskollegiums, sowie der Budget- und Personalkommission. Darüber hinaus ist er seit 1986 Mitglied der Studienkommission. In der Zeit vom 28. April 1986 bis 30. September 1999 war er außerdem Vorsitzender der Leistungsstipendienkommission.

Wer *Wolfgang Jelinek* näher kennt, weiß, dass sein Interesse nicht ausschließlich der Jurisprudenz gilt. Er geht sehr gerne ins Theater und ist ein regelmäßiger Opernbesucher. Nicht unbekannt ist auch seine Reiseleidenschaft, die sich insbesondere darin zeigt, dass er für seine Freunde und für seine StudentInnen häufig Reisen organisiert.

Einen ganz besonderen Stellenwert nimmt aber seine Familie ein. Er ist, wie er sich selbst gerne bezeichnet, ein „Familienmensch". Ich möchte ihm daher im eigenen Namen, sowie im Namen seiner SchülerInnen, aller AutorInnen und MitarbeiterInnen an dieser Festschrift, wünschen, dass er noch viele Jahre gesund und glücklich im Kreise seiner Familie verbringen möge.

Daphne-Ariane Simotta

ISBN 3-7007-2211-7

LexisNexis Verlag ARD ORAC GmbH & Co KG, Wien
http://www.lexisnexis.at
Best.-Nr. 31.78.00

Foto Prof. Jelinek: Foto Fischer, Herrengasse 7, 8010 Graz
Hersteller: Druckerei Robitschek & Co. Ges.m.b.H., Wien

Vorwort

An dieser Stelle möchte die Herausgeberin allen jenen Personen und Institutionen danken, die zum Gelingen dieser Festschrift beigetragen haben:

Als erstes den Autorinnen und Autoren, die dem Jubilar wissenschaftliche Arbeiten gewidmet haben;

jenen umseitig genannten Personen und Institutionen, die durch großzügige Förderungen das Erscheinen dieser Festschrift möglich gemacht haben;

den Mitgliedern des Institutes für Österreichisches und Internationales Zivilgerichtliches Verfahren, Insolvenzrecht und Agrarrecht an der Karl-Franzens Universität Graz, ohne deren mannigfaltige Mithilfe ich die Festschrift nicht hätte herausgeben können. Mein besonderer Dank gilt dabei Frau Univ.-Ass. Mag. Elisabeth Fischer und Frau Univ.-Ass. Mag. Sylvia Zangl, deren unermüdlicher Einsatz ganz entscheidend zum Gelingen und zum rechtzeitigen Erscheinen der Festschrift beigetragen hat.

Nicht zuletzt sei dem Verlag LexisNexis ARD ORAC herzlich dafür gedankt, dass er die Festschrift rechtzeitig und in einer so gediegenen Ausstattung herausgebracht hat. Besonders möchte ich mich dabei bei Herrn Mag. Michael Schachner bedanken.

Daphne-Ariane Simotta

Für Subventionen, die das Erscheinen dieses Werkes ermöglichten, dankt die Herausgeberin sehr herzlich folgenden Institutionen und Personen:

Dr. Erwin BAJC, Rechtsanwalt (Bruck/Mur)

BAWAG – Bank für Arbeit und Wirtschaft (Wien)

Dr. Wolfgang BERGER & AO. Univ. Prof. Dr. Josef AICHELREITER, Rechtsanwälte (Salzburg)

BM:BWK – Bundesministerium für Bildung, Wissenschaft und Kultur (Wien)

DREXEL, WEIRER, SCHAAR, Rechtsanwälte (Graz)

EISENBERGER, HERZOG, NIERHAUS, FORCHER & PARTNER, Rechtsanwälte (Graz)

FINK & BERNHART, Rechtsanwälte (Klagenfurt)

Dr. Wolfgang GEWOLF & Dr. Gernot MURKO, Rechtsanwälte (Klagenfurt)

GRADISCHNIG & GRADISCHNIG, Rechtsanwälte (Villach)

Stadt GRAZ, Kulturamt

GRAZER WECHSELSEITIGE – Versicherung Aktiengesellschaft (Graz)

Mag. Markus GREGORCIC, Rechtsanwaltsanwärter (Graz/Wien)

HYPO – BILDUNG im Verband der österreichischen Landes-Hypothekenbanken (Wien)

KAAN, CRONENBERG & PARTNER, Rechtsanwälte (Graz)

NOTARIATSKAMMER für STEIERMARK (Graz)

OESTERREICHISCHE NATIONALBANK (Wien)

RECHTSANWALTSKAMMER für KÄRNTEN (Klagenfurt)

Dr. Axel RECKENZAUN, Rechtsanwalt (Graz)

ANDREAS REINER & PARTNER, Rechtsanwälte (Wien)

SCHERBAUM/SEEBACHER Rechtsanwälte GmbH (Graz)

Dr. Günther SCHMIED, Rechtsanwalt (Graz)

SCHÖNHERR Rechtsanwälte OEG (Wien)

Mag. Michael SPATH, Notarsubstitut (Leibnitz)

Land STEIERMARK, Abteilung für Wissenschaft und Forschung (Graz)

Mag. Franz STEINER, Rechtsanwalt (Graz)

KAMMER der WIRTSCHAFTSTREUHÄNDER, Landesstelle Steiermark (Graz)

Raiffeisenlandesbank Steiermark

Inhaltsverzeichnis

Prozessuale und privatrechtliche Bestimmung des Rechtskraftgegenstandes bei privatrechtlichen Streitigkeiten

Kostas E. Beys

I. Die unterschiedlichen Regelungen des hellenischen und des österreichischen (bzw deutschen) Rechts

1. Nach Art 324 des hellenischen Zivilprozessgesetzbuchs (hlZPGB) erfasst die materielle Rechtskraft (fortan einfach „die Rechtskraft") nur das erkannte subjektive Recht. Trotz abweichenden Wortlauts besagt auch Art 322 § 1 hlZPGB dasselbe: *Die Rechtskraft erstreckt sich auf die entschiedene materielle Frage insoweit, als das Urteil endgültig über ein durch Klage, Widerklage, Hauptintervention oder Aufrechnungseinrede geltend gemachtes Rechtsverhältnis entschieden hat.* Unter dem Vorbehalt des Bestehens der sachlichen Zuständigkeit des erkennenden Gerichts, über eine präjudizielle Frage als Hauptstreitgegenstand zu entscheiden, erstreckt sich die Rechtskraft trotz Fehlens einer Zwischenfeststellungsklage (bzw -widerklage) auch auf diese Vorfrage. Das ist zB der Fall bei der inzidenten Feststellung der Unwirksamkeit des in Streit verfangenen Darlehens wegen seiner Sittenwidrigkeit nach Art 178 und Art 179 des hellenischen Zivilgesetzbuches (hlZGB).

2. Diametral entgegengesetzt sind die Regelungen des österreichischen und des deutschen Rechts, nach welchen nicht das erkannte subjektive Recht, sondern der erhobene und entschiedene prozessuale Anspruch auf Justizgewährung in Bezug auf die rechtliche Behauptung der Partei den Umfang der Rechtskraft bestimmt (§ 411 öZPO, § 322 dZPO). Und ausgerechnet deshalb, weil der pro-

1

zessuale Anspruch den Rechtskraftgegenstand darstellt, erstreckt sich die Rechtskraft nicht auf die inzidenter geprüften Vorfragen, soweit darüber keine Zwischenfeststellungsklage bzw -widerklage erhoben wurde (§§ 236 und 259 öZPO, § 256 dZPO).

3. Die erwähnte Eigentümlichkeit des hellenischen Rechts wird mit folgenden knappen Bemerkungen als längst überholt ablehnend kritisiert:[1]

– dass sie auf der Savignylehre über die materiellrechtliche Natur der Rechtskraft beruht, die zwar in der Mitte des 19. Jahrhunderts vertretbar war, aber schon seit Ende jenes Jahrhunderts als unhaltbar abgelehnt wurde. Ausgangspunkt dieser Lehre war nämlich die Annahme, dass das formell rechtskräftige Urteil einen gestaltenden Charakter aufweise, mit der Folge, dass seine materielle Rechtskraft einen neuen Entstehungsgrund des richtig erkannten subjektiven Rechts (bzw Rechtsverhältnisses) oder sogar den von nun an geltenden einzigen Entstehungsgrund des falsch erkannten Rechts darstelle. Und umgekehrt, dass die falsche Feststellung des Nichtbestehens des vor Gericht geltend gemachten Rechts einen ausreichenden Grund seiner weiteren Nichtexistenz bilde;

– dass diese Lehre von *Savigny*, bei Bezeichnung des materiellen subjektiven Rechts, welches der Kläger „hat", als Streitgegenstand, den Prozess ohne Streitgegenstand lässt, falls die Klage als unschlüssig oder unbewiesen abgewiesen wird, was ebenfalls erfolgt, falls der Kläger seine in Streit verfangene Forderung gegen den verklagten Schuldner an einen Dritten abtritt;

– dass sie das Bedürfnis der Rechtskrafterstreckung auch auf prozessuale Rechtsverhältnisse, wie namentlich auf die Unzulässigkeit der Klage, übersieht, sowie

– dass sie, bei Bestimmung des jeweils in Streit verfangenen materiellen Rechts nicht nur durch seinen Tatbestand, sondern auch darüber hinaus durch seinen Rechtsgrund, das unerfreuliche Ergebnis der Zulässigkeit wiederholter Verfahren ermöglicht. So ist nach rechtskräftiger Abweisung der Klage aus Delikt als unschlüssig die Erhebung einer neuen Klage zwischen denselben Parteien über denselben Geldanspruch aufgrund desselben Sachverhalts als zulässig bezeichnet, falls sich die neue Klageerhebung nunmehr auf die Vertragshaftung stützt.

Nachdem ich vor ungefähr 45 Jahren diese Abweichung des hellenischen Zivilprozessrechts vom österreichischen und deutschen Modell wahrgenommen hatte, und zwar unter dem Hohn, der gewöhnlich die Ablehnung der älteren materiellrechtlichen Streitgegenstandstheorie begleitet, fühlte ich mich beinahe schuldig, keinen anderen Ausweg zu sehen als die Missbilligung einer der zentralen Regelungen der eigenen nationalen Gesetzgebung, was alles andere als schmerzlos ist, wenn es sich um ein Fach dieser nationalen Gesetzgebung handelt, nämlich um das Zivilprozessrecht, welches das Feld der eigenen Ausbildung und Forschungs- sowie Lehrtätigkeit bildet.

---

[1] Vgl *Fasching*, Lehrbuch des österreichischen Zivilprozeßrechts[2] (1990) Rz 1151.

Ich habe lange Zeit gebraucht, bis ich zu einer gewissermaßen sentimental befreiten und unvoreingenommenen Einstellung zu dieser Frage gelangen konnte.

Die Ergebnisse dieses Bemühens sind jedoch in folgenden drei Punkten, die mich beschäftigten, unterschiedlich ausgefallen, nämlich:

a) den wirklichen, und nicht etwa die dem äußeren Anschein nach auftretenden Nachteilen der älteren materiellrechtlichen Streit- bzw Rechtskraftgegenstandstheorie;

b) im Kern der Gegenüberstellung des prozessualen Anspruchs zu dem in Streit verfangenen materiellen Recht und

c) in der Frage der Rechtskrafterstreckung auf die inzidenter geprüften präjudiziellen Fragen.

II. Die wirklichen Nachteile der älteren materiell-rechtlichen Streitgegenstandstheorie

A. Die materiellrechtliche Rechtskrafttheorie

1. Nachdem ich begonnen hatte, mich mit der Frage der Gegenüberstellung der prozessualen und der materiellrechtlichen Rechtskrafttheorie zu beschäftigen, machte ich die Beobachtung, dass sich beide Theorien über die rechtliche Natur der materiellen Rechtskraft zwar auf wohl treffliche Argumente stützen, es ihnen jedoch nicht möglich war, die Gegenargumente der anderen Theorie überzeugend zu widerlegen.

a) Die materiellrechtliche Rechtskrafttheorie hat als Ausgangspunkt die unwiderlegbare Bindungskraft des unrichtigen Urteils. Angesichts dieser Realität vertritt diese Theorie den Standpunkt, das Urteil wirke auf dem Gebiet des materiellen Privatrechts rechtsgestaltend, mit der Folge, dass bei zu Unrecht erfolgter Klageabweisung das aberkannte subjektive Recht als durch das rechtskräftige Urteil aufgehoben angesehen wird, sodass sich der unterlegene Kläger, der darauf beharrt in seinem Bekanntenkreis zu erzählen, dass sein siegreicher Gegner seine vertraglichen Schulden nicht erfüllt, der Gefahr der Verfolgung wegen Verleumdung aussetzt. Und im umgekehrten Fall, wenn die vom Kläger behauptete Geldforderung, die wirksam an einen Dritten abgetreten und zu Unrecht zuerkannt worden ist, hat dies zur Folge, dass, falls der als Schuldner verurteilte Beklagte, den Betrag an den Zessionar nicht leistet, er dazu durch Zwangsvollstreckungsmittel gezwungen werden kann (Art 919 iVm Art 325 Nr 2 hlZPGB).

b) Gegen diese treffenden Bemerkungen der materiellrechtlichen Rechtskrafttheorie hat die gegensätzliche prozessuale Theorie kein beachtenswertes Gegenargument zur Widerlegung vorbringen können.

Indem jedoch die Vertreter der prozessualen Rechtskrafttheorie die vorgebrachten Beispiele der materiellen Theorie außer Acht lassen, bemerken sie selbständig und sehr überzeugend, dass der Beklagte, falls er trotz zu Unrecht

3

erfolgter Klageabweisung den materiellen Anspruch des unterlegenen Klägers freiwillig erfüllt, keine Schenkung bewirkt, und für ihn daher keine Gefahr besteht, wegen der Schenkung besteuert zu werden. Es handelt sich lediglich um die Erfüllung einer bestehenden Schuld, die erst jetzt durch die Erbringung der Leistung und nicht durch die fehlerhafte rechtskräftige Klageabweisung aufgehoben wird.

c) Dieser treffenden Bemerkung der prozessualen Rechtskrafttheorie hat die materielle Theorie kein schlüssiges Argument entgegenhalten können.

2. Angesichts dieser Sachlage fühlte ich, mir selbst eine überzeugende Erklärung schuldig zu sein, wie die erwähnten und an sich unwiderlegbaren positiven Argumente beider oben genannter Theorien in Einklang zu bringen wären.

Ausgangspunkt meiner diesbezüglichen Bemühung war die Bemerkung *Goldschmidts*, Rechtskraft bedeute keinesfalls die Kraft objektiven Rechts (Gesetzeskraft) und auch nicht die Kraft subjektiven Rechts. Rechtskraft ist Gerichtskraft.[2] Rechtskraft ist die gerichtliche Geltung des geltend gemachten prozessualen Anspruches, der gerichtlich als begründet oder unbegründet verbindlich erkannt wurde.[3] Dies bedeutet, dass durch die materielle Rechtskraft *„eine zweite – konkrete – Ordnung"* geschaffen wird, *„die neben die Rechtsordnung (...) tritt und ihr im Konfliktsfall nach dem soziologischen Machtprinzip vorgeht"*.[4]

Daraus ist zu schließen, dass das Verhalten der Rechtssubjekte durch zwei verschiedene, wenn auch parallel verbindliche Verhaltensordnungen geregelt wird: Einerseits durch die abstrakten Rechtsnormen, welche die Rechtsordnung aufstellt und die sich darauf beschränken zu bestimmen, unter welchen Voraussetzungen subjektive Rechte entstehen bzw verhindert oder aufgehoben werden können, andererseits durch die rechtskräftigen Urteile, welche eine Art richterlicher Ordnung aufstellen und das weitere Verhalten der Prozesssubjekte auf dem Gebiet des prozessualen Rechts, dh auf dem Gebiet des öffentlichen Rechts verbindlich regeln.

Falls das ergangene rechtskräftige Urteil tatsächlich richtig ist, dh die prozessrechtlich als wahr bewiesenen Tatsachen richtig unter die entsprechenden Rechtsnormen subsumiert worden sind, sind beide erwähnten Verhaltensordnungen (die Rechtsordnung und die richterliche Ordnung) identisch. Was für die eine gilt, wird auch von der anderen angenommen.

Ergeht jedoch ein unrichtiges rechtskräftiges Urteil, dann unterscheiden sich die Regelungen der Rechtsordnung und der gerichtlichen Ordnung voneinander. Was für die eine verbindlich ist, wirkt im Bereich der anderen nicht.

Im Bereich der Rechtsordnung (dh der Regelungen der abstrakten Rechtsnormen) bestehen weiterhin die subjektiven Rechte des Klägers, welche irrtümlicherweise aberkannt wurden. Und umgekehrt erlangt der Kläger im Bereich

---

[2] *Goldschmidt*, Der Prozeß als Rechtslage (1962) 211.
[3] *Goldschmidt*, Prozeß 212.
[4] *Goldschmidt*, Prozeß 213.

der Rechtsordnung das subjektive Recht nicht, welches ihm irrtümlicherweise rechtskräftig zugesprochen wurde.

Im Bereich der richterlichen Ordnung jedoch, dh auf dem Gebiet des öffentlichen Rechts, ist schon durch das fehlerhafte rechtskräftige Urteil eine Rechtsgestaltung eingetreten: Die Parteien sind nunmehr öffentlichrechtlich berechtigt bzw verpflichtet, sich so zueinander zu verhalten, wie es das (fehlerhafte) rechtskräftige Urteil angeordnet hat. Diese öffentlichrechtliche Berechtigung bzw Verpflichtung der Parteien bestand vor dem Eintritt der Rechtskraft (der unrichtigen Entscheidung) nicht. Folglich wird offensichtlich, dass die materielle Rechtskraft wirklich (auch) eine rechtsgestaltende Wirkung hat, welche sich jedoch nicht (im Bereich des Privatrechts und der entsprechenden Zivilprozesse) auf die Abwicklung der privatrechtlichen Rechtsverhältnisse erstreckt, sondern auf dem Gebiet der richterlichen Ordnung, dh auf dem Gebiet des prozessualen Rechts als eine Art öffentliches Recht in Geltung tritt.

Mit anderen Worten: Erfolgt bei der gerichtlichen Feststellung von privatrechtlichen Rechtsverhältnissen keine Rechtsgestaltung im Bereich des Privatrechts, vermag dieses zu bestimmen, unter welchen Voraussetzungen das in Streit verfangene privatrechtliche Rechtsverhältnis der Parteien entsteht bzw nicht entsteht oder geltend gemacht werden kann und darüber hinaus aufgehoben wird. Durch das rechtskräftige Urteil erfolgt jedoch eine Rechtsgestaltung auf dem Gebiet des öffentlichen Rechts, dem auch das Zivilprozessrecht angehört, sodass die Parteien nunmehr öffentlichrechtlich berechtigt und verpflichtet sind, sich so zu verhalten, wie es das rechtskräftige Urteil angeordnet hat.

Daraus erklärt sich, warum die beiden gegensätzlichen Theorien über die Natur der materiellen Rechtskraft zu ihrer positiven Begründung überzeugende Argumente haben, sie jedoch nicht in der Lage sind, die Gegenargumente der gegensätzlichen Theorie zu widerlegen.

3. Unter dem Licht dieser klaren Gegenüberstellung der beiden Rechtskrafttheorien kann jedoch diejenige Rechtsordnung nicht als schwer verfehlt bezeichnet werden, die, wie die hellenische, auch den (öffentlichrechtlichen) gestaltenden Charakter des rechtskräftigen Urteils zum Vorschein bringt.

B. Das subjektive Privatrecht des Klägers

Es wurde schon erwähnt,[5] dass der älteren materiellrechtlichen Streitgegenstandstheorie, die das subjektive Privatrecht, welches der Kläger *„hat"*, als Streitgegenstand bezeichnete, zum Vorwurf gemacht wurde, dass diese Theorie den Prozess ohne Streitgegenstand lässt, falls die Klage als unschlüssig oder unbewiesen rechtskräftig abgewiesen wird.

Mir ist nicht bekannt, ob ein älterer Vertreter dieser Theorie sich der Terminologie bewusst war, als er davon gesprochen hat, dass Streitgegenstand das subjektive Privatrecht ist, welches der Kläger *„hat"*.

---

[5] Oben Punkt I.3.

Ich fürchte, es wäre übertrieben, auf der Bedeutung einer solchen (im Übrigen aber ungenauen) Ausdrucksweise zu bestehen und daraufhin zu argumentieren. Streitgegenstand kann freilich nicht *„das subjektive Privatrecht, welches der Kläger hat"*, sein, wohl aber das subjektive Privatrecht, welches der Kläger *„zu haben behauptet"*. Wird diese Klarstellung als der Verdienst der jüngeren materiellrechtlichen Streitgegenstandstheorien bezeichnet, so könnte der erwähnte Vorwurf gegen die ältere materiellrechtliche Streitgegenstandstheorie als ein Ausdruck von Begriffsjurisprudenz abgelehnt werden.

Zwar ist die soeben versuchte Klarstellung, nämlich, dass die Behauptung des Klägers den Streitgegenstand bestimmt, das Verdienst der prozessualen Streitgegenstandstheorien, und zwar der herrschenden zweigliedrigen und der nicht mehr akzeptierten eingliedrigen.

Aber um welche Behauptung handelt es sich? Handelt es sich etwa allein um die Behauptung, welche sich auf die Tatsachen beziehen, die den Klagegrund bilden? Handelt es sich etwa nicht auch um die Geldendmachung der Rechtsfolge, welche durch diese Tatsachen im Bereich des objektiven Privatrechts eintreten soll?

Angesichts dieser Erläuterungen bin ich der Meinung, dass es beim Streit zwischen den prozessualen und den materiellen Streitgegenstandstheorien letzten Endes um die Frage geht, ob der Streitgegenstand die prozessuale Behauptung des Klägers über die Verbindlichkeit des in Streit verfangenen privatrechtlichen Rechtsverhältnisses ist (so die prozessualen Theorien), oder umgekehrt das vom Kläger geltend gemachte Rechtsverhältnis, welches ihn mit dem Beklagten verbindet (so die materiellen Theorien).

Aber bei einer solchen Sachlage erhebt sich berechtigterweise die Frage, ob es sich lohnt, über derartige fruchtlose Definitionen zu streiten.

C. Das streitverfangene Recht als Streitgegenstand im Fall seiner Abtretung

Der älteren Streitgegenstandstheorie wird darüber hinaus vorgeworfen, dass sie durch ihre Orientierung am subjektiven Recht, welches der Kläger *„hat"*, den Prozess ebenfalls ohne Streitgegenstand lässt, falls jener das in Streit verfangene subjektive Recht an einen Dritten abtritt.

Die Zulässigkeit der Fortsetzung des Verfahrens trotz Veräußerung des in Streit verfangenen subjektiven Rechts hat meines Erachtens mit den Auseinandersetzungen beider Streitgegenstandstheorien nichts zu tun. Denn weder die eine noch die andere vermag allein zu erklären, wieso der Kläger trotz Veräußerung berechtigt ist, den Prozess fortzuführen, was erst durch das nachträgliche Vorliegen eines spezifischen Rechtsschutzbedürfnisses gerechtfertigt wird, nämlich wegen der Haftung, die er sonst trüge, falls er dem Zedenten ein fremdes Recht abgetreten hätte. Prozessökonomische Gründe befürworten also die Fortsetzung des Verfahrens zwischen den Anfangsparteien (Art 225 hlZPGB, § 234 öZPO, § 265 dZPO), und zwar in einer für den Rechtsnachfolger verbindlichen Weise (Art 325 Nr 2 hlZPGB, § 325 Abs 1 dZPO),[6] dieser wird auch zur Intervention zugelassen (Art 225 Abs 2 hlZPGB, § 265 Abs 2 dZPO), damit er nicht durch die Rechtskraft des ungünstigen Urteils erfasst wird, falls das Gericht die Behauptung seines Rechtsvorgängers, er wäre der frühere Inhaber des im Laufe des Streits abgetretenen subjektiven Rechts, als unschlüssig oder als unbewiesen abweist, ohne dass der Rechtsnachfolger Gelegenheit hatte dazu gerichtlich gehört zu werden.

D. Der Streitgegenstand bei Anspruchskonkurrenz aus Vertrags- und Deliktshaftung

Beiden prozessualen Streitgegenstandstheorien wird es als Verdienst angerechnet, dass sie es ermöglichen, eine weitere Klageerhebung aus Vertragshaftung als unzulässig auszuschließen, wenn die erste Klage zwischen denselben Parteien über denselben Anspruch, welche sich auf die Deliktshaftung stützte, rechtskräftig als unschlüssig oder unbewiesen abgewiesen wurde.

Dieses Ziel vermag das hellenische Recht nicht zu erreichen, denn seine Orientierung an der älteren materiellrechtlichen Streitgegenstandstheorie hat es irregeführt, mit dem Ergebnis, dass die Unzulässigkeit einer neuen Klage zwischen denselben Parteien nicht nur von demselben Anspruch und demselben Sachverhalt, sondern darüber hinaus auch aus der Identität desselben rechtlichen Grundes abhängt (Art 324 hlZPGB). Danach begründet die Möglichkeit, dass dieselben Tatsachen zur Begründung desselben Anspruchs unter verschiedene Rechtsnormen subsumiert werden könnten, zwei getrennte Streitgegenstände.

In dieser Regelung des Art 324 hlZPGB spiegeln sich nur die Vorstellungen der damaligen (zwischen den Jahren 1933 und 1963) Verfasser des Entwurfs eines neuen hellenischen Zivilprozessgesetzbuches über das zivilistische Verständnis der Anspruchskonkurrenz wider, nämlich, dass bei Haftungskonkurrenz aus Vertrag und Delikt zwei verschiedene privatrechtliche Ansprüche bestünden, die wiederum zwei getrennte prozessuale Ansprüche begründen würden.

Aber diese Meinung wird von den Zivilisten nicht mehr vertreten.[7] Hier handelt es sich nicht um eine echte Anspruchskonkurrenz, sondern lediglich um die Häufung von mehreren Haftungsgründen desselben privatrechtlichen (folglich auch desselben prozessualen) Anspruchs.

Dieser Entwicklung hat sich nun auch das Prozessrecht anzupassen. So ist es Aufgabe der hellenischen Zivilprozessrechtswissenschaft, die schon auf zivi-

---

[6] Auch im Bereich des österreichischen Rechts in interpretativer Weise (*Fasching*, Lehrbuch[2] Rz 1525 und Rz 1526; *Deixler-Hübner* in *Buchegger/Deixler-Hübner/ Holzhammer* [Hrsg], Praktisches Zivilprozeßrecht I – Streitiges Verfahren[6] [1998] 334 f [Fall 98]; *Ballon*, Einführung in das österreichische Zivilprozeßrecht – Streitiges Verfahren[9] [1999] Rz 325; *Rechberger/Simotta*, Grundriß des österreichischen Zivilprozeßrechts[5] [2000] Rz 699).

[7] Vgl *Ap. Georgiades*, Die Anspruchskonkurrenz im Zivilrecht und Zivilprozeßrecht (1967) 239 ff.

listischer Ebene überholte Regelung des Art 324 hlZPGB im Wege der Auslegung aufzuheben. Tatsächlich gehen – trotz hartnäckigen Widerstands seitens
der Rechtsprechung, die unwillig ist, vom Wortlaut des Gesetzes abzuweichen –
die Bemühungen der hellenischen zivilprozessualen Lehre in diese Richtung.

E. Die prozessualen Rechtsverhältnisse als Streit- und Rechtskraftgegenstand im Rahmen der materiell-rechtlichen Streitgegenstandstheorien

1. Angenommen, dass das streitverfangene materielle Recht den Streitgegenstand bildet, wie ist dann die besondere Regelung des Art 322 Abs 1 hlZPGB zu
erklären, wonach die materielle Rechtskraft auch die entschiedenen prozessualen Fragen erfasst, wie namentlich, ob der Berufungskläger zur Berufungseinle-
gung berechtigt war (vgl Art 516 hlZPGB), und vielmehr, dass die Klage als unzulässig abgewiesen wurde?

Diese Fragestellung ergibt sich aus der überlieferten Terminologie, wonach
das streitverfangene materielle Recht im Bereich der privatrechtlichen Rechtsstreitigkeiten mit dem jeweils in Anspruch genommenen privatrechtlichen subjektiven Recht identisch ist. Daraus entsteht der Irrtum, dass die prozessualen
Rechte etwa keine subjektiven materiellen Rechte seien.

Diese übliche Betrachtungsweise übersieht jedoch, dass die prozessualen
Rechte, wie zB das subjektive Recht, Berufung einzulegen, subjektive öffentliche Rechte sind. Insbesondere wird dabei verkannt, dass das Prozessrecht keinesfalls ein Synonym des Verfahrensrechts ist. Letzteres ist lediglich ein Teil
des Prozessrechts, indem es allein die Durchführung der Prozesshandlungen
regelt. Daneben gehören jedoch zum Prozessrecht auch die organisatorischen
Bestimmungen des Gerichtsverfassungsgesetzes und vor allem diejenigen prozessualen Rechtsnormen, welche bestimmen, unter welchen Voraussetzungen
prozessuale Rechtsfolgen öffentlichrechtlicher Natur eintreten und gelten.

Eine materielle Rechtsnorm ist danach jede Rechtsnorm, die als Obersatz des
rechtlichen Syllogismus aufgestellt wird, und zwar in Gegenüberstellung zu den
organisatorischen und verfahrensrechtlichen Vorschriften, die lediglich die Organe und das Verfahren zur Vornahme von Prozesshandlungen bestimmen,
durch welche bis zum Erlass des Urteils das notwendige Material gesammelt
und geprüft wird.

Ihrer Natur nach haben weder die organisatorischen noch die verfahrensrechtlichen Vorschriften die Struktur und das Wesen von Rechtsnormen. Sie bestehen nicht aus Tatbestand (als Grund) und Rechtsfolge (als normative Folge-
rung), sondern sie beschränken sich lediglich auf die Aufzählung und Beschrei-
bung der Befugnisse der Gerichtsorgane (so die organisatorischen Vorschriften)
nach dem Beispiel der beamtenrechtlichen Planstellennormen der öffentlichen
Verwaltung oder sie beschreiben, wie eine bestimmte Prozesshandlung vorzunehmen ist, wie zB die Klage zu erheben ist (Art 215 Abs 1 hlZPGB, §§ 74 ff,
88 und 226 öZPO, §§ 253, 496 dZPO) oder wie der Zeuge vernommen wird
(Art 409 und 410 hlZPGB, §§ 337 ff öZPO, §§ 391 ff dZPO). Alle diese Vor-

schriften haben nicht den Charakter einer Rechtsnorm, genauso wie diejenigen Regelungen des Bürgerlichen Gesetzbuches, die beschreiben, wie die Eintragung der Auflösung eines Vereins in das entsprechende Buch oder die Eintragung einer Grundstücksveräußerung in den Kataster (Art 1205 hlZGB) zu erfolgen hat, keine Rechtsnormen sind.

Allerdings überzeugen obige Erwägungen nur unter dem Vorbehalt, dass die organisatorischen und verfahrensrechtlichen Vorschriften als Maßstab des eigenen Verhaltens betrachtet werden. Denn dieselben Bestimmungen erhalten, soweit sie seitens des Gerichts als Beurteilungsmaßstab für fremdes Verhalten (nämlich der Parteien, der Zeugen oder sogar des Gerichts, welches die angefochtene Entscheidung erlassen hatte) Anwendung finden, den Charakter von Zusatzbestimmungen des Tatbestandes jener prozessualen Rechtsnormen, welche (als echte öffentlichrechtliche Normen) die Unwirksamkeit bzw Unzulässigkeit von Parteihandlungen oder die Aufhebung von gerichtlichen Entscheidungen regeln.

2. Zu berücksichtigen ist dabei auch die Formulierung des Art 20 Abs 1 der hellenischen Verfassung (hlVerf), wonach jedermann ein Recht auf rechtliches Gehör sowie auf Justizgewährung in Bezug auf seine subjektiven Rechte oder rechtlichen Interessen hat. Alle diese drei subjektiven Rechte bzw die gerichtliche Geltendmachung aller dieser Rechte stellen den jeweiligen Streitgegenstand dar.

Dadurch erklärt sich die Frage, warum sich die Rechtskraftwirkung auch auf die prozessualen Fragen erstreckt (so ausdrücklich Art 322 Abs 1 hlZPGB) und darüber hinaus, warum diese Regelung der Bestimmung des Art 324 hlZPGB nicht widerspricht, welcher besagt, dass die Rechtskraftbindung ausschließlich das erkannte subjektive Recht erfasst.

III. Die Angleichung der prozessualen und der materiellrechtlichen Theorien über den Streit- bzw Rechtskraftgegenstand

1. Angesichts obiger Erklärungen erhebt sich nun die Frage, ob die hellenische Regelung der Frage des Streit- bzw Rechtskraftgegenstandes der entsprechenden Regelung des österreichischen und des deutschen Rechts wirklich diametral entgegensteht.

2. Wie schon erwähnt wurde, bestimmen Art 322 und Art 324 hlZPGB, dass die Rechtskraft das erkannte subjektive Recht bzw Rechtsverhältnis betrifft, unter dessen Begriff auch die erkannten prozessualen Rechtsverhältnisse fallen. Folglich gehört auch der prozessuale Anspruch zum Streit- und Rechtskraftgegenstand. Dies wird auch dadurch bestätigt, dass nicht jedes subjektive Privatrecht über das entschieden worden ist, von der Rechtskraft erfasst wird, sondern ausschließlich dasjenige, welches aufgrund einer Klage, Widerklage, Hauptintervention oder Aufrechnungseinwendung (Art 322 Abs 1 hlZPGB) und nicht etwa von Amts wegen festgestellt wurde.

3. Aber auch im Bereich des österreichischen und des deutschen Rechts betrifft zwar die Rechtskraft den Parteiantrag (§ 411 öZPO, § 322 dZPO), aber unter der beachtenswerten Erläuterung, dass dieser Antrag die gerichtliche Feststellung von Rechtsfolgen (von Rechten und Pflichten)[8] zum Gegenstand haben kann, und nicht etwa die Bestätigung von bloßen Tatsachen oder allein ihre rechtliche Qualifikation oder die Auslegung von Rechtsnormen.

4. Daraus folgt, dass das hellenische Recht, in dem es den Hauptgegenstand der Rechtskraft kumulativ mit denselben Maßstäben des prozessualen Antrags und des streitverfangenen subjektiven Rechts bestimmt, von den entsprechenden Regelungen des österreichischen und deutschen Rechts grundsätzlich nicht abweicht.

IV. Die Rechtskraft über die präjudiziellen Rechtsverhältnisse

1. Dagegen unterscheiden sich diese beiden Rechtskreise radikal in Bezug auf die Frage der Erstreckung der Rechtskraftwirkung auf die inzidenter geprüften präjudiziellen Rechtsverhältnisse.[9]

Gemäß Art 331 hlZPGB erfasst die Rechtskraft auch die mitentschiedenen Vorfragen, von deren Entscheidung die der Hauptfrage abhängt, falls das Gericht für die Entscheidung über die Vorfrage sachlich zuständig war.

Danach erstreckt sich die Rechtskraft des Urteils, welches aufgrund einer dinglichen Klage ergeht, auch auf die Frage des Eigentums des Rechtsvorgängers, falls dies später innerhalb der subjektiven Grenzen der Rechtskraft als rechtlich relevant hervorgehoben wird.

Eine solche Erstreckung der objektiven Grenzen der materiellen Rechtskraft auf die präjudiziellen Fragen ohne die vorherige Erhebung einer Zwischenfeststellungsklage seitens des Klägers oder einer Feststellungswiderklage seitens des Beklagten lehnen das österreichische und das deutsche Zivilprozessrecht ab (§§ 236 und 259 Abs 2 öZPO, § 256 Abs 2 dZPO).

2. Trotzdem ist die in dieser Beziehung erwähnte Abweichung des hellenischen Rechts vom österreichischen und deutschen Recht nicht so schwerwiegend, wie sie vielleicht auf den ersten Blick erscheint. Dies wird zunächst dadurch bestätigt, dass ohne eine Feststellungsklage die Erstreckung der Rechtskraft auf die präjudiziellen Fragen nicht erfolgt, falls die subjektiven Grenzen des ersten und des nachfolgenden Prozesses nicht identisch sind, sowie wenn eine Leistungsklage für nur einen Teil einer größeren Geldforderung erhoben wurde, wie am folgenden Beispiel zu zeigen ist: Vor dem Friedensgericht wurde eine Leistungsklage erhoben, wonach der Beklagte schuldig sei, dem Kläger die erste fällige Rate aus dem gestundeten Kaufpreis zu zahlen; dabei erhob der Be-

---

[8] Für das österreichische Recht so ausdrücklich § 411 öZPO, für das deutsche Recht genauso interpretativ *Leipold* in *Stein/Jonas*, Kommentar zur Zivilprozeßordnung IV/1[21] (1998) § 322 dZPO RdN 101.

[9] Vgl bereits oben Punkt I.1 und I.2.

10

klagte die Einwendung der Sittenwidrigkeit dieses Vertrages, die aber als rechtlich unbegründet abgewiesen wurde. Im nachfolgenden Prozess über weitere fällige Raten des Kaufpreises ist die erneute Geltendmachung der Sittenwidrigkeit des Kaufvertrages keinesfalls unzulässig. Art 331 hlZPGB über die Erstreckung der Rechtskraft auf die inzidenter festgestellten präjudiziellen Fragen greift hier nicht, wobei hier allerdings auf eine Problemstellung hingewiesen werden muss, ob nämlich die wohl widerlegbare Bindung der so genannten staatsrechtlichen Wirkung des Urteils eintritt, wie es von mir vertreten wird.[10]

Aber auch seitens des österreichischen und des deutschen Rechts wird die Ablehnung der Rechtskrafterstreckung auf die präjudiziellen Fragen ohne Zwischenfeststellungsantrag bzw -klage dadurch abgeschwächt, dass die Beschränkung der objektiven Rechtskraftgrenzen auf den jeweiligen prozessualen Anspruch mit der Präklusion der nicht vorgetragenen Einwendungen des Beklagten, wie zB der Unwirksamkeit des Kaufvertrages wegen Sittenwidrigkeit, nicht verwechselt werden darf. Diese Präklusion wird vom hellenischen Recht ausdrücklich als (negative) Rechtskrafterstreckung bezeichnet (Art 330 hlZPGB). Im Bereich des deutschen Rechts (vgl §§ 282 und 528 dZPO) wird eine solche Hervorhebung vermieden, wobei die Bezeichnung „Präklusion von Tatsachen"[11] bevorzugt wird. Dagegen wird die entsprechende Regelung des österreichischen Rechts (vgl §§ 226, 243 und 482 Abs 1 öZPO) in der Literatur[12] – genauso wie im hellenischen Recht – als „Präklusionswirkung der materiellen Rechtskraft" bezeichnet. Trotz terminologischer Abweichungen ist doch von Bedeutung, dass die spätere Geltendmachung der präkludierten Einwendung durch den Schuldner, sei es mit einer negativen Feststellungsklage, sei es mit einer Vollstreckungsgegenklage in allen drei genannten Rechtsordnungen gleich als unzulässig abgewiesen (bzw zurückgewiesen) wird.

3. Die Angleichung der drei oben genannten Rechtsordnungen in Bezug auf die objektiven Grenzen der materiellen Rechtskraft ist auch in der Hinsicht sichtbar, dass die schon erwähnte Präklusionswirkung der Rechtskraft in engem Zusammenhang mit den objektiven und zeitlichen Grenzen der materiellen Rechtskraft des im ersten Prozess ergangenen Urteils steht.[13] Dies erklärt, warum im Falle der nachfolgenden Leistungsklage auf einen weiteren Teil derselben Geldforderung desselben Klägers gegen denselben Beklagten, sowie bei einer Leistungsklage auf eine spätere von wiederkehrenden Leistungen aus demselben Grundverhältnis die im ersten Prozess eingetretene Präklusion einer wichtigen Einwendung, wie zB der Unwirksamkeit des klagsgegenständlichen Vertrages wegen Sittenwidrigkeit, für den nachfolgenden Prozess auf Verurtei-

---

[10] *K. Beys*, Die subjektiven Grenzen der Rechtskraft und die staatsrechtliche Wirkung des Urteils nach griechischem Recht, in FS Schwab (1990) 61 ff = *K. Beys*, Prozessuales Denken aus Attika (2000) 503 ff.

[11] *Leipold* in *Stein/Jonas*, Komm IV/1[21] § 322 dZPO RdN 233a.

[12] *Fasching*, Lehrbuch[2] Rz 1534 und Rz 1535; *Rechberger/Simotta*, Grundriß[5] Rz 704.

[13] Für das österreichische Recht vgl *Fasching*, Lehrbuch[2] Rz 1534 ff; *Ballon*, Einführung[9] Rz 325 und Rz 346; *Rechberger/Simotta*, Grundriß[5] Rz 703 f. Für das deutsche Recht vgl *Leipold* in *Stein/Jonas*, Komm IV/1[21] § 322 dZPO RdN 233a.

lung zur Zahlung eines weiteren Teils derselben Geldforderung oder einer späteren wiederkehrenden Leistung nach allen drei oben genannten Rechtsordnungen rechtlich irrelevant ist. Und dies aus dem Grund, dass nach allen diesen drei Rechtsordnungen die nachfolgenden Leistungsklagen übereinstimmend einen anderen Streitgegenstand betreffen.

4. Eine wirkliche Abweichung des hellenischen Rechts vom österreichischen und deutschen Recht in Bezug auf die Rechtskrafterstreckung auf die präjudiziellen Fragen, welche nach Art 331 hlZPGB – anders als nach österreichischem und deutschem Recht – auch ohne Erhebung einer Zwischenfeststellungsklage bzw -widerklage eintritt, besteht folglich nur wenn die subjektiven und die objektiven Grenzen der Rechtskraft des vorangegangenen Urteils mit den subjektiven und objektiven Grenzen des Streitgegenstandes des nachfolgenden neuen Prozesses identisch sind. Aber das kumulative Vorliegen der subjektiven und objektiven Grenzen des Streitgegenstandes in zwei aufeinander folgenden Prozessen wird so selten vorkommen, dass diese Abweichung des hellenischen Rechts eine nur geringe praktische Bedeutung haben kann.

Als ein solcher Ausnahmefall könnte dem ersten Anschein nach die Unterhaltsklage des unehelichen Kindes gegen seinen angeblichen Vater genannt werden, aber ausgerechnet für diesen Fall bestimmt das hellenische Recht, dass Art 331 hlZPGB hier ausnahmsweise keine Anwendung findet und dass die rechtskräftige Feststellung der Abstammung nicht inzidenter, sondern ausschließlich aufgrund der Erhebung einer selbständigen Klage oder einer Zwischenfeststellungsklage erfolgen kann (Art 620 hlZPGB).

Was bleibt nun als nennenswertes Beispiel für eine Rechtskrafterstreckung auf präjudizielle Fragen ohne vorherige Erhebung einer Zwischenfeststellungsklage oder -widerklage?

Vielleicht der Fall der Leistungsklage auf Zahlung der schon fälligen Zinsen, die das Bestehen und folglich die diesbezügliche inzidente gerichtliche Feststellung der Grundschuld voraussetzen. Allerdings unterliegt der Zinsenanspruch meistens der sachlichen Zuständigkeit eines in der gerichtlichen Hierarchie untergeordneten Gerichts, zB dem Friedensgericht, im Gegensatz zur Grundschuld, welche der sachlichen Zuständigkeit eines höheren Gerichts (Einzelrichter- oder kollegialen Erstgerichts) untersteht, was zur Folge hat, dass das Fehlen der sachlichen Zuständigkeit bei der inzidenten Prüfung der Grundschuld die Rechtskrafterstreckung auf sie gem Art 331 hlZPGB verhindert.

V. Ergebnisse

Sowohl das hellenische als auch das österreichische und das deutsche Zivilprozessrecht sind der Versuchung nicht erlegen, die obligatorische Klagenhäufung aller aus demselben Lebenssachverhalt entstandenen Rechtsverhältnisse trotz des Vorteils der einheitlichen Beweisaufnahme als Verfahrensgrundsatz anzuordnen. Die Präklusion von weiteren Angriffs- und Verteidigungsmitteln (Art 269, 527 hlZPGB, §§ 226, 243 und 482 Abs 1 öZPO, §§ 282, 528 dZPO) besteht ausschließlich in Bezug auf den schon ausdrücklich erhobenen prozessualen Anspruch in Bezug auf bestimmte materielle Rechtsverhältnisse, welche ausdrücklich geltend gemacht wurden.

Es handelt sich um eine rechtspolitische Lösung der kontinentaleuropäischen Rechtsordnungen, welche den Beklagten von der Unsicherheit entlastet, was und wogegen er erwidern muss, um eine nachteilige Präklusionswirkung zu vermeiden. Darüber hinaus ist der ebenfalls rechtspolitische Vorteil zu schätzen, dass dadurch die ohnehin überlasteten Gerichte mit keinen weiteren und zwar im Rahmen des anhängigen Verfahrens unnötigen Untersuchungen überfordert werden.

Dennoch bleibt der Weg weiterer Klageerhebungen offen, wenn diese andere Rechtsverhältnisse aus demselben Lebenssachverhalt betreffen.

Diese Gegenüberstellung von diametral entgegengesetzten öffentlichen Interessen kann meines Erachtens keinen anderen gerechten Ausgleich außerhalb der Identität des erhobenen prozessualen Anspruchs und der Parteien finden, ohne die Grundsätze des Anspruchs auf effektives rechtliches Gehör im Rahmen eines fairen Verfahrens (Art 20 Abs 1 hlVerf, Art 103 GG, Art 6 Abs 1 EMRK) zu verletzen. Nur bei der Häufung von Vertrags- und Deliktshaftung haben alle Streitgegenstandstheorien erreicht, die beiden Haftungsgründe im Rahmen eines einheitlichen Prozesses zu häufen, unter der Annahme, dass es sich dabei lediglich um zwei verschiedene rechtliche Grundlagen desselben schuldrechtlichen und folglich auch desselben prozessualen Anspruchs handelt. Diese Annahme konnte sich die hellenische Rechtsprechung unter dem Druck der überholten Formulierung des Art 324 hlZPO bis jetzt nicht zu Eigen machen. In diesem – trotz Widerstands der Lehre – unerfreulichen Beharren der hellenischen Rechtsprechung besteht in der Tat eine wichtige Abweichung von der österreichischen und der deutschen Abgrenzung des Gegenstandes der materiellen Rechtskraft.

Der Bereicherungsanspruch im Insolvenzverfahren

Gedanken zum Gleichbehandlungsgrundsatz

Wolfgang Brehm

I. Einleitung

Bei der Tagung der Zivilprozessrechtslehrervereinigung in Münster im Jahre 1996 schlug ich *Wolfgang Jelinek* vor, ein gemeinsames Seminar abzuhalten, um Studenten vorsichtig und behutsam an die Rechtsvergleichung heranzuführen. *Wolfgang Jelinek* nahm meinen Vorschlag höflich, aber mit einiger Skepsis auf, die berechtigt war, wenn man bedenkt, dass in der prozessualen Rechtsvergleichung etwas großflächiger gedacht und der österreichisch-deutsche Prozess als Einheit anderen Systemen gegenübergestellt wird.[1] Dass das Seminar dennoch zu einem großen Erfolg und zu einer Dauereinrichtung wurde, ist vor allem *Wolfgang Jelinek* zu verdanken, der es immer meisterlich verstanden hat, die Probleme in geschichtlichen und dogmatischen Zusammenhängen zu erörtern. Zu seinen Ehren will ich ein Thema diskutieren, das nur mit der in unserem Seminar gepflegten Methode, der historisch-systematischen Betrachtungsweise, angemessen zu bewältigen ist.

Der Inhaber eines Bereicherungsanspruchs ist im Insolvenzverfahren einfacher Insolvenzgläubiger, wenn der Anspruch im Zeitpunkt der Eröffnung des Verfahrens bereits entstanden war. Besser gestellt sind Gläubiger, die ihren An-

---

[1] Von einem österreichisch-deutschen Zivilprozess spricht etwa *Stürner*, Das Deutsche Zivilprozessrecht und seine Ausstrahlung auf andere Rechtsordnungen (1991) 21.

spruch erst nach Verfahrenseröffnung erworben haben. Wurde der Masse Vermögen ohne rechtlichen Grund zugeführt, entsteht eine Masseverbindlichkeit nach § 55 Abs 1 Z 3 dInsO.[2] In den wichtigsten Fällen der Eingriffskondiktion gibt § 48 dInsO ein Recht zur Ersatzaussonderung, die das deutsche Recht nicht nur bei einer unrechtmäßigen Veräußerung durch den Verwalter, sondern auch bei Verfügungen des Schuldners vor Verfahrenseröffnung gewährt, sofern die Gegenleistung noch aussteht oder noch unterscheidbar in der Masse vorhanden ist.

Dass der Bereicherungsgläubiger, dessen Forderung bei Verfahrenseröffnung bereits begründet war, als einfacher Insolvenzgläubiger behandelt wird, folgt aus § 38 dInsO, der die Insolvenzgläubiger definiert. Danach sind Insolvenzgläubiger alle *persönlichen* Gläubiger, die einen zur Zeit der Verfahrenseröffnung begründeten Vermögensanspruch gegen den Schuldner haben. Dass Bereicherungsgläubiger keine Sonderstellung einnehmen, wird kaum näher gerechtfertigt, weil das Gesetz eben nicht nach den Entstehungsgründen der Forderungen unterscheidet.[3] In den Motiven zur deutschen Konkursordnung wurde dieser Grundsatz kurzerhand mit einer Umkehr der Argumentationslast begründet: Auf den Inhalt der Obligation könne es nicht ankommen, genauso wenig auf den Rechtsgrund. „*Weshalb ein Unterschied darin gemacht werden sollte, ob das Schuldverhältnis durch ein Rechtsgeschäft oder durch eine Rechtsverletzung begründet worden, ist nicht erfindlich*".[4]

Aber wer das Recht nicht nur handwerklich anwendet und Ergebnisse nicht allein aus begrifflichen Klassifikationen wie „dinglich" und „obligatorisch" ableitet, muss sich die Frage stellen, weshalb eigentlich eine rechtsgrundlose Bereicherung des Schuldnervermögens den Gläubigern zugute kommen soll. Man denke an den Fall, dass jemand anlässlich des Kaufs eines Eigenheims versehentlich den Kaufpreis auf ein falsches Konto überweist und die gesamten Ersparnisse eines arbeitsreichen Lebens verliert, weil über das Vermögen des Kontoinhabers das Insolvenzverfahren eröffnet wird. Der Mann wird es kaum als ausreichende Erklärung für die Umverteilung ansehen, wenn er darauf hingewiesen wird, er sei eben ein obligatorisch Berechtigter und deshalb müsse er sein Hab und Gut mit den Gläubigern des Insolvenzschuldners teilen.

Noch weniger plausibel ist es, dass selbst der Bereicherungsgläubiger, der Opfer einer Straftat durch den späteren Insolvenzschuldner wurde, vor anderen Gläubigern keinen Vorrang genießt. Hat der spätere Gemeinschuldner einen geliehenen Gegenstand an einen gutgläubigen Dritten veräußert und den eingezogenen Kaufpreis mit seinem übrigen Vermögen vermischt, dürfen die Gläubiger im Insolvenzverfahren nach deutschem und nach österreichischem Recht auf den Vorteil der Unterschlagung zugreifen. Dem Entrechteten wird nur die dürftige Konkursquote zugebilligt. Wenn sich der Vorfall in der Krise abgespielt

---

[2] Deutsche Insolvenzordnung vom 5.10.1994, dBGBl I 2866.

[3] *Häsemeyer*, Die „Verteilung des Insolvenzrisikos": Verselbständigung eines heuristischen Hilfsmittels zum Schaden des Schuldrechts und des Insolvenzrechts, KTS 1982, 1 (13).

[4] *Hahn*, Motive zur KO (1881) 53.

16

hat, muss das Opfer der Straftat eine etwaige Ersatzleistung des Täters an den Insolvenzverwalter herausgeben, weil die Erfüllung des Ersatzanspruchs der Insolvenzanfechtung nach § 130 dInsO unterliegt.

Es verwundert, dass diese Ergebnisse allgemein hingenommen und von der überwiegenden Zahl der Juristen kaum als fragwürdig empfunden werden, vor allem, wenn man bedenkt, mit welch engmaschigen Regelungswerken der Bürger als Verbraucher geschützt wird. Hat er sich an der Haustür zu einem Kauf überreden lassen, gewährt ihm das Gesetz ein Widerrufsrecht (§ 312 BGB), damit er nicht durch eigene Unbedachtsamkeit Nachteile erleidet. Wer sich bei seinem Urlaub auf Mallorca beeinträchtigt fühlt, weil die benachbarte Diskothek zu laut war, hat gute Chancen, dass ihm das Gericht einen Anspruch gegen den Reiseveranstalter zuspricht. Gegenüber so feinfühligen und verständnisvollen Regelungen wirkt das Insolvenzrecht ausgesprochen derb. Man könnte durchaus die Frage stellen, ob es mit dem Rechtsstaatsprinzip und der Eigentumsgarantie des Art 14 GG vereinbar ist, wenn der Gesetzgeber die Interessen des bestohlenen[5] Eigentümers aufopfert, damit die Gläubiger des Diebes eine bessere Insolvenzquote erhalten.

II. Haftungsvermögen

A. Bestimmung des Haftungsvermögens

Die eben beschriebenen Ungerechtigkeiten, die das Insolvenzrecht in Kauf nimmt, haben verschiedene Ursachen. An erster Stelle steht die Bestimmung des haftenden Vermögens. Den Gläubigern steht in der Zwangsvollstreckung und im Konkurs der Zugriff auf das Vermögen des Schuldners zu. Ob ein Gegenstand haftet, richtet sich nach der Rechtszuständigkeit. *Behr* hat in seiner von der österreichischen Rechtswissenschaft beeinflussten Arbeit über Wertverfolgung die zutreffende Feststellung getroffen, dass die einzelnen Tatbestände, aus denen sich eine Veränderung der sachenrechtlichen Zuständigkeit ergibt, kaum auf die haftungsrechtlichen Konsequenzen Bedacht nehmen.[6] Bei ihrer Auslegung wird freilich der insolvenzrechtliche Aspekt zum Teil berücksichtigt, man denke an die Fälle, in denen darüber gestritten wird, ob ein Direkt- oder Durchgangserwerb stattfindet.[7] Aber die Grundprinzipien, denen die Rechtsübertragung folgt, sind nicht an haftungsrechtlichen Wertungen ausgerichtet. Das gilt vor allem für das deutsche Recht, das die rechtsgeschäftliche Veräußerung dem

---

[5] Auch beim Diebstahl kommt in bestimmten Fällen (zB bei Geld) ein gutgläubiger Erwerb in Frage, sodass der Bestohlene durch eine unrechtmäßige Veräußerung sein Eigentum verliert.

[6] *Behr*, Wertverfolgung (1986) 13. In der österreichischen Literatur haben sich *Wilburg*, Gläubigerordnung und Wertverfolgung, ÖJZ 1949, 11 und *Koziol*, Zur Abschwächung des Gleichbehandlungsgrundsatzes im Konkursverfahren, in FS Wesener (1992) 267 dafür ausgesprochen.

[7] Vgl etwa zur Übertragung der Anwartschaft aus bedingter Verfügung *Brehm/Berger*, Sachenrecht (2000) § 31 RdN 10.

Abstraktionsgrundsatz unterstellt.[8] Der Erwerber wird nach § 929 BGB Eigentümer der veräußerten Sache, wenn eine Einigung über den Eigentumswechsel erzielt und die Sache übergeben wurde. Der Zweck der Rechtsübertragung, der Rechtsgrund, der vielfach als innere Rechtfertigung für den Rechtserwerb verstanden wird, spielt keine Rolle. Wurde aufgrund eines nichtigen Kaufvertrags eine Sache nach § 929 BGB oder §§ 872, 925 BGB übereignet, ist der Erwerber sachenrechtlich ohne jede Einschränkung Eigentümer. Er ist nur schuldrechtlich verpflichtet, den ungerechtfertigten Erwerb nach § 812 Abs 1 Satz 1 Alt 1 BGB zurückzugewähren. Gemeinhin wird das Abstraktionsprinzip mit dem Gedanken des Verkehrsschutzes gerechtfertigt.[9] Durch die abstrakte Ausgestaltung des Rechtsgeschäfts, das Grundlage der Rechtsübertragung ist, werden Angriffspunkte abgeschnitten, weil die dingliche Einigung nur einen Minimalkonsens verlangt. Verkehrsschutzgesichtspunkte spielen im Insolvenzverfahren bei der Bestimmung des haftenden Vermögens aber keine Rolle. Das haftende Vermögen muss danach bestimmt werden, was den Gläubigern zu ihrer Befriedigung gebührt. Im Hinblick auf die insolvenzrechtlichen Konsequenzen hat sich *Strohal*[10] kritisch mit dem Abstraktionsgrundsatz auseinander gesetzt. Dass der rechtsgrundlose Erwerb unter die Insolvenzgläubiger verteilt wird, war nach seiner Ansicht eine selbst für Juristen schwer verständliche Unbilligkeit. Das österreichische Recht, das die alte Lehre von der Übertragung durch Titulus und Modus beibehalten hat, führt zu einer angemesseneren Bestimmung des Haftungsvermögens. Bei nichtigem Kaufvertrag wird der Erwerber mangels eines gültigen Titels nicht Eigentümer und der Veräußerer kann im Insolvenzverfahren ein Aussonderungsrecht geltend machen. Aber dieses gerechtere Ergebnis ist nicht Folge größerer Sensibilität des österreichischen Insolvenzrechts, sondern einfacher Reflex des Sachenrechts. Das zeigt die restriktive Regelung der Ersatzaussonderung, die anders als § 48 dInsO unrechtmäßige Veräußerungen des Konkursschuldners vor Verfahrenseröffnung nicht berücksichtigt.

B. Der Abstraktionsgrundsatz

Man sollte meinen, dass sich *Savigny*, der als Urheber des Abstraktionsgrundsatzes gilt, mit den insolvenzrechtlichen Auswirkungen seiner neuen Lehre der Rechtsübertragung auseinander gesetzt hat. Wer solche Überlegungen bei *Savigny* sucht, wird jedoch enttäuscht. Es ist überhaupt schwer, einen praktischen Zweck auszumachen, der ihn veranlasst hat, die überkommene Lehre anzugreifen. Das praktische Beispiel für die Übereignung ohne Obligation, auf das

---

[8] Dazu *Brehm/Berger*, Sachenrecht § 1 RdN 18 ff; *Brehm*, Allgemeiner Teil des BGB[4] (2000) RdN 118.

[9] Dazu umfassend *Stadler*, Verkehrsschutz und Abstraktion (1996).

[10] *Strohal*, Rechtsübertragung und Kausalgeschäft im Hinblick auf den Entwurf eines bürgerlichen Gesetzbuches für das Deutsche Reich, JherJB 27 (1889) 335 ff; ebenso *Heck*, Das abstrakte dingliche Rechtsgeschäft (1937); vgl auch zur Eingriffskondiktion *Tuhr*, Allgemeiner Teil des Deutschen Bürgerlichen Rechts (1914/1918) II/2 (1957) § 73 III (111).

er immer wieder zurückgegriffen hat, ist der Fall, dass jemand einem Bettler ein Almosen aushändigt. Die Vertreter des gemeinen Rechts waren der Meinung, der Traditio müsse eine Obligation vorausgehen. Mit dem Beispiel des Almosens versucht *Savigny* zu beweisen, dass eine Übereignung auch ohne vorausgehende Begründung einer Obligation möglich sein müsse. Nach unserer heutigen Dogmatik liegt in den von *Savigny* gebildeten Beispielen[11] noch nicht einmal eine Übereignung ohne Rechtsgrund vor. Es fehlt nur an einer bereits bestehenden Verpflichtung, die Übereignung ist begleitet von einer Rechtsgrundabrede.

Mit diesen Bemerkungen soll nicht der Eindruck erwecket werden, im deutschen Zivilrecht habe sich der für Laien und ausländische Juristen kaum verständliche Abstraktionsgrundsatz nur deshalb entwickelt, weil in der ersten Hälfte des 19. Jahrhunderts ein Gelehrter Probleme damit hatte, wie man die Hingabe eines Almosen an einen Bettler juristisch richtig konstruiert. Die von *Savigny* entwickelte Übereignungslehre muss im Zusammenhang mit der Auseinandersetzung um die iusta causa gesehen werden. Nach gemeinem Recht war die Stipulation (und das später entwickelte nudum pactum) für den mit ihr verbundenen praktischen Zweck, der Zuwendung einer Forderung zum Vermögen des Gläubigers, zu ergänzen durch eine causa. Dabei haben sich drei Klassen herausgebildet: die causa donandi, credendi und solvendi. Ohne iusta causa war der Schuldvertrag nicht wirksam. Der gemeinrechtliche Grundsatz findet sich noch in Art 1108 frz Code Civil, der unter den vier Voraussetzungen für einen wirksamen Vertrag „une cause licite dans l' obligation" nennt. *Savigny* ging es darum, den Tatbestand des Schuldvertrags als Rechtsgeschäft von Merkmalen zu befreien, die nicht zu den Regelvoraussetzungen, sondern zu Einwendungen gehören. In seinem Obligationenrecht bescheinigt er der von ihm angegriffenen Lehre von der causa als notwendige Ergänzung des Vertrags (nudum pactum), dass sie zu irrigen Rechtsregeln nicht geführt habe.[12] Er wollte keine anderen Ergebnisse als die alte Lehre, sondern eine angemessenere Begründung. Gleiches gilt für die Rolle der causa bei der Übereignung. *Savigny* ging nicht vom Problem der causalosen Übereignung aus, sondern von einem intakten Veräußerungsgeschäft (Hingabe des Almosen an einen Bettler). Ihm ging es um die Begründung des Eigentumswechsels. Der Erwerber wird nicht Eigentümer, weil er einen Schuldvertrag geschlossen hat, sondern weil die Sache in der Absicht übergeben wird, das Eigentum zu übertragen und der Erwerber mit dem Eigentumserwerb einverstanden ist. Die Übereignung wurde damit auf eine rechtsgeschäftliche Grundlage, den dinglichen Vertrag, gestellt.

Der Abstraktionsgrundsatz in seiner heutigen Bedeutung hat sich erst allmählich aus der von *Savigny* begründeten Lehre entwickelt. Die Lehre vom dinglichen Vertrag wurde in den Dienst des Verkehrsschutzes gestellt. Bei der Übereignung durch Titulus und Modus kann bei fehlerhaftem Schuldvertrag ein

---

[11] Als zweites Beispiel nennt er die Aushändigung eines Darlehens ohne vorangegangene Kreditvereinbarung.

[12] *Savigny*, Obligationenrecht II (1853) 266.

Dritterwerber in Anspruch genommen werden.[13] Wenn die Übereignung fehlschlägt, ist die rei vindicatio begründet. Unter der Geltung des Abstraktionsgrundsatzes sind Streitigkeiten allein zwischen den am Schuldvertrag Beteiligten auszutragen, weil der mangelhafte Schuldvertrag nur zu einem schuldrechtlichen Bereicherungsanspruch führt, der grundsätzlich keinen Durchgriff auf Dritte erlaubt (Ausnahme: § 822 BGB).

Bei den Beratungen zum BGB wurde der Versuch unternommen, durch Änderung der Konkursordnung, die schwer verständlichen Konsequenzen des Abstraktionsgrundsatzes im Konkurs zu beseitigen. Es wurde ein § 36a dKO vorgeschlagen, der folgenden Wortlaut haben sollte: *„Ist der Gemeinschuldner verpflichtet, einen ohne rechtlichen Grund erlangten Gegenstand herauszugeben, so kann der zur Rückforderung Berechtigte die Herausgabe verlangen, soweit der Gegenstand sich zur Zeit der Eröffnung des Verfahrens in der Konkursmasse befindet. Auf den Fall des Rücktritts findet diese Vorschrift keine Anwendung"*. Dieser Vorschlag fand aber in der Kommission keine Mehrheit. Es wurden systematische Bedenken gegen die Stärkung des Bereicherungsanspruchs vorgetragen. Man glaubte, einem nur obligatorisch Berechtigten dürfe kein Aussonderungsrecht gewährt werden, man verwies auf eine entstehende Disharmonie zum Vollstreckungsrecht, das dem Bereicherungsgläubiger ebenfalls keinen Vorzug gewährt, und es wurde befürchtet, die Bedeutung des dinglichen Vertrags werde in einer Weise abgeschwächt, dass es zweifelhaft sei, ob dieses Institut noch praktisch brauchbar bleibe.[14] Entscheidend war aber die Ansicht, die Gleichbehandlung der persönlichen Gläubiger sei zur Sicherung des Personalkredits geboten. Wirklich überzeugend sind die Argumente nicht, welche gegen den vorgeschlagenen § 36a dKO vorgebracht wurden. Am wenigsten überzeugend ist es, wenn die Sicherung des Personalkredits als Begründung dafür angeführt wird, dass rechtsgrundlose Leistungen den Gläubigern zugute kommen sollen.

Durch den dinglichen Vertrag wird eine neue vermögensrechtliche Zuordnung eines Gegenstandes bewusst herbeigeführt. Wer diese Entscheidung getroffen hat, so könnte man argumentieren, muss auch die haftungsrechtlichen Konsequenzen hinnehmen. Das ist durchaus richtig, wenn man wie *Savigny* den Normalfall der Veräußerung betrachtet. Der dingliche Vertrag führt nicht nur zu einer vorläufigen, rein formalen Eigentumszuweisung, die stets durch eine schuldrechtliche Abrede zu rechtfertigen ist, damit der Erwerb bestandskräftig (bereicherungsfest) ist. Wer für seinen Nachbarn eine Grunddienstbarkeit für eine Wasserleitung im Grundbuch eintragen lässt, ohne die schuldrechtliche Seite eigens zu regeln – das ist in der Praxis gar nicht selten – hat durch dinglichen Vertrag ein Recht begründet, das er nicht mit der Begründung kondizieren kann, es liege kein Rechtsgrund vor. Mit der Leistungskondiktion werden *fehlgeschlagene* Rechtsübertragungen oder andere Leistungen rückgängig gemacht. Die Zerlegung der materiellen Voraussetzungen der Leistungskondiktion in

---

[13] Sofern kein gutgläubiger Erwerb vorliegt.

[14] Protokolle der Kommission für die Zweite Lesung des Entwurfs des BGB II (1898) 723 ff.

rechtsbegründende (§ 812 Abs 1 Satz 1 BGB) und rechtshindernde (§ 814 BGB) darf nicht darüber hinwegtäuschen, dass die Leistungskondiktion einen Irrtumsfall regelt. Nicht die rechtsgrundlose Leistung führt zu einer formalen innerlich nicht gerechtfertigen Vermögensübertragung, sondern die irrtümliche Leistung, die in der Annahme gemacht wird, es liege ein Rechtsgrund vor. Die Frage ist deshalb, welche Bedeutung dem Irrtum beigemessen wird. Dass der Irrtum nur zu einem schuldrechtlichen Rückgewähranspruch führt, beruht auf Gesichtspunkten des Verkehrsschutzes, der bei der gerechten Verteilung des Schuldnervermögens im Insolvenzverfahren kein Gesichtspunkt sein kann.[15]

C. Eingriffskondiktion

Trifft ein Nichtberechtigter über einen Gegenstand eine Verfügung, die dem Berechtigten gegenüber wirksam ist, so ist er dem Berechtigten zur Herausgabe des „durch die Verfügung" Erlangten verpflichtet (§ 816 Abs 1 BGB). Diesem Bereicherungstatbestand entspricht der Tatbestand der Ersatzaussonderung des § 48 dInsO. Dabei ist bemerkenswert, dass auch Veräußerungen, die vor Eröffnung des Verfahrens durch den Insolvenzschuldner vorgenommen wurden, von § 48 dInsO erfasst werden. Der Regierungsentwurf wollte in § 55 dInsO nach dem Vorbild des österreichischen Rechts die Ersatzaussonderung auf unberechtigte Verfügungen des Insolvenzverwalters beschränken. In der Begründung wurde ausgeführt, im Falle der Veräußerung durch den Schuldner habe der Gläubiger seinen zur Aussonderung berechtigenden Anspruch schon vor Eröffnung des Verfahrens verloren; ihm stünden nur noch allgemeine Delikts- und Bereicherungsansprüche zu. Unter diesen Umständen sei kein einleuchtender Grund dafür ersichtlich, den Gläubiger im Insolvenzverfahren besser zu stellen als andere Gläubiger mit derartigen Ansprüchen. Im Gesetzesentwurf werde durchgängig der Grundsatz befolgt, dass durch die Eröffnung des Insolvenzverfahrens nicht die Rechtsstellung einzelner Gläubiger zum Nachteil der übrigen verbessert werden dürfe. In die Endfassung des Gesetzes ging die Beschränkung der Ersatzaussonderung nicht ein. Zur Begründung der erweiterten Ersatzaussonderung stellte man auf den Surrogationsgedanken ab.[16] Nicht geschützt ist der Bereicherungsgläubiger, wenn die Gegenleistung nicht mehr unterscheidbar in der Masse vorhanden ist. Das gilt auch dann, wenn die Insolvenzmasse nachweislich aufgrund der unrechtmäßigen Verfügung bereichert ist. Erstaunlich ist, dass der Gesetzgeber heftig kritisiert wurde, weil er dem Opfer einer Unterschlagung das Recht gewährte, den aus der unrechtmäßigen Veräußerung erziel-

---

[15] Auch die Überlegung, der Gläubiger verlasse sich darauf, dass der Schuldner dinglich Berechtigter ist, geht fehl, weil kein Gläubiger allein dadurch gesichert ist, dass der Schuldner derzeit Vermögenswerte hat. Das folgt schon daraus, dass der Schuldner bis zum Eintritt des Haftungsfalles frei verfügen kann.

[16] Vgl *Balz/Landfermann*, Die neuen Insolvenzgesetze (1995) 127. Zum Surrogationsgedanken im Konkurs grundlegend *Gerhardt*, Der Surrogationsgedanke im Konkursrecht – dargestellt an der Ersatzaussonderung, KTS 1990, 1 mwN.

ten Erlös an sich zu ziehen. Bezeichnend für die damalige Diskussion ist ein
Beitrag von *Dieckmann*, in dem kritisch bemerkt wird, die Abkehr von der
zunächst geplanten Einschränkung der Ersatzaussonderung lasse sich mit dem
Reformziel „Erweiterung der Insolvenzmasse" nicht vereinbaren.[17] Die Reform-
diskussion war ganz beherrscht von der Frage, wie man die Insolvenzmasse an-
reichern kann und wie verhindert werden kann, dass Insolvenzverfahren an der
Massearmut scheitern. Die Frage, wie das Schuldnervermögen gerecht unter die
Gläubiger zu verteilen sei, wurde nicht grundsätzlich gestellt.[18]

D. Verarbeitung

Wer durch Verarbeitung oder Umbildung eines oder mehrerer Stoffe eine
neue bewegliche Sache herstellt, erwirbt nach § 950 BGB das Eigentum an der
neuen Sache, sofern nicht der Wert der Verarbeitung oder der Umbildung erheblich geringer ist als der Wert des Stoffes. Der Sinn des § 950 BGB erschließt
sich, wenn man sich vergegenwärtigt, dass mit dem Eigentum zwei Funktionen
verbunden sind. Eigentum ist einmal ein Vermögensrecht. Mit dem Eigentum
sind aber nicht nur Vermögensinteressen geschützt. Das Gesetz erkennt auch
das reine Sachinteresse an. Geschützt wird auch die Sache, die keinen Markt-
wert hat (ein beschriebenes Blatt). Der Konflikt zwischen Sachinteresse und
Vermögensinteresse wird durch § 950 BGB ausgeglichen.[19] Ein Sachinteresse
an der neu hergestellten Sache hat in der Regel nur der Verarbeiter, der die vor-
gefundenen Materialien nach seinen Bedürfnissen gestaltet hat. Deshalb wird
ihm das Eigentum zugewiesen. Den Vermögensinteressen des Stoffeigentümers
wird dadurch Rechnung getragen, dass ihm ein Ersatzanspruch zugebilligt wird
(§§ 951, 812 BGB). Solange der Bereicherungsschuldner zahlungsfähig ist,
führt § 950 BGB zu einem fairen Interessenausgleich zwischen Verarbeiter und
Stoffeigentümer. Der Interessenausgleich wird aber gestört, wenn der Verarbeiter in Konkurs fällt. Seine Gläubiger dürfen die neu hergestellte Sache verwerten, und der Stofflieferant muss sich mit der Insolvenzquote zufrieden geben.
Das ist ein unbilliges Ergebnis, weil bei § 950 BGB der Eigentumserwerb auf
Wertungen beruht, die mit einer gerechten Haftungsordnung nichts zu tun
haben.

E. Gestörter Interessenausgleich als gemeinsames Merkmal

Das Haftungsvermögen ist zwar grundsätzlich nach der dinglichen Zuordnung zu bestimmen. Dabei darf aber nicht übersehen werden, dass die dingliche
Zuweisung eines Gegenstandes nach materiellem Recht kein isolierter Vorgang

---

[17] *Dieckmann*, Zur Reform der Ersatzaussonderung, in FS Henckel (1995) 101.

[18] Eine Ausnahme ist der Aufsatz von *Häsemeyer*, Die Gleichbehandlung der Konkursgläubiger, KTS 1982, 507.

[19] Dazu *Brehm/Berger*, Sachenrecht § 28 RdN 14.

ist, sondern mit Ausgleichsansprüchen verbunden sein kann. Die abstrakte Übereignung führt im Falle der irrtümlichen rechtsgrundlosen Leistung zu einem Bereicherungsanspruch (§ 812 Abs 1 Satz 1 BGB). Bei der wirksamen Verfügung des Nichtberechtigten wird im Interesse des Verkehrs der bisherige Rechtsinhaber enteignet, aber er wird dafür durch einen Anspruch gegen den Verfügenden entschädigt (§ 816 Abs 1 BGB). Auch bei der Verarbeitung entsteht mit dem Rechtserwerb ein Ausgleichsanspruch (§ 951 BGB). Wenn die schuldrechtlichen Ausgleichsansprüche bei der Bestimmung des haftenden Vermögens ausgeblendet werden, wird der Interessenausgleich gestört, der den dinglichen Erwerb rechtfertigt. Bei rechtsgeschäftlichen Veräußerungsvorgängen entstehen schuldrechtliche Ansprüche aus dem Kaufvertrag. Hat der Verkäufer vorgeleistet, kann er den Kaufgegenstand nicht zurückfordern, weil er vom Verwalter nur die Konkursquote als Kaufpreis bekommt. Der Vorleistende hat aber anders als die Bereicherungsgläubiger Kredit gewährt. Ohne Vorleistung richtet sich die Abwicklung nach der Vorschrift des § 103 dInsO, die den Zusammenhang zwischen Rechtserwerb und Gegenleistung wenigstens für den Fall berücksichtigt, dass der Insolvenzverwalter die Erfüllung wählt.

III. Der Gleichbehandlungsgrundsatz

A. Das Privilegienwesen

Dass dem Bereicherungsgläubiger – abgesehen vom Ersatzaussonderungsberechtigten – im Insolvenzverfahren keine Vorzugsstellung eingeräumt wird, beruht auf dem Dogma der Gleichbehandlung der obligatorisch Berechtigten. Dieser Grundsatz wurde im Laufe der Geschichte zu einem Differenzierungsverbot versteinert. Verständlich ist dies, wenn man bedenkt, dass im Insolvenzrecht über hunderte von Jahren ein Kampf gegen Privilegien geführt wurde. Bei Schaffung der deutschen Konkursordnung gab es zahllose Vorrechte, die obsolet oder nicht gerechtfertigt waren. So wurde nach der Hamburger Fallitenordnung das Lösegeld aus Sklaverei und Türkengefahr bevorzugt. In Bayern gab es ein Vorzugsrecht für Bierbrauer und in Bremen gewährte die Handfestenordnung zugunsten des Staates ein Vorrecht für Gaslieferungen.[20] Die Abschaffung alter Privilegien war ein wichtiges rechtspolitisches Anliegen, das der Gesetzgeber in der dKO zu verwirklichen suchte. So heißt es in den Motiven zur deutschen Konkursordnung: *„Die Beseitigung aller Vorrechte muß das Ziel sein, welches die Gesetzgebung nicht aus den Augen verlieren darf"*. Die herkömmlichen Privilegien wurden als juristische Plage empfunden: *„Jede, noch so ‚gute‘ Vorrechtsordnung ist ein Übel, je feiner ersonnen, desto mehr abgestuft und ausgebildet, ein desto schlimmeres Übel"*.[21] Dabei konnte man auf die Motive

---

[20] Die Beispiele sind bei *Hahn/Mugdan*, Die gesamten Materialien zu den Reichsjustizgesetzen IV (1881) 238 aufgeführt.
[21] *Hahn/Mugdan*, Materialien IV 238.

zum Referentenentwurf zur österreichischen Konkursordnung von 1869 verweisen, in dem es hieß: *„In der Tat erweisen sich die ... leitenden Gesichtspunkte, von welchen man zur Begründung der Vorrechte auszugehen pflegt ... bei näherer Prüfung größtenteils als unhaltbar".*[22]

B. Rechtfertigung des Gleichbehandlungsgrundsatzes

Der Grundsatz der Gleichbehandlung wurde bei den Gesetzgebungen des 19. Jahrhunderts eher indirekt begründet. Man untersuchte bestehende Privilegien und verwarf sie als ungerechtfertigt oder unzeitgemäß. Wo keine Gründe für eine unterschiedliche Behandlung auszumachen sind, bleibt als Verteilungsmaßstab nur der Gleichheitsgrundsatz, der den Charakter einer Auffangregel hat. Eine direkte Begründung für den Gleichbehandlungsgrundsatz lieferte, soweit ersichtlich, erstmals *Häsemeyer* durch seine Theorie der Ausgleichshaftung. Daneben setzte er sich grundsätzlich mit Argumenten auseinander, die Vorrechte zu begründen suchen.

Die Frage, ob bestimmte Gläubiger eine Vorzugsstellung verdienen, beantwortet *Häsemeyer* durch eine Rückbesinnung auf die Funktion des Privatrechts. Wenn für die Konkursfestigkeit der Mobiliarsicherheiten der besondere Kreditbedarf der deutschen Wirtschaft angeführt werde oder für den Vorrang der Ansprüche aus Sozialplänen die existenzielle Bedeutung dieser Ansprüche, werde die Verfügbarkeit des Schuldnervermögens für haftungsfremde Zwecke vorausgesetzt. Er weist darauf hin, dass Privatvermögen mit der Insolvenz des Schuldners nicht gesamtwirtschaftlichen oder sozialen Zwecken dienstbar gemacht werde. Die Konkursordnung aus dem Jahre 1877 kannte noch eine Rangordnung der Konkursgläubiger in § 61 dKO. Bevorrechtigt waren die für das letzte Jahr vor Eröffnung des Verfahrens rückständigen Lohnforderungen (§ 61 Nr 1 dKO), es gab einen Vorrang für Ärzte, Tierärzte, Apotheker und Hebammen (§ 61 Nr 4 dKO). Die Vorrechte waren zu einer Zeit entstanden, als das Privatrecht öffentliche Aufgaben wahrzunehmen hatte, die heute in der Zuständigkeit des Sozialrechts liegen. Ein Vorrang für Ärzte mochte gerechtfertigt sein, als es für Ärzte eine gesetzliche Pflicht gab, den Hilfebedürftigen ohne Rücksicht auf die Zahlungsfähigkeit zu behandeln.[23] *Häsemeyer* betont, das Insolvenzrecht tauge nicht zum Nothelfer für sozial-, wirtschafts- und fiskalpolitische Defizite.[24]

Die Forderung, das Insolvenzrecht von Zwecken zu befreien, die mit der Haftungsordnung nichts zu tun haben, liefert noch keinen direkten Beweis dafür, dass die Gleichbehandlung der richtige Verteilungsmaßstab ist, es werden die Einwände gegen Privilegien nur grundsätzlicher begründet. *Häsemeyer* liefert

---

[22] Vgl das Zitat in *Hahn/Mugdan*, Materialien IV FN 2.

[23] Diese Pflicht wurde im 19. Jahrhundert durch die Allgemeine Gewerbeordnung (§ 144 Abs 2) abgeschafft.

[24] *Häsemeyer*, Insolvenzrecht² (1998) RdN 2.20.

aber auch eine positive Rechtfertigung für den Gleichbehandlungsgrundsatz. Die Gleichbehandlung stützt er auf ein Prinzip der Ausgleichshaftung zwischen den Gläubigern, das seine innere Rechtfertigung daraus bezieht, dass alle Gläubiger durch die Begründung und Abwicklung ihrer Rechtsverhältnisse Einfluss auf das Vermögen des Schuldners genommen haben, von dem auch die Rechtsverhältnisse der Mitgläubiger betroffen seien. Vor Verfahrenseröffnung habe die eigenverantwortliche Vermögens- und Haftungssteuerung des Schuldners diese Einflüsse neutralisiert. In der Insolvenz gewinne der wechselseitige Gläubigereinfluss entscheidende Bedeutung: Die Begründung, Durchsetzung, dingliche Sicherung und Erfüllung jeder einzelnen Forderung sei mitursächlich für die Insolvenz gewesen.[25] Für die Bereicherungsgläubiger folge die Gleichbehandlung mit den übrigen Insolvenzgläubigern aus den nicht mehr rückrechenbaren Vermögensumsetzungen. Was der Schuldner aus den ihm unberechtigterweise zugeflossenen Mitteln zum Nutzen einzelner Gläubiger verwendet habe, könne diesen Gläubigern allenfalls nach insolvenzrechtlichen Gründen wieder abverlangt werden. Wenn der Schuldner mit Hilfe solcher Mittel neue Verbindlichkeiten eingegangen sei (etwa Anzahlungen geleistet habe) dürften deren Gläubiger wenigstens strikte Gleichbehandlung mit den Delikts- oder Bereicherungsgläubigern verlangen, weil sie ohne die von jenen stammenden Mittel keine wertlosen Forderungen erworben hätten.

Es ist zuzugeben, dass die Theorie von *Häsemeyer* von eindrucksvoller intellektueller Brillanz ist. Aber sie kann den Gleichbehandlungsgrundsatz als materielles Verteilungsprinzip nicht rechtfertigen. Schon bei den Gläubigern, die Kredit gewährt haben, ist die Einflussnahme auf das Schuldnervermögen nicht gleichwertig. Der eine hat Kredit gewährt, als der Schuldner noch keine Verbindlichkeiten hatte, der andere gesellte sich von vornherein zu schon vorhandenen Gläubigern. Dass sich eine Kreditgewährung auf Dritte auswirken kann, soll nicht bestritten werden. Aber wie sich die Kreditgewährung im Einzelfall auf konkurrierende Gläubiger auswirkt, lässt sich abstrakt nicht beurteilen, jedenfalls muss der Mitgläubiger nicht benachteiligt oder gefährdet werden. Der Schuldner kann etwa aufgrund des Kredits Aufträge ausführen und mit dem Gewinn andere Schulden ganz oder teilweise zurückführen. Weshalb soll sich der Kreditgeber ein System wechselseitiger Ausgleichshaftung gefallen lassen, wenn andere Kreditgeber von seiner Kreditgewährung bisher profitiert haben? Die von *Häsemeyer* postulierte Einwirkung auf andere Rechtsverhältnisse fehlt auch bei Umschuldungen, die mit dem Ziel vorgenommen werden, die Kreditbedingungen zu verbessern. Wenn *Häsemeyer* auch bei Bereicherungsansprüchen darauf abstellt, dass das „Erworbene" auf andere Rechtsverhältnisse Einfluss genommen habe, dann ist das kein hinreichender Grund, die Vermögenswerte des Entreicherten unter Gläubigern aufzuteilen, die bewusst ein Risiko eingegangen sind und sich dieses Risiko in Form von höheren Zinsen bezahlen ließen. Die Bereicherung des Schuldnervermögens mag kausal für Dispositionen oder Rechtsgeschäfte sein, aber aus der Kausalität lassen sich Verteilungs- oder Haftungsgrundsätze nicht ableiten.

---

[25] *Häsemeyer*, Insolvenzrecht² RdN 2.26.

C. Gleichbehandlungsgrundsatz und Konkurszweck

Die Theorie von *Häsemeyer* hat gleichwohl das Verständnis des Gleichbehandlungsgrundsatzes gefördert. *Häsemeyer* betont nämlich richtig, dass zwischen einem materiellen Gleichbehandlungsgrundsatz und der Friedensfunktion des Konkurses kein Zusammenhang besteht.[26] Mit den Konkursordnungen stellten die Gesetzgeber Verfahren bereit, die zunächst die Aufgabe hatten, eine Störung des sozialen Friedens zu verhindern; das ungeordnete Anstürmen der konkurrierenden Gläubiger musste in geordnete Bahnen gelenkt werden. Die Liquidation des Schuldnervermögens musste zu diesem Zwecke in die Hand eines Verwalters gelegt und es musste für eine zügige Verfahrensabwicklung gesorgt werden. Streitigkeiten um Vorrechte zwischen den Gläubigern – vielleicht in einem schriftlichen Gemeinen Prozess ausgetragen – hätten den Zweck des ganzen Unternehmens gefährdet. In einer Zeit, in der Gemeinschuldner keine juristischen Personen waren, und das Nachforderungsrecht der Gläubiger unbeschränkt war, konnte die Verteilung im Insolvenzverfahren als vorläufige Abschlagszahlung auf die fortbestehenden Forderungen begriffen werden. Bei der Verteilung des Schuldnervermögens konnten Gerechtigkeitsaspekte nur insoweit berücksichtigt werden, als es die Friedensfunktion zuließ. Insofern hat der Grundsatz der Gleichbehandlung der Gläubiger im Konkurs den gleichen Gerechtigkeitsgehalt wie possessorische Ansprüche (§§ 861 ff BGB), die auch die Aufgabe haben, den Frieden zu sichern.[27] Konkursrecht war ursprünglich wie das Besitzrecht privatrechtliches Polizeirecht, das die öffentliche Sicherheit und Ordnung sicherstellen soll. Auch der Besitzschutzprozess führt materiell zu ganz ungerechten Ergebnissen, wenn etwa der Dieb sein Diebesgut mit den Mitteln der Rechtsordnung verteidigen darf. Aber die Besitzordnung ist nur eine vorläufige sachenrechtliche Ordnung. Gerechtigkeit wird den Beteiligten im Streit um petitorische Ansprüche gewährt. Wenn man sich bewusst macht, dass Verteilungsgerechtigkeit im Insolvenzverfahren nur im Rahmen der Friedensfunktion des Insolvenzverfahrens berücksichtigt wird, ist der formale Gleichbehandlungsgrundsatz durchaus sachgerecht, vor allem, wenn man berücksichtigt, dass mit der Zuteilung einer Konkursquote noch nicht das letzte Wort darüber gesprochen ist, wie viel der einzelne Gläubiger am Ende bekommen wird.

D. Veränderte Prämissen

Die deutsche InsO bekennt sich in § 201 ausdrücklich zu dem Recht der Gläubiger, nach Aufhebung des Verfahrens ihre restlichen Forderungen gegen den Schuldner geltend zu machen. Die zur Tabelle festgestellten Forderungen können im Wege der Zwangsvollstreckung beigetrieben werden (§ 201 Abs 2 dInsO). Insofern wird theoretisch auch heute noch im Insolvenzverfahren lediglich eine Abschlagszahlung auf die Forderungen der Gläubiger geleistet. Aber das freie Nachforderungsrecht hat seine praktische Bedeutung weitgehend verloren. Die

---

[26] *Häsemeyer*, Insolvenzrecht² RdN 2.17.
[27] Zum Schutzzweck possessorischer Ansprüche *Brehm/Berger*, Sachenrecht § 4 RdN 12.

meisten Insolvenzverfahren werden über das Vermögen juristischer Personen durchgeführt. Sie verlieren mit dem Insolvenzverfahren ihre Rechtspersönlichkeit und eine spätere Zwangsvollstreckung scheidet deshalb aus. Auch bei natürlichen Personen ist die Nachhaftung in aller Regel ausgeschlossen, weil dem redlichen Schuldner Gelegenheit gegeben wird, sich von seinen restlichen Verbindlichkeiten zu befreien (§ 1 dInsO). Die Nachhaftung kann im Insolvenzplan ausgeschlossen werden. Wenn der Plan nichts anderes bestimmt, wird der Schuldner mit der im gestaltenden Teil des Plans vorgesehenen Befriedigung der Insolvenzgläubiger von seinen restlichen Verbindlichkeiten befreit (§ 227 Abs 1 dInsO). Daneben sieht das Gesetz ein Restschuldbefreiungsverfahren vor (§§ 286 ff dInsO). Aus der vorläufigen Abschlagszahlung auf die Forderungen der Gläubiger ist eine endgültige Verteilung geworden. Damit hat die Frage nach der richtigen Verteilung einen anderen Stellenwert bekommen. Man kann es hinnehmen, wenn der Bestohlene in dem Verfahren, das erst einmal für Ruhe und Ordnung sorgen soll, nur eine Quote bekommt und unrechtes Gut unter die Gläubiger verteilt wird. Dieses Ergebnis ist aber nicht mehr hinnehmbar, wenn mit der Schlussverteilung im Insolvenzverfahren das letzte Wort gesprochen ist.

Auch in einem weiteren Punkt haben sich die Verhältnisse gegenüber früheren Zeiten, in denen die Idee der Gleichbehandlung geboren wurde, nachhaltig verändert. Eine materiell gerechte Verteilung im Insolvenzverfahren setzt eine Ordnung voraus, welche den einzelnen Gläubigerforderungen ihren Rang zuweist. Das führt zu Rangstreitigkeiten, die in den schwerfälligen Zivilprozessen vergangener Jahrhunderte kaum in angemessener Zeit bewältigt werden konnten. Der heutige Zivilprozess ist dieser Aufgabe gewachsen. Deshalb kann der Verzicht auf eine Ordnung fairer Verteilung der Insolvenzmasse nicht mehr damit gerechtfertigt werden, das Streben nach Gerechtigkeit stoße schon an prozessuale Grenzen.

Verändert hat sich schließlich auch der Zweck des Insolvenzverfahrens. Man kann heute das Insolvenzrecht nicht mehr als privatrechtliches Polizeirecht verstehen, das in erster Linie Ruhe und Ordnung schaffen und durch Abschlagszahlungen auf die Forderungen anstürmende Gläubiger ruhig stellen soll.

IV. Der Bereicherungsanspruch im Insolvenzverfahren

Die veränderten Prämissen des Insolvenzrechts müssen zu einem Paradigmenwechsel führen. Die Gleichbehandlung aller obligatorisch Berechtigten lässt sich *rechtspolitisch* mit den überkommen Argumenten nicht mehr rechtfertigen. Bei dem Entwurf einer gerechten Haftungsordnung darf man nicht vor dem Tabubruch zurückschrecken, bestimmten Gläubigern einen Vorrang einzuräumen. Das soll nicht als Aufruf missverstanden werden, zur alten Privilegienseligkeit[28] zurückzukehren. Die Motive zur deutschen Konkursordnung haben

---

[28] Ein Ausdruck, den *Stürner* (Zwangsvollstreckungs-, Konkurs- und Vergleichsrecht II[12] [1990] RdN 3.31) geprägt hat.

die Privilegienordnungen mit dem treffenden Satz beschrieben: *„Das Streben, Gerechtigkeit bis ins kleinste zu üben, führte dahin, eine jede Forderung gegen die andere auf die Wage der Billigkeit zu legen und danach ihren Vorzug zu bestimmen, – ein Weg, der immerwährende Nachhülfe verlangte, und Vorrecht auf Vorrecht häufte, so daß ein Gläubiger privilegiert sein mußte, sollte er irgend Aussicht auf Befriedigung haben ...“.*[29] Auch gegenüber zeitgenössischen Forderungen, im Insolvenzverfahren wirtschaftspolitische Interessen zu berücksichtigen,[30] ist Skepsis angebracht. Das Insolvenzrecht darf die Zahlungsunfähigkeit des Schuldners nicht zum Anlass nehmen, die verbliebenen Mittel haftungsfremden Zwecken zuzuführen.[31] Die Verteilung im Insolvenzverfahren muss in Einklang mit den Wertungen des Zivilrechts vorgenommen werden. Bei der Entwicklung einer gerechten Haftungsordnung muss man sich insbesondere von der parteiischen Zielsetzung befreien, nach Möglichkeit die Masse anzureichern. Auch wer das Ziel verfolgt, durch Gleichbehandlung der Gläubiger den Personalkredit zu stärken, verlässt die privatrechtlichen Wertungen und nutzt den Konkurs zur Umverteilung aus.

Vermögensverschiebungen, denen jede innere Rechtfertigung fehlt, sollten nicht den Insolvenzgläubigern zugute kommen. Diesen Grundsatz gilt es allerdings zu präzisieren. Dem Bereicherungsgläubiger ganz allgemein einen Vorrang vor anderen Gläubigern einzuräumen, wäre unangemessen und führte zu keiner fairen Haftungsordnung. Wenn etwa auf das debitorisch geführte Konto des späteren Gemeinschuldners rechtsgrundlos ein Betrag überwiesen wurde, hat der Schuldner Befreiung von einer Verbindlichkeit gegenüber der Bank erlangt; das ist ein Vorteil, der nach § 812 BGB auszugleichen ist. Zwar hat der Bereicherungsschuldner gegenständlich nichts erlangt, aber wo das Erlangte nicht herausgegeben werden kann, erwirbt der Bereicherungsgläubiger einen Wertersatzanspruch nach § 818 Abs 2 BGB. Der Anspruch ist auf Geld gerichtet und nicht auf einen bestimmten Gegenstand. Würde man dem Bereicherungsgläubiger, der den Schuldner von einer Verbindlichkeit befreit hat, einen Vorrang einräumen, würden die übrigen Gläubiger ungerechtfertigt benachteiligt. Das liegt daran, dass das, was dem Schuldner zugeflossen ist, an einen Dritten weitergeleitet wurde, der nicht zur Rückgewähr verpflichtet ist.[32] Die übrigen Gläubiger profitieren durch die Befriedigung des dritten Gläubigers nur dadurch, dass dieser im Insolvenzverfahren nicht zu berücksichtigen ist und deshalb keine Insolvenzquote zu beanspruchen hat. Deshalb ist der Anspruch des Bereicherungsgläubigers in diesen Fällen auf die Quote zu begrenzen. Würde dem Bereicherungsgläubiger mehr zugewiesen, würden die Insolvenzgläubiger durch Bereinigung des Bereicherungsvorgangs schlechter gestellt als sie stün-

---

[29] *Hahn*, Motive 236.

[30] So etwa *Gottwald*, Die Interessengemeinschaft der Gläubiger eines insolventen Schuldners, in FS Giger (1989) 195 f.

[31] Zutreffend *Häsemeyer*, Insolvenzrecht[2] RdN 2.20.

[32] Das deutsche Recht kennt keine bereicherungsrechtliche Durchgriffshaftung; dazu *Hager*, Entwicklungsstadien der bereicherungsrechtlichen Durchgriffshaftung, in GdS König (1984) 151.

den, wenn es zu der ungerechtfertigten Bereicherung nicht gekommen wäre. Anders verhält es sich dagegen, wenn die rechtsgrundlose Überweisung auf ein Konto erfolgte, das nicht debitorisch geführt wurde. Hier erlangt der Kontoinhaber einen Anspruch gegen die Bank. Würde der unrechtmäßig erlangte Betrag vorab an den Bereicherungsgläubiger ausgekehrt, erhielten die übrigen Gläubiger die Quote, die sie ohne den Bereicherungsvorgang erhalten hätten.

Die beiden Beispiele sollen nur modellhaft zeigen, dass bei Bereicherungsansprüchen danach zu differenzieren ist, ob die ungerechtfertigte Bereicherung des Schuldnervermögens zu einer Besserstellung der Insolvenzgläubiger führt. Es soll nicht der Grundsatz aufgestellt werden, bei der rechtsgrundlosen Überweisung auf ein Konto komme es darauf an, ob das Konto debitorisch geführt wurde oder nicht. Bei der Beurteilung, ob die Insolvenzgläubiger einen ungerechtfertigten Vorteil aus rechtsgrundlosen Bereicherungen ziehen, darf man nicht nur den Leistungsvorgang betrachten und bei einer Momentaufnahme stehen bleiben. Wenn vor Eröffnung des Insolvenzverfahrens ein Betrag auf ein nicht debitorisch geführtes Konto überwiesen wurde, müssen die Insolvenzgläubiger dadurch nicht notwendig begünstigt sein. Die Begünstigung entfällt, wenn der Schuldner später zur Schuldentilgung Überweisungen getätigt hat. Je weiter die rechtsgrundlose Leistung zurückliegt, desto schwieriger wird es freilich sein, die Auswirkungen auf die Stellung der Gläubiger zu messen. Aber die Schwierigkeiten, die sich daraus ergeben, dass Vermögensumsätze des Schuldners über Jahre hinweg hypothetisch kaum zurückzurechnen sind, sind nur Beweisprobleme, denen wir auch bei Schadensberechnungen nach der Differenzmethode begegnen. Wenn der Gegenstand der ungerechtfertigten Vermögensverschiebung in der Masse noch vorhanden ist, hat der Bereicherungsgläubiger gute Chancen, seinen Vorrang darzutun. Zu prüfen ist wie bei der Entreicherung nach § 818 Abs 3 BGB, ob der Erwerb zu Nachteilen geführt hat. Da es um das Verhältnis des Bereicherungsgläubigers zu den übrigen Insolvenzgläubigern geht, kommt es für den Vorrang nicht darauf an, ob sich der Bereicherungsschuldner auf § 818 Abs 3 BGB berufen könnte. Entscheidend ist allein, ob die ungerechtfertigte Bereicherung zu einer ungerechtfertigten Besserstellung der Insolvenzgläubiger führt.

Das geltende Recht erlaubt die Korrektur ungerechtfertigter Vermögensverschiebungen in diesen Grenzen nicht. Fehlgeschlagene Vermögenszuwendungen und rechtswidrige Eingriffe in fremde Rechte kommen den Insolvenzgläubigern zugute, ein Ergebnis, das mit der Eigentumsgarantie des Art 14 GG nur schwer vereinbart werden kann.

Zur Anfechtung nach der Europäischen Insolvenzverordnung

Alfred Burgstaller

I. Entwicklung

Oft setzt der Gemeinschuldner, bevor es zur Konkurseröffnung kommt, Rechtshandlungen, die die Gesamtheit der Gläubiger benachteiligen, etwa einzelne Gläubiger begünstigen. Verfügt er dabei über Vermögensteile, die sich im Ausland befinden oder ins Ausland gelangen, so fällt es dem Masseverwalter besonders schwer, sie mit Hilfe der Anfechtung nach der Konkursordnung wieder zur Masse zurückzuholen. Dabei stellen sich faktische und rechtliche Probleme; rechtlich insbesondere die Frage, nach welchem Recht eine Anfechtung zu beurteilen ist. Damit verbunden ist die Frage, wer bei welchem Gericht eine Entscheidung über die Anfechtung erwirken kann, und ob und wie die Entscheidung dann durchsetzbar ist.

Nach welchem Recht eine Konkursanfechtung zu beurteilen sei, war bisher umstritten. Es gibt ganz gegensätzliche Lösungsvorschläge;[1] so etwa

– die *lex fori concursus* (vertreten etwa von *Schwimann*);[2]

---

[1] Siehe dazu etwa die Darstellung von *König*, Die Anfechtung nach der Konkursordnung[2] (1993) Rz 466 ff; *H. Hanisch*, Bemerkungen zur Insolvenzanfechtung im grenzüberschreitenden Insolvenzfall, in FS Hans Stoll (2001) 503 ff; beide mwN.

[2] *Schwimann* in *Rummel* (Hrsg), Kommentar zum Allgemeinen bürgerlichen Gesetzbuch II[2] (1992) Vor § 35 IPRG Rz 7c.

– das Recht, das auch sonst für die Wirksamkeit der Handlung maßgeblich ist – *lex causae* (so *Henckel*);[3] oder

– die Koppelung oder (unechte) Kumulation[4] von *lex fori concursus* und jenem Recht, welches die anfechtbare Rechtshandlung bestimmt (*König*).[5]

Sowohl *Henckel* als auch *König* erklären, eine sonst grundlose Rechtswahl der Rechtsgeschäftspartner zugunsten eines Rechts, das die Anfechtbarkeit erschwert, müsse zufolge des Schutzgedankens des Anfechtungsrechts unbeachtlich bleiben.[6]

Aus österreichischer Sicht stellt sich in vielen Fällen die vorgelagerte Frage, ob im Ausland belegenes Vermögen zur Masse gehöre. Geht man von der grundsätzlichen Zugehörigkeit des Auslandsvermögens zur Masse aus – was allerdings strittig ist –, so folgt zunächst daraus, dass dieses betreffende Rechtshandlungen anfechtbar sein können.

Die Entscheidung OGH 20.2.1986, 7 Ob 663/85 entschied im Gegenteil: Mangels Gegenseitigkeit könnten sich die Rechtswirkungen des inländischen Konkurses nicht auf das im Ausland gelegene Vermögen der Gemeinschuldnerin erstrecken. Dieses Vermögen unterstehe der freien Verfügung der Gemeinschuldnerin, die sich darauf beziehenden Rechtshandlungen unterliegen daher auch nicht der Anfechtung.

Es gibt allerdings Fälle, wo die Massezugehörigkeit von Vermögensteilen angenommen wird, die vor Konkurseröffnung ins Ausland gelangt sind.[7] Maßgebend ist nach dem Verständnis der bisherigen Rechtsprechung wohl der Lageort zu jener Zeit, da die anzufechtende Handlung vorgenommen wird; dieser Aspekt spielt meist bei territorial begrenzten Insolvenzverfahren eine Rolle.[8]

In einer Entscheidung, die viel Aufmerksamkeit gefunden hat, ging der OGH von der Massezugehörigkeit eines in die Schweiz bezahlten Geldbetrags aus; die Konkursanfechtung beurteilte der OGH dann nach der österreichischen lex fori concursus, er sprach aus, die konkursrechtliche Anfechtung von Vermögenstransaktionen des Gemeinschuldners richte sich zwangsläufig nach dem Recht des Konkursgerichtes.[9] Ein konkursrechtlicher Anfechtungsanspruch erscheine gedanklich auf eine durch gesetzliche Eingriffsnorm im Interesse der Konkurs-

---

[3] *Henckel*, Die internationalprivatrechtliche Anknüpfung der Konkursanfechtung, in FS Nagel (1987) 93 (107).

[4] Zu den Fragen der Bezeichnung s *Hanisch* in FS Hans Stoll 503 ff.

[5] *König*, Anfechtung² Rz 472 mwN. Zu den Nachteilen der Kumulation vgl insb *Hanisch*, Kollisionsrechtliche Grundsätze, in FS Jahr (1993) 455 (472).

[6] *König*, Anfechtung² Rz 472; *Henckel* in FS Nagel 108 f.

[7] OGH 11.12.1989 SZ 62/199 = ecolex 1990, 85 = IPRE 3/82 = ÖBA 1990/241, 836 (*Fink*) = RdW 1990, 158.

[8] Vgl *Volken* in *Heini et al*, IPRG Kommentar (Zürich 1993) Art 171 Rz 8 zur Anfechtungsklage im Mini-Konkurs. Der Lageort wird auch bei Partikularverfahren nach der EuInsVO eine Rolle spielen (s Art 18 Abs 2 EuInsVO; *Schmit* in *Virgós/Schmit*, Bericht zum Übereinkommen über Insolvenzverfahren [hier zitiert als: EuInsÜBericht] Nr 224).

[9] OGH 11.12.1989 SZ 62/199 = ecolex 1990, 85 = IPRE 3/82 = ÖBA 1990/241, 836 (*Fink*) = RdW 1990, 158.

zwecke angeordnete (durch den Insolvenzfall bedingte) Beschränkung der Rechtswirkungen bestimmter Rechtshandlungen eines Schuldners rückführbar, ohne dass das Wesen des Anfechtungsanspruches kollisionsrechtlich näher erörtert zu werden bräuchte. Der OGH ging dabei allerdings kaum auf den – oben angedeuteten – fundamentalen Theorienstreit ein.

All diese Fragen werden auch in Zukunft nicht ohne Bedeutung sein, zB weiterhin im Verhältnis Österreichs zu Staaten außerhalb der EU. Zum Teil sind sie hingegen – wenigstens grundsätzlich – beantwortet, etwa im Verhältnis zu den anderen EU-Staaten (ausgenommen Dänemark).[10] In neuerer Zeit schritten nämlich sowohl nationale Gesetzgeber als auch die EU bei der internationalen Konkursanfechtung zur Tat und erließen Regelungen:

Zunächst ist hier der *deutsch-österreichische Konkursvertrag* (KV-D) zu nennen, mit dem sich auch *Jelinek* befasst hat:[11] Der Einfluss des Konkurses auf noch nicht vollständig erfüllte Rechtsgeschäfte (Rücktrittsrechte), die von einer Niederlassung, einem Sitz oder gewöhnlichen Aufenthalt im Zweitstaat aus vorgenommen wurden, sowie generell die Anfechtbarkeit der von dort aus vorgenommenen Geschäfte, richtet sich nach dem Recht des Zweitstaats (Art 13 Abs 1 KV-D).[12]

Das Recht des Staates, in dem das Grundbuch geführt wird, bestimmt aber die Anfechtbarkeit von eintragungspflichtigen Rechtsgeschäften über Immobilien (Art 16 KV-D).[13] Art 13 Abs 2 bis 4 KV-D knüpft bei Arbeits- und Mietverhältnissen grundsätzlich an die lex loci an; das gilt wohl auch für die Anfechtung. Im Übrigen richtet sich die Anfechtung – bei Mobilien – nach der lex fori con-

---

[10] Dänemark ist von der EuInsVO nicht erfasst, s Präambel Nr 33.

[11] BGBl 1985/233. Auf deutscher Seite erging dazu ein eigenes Ausführungsgesetz (dBGBl 1985 I 535). Ein von den Verhandlungsdelegationen erarbeiteter „Gemeinsamer Bericht" unterstützt die Auslegung (in Ö ErläutRV 77 BlgNR 15. GP).
 Aus der Literatur dazu: *Jelinek*, Der deutsch-österreichische Konkursvertrag, Nr 195 der Berichte und Dokumente zum ausländischen Wirtschafts- und Steuerrecht der Bundesstelle für Außenhandelsinformation (1985) 1 ff, zur Anfechtung bes 11 f; *Wiesbauer*, Internationales Insolvenzrecht (1986) Anm 1 ff KV-D; *Arnold*, Der deutsch-österreichische Konkursvertrag (1987); *Boll*, Die Anerkennung des Auslandskonkurses (1990) 73 ff; *Schumacher*, Die Entwicklung österreichisch-deutscher Insolvenzrechtsbeziehungen, ZZP 103 (1990) 418 ff; *Leipold*, Zur internationalen Zuständigkeit, in FS Baumgärtel (1990) 291; *Aderhold*, Auslandskonkurs im Inland (1992) 148 ff; *Leitner*, Der grenzüberschreitende Konkurs (1995) 58 ff; *Keppelmüller*, Österreichisches Internationales Konkursrecht (1997) Rz 312 ff; *Schollmeyer*, Die vis attractiva concursus im deutsch-österreichischen Konkursvertrag, IPRax 1998, 29; *Burgstaller/Keppelmüller* in *Burgstaller* (Hrsg), Internationales Zivilverfahrensrecht I (2000) Rz 7.25 ff.

[12] Es sei denn, der Geschäftspartner hatte Sitz oder gewöhnlichen Aufenthalt im Staat der Konkurseröffnung; dann ist die lex fori concursus maßgeblich. Zu Art 13 Abs 1 KV-D vgl die kritischen Stimmen bei *Aderhold*, Auslandskonkurs 278 f und (ihr folgend) *Geimer*, Internationales Zivilprozeßrecht[3] (1997) Rz 3540, welche die Regelung als zu kompliziert ablehnen.

[13] Zu Art 16 s auch § 18 dAusfG KV-D; *Hanisch*, Recht grenzüberschreitender Insolvenzen, ZIP 1992, 1125 (1134); *Jelinek*, Konkursvertrag 12 tritt für eine Ausdehnung des Art 16 ein.

cursus (Art 4 KV-D).[14] Der Konkursvertrag wird nun durch die Europäische Insolvenzverordnung[15] (EuInsVO) abgelöst (Art 44 Abs 1 lit d EuInsVO).

Art 171 *schweizerisches IPRG* von 1989 ermöglicht (auch) dem ausländischen Masseverwalter oder legitimierten Gläubiger, im schweizerischen Hilfskonkurs (Mini-Konkurs) Anfechtungsklagen nach dem Bundesgesetz über Schuldbetreibung und Konkurs (SchKG) zu erheben.[16]

Gemäß Art 102 Abs 2 des *deutschen EGInsO* ist eine Rechtshandlung, für deren Wirksamkeit deutsches Recht maßgeblich ist, nur anfechtbar, wenn sie sowohl nach der ausländischen lex fori concursus anfechtbar ist als auch nach deutschem Recht in irgendeiner Weise zu Fall gebracht werden kann.[17] *Hanisch* bezeichnet diese Regel als Anknüpfung an die lex concursus verbunden mit einer speziellen (einseitigen) Vorbehaltsklausel zugunsten des deutschen Inlandsrechts.[18]

Der Rat der EG nahm – ausgehend von einer von Deutschland und Finnland im Mai 1999 eingebrachten Initiative – eine *Verordnung über Insolvenzverfahren* an,[19] die nun eine Regelung für die EU-Staaten (ausgenommen Dänemark) trifft. Damit wird dem *curator bonorum* die *actio Pauliana* wieder über die Grenzen vieler heutiger Staaten hinweg in weiten Teilen Europas ermöglicht.[20]

II. Die Regelung der Europäischen Insolvenzverordnung

A. Inhalt und Zweck der Regelung

Die EuInsVO orientiert sich an einer Art Koppelung oder unechten Kumulation[21] der Anknüpfung – ähnlich wie schon bisher *König* und andere Wissenschafter oder wie Art 102 Abs 2 dEGInsO. Die Anknüpfung an die lex concur-

---

[14] OGH 6.12.1990 IPRE 3/250 = ZfRV 1991/21, 393; *Arnold*, Konkursvertrag 137.

[15] Verordnung (EG) Nr 1346/2000 des Rates vom 29. Mai 2000 über Insolvenzverfahren, ABl 2000 L 160, 1 ff.

[16] Vgl *Volken* in *Heini et al*, IPRG Kommentar Art 171.

[17] Siehe dazu etwa *K. Wimmer* in Frankfurter Kommentar zur Insolvenzordnung³ (2002) Anh I Rz 339 ff; *Kemper* in *Kübler/Prütting* (Hrsg), Kommentar zur Insolvenzordnung (2000 f) Art 102 EGInsO Rz 221 ff; *Hanisch* in FS Hans Stoll 503; *E. Habscheid*, Konkursstatut und Wirkungsstatut bei der internationalen und der künftigen innereuropäischen Insolvenzanfechtung, ZZP 114 (2001) 167.

[18] *Hanisch* in FS Hans Stoll 503 ff, 513 ff.

[19] Verordnung 1346/EG/2000 des Rates vom 29. Mai 2000, ABl 2000 L 160, 1 ff; im Folgenden „EuInsVO". Dänemark ist von der EuInsVO nicht erfasst, s Präambel Nr 33. Die EuInsVO hat das geplante Europäische Insolvenzübereinkommen von 1995 inhaltlich übernommen; der zu diesem Übereinkommen erstellte Bericht von *M. Virgós* und *E. Schmit* (hier zitiert als: EuInsÜBericht), sowie andere Literatur sind daher weiterhin hilfreich.

[20] Zur Entwicklung der actio Pauliana seit dem römischen Recht s etwa *J. A. Ankum*, De Geschiedenis der „actio Pauliana" (Zwolle 1962); *Honsell/Kunkel*, Römisches Recht⁴ (1987) 375 § 134.

[21] Zur Terminologie *Hanisch* in FS Hans Stoll 503 ff, 511 ff mwN.

sus wird mit einem Vorbehalt zu Gunsten des sonst maßgeblichen Rechts verknüpft, der nur vom Anfechtungsgegner geltend gemacht werden kann.[22]

Art 4 Abs 2 lit m EuInsVO geht von der lex concursus aus:

„Das Recht des Staates der Verfahreneröffnung ... regelt insbesondere:
m) welche Rechtshandlungen nichtig, anfechtbar oder relativ unwirksam sind, weil sie
die Gesamtheit der Gläubiger benachteiligen."

Art 13 EuInsVO (Benachteiligende Handlungen) gewährt dagegen eine Einrede:

„Artikel 4 Absatz 2 Buchstabe m) findet keine Anwendung, wenn die Person, die durch
eine die Gesamtheit der Gläubiger benachteiligende Handlung begünstigt wurde,
nachweist,
– daß für diese Handlung das Recht eines anderen Mitgliedstaats als des Staates der
Verfahreneröffnung maßgeblich ist und
– daß in diesem Fall diese Handlung in keiner Weise nach diesem Recht angreifbar
ist."

Die Präambel der EuInsVO führt für die Sonderanknüpfungen einen Erwägungsgrund (Nr 24) an, der auch für die Regelung der benachteiligenden Handlungen zutrifft:

„(24) Die automatische Anerkennung eines Insolvenzverfahrens, auf das regelmäßig
das Recht des Eröffnungsstaats Anwendung findet, kann mit den Vorschriften anderer
Mitgliedstaaten für die Vornahme von Rechtshandlungen kollidieren. Um in den ande-
ren Mitgliedstaaten als dem Staat der Verfahreneröffnung Vertrauensschutz und
Rechtssicherheit zu gewährleisten, sollten eine Reihe von Ausnahmen von der allge-
meinen Vorschrift vorgesehen werden."

Virgós erläutert im EuInsÜBericht zum damals geplanten Insolvenzübereinkommen, das von der VO inhaltlich übernommen wurde, zu Art 13 EuInsÜ unter anderem:

„138. Ziel des Artikels 13 ist es, das berechtigte Vertrauen von Gläubigern oder Drit-
ten in bezug auf die Gültigkeit der nach dem normalerweise anwendbaren nationalen
Recht vorgenommenen Rechtshandlung mit Blick auf den Eingriff einer anderen lex
concursus zu schützen. Unter dem Gesichtspunkt des Vertrauensschutzes ist die
Heranziehung von Artikel 13 im Zusammenhang mit Rechtshandlungen gerechtfertigt,
die vor Eröffnung des Insolvenzverfahrens vorgenommen wurden und deren Wirkun-
gen entweder durch Rückwirkungen aus dem im Ausland eröffneten Insolvenzverfah-
ren oder durch Maßnahmen zur Aufhebung früherer Handlungen des Schuldners, die
vom Verwalter in dieses Verfahren einbezogen wurden, in Frage gestellt werden."

B. Lex concursus

Die EuInsVO unterwirft also in Hinkunft die Anfechtbarkeit, Nichtigkeit oder relative Unwirksamkeit von Rechtshandlungen zunächst grundsätzlich der *lex concursus* (Art 4 Abs 2 lit m EuInsVO). Danach richten sich die Voraussetzungen, die Wirkungen und die Art und Weise der Geltendmachung der Anfechtung oder Unwirksamkeit. Es geht bei dieser Regel nicht nur um Konkursan-

---

[22] Zu dieser Regel s auch *Balz*, Insolvenzübereinkommen, ZIP 1996, 948 (951); zu den Nachteilen der Kumulation vgl insb *Hanisch* in FS Jahr 472.

fechtung im engeren Sinn, sondern umfassender darum, welche Rechtshandlungen nichtig, anfechtbar oder relativ unwirksam sind, weil sie die Gesamtheit der Gläubiger benachteiligen.

Nach dem anwendbaren einzelstaatlichen Recht, der lex concursus, bestimmt sich auch, ob auf Nichtigkeit *geklagt* werden muss, ob der Eröffnungsbeschluss *ipso iure* die Nichtigkeit nach sich zieht oder ob der Richter eine *Rückwirkung* anordnen kann.[23] Im Rahmen des Erforderlichen hat dabei das Recht des Staates der Verfahrenseröffnung Vorrang vor dem normalerweise auf die betreffende Rechtshandlung anwendbaren Recht.

C. Einrede nach dem maßgeblichen Recht

Art 13 EuInsVO normiert eine *Einrede* gegenüber der sich aus der lex fori concursus ergebenden Ungültigkeit der Rechtshandlung; diese Einrede muss von der begünstigten Person selbst geltend gemacht und bewiesen werden.

Art 13 EuInsVO stellt eine Einschränkung der Anwendung der lex concursus dar, eine Einschränkung, die von der betreffenden Person selbst geltend gemacht werden muss. Dieser Artikel eröffnet gleichsam ein „Veto" gegenüber der sich aus der lex concursus ergebenden Ungültigkeit der Rechtshandlungen. Dieser Mechanismus ist leichter anwendbar als andere mögliche Lösungen, die auf einer Kumulierung zwischen den beiden Rechten basieren. Nunmehr ist eindeutig, dass alle Bedingungen und Wirkungen der Unwirksamkeit oder Nichtigerklärung aus der lex concursus abgeleitet werden. Art 13 EuInsVO und das für die betreffende Rechtshandlung geltende Recht dienen lediglich dazu, dessen Anwendung in einem konkreten Fall aufzuheben.[24]

Kann der Begünstigte nachweisen, dass für die angefochtene Rechtshandlung das Recht eines anderen Mitgliedstaates maßgeblich ist, und dass nach diesem Recht die Rechtshandlung in keiner Weise angreifbar ist, so entgeht er der Anfechtung bzw Nichtigkeits- oder Unwirksamkeitserklärung oder der gesetzlichen Unwirksamkeit.

Die Rechtshandlung darf weder nach den Insolvenzvorschriften, noch nach den allgemeinen Vorschriften der maßgeblichen Rechtsordnung (zB Vorschriften über Willensmängel, Sittenwidrigkeit) in irgendeiner Weise angefochten werden können.

Welches Recht ist für eine Rechtshandlung maßgeblich? Das ergibt sich aus den allgemeinen Regeln des IPR; aus der Sicht der Konkursanfechtung ist dabei vor allem die Art der Rechtshandlung zu bedenken, die angefochten werden soll: etwa ein Vertrag oder speziell eine dingliche Verfügung.

Bei der Anfechtung eines Vertrags ist zu erwägen, ob eine *sonst grundlose* Rechtswahl der Rechtsgeschäftspartner zugunsten eines Rechts, das die Anfechtbarkeit gegenüber der lex concursus erschwert, wegen des Schutzgedankens des Anfechtungsrechts unbeachtlich bleiben muss.

---

[23] Vgl *Virgós*, EuInsÜBericht Nr 135.
[24] *Virgós*, EuInsÜBericht Nr 136.

D. Zuständigkeit

Nach der lex concursus richtet sich im Allgemeinen auch die primäre *Zuständigkeit* für eine konkursrechtliche Anfechtungsklage,[25] denn auch dies fällt unter die Geltendmachung. Mangels spezieller internationaler Vorschriften richtet sich in Österreich die internationale Zuständigkeit nach den Vorschriften über die örtliche Zuständigkeit (§ 27a JN); Österreich als Konkursstaat kann also weiterhin dafür das Konkursgericht vorsehen (§ 43 Abs 5 KO).[26]

Darüber hinaus hat der Verwalter das Recht, in anderen Staaten Anfechtungsklagen einzubringen; dies lässt sich aus Art 18 Abs 2 EuInsVO ableiten.[27] Dort wird dieses Recht zwar dem Partikularverwalter zugesprochen,[28] dasselbe Recht muss jedoch auch der Hauptverwalter haben. Es sollte aus dieser Befugnis jedoch nicht der Schluss gezogen werden, dass die lex concursus keine Zuständigkeit im Konkursstaat einräumen könne. Immerhin kann man daraus ableiten, dass auch am Lageort eine Zuständigkeit eingeräumt werden muss.

Bei den ausschließlichen Sonderanknüpfungen ist die Frage der Zuständigkeit für Konkursanfechungen unter weiteren Aspekten zu prüfen.[29]

Problematisch ist die Auffassung von *Wolfgang Lüke*, er will die Zuständigkeitsregeln des EuGVÜ (bzw nun der EuGVVO[30]) auch auf die Fälle des Art 25 Abs 1 Unterabs 2 EuInsVO und damit auf die Konkursanfechtung anwenden.[31] Diese Ansicht drängt zu sehr in den Hintergrund, dass die EuInsVO in Art 25 Abs 1 Unterabs 2 ganz bewusst jene Fälle einbezogen hat,[32] die der EuGH aus dem Anwendungsbereich des EuGVÜ ausgenommen hat.

Art 25 Abs 1 Unterabs 2 EuInsVO über die Anerkennung gilt für *Entscheidungen, die unmittelbar aufgrund des Insolvenzverfahrens ergehen und in engem Zusammenhang damit stehen, auch wenn diese Entscheidungen von einem anderen Gericht getroffen werden.* Diese Formulierung wurde unmittelbar aus der Rechtsprechung des EuGH übernommen. Der Gerichtshof hatte sie 1979 in

---

[25] Vgl *K. Wimmer* in Frankfurter Kommentar zur Insolvenzordnung[3] Anh I Rz 352 f; zum Problem der Zuständigkeit s auch *Ch. Paulus*, Die europäische Insolvenzverordnung und der deutsche Insolvenzverwalter, NZI 2001, 505 (512). *Paulus* denkt allerdings bei der Zuständigkeit generell an das Ortsrecht des betroffenen Zweitstaats. Anders *W. Lüke*, Europäisches Zivilverfahrensrecht – das Problem der Abstimmung zwischen EuInsÜ und EuGVÜ, in FS Schütze (1999) 467 ff, er will die Zuständigkeitsregeln des EuGVÜ (bzw nur vielleicht auch der EuGVVO) sogar auf die Fälle des Art 25 Abs 1 Unterabs 2 anwenden.

[26] Siehe *König*, Anfechtung[2] Rz 433 ff.

[27] Siehe auch *Paulus*, NZI 2001, 512.

[28] Vgl *Virgós*, EuInsÜBericht Nr 224.

[29] Siehe unten Punkt IV.B.

[30] Verordnung (EG) Nr 44/2001 des Rates vom 22. Dezember 2000 über die gerichtliche Zuständigkeit und die Anerkennung und Vollstreckung von Entscheidungen in Zivil- und Handelssachen (ABl der Europäischen Gemeinschaften vom 16.1.2001, L 12, 1 bis 23).

[31] *W. Lüke* in FS Schütze 467 ff.

[32] Vgl *Virgós*, EuInsÜBericht Nr 77.

der Rechtssache *Gourdain/Nadler*[33] bei der Abgrenzung des Brüsseler Übereinkommens (EuGVÜ) entwickelt, nämlich bei der Auslegung der Ausnahme in Art 1 Abs 2 EuGVÜ. Art 1 Abs 2 des Brüsseler Übereinkommens und nun die EuGVVO schließen aus ihrem Anwendungsbereich Konkurse, Vergleiche und ähnliche Verfahren aus. In dem genannten Urteil verwendete der EuGH die Art der Klage als Abgrenzungskriterium, um zu bestimmen, wann die Zuständigkeitsregelung des Brüsseler Übereinkommens anwendbar ist und wann nicht.

Diese Entscheidung des EuGH zu Art 1 Abs 2 Nr 2 EuGVÜ (nun Art 1 Abs 2 Nr 2 EuGVVO) wurde weder von der EuInsVO noch von der EuGVVO in Frage gestellt oder überholt, vielmehr hat man sich an diese Entscheidung angelehnt.[34] Nach diesem Kriterium sind also Klagen, die unmittelbar aus der Insolvenz hervorgehen und in engem Zusammenhang mit dem Insolvenzverfahren stehen, wegen ihres insolvenzrechtlichen Charakters vom Brüsseler Übereinkommen und von der EuGVVO ausgeschlossen. Diese Klagen fallen nun in den Anwendungsbereich der EuInsVO; andernfalls würden zwischen den beiden Normkomplexen Rechtslücken verbleiben, die nicht zu rechtfertigen wären.[35]

Dass die konkursrechtliche Anfechtungsklage eindeutig eine solche insolvenzrechtliche Klage ist, wird allgemein anerkannt;[36] es bleibt daher bei der Beurteilung, dass die Konkursanfechtung nicht unter die Zuständigkeitsregeln der EuGVVO fällt.

E. Anerkennung und Vollstreckung

Nach Art 25 Abs 1 Unterabs 2 iVm Unterabs 1 EuInsVO sind Entscheidungen, die unmittelbar aufgrund des Insolvenzverfahrens ergehen und in engem Zusammenhang damit stehen, auch wenn diese Entscheidungen von einem anderen Gericht getroffen werden, anzuerkennen und zu vollstrecken. Die konkursrechtliche Anfechtungsklage ist eine solche insolvenzrechtliche Klage.[37] Entscheidungen werden also (gem Art 25 EuInsVO) nach Art 31 bis 51 (mit Ausnahme von Art 34 Abs 2) des Brüsseler Übereinkommens, und in Zukunft nach der EuGVVO (Art 38 bis 52, mit Ausnahme von Art 45 Abs 1) vollstreckt.[38]

Die Gründe für eine Verweigerung des Exequaturs sind nicht dem Brüsseler Übereinkommen (Art 34 Abs 2 des Brüsseler Übereinkommens wird ausdrück-

---

[33] EuGH 22.2.1979, Rs 133/78, *Gourdain/Nadler*, Slg 1979, 733.

[34] Vgl *Virgós*, EuInsÜBericht Nr 77.

[35] Vgl *Virgós*, EuInsÜBericht Nr 77.

[36] Vgl etwa BGH 11.1.1990 RIW 1990, 221 = ZZP 105 (1992) 212 (*Taupitz*); *Schlosser*, EuGVÜ (1996) Art 1 Rz 21; *Kropholler*, Europäisches Zivilprozeßrecht[7] (2002) Art 1 Rz 35; *Geimer/Schütze*, Europäisches Zivilverfahrensrecht (1997) Art 1 Rz 90.

[37] Allgemeine Ansicht, s oben FN 36.

[38] Art 68 Abs 2 EuGVVO lenkt die Verweisungen um.

lich ausgeklammert), sondern dem Übereinkommen über Insolvenzverfahren zu entnehmen.[39]

Als Versagungsgründe kommen nach Art 25 Abs 3 und Art 26 EuInsVO die Einschränkung der persönlichen Freiheit oder des Postgeheimnisses oder eine Verletzung des ordre public in Frage. Die Klausel des ordre public ist generell wirksam und kann einer Anerkennung oder Vollstreckung aus grundsätzlichen Erwägungen sowohl materiellrechtlicher als auch verfahrensrechtlicher Art entgegengehalten werden. Die ordre-public-Klausel schützt beispielsweise die Rechte der Verteidigung der Beteiligten oder Betroffenen eines Verfahrens. Es handelt sich dabei um die Wahrung grundlegender Verfahrensgarantien, wie die angemessene Anhörung und das Recht auf Beteiligung. Diese Rechte auf Beteiligung und Nichtdiskriminierung sind insbesondere dann wichtig, wenn ein Sanierungsplan für das Unternehmen oder ein Vergleich ausgehandelt werden soll, und zwar wichtig für diejenigen Gläubiger, denen die Teilnahme sehr erschwert wird oder die in ungerechtfertigter Weise benachteiligt werden. Die EuGVVO regelt in Art 34 (etwas enger als Art 27 EuGVÜ) gesondert die Zustellung und die Frist zur Vorbereitung der Verteidigung, die neben anderen zu den Garantien der Verteidigungsrechte gehören. Aufgrund des besonderen Wesens des Insolvenzverfahrens als eines Kollektivverfahrens mit besonderen Vorschriften für die individuelle Benachrichtigung (Art 40 EuInsVO) und die öffentliche Bekanntmachung (Art 21 EuInsVO) wurde es für die EuInsVO vorgezogen, diese Fragen durch die Rechtsprechung regeln zu lassen. Werden allerdings im Rahmen des Insolvenzverfahrens Entscheidungen gegenüber einem bestimmten Gläubiger – wie bei der Konkursanfechtung – erlassen, so ist es folgerichtig, hierfür Garantien vorzusehen, die denen des Art 34 EuGVVO gleichwertig sind.[40] Der ordre public umfasst also hier etwa die rechtzeitige Zustellung.

III. Zeitlicher Anwendungsbereich

Im Hinblick auf den Vertrauensschutz des Begünstigten in den Bestand des Rechtsgeschäftes werden von Art 13 EuInsVO all jene Rechtshandlungen erfasst, die vor Eröffnung des Insolvenzverfahrens vorgenommen wurden.

Nach der Verfahrenseröffnung ist das Vertrauen des Begünstigten in die Wirksamkeit weiterer Rechtsgeschäfte idR nicht mehr besonders schützenswert, weshalb diese Handlungen der lex fori concursus unterliegen.[41] Art 14 EuInsVO normiert allerdings Ausnahmen zum gutgläubigen Erwerb von unbeweglichen Sachen und bestimmten registrierten Sachen (zur gutgläubigen Leistung an den Schuldner s Art 24 EuInsVO).

---

[39] Vgl *Virgós*, EuInsÜBericht Nr 192.

[40] Vgl *Virgós*, EuInsÜBericht Nr 206, noch zum Verhältnis zu Art 27 EuGVÜ.

[41] *Virgós*, EuInsÜBericht Nr 138.

IV. Sachlicher Anwendungsbereich

A. Einfache Sonderanknüpfungen

1. Allgemeines zu den einfachen Sonderanknüpfungen

Die EuInsVO sieht für bestimmte rechtliche Fragen ausnahmsweise keine Anknüpfung an die lex concursus vor:

- Nach Art 5 EuInsVO wird das *dingliche Recht* eines Gläubigers oder eines Dritten an Gegenständen des Schuldners, die sich im Gebiet eines anderen Mitgliedstaats befinden, von der Eröffnung des Verfahrens nicht berührt.
- Gleiches wie für dingliche Rechte gilt für den *Eigentumsvorbehalt* im Insolvenzverfahren über das Vermögen des Käufers: Die Eröffnung eines Insolvenzverfahrens gegen den Vorbehaltskäufer lässt die Rechte des Verkäufers unberührt, wenn sich die Sache bei Eröffnung des Verfahrens in einem anderen Mitgliedstaat befindet (Art 7 Abs 1 EuInsVO).[42]
- Die Eröffnung eines Insolvenzverfahrens gegen den Verkäufer einer Sache nach deren Lieferung rechtfertigt nicht die Auflösung des Kaufvertrags und steht dem Eigentumserwerb des Käufers nicht entgegen, wenn sich diese Sache zum Zeitpunkt der Verfahrenseröffnung im Gebiet eines anderen Mitgliedstaats befindet.
- Die EuInsVO behandelt die Möglichkeit zur *Aufrechnung* ähnlich wie ein Sicherungsrecht; für den Gläubiger, dessen Schuldner in der Krise ist, hat ja die Möglichkeit zur Aufrechnung auch eine Sicherungsfunktion.[43] Falls nun die lex concursus keine Aufrechnung zulässt (wenn sie zB vorschreibt, dass beide Forderungen zu einem bestimmten Zeitpunkt fällig und zahlbar sein müssen),[44] gewährt Art 6 EuInsVO in dieser Hinsicht eine Ausnahme: Wenn die Aufrechnung nach jenem Recht, das auf die Forderung des insolventen Schuldners anwendbar ist, bei Konkurseröffnung zulässig war, dann bleibt sie zulässig.

Die Regeln über die Anfechtung werden durch die angeführten Sonderanknüpfungen nach Art 5 bis 7 und Art 9 EuInsVO laut ausdrücklicher Anordnung im jeweils letzten Absatz dieser Artikel nicht verdrängt. Trotz der Sonderanknüpfung kann also eine Anfechtung oder Unwirksamkeit nach der lex concursus stattfinden, der Gegner kann allerdings die Einrede des maßgeblichen Rechts nach Art 13 EuInsVO erheben. Praktisch wichtig könnte besonders die Fallgruppe der dinglichen Rechte werden. Sie soll daher kurz geschildert werden:

---

[42] Die Verbringung der Sache in einen anderen Staat nach Eröffnung des Insolvenzverfahrens ist unbeachtlich; *Virgós*, EuInsÜBericht Nr 113.

[43] Vgl *Taupitz*, Das (zukünftige) europäische Internationale Insolvenzrecht – insbesondere aus international-privatrechtlicher Sicht, ZZP 111 (1998) 315 (343) mwN.

[44] Vgl *Virgós*, EuInsÜBericht Nr 109.

2. Dingliche Rechte

Nach Art 5 EuInsVO wird das dingliche Recht eines Gläubigers oder eines Dritten an Gegenständen des Schuldners, die sich im Gebiet eines anderen Mitgliedstaats befinden, von der Eröffnung des Verfahrens nicht berührt. Die Gegenstände können körperliche oder unkörperliche, bewegliche oder unbewegliche sein. Das dingliche Recht kann sowohl an bestimmten Gegenständen als auch an einer Mehrheit von nicht bestimmten Gegenständen mit wechselnder Zusammensetzung bestehen (Art 5 EuInsVO).[45]

Es geht bei Art 5 EuInsVO etwa um Pfandrechte oder Hypotheken; ausdrücklich angeführt ist auch das ausschließliche Recht, eine Forderung einzuziehen, insbesondere aufgrund eines Pfandrechts an der Forderung oder aufgrund einer Sicherheitsabtretung dieser Forderung.

Als *Lagestaat* wird in der EuInsVO jener Staat angesehen, der möglichst unmittelbar die faktische Hoheitsgewalt über die Sache ausüben kann. Dies stimmt nicht in allen Fällen mit der Anknüpfung nach materiell-rechtlichem IPR überein. Lagestaat ist (gem Art 2 lit g EuInsVO) bei körperlichen Gegenständen der Mitgliedstaat, in dessen Gebiet der Gegenstand belegen ist; bei Gegenständen oder Rechten, bei denen das Eigentum oder die Rechtsinhaberschaft in ein öffentliches Register einzutragen ist, der Mitgliedstaat, unter dessen Aufsicht das Register geführt wird; bei Forderungen der Mitgliedstaat, in dessen Gebiet der zur Leistung verpflichtete Dritte den Mittelpunkt seiner hauptsächlichen Interessen (im Sinne von Art 3 Abs 1 EuInsVO) hat.

Problematisch ist der Lageort bei Transportmitteln und *res in transitu*, hier wird (von *Herchen*[46]) vorgeschlagen, auf die allgemeine sachenrechtliche Anknüpfung zu greifen und diese als auch Lageort zu betrachten.

---

[45] Siehe dazu Präambel Erwägungsgrund (Nr 25): „*Ein besonderes Bedürfnis für eine vom Recht des Eröffnungsstaats abweichende Sonderanknüpfung besteht bei dinglichen Rechten, da diese für die Gewährung von Krediten von erheblicher Bedeutung sind. Die Begründung, Gültigkeit und Tragweite eines solchen dinglichen Rechts sollten sich deshalb regelmäßig nach dem Recht des Belegenheitsorts bestimmen und von der Eröffnung des Insolvenzverfahrens nicht berührt werden. Der Inhaber des dinglichen Rechts sollte somit sein Recht zur Aus- bzw. Absonderung an dem Sicherungsgegenstand weiter geltend machen können. Falls an Vermögensgegenständen in einem Mitgliedstaat dingliche Rechte nach dem Recht des Belegenheitsstaats bestehen, das Hauptinsolvenzverfahren aber in einem anderen Mitgliedstaat stattfindet, sollte der Verwalter des Hauptinsolvenzverfahrens die Eröffnung eines Sekundärinsolvenzverfahrens in dem Zuständigkeitsgebiet, in dem die dinglichen Rechte bestehen, beantragen können, sofern der Schuldner dort eine Niederlassung hat. Wird kein Sekundärinsolvenzverfahren eröffnet, so ist der überschießende Erlös aus der Veräußerung der Vermögensgegenstände, an denen dingliche Rechte bestanden, an den Verwalter des Hauptverfahrens abzuführen.*"
Kritisch zu Art 5 bes *Flessner*, Dingliche Sicherungsrechte nach dem Europäischen Insolvenzübereinkommen, in FS Drobnig (1998) 277 ff; *D. Buchberger/R. Buchberger*, Das System der „kontrollierten" Universalität des Konkursverfahrens nach der Europäischen Insolvenzverordnung, ZIK 2000, 149/187. Für eine enge Auslegung auch *K. Wimmer* in Frankfurter Kommentar zur Insolvenzordnung[3] Anh I Rz 366 f.

[46] *Herchen*, Das Übereinkommen über Insolvenzverfahren der Mitgliedstaaten der Europäischen Union vom 23.11.1995 (2000) 112 ff.

Was das Gemeinschaftpatent, die Gemeinschaftsmarke und andere vergleichbare Rechte gemeinschaftlichen Ursprungs anbelangt, so geht aus Art 12 EuInsVO hervor, dass sie grundsätzlich nur in ein Hauptinsolvenzverfahren einbezogen werden können.

Die Frage nach der Nichtigkeit, Anfechtbarkeit oder relativen Unwirksamkeit ist auch bei diesen unberührt bleibenden dinglichen Rechten primär nach der lex fori concursus zu beurteilen. Art 5 Abs 4 EuInsVO hält diesen Weg ausdrücklich offen, zu beachten ist allerdings auch hier Art 13 EuInsVO.

Im Bericht von *Virgós* wird erläutert: Die Vorschrift geht selbstverständlich davon aus, dass der Ort der Belegenheit des Vermögens nicht in betrügerischer Absicht gewählt wird.[47] Macht man eine betrügerische Absicht oder sonst eine Benachteiligung der Gläubiger mit Anfechtung geltend, so kann man unter Umständen an der doppelten Hürde der lex concursus einerseits und der lex rei sitae oder lex causae nach Art 13 EuInsVO scheitern; es genügt uU nämlich, dass in einer der beiden Rechtsordnungen keine Beweislastumkehr für die Kenntnis bestimmter Personen vorgesehen ist.

Wie weit dagegen die Beweislast des Gegners für die Einrede der Unanfechtbarkeit nach dem maßgeblichen Recht in der Praxis dem Verwalter nützt, wird noch zu klären sein. Ein Verwalter, der eine Klage erheben will, sollte wohl vorgreifend prüfen, ob eine Einrede des Gegners aus dem maßgeblichen Recht erfolgversprechend sein dürfte.[48] Die Einredekonstruktion ist letztlich dennoch nützlich für den Verwalter, etwa dann, wenn eine Unwirksamkeit ex lege oder durch allgemeinen richterlichen Beschluss eintritt und so der gesicherte Gläubiger darauf verwiesen wird, selbst in irgendeiner Form gerichtliche Schritte dagegen zu unternehmen.

Hier sei ein solches – aus der Sicht des Masseverwalters – weniger pessimistisches Beispiel angeführt:

Will der Inhaber eines Sicherungsrechts an einem in Österreich befindlichen Gegenstand den Wirkungen einer spanischen *retroacción* (einer gerichtlich angeordneten allgemeinen Rückwirkung)[49] entgehen, so muss er beweisen, dass österreichisches Recht als maßgebliches anwendbar ist und dass nach österreichischem Recht das Sicherungsrecht in keiner Weise angreifbar ist.[50]

Wird etwa in Österreich ein Pfändungspfandrecht 3 Wochen vor der Konkurseröffnung in Spanien begründet und kommt es – etwa mangels Niederlassung – zu keinem Sekundärinsolvenzverfahren, so richtet sich eine Unwirksamkeit des Pfändungspfandrechts primär nicht nach der KO, sondern nach dem Recht des Konkursstaats (Art 4 Abs 2 lit m EuInsVO); etwa durch die *retroacción* des spanischen Gerichts.

---

[47] *Virgós*, EuInsÜBericht Nr 105.

[48] Vgl *Paulus*, NZI 2001, 512.

[49] Vgl *Leible/Staudinger*, Die europäische Verordnung über Insolvenzverfahren, KTS 2000, 535 (556) zur spanischen *retroacción* im Verfahren der *quiebra*; mwN.

[50] Vgl *Leible/Staudinger*, KTS 2000, 557.

Die Unwirksamkeit könnte auf Einrede des Pfändungspfandgläubigers nach österreichischem Recht nachgeprüft werden. Wegen § 12 KO scheitert aber eine Einrede; der Gläubiger kann dann nicht beweisen, dass das Pfand nach österreichischem Recht in keiner Weise anfechtbar wäre (Art 13 EuInsVO).

B. Qualifizierte Sonderanknüpfungen

1. Begriff und Kreis der qualifizierten Sonderanknüpfungen

Für die Wirkungen des Insolvenzverfahrens auf einen *Vertrag, der zum Erwerb oder zur Nutzung eines unbeweglichen Gegenstands berechtigt*, ist nach Art 8 EuInsVO ausschließlich das Recht des Mitgliedstaats maßgebend, in dessen Gebiet dieser Gegenstand belegen ist.

Für die Wirkungen des Insolvenzverfahrens auf einen Arbeitsvertrag und auf das *Arbeitsverhältnis* gilt nach Art 10 EuInsVO ausschließlich das Recht des Mitgliedstaats, das auf den Arbeitsvertrag anzuwenden ist.

Eine ähnliche Regel enthält Art 9 EuInsVO für Zahlungssysteme und *Finanzmärkte*.

Art 8 bis 10 EuInsVO gebieten die ausschließliche Anwendung des jeweils dort berufenen Sachstatuts, ohne für die Anfechtung eine Ausnahme – wie etwa Art 5 EuInsVO zu Gunsten der lex concursus – vorzusehen. Sie werden hier daher als *qualifizierte Sonderanknüpfungen* bezeichnet. Bei ihnen sind allfällige Anfechtungsansprüche oder Unwirksamkeitsregeln von vornherein nicht nach der lex concursus, sondern nach der lex rei sitae bzw dem berufenen Sachstatut zu prüfen.

2. Zuständigkeitsfragen

Wegen der ausschließlichen Anknüpfung an das betreffende nationale Recht ist hier auch die Zuständigkeit für die Konkursanfechtung[51] nationalem Recht unterworfen; das sei am Beispiel des Mietverhältnisses erläutert:

Über die Anfechtung von Mietverhältnissen in einem Mitgliedstaat (zB Österreich) soll nach der Intention der EuInsVO ausschließlich nach nationalem (zB österreichischem) Recht entschieden werden (Art 8 EuInsVO), gemeint sind dabei wohl auch die Zuständigkeitsregeln. Der Konkursstaat könnte nämlich nur nach der lex concursus solche Fragen an sich ziehen. Der Masseverwalter muss also in solchen Fällen nach den jeweiligen Zuständigkeitsregeln, also etwa am jeweiligen Ort, eine Anfechtung in die Wege leiten.

Das nationale Recht könnte allerdings seinerseits auf das ausländische Konkursgericht verweisen. Im Zweifel ist aber die nationale Norm eher so zu verstehen, dass auch die Anfechtung im Lagestaat erfolgen soll. Wenn also kein Partikularkonkurs eröffnet wird, gilt für die Konkursanfechtung im Zweitstaat die nationale

---

[51] Anders verhält es sich bei der Durchsetzung von Mietzinsforderungen oder gewöhnlicher Kündigung; hier greift die EuGVVO ein.

Regel für die Gläubigeranfechtung, zB das forum rei sitae (§§ 81, 83 JN)[52] oder subsidiär ein anderer Gerichtsstand, wie der allgemeine Gerichtsstand des Beklagten. De lege ferenda könnte § 63 KO für solche Fälle eine Regelung treffen.

V. Sekundärinsolvenzverfahren

Im Falle eines Sekundärinsolvenzverfahrens sind die einzelstaatlichen Rechtsvorschriften für die Nichtigerklärung einer nachteiligen Rechtshandlung nur anwendbar, sofern das Vermögen des Schuldners in dem betreffenden Staat (dh die Masse des Sekundärinsolvenzverfahrens) verkürzt worden ist, beispielsweise wenn die in Frage stehende Rechtshandlung (Verkauf, Begründung eines dinglichen Rechts) einen zu dem maßgeblichen Zeitpunkt in diesem Staat gelegenen Vermögenswert betrifft.

Art 18 Abs 2 EuInsVO ordnet an:

> *„Der Verwalter, der durch ein nach Artikel 3 Absatz 2 zuständiges Gericht bestellt worden ist, darf in jedem anderen Mitgliedstaat gerichtlich und außergerichtlich geltend machen, daß ein beweglicher Gegenstand nach der Eröffnung des Insolvenzverfahrens aus dem Gebiet des Staates der Verfahrenseröffnung in das Gebiet dieses anderen Mitgliedstaats verbracht worden ist. Des weiteren kann er eine den Interessen der Gläubiger dienende Anfechtungsklage erheben."*

Bei der Anfechtung ist auch die Massezugehörigkeit von Vermögensteilen anzunehmen, die vor Konkurseröffnung ins Ausland gelangt sind; maßgebend ist der Lageort im Zeitpunkt, da die anzufechtende Handlung vorgenommen wird.[53]

Schmit spricht im Bericht zum Insolvenzübereinkommen von Vermögensgegenständen, „die zum Zeitpunkt der Verfahrenseröffnung von Rechts wegen im Verfahrensgebiet belegen waren oder die ohne ein betrügerisches Vorgehen zum Zeitpunkt der Verfahrenseröffnung im Verfahrensgebiet belegen gewesen wären".[54] Nach Art 18 Abs 2 EuInsVO geht es freilich um jede Anfechtung, nicht nur um betrügerische Handlungen. Besser zutreffend fährt *Schmit* auch fort: „Die Maßnahmen des Verwalters des Sekundärverfahrens zur Wiedererlangung von Vermögensgegenständen, die im Ausland belegen sind, aber im Normalfall in das Sekundärverfahren einzubeziehen wären, sind vorbehaltlich Artikel 13 nach dem auf das Sekundärverfahren anwendbaren Recht, insbesondere nach Maßgabe des Artikels 4 Absatz 2 Buchstabe m, zu beurteilen."

---

[52] Vgl OGH 15.1.1998 immolex 1998/176 = JBl 1998, 380 = RdW 1998, 338 = ZIK 1998, 175 = ZfRV 1998, 156: Gläubigeranfechtungsklage ist keine auf ein dingliches Recht gerichtete Klage im Sinn des LGVÜ oder EuGVÜ, anders bei § 81 JN. S auch *Schlosser*, Gläubigeranfechtungsklage nach französischem Recht und Art. 16 EuGVÜ, IPRax 1991, 29 ff.

[53] Vgl *Schmit*, EuInsÜBericht Nr 224. Dieser Aspekt spielt bei allen territorial begrenzten Insolvenzverfahren eine Rolle – vgl *Volken* in *Heini* et al, IPRG Kommentar Art 171 Rz 8 zur Anfechtungsklage im Mini-Konkurs.

[54] *Schmit*, EuInsÜBericht Nr 224.

VI. Exkurs: Gläubigeranfechtung

Die Gläubigeranfechtung außerhalb eines Konkursverfahrens (etwa nach der österreichischen AnfO) fällt nicht unter die EuInsVO, sondern unter die EuGVVO, und kann – da sie unter keinen ausschließlichen Gerichtsstand fällt – beim allgemeinen Gerichtsstand nach Art 2 EuGVVO geltend gemacht werden; es steht auch kein Wahlgerichtsstand nach Art 5 EuGVVO offen.[55]

Welches materielle Recht auf die Gläubigeranfechtung anzuwenden ist, ist nicht eindeutig geregelt, und es gibt „eine Unzahl von Theorien".[56] *Verschraegen* hat vertreten, dass auf die Frage der Anfechtbarkeit und der Anfechtungsfolgen (per analogiam § 46 Satz 1 iVm § 48 Abs 1 Satz 1 IPRG) jenes Recht anzuwenden sei, in dessen Geltungsbereich sich die Vermögenszunahme des Anfechtungsgegners auswirkt (*Wirkungsstatut*).[57] *Schwind* unterscheidet: Wenn der Dritte die Schädigungsabsicht des Veräußerers kannte oder kennen musste, sei § 48 Abs 1 IPRG anzuwenden (es sei also auf den Ort des schädigenden Ereignisses, das ist der *Ort der Vermögensübertragung*, abzustellen), sonst § 46 IPRG (Ort der Bereicherung; das ist der Ort, an dem der Eigentumsübergang oder die Übertragung des Rechts stattfindet); beides führt praktisch zum selben Ergebnis.[58] *Schwimann* stellt auf den *Lageort des Vermögens* ab.[59]

VII. Schluss

Die grenzüberschreitende Anfechtung im Konkurs wurde durch die EuInsVO erstmals ausdrücklich geregelt. Dies könnte für die Rechtsprechung oder die Gesetzgebung ein Anlass sein, die Anfechtung auch im Verhältnis zu Drittstaaten neu zu überdenken.

---

[55] Vgl *Schlosser*, IPRax 1991, 29 ff. S weiters EuGH 10.1.1990, 115/88, *Reichert/Dresdner Bank* (I), Slg 1990 I, 27 = ZfRV 1991, 29; OGH 15.1.1998 immolex 1998/176 = JBl 1998, 380 = RdW 1998, 338 = ZIK 1998, 175 = ZfRV 1998, 156: Gläubigeranfechtungsklage ist keine auf ein dingliches Recht gerichtete Klage im Sinn des LGVÜ oder EuGVÜ, anders bei § 81 JN.
Die Gläubigeranfechtung fällt auch nicht unter Art 16 Nr 5 oder Art 5 Nr 3 EuGVÜ (EuGH 26.3.1992, C-261/90, *Reichert/Dresdner Bank* [II], Slg 1992 I, 2149 = ZER 1993/71; *Schlosser*, EuGVÜ Art 5 Rz 16).

[56] Dazu *Verschraegen,* Die internationale Gläubigeranfechtung außerhalb des Konkurses, ZfRV 1986, 272; *Schmidt-Räntsch*, Die Anknüpfung der Gläubigeranfechtung außerhalb des Konkursverfahrens (1984); *Schlosser*, IPRax 1991, 29, stellt fest, dass es zur kollisionsrechtlichen Behandlung der Gläubigeranfechtung eine Unzahl von Theorien gibt; alle mwN.

[57] *Verschraegen,* ZfRV 1986, 272.

[58] *Schwind*, Internationales Privatrecht (1990) Rz 511 ff, Rz 515.

[59] *Schwimann* in *Rummel*, ABGB II² Vor § 35 IPRG Rz 7b mwN aus der Rsp.

Zum Schicksal außerprozessualer Aufwendungen*

Astrid Deixler-Hübner

I. Problemstellung

Mitunter kommt es vor, dass ein Gläubiger im Vorfeld eines Prozesses oder unabhängig davon bestimmte Aufwendungen tätigen muss, um seinen Rechtsanspruch effektiv verfolgen oder durchsetzen zu können. Einerseits entstehen solche Aufwendungen, damit eine außergerichtliche Vereinbarung mit dem Schuldner erzielt werden kann, andererseits erweisen sich bestimmte Rechtsverfolgungsschritte insofern als notwendig, als der Gläubiger nur dadurch in die Lage versetzt wird, seinen Anspruch gerichtlich geltend zu machen. Zuweilen ergeben sich aber auch dadurch Kosten, dass der Gläubiger überhaupt erst die Frage einer Schädigung und eines Schadens klären muss. Zur *Frage der Einordnung* dieser außerprozessualen Aufwendungen sowie zum Problem der Zweckmäßigkeit und Höhe dieser Kosten besteht in Lehre und Rechtsprechung eine seit längerem geführte, lebhafte Diskussion. Als Anspruchsgrundlage für diese Kosten dienen nämlich einerseits die Normen der §§ 918 und 1293 ff ABGB, zum anderen können vorprozessuale Aufwendungen auch dem Kostenrecht der §§ 40 ff ZPO unterstellt werden. In der Praxis haben sich *verschiedene Judikaturlinien* gebildet, die zu unterschiedlichen Entscheidungen führen. Je nach der vorgegebenen Prämisse sowie den daraus gewonnenen, in sich selbst oft nicht

---

* O. Univ.-Prof. Dr. *Wolfgang Jelinek* beschäftigt sich nicht bloß mit rein theoretischen Fragen des Zivilverfahrensrechts, sondern hat sich im besonderen Maße auch praktisch bedeutsamen Problemen des Rechtslebens gewidmet. Auch der folgende Beitrag behandelt die in der Praxis brisante und heftig umstrittene Frage der Abgeltung von außerprozessualen Aufwendungen und ist deshalb dem Jubilar herzlich gewidmet.

schlüssigen Argumentationsketten, kommt es in der Praxis oft zu unbefriedigenden und unhaltbaren Lösungen. Oft genug bedient man sich auch, um ein gewünschtes Ergebnis zu erzielen, eines plötzlichen Paradigmenwechsels, wonach sich bei bestimmten Fallkonstellationen ein an sich auf Prozessnormen beruhender Anspruch in einen materiellrechtlichen Anspruch verwandelt. Aufgrund der daraus resultierenden mangelnden Voraussehbarkeit der gerichtlichen Entscheidung zur Frage dieser getätigten Aufwendungen kommt es zu großer Rechtsunsicherheit. In diesem Beitrag soll daher der Versuch unternommen werden, anhand einer kritischen Auseinandersetzung mit den verschiedenen Meinungen, Grundsätze für eine Abgrenzung der verschiedenen Anspruchsgrundlagen und Lösungen für die Bestimmung der Angemessenheit der getätigten Aufwendungen zu erarbeiten.

II. Diskussionsstand

A. Judikatur

Ein Teil der Judikatur geht davon aus, dass Aufwendungen zur Aufklärung einer unsicheren Beweislage oder Mahn- und Inkassospesen stets als vorprozessuale Kosten das Schicksal der übrigen Verfahrenskosten teilen, somit nach §§ 41 ff ZPO zu beurteilen sind. Solche Kosten könnten nur im Kostenverzeichnis geltend gemacht werden, sodass für derartige Ansprüche der Rechtsweg unzulässig sei.[1] Ein Großteil dieser Entscheidungen geht in diesem Zusammenhang von der undifferenzierten Annahme aus, dass vor allem Kosten eines Inkassobüros per se nicht zuzusprechen seien, weil sie nicht der zweckentsprechenden Rechtsverfolgung dienten: Die fällige Forderung hätte auch durch einen Rechtsanwalt eingemahnt werden können, wobei die Kosten eines solchen Mahnschreibens im Einheitssatz des RATG abdeckt seien.[2] Vor allem nach der älteren Judikatur sind vorprozessuale Kosten daher nur bei *fehlender Akzessorietät* zum Hauptanspruch unter die Anspruchsgrundlage des *Schadenersatzes* zu subsumieren und im Klageweg geltend zu machen.[3] Die These von der Unzulässigkeit der Geltendmachung von außerprozessualen Aufwendungen als Schadenersatz wurde allerdings von einem Teil der Judikatur nicht ganz durchgehalten: Der Abschluss einer privatrechtlichen Vereinbarung führe dazu, dass

---

[1] Vgl etwa OLG Graz 16.11.1987 EvBl 1988/99; HG Wien 6.6.1990, 1 R 191/90; OGH 4.9.1991 ecolex 1992, 17 = RZ 1992/26; LGZ Wien 8.8.1996, 35 R 525/96y; LG Salzburg 17.5.1996 RZ 1997/44; vgl auch *Reischauer* in *Rummel* (Hrsg), Kommentar zum Allgemeinen bürgerlichen Gesetzbuch I³ (2000) Vor § 918 Rz 22a mwN.

[2] HG Wien 18.9.1981 AnwBl 1982, 529; OLG Wien 19.10.1981 JBl 1982, 326 (kritisch *Fasching*); LGZ Wien 21.6.1983 WR 3; LG Leoben 21.10.1997, 1 R 189/97d; anders HG Wien 3.6.1998, 1 R 340/98s; LG Krems 22.10.1998, 1 R 94/98y; differenzierend OLG Innsbruck 30.10.1984 EvBl 1985/17; LG Leoben 7.9.1998, 3 R 184/98k.

[3] Vgl etwa OGH 11.1.1933 SZ 15/12; OGH 28.4.1954 SZ 27/115; OGH 12.12.1956 EvBl 1957/165; OLG Graz 16.11.1987 EvBl 1988/99; LG Feldkirch 29.5.1992, 1 R 110/92; LGZ Graz 1 R 128/96; LG Steyr 14.7.1998, 1 R 152/98s; differenzierend LG Leoben 7.9.1998, 3 R 184/98k.

die Akzessorietät zwischen Haupt- und Kostenersatzanspruch aufgehoben werde, sodass diesfalls der Rechtsweg zulässig sei. Nach Ansicht des OGH sei der Anspruch auf vorprozessualen Kostenersatz durch den Abschluss einer *privatrechtlichen Vereinbarung* seines öffentlichrechtlichen „Charakters entkleidet" und könne dann selbständig geltend gemacht werden.[4] Somit seien diese Rechtsverfolgungs- bzw Eintreibungskosten nicht mehr im Kostenbegehren, sondern als schadenersatzrechtliche Nebenforderung geltend zu machen.[5] Der Anspruch auf Ersatz von Inkassokosten, der auf eine Vereinbarung gestützt werde, sei als Nebenforderung im Sinn des § 54 Abs 2 JN zu behandeln und deshalb einklagbar.[6] Bereits 1930[7] wurden Kosten einer vorprozessualen Intervention bei einer sonstigen Eintreibung einer Forderung als „Nebengebühren" nach § 54 Abs 2 JN angeschlossen und somit nach materiellrechtlichen Grundsätzen behandelt.

Im Hinblick auf die Novellierung des § 6 Abs 1 Z 15 KSchG halten einige Gerichte wiederum nur eine nachfolgende Vereinbarung über bereits entstandene vorprozessuale Kosten für geeignet, diese als schadenersatzrechtliche Nebenforderung geltend zu machen.[8]

Dem gegenüber wird in der höchstgerichtlichen Judikatur einhellig die Auffassung vertreten, dass die aufgewendeten Mittel für den *Einsatz von Detektiven* bei unsicherer Beweislage – vor allem im Ehe-, Arbeits- oder Wettbewerbsverfahren – entweder als vorprozessuale Kosten oder als Schadenersatz zuzuerkennen sind.[9]

Eine weitere Rechtsprechungslinie, wonach außerprozessuale Aufwendungen ausschließlich nach schadenersatzrechtlichen Kriterien im Sinn des § 54 Abs 2 JN zu beurteilen sind, ist eher vereinzelt geblieben.[10] Innerhalb dieser Rechtsprechungslinie qualifiziert das OLG Wien allerdings sowohl Inkassokosten als auch Kosten von Gläubigerschutzverbänden sowie außergerichtlicher Vergleichsversuche nicht als vorprozessuale Kosten.

Abweichend von der überwiegenden zweitinstanzlichen Judikatur unterscheidet das Höchstgericht jüngst aber auch danach, ob vorprozessuale Aufwendungen in Zusammenhang mit einem beabsichtigten Prozess stehen. So könnten nach Auffassung des OGH[11] etwa Kosten eines Privatgutachtens dann zum Gegenstand eines Schadenersatzanspruchs gemacht werden, wenn ein besonderes Interesse an einer Schadensermittlung unabhängig von der Rechtsverfolgung in einem Prozess bestehe.

---

[4] OGH 28.4.1954 SZ 27/115; OGH 17.10.1973 SZ 46/103.
[5] LG Linz 12 R 80/96; LGZ Graz 5 R 208/96m; anders LG Steyr 14.7.1998, 1 R 152/98s.
[6] LG Korneuburg 2.7.1997 RZ 1997/71; vgl auch LGZ Wien 23.9.1996, 37 R 533/96y.
[7] OGH 21.12.1930 SZ 12/314.
[8] Vgl etwa HG Wien 24.3.1997 WR 787a.
[9] Vgl dazu FN 50.
[10] OLG Wien 30.7.1997 AnwBl 1997, 950 = WR 787; LG Linz 12.11.1998, 11 R 204/98s; anders HG Wien 18.12.1997, 1 R 652/97x; vgl auch OGH 21.12.1930 SZ 12/314.

B. Literatur

Die Auffassung, wonach sämtliche vorprozessuale Aufwendungen dem Regime der §§ 41 ff ZPO unterfallen, findet sich auch in der Lehre. *Hofmann* ist der Ansicht, dass die Bestimmung des *§ 448a ZPO* ihrem erklärten Zweck nach verhindern solle, dass im Hinblick auf die geringe Einspruchsquote gegen Zahlungsbefehle Kläger den rechtskräftigen Zuspruch – insbesondere von vorprozessualen Kosten – dadurch erwirken, dass sie die Nebengebühren unaufgeschlüsselt dem Kapitalsbetrag zuschlagen und so einerseits die Vorschriften über die Zulässigkeit des Rechtsweges umgehen und anderseits auch eine richterliche Überprüfung, ob diese Kosten zur zweckentsprechenden Rechtsverfolgung notwendig waren, verhindern. Ihrer Intention nach soll diese Bestimmung daher die Einklagung dieser Forderungen als Kapitalbetrag hintanhalten. Vor allem aus Schuldnerschutzerwägungen sei daher eine Einordnung der Mahn- und Inkassospesen unter die Kostenregelung der ZPO geboten. Oft genug würden nicht informierte und sozial schlechter gestellte Schuldner einen Einspruch unterlassen und seien daher gezwungen, auch die nicht zur zweckentsprechenden Rechtsverfolgung notwendigen Kosten zu begleichen.[12] *Hofmann* nimmt einen sehr formalistischen Standpunkt ein, indem er – entgegen *Fasching*[13] – nicht einmal eine Umdeutung gem § 40a JN von Amts wegen der unter eine unrichtige Anspruchsgrundlage subsumierten Kosten in ein Kostenbegehren zulässt.[14] Wenn überhaupt Inkassospesen zuzuerkennen wären, so seien diese mit der Auftraggebergebühr gem § 2 der Verordnung des BMW der Inkassoinstituten gebührenden Vergütungen zu begrenzen.[15] *Illedits*[16] liest wiederum aus der Diktion des § 448a ZPO („... Geltendmachung einer Nebenforderung ... als Teil der Hauptforderung, ohne dies gesondert anzuführen ...") heraus, dass vorprozessuale Mahn- und Inkassokosten kraft Gesetzes gerade eben doch als Hauptforderung geltend gemacht werden könnten. Der mit der EO-Novelle 1995 neu geschaffene § 448a ZPO dient somit den Vertretern beider Positionen als Argumentationshilfe. *Illedits* vertritt – wie oben ausgeführt – den Standpunkt, dass bereits aus dem Wortlaut des § 448a ZPO ersichtlich sei, dass es der Gesetzgeber für zulässig erachte, vorprozessuale Mahn- und Inkassospesen als Hauptforderung auf Schadenersatzgrundlage geltend zu machen. *Hofmann* hingegen ist der Ansicht, dass die Bestimmungen geradezu verhindern sollen, dass die Nebengebühren dem Kläger ohne richterliche Überprüfung auf deren Zweck-

---

[11] OGH 17.1.2001 JBl 2001, 459 = RdW 2001, 433; vgl auch OGH 16.1.1979, 2 Ob 207/78; OGH 21.5.1985, 2 Ob 647/84; OGH 10.2.1988, 3 Ob 585/86.
[12] Ähnlich auch *Breycha*, Mahn- und Inkassospesen in der Praxis des Mahnverfahrens, RZ 1998, 50 sowie *Beran*, Mahn- und Inkassokosten – ein rechtspolitischer Vorschlag, RZ 1999, 34.
[13] *Fasching*, Lehrbuch des österreichischen Zivilprozeßrechts[2] (1990) Rz 461.
[14] Ebenso offenbar HG Wien 11.6.1986 WR 224; OLG Graz 16.11.1987 EvBl 1988/99; OGH 28.6.1994 RZ 1995/92.
[15] *Hofmann*, Vorprozessuale Kosten aus dem Titel „Vereinbarung" oder „Schadenersatz" Rechtsweg nicht zulässig! RZ 1997, 52 (53).
[16] Vgl *Illedits*, Vorprozessuale Mahn- und Inkassospesen, RdW 1997, 182.

mäßigkeit hin zugesprochen würden. Vor allem wendet sich *Illedits* gegen die Auffassung der herrschenden Rechtsprechung, die die Einschaltung eines Inkassobüros generell als unzweckmäßig abzutun. Durch eine solche Judikatur werde nämlich die faktische Ausübung des Inkassogewerbes erheblich erschwert. Schuldnerschutzmaßnahmen könnten nicht so weit gehen, dass der Gläubiger seine vorprozessualen Betreibungskosten selbst tragen müsse. *Illedits* geht zusammenfassend von der Annahme aus, dass vorprozessuale Mahn- und Inkassospesen sowohl als vorprozessuale Kosten als auch unter dem Titel des Schadenersatzes geltend gemacht werden könnten, dem Kläger somit ein Wahlrecht zwischen beiden Anspruchsgrundlagen zustehe. *Breycha* will zwar einen Schadenersatzanspruch nach § 54 Abs 2 JN bei vertraglich vereinbarten vorprozessualen Kosten zulassen, gesteht aber einem *Anerkenntnis in den AGB* nur bedingt die Qualität eines Vertrages zu.[17] Nur wenn ein bestimmter oder leicht bestimmbarer Betrag anerkannt werde, sei der öffentlichrechtliche Kostencharakter beseitigt; andernfalls bleibe der Rechtsweg unzulässig.[18] Nach *Beran* seien für Mahn- und Inkassospesen – im Weg *durch die Gesetzgebung* – bestimmte *Pauschalbeträge* als generelle Unkosten festzulegen.[19]

Vertreter der älteren Lehre plädieren für eine Gleichbehandlung von vorprozessualen Kosten mit den eigentlichen Prozesskosten, ohne jedoch einen methodischen Weg für diese Lösung anzuführen.[20] So sind etwa nach *Hule* vorprozessuale Kosten auch dann, wenn es nicht zu einem Prozess komme, nach den Normen der §§ 41 ff ZPO zu behandeln: Das Gericht habe diese auf Antrag des Gläubigers ohne Zulassung eines Beweisverfahrens mit Beschluss zu bestimmen. *Hule* schlägt daher vor, *sämtliche vorprozessuale Aufwendungen* in einem eigenen – gesetzlich jedoch nicht vorgesehenen – *Kostenbestimmungsverfahren* zusammenzufassen. Würde man nämlich Kosten auf materiellrechtlicher Anspruchsgrundlage zuerkennen, so wären auch jene Kosten zu ersetzen, die zwar verschuldet, aber offenbar unnotwendig seien. Hier übersieht *Hule* freilich, dass auch im Rahmen des Schadenersatzrechts überflüssige Aufwendungen schon zufolge des § 1304 ABGB nicht zu ersetzen sind.[21] *Lechner*[22] befürwortet die Abgeltung gewisser vorprozessualer Aufwendungen aus dem Titel des Schadenersatzes für Fälle, in denen in *sondergesetzlich* geregelten Gebieten *Kosten im Klagebegehren* geltend gemacht werden können. Zu denken sei hier vor allem an die Bestimmungen des Wertpapierrechts – wie Art 45 ff SchG und Art 48 f WG. Anders als im allgemeinen Zivilrecht nehme die Judikatur hier keinen Anstoß an der Geltendmachung von Kosten im Klagebegehren. *Lechner* meint,

---

[17] So auch LG Leoben 7.9.1998, 3 R 184/98k.

[18] *Breycha*, RZ 1998, 54.

[19] *Beran*, RZ 1999, 36; s auch *M. Mohr*, Zum legislativen Handlungsbedarf betreffend den Ersatz für Mahn- und Inkassokosten, RdW 1998, 533 (536).

[20] Vgl *Pollak*, System des Österreichischen Zivilprozeßrechtes mit Einschluß des Exekutionsrechtes I² (1930) 52 ff; *Hule*, Nochmals: Vorprozessuale Kosten, ÖJZ 1958, 651 (653 ff); *Fasching*, Lehrbuch² Rz 461.

[21] Vgl dazu unten Punkt IV.A.

[22] Vgl *Lechner*, Vorprozessuale Kosten, ÖJZ 1957, 539.

dass aus § 54 JN nichts anderes gefolgert werden könne, als dass es außer den Prozesskosten noch andere Kosten der Rechtsverteidigung gäbe, die zumindest als Nebengebühren eingeklagt werden könnten, weil sich gerade daraus eine Übereinstimmung von § 41 ZPO und § 54 JN ergebe. Nach *Lechner* müsse eine Begriffsbestimmung der Prozesskosten in erster Linie in jener Norm gesucht werden, die der das betreffende definiendum angezeigten Marginalrubrik folgt, in diesem Fall also in § 40 ZPO. Aus den folgenden Paragraphen könne keine neuerliche Begriffsbestimmung herausgelesen werden, da § 41 ZPO nur eine von den die Ersatzpflicht regelnden Bestimmungen sei und in § 43 ZPO nur mehr von „Kosten" die Rede sei. Selbst wenn die Begriffsbestimmung § 41 ZPO entnommen werden müsste, könne damit die Einbeziehung der vor dem Rechtsstreit entstandenen Aufwendungen in die Prozesskosten nicht begründet werden. Der Prozess sei nichts anderes als die Summe der einzelnen Prozesshandlungen. Was also durch die Prozessführung verursacht sei, könne wiederum nur durch die einzelnen Prozesshandlungen verursacht worden sein.[23] Ansprüche auf Ersatz von nicht durch Prozesshandlungen verursachten Aufwendungen seien daher nach materiellem Recht zu beurteilen und nicht zu den Prozesskosten zu zählen. Sie könnten daher entweder als Nebengebühr des Hauptanspruchs oder abgesondert von diesem geltend gemacht werden. Demnach seien Mahnspesen ebenso wie Inkassoversuche, die durch Aufforderung des Schuldners zur Erfüllung der fälligen Verpflichtung dem Gläubiger entstehen, keine Prozesskosten und könnten nur nach den §§ 1293 ff ABGB ersetzt werden.[24]

Zu einer differenzierteren Betrachtung dieses Problems gelangte erst *M. Bydlinski*,[25] der eine Abgrenzung jener vorprozessualen Aufwendungen, die im Fall eines Rechtsstreits als Prozesskosten behandelt werden sollen, von den übrigen, die allein dem Regime des materiellen Rechts unterstehen, vornimmt. Nach *M. Bydlinski* resultiere die kostenrechtliche Erfolgshaftung vor allem aus der besonderen Prozesssituation. Die Partei befinde sich dort in einer Zwangslage, in der Kosten nicht nur unvermeidlich, sondern dem Grunde und der Höhe nach nur sehr eingeschränkt beeinflussbar seien. Eine großzügige Ausweitung der Kostenersatzvorschriften der §§ 41 ff ZPO in den vorprozessualen Bereich stoße häufig an die gesetzlichen Grenzen einer richterlichen Kognition im Kostenverfahren. Häufig sei die Frage der Notwendigkeit der Kosten nicht seriös zu beantworten, sodass diese von den Gerichten zu Unrecht im Zweifel als unzweckmäßig angesehen würden. Eine analoge Anwendung der prozessualen Kostenersatzvorschriften unter gleichzeitiger Verdrängung materieller Anspruchsgrund-

---

[23] Dem scheint auch *Hule*, ÖJZ 1958, 653 zuzustimmen, indem er meint, der Wortlaut des § 41 ZPO scheine eher nur die während des Zivilprozesses selbst (arg: „... alle durch die Prozessführung verursachten ...") entstandenen Prozesskosten im Auge zu haben.

[24] Ebenso offenbar *Fucik* in *Fucik/Hartl/Schlosser* (Hrsg), Handbuch des Verkehrsunfalls I (1998) (Der Zivilprozess in Verkehrsunfallsachen) Rz 88; vgl auch *Fucik*, Neues im Mahnverfahren: Handhabe gegen Überklagung, RZ 1995, 191.

[25] *M. Bydlinski*, Der Anspruch auf Ersatz „vorprozessualer Kosten" unter besonderer Berücksichtigung von Mahn- und Inkassospesen (I. Teil), JBl 1998, 69.

lagen komme nur dort in Betracht, wo einerseits eine vergleichbare Zwangslage wie im Bereich des Prozessrechts vorliege, andererseits das Gericht typischerweise in der Lage sei, anhand der ihm bekannten Umstände, die betreffenden Rechtsverfolgungsmaßnahmen als zweckentsprechend zu qualifizieren. Als Abgrenzungskriterium diene die *Prozessbezogenheit* der betreffenden Rechtsverfolgungsmaßnahme. Mahn- und Inkassospesen, die typischerweise nicht der Prozessvorbereitung, sondern vielmehr der *Prozessvermeidung* – somit der Rechtsdurchsetzung außerhalb des Prozesses – dienlich seien, seien mangels hinreichender Prozessbezogenheit nicht nach den Regeln der §§ 41 ff ZPO zu behandeln. Diese seien als schadenersatzrechtliche Nebenforderung im Sinn des § 54 Abs 2 JN geltend zu machen.

III. Eigener Lösungsansatz

A. Grundsätzliches

Die Frage nach der gesetzlichen Einordnung vorprozessualer Aufwendungen stößt in der Praxis besonders deshalb auf Schwierigkeiten, weil es keine allgemeine höchstgerichtliche Linie zu diesem Fragenkreis gibt. Im Rahmen der OGH-Judikatur bestehen nur Judikate für bestimmte Rechtsgebiete, die im Rahmen des materiellen Rechts geprüft werden – bzw betreffend die unverschuldete Präklusion mit Kostenansprüchen. Weil das Kostenrecht gem § 528 ZPO dem Kognitionsbereich des OGH entzogen ist, bestehen im Bereich der verschiedenen Landes- und Oberlandesgerichtssprengel unterschiedliche Rechtsprechungslinien. In der Judikatur der Oberlandesgerichte und Landesgerichte wird überwiegend die Ansicht vertreten, dass vorprozessuale Kosten – wozu insbesondere Inkassokosten zählen – als Prozesskosten zu behandeln sind, sodass eine schadenersatzrechtliche Geltendmachung ausscheide.[26] Nach dieser Judikatur werden vorprozessuale Kosten nur bei fehlender Akzessorietät zum Hauptanspruch, mithin dann, wenn es zu keinem Prozess mehr kommt bzw kommen kann, als unter dem Titel des Schadenersatzes klagbar angesehen. Vorprozessuale Kosten müssen nach dieser Meinung im Kostenbegehren und somit nach den Regeln der §§ 41 ff ZPO geltend gemacht werden, in deren Rahmen die Beiziehung eines Inkassounternehmens nach der überwiegenden Anzahl der Judikate als nicht erstattungsfähige Aufwendung angesehen wird. Die Geltendmachung eines allgemeinen Schadenersatzanspruchs wird im Sinn dieser Rechtsprechung wegen Fehlens der Zulässigkeit des Rechtswegs verneint. Nach einem Teil der Judikatur verlieren diese Kosten aber durch den Abschluss einer privatrechtlichen Vereinbarung ihren öffentlichrechtlichen Charakter, sodass sie diesfalls nicht mehr im Kostenbegehren, sondern als schadenersatzrechtliche Nebenforderung im Sinn des § 54 Abs 2 JN geltend gemacht werden könnten.[27]

---

[26] Vgl zusammenfassend *Reischauer* in *Rummel*, ABGB I³ Vor § 918 Rz 22a; *Stohanzl,* Jurisdiktionsnorm und Zivilprozessordnung, MGA¹⁵ (2002) § 41 ZPO E 5, 19.

[27] Vgl zu dieser gegensätzlichen Rsp oben Punkt II.A.

Aus der dargestellten Judikatur ist ersichtlich, dass der Zuspruch von vorprozessualen Aufwendungen entweder nach dem Regime der §§ 41 ff ZPO oder jenem der §§ 1293 ff ABGB nur von zufälligen Momenten, vor allem von entsprechenden Behauptungen des Klägers abgängig ist.

B. Abgrenzungskriterien zwischen prozess- und materiellrechtlicher Anspruchsgrundlage

M. Bydlinski ist es gelungen, erstmals nachvollziehbare Kriterien aufzuzeigen, die zur Abgrenzung der jeweiligen Anspruchsgrundlagen geeignet sind. Mit *M. Bydlinski* ist daher davon auszugehen, dass allein die bloße Gemeinsamkeit der Widmung von Maßnahmen zur Rechtsverfolgung bzw Rechtsverteidigung noch keine ausreichende Analogiegrundlage darstellen kann, um vorprozessuale Aufwendungen den Regeln der §§ 41 ff ZPO unterzuordnen. Aus § 41 Abs 1 ZPO folgt nämlich, dass als Prozesskosten nur jene definiert werden können, die „durch Prozesshandlungen" bzw „durch die Prozessführung" verursacht worden sind. Somit besteht im Hinblick auf vorprozessuale Kosten eine Regelungslücke. Daraus, aber auch aus dem Erfolgshaftungsprinzip und der fehlenden Regelung eines Kostenüberprüfungsverfahrens ergibt sich, dass eine Subsumtion von vorprozessualen Aufwendungen unter §§ 41 ff ZPO tunlichst restriktiv zu handhaben ist. Als Abgrenzungskriterium ist mit *M. Bydlinski* vor allem von der Prozessbezogenheit einer Rechtsverfolgungshandlung auszugehen. Nur jene vorprozessualen Handlungen sind nach den Regeln des Verfahrensrechts abzugelten, die zum Zweck einer Prozessführung bereits vor Verfahrenseinleitung aufgewendet wurden.[28] Das Gesetz selbst nennt zwei Fälle vorprozessualer Aufwendungen, die nach den Normen der §§ 41 ff ZPO zu behandeln sind, nämlich die Kosten der *Privatbeteiligung im Strafverfahren* (§ 393 Abs 5 StPO)[29] sowie *Nebenleistungen des Rechtsanwalts* – wie Besprechungen, Briefe oder Vergleichsverhandlungen –, die nach § 23 Abs 1 RATG im Prozess mit einem Einheitssatz abgegolten werden können.[30] Es sind daher nur jene Aufwendungen nach §§ 41 ff ZPO abzugelten, die gerade im Hinblick auf einen bevorstehenden Prozess notwendig wurden. Dienen diese der Prozessvorbereitung, so können sie in einem nachfolgenden Prozess in das Kostenverzeichnis aufgenommen und nach den Ersatzregeln der ZPO ersetzt werden. So sind etwa Kosten, die der Beweissammlung dienen, wenn sie im Hinblick auf einen bevorstehenden Prozess aufgewendet werden, nach den kostenersatzrechtlichen Normen der ZPO abzugelten. In diesem Zusammenhang stellen vor allem Kosten eines *Beweissicherungsverfahrens* grundsätzlich ins Kostenverzeichnis aufzunehmende Aufwendungen dar.[31] Auch Kosten einer *Erkundungsfahrt zur Un-*

---

[28] So *Fasching,* Lehrbuch[2] Rz 461.

[29] OLG Wien 28.11.1993 WR 31; OLG Wien 14.5.1997 WR 788.

[30] Dies nimmt *Hule,* ÖJZ 1958, 653 fälschlicherweise zum Anlass, um sämtliche vorprozessualen Aufwendungen, mit den nach den Normen der §§ 41 ff ZPO abzugeltenden Kosten gleichzusetzen.

[31] Ebenso OGH 4.9.1991 ecolex 1992, 17 = RZ 1992/26.

fallstelle im Hinblick auf eine Prozessvorbereitung[32] oder Kosten zur Ausforschung des gegenwärtigen Aufenthalts der Gegenpartei oder einer Zeugenanschrift sind in der Regel nach dem Kostenregime der ZPO zu ersetzen. Der Prozessvorbereitung dienen aber auch Aufwendungen zwecks Einholung einer erforderlichen *abhandlungs-* oder *pflegschaftsgerichtlichen Genehmigung* zur Prozessführung[33] oder Kosten, die im Rahmen des § 8 AHG entstanden sind bzw Kosten des *Provisorialverfahrens*.[34] In diesem Zusammenhang ist vom Gericht eine Zweckmäßigkeitsprüfung vorzunehmen, die allenfalls dazu führen kann, dass bestimmte Kosten nicht als nicht ersatzfähig angesehen werden.[35] Aufwendungen für eingeholte *Privatgutachten* sind demgegenüber wesentlich schwieriger einzuordnen. Nur wenn solche Gutachten in Auftrag gegeben werden, um im Hinblick auf einen konkreten Rechtsstreit Tat- oder Rechtsfragen zu klären, sind diese nach der ZPO abzugelten.[36] Im Zweifel ist allerdings keine Prozessbezogenheit anzunehmen, weil solche Gutachten vielfach deshalb in Auftrag gegeben werden, um die Chancen für eine allfällige Prozessführung abzuklären, es mithin noch gar nicht feststeht, ob es überhaupt zu einem Rechtsstreit kommen wird. Wie *M. Bydlinski* zutreffend ausführt,[37] ist eine restriktive Einordnung in das prozessuale Kostenrecht schon zwecks Vermeidung von Wertungswidersprüchen – vor allem im Hinblick auf das mit weniger Rechtsschutzgarantien ausgestattete Gebührenbestimmungsverfahren – geboten.

Werden Aufwendungen aber nicht im Hinblick auf einen bevorstehenden Prozess, sondern zwecks Prozessvermeidung getätigt, so kommt eine Einordnung in §§ 41 ff ZPO schon mangels Analogiefähigkeit nicht in Betracht. All jene Aufwendungen, die gerade im Hinblick auf die Verhinderung eines Prozesses aufgewendet werden, können daher nicht als vorprozessuale Kosten angesehen werden. Der überwiegende Teil von Mahn- oder Inkassokosten wird ja typischerweise aufgewendet, um eine Rechtsdurchsetzung außerhalb des Prozesses zu erreichen. Der zahlungsunwillige Schuldner soll durch verschiedene Maßnahmen – wie Mahnschreiben, persönliches Aufsuchen oder sonstige Betreibungshandlungen – dazu gebracht werden, die Forderung außergerichtlich zu

---

[32] Vgl *Fucik* in *Rechberger* (Hrsg), Kommentar zur ZPO[2] (2000) Vor § 40 ZPO Rz 5; OGH 22.12.1959 ZVR 1960/201.

[33] OLG Wien 29.8.1989 WR 405; LGZ Wien 19.2.1996 EFSlg 82.157; OLG Wien 19.3.1996 EFSlg 82.164; OLG Wien 14.5.1997 WR 789.

[34] So *M. Bydlinski,* JBl 1998, 79; OLG Linz 16.9.1968 EFSlg 10.506; OLG Wien 13.6.1977 AnwBl 1978, 40; LGZ Wien 27.11.1986 EFSlg 52.460; OLG Wien 29.5.1989 WR 404.

[35] Das kann aber nicht zum Anlass genommen werden, wie der OGH in seiner E v 17.10.1973 SZ 46/103 vermerkt, dass objektiv unnötige Aufwendungen nach der Anspruchsgrundlage des materiellen Rechts abzugelten wären. Vgl dazu eingehend *M. Bydlinski,* JBl 1998, 76.

[36] Vgl auch OGH 17.1.2001 JBl 2001, 459 = RdW 2001, 402; OGH 26.6.2001 WoBl 2001, 361; vgl aber OLG Wien 9.6.1988 WR 337, das darauf abstellt, ob durch eine außergerichtliche Begutachtung die Prozesskosten selbst vermindert werden können; vgl auch OLG Graz 15.1.1993 ZVR 1993/102; OLG Linz 18.5.1994 AnwBl 1995, 436.

[37] *M. Bydlinski,* JBl 1998, 79.

begleichen. Auch Vergleichsverhandlungen finden in der Regel deshalb statt, um noch eine Bereinigung der Rechtslage ohne Einschaltung des Gerichts zu erreichen.[38]

C. Unterschiede zwischen prozess- und materiellrechtlicher Anspruchsgrundlage

Die Frage nach der rechtlichen Einordnung von prozessualen Aufwendungen ist nicht nur von akademischem Interesse, sondern zieht praktisch ganz unterschiedliche Konsequenzen nach sich.[39] Kostenersatzansprüche nach dem Regime der §§ 41 ff ZPO sind – abgesehen von der Ausnahme der schuldhaften Kostenverursachung – *erfolgsabhängig* (§ 43 Abs 1 ZPO). Die prozessrechtliche Erfolgshaftung führt daher unabhängig von einem Verschulden der Gegenpartei zu einer Kostenersatzpflicht. Dem gegenüber sind Ersatzansprüche, die sich auf §§ 1293 ff ABGB gründen, nach den Kriterien des Kausalzusammenhangs, der Adäquanz, der Rechtswidrigkeit und des Verschuldens zu prüfen. Verfahrenskosten sind ihrer Höhe nach nicht nach dem tatsächlichen Aufwand zu bemessen, sondern nach den *tarifmäßig* dafür *vorgesehenen Sätzen* (§ 41 Abs 2 ZPO), während Ersatzansprüche nach dem schadenersatzrechtlichen Regime des ABGB nur über die aus § 1304 ABGB abgeleitete *Schadensminderungspflicht* zu begrenzen sind. Aufgrund der Privatautonomie des ABGB können die Parteien den *Kostenersatz* in der Regel *frei gestalten*, während eine solche Vereinbarung im Hinblick auf Prozesskosten zufolge des § 40 Abs 2 ZPO grundsätzlich ausgeschlossen ist.

Darüber hinaus sind Prozesskosten nach § 54 Abs 1 ZPO bloß zu *bescheinigen*, während materiellrechtliche Ansprüche zu *beweisen* sind. Auf den ersten Blick scheint diese Bestimmung den Antragsteller von Verfahrenskosten zu privilegieren. Hält man sich aber vor Augen, dass materiellrechtliche – schlüssig behauptete – Ansprüche im Mahnverfahren und bei Säumnis des Gegners vom Gericht ungeprüft zur Tatsachengrundlage zu machen sind, wogegen Prozesskosten vom Antragsteller (mittels Beilagen) zu bescheinigen sind, relativiert sich dieser vermeintliche Vorteil wieder.

Auch kann das Gericht Prozesskosten *von Amts wegen* einer *Zweckmäßigkeitsprüfung* unterwerfen, wogegen Grund und Höhe materiellrechtlicher Kostenansprüche vom Gegner explizit zu bestreiten sind.

Des Weiteren unterliegt die Kostenentscheidung nur der Prüfung in einem Rekursverfahren und der Rechtszug an den OGH ist nach § 528 Abs 2 Z 3 ZPO abgeschnitten. Werden die vorprozessualen Aufwendungen aber unter dem Titel des Schadenersatzes geltend gemacht, so kann eine unrichtige Entscheidung mit

---

[38] Insoweit verfehlt OLG Innsbruck 27.10.1972 AnwBl 1973, 138, wo die Kosten außergerichtlicher Vergleichsverhandlungen undifferenziert als vorprozessuale Kosten betrachtet werden.

[39] Vgl *Ch. Huber*, Das Honorar des Versicherungsberaters als erstattungsfähige Aufwendung nach Schadenersatzrecht, ZVR 1997, 290 (291 f); *M. Bydlinski*, JBl 1998, 73; *M. Mohr*, RdW 1998, 535.

Berufung und bei Vorliegen der Voraussetzungen des § 502 ZPO unter Umständen auch mit Revision bekämpft werden.

Die Geltendmachung von Verfahrenskosten unterliegt der Präklusivfrist des § 54 Abs 1 ZPO, während Schadenersatzansprüche innerhalb der dreijährigen Verjährungsfrist eingeklagt werden können.

D. Auseinandersetzung mit der herrschenden Meinung

1. Allgemeine Aufwendungen

Den Vertretern der Meinung, wonach vorprozessuale Aufwendungen stets unter dem Titel des Prozesskostenersatzes zuzuerkennen sind, ist entgegenzuhalten, dass zufolge des § 54 Abs 2 JN Nebenforderungen – wie Zinsen, Früchte und Kosten – gemeinsam mit der Hauptforderung geltend gemacht werden können; diese bleiben nur bei der Streitwertberechnung ohne Berücksichtigung.[40] Davon unberührt, können diese Nebenleistungen aber auch selbständig geltend gemacht werden und fallen dann nicht unter § 54 Abs 2 JN.[41] In diesem Fall richtet sich der Streitwert nach der Höhe der eingeklagten Nebenforderung.[42] Die Bestimmung des § 54 Abs 2 JN würde ihres Sinns beraubt, wenn nun Mahn- und Inkassospesen, die ja geradezu ein Beispiel für die in § 54 Abs 2 JN erwähnten „Kosten" darstellen, bloß nach den Regeln des Prozesskostenersatzes geltend zu machen wären.[43] All jene Aufwendungen, die im Hinblick auf eine Prozessvermeidung getätigt werden, sind daher unter dem Titel des Schadenersatzes nach § 54 Abs 2 JN einzuklagen. Kosten, die aufgewendet werden, um den säumigen Schuldner zur Zahlung zu bewegen – etwa durch schriftliche oder telefonische Aufklärungs- oder Vermittlungsversuche –, die in der Regel durch ein Inkassoinstitut durchgeführt werden, stellen typische Handlungen zur Prozessvermeidung dar. Aber auch Aufwendungen durch das Unternehmen des Gläubigers selbst fallen unter die Nebenforderungen nach § 54 Abs 2 JN. Sie folgen den Regeln über den Schadenersatz, da sie durch den Verzug des Schuldners (adäquat) verursacht werden und ein Verschulden zufolge § 1298 ABGB vermutet wird. Sie unterliegen freilich dann einer Überprüfung durch das Gericht dem Grunde und der Höhe nach, wenn sie der Beklagte bestreitet. Nur wenn für den Gläubiger klar erkennbar ist, dass seine außerprozessualen Rechtsverfolgungsschritte von vornherein aussichtslos sind, etwa weil der Schuldner klar zu erkennen gegeben hat, die Forderung keinesfalls begleichen zu wollen oder wenn die Tätigkeit des Inkassobüros allein auf eine Adressenerhebung zum Zweck der Klageführung gerichtet ist, kann man nicht mehr von einer Zielrichtung auf die Prozessvermeidung hin sprechen. Aus § 448a ZPO lassen sich keinerlei Gegenargumente gewinnen. Die Teleologie dieser Bestimmung ist viel-

---

[40] OGH 26.8.1981 NZ 1982, 154; OGH 30.1.1997 RdW 1997, 724.

[41] Vgl etwa OGH 11.9.1991 RZ 1992/96.

[42] OGH 22.11.1994 EFSlg 75.958.

[43] So auch *Mayr* in *Rechberger*, ZPO[2] § 54 JN Rz 4; *M. Bydlinski*, JBl 1998, 80; vgl auch *Breycha*, RZ 1998, 53; LG Korneuburg 2.7.1997 RZ 1997/71.

mehr dahin gerichtet, Mutwillensstrafen zu verhängen, wenn der Kläger eine solche Nebenforderung dem Kapitalsbetrag unaufgeschlüsselt zuschlägt, was dann zwangsläufig dazu führt, dass sich der Streitwert der Hauptforderung erhöht. § 448a Abs 1 ZPO setzt nämlich ganz im Gegenteil geradezu voraus, dass Kosten als materiellrechtliche Nebenforderungen geltend gemacht werden (arg: „... insbesondere durch die Geltendmachung einer Nebenforderung im Sinn des § 54 Abs 2 JN als Teil der Hauptforderung, ohne dies gesondert anzuführen, ...“). Nicht nachvollziehbar scheint daher die Meinung *Hofmanns,* wonach aus § 448a ZPO hervorgehe, dass zweifelhafte Mahn- und Inkassokosten der richterlichen Überprüfung im Rahmen des § 41 Abs 1 ZPO zu unterwerfen seien, somit offenbar gar nicht nach § 54 Abs 2 JN geltend gemacht werden können. Diese Annahme impliziert einen unangemessenen und *überzogenen Schuldnerschutz.* Schuldnerschutzüberlegungen können nicht unbesehen dazu führen, dass berechtigte Aufwendungen des Klägers – wie dies von zahlreichen Gerichten gehandhabt wird – gar nicht zuerkannt werden. Dies entspricht keinesfalls der Intention des § 448a ZPO. Der Schuldner hat diese Kosten in der Regel dadurch verursacht und auch verschuldet, dass er sich nicht der materiellen Rechtslage entsprechend verhalten hat und offenbar auch kostengünstigere Eintreibungsversuche bereits gescheitert sind. Ihm bleibt es ja unbenommen, deren Höhe im Rahmen des § 1304 ABGB zu bestreiten, wenn diese unnotwendig und nicht zweckentsprechend waren. Gerichte haben freilich darauf zu dringen, dass all diese Nebenforderungen nachvollziehbar aufgeschlüsselt und gesondert im ADV-Mahnverfahren unter der Rubrik o8 (Kosten) angeführt werden.[44] Ist der Schuldner sohin nicht willens, ihm nicht nachvollziehbare Kosten zu begleichen, so bleibt es ihm unbenommen, diese mit *Teileinspruch* zu bekämpfen. Wie *M. Bydlinski*[45] vorschlägt, könnte im Weg einer Gesetzesänderung die Rechtsbelehrung durch einen deutlichen Hinweis ergänzt werden, dass dem Schuldner die Möglichkeit eines Teileinspruchs gegen die Kosten zusteht. Verbraucherschutz kann nicht so weit gehen, den Schuldner geradezu in die Nähe mangelnder Geschäftsfähigkeit zu rücken und überdies ist der Schuldner meist schon aufgrund anhaltender Zahlungsunwilligkeit auch nicht schutzwürdig. Eine solche Vorgangsweise würde im Gegenteil geradezu jene Schuldner benachteiligen, die sich vertragskonform verhalten, indem vom Gläubiger die nicht erstattungsfähigen Kosten auf die Preise aufgeschlagen würden.

Entgegenzutreten ist auch jener Auffassung, wonach vorprozessuale Kosten solange nicht selbständig klagbar sind, als die *Akzessorietät zum Hauptanspruch* aufrecht bestehe. Diesfalls wird überwiegend auf Unzulässigkeit des Rechtswegs aufgrund von Akzessorietät erkannt.[46] Auch die von einem Teil der Rechtsprechung stets wiederholte Floskel, wonach vorprozessuale Kosten durch eine privatrechtliche Vereinbarung ihres öffentlichrechtlichen Charakters entkleidet werden, ist stets anzutreffen. Abgesehen davon, dass die Diktion „Unzulässig-

---

[44] Vgl zu den offenbar in der Praxis auftretenden Problemen im ADV-Mahnverfahren *Breycha,* RZ 1998, 54; *Beran,* RZ 1999, 36.

[45] *M. Bydlinski,* JBl 1998, 80 FN 83.

[46] Vgl zB LG Salzburg 17.5.1996 RZ 1997/44; LGZ Wien 19.12.1997, 36 R 835/96 und oben Punkt II.A. und FN 1.

keit des Rechtswegs" irreführend ist – es müsste vielmehr heißen, es besteht keine selbständige Klagezulässigkeit –, bedarf es solcher Kunstgriffe durch eine Metamorphose eines öffentlichrechtlichen Anspruchs in eine materiellrechtliche Grundlage gar nicht. Aus einer rein formalen Einordnung – hier öffentliches Recht, dort materielles Recht –, die oft nur sehr schwer getroffen werden kann, ist nichts zu gewinnen; es kommt daher auf die verschiedenen Rechtswirkungen beider Ansprüche an. Teilweise wird auch die Meinung vertreten,[47] dass auch eine *unbestimmte Vereinbarung* oder ein bloßes Anerkenntnis in den AGB keine tauglichen Grundlagen für die Bejahung der Rechtswegzulässigkeit darstellen können. Dieser Auffassung ist nicht beizutreten: Liegt nämlich eine Vereinbarung zwischen den beiden Parteien vor, dann ist jedenfalls von einem privatrechtlichen Anspruch nach § 54 Abs 2 JN auszugehen. Die Vereinbarung ist nur nach den Regeln des materiellen Rechts – insbesondere auf §§ 879, 864a ABGB oder § 6 KSchG – hin zu überprüfen. Auch der Abschluss unbestimmter oder unzulässiger Vereinbarungen kann also nicht dazu führen, dass es dadurch zu einer „Umwandlung" in die Anspruchsgrundlage der §§ 41 ff ZPO kommt. Weil aber die Rechtswirkungen wie bereits unter Punkt III.C. erwähnt wurde, höchst unterschiedlich sind, besteht für die Partei auch *keinerlei Wahlmöglichkeit*, ob sie ihre vorprozessualen Aufwendungen unter dem Titel des Schadenersatzes oder des Prozesskostenersatzes geltend machen will.[48] Werden daher Kosten vor Beginn eines Rechtsstreits aber in Zielrichtung auf diesen aufgewendet, so müssen sie bei sonstiger Präklusion des Anspruchs in das Kostenverzeichnis aufgenommen werden (§ 54 Abs 1 ZPO). Insoweit sind daher „echte" vorprozessuale Kosten, soweit sie zufolge einer Präklusion nicht mehr im Verfahren geltend gemacht werden können, keiner nachträglichen Klageführung unter dem Titel des Schadenersatzes mehr zugänglich. Eine gegenteilige Auffassung würde § 54 Abs 1 ZPO jeglichen Sinns berauben. Nur dann, wenn es zu keinem Verfahren kommt, weil der Gegner den Anspruch bereits vor Klagseinbringung, aber nach Eintritt der Fälligkeit erfüllt hat, sind diese Aufwendungen einer selbständigen Klage zugänglich. Wird der Anspruch während des Prozesses erfüllt, so kann der Kläger gegen den Beklagten mit einer „Klagseinschränkung auf Kosten" vorgehen.

Die Tatsache, dass die überwiegende Anzahl außergerichtlicher Aufwendungen allein nach dem Regime der §§ 1293 ff ABGB geltend zu machen ist, wird darüber hinaus durch *rechtsvergleichende Momente* gestützt. Nach § 91 dZPO unterfallen Aufwendungen zur Prozessvermeidung den materiellrechtlichen Normen. Nur dann, wenn diese Maßnahmen gleichzeitig im Hinblick auf einen konkreten Prozess gesetzt wurden, werden sie allenfalls als Prozesskosten angesehen. Aufwendungen im Bereich des Mahn- und Inkassowesens gelten aber allgemein nicht als Vorbereitungskosten.[49]

---

[47] Vgl etwa *Breycha,* RZ 1998, 53.

[48] So aber *Illedits*, Die gerichtliche Geltendmachung vorprozessualer Mahn- und Inkassospesen, AnwBl 1992, 701 und *ders*, RdW 1997, 182 sowie noch *M. Bydlinski,* Kostenersatz im Zivilprozeß (1992) 172 ff; anders nun *ders* in JBl 1998, 81.

[49] Vgl dazu *Bork* in *Stein/Jonas*, Kommentar zur Zivilprozeßordnung II[21] (1994) § 91 dZPO Rz 40 f; *M. Bydlinski*, JBl 1998, 78.

2. Aufwendungen für Detektiveinsatz

Ganz anders behandelt die Judikatur die Kosten, die durch einen allfälligen Detektiveinsatz verursacht werden. Vor allem Detektivkosten zur Ausforschung *ehewidriger Beziehungen* bzw einer nachehelichen *Lebensgemeinschaft*[50] oder Detektiveinsatz bei *Arbeitsrechtstreitigkeiten* werden vom OGH in der Regel als Schadenersatzanspruch und damit nicht nach Kostenrecht behandelt.[51] Nach ständiger Rechtsprechung können Auslagen, die dem betrogenen Ehegatten durch Überwachungsmaßnahmen des vermeintlich untreuen Ehegatten entstanden sind, aus dem Titel des Schadenersatzes geltend gemacht werden. Unabhängig von einem Verfahren und davon, ob das Verhalten des Ehestörers für die Zerrüttung der Ehe kausal gewesen sei, könne der Schadenersatzanspruch auch *gegenüber dem „Ehestörer"* geltend gemacht werden, der mit dem untreuen Ehegatten solidarisch haftet. Detektivkosten werden von der Judikatur nur dann nicht zugesprochen, wenn die Überwachung offenkundig überflüssig, von vornherein aussichtslos, erkennbar unzweckmäßig ist oder aber Rechtsmissbrauch vorliegt – etwa wenn beide oder zumindest ein Ehegatte sich bereits durch ausdrückliches oder konkludentes Verhalten über alle ehelichen Bindungen hinweggesetzt hat.[52] In diesem Zusammenhang bereitet es dem OGH offenbar keine Schwierigkeiten, auch eindeutig vorprozessuale Kosten, die sich nur zwecks günstiger Beweislage im Scheidungsverfahren als notwendig erweisen, unter dem Titel des Schadenersatzes zuzugestehen.[53] Um es auf den Punkt zu bringen: Während die Judikatur auch Mahn- und Inkassospesen, die eindeutig auf eine Prozessvermeidung abzielen, nicht unter das Regime der §§ 1293 ff ABGB subsumiert, erachtet sie in Zweckrichtung auf einen Scheidungsprozess entstandene Detektivkosten aber als materiellrechtliche Ansprüche. Hier gilt es daher, sich mit dieser Argumentation näher auseinander zu setzen und das Ergebnis geradezu „vom Kopf auf die Füße zu stellen". Schadenersatzansprüche resultieren nach Auffassung der Rechtsprechung aber offenbar auch der Lehre[54] aus dem *absoluten Schutz des Rechtsinstituts Ehe* und einem daraus abgeleiteten ideellen Interesse an der Aufklärung von Treupflichtverletzungen. Diese ständig

---

[50] OGH 19.5.1998 EvBl 1998/189 = JBl 1998, 723.

[51] Vgl dazu *Reischauer* in *Rummel* (Hrsg), Kommentar zum Allgemeinen bürgerlichen Gesetzbuch II[2] (1992) § 1323 ABGB Rz 23 mwN; *Harrer* in *Schwimann* (Hrsg), Praxiskommentar zum ABGB VII[2] (1997) § 1323 ABGB Rz 39 mwN; OGH 18.3.1932 SZ 14/76; OGH 9.11.1949 SZ 22/171; OGH 28.4.1960 EvBl 1960/356; OGH 21.2.1962 SZ 35/26; OGH 18.3.1970 EvBl 1970/309; OGH 14.6.1971 JBl 1972, 210; OGH 12.5.1999 EFSlg 90.111 ff; LGZ Wien 31.8.2000 EFSlg 93.525 ff; OGH 5.7.2001 JBl 2002, 40.

[52] Vgl zB OGH 28.6.1990 EFSlg 63.227; OGH 15.12.1999 EFSlg 90.112; LGZ Wien 31.8.2000 EFSlg 93.528.

[53] Etwa OLG Wien 20.1.1955 EvBl 1955/120; OGH 13.9.1961 EvBl 1961/501; OGH 18.3.1970 EvBl 1970/309; OGH 30.10.1985 SZ 58/164 = JBl 1986, 524; OGH 12.5.1999 EFSlg 90.111.

[54] *Welser*, Der OGH und der Rechtswidrigkeitszusammenhang, ÖJZ 1975, 1 (7 f); *Koziol*, Österreichisches Haftpflichtrecht II[2] (1984) 19; *Reischauer* in *Rummel*, ABGB II[2] § 1323 Rz 23.

wiederholte Prämisse kann nicht unwidersprochen bleiben. Mag diese Auffassung nämlich noch bis zum Jahr 1997 vertretbar erschienen sein, so hat sich seit *Aufhebung des § 194 StGB* mit 1.3.1997 sowie durch die Eliminierung des *§ 47 EheG* als eigener Tatbestand für den Ehebruch mit 1.1.2000 ein Wertewandel ergeben. Durch die Aufhebung der strafrechtlichen Verfolgbarkeit des Ehebruchs und die Eingliederung dieser Eheverfehlung in § 49 EheG hat der Gesetzgeber nämlich deutlich zu erkennen gegeben, dass dieser Tatbestand – wie auch sonstige Treuepflichtverletzungen – grundsätzlich den anderen Eheverfehlungen gleichgestellt ist.[55] Auch der Ehebruch bildet nur dann einen Scheidungsgrund, wenn er für die Ehezerrüttung ursächlich war. Damit unvereinbar scheint aber die Auffassung des OGH, wonach Detektivkosten unter dem Titel des Schadenersatzes auch dann vom Ehestörer begehrt werden könnten, wenn dessen Verhalten für die Zerrüttung der Ehe nicht kausal war. Würde diese Argumentation tatsächlich tragen, wonach Schadenersatzansprüche gegen den Dritten daraus resultieren, dass dieser in die nach außen absolut geschützte Position des anderen Ehegatten eingreift, so müsste der OGH auch Unterlassungsansprüche wegen ehewidriger Beziehungen zugestehen, was er aber leugnet.[56] Meines Erachtens mangelt es gegenüber dem „Ehestörer" überhaupt an einer Anspruchsgrundlage, weil gegenüber Dritten nur im Hinblick auf deren eigenes rechtswidriges Verhalten vorgegangen werden kann, das ich aber hier in keiner Weise zu erblicken vermag.[57] Dieses könnte sich allenfalls aus *deliktischer Haftung* ergeben, wobei eine Rechtswidrigkeit mit dem Schutzzweck strafrechtlicher Vorschriften begründet werden könnte. Würde man nämlich eine Rechtswidrigkeit in Bezug auf Treuepflichtverletzungen tatsächlich annehmen, so müsste man konsequenterweise dritte Personen, die mit einem Ehegatten in einem *anderen ehewidrigen Verhalten zusammenwirken*, stets in eine Haftung miteinbeziehen. So stellt etwa übermäßiger Alkoholkonsum nach ständiger Rechtsprechung eine schwere Eheverfehlung im Sinn des § 49 EheG dar.[58] Hat man zB einen Dritten in Verdacht, den Ehegatten zum übermäßigen Alkoholgenuss zu verführen und bedient man sich eines Detektivs, um herauszufinden, ob der Ehegatte mit dem Dritten tatsächlich „Zechtouren" unternimmt, so würde niemand behaupten, der Dritte, der den Ehegatten zum Alkoholkonsum verleitet, könnte auf Ersatz dieser Detektivkosten belangt werden. Nichts anderes kann daher aber auch für einen Dritten gelten, der den Ehegatten zu einer ehewidrigen Beziehung verführt oder ihn dabei nur „unterstützt". Auch im Arbeitsgerichtsverfahren stellen Detektivkosten in der Regel ersatzfähige Aufwendungen dar. Das Arbeitsverhältnis ist – ähnlich wie das Eheverhältnis – durch ge-

---

[55] In § 49 EheG wird der Ehebruch nur mehr beispielsweise als schwere Eheverfehlung angeführt.

[56] OGH 23.11.1972 JBl 1973, 374; vgl auch *Welser*, ÖJZ 1975, 8.

[57] Dies insb im Zusammenhang damit, dass der OGH den Ersatz von Detektivkosten auch dann zugesteht, wenn gar keine ehewidrige Beziehung festgestellt werden konnte, sondern die Beobachtungen bloß ein Verhalten zum Vorschein gebracht haben, das den objektiv begründeten Anschein ehewidriger Beziehungen erweckt hat: OGH 27.11.2001, 1 Ob 224/01z.

[58] ZB OGH 20.2.1990 EFSlg 63.375; LGZ Wien 25.8.1993 EFSlg 72.282.

genseitige Treue- und Fürsorgepflichten gekennzeichnet. Wird in diesem Zusammenhang eine Detektivüberwachung deshalb notwendig, um herauszufinden, ob der Arbeitnehmer in der Dienstzeit nicht wie vereinbart Kundenbesuche unternimmt, sondern diese Zeit mit einem Dritten verbringt, der ihn dazu verleitet, so kann ebenso wenig gegen diesen Dritten aus dem Titel des Schadenersatzes vorgegangen werden. Den Ersatz dieses Aufwandes kann man allenfalls gegen den Arbeitnehmer selbst geltend machen. Rätselhaft bleibt auch, warum das Höchstgericht der Ehe nur absoluten Schutz in Hinblick auf den persönlich-sittlichen Bereich, *nicht* aber in Bezug auf *Vermögensinteressen* zugesteht. Es verwundert weiters, warum der OGH nach seiner Argumentationslinie, wonach das Abwicklungsinteresse zu ersetzen ist, bloß den Ersatz von Detektivkosten zugesteht. Konsequenterweise müsste er dem Dritten nämlich sämtliche Kosten, die aus diesem „Schadensereignis" resultieren, somit sogar die *Kosten des gesamten Scheidungsverfahrens* auferlegen.

Abzulehnen ist in diesem Zusammenhang auch die von der Rechtsprechung vertretene volle Anspruchskonkurrenz.[59] Aus den oben angeführten Argumenten[60] ergibt sich, dass der Geschädigte *kein Wahlrecht* zwischen Geltendmachung als vorprozessuale Kosten oder als Schadenersatz hat. Meines Erachtens kann der betrogene Ehegatte daher nicht wählen, ob er die aufgewendeten Detektivkosten im Rahmen des Scheidungsverfahrens als vorprozessuale Kosten geltend macht oder sie nach Verfahrensabschluss in einem Folgeprozess selbständig einklagt.[61] Hier käme es nämlich eindeutig zu Wertungswidersprüchen zwischen der Präklusivfrist des § 54 Abs 1 ZPO und der dreijährigen Verjährungsfrist für Schadenersatzansprüche. Nimmt der Ehegatte die Überwachung durch Detektive zum Anlass einer Scheidungsklage, indem er sich dadurch in die Lage versetzt, überhaupt auf Scheidung klagen zu können oder will er sich im Hinblick auf ein konkret bevorstehendes Scheidungsverfahren Beweise verschaffen, so kann er diese Aufwendungen dort als *vorprozessuale Kosten* – die ihm bei Zweckmäßigkeit zu ersetzen sind – geltend machen. Mangels materiellrechtlicher Anspruchsgrundlage kann er außerhalb eines Prozesses auch nicht gegen den Dritten vorgehen. Im Ansatz richtig scheint mir daher die Entscheidung des OGH vom 5.7.2001,[62] in der das Höchstgericht – diesen Unterschied offenbar erkennend – die sonst von der Rechtsprechung bejahte solidarische Haftung von Ehegatten und Ehestörer ablehnt. Gegen den anderen Ehegatten wären außerhalb des Verfahrens meines Erachtens materiellrechtliche Ersatzansprüche bloß allenfalls aus *Vertragshaftung* möglich, weil die Ehe ja ein Vertragsverhältnis darstellt.[63] Dann müsste man aber jedenfalls auch für die Ab-

---

[59] Vgl etwa OGH 15.9.1988, 8 Ob 539/88; OGH 28.6.1990, 6 Ob 593/90; OGH 29.8.1996, 8 Ob 2070/96m; OLG Wien 17.12.1997 ARD 4915/17/98.

[60] Vgl dazu Punkt III.B.1.

[61] Wie dies aber *Thiele,* Ersatz von Detektivkosten, RdW 1999, 769 (770) annimmt.

[62] JBl 2002, 40 (insofern zu Unrecht ablehnend *Bumberger*).

[63] In diese Richtung offenbar auch LGZ Wien 31.8.2000 EFSlg 93.526; vgl auch *Schwimann* in *Schwimann* (Hrsg), Praxiskommentar zum ABGB I² (1997) § 90 ABGB Rz 15.

geltung von reinen Vermögensschäden eintreten. Anders liegen die Dinge bei deliktischer Haftung, wo die Abgeltung von Detektivkosten als materiellrechtliche Grundlage grundsätzlich in Betracht kommt, etwa bei Diebstählen im Zug eines Arbeitsverhältnisses.[64]

IV. Höhe der erstattungsfähigen Aufwendungen

A. Mahn- und Inkassospesen

Die Frage nach der Angemessenheit der außerprozessualen Aufwendungen stellt sich sowohl im Rahmen der materiellrechtlichen als auch der prozessrechtlichen Grundlage. Wird der Anspruch unter das Regime der §§ 1293 ff ABGB gestellt, so ist die Schadenshöhe im Hinblick auf die *Schadensminderungspflicht* des § 1304 ABGB zu bestimmen. Erweisen sich aber Aufwendungen als „echte" vorprozessuale Kosten, weil sie auf einen Rechtsstreit hin zweckgerichtet sind, so hat das Gericht deren Notwendigkeit nach § 41 Abs 1 ZPO zu prüfen. Keinesfalls gerechtfertigt ist es aber, unter Hinweis auf die Undurchschaubarkeit oder exorbitante Höhe dieser in einer Mahnklage behaupteten Kosten a priori als nicht zur zweckentsprechenden Rechtsverfolgung geeignet zurück- oder abzuweisen, ohne sie einer näheren Überprüfung zu unterziehen.[65] Unter Hinweis auf § 25 RATG kann daher die Notwendigkeit der Einschaltung eines Inkassoinstituts keineswegs per se geleugnet werden.[66] Anlässlich der Novellierung des KSchG hat der Gesetzgeber nämlich unmissverständlich ausgesprochen, dass die Tätigkeit von Inkassoinstituten als volkswirtschaftlich bedeutend angesehen wird. So führen die Erläuterungen zur RV[67] zu § 6 Abs 1 Z 15 KSchG ausdrücklich aus: *„Dabei muß es grundsätzlich dem Gläubiger überlassen bleiben, welche Schritte er zur Betreibung der Forderung setzt. Vor allem kann es dem Gläubiger nicht mehr oder weniger undifferenziert zur Last gelegt werden, dass er mit der Hereinbringung des Außenstandes Dritte (insbesondere Rechtsanwälte und Inkassoinstitute) betraut. Dieser Auslagerung der Forderungsverwaltung und -betreibung kommt nicht zuletzt eminente volkswirtschaftliche Bedeutung zu"*. In diesem Zusammenhang ist auch im Bereich der jüngsten Rechtsentwicklung in der EU auf eine *Richtlinie über die Zahlungsfrist im Handelsverkehr* hinzuweisen, die vom europäischen Parlament und vom Rat am 29.6.2000 erlassen wurde.[68] In Art 8 lit e dieser Richtlinie werden die Mitgliedstaaten aufgefordert, ua auch einen Anspruch auf Schadenersatzzahlungen zum Ausgleich des Schadens, der dem Gläubiger durch die verspätete Zahlung ent-

---

[64] Vgl auch *Thiele,* RdW 1999, 770; OGH 25.9.1979, 4 Ob 20/79.

[65] So zB *Hofmann,* RZ 1997, 52; LG Steyr 14.7.1998, 1 R 152/98s ua.

[66] Wie dies etwa LG Steyr 14.7.1998, 1 R 152/98s sowie LG Leoben 7.9.1998, 3 R 184/98k tun.

[67] Vgl 311 BlgNR 20. GP 21 f.

[68] Richtlinie 2000/35/EG des Europäischen Parlaments und des Rates vom 29. Juni 2000 zur Bekämpfung von Zahlungsverzug im Geschäftsverkehr, ABl L 200 vom 8.8.2000 S 35 bis 38.

steht, anzuerkennen. Diese Schadenersatzzahlungen sollen insbesondere auch die administrativen Kosten und die Verfahrenskosten, die durch die Betreibung der Forderung entstanden sind, abdecken. In den Materialien zur genannten Empfehlung wird ausdrücklich auf die Notwendigkeit entsprechender gesetzlicher Vorkehrungen zur stärkeren Abschreckung säumiger Zahler hingewiesen. Die Erstattung von bei Zahlungsverzug anfallender Kosten sei in den Mitgliedstaaten sehr unterschiedlich geregelt. In den Staaten mit den besten Zahlungspraktiken hätte sich der Ersatz der Verwaltungskosten als wirksame Maßnahme erwiesen.[69]

Im Hinblick auf diese aktuelle Stellungnahme des Gesetzgebers bzw die genannte Richtlinie der EU kann die restriktive und formelhafte Argumentation einer Judikaturlinie in ihrer Undifferenziertheit nicht mehr aufrechterhalten werden. Darüber hinaus kann die *Verordnung* des Bundesministers für wirtschaftliche Angelegenheiten über die *Höchstsätze der Inkassoinstituten gebührenden Vergütungen*[70] als Richtwert herangezogen werden. Diese Verordnung sieht in ihren §§ 2 und 3 einen gestaffelten Mindestsatz an Vergütungen in Höhe von 6% bis 8% des Forderungswerts vor. Einige Autoren schlagen auch vor, aus Rechtssicherheitsgründen eine explizite gesetzliche Grundlage für diesen Kostenersatz zu schaffen. Nach *Beran*[71] sollten *Pauschalbeträge* gesetzlich festgelegt werden, die einem durchschnittlichen vorprozessualen Mahnaufwand entsprechen – etwa Kosten von ein bis zwei außergerichtlichen Mahnschreiben, Unkosten für Fahrten und Telefonate. Ein solcher Pauschalbetrag sollte mit etwa 15 Euro festgesetzt werden; dieser Fixbetrag könnte dann in den Normalkostentarif aufgenommen werden. Dabei sei aber nicht auf die Verordnung des BMW über die Höchstsätze der Inkassoinstituten gebührenden Vergütungen abzustellen, weil diese bloß das Verhältnis zwischen dem Inkassoinstitut und seinem Auftraggeber regelt. Die Verordnung differenziert nämlich zwischen der vom Gläubiger zu tragenden „*Auftraggebergebühr*" und der vom Schuldner zu ersetzenden „*Schuldnergebühr*" und sieht jeweils unterschiedliche, nach Forderungshöhe gestaffelte Höchstbeträge vor. Nach *Hofmann*[72] sei nun der Kläger bloß zur Bezahlung der Auftraggebergebühr verpflichtet. Das Inkassounternehmen habe nämlich ihm gegenüber keinen Anspruch auf Zahlung der Schuldnergebühr. Daraus folgert er, dass der Kläger insoweit auch bloß einen Anspruch gegenüber dem Beklagten auf Begleichung der Auftraggebergebühr habe. Dabei verkennt *Hofmann,* dass dies nur für solche Fälle gelten kann, in denen der Schuldner diese durch seine Säumigkeit entstandenen Kosten freiwillig mit der aushaftenden Hauptforderung begleicht. Die Inkassoinstitute versuchen daher zunächst ihre Unkosten vom Schuldner zusammen mit der Hauptforderung einzutreiben. Gelingt dies allerdings nicht, so ist auch der Gläubiger – schon zu-

---

[69] 95/C/144/03; vgl auch *M. Bydlinski,* Der Anspruch auf Ersatz „vorprozessualer Kosten" unter besonderer Berücksichtigung von Mahn- und Inkassospesen (II. Teil), JBl 1998, 143 (146 f).

[70] BGBl 1996/141.

[71] *Beran,* RZ 1999, 36.

[72] *Hofmann,* RZ 1997, 54.

folge einer entsprechenden Vereinbarung – zum Rückersatz dieser Aufwendungen verpflichtet. Wenn nun der Gläubiger vereinbarungsgemäß dem Inkassoinstitut auch diese Aufwendungen ersetzt hat, kann er sie selbstverständlich im Weg des Schadenersatzes auf den Schuldner überwälzen. Vom Schuldner selbst kann das Inkassoinstitut diese Kosten nämlich schon mangels eines Vertragsverhältnisses nicht direkt beanspruchen. Wie nun *M. Bydlinski* zutreffend vermerkt, kann den Parteien des Inkassovertrags aber nicht unterstellt werden, den Ersatz dieser Kosten in die freie Willkür des Schuldners zu stellen, weil dieser ja nicht den geringsten Anlass hätte, ohne rechtliche Verpflichtungen zusätzliche Zahlungen zu leisten. Auch *Illedits*[73] schlägt bestimmte Verrechnungsposten vor, die sich an den branchenüblichen Berechnungssätzen der Inkassobüros orientieren. Nach *M. Mohr*[74] sollte vom Gesetzgeber zunächst die Frage der Zuordnung der Kosten für die Einschaltung eines Mahn- oder Inkassobüros entweder zum materiellen Recht oder zum Kostenersatzrecht der ZPO geklärt werden. Auf der Grundlage der Ersatzfähigkeit aufgrund eines materiellen Titels sollen im Rahmen der Schadensminderungspflicht insoweit Grenzen gesetzt werden, als man sich am Betrag einer erforderlichen Kreditaufnahme in Höhe der offenen Forderung orientiert.

Die Schaffung fixer Pauschalbeträge ist deshalb nicht zielführend, weil dabei auf den Einzelfall, in dem sich mitunter höhere Aufwendungen als notwendig erweisen, nicht Bedacht genommen werden kann. Das Gericht soll daher, je nach Lage des Einzelfalls, im Hinblick auf die Schadensminderungspflicht des Gläubigers einen Betrag – allenfalls unter Anwendung des *§ 273 ZPO* – ausmitteln. Dabei kann sich der Richter einerseits an der Verordnung des BMW über die Höchstsätze der Inkassoinstituten gebührenden Vergütungen, aber auch an der *Forderungshöhe* und am *Verhalten des Schuldners* selbst[75] orientieren. Hat dieser nämlich deutlich zu erkennen gegeben, dass er ohnehin nicht gewillt ist, die aushaftende Forderung zu begleichen, weil er sie für ungerechtfertigt hält, so sind ab diesem Zeitpunkt weitere Prozessvermeidungsaufwendungen des Gläubigers überflüssig und daher auch nicht zu honorieren. Aufwandersatz kann der Gläubiger aber nicht nur dann fordern, wenn er sich zwecks Eintreibung der Forderung eines Inkassoinstituts bedient, sondern auch, wenn er Kosten im Rahmen eines eigenen Mahnwesens aufwendet. Haben Schuldner und Gläubiger aber einen Vertrag – allenfalls im Rahmen des § 6 Abs 1 Z 5 KSchG – über den Umfang der Inkassokosten abgeschlossen, so ist diese Vereinbarung Entscheidungsgrundlage für den Zuspruch der Kosten. Eine detaillierte Aufschlüsselung dieser Kosten ist dann nicht mehr erforderlich. Erweist sich aber bei näherem Hinblick diese Nebenforderung als unangemessen hoch, vor allem im Hinblick auf das Verhältnis zur Hauptforderung, so hat das Gericht eine inhaltliche Prüfung nach §§ 864a und 879 Abs 3 ABGB vorzunehmen.[76]

---

[73] *Illedits*, AnwBl 1992, 705.

[74] *M. Mohr,* RdW 1998, 536 f.

[75] Vgl hinsichtlich von Detektivkosten bei ehewidriger Beziehung OGH 12.5.1999 EFSlg 90.115.

[76] Vgl auch *Illedits*, RdW 1997, 185.

B. Aufwendungen nach den Kostenersatzvorschriften der §§ 41 ff ZPO

Werden die Aufwendungen dem Kostenersatzrecht zugeordnet, so hat das Gericht die *Notwendigkeit* der aufgewendeten Beträge zur *zweckentsprechenden Rechtsverfolgung* zu prüfen, wobei ihm diesfalls ein verhältnismäßig weiter Ermessensspielraum eingeräumt wird. Das Gericht hat nämlich nach sorgfältiger Prüfung aller Umstände ohne Durchführung eines förmlichen Beweisverfahrens zu prüfen, welche Kosten als notwendig anzusehen sind. Grundsätzlich ist jede Handlung als notwendig zu betrachten, deren Zweck mit geringerem Aufwand nicht erreicht werden kann.[77] Auch im Rahmen dieser Überprüfung kann das Gericht nach § 273 ZPO vorgehen. Zwecks Bescheinigung dieser Kosten hat der Gläubiger dem Kostenverzeichnis die erforderlichen Belege beizuschließen (§ 54 Abs 1 ZPO). Gerade dieser Umstand bereitet aber im ADV-Mahnverfahren praktische Probleme, weil im Hinblick auf den Beischluss von Urkunden eine Klagseinbringung mittels ERV verhindert wird. *M. Mohr* schlägt vor, in diesen Fällen eine Aufschlüsselung in der Mahnklage als ausreichend anzusehen.[78] Vertritt man im Hinblick auf Mahn- und Inkassospesen aber den richtigen materiellrechtlichen Ansatz, wonach Prozessvermeidungsaufwendungen unter dem Titel des Schadenersatzes einzuklagen sind, so lösen sich diese praktischen Probleme von selbst, weil das Gericht deren Höhe nicht von Amts wegen, sondern bloß auf entsprechende Einwendung des Beklagten zu prüfen hat. Erachtet sie dieser daher nicht als zweckentsprechend, so bleibt es ihm unbenommen, gegen diese Nebenforderungen mit *Teileinspruch* vorzugehen.

C. Detektivkosten

Im Hinblick auf Detektivkosten entspricht es einhelliger Meinung,[79] dass diese nach § 273 ZPO auszumitteln sind, wobei die *Honorarsätze von Berufsdetektiven* als Orientierungshilfe herangezogen werden können. Äußerste Grenze der Notwendigkeit eines Detektiveinsatzes in Ehesachen ist nach der Judikatur der Rechtsmissbrauch: Ein Offenlegungsinteresse ist danach ausgeschlossen, wenn die Ehegatten einander zu verstehen gegeben haben, dass sie jedes Interesse daran verloren haben, wie der andere sein privates Leben gestaltet.[80] Als gänzlich unnotwendig erweist sich eine Observation auch dann, wenn der untreue Ehepartner die außereheliche Beziehung bereits gestanden hat. Nur dann, wenn der Kläger diesen Umstand nicht durch entsprechende Beweismittel – zB

---

[77] Vgl *Fucik* in *Rechberger*, ZPO[2] § 41 ZPO Rz 5; LGZ Wien 21.6.1983 WR 3.

[78] *M. Mohr*, RdW 1998, 536; so auch HG Wien 18.12.1997, 1 R 652/97x; aM LG Leoben 21.10.1997, 1 R 189/97d.

[79] *Welser*, Zur Ersetzbarkeit von Detektivkosten beim Warenhausdiebstahl, ÖJZ 1977, 645 mwN; OGH 28.6.1990, 6 Ob 593/90; OGH 16.12.1992, 3 Ob 575/92; vgl *Thiele*, RdW 1999, 771.

[80] Etwa OGH 30.10.1985 SZ 58/164 = JBl 1986, 524; OGH 28.6.1990 EFSlg 63.227; OGH 12.5.1999 EFSlg 90.112.

Zeugen oder Urkunden – belegen kann und der untreue Ehegatte zu verstehen gegeben hat, dieses Geständnis im Verfahren nicht weiter aufrecht zu erhalten, ist ein Detektiveinsatz zur Beweissicherung notwendig. Abgesehen von diesem Sonderfall gebührt bei einem Geständnis überhaupt kein Aufwandersatz. Wird der Ersatzanspruch auf das Kostenrecht der §§ 41 ff ZPO gestützt, so ist zu prüfen, ob ausreichendes Beweismaterial auch *auf wirtschaftlichere Weise* erbracht werden kann. Dann, wenn man sich entsprechende Beweise auf zumutbare Weise anders beschaffen kann oder bereits beschafft hat – etwa entsprechendes Fotomaterial oder Briefe –, sind Ersatzansprüche für den Detektiveinsatz nicht notwendig. Aber auch im Fall, dass sich diese grundsätzlich als notwendig erweisen, hat das Gericht deren Angemessenheit zu überprüfen. Ein Detektiveinsatz ist nur solange als notwendig anzusehen, als entsprechendes Beweismaterial nicht erbracht ist. Darüber hinausgehende Observierungsmaßnahmen sind daher im Rahmen des Kostenersatzes nicht zuzusprechen. Auch die Einschaltung von mehreren Detektiven ist in der Regel nicht als notwendig zu erachten.

Bei einem Aufwandersatz im Rahmen eines materiellrechtlichen Titels ist unter Bezugnahme auf die *Schadensminderungspflicht* des § 1304 ABGB die Angemessenheit erst auf entsprechende Einwendung des Beklagten hin genau zu prüfen. Auch in diesem Zusammenhang ist ein Aufwanderstattungsanspruch zu verneinen, wenn sich der Geschädigte nicht auf „wirtschaftlichere Weise" Aufklärung verschafft hat. Zunächst hat er sich daher Klarheit durch ein Gespräch mit dem vermeintlich untreuen Ehegatten oder „Ehestörer" zu verschaffen. Auch in diesem Zusammenhang sind zunächst kostengünstigere „Beweisquellen" heranzuziehen.

Dem gegenüber zieht die Rechtsprechung die Grenze zwischen überflüssigen und notwendigen Detektivkosten offenbar nicht engherzig, weil nach deren Auffassung ein nicht ausreichend abgesichertes Überwachungsergebnis durch einen Hinweis auf Wahrnehmungsfehler und Zufälle in Zweifel gezogen werden könnte.[81] Der Ersatzanspruch stehe auch hinsichtlich einzelner erfolgloser Beobachtungen zu, wenn die gesamte Observation zumindest teilweise positive Ergebnisse gebracht habe.[82]

---

[81] OLG Wien 10.9.1991 EFSlg 66.326; LGZ Wien 19.5.1999 EFSlg 90.116; LGZ Wien 31.8.2000 EFSlg 93.531.

[82] LGZ Wien 19.5.1999 EFSlg 90.117.

Auf dem Weg zu einer gesetzlichen Regelung der Mediation in Österreich[1]

Gerhard Hopf

I. Einleitung

Die Mediation als Instrument zur Regelung von Konflikten jeglicher Art hat nun auch in Österreich Fuß gefasst.[2]

Mag zunächst so mancher noch gemeint haben, es handle sich dabei bloß um eine Modeerscheinung, deren Anhänger sich bald wieder verlaufen würden, oder auch nur um einen „alten Hut", eine Methode also, die „seit eh und je" –

---

[1] *Wolfgang Jelinek*, dem dieser Beitrag über ein aktuelles Gesetzgebungsvorhaben aus der „Werkstatt" der Zivilrechtssektion des BMJ anlässlich seines 60. Geburtstages gewidmet ist, war auf seinem Weg zum Universitätslehrer einige Zeit höchst erfolgreich in dieser Sektion als Legist tätig. Er betreute in dieser Zeit Gesetzesvorhaben auf dem Gebiet des Zivilprozess- und des Insolvenzrechts und gestaltete insb die verfahrensrechtlichen Bestimmungen des BG über Änderungen des Ehegattenerbrechts, des Ehegüterrechts und des Ehescheidungsrechts, BGBl 1978/280, des letzten Teilschrittes der Familienrechtsreform der Siebzigerjahre. Ich denke an diese Zusammenarbeit mit *Wolfgang Jelinek*, die für mich äußerst spannend und überaus lehrreich war, sehr gerne zurück.

[2] Die Mediation stammt aus den USA und wird dort als eine Form der „alternative dispute resolutions" (ADR) seit rund 30 Jahren praktiziert (*Steinbrück*, Wirtschaftsmediation und außergerichtliche Konfliktlösung, dAnwBl 1999, 574 mwN; zur Entwicklung der Mediation s auch *Breidenbach*, Mediation – Struktur, Chancen und Risiken von Vermittlung im Konflikt [1995] 7 ff; *Töpel/Pritz* [Hrsg], Mediation in Österreich [2000] 17 ff; vgl auch *Eckardt*, Mediation in Australien, ZfRV 1998, 177).

von Richtern, Rechtsanwälten, Notaren, sonstigen Beratern sowie Therapeuten – praktiziert und nun mit einem neuen Begriff verbrämt werde, so setzt sich nun doch die Überzeugung durch, dass die Mediation eine neuartige, auf psychologischen, psychotherapeutischen und psychosozialen Einsichten beruhende Methode ist, die in der Praxis höchst effizient zur Regelung von Konflikten in unserer Gesellschaft, sei es im familiären Bereich, in der Wirtschaft oder sonst im Rechtsalltag, beizutragen vermag.[3]

Als Vorteile der Mediation gegenüber konventionellen Formen der Konfliktlösung im Rahmen eines gerichtlichen oder sonstigen behördlichen Verfahrens werden im Allgemeinen die Schnelligkeit, die Kostengünstigkeit und die Vertraulichkeit des Verfahrens, die hohe Akzeptanz der Ergebnisse durch die Parteien und damit deren Zufriedenheit sowie vor allem die Zukunftsorientierung der Methode ins Treffen geführt, die dazu beitrage, dass die Beziehung der Parteien im geschäftlichen oder – wie bei der Familienmediation – im engeren persönlichen Bereich über die Regelung des aktuellen Konfliktes hinaus verbessert und damit künftigen Auseinandersetzungen vorgebeugt werde.[4] Freilich muss dabei bedacht werden, dass sich nicht jeder Konflikt für eine Regelung im Rahmen einer Mediation eignet und der Erfolg gewissermaßen von der „Mediationseignung" oder „Mediationsgeneigtheit" eines Konflikttypus abhängt.[5] Dies

---

[3] Siehe für Österreich etwa *Birnbaum/Hoffmann,* Mediation – Ein Betätigungsfeld für Rechtsanwälte? AnwBl 1997, 513; *Birnbaum/Allmayer-Beck,* Konfliktlösung ohne gerichtliche Entscheidung durch Verhandeln und Mediation, AnwBl 1997, 612; *Draxler/ Wiedermann,* Mediation in Österreich konkret. Fragen und – einige – Antworten. Wünsche an den Gesetzgeber, RZ 1998, 122; *Falk/Heintel/Pelikan,* Die Welt der Mediation – Entwicklung und Anwendungsgebiete eines interdisziplinären Konfliktregelungsverfahrens (1998); *Roschger-Stadlmayr/Steinacher,* Praktische Erfahrungen in Scheidungs-/Besuchsrechtsmediationen, RZ 1998, 274; *Fritz,* Mediation im Wirtschaftsleben – Begriff und Verfahren im Überblick, SWK 1999, W 146; *Trendl/ Trendl,* Wirtschaftsmediation – ein neues Geschäftsfeld für Wirtschaftstreuhänder? persaldo 1999, H 2, 30; *Grünberger,* Die Regelung der Mediation im EheRÄG 1999, ÖJZ 2000, 50; *Töpel/Pritz,* Mediation; *Dolp/Soder/Hütter,* Mediation im österreichischen Umweltschutzrecht – Praktische Überlegungen für Vorhabenswerber, Beteiligte und Behörden am Anlass des UVP-Gesetzes 2000, RdU 2000, 11; *Salchner,* Die Mediation als Chance, AnwBl 2001, 32; *Grünberger,* Mediation und notarielles Berufsrecht, NZ 2001, 153; *Neubauer,* Mediation aus berufsrechtlicher Sicht, AnwBl 2001, 242. Bei manchen besteht freilich noch Skepsis, s *König,* Justiz-substituierende Ersatzdroge, Die Presse 25.2.2002, 6.

[4] Siehe hiezu etwa *Steinbrück,* dAnwBl 1999, 577; *Grünberger,* ÖJZ 2000, 50. Vgl auch etwa den Bericht über das gemeinsam vom BM für Umwelt, Jugend und Familie und dem BMJ durchgeführte Modellprojekt „Familienberatung bei Gericht – Mediation – Kinderbegleitung bei Trennung oder Scheidung der Eltern" (1997) 48 ff; zu weiteren Berichten über empirische Untersuchungen auf dem Gebiet der Familienmediation in den USA s *J. Proksch,* Scheidungsfolgenvermittlung (Divorce Mediation) – ein Instrument ingetrierter familiengerichtlicher Hilfe, FamRZ 1989, 916 (921 f); und in Deutschland s *R. Proksch,* Vermittlung (Mediation) in streitigen Sorge- und Umgangsrechtsverfahren, Familiendynamik (1992) 395.

[5] So sind etwa Konflikte, in denen typischerweise ein „Machtungleichgewicht" zwischen den Parteien besteht, wie etwa im Bereich sozialer Schutzrechte, grundsätzlich nicht oder weniger für Mediation geeignet (*Breidenbach,* Mediation 252). Vgl auch *Karazman,* Mediation bei Mobbing am Arbeitsplatz, in *Töpel/Pritz,* Mediation 237.

möglichst früh zu erkennen, ist nicht zuletzt eine wichtige Aufgabe nicht nur sachkundiger Mediation, sondern im Prinzip jeder Form eines Konfliktmanagements, insbesondere auch richterlicher oder anwaltlicher Tätigkeit, in deren Rahmen die Eignung eines Konfliktes für mediative Behandlung geprüft wird. Wird die Frage falsch beurteilt, können sich die Vorteile der Raschheit, der Kostengünstigkeit und der Zufriedenheit der Parteien leicht in ihr Gegenteil verkehren. Diese einleitenden Überlegungen führen gleich zur ersten grundsätzlichen rechtspolitischen Frage unseres Themas:

II. Bedarf die Mediation einer gesetzlichen Regelung?

Nach dem Informationsstand des Bundesministeriums für Justiz (BMJ) gibt es gegenwärtig in Europa, also in jenem Rechtsraum, auf dessen Entwicklung wir in der Rechtspolitik regelmäßig Bedacht nehmen, keine allgemeine und umfassende gesetzliche Regelung der Mediation. Schon aus diesem Grund, aber auch aus allgemeinen legislativpolitischen Erwägungen – ich verweise nur auf die Schlagworte „Gesetzesflut"[6] und „Deregulierung"[7] – muss sich der Gesetzgeber zuallererst die Frage nach der rechtspolitischen Erforderlichkeit einer gesetzlichen Regelung stellen. So könnte etwa der Standpunkt vertreten werden, die Formlosigkeit der Mediation, das Fehlen eines rechtlichen Rahmens für ihre Ausübung gehörten geradezu zu ihren Wesensmerkmalen, und jede Regulierung würde ihre Tauglichkeit zur Erfüllung ihrer Aufgabe, der Regelung von Konflikten außerhalb rechtlich geordneter Verfahren, gefährden.

In der Tat ist die mangelnde Förmlichkeit des Verfahrens schon ex definitione ein Charakteristikum der Mediation.[8] Deshalb muss sich auch der Gesetzgeber einer detaillierten Normierung des Ablaufs der Mediation[9] grundsätzlich enthalten. Wohl aber gibt es gute Gründe, die die Schaffung eines rechtlichen Rahmens für die Ausübung der Mediation geboten erscheinen lassen.[10]

Von Bedeutung ist dabei zunächst der Umstand, dass Mediation ein Tätigkeitsfeld ist, das unmittelbar an die Aufgabenbereiche der rechtsberatenden Berufe, der Rechtsanwälte, der Notare und der Wirtschaftsreuhänder, grenzt. Denn auch bei der anwaltlichen, notariellen oder wirtschaftstreuhänderischen Tätigkeit geht es vielfach um die außergerichtliche Bewältigung von Konflikten,

---

[6] Für viele *Holoubek*, Rechtswissenschaftliche Rechtspolitik? in *Holoubek/Lienbacher* (Hrsg), Rechtspolitik der Zukunft – Zukunft der Rechtspolitik (1999) 11 mwN.

[7] Vgl das jüngst vom Parlament verabschiedete Deregulierungsgesetz, BGBl I 2001/151.

[8] Vgl etwa *Steinbrück*, dAnwBl 1999, 574.

[9] Siehe hiezu etwa *Steinbrück*, dAnwBl 1999, 576 f; *Lenitz*, Der Mediationsprozess, in *Töpel/Pritz*, Mediation 65.

[10] Siehe auch die Erläut des Entwurfes über gerichtsnahe Mediation (im Folgenden: MEntw), JMZ 4.440.1/432-I 1/2001, 23.

und zwar zum Teil durchaus unter Nutzung mediativer Elemente.[11] Insofern kann man von einer gewissen Parallelität, ja auch Überschneidung der beruflichen Aufgabenstellung sprechen, ein Umstand, der naturgemäß zu Abgrenzungsproblemen führen kann. Denn Rechtsberatung und Rechtsvertretung müssen von der Mediation im Hinblick auf die unterschiedlichen Anforderungen an diese Dienstleistungen grundsätzlich unterschieden werden. Dass hier in der Praxis Unsicherheit besteht, ist wohl auch eine der Ursachen dafür, dass zum einen von Seite der genannten Rechtsberufe die praktische Etablierung der Mediation mit großer Aufmerksamkeit – um nicht zu sagen mit Skepsis, ja Misstrauen – verfolgt wird und nicht wenige Rechtsanwälte, Notare und Wirtschaftstreuhänder in der Tätigkeit von Mediatoren eine zunehmende Konkurrenz zu ihrem beruflichen Wirken sehen, zum anderen sich aber die Vertreter dieser Professionen in besonderer Weise zur Mediation berufen erachten. Wohl nicht zuletzt auch aus diesem Grund sind die Standesorganisationen der drei Berufe in die Offensive gegangen und fördern die Ausbildung und die Tätigkeit ihrer Mitglieder auf dem Gebiet der Mediation, um ihrer Klientel auch diesen neuen Weg der Konfliktregelung anbieten zu können und geschäftlichen Einbußen vorzubeugen. Die aufgezeigte Abgrenzungs- und Konkurrenzproblematik im Interesse sowohl der rechtsberatenden Berufe und der Mediatoren wie auch der deren Leistungen nachfragenden Mandanten und Klienten zu lösen, ist eine Aufgabe des Gesetzgebers. Gerade der Umstand, dass für Rechtsanwälte, Notare und Wirtschaftstreuhänder umfassende berufsrechtliche Regelungen bestehen, macht das Defizit eines rechtlichen Ordnungsrahmens für die Mediation besonders deutlich.

Als weiteres Argument für die Notwendigkeit einer gesetzlichen Regelung der Mediation kann ins Treffen geführt werden, dass es sich dabei um eine Tätigkeit handelt, die vielfach in sensible Bereiche des sozialen und wirtschaftlichen Daseins der Mediationsklienten hineinwirkt. Zu denken ist dabei insbesondere an die Familienmediation, in deren Rahmen es regelmäßig um die Lösung von Konflikten mit großer Tragweite für das Schicksal der Beteiligten geht, oder an die Wirtschaftsmediation, deren Erfolg oder Misserfolg oft von existentieller Bedeutung für wirtschaftliche Unternehmungen ist. Es ist Aufgabe der Rechtsordnung, durch Sicherstellung einer möglichst hohen Qualität der Mediation und eines festen Rahmens für die Tätigkeit der Mediatoren deren Klientel vor schwerwiegenden Nachteilen zu schützen. Da kann es auch nicht ausreichen, bei der Qualitätssicherung auf die Kräfte des Marktes zu vertrauen, etwa in dem Sinn, dass sich im freien Spiel von Angebot und Nachfrage ohnedies die besten Mediatoren durchsetzen werden. Abgesehen von Risiken, die für den Einzelnen mit einem solchen Vertrauen auf die Marktmechanismen verbunden wären, muss auch bedacht werden, dass wir gegenwärtig von einem sich durch Angebot und Nachfrage regulierenden Mediationsmarkt weit entfernt sind. Zum einen stehen die potentiellen Klienten der Mediation noch oftmals entweder mit großer Skepsis oder mit übertriebenen Erwartungen gegenüber, sodass auf der Nachfrageseite breite Unsicherheit herrscht; zum anderen ist die Angebotsseite mangels sicherer Qualitätsstandards für die Mediation selbst

---

[11] *Breidenbach*, Mediation 299.

sowie für die Aus- und Fortbildung der Mediatoren in qualitativer Hinsicht noch wenig überblickbar und schlecht vergleichbar.

In dem hier zur Diskussion stehenden Anwendungsbereich – der Mediation zur Regelung von Konflikten, zu deren Entscheidung die ordentlichen Gerichte zuständig sind[12] – ergibt sich das Erfordernis gesetzlicher Vorkehrungen für die Mediation schließlich auch aus der Notwendigkeit der Sicherstellung eines reibungslosen Zusammenspiels zwischen der Mediation einerseits und dem gerichtlichen Verfahren andererseits, in dem der zu regelnde Konflikt letztlich – bei Erfolglosigkeit der Mediation – zu lösen ist. Bei diesen Vorkehrungen, die im Ergebnis die Nutzung der Mediation im Rechtsalltag fördern und Rechtssicherheit gewährleisten sollen, geht es insbesondere um die Regelung der Verschwiegenheitspflicht des Mediators samt den damit verbundenen Konsequenzen im Beweisrecht sowie um die Eröffnung der Möglichkeit, Mediation in Anspruch zu nehmen, ohne dass den Parteien materiell-rechtlich durch den Lauf von Fristen oder verfahrensrechtlich durch den Fortgang der Sache bei Gericht Nachteile entstehen.

Dieses zuletzt genannte Argument für eine gesetzliche Normierung mediativer Tätigkeit war auch der rechtspolitische Ansatz für den ersten legislativen Schritt auf dem Weg zu einer umfassenderen gesetzlichen Regelung der Mediation in Österreich. Wie sich aus den Gesetzesmaterialien zum Eherechts-Änderungsgesetz 1999[13] ergibt,[14] erachtete der Gesetzgeber – nicht zuletzt auf Grund der Erfahrungen mit einem vom BMJ gemeinsam mit dem BM für Umwelt, Jugend und Familie durchgeführten, sozialwissenschaftlich begleiteten und evaluierten Modellprojekt[15] – solche zivil- und zivilverfahrensrechtlichen Vorkehrungen essentiell für die Funktionsfähigkeit der Mediation in Trennungs- und Scheidungskonflikten. Ergebnis dieser rechtspolitischen Überlegungen war die Einfügung einer Bestimmung über die Verschwiegenheitspflicht des Mediators und über die Hemmung der Verjährung und sonstiger Fristen durch die Mediation in einen neuen § 99 EheG sowie korrespondierende Vorschriften über ein Verbot der Vernehmung eines Mediators in Ansehung des seiner Verschwiegenheitspflicht unterliegenden Wissens in § 320 Z 4 ZPO und über die Befreiung des Mediators von der Zeugnispflicht hinsichtlich dieses Wissens in § 152 Abs 1 Z 5 StPO. Mit Art XVI Kindschaftsrechts-Änderungsgesetz 2001[16] wurden bald darauf diese für die Mediation in Scheidungs- und Scheidungsfolgensachen maßgebenden Regelungen auf die Mediation in Konflikten übertragen, zu deren Entscheidung die Gerichte im Rahmen eines Pflegschaftsverfahrens berufen sind.[17]

---

[12] Siehe hiezu unter Punkt IV.A.

[13] BGBl I 1999/125 (im Folgenden: EheRÄG 1999).

[14] ErläutRV 1653 BlgNR 20. GP 14.

[15] Siehe hiezu den in FN 4 zitierten Bericht.

[16] BGBl I 2000/135 (im Folgenden: KindRÄG 2001).

[17] Siehe hiezu ErläutRV 296 BlgNR 21. GP 89 f. Zugleich wurde auch § 320 Z 4 ZPO entsprechend erweitert. Die gleichfalls notwendige Änderung des § 152 Z 5 StPO geschah mit dem BG BGBl I 2000/138.

Nachdem bereits in der Regierungsvorlage für das EheRÄG 1999 betont worden war, dass „der Versuch einer weitergehenden definitorischen Erfassung des Mediators ... ebenso künftigen Schritten des Gesetzgebers vorbehalten bleiben (muss) wie die Schaffung eines Berufsrechts für Mediatoren sowie von normativen Regelungen für die Durchführung der Mediation",[18] fasste der Nationalrat anlässlich der Verabschiedung des KindRÄG 2001 am 22.11.2000 eine Entschließung (E 40/21. GP), in der der Bundesminister für Justiz (BMJ) ersucht wird, „bis 31.12.2001 dem Nationalrat einen Gesetzesvorschlag zuzuleiten, der unter Berücksichtigung bisheriger Erfahrungen die rechtlichen Voraussetzungen und den rechtlichen Rahmen für die Ausübung der Mediation regelt". Einen solchen Gesetzesvorschlag hat das BMJ mit dem Ende Dezember 2001 zur allgemeinen Begutachtung versandten Entwurf eines „BG über gerichtsnahe Mediation sowie über Änderungen des Ehegesetzes, des Außerstreitgesetzes, der Zivilprozessordnung, der Strafprozessordnung, des Gerichtsgebührengesetzes und des Kindschaftsrechts-Änderungsgesetzes 2001" der Öffentlichkeit vorgelegt.[19]

Im Folgenden soll zunächst auf die wesentlichen Elemente der mit dem EheRÄG 1999 und dem KindRÄG 2001 geschaffenen, bereits geltenden Bestimmungen über die Mediation – unter Berücksichtigung deren Weiterentwicklung durch die Vorschläge des MEntw – eingegangen und sodann – in Abschnitt IV – das darüber hinausgehende Regelungskonzept des umfassenden MEntw dargestellt werden.

III. Zivilrechtliche und zivilverfahrensrechtliche Rahmenregelungen für die Mediation

Wie oben aufgezeigt,[20] erfordert das Funktionieren der Mediation vor allem gesetzliche Vorkehrungen, die gewährleisten, dass zum einen der Mediator über die in der Mediation offen gelegten Fakten Stillschweigen bewahrt und zum anderen den Klienten Zeit und Ruhe gewährt werden, sich eigenverantwortlich um eine Lösung ihres Konfliktes im Rahmen der Mediation zu bemühen. Mit dem EheRÄG 1999 – und in weiterer Folge dem KindRÄG 2001 – wollte der Gesetzgeber – in einer Art Vorgriff auf eine umfassendere Regelung der Mediation – diesen beiden wichtigen rechtspolitischen Anforderungen an eine effiziente Mediation genügen.

A. Verschwiegenheitspflicht des Mediators

1. Allgemeines

Das Erfordernis einer Schweigepflicht des Mediators ist im Wesentlichen eine Konsequenz des Partizipationsprinzips und des Transparenzgebots des

---

[18]   ErläutRV 1653 BlgNR 20. GP 30 oben.

[19]   JMZ 4.440.1/432-I 1/2001.

[20]   Oben bei FN 12.

Mediationsverfahrens:[21] Das Partizipationsprinzip verlangt, dass die Mediationsklienten aktiv und eigenverantwortlich zur Lösung ihres Konfliktes zusammenarbeiten; das Transparenzgebot bedeutet, dass sie im Zuge dieser Zusammenarbeit alle Daten und Fakten, die für die Konfliktregelung unter Berücksichtigung ihrer Interessen relevant sind, richtig und vollständig auf den Tisch legen müssen. Dies wird aber nur dann geschehen, wenn die Parteien darauf vertrauen können, dass die offen gelegten Informationen nicht nach außen dringen, etwa um sie außerhalb des Mediationsgeschehens durch Weitergabe an Dritte zu verwenden oder um sich nach Scheitern der Mediation durch ihre Benützung in einem gerichtlichen Verfahren einen Vorteil zu verschaffen. Ein solches Vertrauen ist nach allgemeiner Fachmeinung wesentliche Voraussetzung für eine erfolgreiche Durchführung der Mediation.[22]

Der Schutz des Vertrauens in die Diskretion der Mediation ist dann voll gewährleistet, wenn alle an einer Mediation Beteiligten, also sowohl der Mediator als auch die Mediationsparteien, zur Verschwiegenheit über das Mediationsgeschehen verpflichtet sind. Die Normierung einer Schweigepflicht des Mediators erscheint im Prinzip wenig problematisch. Es gibt eine Reihe von Professionen, denen – vielfach aus vergleichbaren Erwägungen – eine solche Verpflichtung mit den sich im Strafprozessrecht sowie im Zivil- und Verwaltungsverfahrensrecht ergebenden Konsequenzen[23] gesetzlich auferlegt ist.[24] Die vom Gesetzgeber vorgenommene rechtspolitische Abwägung der Erfordernisse der Ausübung dieser Berufe auf der einen Seite und der Interessen der Rechtspflege, insbesondere dem Ziel einer Entscheidung auf möglichst vollständiger und richtiger Tatsachengrundlage,[25] auf der anderen Seite ist bei diesen gesetzlichen Regelungen zugunsten der Notwendigkeiten der Berufsausübung ausgefallen. Zu dem gleichen Ergebnis gelangt man auch bei der Mediation, wobei der Ausschlag zugunsten einer gesetzlichen Verschwiegenheitspflicht insofern noch ein deutlicherer ist, als der Mediator im Allgemeinen durch die Mediation nur ein mittelbares Wissen gewinnt, seine Aussage als Zeuge also zumeist durch andere Beweismittel substituiert werden kann.

Schwierigkeiten bereitet hingegen, auch die Mediationsklienten selbst zur Verschwiegenheit über all das zu verpflichten, was ihnen im Rahmen der Mediation bekannt wurde. Häufig wird nicht leicht festzustellen sein, ob ein bestimmtes Wissen erst durch die Mediation erworben wurde; keinesfalls darf es dazu kommen, dass Sachverhalte durch Behandlung im Rahmen der Mediation gleichsam „tabuisiert" werden, sich also ein Mediationsklient in einem gerichtli-

---

[21] *Grünberger*, ÖJZ 2000, 52.

[22] *Breidenbach*, Mediation 288 f; *Grünberger*, ÖJZ 2000, 52 bei FN 18.

[23] §§ 151, 152 StPO; §§ 320, 321 ZPO; §§ 48, 49 AVG.

[24] ZB Beamte (§ 46 BDG), Richter (§ 58 RDG), Ärzte (§ 26 ÄrzteG), Psychologen (§ 14 PsychologenG), Psychotherapeuten (§ 15 PsychotherapeutenG), Journalisten (§ 31 MedienG), Rechtsanwälte (§ 9 RAO), Notare (§ 37 NO), Wirtschaftstreuhänder (§ 37 WTBO), Ziviltechniker (§ 18 ZiviltechnikerG).

[25] Siehe *Fasching*, Lehrbuch des österreichischen Zivilprozeßrechts[2] (1990) Rz 652, 938, 939.

chen Verfahren auf sie nicht mehr berufen darf, nur weil von ihnen in der Mediation die Rede war. Weiters müsste wohl auch unterschieden werden, ob ein Mediationsklient in einem – der Mediation nachfolgenden – Verfahren als Zeuge oder als Partei auftritt. Im Strafverfahren kommt eine Einschränkung der Verteidigungsrechte des Beschuldigten durch eine Verschwiegenheitpflicht keinesfalls in Betracht. Aber auch für das zivilgerichtliche Verfahren kann das Recht der Mediationsklienten, alles zur Durchsetzung ihres Anspruchs Dienliche vorzubringen, grundsätzlich nicht ohne weiteres gesetzlich eingeschränkt werden; das könnte wohl nur mit besonders gewichtigen Interessen Dritter oder der Allgemeinheit gerechtfertigt werden. Bei der Vertraulichkeit der Mediation geht es jedoch in der Regel[26] nur um die Belange der Mediationsparteien selbst, um ihre persönlichen, wirtschaftlichen und rechtlichen Beziehungen. Aus diesem Grund kann die Ausgestaltung des Vertrauensverhältnisses und damit auch der Verschwiegenheitpflicht der Mediationsparteien deren privatautonomer Gestaltung im Rahmen des Mediationsvertrags überlassen bleiben. Häufig wird die Verpflichtung zur vertraulichen Behandlung der im Mediationsverfahren zugänglich gewordenen Informationen eine Nebenleistungspflicht der Parteien aus dem Mediationsvertrag darstellen.[27]

2. Die Verschwiegenheitspflicht des Mediators nach § 99 EheG und Art XVI KindRÄG 2001 sowie nach den Vorschlägen des Ministerialentwurfs über gerichtsnahe Mediation

§ 99 EheG idF EheRÄG 1999 verpflichtet den Mediator zur Verschwiegenheit über die Tatsachen, die ihm bei den auf eine gütliche Einigung über eine Scheidung und deren Folgen abzielenden Gesprächen anvertraut oder sonst bekannt wurden. Gleiches gilt nach Art XVI KindRÄG 2001 für den Mediator, der zwischen den (potentiellen) Parteien eines Pflegschaftsverfahrens oder deren gesetzlichen Vertretern vermittelt. Die Verschwiegenheitpflicht des Mediators ist demnach in zweifacher Hinsicht eine umfassende: Sie bezieht sich zum einen auf alle Informationen, die der Mediator im Zuge der Mediation erhält, gleich ob sie ihm von den Parteien explizit gegeben wurden oder ihm sonst – und sei es auch nur zufällig – zukamen. Zum anderen ist die Schweigepflicht auch in dem Sinn umfassend, als sie durch keinen Vorbehalt zugunsten bestimmter Interessen, etwa der Rechtspflege oder der Öffentlichkeit, eingeschränkt ist.[28]

---

[26] Eine Ausnahme bildet insb die Mediation in Pflegschaftsangelegenheiten, bei der zumeist auch Interessen Minderjähriger auf dem Spiel stehen.

[27] *Fitsch*, Rechtsfragen des Mediationsvertrags, JAP 2000/2001, 70 (75).

[28] Vgl demgegenüber § 99 EheG idF des MEntw für ein Ehe- und Scheidungsrechts-Änderungsgesetz, JMZ 4.440/97-I 1/1998, der noch vorsah, dass „Inhalt und Auslegung der bei einem Gespräch erzielten Einigung in darüber geführten Rechtsstreitigkeiten" von der Verschwiegenheitpflicht ausgenommen sind. Zur Kritik an diesem Vorschlag s ErläutRV 1652 BlgNR 20. GP 29 sowie *Grünberger*, ÖJZ 2000, 53 f.

Mangels einer gesetzlichen Definition des Begriffes „Mediator", etwa im Rahmen eines eigenen Berufsrechts, und auf Grund des Fehlens eines allgemein anerkannten, in Einzelheiten ausgeformten Berufsbildes des Mediators musste der Gesetzgeber im § 99 EheG und in Art XVI KindRÄG 2001 den Träger der Verschwiegenheitspflicht gewissermaßen autonom umschreiben. Demnach trifft die Verschwiegenheitspflicht eine Person, die berufsmäßig auf der Grundlage einer fachlichen Ausbildung in Mediation eine vermittelnde Tätigkeit zur Erzielung einer gütlichen Einigung über die Scheidung und deren Folgen (§ 99 EheG) bzw – nach Art XVI § 1 KindRÄG 2001 – in einem Pflegschaftsverfahren ausübt. Da die Regelungen an sehr allgemeine Begriffselemente anknüpfen, können sich im Einzelfall Zweifel am Vorliegen einer die Verschwiegenheitspflicht auslösenden Mediation ergeben. Es gibt ja durchaus verschiedene Methoden der Konfliktregelung, die nicht alle dem Begriff der Mediation zuzuordnen sind.[29] Diese Unsicherheiten musste aber der Gesetzgeber in seinem Vorgriff auf eine umfassende Regelung der Mediation wohl in Kauf nehmen.

§ 99 EheG und Art XVI KindRÄG 2001 knüpfen das Vorliegen einer Mediation an drei Tatbestandselemente: Es muss sich um eine berufsmäßige Tätigkeit handeln, sie muss auf Grundlage einer fachlichen Ausbildung in Mediation ausgeübt werden, und sie muss ausgerichtet sein auf die Erzielung einer gütlichen Einigung durch Vermittlung zwischen den Parteien. Für das Kriterium der Berufsmäßigkeit ist es nicht entscheidend, ob die Mediation selbstständig oder unselbstständig, haupt- oder nebenberuflich, entgeltlich oder unentgeltlich ausgeübt wird; ausschlaggebend ist die Professionalität der Mediationstätigkeit.[30] Was als fachliche Ausbildung in Mediation anzusehen ist, richtet sich – solange es hierüber keine einschlägigen Normen gibt – nach den in der Praxis entwickelten und überwiegend anerkannten Standards.[31] Die zwischen den Parteien vermittelnde Tätigkeit muss schließlich lösungsorientiert, also ausgerichtet auf eine gütliche Einigung zwischen den Parteien, sein. Eine bloße Befriedung des feindseligen Verhältnisses zweier Personen stellt somit für sich noch keine Mediation dar.

Der vom BMJ im Rahmen des allgemeinen Begutachtungsverfahrens zur Diskussion gestellte MEntw eines Bundesgesetzes über gerichtsnahe Mediation[32] kann bei Normierung der Pflicht zur Vertraulichkeit und zur Verschwiegenheit an einen eindeutig definierten Begriff des Mediators anknüpfen und damit in

---

[29] Setzen sich etwa Vater und Mutter persönlich ins Einvernehmen, um unter Mitwirkung eines Vertreters des Jugendamts eine Lösung ihres Besuchsrechtsproblems zu erarbeiten, so wird dieses Geschehen in der Regel nicht als Mediation anzusehen sein, obgleich es sich – bei entsprechender Ausbildung des Vertreters des Jugendamts – der Umschreibung unterstellen ließe.

[30] ErläutRV 1653 BlgNR 20. GP 30; *Grünberger,* ÖJZ 2000, 51.

[31] Zutreffend weisen die ErläutRV 1653 BlgNR 20. GP 30 darauf hin, dass die Praxis diesbezüglich allerdings noch ein verhältnismäßig uneinheitliches Bild bietet.

[32] Siehe bei FN 19.

dieser Hinsicht die Zweifelsfragen und Unsicherheiten des § 99 und des Art XVI § 1 KindRÄG 2001 im Prinzip vermeiden.[33]

§ 99 Abs 2 EheG und Art XVI § 2 KindRÄG 2001 sanktionieren die Verletzung der Verschwiegenheitspflicht des Mediators im Hinblick auf deren fundamentale Bedeutung für die Funktionsfähigkeit der Mediation mit gerichtlicher Strafe. Der Rahmen dieser Strafe ist durch Verweis auf die regelungsverwandte Norm des § 301 Abs 1 StGB bestimmt. Die Strafbarkeit des Bruches der Schweigepflicht ist allerdings daran geknüpft, dass durch die Tat ein berechtigtes Interesse verletzt wird. Weiters ist der Tatbestand – anders als § 301 Abs 1 StGB – nur ein Privatanklagedelikt, die Verfolgung bleibt also dem durch den Bruch der Schweigepflicht in seinen Interessen Verletzten überlassen. Eine völlig inhaltsgleiche Regelung sieht auch § 31 MEntw vor: Der in dieser Bestimmung unter Strafe gestellte Tatbestand ist im Hinblick auf die vorgeschlagene gesetzliche Umschreibung des Begriffes „Mediation"[34] und die eindeutige Festlegung des Begriffes „Mediator"[35] schärfer abgegrenzt. Verdeutlicht sollte meines Erachtens noch werden, dass sich die Strafbestimmung des § 31 MEntw, die das strafbare Verhalten bloß mit der „Verletzung der Verschwiegenheitspflicht" umschreibt, auch auf die im § 24 MEntw dem Mediator auferlegte Pflicht bezieht, „die im Rahmen der Mediation erstellten oder ihm übergebenen Unterlagen vertraulich zu behandeln". Dies kann rechtspolitisch nicht zweifelhaft sein. Festzuhalten ist weiters, dass nach § 31 MEntw als Täter nicht bloß der Mediator, sondern auch allfällige Hilfspersonen (Sekretärin, Schreibkraft) sowie Personen in Betracht kommen, die im Rahmen der Praxisausbildung beim Mediator unter dessen Anleitung tätig sind; auch diesen Personenkreis verpflichtet § 24 MEntw zur Verschwiegenheit.

Die im § 24 MEntw vorgeschlagene Bestimmung über die Vertraulichkeit der Mediation unterscheidet sich schließlich noch in einem weiteren Punkt von den geltenden Regelungen des § 99 EheG und des Art XVI KindRÄG 2001: Nach Abs 2 der entworfenen Bestimmung können die Parteien den Mediator gemeinsam von der Verschwiegenheitspflicht entbinden. Mit diesem Vorschlag wird der Verschwiegenheitspflicht des Mediators in zivilverfahrensrechtlicher Hinsicht[36] eine andere Qualität verliehen. Denn nach der geltenden – durch das

---

[33] Nach § 22 Abs 1 Z 1 MEntw ist nur derjenige berechtigt, die Bezeichnung „gerichtsnaher Mediator" zu führen, der in die vom BMJ zu führende Liste der gerichtsnahen Mediation eingetragen ist. Den Begriff „Mediation" umschreibt § 1 MEntw als „eine auf Freiwilligkeit der Parteien beruhende Tätigkeit, bei der ein fachlich ausgebildeter, neutraler Vermittler (Mediator) mit anerkannten Methoden die Kommunikation zwischen den Parteien systematisch mit dem Ziel fördert, eine von den Parteien selbst verantwortete Lösung ihres Konfliktes zu ermöglichen".

[34] § 1 MEntw; s FN 33.

[35] § 22 Abs 1 MEntw: Wer in die Liste der gerichtsnahen Mediatoren eingetragen ist, ist berechtigt – und bei Ausübung der Mediation verpflichtet –, die Bezeichnung „gerichtsnaher Mediator" zu führen.

[36] Strafrechtlich bedeutet die Entbindungsmöglichkeit keine entscheidende Änderung: Schon die geltenden Strafbestimmungen des § 99 Abs 2 EheG und des Art XVI § 2 KindRÄG 2001 setzen – wie auch der vorgeschlagene § 31 MEntw – die Verletzung eines berechtigten Interesses durch den Bruch der Schweigepflicht voraus. Der Media-

EheRÄG 1999[37] angefügten und in weiterer Folge durch das KindRÄG 2001[38] erweiterten – Z 4 des § 320 ZPO darf ein Mediator in Ansehung der seiner Verschwiegenheitspflicht unterliegenden Tatsachen keinesfalls vernommen werden. Insofern sind also Mediatoren zeugnisunfähig.[39] Es handelt sich um ein von Amts wegen zu beachtendes Beweisaufnahmeverbot.[40] Eine Entbindung durch die Mediationsklienten ist – anders als bei Beamten nach § 320 Z 3 ZPO – nicht vorgesehen. Damit soll – im Interesse des Vertrauensverhältnisses der Medianden zum Mediator – eine Einbeziehung des Mediators als Beweismittel in ein den Konflikt betreffendes Gerichtsverfahren von vornherein ausgeschlossen werden.[41] Der MEntw eines BG über gerichtsnahe Mediation schlägt demgegenüber vor, die verfahrensrechtlichen Konsequenzen der Verschwiegenheitspflicht des Mediators gewissermaßen von der (relativen) Zeugnisunfähigkeit auf ein Aussageverweigerungsrecht „herabzustufen". Legistisch genügt es zu diesem Zweck, die Z 4 des § 320 ZPO aufzuheben; auf den Mediator würde sodann – ohne dass es einer weiteren Gesetzesänderung oder -ergänzung bedürfte – § 321 Abs 1 Z 3 ZPO anzuwenden sein: Er dürfte nach dieser Bestimmung die Aussage als Zeuge in Bezug auf Tatsachen verweigern, über welche er nicht aussagen könnte, ohne die ihm obliegende gesetzliche – und durch Entbindung auch nicht aufgehobene – Pflicht zur Verschwiegenheit zu verletzen.

Wie den Erläuterungen zum MEntw zu entnehmen ist,[42] stehen hinter diesem Vorschlag zwei Erwägungen. Zum einen ist zu berücksichtigen, dass der Anwendungsbereich des vorgeschlagenen Gesetzes – und damit der Geltungsbereich der Verschwiegenheitspflicht des Mediators – nunmehr auf alle Konflikte ausgedehnt werden soll, zu deren Entscheidung an sich die ordentlichen Zivilgerichte zuständig sind. Während es bei dem in § 99 EheG und im Art XVI KindRÄG 2001 geregelten Einsatz der Mediation in familienrechtlichen Konfliktfällen, insbesondere wenn es um Belange Minderjähriger geht, (noch) gerechtfertigt erscheint, das Vertrauensverhältnis zwischen Mediator und Mediationsklienten durch das strenge – auch durch Entbindung der Klienten nicht aufhebbare – von Amts wegen zu beachtende Beweisaufnahmeverbot[43] zu stützen, führt die Gegenüberstellung der für die Regelung maßgeblichen Wertungsgesichtspunkte bei dem nun vorgesehenen weiten Anwendungsbereich zu einem anderen Ergebnis: die Abwägung zwischen dem Erfordernis der Förderung des Vertrauensverhält-

---

tor wird daher im Allgemeinen schon nach geltendem Recht nicht zu bestrafen sein, wenn sich der Privatankläger mit der Bekanntgabe des der Verschwiegenheit unterliegenden Faktums einverstanden erklärt, den Mediator also quasi von der Verschwiegenheitspflicht entbunden hat (s auch die Ausführungen hiezu in den ErläutRV 1653 BlgNR 20. GP 30).

[37] Art IV Z 1 EheRÄG 1999.

[38] Art V Z 1 KindRÄG 2001.

[39] Relativ ist diese Zeugnisunfähigkeit, weil sie sich nur auf die der Verschwiegenheitspflicht unterliegenden Tatsachen bezieht.

[40] *Rechberger* in *Rechberger* (Hrsg), Kommentar zur ZPO² (2000) § 320 ZPO Rz 2 f.

[41] *Grünberger*, ÖJZ 2000, 55.

[42] JMZ 4.440.1/432-I 1/2001, 75 f.

[43] *Rechberger* in *Rechberger*, ZPO² § 320 ZPO Rz 3.

nisses zwischen Mediator und seinen Klienten auf der einen Seite und der Gewährleistung einer möglichst vollständigen und richtigen Sachverhaltsermittlung als Entscheidungsgrundlage im Zivilprozess auf der anderen Seite legt eine Lösung nahe, die sich mehr dem zuletzt genannten Prinzip zuneigt. So kann es etwa im durchaus anerkennenswerten Interesse beider Parteien eines zivilgerichtlichen Verfahrens, in dem es um eine Frage ihrer rechtsgeschäftlichen Beziehung geht, liegen, sich auf ihren Mediator als Zeugen zu berufen. Nach dem MEntw soll es daher den Parteien überlassen bleiben, durch gemeinsame Entbindung des Mediators von der Verschwiegenheit darüber zu disponieren, wie weit er allenfalls zur Wahrheitsfindung im Zivilprozess beitragen soll. Die Verschwiegenheitspflicht des Mediators – und das ist die zweite hinter dem Vorschlag stehende Erwägung – würde mit einer solchen Subsumtion unter § 321 ZPO derjenigen der Ärzte, der Psychologen, der Psychotherapeuten, also der Angehörigen von den Mediatoren vergleichbaren Berufen gleichgestellt.[44] In der Tat lässt sich kein voll überzeugendes Argument finden, Mediatoren hinsichtlich ihrer Verschwiegenheitspflicht im zivilprozessualen Beweisrecht anders zu behandeln als diese Berufe. Soweit sich aber in concreto doch ein Bedürfnis ergibt, den Mediator von vornherein aus jedem Rechtsstreit der Mediationsparteien herauszuhalten, bietet der Mediationsvertrag die Möglichkeit entsprechender Vorsorge durch vertragliche Bindung der Beteiligten.[45]

Ausdrücklich sieht § 24 Abs 2 zweiter Satz MEntw vor, dass aus der Weigerung einer Partei, den Mediator von seiner Verschwiegenheitspflicht zu entbinden, dieser kein Rechtsnachteil entstehen darf. Diese Regelung entspricht der herrschenden Auffassung zur Würdigung der Weigerung einer Partei, einen Zeugen von seiner Verschwiegenheitspflicht zu entbinden; aus einem solchen Verhalten darf der Richter im Beweisverfahren nicht schließen, dass der Zeuge die der Partei nachteilige Tatsachenbehauptung bestätigt hätte.[46]

Auf die Verschwiegenheitspflicht des Mediators bei seiner Vernehmung als Zeuge in einem gerichtlichen Strafverfahren bezieht sich der geltende § 152 Abs 1 Z 5 StPO. Nach dieser Bestimmung sind unter anderem Mediatoren, die im Sinn des Art XVI KindRÄG 2001 zwischen den (möglichen) Parteien eines Pflegschaftsverfahrens oder ihren gesetzlichen Vertretern oder im Sinn des § 99 Abs 1 EheG zwischen Ehegatten vermitteln, über das, was ihnen in dieser Eigenschaft bekannt wurde, von der Verbindlichkeit zur Ablegung eines Zeugnisses befreit. Die Mediatoren sind in dieser Beziehung den anderen in § 152 Abs 1 Z 5 StPO angeführten Personen, also insbesondere den Psychiatern, Psychotherapeuten, Psychologen und Bewährungshelfern, gleichgestellt. Anders als bei der Umsetzung der Schweigepflicht des Mediators im zivilprozessualen Beweisrecht hat der Gesetzgeber bereits im EheRÄG 1999 und im KindRÄG 2001 dem Mediator als Zeugen im Strafprozess ein (bloßes) Entschlagungsrecht – und

---

[44] Siehe *Rechberger* in *Rechberger*, ZPO² §§ 321, 322 ZPO Rz 5, 6. Gegen eine Gleichstellung mit den anderen Berufen kann freilich ins Treffen geführt werden, dass dem Mediator regelmäßig zwei oder mehr Parteien gegenüberstehen, die im Allgemeinen in der Frage der Entbindung von der Schweigepflicht unterschiedliche Interessen haben.

[45] Vgl *Fitsch*, JAP 2000/2001, 75.

[46] *Fasching*, Lehrbuch² Rz 984/1.

nicht ein Vernehmungsverbot im Sinn des § 151 StPO – eingeräumt.[47] Im Sinn einer Einheitlichkeit der Konsequenzen der Schweigepflicht im zivil- und im strafprozessualen Beweisrecht konnte sich daher der MEntw folgerichtig darauf beschränken, eine bloße Erweiterung dieser Regel auf die gerichtsnahen Mediatoren vorzuschlagen.[48]

B. Hemmung von Fristen während der Mediation

Ein wesentliches Element einer gesetzlichen Regelung der Mediation, das deren Funktionsfähigkeit sicherstellen und die Anwendung fördern soll, ist die Hemmung der Verjährung und sonstiger Fristen während des Mediationsgeschehens. Die Mediationsklienten sollen, solange die Mediation im Gang ist, nicht gezwungen sein, wegen drohenden Fristenablaufs der Einigung abträgliche gerichtliche Verfahren gegeneinander einzuleiten.[49] Entsprechende – wortgleiche – Regelungen enthalten jeweils für ihren Anwendungsbereich § 99 Abs 1 zweiter Satz EheG idF EheRÄG 1999 und Art XVI § 1 zweiter Satz KindRÄG 2001. Die Hemmung erfasst alle materiellrechtlichen Fristen, also insbesondere – abgesehen von den Verjährungsfristen – auch die Präklusivfristen der §§ 57 und 95 EheG.

Vorbild der Bestimmungen ist § 1496 ABGB. Anders als Lehre und Rechtsprechung zur Hemmungswirkung von Vergleichsverhandlungen meinen,[50] handelt es sich nicht um eine Ablaufhemmung, sondern um eine Fortlaufhemmung, sodass nach Ende der Mediation der Rest der Zeit verstreichen muss.[51] Was die den Beginn und das Ende der Fristenhemmung markierenden Umstände anlangt, so ergeben sich hiezu weder aus dem Wortlaut des § 99 Abs 1 EheG bzw des Art XVI § 1 KindRÄG 2001 noch aus den Gesetzesmaterialien nähere Hinweise. Die in diesem Zusammenhang allenfalls auftauchenden Probleme werden im Wesentlichen auf der Sachverhaltsebene liegen. Der Anfang der Mediation, an den auch der Beginn der Fristenhemmung geknüpft ist, wird sich leicht feststellen lassen. Schwierigkeiten könnte die Frage bereiten, wann die Mediation beendet ist und damit die Fristen weiterlaufen. Wenngleich die Rechtsprechung mit diesen Schwierigkeiten bei Beurteilung der fristenhemmenden Wirkung von

---

[47]   ErläutRV 1653 BlgNR 20. GP 35; s auch *Grünberger*, ÖJZ 2000, 56.

[48]   ErläutRV 1653 BlgNR 20. GP 35; s auch *Grünberger*, ÖJZ 2000, 56. Erwähnt sei in diesem Zusammenhang, dass es nach Rsp und Lehre im Strafprozess letztlich nicht allein auf Entbindung von der Verschwiegenheitspflicht durch den Beschuldigten ankommt, die Verschwiegenheitspflicht also nicht zu dessen alleiniger Disposition steht; vielmehr hat der Zeuge nach § 152 Abs 1 Z 5 StPO – unter Bedachtnahme auf die Interessen seiner Klienten – selbst zu entscheiden, ob er sich auf seine Schweigepflicht beruft (*Bertel/Venier*, Grundriß des österreichischen Strafprozeßrechts[6] [2000] Rz 375; *Foregger/Fabrizy*, Die österreichische Strafprozeßordnung[8] [2000] § 152 Rz 18; OGH 6.11.1996 RZ 1997/37).

[49]   ErläutRV 1653 BlgNR 20. GP 14, 30; *Grünberger*, ÖJZ 2000, 55.

[50]   *Koziol/Welser*, Grundriss des bürgerlichen Rechts I[12] (2002) 207; OGH 20.3.1975 SZ 48/33; OGH 20.3.1997 ZVR 1998/89; s auch *Stabentheiner*, Die neue Gentechnikhaftung, ÖJZ 1998, 521 (531 f) insb FN 78 und FN 80 mwN.

[51]   So ausdrücklich ErläutRV 1653 BlgNR 20. GP 30.

Vergleichsverhandlungen bisher offenbar zurechtgekommen ist, empfiehlt es sich doch, dass der Mediator gegenüber den Parteien klarstellt, wann die Mediation endet.

Die im MEntw vorgeschlagene Bestimmung über die fristenhemmende Wirkung der Mediation (§ 28 MEntw) knüpft an die entsprechenden, bereits Gesetz gewordenen Regelungen im § 99 EheG und im Art XVI § 1 KindRÄG 2001 an, modifiziert diese aber in einigen Punkten. So soll die Hemmung nicht eintreten, soweit die Fristen auch für Rechte, Ansprüche oder Pflichten Dritter maßgeblich sind. Neu ist vor allem auch die den Parteien eingeräumte Möglichkeit, schriftlich vereinbaren zu können, dass die Hemmung auch andere zwischen ihnen bestehende Ansprüche, die von der Mediation nicht betroffen sind, umfasst. Damit soll den Parteien ein Spielraum gegeben werden, über das eigentliche Mediationsthema hinaus eine Bereinigung zwischen ihnen bestehender Konflikte herbeizuführen. Für die Mediation auf dem Gebiet des Familienrechts soll eine solche Erweiterung der Hemmungswirkung – wegen der mit einem familiären Konflikt zumeist verbundenen besonderen persönlichen, in andere familiäre Lebensbereiche hineinwirkenden Spannungslage – unmittelbar kraft Gesetzes für alle wechselseitigen oder von den Parteien gegeneinander wahrzunehmenden Rechte und Ansprüche familienrechtlicher Art gelten. Doch können die Parteien Abweichendes schriftlich vereinbaren (§ 28 Abs 2 MEntw).[52]

Auch die im MEntw vorgeschlagene Hemmungsregelung bezieht sich auf materiellrechtliche Fristen. Hierher gehören etwa die Fristen für die gerichtliche Aufkündigung (§ 560 ZPO), die Leistungsfrist des § 409 ZPO, die vereinbarte Vergleichswiderrufsfrist und die Frist nach § 454 Abs 1 ZPO zur Einbringung einer Besitzstörungsklage.[53]

C. Mediation während eines Gerichtsverfahrens

Mediation kann grundsätzlich in jeder Phase eines ungelösten Konfliktes zur Anwendung gelangen. Ist zwischen den Konfliktparteien bereits ein gerichtliches Verfahren anhängig, so sollte es dem Gericht verfahrensrechtlich grundsätzlich möglich sein, jederzeit die Parteien einer Mediation zuzuführen, wenn sie hiefür geeignet erscheinen und hiezu auch bereit sind.

Dementsprechende Regelungen hat das EheRÄG 1999 für das (streitige) Verfahren in Ehesachen in eine neue Z 7a des § 460 ZPO eingefügt. Wenn demnach eine – vom Gericht selbst versuchte – Versöhnung der Ehegatten nicht möglich scheint, so hat sich der Richter durch Befragung der Parteien ein Bild darüber zu machen, ob und mit welcher (außergerichtlichen) Hilfe die Parteien sonst zu einer gütlichen Einigung gelangen können, und auf entsprechende Hilfeangebote hinzuweisen. Auf gemeinsamen Antrag der Parteien ist sodann die Tagsatzung zur Inanspruchnahme solcher Hilfeangebote zu erstrecken. Zu einem solchen Antrag hat das Gericht die Parteien im Rahmen seiner Manuduktionspflicht erforderlichenfalls anzuleiten. § 460 Z 7a ZPO gilt kraft der Verweise in

---

[52] Siehe hiezu Erläut des MEntw 66 f.
[53] *Gitschthaler* in *Rechberger*, ZPO[2] § 123 ZPO Rz 1 mwN.

§ 222 Abs 1 und in § 230 Abs 2 AußStrG auch für die außerstreitigen Eheangelegenheiten.[54] Schließlich wurde mit dem KindRÄG 2001 eine konforme Bestimmung als § 182e AußStrG auch für pflegschaftsgerichtliche Verfahren über die Obsorge und das Besuchsrecht geschaffen. Das Anbot des Gerichtes an die Parteien, Mediation in Anspruch zu nehmen, hängt in diesem Fall freilich von der weiteren Voraussetzung ab, dass hiedurch nicht das Wohl des Minderjährigen beeinträchtigt wird. Sowohl § 460 Z 7a (§ 222 Abs 1 und § 230 Abs 2 AußStrG) wie auch § 182e AußStrG sind so weit gefasst, dass sie sich nicht nur auf die Mediation, sondern auch auf andere Konfliktregelungsinstrumente außerhalb des Gerichtes beziehen.[55]

Zutreffend weist *Grünberger*[56] darauf hin, dass die Prüfung der Frage, ob Parteien für eine Mediation oder für einen anderen Weg der Konfliktregelung geeignet seien, oftmals schwierig sei und grundlegender Kenntnisse der Konfliktanalyse sowie des Mediationsverfahrens bedürfe. Wie schon die Gesetzesmaterialien hervorheben, wird es Aufgabe der Justizverwaltung sein, die Richter zu diesem Zweck im Zuge der Aus- und Fortbildung hinreichend mit den Methoden alternativer Konfliktregelung vertraut zu machen.[57]

Der MEntw für ein Bundesgesetz über gerichtsnahe Mediation übernimmt den in § 460 Z 7a ZPO und § 182e AußStrG enthaltenen Ansatz einer Regelung der Schnittstelle von gerichtlichem Verfahren und Mediation, erweitert ihn aber im Hinblick auf den umfassenderen Anwendungsbereich der vorgeschlagenen Mediationsvorschriften und ordnet ihn systematisch neu ein. Damit verbunden ist auch eine inhaltliche Modifikation.

Für den Bereich des Außerstreitrechts soll die Einbindung der Mediation (und anderer alternativer Konfliktregelungsinstrumente) in den Ablauf des Verfahrens – in einem Vorgriff auf die bevorstehende Gesamtreform des Außerstreitgesetzes[58] – in einem neuen § 2a AußStrG geregelt werden. Demnach kann das Gericht mit dem Verfahren – durch Beschluss – innehalten, wenn die Herbeiführung einer einvernehmlichen Regelung zwischen den Parteien unter Zuhilfenahme einer hiefür geeigneten Einrichtung zu erwarten ist und durch das Innehalten Belange einer Partei oder der Allgemeinheit, deren Schutz Zweck des Verfahrens ist, nicht gefährdet werden können. Nach dem Verständnis des Entwurfes stellt sich dieses „Innehalten" nicht als eine Verfahrensunterbrechung, sondern als eine Art „Fortsetzung des Verfahrens mit anderen Mitteln" dar; das Verfahren werde vom Gericht „an die hiefür geeignete Stelle verlagert".[59]

---

[54] Also für Verfahren über die Scheidung im Einvernehmen sowie über die Abgeltung der Mitwirkung im Erwerb des anderen Ehegatten und die Aufteilung des ehelichen Gebrauchsvermögens und der ehelichen Ersparnisse.

[55] Als solche kommen etwa Ehe- und Familienberatungsstellen sowie Einrichtungen der öffentlichen und privaten Jugendwohlfahrtspflege in Betracht.

[56] *Grünberger*, ÖJZ 2000, 56.

[57] ErläutRV 1653 BlgNR 20. GP 32.

[58] Der im MEntw vorgeschlagene § 2a AußStrG entspricht der Bestimmung über das „Innehalten" in § 34 des Entwurfes eines neuen Außerstreitgesetzes.

[59] Siehe hiezu Erläut des MEntw JMZ 4.440.1/432-I 1/2001, 71 ff.

Der Entwurf begrenzt die Möglichkeit des Innehaltens in zweifacher Beziehung: zum einen dadurch, dass während des Verfahrens über eine Sache nur einmal ein solches Innehalten für einen einheitlichen Zeitraum durchgeführt werden kann, zum anderen in zeitlicher Hinsicht dadurch, dass ein Innehalten dieser Art insgesamt nicht länger als sechs Monate dauern darf. Zur Absicherung, dass dadurch keine verfahrensmäßig nutzbare Zeit verloren geht, soll das Gericht verpflichtet werden, das Verfahren von Amts wegen fortzusetzen, wenn die Voraussetzungen, also sowohl die Aussicht auf die Herbeiführung einer einvernehmlichen Regelung, als auch die Nichtgefährdung von Belangen einer Partei oder der Allgemeinheit, deren Schutz Zweck des Verfahrens ist, nicht weiter aufrecht bestehen.

Eine andere – auf bereits bewährte verfahrensrechtliche Instrumente aufbauende – legislative Lösung für die Nutzbarmachung der Mediation (und anderer Konfliktregelungsmethoden) sieht der MEntw für das Zivilprozessrecht vor. Durch eine Ergänzung des § 204 ZPO soll das Gericht, das schon nach der geltenden Fassung der Bestimmung „bei der mündlichen Verhandlung in jeder Lage der Sache auf Antrag oder von Amts wegen eine gütliche Beilegung des Rechtsstreites oder die Herbeiführung eines Vergleiches versuchen" kann, verpflichtet werden, gegebenenfalls auch auf Einrichtungen hinzuweisen, die zur einvernehmlichen Lösung von Konflikten geeignet sind. Im Übrigen geht der Entwurf davon aus,[60] dass den Parteien, wenn sie alternative Methoden der Streitschlichtung in Anspruch nehmen wollen, die Möglichkeit offen steht, eine entsprechende Erstreckung der Tagsatzung zu erwirken. In jenen Konstellationen aber, in denen mit einer etwas längerfristigen Vertagung nicht das Auslangen gefunden werden kann, steht ihnen das verfahrensrechtliche Instrument der Ruhensvereinbarung nach §§ 168, 169 ZPO zur Verfügung. Diese beiden verfahrensrechtlichen Optionen sind – allenfalls in Kombination – flexibel genug, um den Erfordernissen des Einzelfalls gerecht zu werden. Sollten sich die Parteien bei noch ungewissen Chancen der außergerichtlichen Streitschlichtung scheuen, den Prozess durch eine Ruhensvereinbarung zwingend für drei Monate zu unterbrechen, so können sie vorerst die Zeit bis zu der erstreckten Tagsatzung zur Klärung dieser Chancen nützen und sodann gegebenenfalls Ruhen vereinbaren. Sie können aber auch sofort ein längeres Ruhen vereinbaren und sodann einen von zeitlichem Druck befreiten Mediationsversuch unternehmen.

IV. Das Regelungskonzept des Ministerialentwurfs eines Bundesgesetzes über gerichtsnahe Mediation

Der vom Bundesministerium für Justiz im Dezember 2001 zur allgemeinen Begutachtung versandte Entwurf eines Bundesgesetz über gerichtsnahe Mediation (MEntw) versucht, die bisherigen punktuellen Regelungen der Mediation, wie sie unter Punkt III. dargestellt wurden, weiter zu entwickeln und diesem Konfliktregelungsinstrument einen umfassenderen rechtlichen Rahmen zu ge-

---

[60] Erläut des MEntw JMZ 4.440.1/432-I 1/2000, Z 41.

ben. Im Folgenden soll auf die grundsätzlichen Fragestellungen einer gesetzgeberischen Lösung der mit der Mediation zusammenhängenden rechtlichen Fragen und den wesentlichen Inhalt des Gesetzesvorschlags des BMJ eingegangen werden.

A. Umfassendes Mediationsgesetz oder Regelung bloß der gerichtsnahen Mediation?

Das BMJ ist bei Inangriffnahme des Gesetzesvorhabens von der Erwägung ausgegangen, dass es ihm für die Vorbereitung einer umfassenden Regelung der Mediation, also einer Regelung der Mediation in all ihren möglichen Anwendungsbereichen, an der erforderlichen Zuständigkeit mangle. Da die Mediation in mannigfaltigen Angelegenheiten eingesetzt werden könne, deren Regelung nach dem Kompetenzkatalog unserer Bundesverfassung nicht nur dem Bundes-, sondern auch dem Landesgesetzgeber zukomme, wäre die Gesetzgebungskompetenz des Bundes – so wünschenswert eine allgemeine Regelung auch sein mag – zumindest zweifelhaft. Auch fehle in der Aufgabenverteilung des BundesministerienG eine allgemeine Zuständigkeit des BMJ, unter die sich die Angelegenheiten der Mediation für den gesamten Bundesbereich subsumieren ließen.[61]

Auf Grund dieser kompetenzrechtlichen Vorbehalte hat das BMJ in seinem zur allgemeinen Begutachtung versandten Entwurf die gesetzliche Regelung insofern eingeschränkt, als sie sich nur auf jene Mediation beziehen soll, die die Lösung von Konflikten anstrebt, für deren Entscheidung – abstrakt gesehen – die ordentlichen Gerichte zuständig sind. Der Entwurf umschreibt diesen Regelungsbereich mit dem Begriff „gerichtsnahe Mediation".[62] Mediation in diesem Sinn liegt zum einen dann vor, wenn die Regelung eines Konfliktes angestrebt wird, über den bei Gericht bereits ein – streitiges oder außerstreitiges – zivilgerichtliches Verfahren anhängig ist. Die Voraussetzung der Gerichtsnähe kann aber auch dann erfüllt sein, wenn der Streit noch gar nicht an das Gericht herangetragen wurde, er also gewissermaßen noch durchaus „gerichtsfern" ist. Es genügt, dass im Ernstfall letztlich ein Gericht zur Entscheidung des Konfliktes herangezogen werden könnte. Die abstrakte Zuordenbarkeit eines Konfliktes zur Zivilgerichtsbarkeit als Voraussetzung einer gerichtsnahen Mediation bedeutet auch, dass Konflikte, die konkret auf Grund einer entsprechenden Vereinbarung vor ein Schiedsgericht gehören und damit der Sachbearbeitung der ordentlichen Gerichte entzogen sind, für eine gerichtsnahe Mediation in Frage kommen.

In der Tat lässt sich eine solche Materie – also die Mediation in Zivilrechtssachen – zweifelsfrei dem Kompetenztatbestand „Zivilrechtswesen" nach Art 10 Abs 1 Z 6 B-VG zuordnen, und zwar auch unter dem Gesichtspunkt der „Versteinerungstheorie".[63] Denn auch wenn man davon ausgeht, dass die Mediation

---

[61] Erläut zum MEntw JMZ 4.440.1/2001, 27 f, 32 f.

[62] § 1 Abs 2 MEntw.

[63] Siehe *Walter/Mayer*, Grundriss des österreichischen Bundesverfassungsrechts[8] (1996) Rz 296; *Öhlinger*, Verfassungsrecht[3] (1997) 123.

in ihrem heutigen Verständnis im Zeitpunkt des In-Kraft-Tretens der Kompetenzartikel des B-VG[64] noch unbekannt war, steht sie doch als „gerichtsnahe Mediation" im Sinn des MEntw in jenem inhaltlich-systematischen Zusammenhang mit dem Kompetenztatbestand „Zivilrechtswesen", der nach der Judikatur des VfGH eine Subsumtion unter Art 10 Abs 1 Z 6 gerechtfertigt erscheinen lässt:[65] Die gerichtsnahe Mediation ist der Tätigkeit der ordentlichen Gerichte gleichsam „vorgelagert" und dient der Lösung oder zumindest Aufbereitung von Konflikten, zu deren Entscheidung letztlich die ordentlichen Zivilgerichte zuständig sind.

Darüber hinaus können bestimmte Elemente der vorgeschlagenen gesetzlichen Regelung, wie etwa die Einrichtung eines Beirats für gerichtsnahe Mediation, die Führung der Liste der gerichtsnahen Mediatoren sowie die Ausbildung der Mediatoren und die Anerkennung von Ausbildungseinrichtungen für gerichtsnahe Mediation, auch auf den Kompetenztatbestand „Justizpflege" in Art 10 Abs 1 Z 6 B-VG gestützt werden. Schließlich lässt sich der Entwurf, in dem über weite Strecken auch berufsrechtliche Anordnungen getroffen werden, auch auf den Kompetenztatbestand „Angelegenheiten der Notare, der Rechtsanwälte und verwandter Berufe" gemäß Art 10 Abs 1 Z 6 B-VG stützen, gehört es doch auch zur Aufgabe notarieller und anwaltlicher Tätigkeit, einen Konflikt einer außergerichtlichen Regelung zuzuführen.

Der zuletzt angesprochene Tatbestand des Art 10 Abs 1 Z 6 B-VG – Angelegenheiten der Notare, der Rechtsanwälte und verwandter Berufe – ließe sich freilich auch für eine Zuständigkeit des Bundes zur Regelung der Mediation ganz allgemein heranziehen. Denn auch die Tätigkeit etwa der Rechtsanwälte ist keineswegs auf den den ordentlichen Gerichten zugewiesenen Bereich der Rechtspflege beschränkt. Zwar liegt – soweit überblickbar – keine Judikatur des VfGH vor, in der er sich explizit mit der Tragweite des Begriffes „verwandte Berufe" auseinander setzt, immerhin hat er aber etwa nicht daran Anstoß genommen, dass der Beruf des Wirtschaftstreuhänders diesem Tatbestand unterstellt wird.[66]

Die endgültige Entscheidung bei Ausarbeitung der RV für ein Mediationsgesetz, ob an der Einschränkung des Anwendungsbereichs des Gesetzes auf gerichtsnahe Mediation festgehalten oder nicht doch eine Regelung der Mediation in allen ihren Anwendungsbereichen angestrebt werden soll, wird wohl von den Ergebnissen des Begutachtungsverfahrens abhängen. Aus rechtspolitischer Sicht wäre eine solche umfassende Regelung jedenfalls wünschenswert, vermeidet sie doch die nicht unerheblichen Abgrenzungsprobleme, die der Begriff „gerichtsnahe Mediation" bzw „gerichtsnaher Mediator" aufwirft. In Betracht gezogen werden könnte auch eine Lösung, nach der von dem grundsätzlich umfassenden Anwendungsbereich eines Bundesmediationsgesetzes bestimmte Bereiche – aus

---

[64] In der Regel der 1.10.1925.

[65] Grundsatz der intrasystematischen Fortentwicklung der Kompetenztatbestände (*Öhlinger*, Verfassungsrecht[3], 123).

[66] VfGH 23.6.1960 VfSlg 3751.

kompetenzrechtlichen Gründen oder wegen der Besonderheit bestimmter Mediationsverfahren – ausgenommen werden.[67]

B. Zertifizierungs- oder Zulassungssystem?

Was das organisatorische und verfahrensrechtliche Konzept des Gesetzesvorhabens anlangt, so hat das BMJ bei den Gesprächen mit den Vertretern der von dem Legislativprojekt betroffenen Interessengruppen, insbesondere der verschiedenen Mediatorenvereinigungen, zunächst eine bloße Zertifizierungslösung, allenfalls vergleichbar dem Sachverständigen- und DolmetscherG,[68] zur Diskussion gestellt. Demnach könnte etwa eine im Gesetz selbst vorgesehene oder in einem Akkreditierungsverfahren zu bestimmende Einrichtung[69] gesetzlich befugt werden, Mediatoren unter bestimmten qualitätssichernden Voraussetzungen zu zertifizieren. Ein Mediator, dessen Qualität derart bestätigt wäre, hätte im Wettbewerb der Anbieter von Mediation einen Vorteil, ohne dass der Zugang zur Profession eines Mediators eingeschränkt würde. Eine solche „offene" legislative Lösung würde dem Umstand, dass es sich bei der Mediation um eine noch verhältnismäßig junge und sicher auch noch in Entwicklung befindliche Profession handelt, besonders Rechnung tragen.

Diese vom BMJ zunächst intendierte Lösung ist jedoch ganz überwiegend abgelehnt worden. Befürwortet wurde eine relativ stringente Regelung des Zugangs zum Beruf eines Mediators, eine Regelung nämlich, die – ausgehend von einem Rechtsanspruch auf Zulassung bei Erfüllung der Voraussetzungen – ein verwaltungsbehördliches Verfahren über die Eintragung in eine Mediatorenliste vorsieht und nach der nur eingetragene Personen zur – gerichtsnahen – Mediation zugelassen sind. Der Vorteil einer solchen Lösung ist gewiss der der Rechtssicherheit. Sie erscheint nicht nur im Hinblick auf das Berufsrecht der freien Berufe, die sich, soweit sie nicht selbst als Mediatoren tätig sind, in einem gewissen Konkurrenzverhältnis zu diesen sehen, sondern auch mit Rücksicht auf die zivil- und zivilverfahrensrechtlichen Begleitregelungen der Mediation[70] wünschenswert; die Vorteile der Hemmung der Verjährung und sonstiger Fristen sowie der besondere Schutz der Vertraulichkeit mit seinen Konsequenzen im Beweisrecht sollen im Interesse der Rechtssicherheit nur im Fall einer Mediation nicht nur durch einen besonders qualifizierten, sondern auch durch einen eindeutig definierten und daher in einem besonderen Verfahren zugelassenen Mediator zum Tragen kommen.

Überwiegende Meinung in den Konsultationen, die der Erstellung des MEntw vorausgegangen sind, war schließlich auch, dass das Verfahren über die Eintra-

---

[67] So sollte etwa die Schulmediation (s hiezu *Chicken*, Mediation in der Schule, in *Töpel/Pritz*, Mediation 157) von einer solchen Regelung nicht erfasst werden.

[68] BG über die allgemein beeideten und gerichtlich zertifizierten Sachverständigen und Dolmetscher, BGBl 1975/137 idF BGBl I 1998/168.

[69] In Betracht käme auch ein privater Rechtsträger, etwa eine Art Dachverband der Mediatorenvereinigungen.

[70] Siehe oben unter Punkt III.

gung in die Liste gerichtsnaher Mediatoren als Verwaltungsangelegenheit nicht bei den Justizbehörden in den Ländern, also insbesondere bei den Landes- oder Oberlandesgerichtspräsidenten, sondern zentral beim BMJ angesiedelt werden soll. Diese Lösung hat den Vorteil, dass von Anfang an eine bundeseinheitliche Rechtspraxis bei der Zulassung gerichtsnaher Mediatoren gewährleistet ist und eine solche Konzentration des Verfahrens bei einer Stelle im Hinblick auf die zu erwartende Anzahl von Eintragungswerbern auch verwaltungsökonomischer ist. Der MEntw folgt mit diesem Konzept im Wesentlichen dem Vorbild des Psychologengesetzes[71] und des Psychotherapiegesetzes[72,73] – beide aus dem Jahr 1990 –, nach denen das Verfahren über die Zulassung als Psychologe bzw als Psychotherapeut gleichfalls beim Leiter der Zentralstelle angesiedelt ist.

Zur fachlichen Unterstützung bei der Bewältigung der neuen Aufgabe soll beim BMJ – ähnlich wie nach dem Psychologengesetz[74] und dem Psychotherapiegesetz[75] beim BM für soziale Sicherheit und Generationen – ein Beirat eingerichtet werden, der gegenüber dem BMJ zu generellen Fragen, aber auch – durch einen Ausschuss – im Eintragungsverfahren Stellung nehmen soll.[76] Dieser „Beirat für gerichtsnahe Mediation", dessen Mitglieder der BMJ auf Vorschlag einer Reihe von Institutionen bestellt, die auf dem Gebiet der Mediation tätig sind, ein hohes Interesse am Mediationsgeschehen haben oder sonst mit Angelegenheiten der Mediation befasst sind, soll die für die Besorgung der neuen fachspezifischen Aufgaben erforderliche Sachkompetenz sicherstellen. Dementsprechend sollen die nominierenden Stellen vorwiegend Personen vorschlagen, die über praktische Erfahrungen oder – zumindest – theoretische Kenntnisse auf dem Gebiet der Mediation verfügen.[77]

Im Einzelnen sieht der Entwurf vor, dass die vom BMJ zu führende Liste der gerichtsnahen Mediatoren öffentlich und in geeigneter Weise elektronisch kundzumachen ist.[78] Das Verfahren zur Eintragung in die Liste wird auf Grund eines schriftlichen Antrags des Bewerbers an den BMJ eingeleitet.[79] Die Voraussetzungen der Eintragung – Vollendung des 28. Lebensjahrs, fachliche Qualifikation, Vertrauenswürdigkeit, eine für die Ausübung der Mediation erforderliche Ausstattung sowie eine Haftpflichtversicherung[80] – sind durch entsprechende Urkunden, wie Zeugnisse, Bestätigungen, Berufsdiplome, nachzuweisen. Die Voraussetzung der fachlichen Qualifikation hat der BMJ tunlichst mit Hilfe eines Gutachtens des Ausschusses für gerichtsnahe Mediation zu ermitteln.[81]

---

[71] BGBl 1990/360; s insb § 10 Z 4, § 16 PsychologenG.

[72] BGBl 1990/361; s insb § 11 Z 5, § 17 PsychotherapieG.

[73] Zu beiden Rechtsvorschriften s *Kierein/Pritz/Sonneck*, Psychologengesetz/Psychotherapiegesetz (1991) 70 f, 157.

[74] § 19 PsychologenG.

[75] § 20 PsychotherapieG.

[76] §§ 4 bis 6 MEntw.

[77] § 4 Abs 4 MEntw.

[78] § 8 MEntw.

[79] § 11 MEntw.

[80] § 9 MEntw.

[81] § 13 MEntw.

Wer die Voraussetzungen zur Eintragung in die Liste erfüllt, ist für die Dauer von drei Jahren in die Liste einzutragen. Liegen die Voraussetzungen nicht vor, so ist die Eintragung mit Bescheid zu versagen. Vor Ablauf der Eintragungsdauer kann der Mediator die Aufrechterhaltung der Eintragung für weitere drei Jahre begehren; er bleibt bis zur Entscheidung über den fristgerecht gestellten Antrag in die Liste eingetragen.[82]

C. Zur fachlichen Qualifikation der Mediatoren – das Problem der „Quellenberufe"

Eine Kernfrage bei Beurteilung der Voraussetzungen für die Eintragung in die Liste gerichtsnaher Mediatoren bildet naturgemäß die fachliche Qualifikation des Eintragungswerbers.[83] Im Rahmen der Diskussionen im Vorfeld der Erstellung des MEntw wurde gefordert, dabei an die abgeschlossene Ausbildung bestimmter der Mediation „nahestehender" Berufe, der so genannten „Quellenberufe", anzuknüpfen. Zu diesen Berufen gehören unter anderem Psychotherapeuten, Psychologen, Rechtsanwälte, Notare, Wirtschaftstreuhänder, Richter sowie Lebens- und Sozialberater. Tatsächlich enthält das Ausbildungs-Curriculum dieser Professionen Elemente, die – in unterschiedlichem Maß – auch für die Ausübung der gerichtsnahen Mediation von Nutzen sind. Aber auch die praktische Erfahrung in diesen Berufen vermittelt Wissen und Praxis, die die Fachkompetenz eines Mediators fördern. Der § 10 Abs 2 MEntw sieht deshalb vor, dass jene Kenntnisse und Fertigkeiten, die bestimmte Bewerber, insbesondere die Angehörigen beispielsweise aufgezählter Berufe, im Rahmen ihrer Ausbildung und Berufspraxis für die Tätigkeit als Mediator bereits erworben haben, bei der Prüfung der fachlichen Qualifikation zu berücksichtigen sind.

Einen andere Personen ausschließenden Anspruch von Angehörigen solcher „Quellenberufe" auf Zulassung als Mediator sieht der Entwurf jedoch nicht vor. Eine solche Regelung erschiene nicht nur unter dem Gesichtspunkt des Grundsatzes der Erwerbsfreiheit[84] problematisch, sondern es muss auch anerkannt werden, dass die fachliche Qualifikation als Mediator auch außerhalb der Ausbildung und der Tätigkeit von Angehörigen der genannten Berufe erworben werden kann. § 10 Abs 1 MEntw zuerkennt daher die fachliche Qualifikation grundsätzlich jedem, der auf Grund einer entsprechenden Ausbildung über mediatorische Kenntnisse und Fertigkeiten verfügt, mit den rechtlichen und psychosozialen Grundlagen der Mediation vertraut ist sowie rechtliche und sonstige fachliche Kenntnisse auf einem ausgewählten fachlichen Tätigkeitsbereich aufweist.

Die Elemente einer spezifischen Ausbildung zum gerichtsnahen Mediator soll der BMJ – nach Anhörung des Beirats für gerichtsnahe Mediation – durch Ver-

---

[82] § 14 MEntw.

[83] Erläut zum MEntw JMZ 4.440.1/432-I 1/2001, 30 f.

[84] Art 6 StGG; s hiezu *Walter/Mayer*, Bundesverfassungsrecht[8] Rz 1386; *Öhlinger*, Verfassungsrecht[3], 352.

ordnung festlegen. Die diesbezügliche Verordnungsermächtigung im § 29 MEntw berücksichtigt zum einen Kriterien, die in der Richtlinie zur Förderung von Mediation in Scheidungs- und Trennungssituationen nach § 39a FamLAG 1967 aufgestellt werden, zum anderen Vorschläge, die im Rahmen der der Entwurfserstellung vorangegangenen Konsultationen erstattet wurden. In der Verordnung soll auch festgelegt werden, inwieweit die Ausbildung und die Erfahrung zu berücksichtigen sind, die ein Eintragungswerber im Rahmen eines so genannten „Quellenberufs" erworben hat.

Der Umstand, dass es sich bei der Mediation um eine verhältnismäßig junge Methode der Konfliktbewältigung handelt, an deren Weiterentwicklung und Verbreitung an Universitäten und im Rahmen anderer Institutionen gearbeitet wird, gebietet eine solche flexible Form der Normensetzung. Die Mitwirkung an der Vorbereitung der Verordnung wird deshalb auch eine Hauptaufgabe des Beirats für gerichtsnahe Mediation sein, der die für sachgerechte Regelungen notwendige Fachkompetenz sicherstellt.[85]

Im Zusammenhang mit dem Problem der „Quellenberufe" stellt sich auch die Frage nach einer klaren Abgrenzung der Rolle des Mediators von seiner sonstigen (Quellen-)Profession. Der MEntw löst diese Abgrenzungsprobleme durch Festlegung bestimmter Inkompatibilitäten. Wenn der Mediator in dem Konflikt, auf den sich die Mediation bezieht, Parteienvertreter, Berater oder Entscheidungsorgan ist oder in der Vergangenheit war, soll er von der Tätigkeit als gerichtsnaher Mediator ausgeschlossen sein.[86] In einer solchen Situation würde es ihm wohl an der für die Mediation notwendigen Äquidistanz zu den Parteien mangeln. Denn in jeder dieser Konstellationen hat sich der Mediator zwangsläufig mit der Position einer Partei bereits gedanklich auseinander gesetzt und möglicherweise auch identifiziert oder sie abgelehnt. Dadurch entsteht eine Nähe bzw eine Distanz zur Partei, die mit der Rolle des Mediators unvereinbar erscheint.

Umgekehrt soll es einem Mediator, der zugesagt hat, in einem Konflikt eine Mediation durchzuführen, oder der diese Tätigkeit bereits begonnen oder abgeschlossen hat, auch untersagt sein, als Vertreter, Berater oder Entscheidungsorgan in dem Konflikt aufzutreten.[87] Denn die Mediation erfordert es in der Regel, dass sich die Parteien dem Mediator mit ihrer Interessenlage völlig öffnen. Dem würden sie sich zu Recht widersetzen, wenn sie damit rechnen müssten, dass ihnen der Mediator später als Vertreter oder Berater der anderen Partei oder als Entscheidungsorgan gegenübersteht. Die Regelung soll damit auch verhindern, dass ein Vertreter, Berater oder Entscheidungsorgan in die Lage kommt, sein Wissen aus einer vorangegangenen Tätigkeit als Mediator zum Nachteil einer Partei zu verwerten.

Der Mediator muss aber auch in einem anderen Sinn seine Rolle klar abgrenzen. Er ist nicht Berater der Parteien in ihrem Konflikt, insbesondere ist er nicht ihr Rechtsberater. Ergibt sich daher im Zuge des Mediationsgeschehens ein Be-

---

[85] § 5 Z 2 MEntw; Erläut zum MEntw JMZ 4.440.1/432-I 1/2001, 31.

[86] § 23 Abs 1 erster Satz MEntw.

[87] § 23 Abs 1 zweiter Satz MEntw.

darf nach einer solchen Beratung, so soll der Mediator die Parteien auf das Beratungserfordernis hinweisen und ihnen Gelegenheit zur Einholung dieser Beratung geben. Damit zusammen hängt auch die Pflicht des Mediators, die Parteien darauf hinzuweisen, in welche Form sie das Ergebnis der Mediation kleiden müssen, um dessen Realisierung sicherzustellen.[88]

Ein eigener Abschnitt des MEntw ist schließlich den Ausbildungseinrichtungen und Lehrgängen auf dem Gebiet der Mediation gewidmet.[89] Es liegt auf der Hand, dass eine neue, von großen Erwartungen begleitete, zukunftsträchtige Methode der Konfliktbewältigung, wie sie die Mediation darstellt, eine steigende Nachfrage nach Ausbildung auslöst. Dem steht naturgemäß ein wachsender Markt an einschlägigen Ausbildungseinrichtungen und -veranstaltungen gegenüber. Das Anbot auf diesem Gebiet ist gegenwärtig hinsichtlich der Lehrinhalte sowie der Dauer und Intensität der Ausbildung höchst unterschiedlich. Auch in dieser Beziehung bedarf es daher zum Schutz sowohl der Personen, die als Mediator ausgebildet werden wollen, als auch der Personen, die die Dienste der so ausgebildeten Mediatoren in Anspruch nehmen, wie auch im Interesse eines funktionierenden Wettbewerbs der Ausbildungsinstitutionen einer gewissen rechtlichen Ordnung.

Der MEntw sieht daher – wieder dem Vorbild des Psychologen- und des Psychotherapeutengesetzes folgend[90] – auch Vorschriften über die Anerkennung von Ausbildungseinrichtungen und Lehrgängen sowie die Führung eines öffentlichen Verzeichnisses solcher Einrichtungen und Lehrgängen vor. Die für Mediatoren erforderliche Ausbildung soll tunlichst in Lehr- und Praxisveranstaltungen solcher Einrichtungen absolviert werden.[91]

Auch diese Liste ist vom BMJ zu führen. Sie ist öffentlich und in geeigneter Weise elektronisch kundzumachen. Vor der Entscheidung über die Eintragung soll tunlichst der Beirat für gerichtsnahe Mediation befasst werden. Die Eintragung hat längstens für die Dauer von drei Jahren zu erfolgen. Eine Verlängerung dieser Eintragung – jeweils für weitere drei Jahre – ist möglich. Bewerbern, die die Voraussetzungen nicht erfüllen, ist die Eintragung mit Bescheid zu versagen.

V. Ausblick

Das BMJ wird den MEntw auf der Grundlage der Ergebnisse des Begutachtungsverfahrens sowie weiterer Gespräche mit Vertretern der an dem Gesetzesvorhaben interessierten Stellen und Vereinigungen überarbeiten. Unüberwindliche Schwierigkeiten scheinen sich dem Legislativprojekt nicht entgegenzustellen, wenngleich gewiss auch noch die eine oder andere der aufgezeigten Grundsatzfragen zu diskutieren sein wird. Im Hinblick auf den in der oben erwähnten

---

[88] § 23 Abs 1 letzter Satz, Abs 2 letzter Satz MEntw.
[89] §§ 16 ff MEntw.
[90] §§ 7, 8 PsychologenG; §§ 7, 8 PsychotherapieG.
[91] § 16 Abs 1 MEntw.

Entschließung des Nationalrats[92] zum Ausdruck gekommenen politischen Willen ist mit einer baldigen Regierungsvorlage und einem Gesetzesbeschluss in absehbarer Zeit zu rechnen. Österreich wird damit im internationalen Vergleich zu einem Vorreiter bei der gesetzlichen Regelung der Mediation werden.

Die Erlassung eines Mediationsgesetzes wird auch die Auseinandersetzung verschiedener Wissenschaftsdisziplinen mit dem Thema Mediation weiter befruchten und intensivieren. Auch die Rechtswissenschaft, insbesondere die Zivilprozessrechtslehre, ist aufgerufen, die Mediation verstärkt in den Gegenstand ihrer Forschung einzubeziehen. Die Möglichkeiten und Grenzen der Mediation sowie deren Verschränkung mit dem zivilgerichtlichen Verfahren bieten sich als Ansätze einer umfassenden Streitbehandlungslehre an, deren rechtspraktische und rechtspolitische Bedeutung über den engen Bereich der richterlichen Streitentscheidung weit hinausreicht.[93] In diesem Sinn stellt sich die Auseinandersetzung mit der Mediation, insbesondere der Untersuchung ihrer Einsatzmöglichkeiten bei unterschiedlichen Konfliktkonstellationen und der notwendigen rechtlichen Rahmenbedingungen als Alternative zum Zivilprozess, als eine lohnende Aufgabe der Rechtswissenschaft dar.[94,95]

---

[92] Siehe oben unter Punkt II. bei FN 18.

[93] *Breidenbach*, Mediation 2 f.

[94] *P.G. Mayr*, Einführung in die außergerichtliche Streitschlichtung, in *P.G. Mayr* (Hrsg), Öffentliche Einrichtung zur außergerichtlichen Vermittlung von Streitigkeiten (1999) 3, 23 f.

[95] Tatsächlich wird der Mediation in den Studienplänen der juridischen Fakultäten zunehmend Raum gegeben. So enthalten etwa die Studienpläne der Grazer und der Wiener Universität für das Diplomstudium der Rechtswissenschaften als (freies) Wahlfach bzw im Rahmen von Wahlfachkörben den Gegenstand „Mediation". Siehe hiezu auch *Schilcher*, Tagung: Die Juristen im 21. Jahrhundert: Ausbildung und Praxis im Wettbewerb, JRP 1998, 128 (131); *Krejci/Pieler/Potz/Raschauer*, Jus in Wien (1999).

Zur Stellung des Freihandkäufers im konkursgerichtlichen Genehmigungsverfahren

Thomas Klicka

Seit langem gilt das wissenschaftliche und praktische Interesse von *Wolfgang Jelinek* besonders dem Insolvenzrecht und der *Jubilar* ist einer der herausragenden Kenner dieser Materie. Ich möchte ihm daher einen Beitrag widmen, der dogmatische Grundfragen dieses Rechtsgebietes betrifft und überdies ein Thema behandelt, welches in der Praxis regelmäßig immer wieder Probleme aufwirft.

I. Das Problem

Veräußert der Masseverwalter eine zur Konkursmasse gehörige Sache, so bedarf dieses Geschäft unter den Voraussetzungen des § 116 KO zu seiner Wirksamkeit der Genehmigung des Gläubigerausschusses. Liegen die Voraussetzungen des § 117 KO vor, bedarf das Geschäft des Masseverwalters der Genehmigung des Gläubigerausschusses und des Konkursgerichts. Ist kein Gläubigerausschuss bestellt, obliegt die Genehmigung dem Konkursgericht (§ 90 KO), das dabei nicht in Vertretung des Gläubigerausschusses tätig wird, sondern eine eigene *richterliche Aufgabe* ausübt.[1] Fehlt die nach den genannten Vorschriften einzuholende konkursgerichtliche Genehmigung, hat dies zur Folge, dass die entsprechende Rechtshandlung nicht die beabsichtigte Außenwirksamkeit erlangt,[2] wird die Genehmigung erteilt, so ist der Vertrag als ursprünglich wirksam anzusehen.[3]

Wird das Konkursgericht in einem dieser Fälle zur Genehmigung eines vom Masseverwalter bereits abgeschlossenen Rechtsgeschäftes angerufen, stellt sich

---

[1] *Hierzenberger/Riel* in *Konecny/Schubert* (Hrsg), Kommentar zu den Insolvenzgesetzen § 90 KO Rz 2.

[2] *Hierzenberger/Riel* in *Konecny/Schubert*, Komm § 83 KO Rz 6; OGH 24.6.1970 JBl 1971, 483; OGH 17.10.1978 JBl 1979, 492.

[3] *Bartsch/Pollak*, Konkurs-, Ausgleichs-, Anfechtungsordnung und deren Einführungsverordnungen I³ (1937) 410; *Riel*, Die Befugnisse des Masseverwalters (1995) 40; *Hierzenberger/Riel* in *Konecny/Schubert*, Komm § 83 KO Rz 6 mwN.

die Frage, ob der Vertragspartner des Masseverwalters in diesem gerichtlichen Genehmigungsverfahren Parteistellung (und damit in weiterer Folge auch Rechtsmittellegitimation) hat oder ob das Genehmigungsverfahren über den abgeschlossenen Vertrag ohne Beteiligung des Vertragspartners durchzuführen ist. Die Frage ist deshalb bedeutsam, da der Vertragspartner durchaus ein Interesse daran haben kann, als Partei in diesem Genehmigungsverfahren gehört zu werden. Nur dann steht ihm die Möglichkeit offen, selbst in tatsächlicher und rechtlicher Hinsicht darzutun, dass der mit ihm geschlossene Vertrag zu genehmigen sei, da er für die Masse nicht nachteilig ist, dh günstiger ist (oder zumindest gleich günstig) als ein möglicherweise in Frage kommendes oder unter Umständen vom Masseverwalter bereits ins Auge gefasstes Alternativgeschäft mit einem anderen Vertragspartner oder eine andere Art der Verwertung. Bei diesem Vorbringen des Vertragspartners handelt es sich nicht um Tatsachenvorbringen im Interesse der Konkursmasse, für das der Masseverwalter zuständig ist, sondern der Vertragspartner macht die Tatsachen zur Günstigkeit des abgeschlossenen Vertrages im eigenen Interesse geltend, wenn er vorbringt, dass an dem mit ihm abgeschlossenen Vertrag festzuhalten sei, weil der abgeschlossene Vertrag der Masse nicht nachteilig sei. Mehr noch: Das Vorbringen des Vertragspartners zur Günstigkeit des mit ihm bereits abgeschlossenen Vertrages kann gerade im Interessengegensatz zum Vorbringen des Masseverwalters stehen, wenn dieser den Vertrag nicht mehr präferiert. Da es sich beim Vorbringen des Vertragspartners um die Wahrung von Eigeninteressen handelt, die nur in einer Abwägung hinter die Interessen der Konkursmasse (dh einer möglichst günstigen Verwertung derselben) zurücktreten, kann der Vertragspartner jedenfalls nicht darauf verwiesen werden, dass ohnedies der Masseverwalter im gerichtlichen Genehmigungsverfahren beteiligt sei. Der Masseverwalter hat keinerlei Interessenswahrungs- oder Repräsentationsfunktion für einen Vertragspartner, sondern nur für die Konkursmasse. Daher kann die Parteistellung des Vertragspartners als Wahrnehmung eigener Interessen in eigener Person nicht von vornherein unter Hinweis auf die Verfahrensbeteiligung des Masseverwalters abgelehnt werden.

II. Der Meinungsstand

Die *herrschende Meinung* verweigert dem Vertragspartner allerdings die Parteistellung mit dem Hinweis, dem Freihandkäufer stehe ein Einfluss auf die interne Willensbildung im Konkurs nicht zu[4] und der Freihandkäufer könne daher nicht über eine Verfahrensmitwirkung im Genehmigungsverfahren auf die Wirksamkeit der Willenserklärung des Masseverwalters Einfluss nehmen. Bei der gerichtlichen Genehmigungsentscheidung sei die Gesetzmäßigkeit und die Zweckmäßigkeit der zu genehmigenden Rechtshandlung zu prüfen, mithin nur zu beurteilen, ob sie dem gemeinsamen Interesse der Konkursgläubiger, dh der

---

[4] OGH 18.4.1963 SZ 36/59.

optimalen Verwertung der Masse entspreche. Daher komme – vergleichbar dem pflegschaftsgerichtlichen Verfahren zur Genehmigung eines Vertrages eines Minderjährigen[5] oder im Falle der Verlassenschaft im Abhandlungsverfahren[6] – dem Vertragspartner des Masseverwalters keine Parteistellung zu.[7]

III. Kritik an der herrschenden Meinung im Licht des Art 6 Abs 1 EMRK

Zutreffend an der herrschenden Meinung ist, dass primärer Gegenstand des gerichtlichen Vertragsgenehmigungsverfahrens die Frage der Günstigkeit des abgeschlossenen Vertrages für die Konkursmasse bzw die daraus zu befriedigenden Konkursgläubiger ist. Im Interesse der Konkursmasse bzw der Konkursgläubiger besteht ja überhaupt die gerichtliche Prüfungskompetenz. Zielrichtung des gerichtlichen Genehmigungsverfahrens ist also die möglichst günstige Verwertung der Konkursmasse. Dies ändert aber nichts daran, dass der Vertragspartner des Masseverwalters sehr wohl in seiner *Rechtsstellung* vom Ausgang des Genehmigungsverfahrens insofern betroffen ist, als der von ihm abgeschlossene und durch die gerichtliche Genehmigung *bedingte Vertrag*[8] in seinem gesamten Bestand von der Gerichtsentscheidung direkt abhängt. Mit anderen Worten: Wird der Vertrag genehmigt, ist er im Außenverhältnis als (rückwirkend) wirksam anzusehen, wird hingegen die Genehmigung rechtskräftig verweigert, ist der Vertrag unwirksam.[9] Man kann diese Wirkung auf den Vertragspartner als Tatbestandswirkung ansehen,[10] diese Einordnung als Tatbestandswirkung bedeutet aber noch nicht, dass sich damit schon die Verweigerung des rechtlichen Gehörs des betroffenen Vertragspartners in Form der Parteistellung im Genehmigungsverfahren rechtfertigen lässt. Auch für das Zivilverfahrensrecht wurde nämlich bereits erkannt, dass im Lichte des im Verfassungsrang stehenden Art 6 Abs 1 EMRK derjenige rechtliches Gehör in einem gerichtlichen Verfahren genießt, der von den *Rechtswirkungen* einer Entscheidung betroffen ist, sei es über die materielle Rechtskraft, die Vollstreckbarkeit, die Gestaltungswir-

---

[5] *Birkner*, Parteistellung und rechtliches Gehör im Außerstreitverfahren (1996) 22; OGH 12.3.1946 EvBl 1946/144 = JBl 1946, 165; OGH 16.3.1958 SZ 31/52; OGH 13.4.1994 NZ 1994, 280.

[6] OGH 8.1.1969 EvBl 1969/187.

[7] *Riel* in *Konecny/Schubert*, Komm § 116 KO Rz 27 (allerdings ohne Begründung und nur unter Verweis auf OLG Wien 21.6.1996 ZIK 1997, 104 und *Deixler-Hübner* in *Konecny/Schubert*, Komm § 176 KO Rz 5) und *Hierzenberger/Riel* in *Konecny/Schubert*, Komm § 95 KO Rz 13; OGH 18.10.1967 EvBl 1968/165; OLG Wien 21.6.1996 ZIK 1997, 104.

[8] *Apathy* in *Schwimann* (Hrsg), Praxiskommentar zum ABGB V[2] (1997) § 897 ABGB Rz 10; *Rummel* in *Rummel* (Hrsg), Kommentar zum Allgemeinen bürgerlichen Gesetzbuch I[3] (2000) § 897 ABGB Rz 9.

[9] *Apathy* in *Schwimann*, Praxiskommentar V[2] § 897 ABGB Rz 11; *Rummel* in *Rummel*, ABGB I[3] § 897 ABGB Rz 9.

[10] *Birkner*, Parteistellung 23.

kung oder die Tatbestandswirkung einer gerichtlichen Entscheidung.[11] Bei dieser Sachlage vermag die Argumentation der herrschenden Meinung mit ihrem Abstellen darauf, dass „unmittelbarer" Gegenstand des Genehmigungsverfahrens nur der Schutz der Konkursmasse bzw der Konkursgläubiger sei, nicht mehr zu überzeugen, da Art 6 Abs 1 EMRK allgemeine, *eigene Kriterien* enthält, wem in einer Zivilrechtssache rechtliches Gehör und damit Parteistellung im Verfahren einzuräumen ist. An Art 6 Abs 1 EMRK als *Verfassungsbestimmung* muss sich daher die einfachgesetzliche Lage (hier: die KO) und die Abgrenzung der Verfahrensbeteiligten messen lassen. Anders formuliert: Das von der herrschenden Meinung herangezogene spezielle Unmittelbarkeitskriterium kann nur dann ein taugliches Abgrenzungskriterium sein, wenn es in Einklang mit Art 6 Abs 1 EMRK steht, dh Art 6 Abs 1 EMRK dieses Kriterium anerkennt.

Bei näherer Betrachtung erkennt man freilich, dass das Ergebnis der herrschenden Meinung in *Widerspruch zu Art 6 Abs 1 EMRK* und dem *Gleichheitsgrundsatz* steht. Verweigert man dem Vertragspartner des Masseverwalters die Parteistellung, hat er keinen ausreichenden Rechtsschutz im Sinne des Art 6 Abs 1 EMRK, der ihm aber verfassungsrechtlich garantiert ist, da es *auch* um *seine zivilrechtliche Vertragsposition* geht. Sieht man den Vertragspartner nicht als *Partei des Genehmigungsverfahrens über den von ihm abgeschlossenen Kaufvertrag* an, wird ihm der Zugang zu Gericht und ein „faires Verfahren", welche durch Art 6 Abs 1 EMRK garantiert sind, verweigert. Dass der Vertragspartner einen *Anspruch auf formellen Zugang zu Gericht als Partei* und ein *Recht auf ein „faires Verfahren"* hat, wenn es um die Genehmigung oder Untersagung des mit ihm geschlossenen *zivilrechtlichen Vertrages* geht, ergibt sich vor allem daraus, dass der Europäische Gerichtshof für Menschenrechte (EGMR) in ständiger Praxis[12] und in einem neuen Erkenntnis auch der VfGH[13] den Bereich der „zivilrechtlichen Ansprüche" und „seine Sache" im Sinn des Art 6 EMRK so definiert, dass darunter *alle Verfahren und Entscheidungen* zu verstehen sind, welche für eine *zivilrechtliche Position* des Betroffenen *maßgeblich* sind – wobei eine *mittelbare Betroffenheit* ausreicht, um in den Schutzbereich des Art 6 Abs 1 EMRK zu fallen. Aber auch nach der vom VfGH früher vertretenen Linie, wonach eine Angelegenheit nur dann ein „civil right" im Sinn des Art 6 Abs 1 EMRK darstelle, wenn es *unmittelbar Auswirkungen auf eine*

---

[11] *Musger*, Verfahrensrechtliche Bindungswirkungen und Art 6 MRK – Überlegungen aus Anlaß von OGH 17.1.1990 JBl 1990, 662, JBl 1991, 420/499; *Deixler-Hübner*, Die Nebenintervention im Zivilprozeß (1993) 90 ff; *Rechberger/Oberhammer*, Das Recht auf Mitwirkung im österreichischen Zivilverfahren im Lichte von Art 6 EMRK, ZZP 106 (1993) 347 (359); *Rechberger/Simotta*, Grundriß des österreichischen Zivilprozeßrechts[5] (2000) Rz 723.

[12] EGMR 16.7.1971, *Ringeisen*, GH 13, 39 Z 94; EGMR 28.6.1978, *König*, EuGRZ 1978, 406; EGMR 23.6.1981, *Le Compte*, EuGRZ 1981, 551; EGMR 23.9.1982, *Sporrong & Lönnroth*, EuGRZ 1983, 523; EGMR 26.10.1985, *Benthem*, EuGRZ 1985, 469; EGMR 27.10.1987, *Pudas*, ÖJZ 1988, 54; EGMR 23.4.1987, *Ettl*, ÖJZ 1988, 22; EGMR 28.9.1995, *Procola*, ÖJZ 1996, 193; EGMR 1.7.1997, *Pammel*, ÖJZ 1998, 316.

[13] VfGH 24.2.1999 VfSlg 15.427.

zivile Rechtsposition hat,[14] ist die Entscheidung, die über die *Wirksamkeit eines zivilrechtlichen Vertrages abspricht,* indem der *Vertrag genehmigt oder untersagt wird,* als vom Kernbereich des Art 6 Abs 1 EMRK erfasst anzusehen, was der VfGH auch bereits ausgesprochen hat (vgl FN 17). Die herrschende Meinung geht nämlich völlig zutreffend davon aus, dass ein Fehlen der konkursgerichtlichen Genehmigung zur Folge hat, dass die entsprechende Rechtshandlung des Masseverwalters nicht die beabsichtigte Außenwirksamkeit erlangt. Damit entscheidet die konkursgerichtliche Genehmigung mit *Außenwirkung* über das rechtliche Schicksal des abgeschlossenen Vertrages und damit *über eine zivile Rechtsposition des Vertragspartners* im Sinn des Art 6 Abs 1 EMRK. All jenen Personen, die in den Bereich des Art 6 Abs 1 EMRK fallen, ist allerdings rechtliches Gehör in einem *fairen Verfahren* zu gewähren, das nur in Form der Parteistellung gewährleistet werden kann. Da es bei der Genehmigung eines mit dem Masseverwalter *bereits abgeschlossenen Kaufvertrages* über einen bestimmten Massegegenstand um einen zivilrechtlichen Anspruch im Sinn des Art 6 Abs 1 EMRK geht, stellt es eine Verletzung des Anspruchs auf ein faires Verfahren vor Gericht und des Anspruchs auf rechtliches Gehör im Sinn des Art 6 Abs 1 EMRK dar, wenn die herrschende Meinung annimmt, dem Vertragspartner komme keine Parteistellung und damit weder Antrags- noch Rekurslegitimation zu. Art 6 Abs 1 EMRK gebietet demgegenüber sehr wohl die Einräumung von Parteistellung als Form der Gewährung eines fairen Verfahrens und des rechtlichen Gehörs an all jene Personen, um deren zivilrechtliche Sache es geht. Dieser Befund wird auch durch den *Gesetzgeber* selbst bestätigt: Anlässlich des IRÄG 1994 hat der Gesetzgeber ausgeführt,[15] dass ein Absehen von einer Einvernahme des Vertragspartners des Ausgleichsschuldners vom Standpunkt des rechtlichen Gehörs aus verfassungsrechtlich bedenklich sei, weshalb die Bestimmungen der §§ 20b, 20c AO geändert wurden.[16]

In diesem Zusammenhang ist darauf hinzuweisen, dass der VfGH, der früher allgemein eine engere Auslegung des Art 6 Abs 1 EMRK pflegte und erst jüngst auf die Linie des EGMR eingeschwenkt ist, die *behördliche Genehmigung eines zivilrechtlichen Kaufvertrages* schon lange als *von Art 6 Abs 1 EMRK erfasste Angelegenheit* angesehen hat, für welche die *Verfahrensgarantien des Art 6 Abs 1 EMRK zu erfüllen sind, auch wenn Gegenstand des Genehmigungsverfahrens nicht der Schutz des Vertragspartners, sondern die Wahrung anderer Interessen ist.*[17] Dass der Europäische Gerichtshof für Menschenrechte (EGMR) ausdrücklich die behördliche Genehmigung eines Kaufvertrages seit dem Fall *Ringeisen* ebenfalls ständig als von Art 6 Abs 1 EMRK geschützte Rechtsposition ansieht, wurde oben bereits ausgeführt.[18] Sollte ein betroffener Vertragspartner,

---

[14]   Vgl VfGH 2.7.1993, G 226/92 mwN.

[15]   1384 BlgNR 18. GP 10.

[16]   Vgl *Oberhammer,* Der (Zwangs-)Ausgleich nach dem IRÄG 1994, ecolex 1994, 308 (310).

[17]   VfGH 27.9.1965 VfSlg 5033; VfGH 14.10.1965 VfSlg 5100; VfGH 30.11.1967 VfSlg 5627; VfGH 1.3.1968 VfSlg 5658; VfGH 4.3.1968 VfSlg 5666; VfGH 19.3.1968 VfSlg 5684; VfGH 9.12.1969 VfSlg 6092; VfGH 27.2.1970 VfSlg 6134.

[18]   Vgl insbesondere EGMR 22.10.1984, *Sramek,* EuGRZ 1985, 336.

dem in einem gerichtlichen Genehmigungsverfahren die Parteistellung aberkannt wurde, daher gezwungen sein, nach Erschöpfung des Instanzenzuges ein
Verfahren vor dem EGMR einzuleiten, ist daher zu erwarten, dass der EGMR
die Position des Betroffenen als von Art 6 Abs 1 EMRK geschützt ansieht und
es zu einer Verurteilung Österreichs kommt.

Auch der OGH ist in jüngster Rechtsprechung bereits in diese Richtung der
Einräumung rechtlichen Gehörs an Vertragspartner gegangen. So hat der OGH
in der Entscheidung *3 Ob 28/99k*[19] den verfassungsrechtlichen Vorgaben entsprechend, in einer Einzelexekution die *Parteistellung von Vertragspartnern* in
einem *Verwertungsverfahren* gerade aus *Gründen des Art 6 Abs 1 EMRK* ausdrücklich *anerkannt*. Da das konkursrechtliche Verwertungsverfahren nicht anders behandelt werden kann, ist auch in einem konkursrechtlichen Verwertungsverfahren den in ihrer Rechtsstellung betroffenen Vertragspartnern Parteistellung zu gewähren.

Neben dem Verstoß gegen Art 6 Abs 1 EMRK bringt die herrschende Meinung auch eine *Gleichheitswidrigkeit*, wenn der Masseverwalter volle Parteirechte im Genehmigungsverfahren eines von ihm abgeschlossenen Vertrages
genießt, nicht aber der Vertragspartner: So wie der Masseverwalter gegen die
Genehmigung des abgeschlossenen Vertrages geltend machen kann, dass zB ein
neu aufgetauchtes Alternativangebot günstiger sei, muss der Vertragspartner –
insbesondere in Hinblick darauf, dass es um seinen Vertrag geht, dh um seine
*durch den Vertragsabschluss als Anwartschaftsrecht bereits geschützte Rechts-
position* und damit um „seine Sache" im Sinn des Art 6 EMRK – vorbringen
können, dass zB ein allfälliges Alternativangebot für die Masse bzw die Konkursgläubiger nicht günstiger ist und dass daher der mit ihm abgeschlossene
Vertrag vom Gericht zu genehmigen ist. Es besteht kein sachlicher Grund, nur
dem Masseverwalter eine Äußerungsmöglichkeit zur Ungünstigkeit des zu genehmigenden Vertrages einzuräumen, nicht hingegen dem Vertragspartner eine
solche zur Günstigkeit des Vertrages. Es muss – bei sonstiger Gleichheitswidrigkeit – sowohl für den Masseverwalter als Repräsentant der Masse- bzw Kon-
kursgläubigerinteressen als auch für seinen Vertragspartner die gleiche Möglichkeit bestehen, den jeweiligen Standpunkt in tatsächlicher und rechtlicher
Hinsicht dem Gericht vorzutragen. Die einseitige Parteistellung und Rechtsmittelbefugnis des Masseverwalters steht daher in Widerspruch sowohl zum Anspruch des Vertragspartners auf ein *„faires Verfahren" vor Gericht nach Art 6
Abs 1 EMRK* als auch dem *Gleichheitsgrundsatz* („Waffengleichheit").

IV. Ergebnis

Die Aberkennung der Parteistellung durch die herrschende Meinung widerspricht demnach dem allgemeinen verfahrensrechtlichen Grundsatz, dass in
einem Verfahren all jene Personen Parteistellung genießen, die in ihrer „Rechtsstellung" von der Entscheidung des Verfahrens betroffen sind. Es trifft entgegen

---

[19] OGH 28.6.1999 JBl 2000, 43 = MietSlg 51.779 = RdW 1999, 724.

der herrschenden Meinung nicht zu, dass der Vertragspartner des Masseverwalters nicht in seiner Rechtsstellung betroffen werde, dh keine rechtlichen Interessen in jenem Verfahren aufweise, in dem es um die Genehmigung oder Untersagung des von ihm bereits mit dem Masseverwalter abgeschlossenen Kaufvertrages geht. Zweifellos hat der Vertragspartner als Freihandkäufer wirtschaftliche Interessen an der Wirksamkeit des von ihm geschlossenen Vertrages, doch gehen seine Interessen infolge des zwischen ihm und dem Masseverwalter bereits abgeschlossenen Vertrages weit darüber hinaus, da ja die *Rechtswirksamkeit* des abgeschlossenen Vertrages von der den Vertrag genehmigenden oder untersagenden Entscheidung des Konkursgerichts unmittelbar abhängt. Wirtschaftliche Interessen schließen ein rechtliches Interesse daher keinesfalls aus, nur im Fall *bloß* wirtschaftlicher Interessen ohne eigene rechtliche Betroffenheit hat der ausschließlich ökonomisch Betroffene keinen Anspruch auf Gehör.[20] Die Entscheidung des Konkursgerichts bringt für den Vertragspartner des Masseverwalters aber nicht weniger als die Entscheidung über die *Rechtswirksamkeit seines Vertrages*: Wird der Vertrag genehmigt, ist der Vertrag *rechtswirksam*, wird der Vertrag untersagt, *verliert der Vertragspartner (rechtlich, nicht bloß wirtschaftlich) dieses Vertragsverhältnis.* Die Frage, ob ein Rechtsverhältnis wirksam ist oder nicht, kann daher nicht als ein bloß wirtschaftliches Interesse angesehen werden – im Gegenteil: eine *stärkere unmittelbare rechtliche Betroffenheit* als das Bestehen oder die Ungültigerklärung eines abgeschlossenen Vertrages ist für einen Vertragspartner kaum vorstellbar. Unzutreffend ist es daher, wenn bisweilen,[21] davon gesprochen wird, dass der Vertragspartner „lediglich wirtschaftlich betroffen" sei. Vielmehr ist davon auszugehen, dass der Vertragspartner des Masseverwalters durch die Entscheidung im Genehmigungsverfahren durchaus in seiner Rechtsstellung und nicht bloß in wirtschaftlichen Interessen berührt wird, weshalb ihm die Parteistellung im Genehmigungsverfahren nicht aberkannt werden kann.

Die herrschende Meinung steht im Übrigen mit sich selbst in Widerspruch: Auf der einen Seite spricht die herrschende Meinung davon, dass die Genehmigung nicht den Kaufvertrag an sich, sondern nur die Entscheidung (des Masseverwalters) über die freiwillige Veräußerung einer (zur Masse gehörigen) Liegenschaft betrifft und dass die Genehmigung somit ausschließlich (geplante oder bereits verwirklichte) Rechtshandlungen des Masseverwalters zum Gegenstand habe.[22] Gleichzeitig geht sie aber davon aus, dass ein Fehlen der konkursgerichtlichen Genehmigung zur Folge hat, dass die entsprechende Rechtshandlung des Masseverwalters nicht die beabsichtigte Außenwirksamkeit erlangt.[23] Diese beiden Aussagen sind für den Fall, dass ein Kaufvertrag bereits abgeschlossen wurde, *rechtlich unvereinbar*: Sobald eine Entscheidung die „*Außenwirksamkeit*" einer Rechtshandlung des Masseverwalters *verhindert*, betrifft sie

---

[20] Vgl *Deixler-Hübner*, Nebenintervention 85 ff.

[21] *Hierzenberger/Riel* in *Konecny/Schubert*, Komm § 95 KO Rz 13; *Deixler-Hübner* in *Konecny/Schubert*, Komm § 176 KO Rz 5.

[22] OGH 18.4.1963 SZ 36/59.

[23] *Hierzenberger/Riel* in *Konecny/Schubert*, Komm § 83 KO Rz 6; OGH 24.6.1970 JBl 1971, 483; OGH 17.10.1978 JBl 1979, 492.

unmittelbar die Rechtssphäre des Dritten, weil dieser das betreffende Rechtsge-
schäft mit dem Masseverwalter bereits abgeschlossen hat und die bereits erlangte zivilrechtliche Rechtsposition durch die gerichtliche Versagung der Genehmigung zerstört wird. Es kann daher keine Rede davon sein, dass nicht der
Vertrag, sondern nur die Entscheidung über die Veräußerung der Liegenschaft
von der gerichtlichen Entscheidung betroffen sei. Liegt bereits ein von der Genehmigung abhängiger, *bedingter Vertrag* vor, so verhindert die negative Entscheidung über die Genehmigung des Vertrages das volle Wirksamwerden dieses Vertrages und die gerichtliche Entscheidung betrifft daher durchaus den
Kaufvertrag des Vertragspartners als zivile Rechtsposition. Dies insbesondere in
Hinblick darauf, dass die Genehmigungsentscheidung des Konkursgerichts mit
Rückwirkung über den Vertrag abspricht: Wird er genehmigt, ist er als ursprünglich wirksam anzusehen, wird die Genehmigung verweigert, ist er ursprünglich unwirksam. Gerade auf das Kriterium der *rückwirkenden Kraft* eines
konkursgerichtlichen Beschlusses hat der OGH in der Entscheidung 8 Ob
219/00i[24] abgestellt und einem Dritten (dem Vermieter des Gemeinschuldners)
Parteistellung und Rechtsmittellegitimation eingeräumt, wenn dem Schuldner
mit Beschluss Bestandrechte rückwirkend überlassen werden. Der OGH leitete
die Parteistellung und Rechtsmittelbefugnis des Dritten in diesem Fall daraus
ab, dass mit dem Freigabebeschluss „die rückwirkende Beseitigung bereits ent-
standener Masseforderungen" angeordnet werde, weshalb eine Beschwer des
dadurch in seinen Rechten beeinträchtigten Dritten nicht verneint werden könne.
Der Vertragspartner des Masseverwalters hat durch Abschluss des Vertrages ein
Anwartschaftsrecht[25] erworben. Er hat damit durch den durch die gerichtliche
Genehmigung bedingten[26] Freihandverkauf bereits eine rechtlich geschützte
Stellung erlangt – insbesondere in Hinblick auf Art 6 Abs 1 EMRK –, welche
durch den konkursgerichtlichen Beschluss unmittelbar verändert wird, da der
Beschluss im Fall der Genehmigung dem Vertrag rückwirkend Vollwirksamkeit
verleiht oder im Fall der Untersagung die ex-tunc-Nichtigkeit des Vertrages bedeutet.[27] Entgegen herrschender Meinung ist in Hinblick auf die zivilrechtliche
Betroffenheit des Freihandkäufers dessen Parteistellung und Rekurslegitimation
im konkursgerichtlichen Genehmigungsverfahren über den von ihm abgeschlossenen Vertrag daher gegeben.

---

[24] OGH 29.3.2001 ZIK 2001, 126.

[25] Vgl nur *Apathy* in *Schwimann*, Praxiskommentar V² § 897 ABGB Rz 14; *Rummel* in
Rummel, ABGB I³ § 897 ABGB Rz 4 ff mwN.

[26] *Apathy* in *Schwimann*, Praxiskommentar V² § 897 ABGB Rz 10; *Rummel* in *Rummel*,
ABGB I³ § 897 ABGB Rz 9.

[27] *Apathy* in *Schwimann*, Praxiskommentar V² § 897 ABGB Rz 11; *Rummel* in *Rummel*,
ABGB I³ § 897 ABGB Rz 9.

Franz von Zeiller und seine Vorstellungen über eine Zivilprozessordnung

Gernot Kocher

I. Einleitung

Jahrzehntelange fruchtbare Zusammenarbeit mit *Wolfgang Jelinek* in diversen Kommissionen der Grazer Juristenfakultät haben immer wieder Anlass für Gespräche gegeben, in denen sich gezeigt hat, dass er als Vertreter des geltenden Rechtes eine sehr stark ausgeprägte rechtshistorische Ader hat. Deshalb sei ihm zu seinem runden Geburtstag dieser Beitrag über die Prinzipien gewidmet, die nach *Zeillers* Vorstellungen die Eckpfeiler einer so genannten „Civil-Gerichtsordnung"[1] bilden sollten.[2]

II. *Zeiller* und das Zivilprozessrecht

Franz von Zeiller wird in der Geschichte der Rechtswissenschaft eigentlich immer sehr einseitig betrachtet, nämlich von der Seite seiner zivilrechtlichen Leistungen. Als 1978 ein Symposium über *Zeiller* in Wien veranstaltet wurde, gab es nur einen Beitrag, der sich der strafrechtlichen Seite *Zeillers* im Zusammenhang mit dem polnischen Strafgesetzbuch widmete, alle anderen Beiträge setzten sich mit ihm als Zivilisten und Naturrechtler auseinander.[3] Ähnlich war die Situation bei der Tagung aus Anlass seines 150. Geburtstages, veranstaltet

---

[1] Eine einheitliche Bezeichnung hat sich noch nicht durchgesetzt, *Zeiller* verwendet wechselweise Bürgerliche Gerichtsordnung wie auch Civilgerichtsordnung, die Bezeichnung Allgemeine Gerichtsordnung war ihm offensichtlich zu wenig aussagekräftig. Historisch findet sich die Bezeichnung Gerichtsordnung bereits seit dem 16./17. Jahrhundert für das Verfahren in privatrechtlichen Angelegenheiten, während die Landgerichtsordnungen sowohl Straf- als auch Strafprozessrecht erfassen.

[2] Niedergelegt sind diese Prinzipien in *Zeiller,* Vorbereitung zur neuesten Oesterreichischen Gesetzkunde im Straf- und Civil-Justiz-Fache in vier jährlichen Beyträgen von 1806 – 1809 III[2] (1811) 133 bis 147.

[3] *Selb/Hofmeister*, Forschungsband Franz von Zeiller (1751 – 1828). Beiträge zur Gesetzgebungs- und Wissenschaftsgeschichte (1980): Von 16 Beiträgen widmete sich einer dem Strafrecht, einer der Tätigkeit von *Zeiller* als Richter bei der Obersten Justizstelle, zwei berührten das Umfeld von *Zeiller*, alle anderen beschäftigten sich mit dem Privatrecht.

von der Grazer Juristenfakultät und der Steiermärkischen Landesbibliothek im November 2001.[4] Zugegeben, seine Leistung war im Bereich des Zivilrechtes alleine durch das bis heute zu einem großen Teil noch in Geltung stehende ABGB 1811 im Vordergrund, aber genauso gut hätte man *Zeiller* auch wegen des Strafgesetzbuches 1803 mehr Aufmerksamkeit widmen können, denn die Veränderungen nach 1848 waren nicht so gravierend, so dass man von einer Geltung bis zum StGB 1974 ruhig sprechen kann. Die Außerachtlassung *Zeillers* als Zivilprozessualisten ist anderseits auch irgendwie verständlich, hatte er doch keinen Anteil an einem einschlägigen Gesetzbuch, er selbst stellt fest, dass er seine Grundprinzipien erst einmal an einem Gesetz ausprobieren müsste, um ihre Wirksamkeit einschätzen zu können.[5] Das heißt aber nicht, dass seine Überlegungen nicht eine gewisse Aufmerksamkeit wert wären, vor allem wenn man sie in Beziehung zu der Zeit betrachtet, in der sie geschrieben wurden.[6] Es ist noch immer eine Zeit des Umbruches, des Neubaues einer Rechtsordnung und des Bruches mit überkommenen Traditionen. Wie weit *Zeiller* bei der Verfassung seiner Betrachtungen das damals geltende Zivilprozessrecht nach der Allgemeinen Gerichtsordnung von 1781 vor Augen gehabt hat, wird noch zu sehen sein. Jedenfalls war er sehr gut informiert über die Geschichte des Zivilprozessrechtes in den österreichischen Ländern:[7] Er liefert einen kurzen Abriss, der von einem naturrechtlich orientierten Bewusstsein des Wertes eines dem Lande speziell angepassten Rechtes getragen wird, wenn er davon spricht, es sei das *„fremde Joch"*[8] (des kanonischen und römisches Rechtes) im Verfahren zugunsten einer adäquaten heimischen Gesamtlösung (nämlich der Allgemeinen Gerichtordnung) abgeworfen worden. Bei seiner entwicklungsgeschichtlichen Betrachtung wird *Zeiller* im 18. Jahrhundert wesentlich ausführlicher, was nicht verwundert, da er in seinem Studium ja noch den Zustand vor 1781 vorgesetzt bekam.[9] Als Kern zivilprozessualer Operationsbasis vor 1781 erweisen sich die Observationes Practicae von *Johann Baptist Suttinger* (Nürnberg 1713), mit denen sich *Zeiller* ziemlich genau auseinersetzt, ja er präsentiert in seiner Abhandlung sogar eine systematische Neuzusammenstellung („natürliche Ordnung") der unsystematisch angeordneten prozessualen Abschnitte in *Suttingers* Werk.[10] Dazu listete er alle die Observationes ergänzenden Vorschriften auf. Von Interesse sind hier auch seine kritischen Bemerkungen zur Entstehung der Allgemeinen Gerichtsordnung,[11] wenn er davon spricht, dass sich *„Mißgunst und Tadel-*

---

[4] Ein Vortrag zum ABGB, einer behandelte die Biographie, einer das Studienrecht und einer das Strafrecht. Die Vorträge werden in nächster Zeit im Druck erscheinen.

[5] Vgl das Zitat unten im Punkt IV.

[6] Zwischen 1806 und 1809, also noch nicht im so genannten Vormärz.

[7] *Zeiller,* Vorbereitung IV[2], 1 bis 11.

[8] *Zeiller,* Vorbereitung IV[2], 2.

[9] Zum Lebenslauf von *Zeiller* vgl *Oberkofler*, Franz Anton Felix von Zeiller. 1751 – 1828, in *Brauneder* (Hrsg), Juristen in Österreich 1200 – 1980 (1987) 97 ff.

[10] *Zeiller,* Vorbereitung IV[2], 4 f.

[11] Zur Entstehungsgeschichte der Allgemeinen Gerichtsordnung vgl die umfassende Darstellung von *Loschelder*, Die Österreichische Allgemeine Gerichtsordnung von 1781. Grundlagen und Kodifikationsgeschichte (Schriften zur Rechtsgeschichte 18) (1978).

sucht"[12] vereinigten und offen anprangert, dass man sogar Gutachten toskanischer Rechtsgelehrter[13] dazu einholte – er dürfte die Geschehnisse wohl schon direkt mitbekommen haben, nachdem er damals schon für *Martini* suppliert und damit zu höchsten Juristenkreisen Zutritt hatte.[14] Die Allgemeine Gerichtsordnung selbst beurteilt *Zeiller* trotzdem eher zurückhaltend, er meint, sie entbehre keine „wesentlichen, inneren Eigenschaften eines zweckmäßigen rechtlichen Verfahrens"; als äußere Vorzüge lobt er die Kürze (*„11 1/4 Octav-Bogen"*), die natürliche Ordnung, Bestimmtheit, Deutlichkeit und Präzision. Die Zurückhaltung *Zeillers* ist erklärlich, ergingen doch von 1781 bis 1789 138 Nachtragsverordnungen,[15] also im Schnitt mehr als eine Erläuterung oder Ergänzung pro Monat; ungefähr nocheinmal so viele Nachtragsverordnungen berühren unter anderem die Allgemeine Gerichtsordnung. *Zeiller* stellt fest, dass im Endeffekt die Ergänzungen und Nachträge vom Volumen her mehr ausmachten,[16] als das gesamte Gesetz. Die von Leopold II. eingeleitete Reform bestand nur in einer Einarbeitung der bisherigen Ergänzungen, eine völlige Neubearbeitung wurde bis nach Fertigstellung des Allgemeinen bürgerlichen Gesetzbuches aufgeschoben. *Zeiller* verhält sich auch sehr kritisch gegenüber der Anfragenwelle, die in Folge der Einführung der Allgemeinen Gerichtsordnung nach 1781 anlief, viele Anfragen seien ohne hinlänglichen Grund gestellt worden und auch die unbedingte Notwendigkeit vieler Beantwortungen im Stil allgemeiner Regelungen sah er nicht ein.[17] Dazu ist allerdings anzumerken, dass *Zeiller* zwei gewichtige Fakten übersah: Einmal die mangelnde Qualifikation der Richter auf der untersten Ebene, die sich in den Akten der Obersten Justizstelle deutlich zeigt[18] und auf der anderen Seite der im § 437 der Allgemeinen Gerichtsordnung 1781 vorgesehene Zwang zur Anfrage bei Hofe bei Unklarheiten als Konsequenz der dem Richter auferlegten strengen Bindung an den Wortlaut[19] (was sicherlich wie-

---

[12] *Zeiller*, Vorbereitung IV², 8.

[13] *Zeiller*, Vorbereitung IV², 9.

[14] Vgl oben FN 9.

[15] *Hempel-Kürsinger* (Hrsg), Alphabetisch-chronlogische Übersicht der k.k. Gesetze und Verordnungen vom Jahre 1740 bis zum Jahre 1821, als Haupt-Repertorium ..., 10 Bände (1825 bis 1827) Stichwort: Gerichtsordnung.

[16] *Zeiller*, Vorbereitung IV², 10.

[17] *Zeiller*, Vorbereitung IV², 10.

[18] Vgl ausführlicher über das Thema Bindung oder Freiheit für den Richter *Kocher*, Höchstgerichtsbarkeit und Privatrechtskodifikation. Die oberste Justizstelle und das allgemeine Privatrecht in Österreich von 1749 – 1811 (1979) 114 ff.

[19] § 437: „Die Richter sollen verfahren und sprechen nach dem wahren und allgemeinen Verstande der Worte dieses Gesetzes, und unter keinem erdenklichen Vorwande des Unterschiedes zwischen den Worten und dem Sinn des Gesetzes, einer von der Schärfe der Rechte unterschiedenen Billigkeit, oder eines widrigen Gebrauchs u. d. g. von der klaren Vorschrift dieser Gerichtsordnung abweichen, nur dann, wenn ein Fall ihm vorkäme, der zwar in dieser Gerichtsordnung nicht entschieden wäre, aber mit einem andern in selber entschiedenen Falle eine vollkommene Aehnlichkeit hätte, ist dem Richter gestattet, den nicht ausgedrückten Fall nach iener Vorschrift zu entscheiden, die für den ausgedrückten Fall bestimmt ist; sollte aber über den Verstand des Gesetzes ein gegründeter Zweifel vorfallen: so wird solcher nach Hofe anzuzeigen, und die Entschliessung darüber einzuholen sein; ..."

derum aus der besonderen Angst vor unqualifizierten Richtern, allgemein aber auch aus dem Misstrauen gegenüber dem Juristenstand, speziell gegenüber den Anwälten,[20] zu erklären ist).

Summiert man *Zeillers* Äußerungen zur Lage im zivilprozessualen Bereich, so nimmt es nicht Wunder, dass er sich veranlasst gefühlt hat, auch hiezu etwas zu sagen; der Hintergedanke, vielleicht selbst mit einer Neufassung betraut zu werden, ist ja aus seinen Äußerungen herauszulesen.

Zuerst bestimmt *Zeiller*[21] einmal die übergeordnete Ausgangsbasis seiner Überlegungen, indem er als Staatsaufgabe sowohl die öffentliche Sicherheit als auch die „Privat-Sicherheit" erkennt. Der öffentlichen Sicherheit dient die Strafgesetzgebung, der privaten Sicherheit die *„Verwaltung"* der *„Civil-Justiz"*.[22] Der *„Staatsverein"*[23] hat nun die Aufgabe auf dem Weg über eine bürgerliche Gerichtsordnung diese Sicherheit zu verwirklichen: Einmal indem ohne Unterschied des Ranges und der Macht die *„Rechts-Sphäre"* des Einzelnen gesichert werden soll – durch das Einhalten der rechtlichen Grenzen sowohl im Hinblick auf den beanspruchten Gegenstand als auch die verwendeten Mittel – durch den Einsatz eines rechtserfahrenen, unparteiischen Richters – schließlich soll die

---

[20] *Zeiller* gibt selbst einen Anhaltspunkt über seine grundsätzlich kritische Haltung gegenüber Anwälten, aber auch Richtern in Vorbereitungen III², 149: Im Zusammenhang mit der Erörterung eines komplizierten Zivilrechtsfalles findet sich folgende Fußnote: „Es gereicht dem Rechtsfreunde zur Ehre, daß er Umstände, die seiner Partey bekannt waren, aber im Widersprechungsfalle wahrscheinlich eine weitläufige und kostspielige Beweisführung verursacht haben würden, offenherzig eingestand. Ein Advocat, der alle von seinem Gegner vorgegebenen, auch unentscheidenden, einleuchtenden, oder doch seiner Partey bekannten Umstände widerspricht, bewährt seinen Unverstand, worauf es in der Sache ankomme, oder seinen Hang zur Chicane, oder seine unredliche Gewinnsucht. Allein ein Richter, der sich dadurch irre führen ließe, den Lohn des Advocaten nach der Bogenzahl zu bestimmen, gliche einem Recensenten, der den Werth eines Buches nach dem Umfange und nicht nach dem inneren Gehalt bestimmte. Unnützes Widersprechen, unnöthige Beweise, Wiederholungen und Weitläufigkeiten aller Art verdienen keine Belohnung, sondern Bestrafung, der unedlen Absicht und des verursachten Verlustes der Zeit wegen, die der Richter auf die Durchlesung verwenden muß. Ich sage, auf die Durchlesung: denn, dass ein denkender Referent ein solches Gewäsch in Auszug bringen, und damit auch die Rathsversammlung ermüden werde, sollte man wohl nicht erwarten."

[21] Über die Quelle der folgenden Ausführungen vgl oben FN 2. Die kursiv ausgezeichneten Passagen sind wörtliche Zitate aus *Zeillers* Text.

[22] Mit dem Wort „Verwaltung, verwalten" im Zusammenhang mit der Ausübung der Justiz bewegt sich *Zeiller* noch immer in der Terminologie des 18. Jahrhunderts: So spricht etwa Maria Theresia in ihrem Handschreiben über die Einrichtung der Obersten Justizstelle 1749 von der „Administrierung der Justiz" (*Maasburg*, Geschichte der obersten Justizstelle in Wien (1749-1848)² [1891] Anhang 1). Das hängt wohl damit zusammen, dass man die Differenzierung staatlicher Aufgaben (Gewaltenteilung wird hier bewusst im Zusammenhang mit Österreich nicht verwendet) im Sinne von Justiz und Verwaltung zwar faktisch, aber noch nicht von der Terminologie her mehr oder weniger bewältigt hatte.

[23] Mit „Staatsverein" meint *Zeiller* hier jenen Zustand, bei dem sich die Bürger zu einer Gemeinschaft zusammengeschlossen haben und sich daher in einem rechtlichen Rahmen zu bewegen haben, der Selbsthilfe ausschließt.

„Zutheilung" nach einer für alle gleich geltenden Norm, *„bürgerliche Gerichts-ordnung"* genannt, erfolgen, wobei zwischen den Verfahren in Streitsachen und außer Streitsachen unterschieden werden muss.

Dann äußert sich *Zeiller* über die allgemeine Linie, nach welcher eine solche bürgerliche Gerichtsordnung entstehen soll: *„Die Vorschrift, welche ein weiser und gerechter Gesetzgeber über das Rechtsverfahren ertheilt, kann eben so we-nig, als irgend ein anderes Gesetz, die Geburt einer regellosen Willkühr und Laune seyn; sie muß auf vernünftigen Gründen, auf Grundsätzen beruhen, die aus dem Zwecke und der Natur des Verfahrens und der Verfassung des Staats, für welchen sie gegeben wir, abgezogen sind."*[24]

III. Die wesentlichen Elemente einer bürgerlichen Gerichtsordnung

Zeillers allgemeine Ausgangsüberlegung über Prozesse ist, dass sie notwen-dige Übel sind, weil sie Bürger oder Familienmitglieder entzweien, den sicheren *„Genuß eines Rechtes"* hindern und den Parteien wie dem Staat Kosten verursa-chen. Deshalb ist es die Aufgabe des Gesetzgebers, Prozesse nach Möglichkeit zu vermeiden und als geeignete Vorbeugungsmaßnahmen sieht er an:

„a) eine vollständige, deutliche und bestimmte Civil-Gesetzgebung;

b) Vergleichsgerichte,[25] *welche die Parteyen noch vor Einleitung eines förm-lichen Processes zu vereinigen und auszugleichen bemüht sind; zugleich aber auch eine gute Proceßordnung, die den muthwillig Streitenden die Hoffnung be-nimmt, zu ihrem Vortheile und auf Kosten des Gegners den Ausgang des ange-sponnenen Rechtsstreites zu verzögern."*[26]

Welche Merkmale kennzeichnen nun eine gute *„bürgerliche Gerichtsordnung"*:
1. Gerechtigkeit des Verfahrens;
2. Öffentlichkeit des Verfahrens;
3. Schnelligkeit des Verfahrens;
4. Kostengünstigkeit des Verfahrens;
5. Die gute Besetzung der *„Gerichtsstühle"* sowie deren Unterordnung unter zu-sammengesetzte Gerichtshöfe.

Zur *Gerechtigkeit des Verfahrens* führt er aus,[27] die Partei solle das Recht be-kommen, das ihr gebührt und das sie vom Richter verlangt hat – die rechtliche

---

[24] *Zeiller*, Vorbereitung III², 135.

[25] Hier wurde *Zeiller* offensichtlich vom Ausland inspiriert, er berichtet in Vorbereitun-gen IV², 12 ff sehr ausführlich über solche Vergleichseinrichtungen, wobei er auch die historische Komponente nicht außer Betrachtung lässt, er beginnt bei den Römern. Zu-gleich ist das auch ein Beleg dafür, wie sehr man auf die Entwicklung außerhalb Österreichs achtete, wenngleich hier vielfach persönliche Beziehungen Informati-onsträger waren.

[26] *Zeiller*, Vorbereitung III², 136.

[27] *Zeiller*, Vorbereitung III², 136 f.

„*Gegründetheit*" ist nach den einschlägigen Gesetzen und den bewiesenen Tatsachen zu beurteilen. Der Richter darf aber nicht mehr zuerkennen, als verlangt wurde, auch wenn der Rechtsanspruch weiter gehend wäre. Dies wäre ein Eingriff in die Rechtssphäre der Mitbürger, ein Eingriff in die Freiheit des Einzelnen, denn auf ein Privatrecht könne man beliebig verzichten und der Richter werde ja nur auf Ersuchen der Partei tätig. Der „*Civil-Richter*" ist ja kein „*ämtlicher Beschützer*" der öffentlichen Sicherheit, wie der Strafrichter. „*Der gemeine Spruch: wo kein Kläger ist, ist auch kein Richter, muß daher nicht bloß auf die Einleitung, sondern auf den ganzen Gang des Civil-Verfahrens bezogen werden.*"[28]

Der zweite Punkt, die *Öffentlichkeit des Verfahrens*,[29] dient zur möglichen Verteidigung der Rechte, kein Gesuch, keine Vorstellung einer Partei, keine richterliche Verfügung, die Rechte anderer gefährden könnten, dürfen unbekannt bleiben. „*Auch der rechtschaffenste Mann kann, ohne die Gründe seines Gegners zu kennen, den grundlosesten Anspruch für gegründet halten, und ein gewandter Rabulist kann durch den blendenden Schein einseitiger Angaben dem Richter ein Urtheil abnöthigen; das jede Widerlegung und jede Ueberzeugung von dem Gegentheile auszuschließen scheint, und im Grunde doch widerrechtlich ist.*"[30] Den Grundsatz der möglichen Verteidigung der Rechte durch Öffentlichkeit erstreckt *Zeiller* über das streitige Verfahren hinaus auch auf das nichtstreitige Verfahren, als ein Beispiel unter anderen führt er die Einsicht in die öffentlichen Bücher an.

„Eine zwar nicht wesentliche, aber mit dem Zwecke sehr eng verbundene Bestimmung des rechtlichen Verfahrens macht die *Schnelligkeit* aus."[31] Die Parteien verlangen zu Recht, dass ihnen der „*Genuß*" einer Sache unverzüglich verschafft wird, denn so meint *Zeiller*, beispielsweise die Zinsen könnten doch kein Ersatz für den Gegenstand selbst sein. Hat man den Gegenstand schon und ist rechtlich darüber noch nicht entschieden, so könne dies unter Umständen auch der Kreditwürdigkeit schaden. *Zeiller* sieht in der Schnelligkeit auch ein Mittel, die Prozessfreudigkeit zu bekämpfen, weil damit die Hoffnung zunichte gemacht wird, dem Gegner die Sache möglichst lange vorzuenthalten. Grundsätzlich sollte sich die Schnelligkeit an der Gefahr im Verzug orientieren, trotzdem dürfe aber die Schnelligkeit der Gerechtigkeit nicht Abbruch tun. Auch die strenge Wahrung von Fristen im Verfahren stünde in Relation zur Schnelligkeit.

„Das rechtliche Verfahren soll auch nicht *kostspielig* seyn".[32] *Zeiller* stellt hier klar, dass staatliche Leistung, wenn sie in Anspruch genommen wird, auch etwas kostet, also können Prozesse nicht unentgeltlich sein. Auch dient die Kostenpflichtigkeit der Hintanhaltung von mutwilligen Rechtsstreitigkeiten. *Zeiller* betont aber auch, dass die Gebühren nur kostendeckend sein sollen, sie dürfen nicht zur Finanzquelle des Staates werden. Als Nachteil empfindet er nicht nur

---

[28] *Zeiller*, Vorbereitung III², 137.
[29] *Zeiller*, Vorbereitung III², 137 f.
[30] *Zeiller*, Vorbereitung III², 138.
[31] *Zeiller*, Vorbereitung III², 138 (Zitat), Ausführungen zur Schnelligkeit 138 f.
[32] *Zeiller*, Vorbereitung III², 139 (Zitat), Ausführungen zur Kostspieligkeit 139 f.

die Tatsachen, dass nicht immer dem wahren Schuldigen alleine die Kosten auferlegt werden können und dass die Gerichtskosten oftmals den Wert des Streitgegenstandes überschreiten, sondern auch, dass Bürger durch die Gerichtskosten von der Rechtsdurchsetzung abgehalten werden, was wiederum den Übermut der Reichen stärkt. Hier müsse die Möglichkeit zum Tragen kommen, bei den Gerichtstaxen, den Anwaltsforderungen, bei der Sicherstellung und beim Ersatz der Gerichtskosten von einem Mäßigungsrecht Gebrauch machen zu können.

Was die *Besetzung der Gerichte und die Kontrolle durch Gerichtshöfe* betrifft,[33] liefert *Zeiller* eine sehr markante Aussage über die Bedeutung des Richterstandes: *„Die Bestellung erfahrner und unparteyischer Richter ist für die Rechtspflege von solcher Wichtigkeit, daß dadurch der Mangel eines bürgerlichen Gesetzbuches und einer bürgerlichen Gerichtsordnung beynahe ganz ersetzt, ohne dieselbe aber auch bey den besten Vorschriften über das Recht und das Rechtsverfahren die Gerechtigkeit nicht verwaltet werden kann. ... Ein unverständiger Richter weiß sich in den Sinn und die Anordnung der besten Gesetze nicht zu finden: der parteyische versteht die Kunst, sie nach seinem Ziele zu drehen."*[34]

Als notwendige Voraussetzungen für eine leistungsfähige Gerichtsbesetzung sieht er folgende Kriterien an:

„a) Vorschriften über das Alter, den untadelhaften, sittlichen Charakter, die erlernte Theorie und erworbene Praxis, strenge mündliche Prüfung, Probeschriften und Concurse derjenigen, welche sich um ein Richteramt bewerben;

b) Selbstständigkeit des Richters, oder Unabhängigkeit in seinen einzelnen Entscheidungen von jedem höheren Einflusse, wodurch der Richter in den Stand gesetzt wird, nach seiner Überzeugung, nach seinem Gewissen zu urtheilen."[35]

Gerade Punkt b) hat es *Zeiller* besonders angetan, er wendet sich dagegen, dass ein Richter zum Werkzeug regelloser herrscherlicher Willkür als Verkünder von Machtsprüchen wird. Genauso fürchtet er Eingriffe der oberen Gerichte, die schon vor der richterlichen Entscheidung die Sache an sich ziehen. Natürlich lehnt er auch die Absetzung eines Richters, der sich gegen Eingriffe wehrt, strikt ab.[36]

c) Unabhängigkeit des Richters vom Parteieneinfluss, sei es durch Macht beziehungsweise Ansehen oder Bestechung.

Hier sieht er die einschlägigen Strafbestimmungen als zweifelhaftes Gegenmittel an, weil sich nicht immer so einfach klären lässt, ob ein widerrechtliches Urteil aus böser Absicht, Eigennutz, Unwissenheit, Übereilung oder aus paradoxen Prinzipien resultiert. Auch gibt es Formen der Bestechung, über die sich der Richter selbst kaum Rechenschaft geben kann, wie persönliche Verbindungen, Vorurteile standesbezogener Natur, einseitige Empfehlungen. *Zeiller* sieht

---

[33] *Zeiller,* Vorbereitung III², 140 ff.

[34] *Zeiller,* Vorbereitung III², 141.

[35] *Zeiller,* Vorbereitung III², 141.

[36] Hier knüpft *Zeiller* sicher nicht an österreichische Zustände an, eher dürften ihm preußische Probleme (Müller Arnold-Prozess) vor Augen gewesen sein. Eingriffe der oben geschilderten Art gab es von Maria Theresia bis Franz I., das ist etwa der Zeitraum, den *Zeiller* im Visier hat, praktisch nicht.

hier als ein gutes Mittel der Bekämpfung die *„Publicität des Verfahrens"*: Die Pflicht, das Gesuch der einen Seite der anderen mitzuteilen und auch die eigenen Gründe darzulegen, müsste eigentlich den Richter, *„wenn er nicht alles Schamgefühl erstickt hat"*, von einer widerrechtlichen Entscheidung abhalten. Darüber hinaus wertet er auch die Schutzfunktion der *„collegialischen Berathschlagungen"* als sehr hoch.

Trotz all dieser Maßnahmen lässt sich, so meint *Zeiller*, nicht ausschließen, dass sich ein Richter *„mit frecher Stirne"* über alles hinwegsetzt oder dass eine kleine, sich selbst *„überlassene Versammlung"* von der Gerechtigkeit abweicht. Hier sieht er als Gegenmittel die *„Unterordnung der Gerichte"*, also die Möglichkeit der Partei, einen höheren Richter anzurufen, wo eben dann das kollegiale Konzept wiederum Sicherheit geben soll.

Der letzte und wohl heikelste Punkt, den *Zeiller* hier anschneidet, ist die Frage des Landesfürsten als oberstem Inhaber der Gerichtsgewalt. Er kommt hier auf die Lösung, die Maria Theresia schon in ihren ersten Regierungsjahren erkannt hatte, nämlich, dass die vielen Regierungsgeschäfte ein zeitliches, die mangelnde Ausbildung beziehungsweise Praxis ein sachliches Hindernis für die persönliche Ausübung der Gerichtsbarkeit sind. Es bleibt also nichts übrig, als die Gerichtsbarkeit im Namen des Herrschers durch gerichtsordnungsmäßig bestimmte Gerichte *„verwalten"* zu lassen. Die Pflicht des Herrschers, über die ordentliche *„Verwaltung der Gerechtigkeit"* mit *„väterlicher Sorgfalt"* zu wachen, besteht natürlich weiter.[37] *Zeiller* sieht auch kein Hindernis für Bürger, sich beim Herrscher über Rechtsweigerung, Verzögerung oder Rechtsverletzungen zu beschweren, solche Dinge würden verfolgt[38] und die Schuldigen verurteilt. Nur alles, was gegen die *„Würde der Gerichtshöfe"*, gegen die gleichförmige Rechtspflege, worauf alle Bürger den gleichen Anspruch haben,[39] gerichtet ist oder außerordentliche Entscheidungen oder Machtsprüche anstrebt, werde standhaft zurückgewiesen.[40]

---

[37] So ganz ohne Probleme war die Sache nicht: Es ging vor allem darum, ob die Gerichtsbarkeit, insbesondere das Höchstgericht, ein selbständiges ist oder nur als Stellvertretung des Herrschers agiert, vgl zu dieser Frage *Kocher*, Höchstgerichtsbarkeit 56 ff.

[38] In Österreich natürlich nur im Rechtsweg, indem die Oberste Justizstelle das Nötige veranlasst.

[39] Die hier anklingende Gleichheit ist allerdings mit Vorsicht zu genießen, denn zum Beispiel gibt es im Strafgesetz 1803 im § 221 die durch dekretierte besondere erste Instanz für landesfürstliche Beamte, Mitglieder der Landstände, adelige Personen, Mitglieder des geistlichen Standes sowie immatrikulierte Mitglieder einer inländischen Universität oder eines Lyzeums. Auch die Begründung von *Zeiller* für diese Ausnahme in Vorbereitung II², 22 f, weil die Untersuchung der Angelegenheiten solcher Personen eine *„mehr als gewöhnliche Vorsicht"* erfordern, führt wieder eindringlich vor Augen, dass von 1781/82 bis 1848 zumindest noch die erste Instanz standesbezogen konzipiert war.

[40] Wenn eine Supplik gegen eine Entscheidung der Obersten Justizstelle an den Herrscher gelangte, wurde die Sache üblicherweise der Justizstelle zur Äußerung übergeben und dann wieder mit dem Bemerken vom Herrscher zurückgestellt, man sei mit dem Einraten der Obersten Justizstelle einverstanden. Vgl zu Machtspruch und Kabinettsjustiz die gute Zusammenfassung bei *Ogris*, Kabinettsjustiz, JAP 2000/2001, 130.

IV. *Zeillers* Schlusswort

Zeiller schließt mit einem Verweis auf die untrennbaren Verbindungslinien zu einer bürgerlichen Rechtsordnung, deren Konzept er an anderer Stelle erörtert habe und fährt dann fort: „*Ob die angedeuteten Grundbestimmungen, unbeschadet der Deutlichkeit, nicht mehr vereinfacht werden könnten, darüber will ich nicht streiten. Ob sie vollständig seyn, kann sich erst aus der Anwendung auf die einzelnen Theile einer Gerichtsordnung zeigen, die ich mir auf einen anderen Zeitpunct vorbehalte. Inzwischen muß ich nur bemerken, daß mehrere, hier vielleicht vermißte, Bestimmungen entweder noch problematisch, oder sehr zufällig, oder erst aus den, hier zum Grunde gelegten, Principien abzuleiten seyn.*"[41]

---

[41] *Zeiller*, Vorbereitung III², 146 f.

Abschöpfungsverfahren und Wahrscheinlichkeit der Restschuldbefreiung

Andreas Konecny

I. Einleitung

Bisweilen sieht sich der Gesetzgeber genötigt, eine Entwicklung in der Rechtsprechung durch Gesetzesänderung zu unterbinden. Der wohl spektakulärste derartige Fall im Bereich des zivilgerichtlichen Verfahrens erfolgte im Rahmen der Wertgrenzen-Novelle 1997: Dort sollte der in der Rechtsprechung des OGH zur Abgrenzung der inländischen Gerichtsbarkeit herrschenden „Indikationentheorie"[1] der Boden entzogen werden, den sie allerdings in Form eines klaren Gesetzeswortlauts gar nicht hatte. Daher ordnete der Gesetzgeber in § 27a Abs 1 und in § 104 Abs 1 JN an, dass andere als die dort genannten Voraussetzungen für das Vorliegen der inländischen Gerichtsbarkeit nicht vorliegen müssen – ungewöhnlich, dass in einem Gesetz steht, zum Eintritt der Rechtsfolge brauche nur der Tatbestand erfüllt zu sein.

---

[1] Siehe zu dieser nur *Matscher* in *Fasching*, Kommentar zu den Zivilprozeßgesetzen I² (2000) Vor Art IX EGJN Rz 29 ff, § 27a JN Rz 4 f; *Rechberger/Simotta*, Grundriß des österreichischen Zivilprozeßrechts⁵ (2000) Rz 66, jeweils mwN.

Weniger spektakulär, aber ebenso eindeutig wird im Rahmen der Insolvenzrechts-Novelle 2002 (InsNov 2002)[2] einer Gerichtspraxis gegengesteuert. Seit einigen Jahren judiziert der 8. Senat des OGH, es stehe der Einleitung des Abschöpfungsverfahrens entgegen, wenn in diesem das Erreichen der Restschuldbefreiung nicht zu erwarten sei.[3] Das hat nicht nur in der Lehre Diskussionen ausgelöst,[4] sondern überdies in der Praxis eine Reihe von Folgeproblemen aufgeworfen. Gesetzesänderungen im Rahmen der InsNov 2002 bereiten nun dieser Judikatur ein Ende.[5]

Eine Auseinandersetzung mit der Rechtsprechung des OGH mag auf den ersten Blick müßig erscheinen, ist sie doch wegen der geänderten Gesetzeslage, die gem Art VI Abs 3 und Abs 12 InsNov 2002 für alle nach dem 30.6.2002 eingeleiteten Abschöpfungsverfahren gilt, nur mehr für Rechtsmittelverfahren betreffend vor dem Stichtag erledigte Anträge relevant.[6] Gern nützt man jedoch die Gelegenheit eines Festschriftbeitrags, der weniger auf knappe Alltagslösungen zielen muss als etwa der Aufsatz in einer für Praktiker bestimmten Zeitschrift, um einen derart auffälligen und tief greifenden Meinungsstreit zwischen Höchstgericht und Gesetzgeber näher zu analysieren. Von Interesse ist das für die Insolvenzrechtswissenschaft deshalb, weil sehr unterschiedliche Ansichten von der Funktion des Abschöpfungsverfahrens, ja des Insolvenzverfahrens bei natürlichen Personen insgesamt zutage treten, letztlich also eine für künftige Auslegungsfragen bedeutsame Grundhaltung abzuklären ist. (Übrigens wird in diesem Beitrag doch die eine oder andere praxisrelevante Lösung angeboten werden.) Daher wird in der Folge untersucht, ob die Rechtsprechung des OGH zum Einleitungshindernis der Unwahrscheinlichkeit einer Restschuldbefreiung in der alten Gesetzeslage verankert ist, aber auch, ob rechtspolitisch betrachtet die klare Absage an diese Judikatur durch den Gesetzgeber begründet erscheint.

Anlass für den Festschriftbeitrag sind also aktuelle Änderungen im Insolvenzrecht. Denn bei Insolvenzreformen denkt man stets an *Wolfgang Jelinek*, dessen Name nicht nur allgemein aufs Engste mit dem österreichischen Insolvenzrecht verbunden wird, sondern der grundlegend am IRÄG 1982[7] mitgewirkt hat, der umfassendsten Reform von KO und AO seit 1914. Der Jubilar hat maßgeblich

---

[2] BGBl I 2002/75.

[3] Ausführlich dazu unten Punkt II.A.

[4] Kritisch *Kodek*, Das Kostendeckungsprinzip im Schuldenregulierungsverfahren, RZ 2001, 111; zustimmend *Pahl*, Die Wahrscheinlichkeit der Restschuldbefreiung im Abschöpfungsverfahren, ZIK 2001/129, 85. Gegen eine derartige Prüfung bereits früher *Mohr* in *Konecny/Schubert*, Kommentar zu den Insolvenzgesetzen (1998) § 202 KO Rz 1.

[5] Vgl § 183 Abs 1 Z 3 und 4, § 201 Abs 1 erster Halbsatz bzw § 202 Abs 1 KO idF BGBl I 2002/75 sowie die der bisherigen Rechtsprechung eine klare Absage erteilenden ErläutRV zur InsNov 2002, 988 BlgNR 21. GP 41 f. Näheres unten bei Punkt III.

[6] Der Gesetzgeber befürchtet allerdings, dass der OGH in einem nächsten Schritt während des gesamten Abschöpfungsverfahrens prüft, ob die Restschuldbefreiung wahrscheinlich ist (ErläutRV zur InsNov 2002, 988 BlgNR 21. GP 41). Dann wäre die Ansicht des OGH auch nach dem 30.6.2002 für eine Vielzahl von Verfahren bedeutsam.

[7] BGBl 1982/370.

dazu beigetragen, dass erstmals modernes Sanierungsdenken in das Unternehmensinsolvenzrecht gebracht wurde. Ich hoffe, ihn mit einer Arbeit zur Reichweite des Sanierungsdenkens beim Konkurs natürlicher Personen zu erfreuen.

II. Rechtslage vor In-Kraft-Treten der Insolvenz-rechts-Novelle 2002

A. Entwicklung der Rechtsprechung des OGH zum Einleitungshindernis der Unwahrscheinlichkeit einer Restschuldbefreiung

Die KO ordnet nur an einer einzigen Stelle an, dass das Konkursgericht eine Erfolgsprognose bezüglich eines Abschöpfungsverfahrens anzustellen hat, und zwar im Zusammenhang mit der Konkurseröffnung trotz mangelnder Kostendeckung. Gemäß § 183 Abs 1 Z 3 KO muss in diesem Fall der Schuldner (neben der Erfüllung anderer Voraussetzungen) im Konkursantrag die Einleitung eines Abschöpfungsverfahrens beantragen und bescheinigen, dass die Erteilung der Restschuldbefreiung zu erwarten ist. Beim Abschöpfungsverfahren selbst fehlt hingegen eine derartige Bestimmung, die einschlägigen §§ 199 bis 216 KO sehen keine Prognoseentscheidung vor. Insbesondere nennt der § 201 KO kein Einleitungshindernis der Unwahrscheinlichkeit der Restschuldbefreiung. Dennoch kann in der Praxis seit einigen Jahren ein Konkursgläubiger, gestützt auf die Judikatur des 8. Senats des OGH, mit genau dieser Behauptung beantragen, den Einleitungsantrag des Schuldners abzuweisen.

- Ihren Ausgang nahm diese Entwicklung mit der E OGH 23.5.1997, 8 Ob 121/97w.[8] Dort verweigerte der 8. Senat die Einleitung eines Abschöpfungsverfahrens, weil angesichts eines Schuldnereinkommens von 10.348 S bei Fixkosten von 18.500 S eine Restschuldbefreiung ausgeschlossen sei: Die für eine Restschuldbefreiung erforderlichen Quoten könnten zwar grundsätzlich auch durch freiwillige Leistungen aus dem Existenzminimum aufgebracht werden, doch sei hier nicht ersichtlich, wie das gelingen sollte. Zwar dürften die Anforderungen an die Einleitungsvoraussetzungen nicht zu hoch gesteckt werden, doch rechtfertigten schlechthin unrealistische Voraussetzungen nicht die Exekutionssperre während des Abschöpfungsverfahrens. Nun sieht wie gesagt die KO nicht ausdrücklich vor, dass bei Einleitung des Abschöpfungsverfahrens die Wahrscheinlichkeit der Restschuldbefreiung eine Rolle spielt. Der 8. Senat leitete das jedoch ohne nähere Begründung aus § 183 KO ab, wonach bei mangelnder Kostendeckung der Schuldner schon im Eröffnungsverfahren die voraussichtliche Erteilung der Restschuldbefreiung bescheinigen müsse.

- In der E OGH 15.10.1998, 8 Ob 127/98d[9] ging der 8. Senat näher auf die Befugnis der Konkursgläubiger ein, bei Einleitung des Abschöpfungsverfahrens

---

[8] SZ 70/100 = ARD 4904/21/98 = JBl 1997, 798 = RZ 1998/12 = ZIK 1997, 230.

[9] SZ 71/167 = ecolex 1999, 171 = RdW 1999, 148 = ZIK 1999, 68.

die Unerreichbarkeit der Restschuldbefreiung geltend zu machen. In der Begründung hebt er vorerst ausführlich und unter Verweis auf die Gesetzeserläuterungen[10] die hinter § 183 Abs 1 KO stehende rechtspolitische Zielsetzung hervor, bei mangelnder Kostendeckung nur aussichtsreiche Verfahren zu eröffnen, die eine Lösung zwischen Gläubigern und Schuldner erwarten ließen. Von dieser amtswegigen Vorprüfung sei die eigentliche Entscheidung über den Antrag auf Durchführung des Abschöpfungsverfahrens zu unterscheiden. Erst die Möglichkeit der Beteiligten, dagegen Einwendungen zu erheben, wahre ihr rechtliches Gehör. Daher müsse es ihnen in diesem Verfahrensstadium freistehen, neben den in § 201 KO genannten Einleitungshindernissen substantiiert vorzubringen, die Erwartung der Erteilung der Restschuldbefreiung sei durch den Schuldner nicht ausreichend bescheinigt worden. Eindeutig bildet § 183 Abs 1 Z 3 KO die rechtliche Grundlage für diese Entscheidung.

- Im der E OGH 8.7.1999, 8 Ob 342/98x[11] zugrunde liegenden Fall war das Konkursverfahren bereits vor In-Kraft-Treten des § 183 KO eröffnet worden, Kostendeckung war gegeben. Gegen den später gestellten Antrag auf Einleitung des Abschöpfungsverfahrens brachten Gläubiger vor, dass keine Restschuldbefreiung zu erwarten sei. Der OGH konnte bei Lösung dieses Streits keinen direkten Bezug zur Verfahrenseröffnung gem § 183 Abs 1 Z 3 KO herstellen. Dennoch wies er den Einleitungsantrag mit der lapidaren Begründung ab, dass „es zu einem unüberbrückbaren Wertungswiderspruch führen würde, in einem solchen Fall anders als bei einem nach § 183 KO eingeleiteten Verfahren die Einleitung des Abschöpfungsverfahrens nicht von der Erwartung der Erteilung der Restschuldbefreiung abhängig zu machen".

- Rechtlicher Ausgangspunkt war für den OGH bislang § 183 Abs 1 Z 3 KO gewesen, der eine amtswegige Prüfung durch das Konkursgericht vorsieht. Dementsprechend wies etwas später ein Gericht den Antrag auf Einleitung des Abschöpfungsverfahrens von Amts wegen zurück, weil der Schuldner seiner Bescheinigungspflicht gem § 183 Abs 1 Z 3 KO nicht nachgekommen sei. Der OGH lehnte das jedoch in seiner E 27.1.2000, 8 Ob 347/99h[12] ab, weil „gem § 200 Abs 2 KO die Einleitung des Abschöpfungsverfahrens nur auf Antrag eines Konkursgläubigers abzuweisen" sei. Der OGH behandelte nun also – ohne nähere Begründung – nicht die Wahrscheinlichkeit der Restschuldbefreiung als eine allgemeine, vom Schuldner zu bescheinigende Verfahrensvoraussetzung, sondern die Unwahrscheinlichkeit der Restschuldbefreiung als ein im § 201 KO nicht genanntes Einleitungshindernis.

- Ein neues Einleitungshindernis bedeutet zusätzlichen Klärungsbedarf und damit Folgestreitigkeiten. Die Prognose ist insbesondere dann problematisch, wenn die Schuldner die Restschuldbefreiung teilweise oder sogar ganz aus unpfändbaren Bezugsteilen finanzieren wollen. Dazu meint der OGH in der

---

[10] ErläutRV zur KO-Nov 1993, 1218 BlgNR 18. GP 19 f.
[11] ÖBA 2000, 249 = ZIK 1999, 206.
[12] ecolex 2000, 427 = ZIK 2000/77, 65.

E 15.2.2001, 8 Ob 147/00a,[13] dass die Wahrscheinlichkeit der Restschuldbefreiung auch dann anzunehmen sei, wenn eine Schuldnerin zwar über kein (ausreichendes) pfändbares Einkommen verfüge, aber glaubwürdig Leistungen aus dem Existenzminimum anbiete. Damit taucht die weitere Frage auf, was gilt, wenn die Schuldnerin nach erlangter Einleitung des Abschöpfungsverfahrens der von ihr übernommenen Zahlungspflicht nicht nachkommt. Der OGH sieht hierin eine Obliegenheitsverletzung gem §§ 210 f KO, die zur Verfahrenseinstellung führen kann.

● Zuletzt hatte der OGH zu beurteilen, ob bei der Prüfung der Wahrscheinlichkeit einer Restschuldbefreiung die Haftungserklärung eines Dritten für den Fall der Nichterreichung der Mindestquote eine Rolle spielt. In der E 12.4.2001, 8 Ob 56/01w[14] verneinte das der OGH für den Fall einer nur ganz allgemein abgegebenen Haftungserklärung und meinte, dass insbesondere wegen der damit verbundenen Unsicherheiten für die Konkursgläubiger und wegen des für das Abschöpfungsverfahren typischen Abstellens auf das Wohlverhalten des Schuldners für die Erfolgsprognose allein dessen Einkommen maßgeblich sei. Ein Dritter könne höchstens vor Verfahrenseinleitung einen Betrag leisten, der insgesamt die Erreichung der Restschuldbefreiung erwarten lasse. In seiner letzten E 29.11.2001, 8 Ob 279/01i[14a] hielt der Fachsenat diese Ansicht auch bei Vorliegen einer titelbewehrten Ausfallshaftung eines Dritten iSd § 156a KO aufrecht.

B. Bewertung der Rechtsprechung des OGH

1. Unklarheiten bezüglich der Rechtsgrundlage

Die Rechtsprechung des OGH erschwert es den Schuldnern, die Einleitung des Abschöpfungsverfahrens zu erreichen, und ist in ihrer Tendenz klar *sanierungskritisch*.[15] Es gerät allein den Schuldnern zum Nachteil, dass die Entwicklungen im langen Zeitraum von sieben bis zehn Jahren, die ein Abschöpfungsverfahren dauern kann, nicht sicher abschätzbar sind.

Versucht man, die Rechtsprechung näher zu analysieren, stößt man gleich auf die Schwierigkeit, dass unklar ist, wie der OGH seine Rechtsansicht begründet. In den ersten Entscheidungen stellte er einen direkten Bezug zu § 183 Abs 1 Z 3 KO her, der als einzige Norm explizit eine Prüfung der Aussichten auf Restschuldbefreiung anordnet. Da diese Prognose jedoch nur bei Konkurseröffnung und ausschließlich im Fall mangelnder Kostendeckung vorgesehen ist, bedürfte es genauerer Begründung als der Anführung „unüberbrückbarer Wertungswidersprüche", wieso sich daraus etwas für das Abschöpfungsverfahren bzw für

---

[13] ZIK 2001/175, 104.

[14] ZIK 2001/278, 176.

[14a] ZIK 2002/95, 69.

[15] Man kann die Ablehnung von ex ante zwecklos erscheinenden Abschöpfungsverfahren auch mit Erwägungen des Schuldnerschutzes begründen, wie das bei *Pahl*, ZIK 2001/129, 88 f der Fall ist (s dazu noch unten Punkt 3.a). In der Judikatur des OGH sind derartige Tendenzen aber nicht ersichtlich.

den Fall vorliegender Kostendeckung ergeben soll, noch dazu, wo (nach alter Rechtslage) beim Abschöpfungsverfahren das kostendeckende Vermögen nicht zu überprüfen ist.[16] Beginnend mit der E 8.7.1999, 8 Ob 342/98x,[17] endgültig aber mit der E 27.1.2000, 8 Ob 347/99h[18] beruht die Rechtsprechung des OGH überdies nicht allein auf einer analogen Anwendung des § 183 Abs 1 Z 3 KO, weil sich aus einer amtswegig zu überprüfenden Ausnahme von der allgemeinen Konkursvoraussetzung der Kostendeckung kein nur auf Gläubigerantrag wahrzunehmendes Einleitungshindernis herauslesen lässt; ausdrücklich taucht dort ja auch § 201 KO als maßgebliche Rechtsgrundlage auf. Weiters wird in den letzten Entscheidungen[19] auf die Struktur des Abschöpfungsverfahrens, insbesondere auf das persönliche Wohlverhalten des Schuldners hingewiesen. Die genaue Bedeutung, die diesen Regelungen zugemessen wird, ist den eher knappen Begründungen der oberstgerichtlichen Beschlüsse nicht zu entnehmen.

Insgesamt betrachtet scheint der OGH ein in § 201 Abs 1 KO nicht geregeltes Einleitungshindernis anzunehmen, dessen Berechtigung er insbesondere aus einem Rückgriff auf § 183 KO sowie aus der allgemeinen Ausrichtung des Abschöpfungsverfahrens ableitet. Daher ist weiter zu prüfen, ob § 183 KO tatsächlich die Sicht des OGH stützen kann, insbesondere aber, ob die Regelung der Einleitungshindernisse lückenhaft und einer Ergänzung bedürftig ist.

2. Bedeutung der Kostendeckungsvorschriften

Ausgangspunkt und wesentliche Grundlage für die Rechtsprechung des OGH ist § 183 Abs 1 Z 3 KO. Gegen dessen Inanspruchnahme hat sich *Kodek*[20] mit ausführlicher Begründung ausgesprochen (die der OGH allerdings bislang unbeachtet ließ).

Nach *Kodek* steht § 183 Abs 1 KO in untrennbarem Zusammenhang mit der Kostendeckungsproblematik und schafft keine generellen Inhaltserfordernisse für Schuldneranträge, sondern bloß eine Ausnahme vom auch beim Konkurs natürlicher Personen beachtlichen Kostendeckungsprinzip. Nur dort sei wegen der Vorfinanzierung der Verfahrenskosten durch die öffentliche Hand nicht schon die abstrakte Möglichkeit der Restschuldbefreiung für ausreichend angesehen, sondern eine begründete Aussicht darauf verlangt worden.[21] *Kodeks* Sicht, dass § 183 Abs 1 KO die Staatsfinanzen schützt, jedoch keine generellen Antragsvoraussetzungen postuliert, ist beizupflichten. Sie entspricht nicht nur dem Gesetzeswortlaut und der Gesetzessystematik, sondern auch die vom OGH in Anspruch genommene Aussage in den Erläuterungen, wonach nur in aussichtsreichen Fällen Verfahren eröffnet werden sollen,[22] bezieht sich auf die Lösung des Pro-

---

[16] Zutreffend *Kodek*, RZ 2001, 120.
[17] ÖBA 2000, 249 = ZIK 1999, 206.
[18] ecolex 2000, 427 = ZIK 2000/77, 65.
[19] OGH 12.4.2001 ZIK 2001/278, 176 und OGH 29.11.2001 ZIK 2002/95, 69.
[20] *Kodek*, RZ 2001, 112 ff.
[21] *Kodek*, RZ 2001, 114, 121 f.
[22] ErläutRV zur KO-Nov 1993, 1218 BlgNR 18. GP 19 f.

blems, natürlichen Personen bei mangelnder Kostendeckung die Konkurseröffnung zu ermöglichen, muss also in diesem Zusammenhang gelesen werden. *Kodek*[23] führt weiter aus, dass die Erreichung der Restschuldbefreiung nicht ausschließliches Verfahrensziel sei, sondern dass man den traditionellen Konkurszweck der Gläubigerbefriedigung nicht außer Acht lassen dürfe. Wenn man mit dem OGH dem § 183 KO generelle Inhaltserfordernisse für jeden Konkursantrag entnehmen wolle, könnte selbst ein über namhaftes Vermögen verfügender Schuldner keine Konkurseröffnung erreichen, wenn er die Einleitung eines Abschöpfungsverfahrens nicht anstrebe. Das weitere Argument des OGH, die Zubilligung eines Einleitungshindernisses wahre das rechtliche Gehör der Konkursgläubiger,[24] entkräftet *Kodek*, indem er meint, dass das Nichtvorliegen der in § 183 Abs 1 KO verlangten Voraussetzungen vom Konkursgläubiger gleich mittels Rekurses gegen einen dennoch erlassenen Eröffnungsbeschluss geltend zu machen sei,[25] nicht verspätet bei Einleitung eines Abschöpfungsverfahrens.

So zutreffend *Kodeks* Ausführungen sind, entziehen sie der Rechtsmeinung des OGH nicht notwendig den Boden. Gewiss trifft es nicht zu, dass die in § 183 Abs 1 Z 3 KO vorgesehene Prüfung zwecks Einräumung rechtlichen Gehörs für die Konkursgläubiger zu Beginn des Abschöpfungsverfahrens nochmals durchgeführt werden müsse,[26] weil (nach alter Rechtslage) zu diesem Zeitpunkt die Kostendeckung irrelevant ist. Ebenso wenig ergibt sich aus § 183 KO, dass Insolvenzverfahren generell unzweckmäßig und damit zu verweigern sind, sofern in ihnen eine Restschuldbefreiung voraussichtlich unerreichbar ist. Aber auch wenn es kein derartiges allgemeines Verfahrenshindernis gibt, bedeutet das nicht, dass keine Parallele zwischen Konkurseröffnung bei mangelnder Kostendeckung und Einleitung eines Abschöpfungsverfahrens besteht. *Kodeks* Kritik ließe sich dahin entschärfen, dass eine Konkurseröffnung bei gegebener Kostendeckung stets Sinn macht, also auch ohne Aussicht auf Restschuldbefreiung, nämlich insbesondere zwecks Verwertung und Verteilung des diesfalls vorhandenen Schuldnervermögens. Bei mangelnder Kostendeckung scheidet hingegen der Liquidationszweck aus, dort bringt nach Meinung des Gesetzgebers nur die Restschuldbefreiung einen die Verfahrenseröffnung rechtfertigenden Erfolg. Legt man diese Sicht des § 183 KO auf das Abschöpfungsverfahren um, bei dem es ein einziges Ziel gibt, nämlich die Erreichung der Restschuldbefreiung, dann könnte man mit dem OGH zum Ergebnis gelangen, dass bei Unwahrscheinlichkeit der Zielerreichung der Einleitungsantrag abzuweisen ist, weil keinerlei den Aufwand rechtfertigender Verfahrenserfolg in Aussicht steht. Beim Abschöpfungsverfahren entspräche es übrigens den Vorgaben des § 201 KO, diesen Sonderfall eines fehlenden Schuldnerinteresses an einem Insolvenzverfahren nicht amtswegig aufzugreifen, sondern nur auf Gläubigerantrag, womit eine weitere, von *Kodek* richtig aufgezeigte Problematik bei Heranziehung des § 183 KO ausgeräumt wäre.

---

[23] *Kodek*, RZ 2001, 114 ff.

[24] OGH 15.10.1998 SZ 71/167 = ecolex 1999, 171 = RdW 1999, 148 = ZIK 1999, 68.

[25] *Kodek*, RZ 2001, 116 mN zur Rekurslegitimation der Konkursgläubiger.

[26] So aber wohl OGH 15.10.1998 SZ 71/167 = ecolex 1999, 171 = RdW 1999, 148 = ZIK 1999, 68.

3. Keine Lückenhaftigkeit der Regelung der Einleitungshindernisse

Bei diesem Verständnis der knappen Begründungen liegt der Rechtsprechung des OGH zwar ein schlüssiges Konzept in der Heranziehung des § 183 KO zugrunde. Ausgangspunkt muss für den OGH jedoch eine ganz andere Vorschrift sein, nämlich § 201 Abs 1 KO. Der 8. Senat sieht ja in der Unwahrscheinlichkeit der Restschuldbefreiung ein Einleitungshindernis, hält also offenbar die im Gesetz angeführten Fälle für unvollständig. Nun hat der Gesetzgeber die Einleitungshindernisse bewusst nicht in Form einer Generalklausel, sondern mittels Aufzählung von Fallgruppen gestaltet.[27] Ist es geboten, in der Unwahrscheinlichkeit der Restschuldbefreiung ein weiteres Hindernis zu sehen, dann müsste § 201 KO eine Lücke dahingehend aufweisen, dass bei seiner Schaffung irrtümlich nicht an die Verhinderung zweckloser Abschöpfungsverfahren gedacht wurde. Diese Lücke darf wiederum nicht vorschnell aus § 183 KO herausgelesen werden, sondern ihrer Annahme hat eine genaue Analyse der hinter § 201 KO stehenden gesetzgeberischen Zielsetzungen vorauszugehen, die bislang nicht erfolgt ist.

Nimmt man diese genaue Analyse vor, dann zeigt sich, dass die Regelung der Einleitungshindernisse *keine die Rechtsprechung des OGH rechtfertigende Lücke aufweist.*

a) Fehlende Unredlichkeit des Schuldners

Die Einleitungshindernisse des § 201 KO haben ungeachtet ihrer unterschiedlichen Inhalte *einheitlichen Charakter.* Ausdrücklich heißt es in den Gesetzeserläuterungen,[28] dass sie ihren Ursprung im Grundsatz haben, dass nur ein redlicher Schuldner, der sich seinen Gläubigern gegenüber nichts zu Schulden kommen ließ, die Möglichkeit der Restschuldbefreiung erhalten soll. Einleitungshindernisse setzen also nach Gesetzeswortlaut und dahinter stehendem klaren Willen des Gesetzgebers eine *Unredlichkeit des Schuldners* voraus.

Der OGH verweigert nun die Einleitung solcher Abschöpfungsverfahren, bei denen der Schuldner (selbst unter Einbeziehung von Billigkeitsgründen) wirtschaftlich zu schwach ist, die gem § 213 KO für die Restschuldbefreiung erforderlichen Quoten aufzubringen. Das auch dann, wenn dem Schuldner dabei kein persönlicher Vorwurf gemacht werden kann, wie die E OGH 8.7.1999, 8 Ob 342/98x[29] exemplarisch zeigt: Dort war der Schuldner psychisch krank und nicht in der Lage, einer Erwerbstätigkeit nachzugehen, die die zur Quotenzahlung erforderlichen Einkünfte erbracht hätte. Ebenso wenig kann zB einem Schuldner ein Vorwurf gemacht werden, wenn er unverschuldet arbeitslos geworden ist und im Einleitungszeitpunkt weder die Erbringung der für die Restschuldbefreiung erforderlichen Leistungen aus dem Arbeitslosengeld noch das

---

[27] ErläutRV zur KO-Nov 1993, 1218 BlgNR 18. GP 28.
[28] ErläutRV zur KO-Nov 1993, 1218 BlgNR 18. GP 28.
[29] ÖBA 2000, 249 = ZIK 1999, 206.

Finden eines neuen Arbeitsplatzes wahrscheinlich ist.[30] *Mangelnde Leistungsfähigkeit des Schuldners stellt jedoch keine Unredlichkeit dar.* Mit seinem Abstellen auf die Unwahrscheinlichkeit der Restschuldbefreiung wegen wirtschaftlicher Schwäche hält der OGH damit ein Einleitungshindernis für geboten, das *von seiner Art her der einheitlichen Rechtsnatur der in § 201 KO geregelten Hindernisse widerspricht.*

Aber auch in anderer Hinsicht besteht eine strukturelle Unvereinbarkeit zu § 201 Abs 1 KO: Sämtliche *gesetzlich geregelten* Einleitungshindernisse beziehen sich auf *Entwicklungen in der Vergangenheit,* sind daher tendenziell leichter zu bescheinigen. Das Einleitungshindernis der unwahrscheinlichen Restschuldbefreiung verlangt dagegen eine *Zukunftsprognose,* die verlässlich nicht vorgenommen werden kann. Selbst in offenkundig aussichtslos erscheinenden Fällen ist keineswegs gesagt, dass es nicht zu unvorhergesehenen Entwicklungen kommt, die zur Restschuldbefreiung führen. So ist zB vorweg nie auszuschließen, dass der Schuldner in den kommenden Jahren erhebliches Vermögen erbt oder von Dritten die zur Quotenzahlung nötigen Beträge geschenkt bekommt (vgl § 210 Abs 1 Z 2 KO; wobei uU die praktisch dafür in Frage kommenden Dritten, zumeist Familienmitglieder, ihrerseits vorerst mittellos sein und erst während des Abschöpfungsverfahrens zu Geld kommen können). Auch andere Möglichkeiten können einfach nicht ex ante überprüft werden, sei es der Lottogewinn oder ein Schatzfund,[31] aber etwa auch eine weitere Gesetzesreform, die die Voraussetzungen für die Restschuldbefreiung herabsetzt.[32] Das unterstreicht die Widersprüchlichkeit zwischen der Ansicht des OGH und den Gesetzesvorgaben.

Da die Einleitungshindernisse ausschließlich eine Sanktion für Unredlichkeiten sind, kann die Verweigerung zwecklos erscheinender Abschöpfungsverfahren auch *nicht mit dem Schutz zu hoffnungsfroher Schuldner begründet werden.* Es beruht zwar auf gediegenen praktischen Erfahrungen, wenn *Pahl*[33] in diesem Zusammenhang meint, ein voraussehbares Scheitern schade sowohl dem Schuldner (nicht zuletzt wegen der Sperrfristen für künftige Schuldenregulierungsversuche) wie auch den Gläubigern. § 201 KO will jedoch ausschließlich verhindern, dass *unwürdige* Personen in den Genuss des Abschöpfungsverfahrens kommen, und überlässt es darüber hinaus den Schuldnern, das Risiko eines

---

[30] Dieses Beispiel findet sich in den ErläutRV zur InsNov 2002, 988 BlgNR 21. GP 41.

[31] Bei diesen ist nur strittig, ob sie zur Schuldentilgung verwendet werden *müssen* (dafür zB *Konecny,* Restschuldbefreiung bei insolventen natürlichen Personen, ÖBA 1994, 911 [922]; dagegen *Mohr* in *Konecny/Schubert,* Komm § 210 KO Rz 8); jedenfalls *kann* der Schuldner damit die von § 213 Abs 1 KO verlangte Mindestquote aufbringen.

[32] Laut Auskunft von Praktikern wird voraussichtlich ein gutes Drittel der im Abschöpfungsverfahren befindlichen Schuldner die Quote von 10% der Konkursforderungen nicht erreichen. Bestätigt die Entwicklung der kommenden Monate und Jahre, dass in einem so hohen Ausmaß die Schuldenregulierungsversuche scheitern, wird möglicherweise oder gar vermutlich der Ruf nach einer Senkung der Erfordernisse des § 213 KO laut werden.

[33] *Pahl,* ZIK 2001/129, 88.

Scheiterns auf sich zu nehmen. Es wäre Sache des Gesetzgebers – und ist seine Sache nicht, wie die InsNov 2002 zeigt –, neue Regelungen zu schaffen, die Schuldner vor sich selbst schützen.

b) Vorrang der Sanierungsmöglichkeit bei Insolvenz natürlicher Personen

Die Annahme eines dem § 201 KO artfremden Einleitungshindernisses steht auch im Widerspruch zur sanierungsfreundlichen Gesetzgebung bei der Insolvenz natürlicher Personen. Beginnend mit der KO-Nov 1993[34] ist die Ermöglichung der Restschuldbefreiung primäres Verfahrensziel, kann sie doch sogar gegen den Willen der Gläubiger erreicht werden. Noch verstärkt wurde diese Tendenz mit dem IRÄG 1997[35] durch die Beseitigung der Konkursvoraussetzung der Gläubigermehrheit, womit der Konkurs seinen Charakter als „Generalexekution" verloren hat. Dies ist ausdrücklich zwecks Erleichterung von Schuldenregulierungen geschehen,[36] was das rechtspolitische Hauptziel der Erreichung der Restschuldbefreiung unterstreicht. *Neue Einleitungshindernisse sind mit der sanierungsfördernden Grundhaltung des Gesetzes unvereinbar.*

Es entspricht damit keineswegs der „Struktur des Abschöpfungsverfahrens", dessen Einleitung von der voraussichtlichen Leistungsfähigkeit des Schuldners abhängig zu machen. Die gesetzliche Regelung lautet, grundsätzlich immer das Abschöpfungsverfahren einzuleiten, sofern nicht der Schuldner ausnahmsweise unredlich und damit einer Restschuldbefreiung unwürdig ist. Dieses Prinzip wird geradezu ins Gegenteil verkehrt, wenn man das Abschöpfungsverfahren nur gewährt, sofern der Schuldner seine Leistungsfähigkeit (oder allenfalls noch Billigkeitsgründe) bescheinigt. Tendenziell wird so *aus einem Einleitungshindernis eine weitere Einleitungsvoraussetzung,* an die Stelle der Nachweispflicht der Konkursgläubiger (vgl § 201 Abs 2 KO) tritt eine Bescheinigungslast des Schuldners. Das klingt bisweilen in den Entscheidungen des OGH an, wenn es heißt, dass es bei rechnerischer Unerreichbarkeit der Quoten des § 213 KO am Schuldner liege, Umstände zu behaupten und zu bescheinigen, die trotzdem die Erteilung der Restschuldbefreiung rechtfertigen würden.[37] Bei geringem Einkommen brauchen also die Konkursgläubiger bloß lapidar auf das Nichterreichen der Quote zu verweisen, um die Hauptlast dem Schuldner zuzuspielen, was mit den hinter § 201 Abs 2 KO stehenden Gedanken schwerlich vereinbar ist.

Die sanierungserschwerende Rechtsprechung lässt sich auch nicht mit einem Verweis auf § 183 KO rechtfertigen. Dort hat der Gesetzgeber tatsächlich seine auf tunlichste Schuldenregulierung gerichtete Haltung verlassen. Das geschah allerdings ausschließlich zum Schutz der Staatsfinanzen[38] und überdies in über-

---

[34] BGBl 1993/974.

[35] BGBl I 1997/114.

[36] ErläutRV zum IRÄG 1997, 734 BlgNR 20. GP 32 f, 39.

[37] Vgl OGH 15.10.1998 SZ 71/167 = ecolex 1999, 171 = RdW 1999, 148 = ZIK 1999, 68; OGH 8.7.1999 ÖBA 2000, 249 = ZIK 1999, 206.

[38] Siehe oben Punkt II.B.2.

schießender Weise. Das Kostendeckungsprinzip[39] gebietet es, keine Insolvenzverfahren durchzuführen, die dem Schuldner keine Entlastung, den Gläubigern keine Befriedigung und den Gerichten bzw den Insolvenzorganen unabgegoltene Aufwendungen bringen. Diese Rechtsschutzbeschränkung hat aber dort ihre sachliche Grenze, wo in einem Verfahren die Hereinbringung der Kosten zu erwarten ist.[40] Verknüpft man hingegen, wie es in § 183 KO geschehen ist, die Problematik mangelnder Kostendeckung mit der ex ante gegebenen Aussicht auf bestimmten inhaltlichen Verfahrenserfolg, beschneidet man die Möglichkeit einer Schuldenregulierung. Wie der Insolvenzdatei zu entnehmen ist, kommen immer wieder Zahlungspläne mit einer Quote unter 10% zustande, die für die Restschuldbefreiung im Abschöpfungsverfahren nicht ausreicht (§ 213 Abs 1 KO; anderes gilt nur bei Vorliegen von Billigkeitsgründen). Muss der Schuldner bei mangelnder Kostendeckung zur Bewirkung der Konkurseröffnung auch den höheren Erfordernissen des Abschöpfungsverfahrens gerecht werden, schließt man einen Zahlungsplan mit einer geringeren Quote aus. Verstärkt wird diese Zugangsbarriere dann noch durch Konkursgerichte, die sich strikt an Quoten halten und zu wenig an Billigkeitsgründe denken.[41] Daher sind Verfahren, bei deren Eröffnung es an kostendeckendem Vermögen mangelt, nur dann als zwecklos zu verweigern, wenn *keine Aussicht* besteht, dass die *Kosten im Lauf des Verfahrens hereingebracht* werden können. Verfahrenserfolg als weitere Voraussetzung ist sachlich nicht geboten, insbesondere nicht die Erreichung bestimmter Quoten. In der vereinzelten überschießenden Regelung des § 183 KO[42] ist daher keine Rechtfertigung für eine Zugangsbeschränkung beim Abschöpfungsverfahren zu finden.

c) Benachteiligung der Gläubiger(mehrheit)

Man könnte meinen, dass die strenge Praxis wenigstens Druck auf die Schuldner ausübt, sich um entsprechende Leistungen zu bemühen, so dass im Interesse der Gläubiger Untätigkeit und das Fliehen in die Exekutionssperre des § 206 Abs 1 KO verhindert wird.[43] Nun schreckt erfahrungsgemäß die Exekutionsdrohung böswillige Schuldner wenig. Im Gegenteil wird *größerer Druck* auf die Schuldner ausgeübt, wenn das *Abschöpfungsverfahren eingeleitet* wird. Denn dafür, dass sie jetzt nicht „die Hände in den Schoß legen" und die Exeku-

---

[39] Vgl dazu *Senoner*, Handbuch der Kostendeckung (1999) 27 ff.

[40] Ein zusätzlicher Verfahrenserfolg kann aus rechtspolitischen Gründen verlangt werden, ist aber aus dem Kostendeckungsprinzip selbst nicht abzuleiten: *Senoner*, Handbuch 29.

[41] Kritisch zu dieser Praxis *Reisch/Maly*, Schuldenregulierungsverfahren: 10% Quote als Voraussetzung? ZIK 1998, 148.

[42] Die restriktive Haltung hinter dieser Norm ist wohl auch darauf zurückzuführen, dass bei deren Schaffung noch nicht abschätzbar war, welche Gerichtsbelastung die Ausnahme von der Kostendeckung verursachen würde. Der Gesetzgeber hat zwischenzeitig erkannt, dass die in § 183 Abs 1 Z 3 KO verlangte Erfolgsaussicht für ein Abschöpfungsverfahren sanierungsfeindlich ist, und ersetzt sie durch eine Prognose betreffend die Einbringlichkeit der Verfahrenskosten.

[43] In diese Richtung wohl OGH 23.5.1997 SZ 70/100 = ARD 4904/21/98 = JBl 1997, 798 = RZ 1998/12 = ZIK 1997, 230.

tionssperre genießen, sorgt ohnedies die Obliegenheit, sich um eine angemessene Erwerbstätigkeit zu bemühen (§ 210 Abs 1 Z 1 KO). Zusätzlich droht im Unterschied zur Abweisung des Einleitungsantrags, der neuerliche Abschöpfungsversuche nicht hindert, jetzt die Verfahrenseinstellung, verbunden mit der langjährigen Sperre gem § 210 Abs 1 Z 6 KO. Eine konsequente Überwachung und Durchsetzung der Obliegenheit gem § 210 Abs 1 Z 1 KO ist somit für die Gläubiger zielführender.

Weiters muss die Alternative zur Abweisung des Einleitungsantrags bedacht werden. Außerhalb des Abschöpfungsverfahrens ist jedoch nicht bloß für den Schuldner, sondern *auch für die Konkursgläubiger keine sinnvolle Lösung in Sicht.* Es mag dann zwar keinen ungebührlichen Exekutionsschutz mehr geben – aber ebenso wenig gibt es ausreichendes pfändbares Vermögen, um den Gläubigern nennenswerte Befriedigung zu ermöglichen. Sinnlose, weil nicht zur Schuldentilgung, sondern bloß zu weiterer Kostenanhäufung und zu unökonomischer Gerichtsbelastung führende Exekutionsverfahren sind die Folge. Freuen können sich ausschließlich einzelne Gläubiger, nämlich diejenigen, die nicht gem § 12a KO Vorrechte verlieren bzw bereits erloschene wiedergewinnen;[44] daneben werden allenfalls noch diejenigen Gläubiger bevorzugt, die sich rascher als andere ein exekutives Pfandrecht verschaffen.

Es entspricht daher der *aufrechten Insolvenz* und der damit angebrachten *Gleichbehandlung der Konkursgläubiger* besser, den *Schuldner in ein Insolvenzverfahren zu lassen,* in dem er unter Aufsicht des Treuhänders, unter Beachtung zahlreicher sein Wohlverhalten sichernder Obliegenheiten und unter dem Druck der drohenden Verfahrenseinstellung auf eine Schuldenregulierung hinarbeitet. Und selbst wenn dieser Versuch scheitert, ist immer noch ein Sammelverfahren für alle Beteiligten, auch die Konkursgläubiger, ökonomischer gewesen als die Einzelrechtsverfolgung.

C. Folgeprobleme des Einleitungshindernisses der Unwahrscheinlichkeit einer Restschuldbefreiung

Ein neues Einleitungshindernis schafft neues Streitpotential für Schuldner und Konkursgläubiger, damit zusätzliche Prüfungspflichten für die Konkursgerichte. In mehreren Entscheidungen waren daher Folgeprobleme zu lösen. Ausgehend von seiner Grundthese ist die Judikatur des OGH in diesen Punkten im Wesentlichen überzeugend. Daher wird hier nur auf zwei strittige Probleme und eine teilweise offene Frage eingegangen.

1. Quotenerbringung aus dem Existenzminimum

Großzügig ist die Haltung des OGH, wenn Schuldner die für die Erteilung der Restschuldbefreiung erforderlichen Quoten teilweise oder ausschließlich aus unpfändbaren Einkommensteilen finanzieren müssen. Unter Bezugnahme auf die

---

[44] Die Abweisung des Einleitungsantrags führt zum Wiederaufleben: *Deixler-Hübner* in *Konecny/Schubert*, Komm § 12a KO Rz 14.

Gesetzeserläuterungen[45] wird die Einleitung des Abschöpfungsverfahrens grundsätzlich bejaht: Die Anforderungen an die Erfolgserwartungen seien nicht zu hoch anzusetzen, nur schlechthin unrealistische Annahmen könnten zur Antragsabweisung führen. Der Schuldner müsse nicht schon bisher Zahlungen aus dem Existenzminimum geleistet haben, doch sei diesfalls die Bescheinigung des Verfahrenserfolgs als gelungen anzusehen.[46]

Pahl[47] hält dem entgegen, dass ein zu niedrig angesetzter Berechnungsmaßstab riskant sei. Da im Zeitraum von sieben Jahren mit größter Wahrscheinlichkeit außerordentliche Belastungen auftreten würden, sei ein finanziell zu stark eingeschränkter Schuldner dann gezwungen, sein Einkommen einzubehalten und damit das Risiko einer Obliegenheitsverletzung einzugehen.[48] Sie regt an, nur dann das Erreichen der Restschuldbefreiung für realistisch zu erachten, wenn dem Schuldner und seinen Unterhaltsberechtigten wenigstens der notwendige Unterhalt im Sinne der Bestimmungen über die Verfahrenshilfe verbleibe.

Pahl ist zuzubilligen, dass Schuldner, die nennenswerte Beträge aus dem Existenzminimum abzuführen versprechen, ein hohes Risiko einer Obliegenheitsverletzung auf sich nehmen. Die von ihr befürworteten strengeren Anforderungen sind überdies von ihrem Ansatz her konsequent, lehnt sie doch Abschöpfungsverfahren ohne handfeste Restschuldbefreiungsaussichten ab, weil die Gefahr eines Scheiterns und damit des Eingreifens der zwanzigjährigen Sperrfrist des § 201 Abs 1 Z 6 KO zu groß sei.[49] Da jedoch Schuldner im Abschöpfungsverfahren den pfändbaren Teil ihres Einkommens an den Treuhänder abtreten müssen (§ 199 Abs 2 KO), beziehen sie nie den notwendigen Unterhalt, der zwischen dem statistischen Durchschnittseinkommen und dem Existenzminimum liegt.[50] Der Ansicht des OGH ist daher der Vorzug zu geben.

2. (Un-)Beachtlichkeit der Haftungserklärungen Dritter

So großzügig der OGH hinsichtlich der Quotenerbringung aus dem Existenzminimum ist, so streng ist er in seiner Ablehnung von Haftungserklärungen Dritter. Diese hält der 8. Senat nicht bloß dann für unbeachtlich, wenn sie nur ganz allgemein abgegeben werden, sondern sogar bei Vorliegen einer titelbewehrten Ausfallshaftung iSd § 156a KO.[51] Diese restriktive Haltung ist nicht zu teilen.

Vorerst ist nichts daraus abzuleiten, dass das Gesetz bloß eine Leistungserbringung aus dem Schuldnervermögen erwähnt. Diesbezüglich besteht kein Un-

---

[45] ErläutRV zur KO-Nov 1993, 1218 BlgNR 18. GP 20.

[46] OGH 23.5.1997 SZ 70/100 = ARD 4904/21/98 = JBl 1997, 798 = RZ 1998/12 = ZIK 1997, 230; OGH 15.10.1998 SZ 71/167 = ecolex 1999, 171 = RdW 1999, 148 = ZIK 1999, 68; OGH 15.2.2001 ZIK 2001/175, 104. Siehe zum Prüfungsmaßstab auch *Kodek*, RZ 2001, 118.

[47] *Pahl*, ZIK 2001/129, 89.

[48] Vgl dazu unten Punkt 3.a).

[49] Siehe *Pahl*, ZIK 2001/129, 88.

[50] Siehe nur *Fucik* in *Rechberger*, Kommentar zur ZPO[2] (2000) § 63 ZPO Rz 3 mwN.

[51] OGH 12.4.2001 ZIK 2001/278, 176 und OGH 29.11.2001, ZIK 2002/95, 69.

terschied zu Zwangsausgleich und Zahlungsplan (§ 141 Z 3, § 194 Abs 1 KO), obwohl dort ausdrücklich eine von Dritten übernommene Haftung vorgesehen ist (§ 156a Abs 1, § 193 Abs 1 KO). Dass das Gesetz beim Abschöpfungsverfahren dazu schweigt, erklärt sich ganz einfach durch die unterschiedliche Ausgangslage. Bei Zwangsausgleich und Zahlungsplan muss der Schuldner den Konkursgläubigern im Voraus Leistungen anbieten, die – im Fall der Annahme, Bestätigung und Erfüllung – für eine Restschuldbefreiung reichen. Beim Abschöpfungsverfahren kennt dagegen, wie oben dargelegt, die KO keine ex ante-Prüfung der Voraussetzungen für die Erteilung der Restschuldbefreiung, sondern es ist nach Ablauf des Leistungszeitraums, also ausschließlich *ex post* zu prüfen, ob die entsprechenden Quoten erbracht sind. *Ob das seitens des Schuldners oder durch Zuschüsse Dritter geschehen ist, spielt keine Rolle.* Klarerweise sind damit Regelungen bezüglich „Abschöpfungsverfahrens-Garanten" überflüssig.

Wenn man allerdings eine (angebliche) Lücke bei den Einleitungshindernissen füllt und so zu einer ex ante-Prüfung der Restschuldbefreiungsaussichten gelangt, dann muss man auch die Lücke bezüglich der Regelung von Haftungserklärungen Dritter schließen. *Pahl*[52] hat das konsequent getan und zu Recht ausgeführt, dass unter den in § 156a KO genannten Voraussetzungen die qualifizierte Haftungserklärung eines zahlungskräftigen Dritten Zweifel am Erreichen der Restschuldbefreiung beseitigt und damit das Einleitungshindernis ausräumt. Der OGH[53] ist ihr nicht gefolgt und hat dafür zu Unrecht die entgegenstehende „Struktur des Abschöpfungsverfahrens" angeführt.

Zum einen beruft sich der OGH darauf, dass beim Abschöpfungsverfahren stark auf das persönliche Wohlverhalten des Schuldners abgestellt werde, woraus folge, dass die Erwartung der Restschuldbefreiung auf seine eigene Erwerbstätigkeit gegründet sein müsse. Abgesehen davon, dass diese Sicht nicht der auf grundsätzliche Einleitung gerichteten Gesetzeslage entspricht, ergibt sich aus der Obliegenheitsregelung des § 210 KO Gegenteiliges. Wenn dort in Abs 1 Z 2 der Schuldner angehalten ist, das durch unentgeltliche Zuwendungen Erworbene herauszugeben, dann geht der Gesetzgeber offenkundig davon aus, dass die *Quotenerbringung auch mit Hilfe von Leistungen Dritter* erfolgen kann. Der OGH selbst hält diese ja für beachtlich und will sie bloß schon bei Verfahrensbeginn deponiert wissen, was jedoch nicht der Vorstellung des Gesetzgebers entspricht, wie sie in § 210 Abs 1 Z 2 KO zutage tritt. Nebenbei sei nochmals erwähnt, dass das Gesetz bei allen Mitteln zur Erreichung der Restschuldbefreiung stets grundsätzlich von Schuldnerleistungen ausgeht, ohne die Restschuldbefreiung ausschließlich von diesen abhängig zu machen.

Damit könnte die sanierungshemmende Sicht des OGH höchstens mit seinen auf Gläubigerschutz zielenden Erwägungen begründet werden. Nun ist zwar einer ganz allgemeinen Haftungserklärung eines Dritten wenig abzugewinnen,[54]

---

[52] *Pahl*, Die Haftungserklärung eines Dritten als Bescheinigungsmittel für die Wahrscheinlichkeit der Restschuldbefreiung, ZIK 2001/242, 151.

[53] OGH 29.11.2001 ZIK 2002/95, 69.

[54] Vgl OGH 12.4.2001 ZIK 2001/278, 176; zust *Pahl*, ZIK 2001/242, 152.

doch ist es nicht im Gläubigerinteresse, wenn sogar eine titelbewehrte Haftungs-erklärung iSd § 156a KO für unbeachtlich erklärt wird. Das Argument, die Prognose der Einbringlichkeit sei im Hinblick auf den Zeithorizont von sieben Jahren mit erheblichen Unsicherheiten versehen, überzeugt nicht. Ganz abgese-hen davon, dass bei Zwangsausgleich und Zahlungsplan der Erfüllungszeitraum bis zu fünf (§ 141 Z 3 KO) bzw sieben Jahre (§ 194 Abs 1 KO) dauern kann und auch dort Schwierigkeiten bei der Durchsetzung der Haftungserklärung eintre-ten können, ist die Argumentation des OGH widersprüchlich: Während er näm-lich beim Schuldner die in einem so langen Zeitraum nicht auszuschließenden wirtschaftlichen Verbesserungen, die das Erreichen der Restschuldbefreiung ge-währleisten könnten,[55] unbeachtet lässt, sind ihm die ebenso ungewissen Ver-schlechterungen in der Situation des Dritten Grund, dessen Haftungserklärung rundweg für untauglich zu erklären. Warum *ein und dieselben Prognoseschwie-rigkeiten so ungleich gewichtet* werden, bleibt offen.

Diesen Widerspruch könnte man höchstens damit erklären, dass der OGH als vorrangig nicht die Einräumung einer Restschuldbefreiungschance für den Schuldner, sondern den Schutz der Konkursgläubiger vor einem unsicheren Sanierungsversuch ansieht. Diesbezüglich wäre aber wieder darauf zu verwei-sen, dass eine derartige Rechtsansicht nicht im Einklang mit der auf tunlichste Ermöglichung der Restschuldbefreiung gerichteten Gesetzeslage steht und auch nicht wirklich der Förderung der Gläubigerinteressen dient.[56]

Eine – bereits bei Einleitung des Abschöpfungsverfahrens für nötig erachtete – Wahrscheinlichkeit der Restschuldbefreiung kann somit bei Mangel ausreichen-den Schuldnereinkommens auch *durch titelbewehrte Haftungserklärungen Drit-ter iSd § 156a KO bescheinigt werden.*

3. Nachträgliche Unwahrscheinlichkeit der Restschuldbefreiung

Offen ist, was gilt, wenn die von der Rechtsprechung verlangte Wahrschein-lichkeit der Restschuldbefreiung zwar bei Einleitung des Abschöpfungsverfah-rens gegeben ist, infolge Änderung der Umstände jedoch nachträglich wegfällt. Nur in einer Hinsicht liegt dazu eine klare Stellungnahme vor. Danach ist es als Obliegenheitsverletzung iSd § 210 KO zu werten, wenn ein Schuldner, der sich zu Leistungen aus den unpfändbaren Einkommensteilen verpflichtet hat, nach-träglich seine Zahlungen einstellt.[57] Fraglich – und vom Gesetzgeber der InsNov 2002 befürchtet[58] – ist, ob nach Ansicht des OGH künftig nicht bloß bei Einlei-tung, sondern auch im Lauf des Abschöpfungsverfahrens zu prüfen ist, ob die Restschuldbefreiung wahrscheinlich erreicht werden kann.

---

[55] Dazu oben Punkt B.3.b).
[56] Siehe oben Punkt B.3.b) und B.3.c).
[57] OGH 15.2.2001 ZIK 2001/175, 104.
[58] Siehe die ErläutRV zur InsNov 2002, 988 BlgNR 21. GP 41.

a) Leistung aus dem Existenzminimum

Nur in diesem Ausnahmefall kann – vom Grundansatz des OGH ausgehend – eine Einstellung befürwortet werden. Erklärt sich ein Schuldner freiwillig[59] zu Zahlungen bereit, um das Einleitungshindernis zu überwinden, dann unterwirft er sich einer Leistungspflicht vergleichbar der des § 210 Abs 1 Z 1 KO. Kommt er ihr in der Folge nicht nach, dann ist es aus Sicht der Rechtsprechung konsequent, das als Obliegenheitsverletzung zu werten, damit das von ihr vertretene Hindernis für die Durchführung des Abschöpfungsverfahrens nachträglich schlagend werden kann.

Folgestreitigkeiten sind jedoch vorprogrammiert. Was gilt insbesondere, wenn auf Grund unvorhergesehener Verschlechterungen (zB Krankheit) das unpfändbare Einkommen zur Gänze gebraucht und daher nicht abgeführt wird? Der OGH hat zwar zutreffend darauf hingewiesen, dass eine Obliegenheitsverletzung nur bei schuldhaftem Verhalten die Einstellung nach sich ziehen kann (§ 211 Abs 1 Z 2 KO), doch erfolgt die Zahlungseinstellung selbst vorsätzlich, also jedenfalls aus einem Verschulden heraus. Sollen jedoch die Obliegenheiten eine Wohlverhaltensperiode gewährleisten,[60] kann nur dann eine Verletzung vorliegen, wenn dem Schuldner der Vorwurf gemacht werden kann, sich eben nicht wohl verhalten zu haben. Da es aber *niemandem zumutbar* ist, die zur *Existenzerhaltung unbedingt nötigen* und dementsprechend vom Gesetz dem Schuldner garantierten *Beträge auch in unvorhergesehenen Notlagen abzuführen,* liegt diesfalls – bei verständiger Wertung der freiwilligen Leistungsverpflichtung zu Beginn des Abschöpfungsverfahrens – keine Obliegenheitsverletzung vor. Bei Zahlungseinstellung kommt es also darauf an, ob diese auf eine Verschlechterung der Umstände zurückzuführen ist oder einfach in Verletzung der Leistungspflicht erfolgt.

b) Keine Einstellung wegen Unwahrscheinlichkeit der Restschuldbefreiung

Abgesehen von bestimmten strafgerichtlichen Verurteilungen, mangelnder Mitwirkung am Einstellungsverfahren und dem Tod des Schuldners kann ein Abschöpfungsverfahren nur wegen schuldhafter Verletzung einer Obliegenheit eingestellt werden.[61] *Strikt abzulehnen* wäre es, wenn, wie vom Gesetzgeber befürchtet, künftig *allein wegen Wegfalls der Aussichten auf Restschuldbefreiung eine Verfahrenseinstellung erfolgen sollte:* Erstens gibt es dafür keinerlei Anhaltspunkt im Gesetz, insbesondere auch nicht durch Heranziehung des § 183 KO. Dann entspräche diese Vorgangsweise nicht der „Struktur des Abschöpfungsverfahrens", mit dessen Einleitung der Schuldner eine Chance auf Schuldenregulierung erhält, die er nur durch Verletzung seiner Wohlverhaltenspflichten verspielen kann. Eine davon unabhängige Einstellung wäre auch ungleich

---

[59] Eine Verpflichtung scheidet wegen § 293 EO aus.

[60] *Holzhammer*, Österreichisches Insolvenzrecht⁵ (1996) 227; *Mohr* in *Konecny/Schubert*, Komm § 210 KO Rz 1.

[61] Nach alter Rechtslage; vgl künftig § 210a KO.

schuldnerfeindlicher als die bloße Verweigerung der Verfahrenseinleitung, weil damit die Sperrfrist des § 201 Abs 1 Z 6 KO greift. Schließlich besteht die Gefahr, dass die Gerichte mit erheblichem zusätzlichen Prüfungsaufwand belastet werden. Die (gesetzlich ohnedies nicht vorgesehene) Prognose bezüglich der Restschuldbefreiungsmöglichkeit hat daher auf das Stadium der Verfahrenseinleitung beschränkt zu bleiben.

D. Konsequenzen für „Altverfahren"

Insgesamt betrachtet zeigt sich, dass die Rechtsprechung zum Einleitungshindernis der Unwahrscheinlichkeit der Restschuldbefreiung keine gesetzliche Grundlage hat, weder auf eine Lückenhaftigkeit der Regelung der Einleitungshindernisse noch auf die Struktur des Abschöpfungsverfahrens oder auf einen Vergleich zu den Bestimmungen über die Konkurseröffnung bei mangelnder Kostendeckung gestützt werden kann. Der OGH hat zwar ein Grundproblem des Abschöpfungsverfahrens aufgezeigt, weil es auf den ersten Blick tatsächlich als sinnlos erscheinen mag, dieses einzuleiten, wenn wahrscheinlich oder sogar mit großer Sicherheit keine Bereinigung der Insolvenz durch Restschuldbefreiung zu erwarten ist. Das ist jedoch nicht die Sicht des Gesetzgebers, war sie schon nicht bei Schaffung des Abschöpfungsverfahrens durch die KO-Nov 1993, und für sie sprechen zumindest so gute Gründe wie für die Gegenmeinung des OGH. Es ist verständlich, dass eine in einer zentralen Rechtsfrage von den gesetzgeberischen Vorstellungen klar abweichende Rechtsprechung durch eine Gesetzesänderung (eigentlich nur eine Gesetzesklarstellung) unterbunden wird. Es wäre wünschenswert, wenn der OGH dies akzeptiert und *sofort seine Judikatur korrigiert,* also nicht erst hinsichtlich der nach dem 30.6.2002 eingeleiteten Abschöpfungsverfahren, sondern auch für in zu diesem Zeitpunkt anhängige Einleitungsstreitigkeiten. *Keineswegs* erlaubt es die alte Rechtslage, den vom Gesetzgeber[62] befürchteten weiteren Schritt zu gehen und nun in *laufenden Abschöpfungsverfahren* zu beginnen, *bei Fortfall der Aussichten auf Restschuldbefreiung einen Einstellungsgrund anzunehmen.*

III. Rechtslage nach In-Kraft-Treten der Insolvenzrechts-Novelle 2002

A. Taxative Aufzählung der Einleitungshindernisse

Die Rechtsprechung nimmt ein in § 201 KO nicht erwähntes Einleitungshindernis an. Daher wird dort in Abs 1 durch die Formulierung „Der Antrag auf Durchführung des Abschöpfungsverfahrens ist *nur* abzuweisen, wenn ..." klargestellt, dass die Einleitungshindernisse taxativ aufgezählt sind. Da sich unter diesen die „Unwahrscheinlichkeit der Restschuldbefreiung" nicht findet, darf aus diesem Grund kein Einleitungsantrag abgewiesen werden. Überdies bleibt

---

[62] ErläutRV zur InsNov 2002, 988 BlgNR 21. GP 41.

der Charakter der Einleitungshindernisse als Sanktion unredlichen Schuldnerverhaltens unverändert, wozu dessen wirtschaftliche Schwäche nicht zählt.[63] Damit und auch durch die scharfe Ablehnung in den Gesetzeserläuterungen ist einer Aufrechterhaltung der derzeitigen Praxis im Analogieweg[64] jegliche Grundlage entzogen.

Die kleine Änderung in § 201 Abs 1 KO, eigentlich ja nur eine Klarstellung der geltenden Rechtslage, ist zu begrüßen. Sie verschafft dem *sanierungsfördernden Konzept hinter dem Abschöpfungsverfahren wieder Geltung und befreit die Gerichtspraxis gleichzeitig von einer Vielzahl unnötiger Streitigkeiten.* Da es bei einkommensschwachen und unverändert insolventen Schuldnern außerhalb eines Insolvenzverfahrens keine Möglichkeit einer Schuldenregulierung gibt, ist es nicht nur aus Sicht des Schuldners, sondern auch der (Mehrheit der) Konkursgläubiger sinnvoller, das Abschöpfungsverfahren in der Hoffnung einzuleiten, dass unvorhergesehene Änderungen doch noch zu einer Restschuldbefreiung führen.

B. Änderungen bei den Kostendeckungsvorschriften

§ 183 KO wird zugangsfreundlicher gestaltet, um Zahlungspläne mit geringeren Quoten zu ermöglichen.[65] Daher wird für den Fall mangelnder Kostendeckung davon abgesehen, dass der Schuldner das Erreichen der Restschuldbefreiung im Abschöpfungsverfahren bescheinigen muss. Stattdessen hat er nur mehr glaubhaft zu machen, dass seine Einkünfte die Verfahrenskosten voraussichtlich decken werden. Diese Änderung ist zu begrüßen, weil sie eine Rückbesinnung auf den Sinn der Kostendeckung darstellt und Schuldenregulierungen erleichtert.[66] Auslegungsfragen wirft allenfalls der Begriff der *„Einkünfte"* auf, der angesichts der Konkurseröffnungen fördernden Änderung *weit aufzufassen,* nicht etwa bloß auf Arbeitseinkommen zu beschränken ist.

Zudem gilt nun *auch im Abschöpfungsverfahren das Kostendeckungsprinzip.* Gemäß § 202 Abs 1 KO hat das Gericht nur dann das Abschöpfungsverfahren einzuleiten, wenn dessen Kosten durch die dem Treuhänder zukommenden Beträge voraussichtlich gedeckt sind. Da sich die Vergütung des Treuhänders nunmehr in Prozentsätzen der bei ihm einlangenden Beträge bemisst (§ 204 KO), genügt es (von Erhöhungsfällen gem § 204 Abs 2 iVm § 82b KO abgesehen), wenn die Mindestentlohnung gesichert erscheint. Der Begriff *„Beträge"* umfasst im Hinblick auf die einleitungsfreundliche Tendenz des Gesetzes *alle beim Treuhänder eingehenden Werte,* also etwa auch von Dritten geleistete Kostenzuschüsse (vgl die entsprechende Verwendung dieses Ausdrucks in § 204 Abs 1 KO; daher ist aus § 203 Abs 1 KO, der die vom Treuhänder durch Abtretung er-

---

[63] Siehe Punkt II.B.3.a).

[64] Auch bei taxativen Regelungen ist eine analoge Erweiterung nicht gänzlich ausgeschlossen: s nur *Koziol/Welser*, Grundriss des bürgerlichen Rechts I[12] (2002) 28.

[65] ErläutRV zur InsNov 2002, 988 BlgNR 21. GP 38.

[66] Näheres dazu oben bei Punkt II.B.3.b).

langten Beträge den sonstigen Leistungen des Schuldners und Dritter gegenüberstellt, nicht abzuleiten, dass nur Schuldner mit Einkommen in das Abschöpfungsverfahren gelangen können). Ungeregelt ist, ob das eingeleitete Abschöpfungsverfahren *einzustellen* ist, wenn nachträglich keine Kostendeckung mehr gegeben ist. Das ist für den Fall zu bejahen, dass *für die weitere Dauer des Abschöpfungsverfahrens das Eingehen kostendeckender Beträge auszuschließen ist,* doch sollte das angesichts der geringen Mindestvergütung von 10 € pro Monat zuzüglich USt keine nennenswerten praktischen Probleme aufwerfen.

IV. Schlussbemerkung

Der OGH hat in den letzten Jahren durch die Annahme des gesetzlich nicht vorgesehenen Hindernisses der Unwahrscheinlichkeit der Restschuldbefreiung die Einleitung von Abschöpfungsverfahren erschwert. Mit dieser Judikatur waren nur wenige Verfahrensbeteiligte zufrieden: Die Schuldner konnten seltener den Weg der Sanierung beschreiten. Für die Mehrzahl der Konkursgläubiger bestanden damit weder Aussichten auf Schuldenregulierung noch eine faktische Chance der Forderungsbefriedigung im Exekutionsweg; erfreulich war die Rechtsprechung des OGH bloß für die unter § 12a KO fallenden Gläubiger sowie für einzelne Konkursgläubiger, die sich im nun wieder anhebenden Wettrennen schneller als andere ein exekutives Pfandrecht verschafften. Nicht zuletzt bewirkte die Rechtsprechung des OGH, dass auch die Konkursgerichte zusehends mit Streitigkeiten belastet wurden. Der Gesetzgeber der InsNov 2002 hat dem einen Riegel vorgeschoben und sichergestellt, dass Abschöpfungsverfahren auch dann einzuleiten sind, wenn zu Verfahrensbeginn die Erreichung der Restschuldbefreiung unwahrscheinlich ist. Da es keine sinnvolle Alternative außerhalb eines Insolvenzverfahrens gibt, wird der verfahrensökonomischen Variante des Abschöpfungsverfahrens der Vorzug gegeben, und zwar in der Hoffnung, es könnten in der langen Zeit von sieben bis zehn Jahren Ereignisse eintreten, die doch noch eine Restschuldbefreiung und damit im Interesse aller Beteiligten eine Bereinigung der Insolvenz ermöglichen. Es ist zu begrüßen, dass der Gesetzgeber der stets auf tunlichste Schuldenregulierung bedachten Zielsetzung hinter dem Abschöpfungsverfahren wieder zum Durchbruch verhilft.

„Unverzügliche" Einbringung und „gehörige Fortsetzung" der Titelklage nach Zustellung der Anfechtungsmitteilung (§ 9 AnfO)

Bernhard König

I. Einleitung

Am 15.12.2000 erfährt ein Gläubiger, der bisher trotz fälliger Forderung gegen seinen Schuldner von einer gerichtlichen Geltendmachung dieser Forderung abgesehen hat, von der Schenkung einer Liegenschaftshälfte, die der Schuldner am 26.2.1999 zugunsten seiner (zwischenzeitlichen Ex-)Ehefrau vorgenommen hat. Verhandlungen mit dem tatsächlich nunmehr praktisch mittellosen Schuldner schließen sich an; die Beschenkte hatte schon vorher dem Gläubiger gegenüber erklärt, dass die im Miteigentum mit ihrem Exgatten stehende Liegenschaft verkauft werden und der Verkaufserlös „in erster Linie" zur Tilgung der Schuld dienen soll. Am 22.2.2001 erhebt der Gläubiger nach zwei vergeblichen Fristsetzungen der Beschenkten gegenüber (sie sollte sich zu vorliegenden Kaufanboten äußern) Klage gegen seinen Schuldner und lässt eine „Anfechtungsmitteilung" an die Beschenkte zustellen. Kann ihm im Anfechtungsprozess erfolgreich entgegengehalten werden, er habe die Titelklage nicht „unverzüglich" (§ 9 Abs 1 Z 2 AnfO) eingebracht?

Die in der AnfO geregelte Anfechtung von Rechtshandlungen eines Schuldners durch einen Gläubiger außerhalb des Konkursverfahrens hat zur Voraussetzung, dass dieser Gläubiger über eine *vollstreckbare* Forderung gegen seinen Schuldner verfügt (§ 8 Abs 1 AnfO). Im Gegensatz zur Anfechtung nach der Konkursordnung (§ 43 Abs 2 KO) sind darüber hinaus die vom Zeitpunkt der Vornahme der anzufechtenden Rechtshandlung an laufenden „kritischen" Fristen hier gleichzeitig Klagsfristen. Innerhalb dieser Fristen muss also der Anfechtungsanspruch zumindest gerichtsanhängig gemacht werden. Der Fristlauf beginnt unabhängig davon, ob der Gläubiger Kenntnis von der anzufechtenden Rechtshandlung erlangt hat oder nicht.

II. Die gesetzliche Vorgabe

1. Bereits aus Anlass der ersten umfassenden Regelung der Anfechtung (außerhalb des Konkurses), nämlich im AnfG 1884, erkannte der Gesetzgeber die Gefahr, dass es dem Schuldner gelingen könnte, den Eintritt der Vollstreckbarkeit der gegen ihn gerichteten Forderung bis zum Ablauf der „kritischen" Fristen zu verhindern und so „dem Gläubiger die Möglichkeit zur Ausübung des Anfechtungsrechtes definitiv abzuschneiden".[1] § 33 AnfG 1884 sah daher eine durch eine rechtzeitige *Anfechtungsmitteilung* auszulösende, freilich starre Fristverlängerung von zwei Jahren vor: „Hat der Gläubiger, bevor seine Forderung vollstreckbar geworden ist, ... denjenigen, welchem gegenüber eine der ... (anfechtbaren) Rechtshandlungen vorgenommen wurde, ... von seiner Absicht, diese Handlung anzufechten, durch gerichtliche oder notarielle Zustellung in Kenntnis gesetzt, so wird die ... (Anfechtungs-)Frist vom dem Zeitpunkte der Zustellung zurückgerechnet, sofern bis zum Ablaufe von zwei Jahren seit diesem Zeitpunkte die gerichtliche Geltendmachung des Anfechtungsrechtes erfolgt ... ." Diese – offensichtlich vom dAnfG übernommene – Regelung wurde insoweit zunächst auch in das Nachfolgegesetz, nämlich in die geltende AnfO 1914 (dort § 9 aF) übernommen.

Diese Regelung hatte zur Folge, dass nach Ablauf der starren verlängerten Frist dem bis dahin immer noch titellos gebliebenen (Anfechtungs-)Gläubiger „eben nicht (mehr) zu helfen" war; er verlor – trotz der durch die Anfechtungsmitteilung zunächst erreichten „Schonfrist" – mangels Titels gegen seinen Schuldner den Anfechtungsanspruch gegen den Anfechtungsgegner,[2] mochte er sich auch noch so diligent um die Erlangung des Exekutionstitels bemüht haben.

Diese Tatsache war Beweggrund für den jüngeren Gesetzgeber, § 9 AnfO zu ändern.[3] Tatsächlich wurde in der AnfO-Novelle 1968[4] eine flexible Form der „Erstreckung der Anfechtungsfristen" eingeführt: Der fixe Rahmen der Erstreckungsmöglichkeit (zwei Jahre) wurde fallen gelassen, dafür aber im hier interessierenden Bereich dem anfechtungswilligen Gläubiger prozessuale Sorgfaltspflichten im Zusammenhang mit dem Titelverfahren auferlegt. Er muss nun, nachdem er von der anfechtbaren Rechtshandlung des Schuldners erfahren hat – und nicht erst nach Zustellung der Anfechtungsmitteilung[5] –, die Titelklage gegen seinen Schuldner *„unverzüglich"* einbringen und das Verfahren darüber *„gehörig fortsetzen"*. Tut er dies und lässt er dem potentiellen Anfechtungsgegner die Anfechtungsmitteilung so zustellen, dass sie diesem vor Ablauf

---

[1] *Steinbach*, Commentar zu den Gesetzen vom 16. März 1884 über die Anfechtung von Rechtshandlungen[2] (1884) 130.

[2] *Ehrenzweig*, Kommentar zur Anfechtungsordnung und zu den Anfechtungsnormen der Konkursordnung (1916) 503; *Presser*, Die Anfechtungsfristen und deren Erstreckung, ZBl 1916, 904.

[3] So ausdrücklich die Erläut zur RV eines Bundesgesetzes, mit dem § 9 der Anfechtungsordnung geändert wird, 812 BlgNR 11. GP 2. – Das geltende dAnfG behält die starre Regelung bei (vgl *König*, ZZP 114 [2001] 522 [Buchbesprechung]).

[4] BGBl 1968/240.

[5] OGH 31.1.1996 SZ 69/22.

der kritischen Anfechtungsfrist zugeht, hat er bis zum Ende des sechsten Monats[6] nach dem Eintritt der Vollstreckbarkeit des Titels gegen den Schuldner Zeit, die Anfechtungsklage einzubringen. Ob der Titel innert zweier Jahre erreicht wird oder nicht, ist unerheblich. Diese Bestimmung (§ 9 AnfO idFd Nov 1968), die „den Gläubiger nötigt, sich um die Schaffung jener Voraussetzung (Vollstreckbarkeit der Titelforderung) tätig zu bemühen",[7] war Ergebnis einer Interessenabwägung zwischen dem Vorteil, der dem Gläubiger durch die nunmehr elastische Verlängerung der Anfechtungsfrist geboten wurde, und dem Interesse des (potentiellen) Anfechtungsgegners, nicht über Gebühr in der unsicheren Lage einer möglichen Anfechtung verhalten zu sein. Die Erläut zur RV der Novelle 1968[8] sprechen daher ausdrücklich von einer „Obliegenheit" des Gläubigers, die „ihn zur ehesten Schaffung der Anfechtungsvoraussetzung zwingt".

2. Bei der Umschreibung dieser „Obliegenheit" des Gläubigers (und späteren Anfechtungsklägers) bediente sich der Gesetzgeber zweier in der österreichischen Rechtssprache bekannter Begriffe: Die „gehörige Fortsetzung" des Verfahrens ist als (neben der rechtzeitigen Klagseinbringung) zweite Bedingung zur Unterbrechung einer Verjährungsfrist § 1497 ABGB entnommen,[9] während das Wort „unverzüglich" in zahlreichen handelsrechtlichen Vorschriften – auf die §§ 362 Abs 1, 373 Abs 5, 376 Abs 4, 377 Abs 1 HGB und § 83 Abs 1 (und 2) AktG 1965 verweisen die Erläut zur RV der Nov 1968 selbst beispielhaft („vergleiche")[10] –, aber auch in sonstigen (zivilrechtlichen) Vorschriften (zB §§ 230, 862a, 1170a ABGB; § 22 Abs 1 Z 1 und 2 URG) Verwendung findet. Diese Formulierungen sollen, wie erwähnt, nach den Intentionen der Erläut zur RV der AnfO-Novelle 1968 bewirken, dass der Gläubiger einerseits – arg: „Verfahren gehörig fortsetzen" – „um die Führung und die Beendigung des (Titel-)Verfahrens tätig bemüht sein muss" und andererseits – arg: „unverzüglich" – „zum ehesten Handeln, sobald dafür die objektiven Voraussetzungen gegeben sind, etwa die notwendigen Beweise vorliegen", verpflichtet ist.[11]

3. Die Einhaltung der in § 9 AnfO genannten Sorgfaltsanforderungen – „unverzügliche" Einbringung und „gehörige Fortsetzung" des Titelverfahrens – werden erst im Anfechtungsprozess geprüft. Ihre Nichteinhaltung hat zumeist zur Folge, dass der Anfechtungskläger nicht nur die Kosten des Anfechtungsprozesses, sondern letztlich auch die Prozesskosten für den erfolgreichen Titel-

---

[6] Während dieser 6-Monatsfrist hat der Gläubiger Zeit, „die Voraussetzungen der Uneinbringlichkeit der Forderung zu klären" (Erläut zur RV, 812 BlgNR 11. GP 5).

[7] Erläut zur RV, 812 BlgNR 11. GP 4.

[8] Erläut zur RV, 812 BlgNR 11. GP 3.

[9] Zur Entstehungsgeschichte *König*, § 279 ZPO und die „gehörige Fortsetzung" des Verfahrens, JBl 1976, 303 f; der Begriff wird auch verwendet in § 256 Abs 2 EO („nicht gehörige Fortsetzung des Verkaufsverfahrens" bei der Zwangsversteigerung), in § 1495 ABGB idFd BGBl 1978/280, in § 18 Abs 3 KartG idFd BGBl 1993/693, in § 22 Abs 1 Z 1 URG.

[10] Erläut zur RV, 812 BlgNR 11. GP 5.

[11] Erläut zur RV, 812 BlgNR 11. GP 5.

prozess – mangels Einbringlichkeit beim Schuldner – zu tragen hat. Eine unerfreuliche Aussicht!

Die Prüfung dieser Anforderungen erfolgt „aus den Augen des Anfechtungsverfahrens"; dessen inhaltliche Voraussetzungen unterscheiden sich regelmäßig von jenen des Titelverfahrens: Einerseits genügt es für das Titelverfahren, wenn der Anspruch vor Ablauf der Verjährungsfrist oder einer allfälligen Präklusionsfrist gerichtlich geltend gemacht wird. Andererseits wird sich zeigen (unten Punkt IV.3.), dass die Prozessbetreibungspflicht trotz gleicher Bezeichnung („gehörige Fortsetzung") unterschiedlich zu beurteilen ist.

III. Maßgeblichkeit der „handelsrechtlichen" Vorschriften bei der Auslegung der „Unverzüglichkeit" in § 9 Abs 1 Z 2 AnfO

A. Allgemeine Bemerkungen

1. § 121 Abs 1 BGB enthält eine Legaldefinition des Wortes „unverzüglich". Unverzüglich heißt demnach „ohne schuldhaftes Zögern". Als schuldhaft wird ein Zuwarten dann angesehen, wenn es nicht durch die Umstände des Falles geboten ist.[12] Bei der Prüfung der Frage, ob trotz Zuwartens noch kein schuldhaftes Zögern vorliegt, wird – wegen des Zweckes der Norm: „Abkürzung des Zustands der Ungewissheit über den Stand des Rechtsgeschäfts" – zu Recht ein strenger Maßstab angelegt. Die tatsächliche Länge der Frist wird freilich letztlich „durch die – von Fall zu Fall flexiblen – Kriterien der verkehrserforderlichen Sorgfalt und der Zumutbarkeit" bestimmt.[13] Auf § 121 BGB als Auslegungsrichtschnur wird daher auch von den Kommentatoren des (d)HGB an jenen Stellen verwiesen, die das Wort „unverzüglich" verwenden.[14] Daraus ergibt sich *auch dort*, dass sich die konkrete Bemessung der „Unverzüglichkeit" „nach den Umständen des Falls", „je nach Bedeutung und Branchenüblichkeit",[15] nach

---

[12] *Kramer* in *Rebmann/Säcker/Rixecker* (Hrsg), Münchener Kommentar zum Bürgerlichen Gesetzbuch I⁴ (2001) § 121 BGB Rz 7.

[13] *Canaris* in *Staub*, Großkommentar HGB III/2³ (1978) § 362 HGB Anm 14.

[14] ZB zu § 362 Abs 1 HGB *Hefermehl* in *Schlegelberger*, Handelsgesetzbuch IV⁵ (1976) § 362 HGB Rz 17, 20; *Horn* in *Heymann*, Handelsgesetzbuch IV (1990) § 362 HGB Rz 10; *Wagner* in *Röhricht/Westphalen* (Hrsg), Handelsgesetzbuch² (2001) § 362 HGB Rz 12; *Welter* in *Schmidt* (Hrsg), Münchener Kommentar zum Handelsgesetzbuch V (2001) § 362 HGB Rz 28; zu § 373 Abs 5 HGB *Hefermehl* in *Schlegelberger*, Handelsgesetzbuch V⁵ (1982) § 373 HGB Rz 38; zu § 377 Abs 1 HGB *Horn* in *Heymann*, Handelsgesetzbuch IV § 377 HGB Rz 22; *Wagner* in *Röhricht/Westphalen*, Handelsgesetzbuch² § 377 HGB Rz 38.

[15] *Horn* in *Heymann*, Handelsgesetzbuch IV § 362 HGB Rz 10; *Welter* in Münchener Kommentar zum Handelsgesetzbuch V § 362 HGB Rz 29.

den „konkreten Umständen des Geschäfts",[16] nach dem „in der Branche und in der Situation *einem ordentlichen Kaufmann*" (!) Zumutbaren bestimmt.[17]

2. Auch in Österreich wird – trotz Fehlens einer dem § 121 BGB vergleichbaren Norm – ebenso wie in der BRD vor allem im Zusammenhang mit handelsrechtlichen Vorschriften (dazu gleich unten in Punkt B.) „unverzüglich" als „ohne schuldhaftes Zögern" (vgl etwa § 69 Abs 2 KO) ausgelegt[18] und damit ebenso eine flexible fallabhängige Prüfung für erforderlich gehalten.

B. Maßgeblichkeit der „handelsrechtlichen" Vorschriften?

1. Oben wurde erwähnt, dass die Erläut zur RV der AnfO-Novelle 1968 auf die Verwendung des Wortes „unverzüglich" in einigen handelsrechtlichen Vorschriften verweisen.[19] Ist damit jene Frist maßgeblich, die die handelsrechtliche Lehre und Rechtsprechung in den dortigen Fällen zubilligt?

2. Der Hinweis („vergleiche die Verwendung ...") in den Erläut bedeutet jedoch *in keiner Weise*, dass sich das *konkrete Ausmaß* der „Unverzüglichkeit" in § 9 AnfO nach diesen „handelsrechtlichen" Vorschriften im Sinn einer „linearen" Übernahme der dortigen Auslegungsergebnisse bestimmt.[20] Dies ist allein schon daraus ersichtlich, dass sich einerseits das Ausmaß der „Unverzüglichkeit" bei den einzelnen zitierten handelsrechtlichen Vorschriften jeweils erheblich unterscheidet und andererseits unbestreitbar die jeweiligen handelsrechtlichen Vorschriften, die das Wort „unverzüglich" gebrauchen, von gänzlich anderen „Umständen" ausgehen als § 9 AnfO.

a) Zu § 362 HGB wird etwa vertreten, dass die Ablehnung „idR innerhalb weniger Tage",[21] „idR noch am Tag des Antrages"[22] erfolgen muss. Zu § 377 HGB wird als „grober Anhaltspunkt" für die „Unverzüglichkeit" eine Woche angegeben;[23] jedenfalls sei eine Mängelrüge nach mehr als einem Monat in der

---

[16] *Wagner* in *Röhricht/Westphalen*, Handelsgesetzbuch[2] § 362 HGB Rz 12.

[17] *Horn* in *Heymann*, Handelsgesetzbuch IV § 377 HGB Rz 22; ähnlich (Hinweis auf § 347 HGB!) *Hefermehl* in *Schlegelberger*, Handelsgesetzbuch IV[5] § 362 HGB Rz 20; *Kerschner* in *Jabornegg* (Hrsg), Kommentar zum HGB (1997) § 362 HGB Rz 13.

[18] Vgl nur *Schuhmacher* in *Straube* (Hrsg), Kommentar zum Handelsgesetzbuch I[2] (1995) § 362 HGB Rz 11; *Kramer* in *Straube*, Kommentar I[2] §§ 377, 378 HGB Rz 28; *Kerschner* in *Jabornegg*, HGB § 362 HGB Rz 13, § 373 HGB Rz 31, §§ 377, 378 HGB Rz 104; *Strasser* in *Schiemer/Jabornegg/Strasser* (Hrsg), Kommentar zum Aktiengesetz[3] (1993) §§ 77-84 AktG Rz 25 und 28.

[19] Siehe auch OGH 18.12.1996 ZIK 1997, 188.

[20] AM offenbar *Langer*, Die Anfechtungsmitteilung nach § 9 AnfO, ZIK 1997, 170 (173).

[21] *Welter* in Münchener Kommentar zum Handelsgesetzbuch V § 362 HGB Rz 29.

[22] *Hefermehl* in *Schlegelberger*, Handelsgesetzbuch IV[5] § 362 HGB Rz 17.

[23] *Horn* in *Heymann*, Handelsgesetzbuch IV § 377 HGB Rz 22; *Kerschner* in *Jabornegg*, HGB § 377 HGB Rz 83 (zur Untersuchungspflicht); siehe auch *Hefermehl* in *Schlegelberger*, Handelsgesetzbuch V[5] § 377 HGB Rz 74.

Regel verspätet.[24] Soll nun die „Regelfrist" des § 362 HGB oder jene des § 377 HGB bei der Auslegung des § 9 Abs 1 Z 2 AnfO herangezogen werden?

b) Weiters: Unbestritten ist, dass die Auslegung des Wortes „unverzüglich" in den oben genannten Bestimmungen von *einer einen Kaufmann treffenden (besonderen) Sorgfaltspflicht* (§ 347 HGB) ausgeht.[25] Da es sich beim Anfechtungskläger nicht um einen Kaufmann handeln muss, bestehen gegen eine „lineare" Übernahme der Kriterien für die „Unverzüglichkeit" aus den handelsrechtlichen Vorschriften auch aus diesem Aspekt Bedenken. Ein Kaufmann unterliegt bekanntlich einem qualifizierten Sorgfaltsmaßstab.

c) Darüber hinaus ist bei der Auslegung des Wortes „unverzüglich" in § 362 HGB nicht zu übersehen, dass der Adressat nicht irgendein zur Klagsführung genötigter (und in seinem Befriedigungsrecht beeinträchtigter) Gläubiger ist, sondern ein Kaufmann, „dessen Gewerbebetrieb die Besorgung von Geschäften für andere mit sich bringt" und dem ein solcher Antrag „von jemand zu(geht), mit dem er in Geschäftsverbindung steht". Nach § 377 HGB handelt es sich um ein „Handelsgeschäft", wobei der zur „unverzüglichen" Anzeige Verpflichtete die Waren bestellt hat (und wohl auch deren Lieferung erwartete).

3. Der erwähnte Hinweis sollte nur dokumentieren, dass das Wort „unverzüglich" in der österreichischen Legistik gebräuchlich ist und durch Sorgfalts- und Zumutbarkeitskriterien inhaltlich bestimmt wird. Daher kann dem OGH[26] nur vorbehaltlos zugestimmt werden, wenn er zur Frage der erforderlichen „unverzüglichen" (so der OGH ausdrücklich) Fortführung eines wegen eines Strafverfahrens (gem § 191 ZPO) unterbrochenen Zivilprozesses nach Einstellung des Strafverfahrens (§ 90 Abs 1 StPO) festhält: *„Die zu § 377 HGB ergangene Rechtsprechung kann entgegen der Ansicht des Beklagten keineswegs herangezogen werden, weil sie eine völlig andere Interessenlage betrifft; ,unverzüglich' heißt im Zusammenhang mit der Frage, ob ein Verfahren gehörig fortgesetzt wurde, nichts anderes als ohne unnötigen Aufschub."*[27] Eine „lineare" Übernahme der „zeitlichen" Auslegungsergebnisse zu den oben genannten „handelsrechtlichen" Vorschriften bei der Auslegung des Wortes „unverzüglich" in § 9 Abs 1 Z 2 AnfO ist demnach unrichtig.

---

[24] *Kramer* in *Straube*, Kommentar I² §§ 377, 378 HGB Rz 38; *Kerschner* in *Jabornegg*, HGB § 377 HGB Rz 106; stRsp (vgl nur RIS-Justiz RS0062387).

[25] *Hefermehl* in *Schlegelberger*, Handelsgesetzbuch IV⁵ § 362 HGB Rz 20; *Horn* in *Heymann*, Handelsgesetzbuch IV § 377 HGB Rz 22; *Kerschner* in *Jabornegg*, HGB § 362 HGB Rz 13.

[26] 9.12.1997, 4 Ob 290/97v (tlw veröffentlicht in RdW 1998, 265).

[27] In concreto war (freilich bei einer Verjährungsfrist von 3 Jahren) die Wiederaufnahme nach einem („unbegründeten") Verfahrensstillstand vom 25.9. bis 19.11. noch „unverzüglich".

IV. Die „unverzügliche" Einbringung und „gehörige Fortsetzung" der Titelklage (§ 9 Abs 1 Z 2 AnfO)

Ohne Zweifel hat der Gesetzgeber durch die Verwendung der Worte „unverzüglich" und „gehörige Fortsetzung" in § 9 Abs 1 Z 2 AnfO *bewegliche Begriffe* für die Zeitumschreibung gewählt. Damit ist bei der Auslegung des Wortes „unverzüglich" in § 9 Abs 1 Z 2 AnfO – wenn man zunächst einen objektiven Maßstab anlegt – einerseits zu beachten, dass es sich um eine Fristbestimmung zur Vornahme einer Verfahrenshandlung handelt, und andererseits die Länge jener Frist in Rechnung zu stellen, die durch die Obliegenheit, „unverzüglich" zu handeln, geschützt werden soll.

1. Zunächst aber ist noch folgender Umstand erheblich: Da auch der Begriff „gehörige Fortsetzung" des Verfahrens (§ 1497 ABGB) die Vornahme von Verfahrenshandlungen (in einem bereits anhängigen Verfahren) betrifft und kein Grund besteht anzunehmen, dass die Obliegenheit des Gläubigers, ein Verfahren einzuleiten, an strengere Bedingungen geknüpft ist als die Obliegenheit des Gläubigers, das bereits anhängige Verfahren zu betreiben, liegt es nahe, im gegebenen Zusammenhang letztlich „unverzüglich" anhand gleicher Maßstäbe zu messen ist wie das „gehörige Fortsetzen" des „unverzüglich" einzuleitenden Verfahrens. Mit anderen Worten: Ein Tätigwerden innerhalb einer bestimmten Zeit, das ein bereits anhängiges Verfahren als „gehörig fortgesetzt" erscheinen lässt, erfüllt das Kriterium der „Unverzüglichkeit" einer Klagserhebung allemal! Die Richtigkeit dieser Überlegung belegen all jene Fälle, in denen die Bestimmungen des § 1497 ABGB über die „gehörige Fortsetzung" auch dann angewendet werden, wenn es nach einer (vergeblichen) anderweitigen Geltendmachung des Anspruchs *erstmals* zur Einbringung der Klage kommt. Diesfalls muss die Klage (zur Aufrechterhaltung der Unterbrechungswirkung) „ohne ungerechtfertigte Verzögerung", also „unverzüglich" im Sinn von „ohne schuldhaftes Zögern" eingebracht werden, wobei die Judikatur dabei die Maßstäbe der „gehörigen Fortsetzung" anlegt. Hierher gehören etwa die Fälle der (erstmaligen) Einbringung der Klage nach Aufhebung des Schiedsspruchs aus materiellrechtlichen Gründen,[28] nach Verweisung des am Strafverfahren Beteiligten (Privatbeteiligter) auf den Zivilrechtsweg,[29] nach Einantwortung durch den Separationsberechtigten,[30] nach Beschäftigung der „Behörden" der EMRK.[31] Auch in der E 26.4.1990[32] setzt der OGH ausdrücklich „unverzüglich, also ohne unnötigen Aufschub" mit „gehöriger Fortsetzung" des Verfahrens (§ 1497 ABGB) gleich. Zur Prüfung, ob dort das Verfahren nach Eintritt des Ruhens „gehörig fortgesetzt" worden war, führte der OGH nämlich aus: „Die Verjährung beziehungsweise Verfristung tritt dann nicht ein, wenn die Fortsetzung des Verfahrens sofort nach Ablauf der Sperrfrist

---

[28] OGH 31.3.1966 SZ 39/63 = JBl 1967, 477.
[29] Etwa OGH 16.5.1972 ZVR 1972, 373; 30.11.1972 ZVR 1974, 124; 17.10.1973 EvBl 1974/63; 6.6.1978 RdA 1978, 361.
[30] OGH 14.12.1966 EvBl 1967/266.
[31] OGH 19.12.1990 SZ 63/223.
[32] SZ 63/71.

(gemeint: für das Ruhen des Verfahrens, § 168 ZPO, also 3 Monate) oder – sofern die Vergleichsverhandlungen andauerten – *unverzüglich, also ohne unnötigen Aufschub*, begehrt wird."[33] Schließlich: Im Zusammenhang mit der hier einschlägigen Vorschrift des § 1497 ABGB wird „unverzüglich" („ohne unnötigen Aufschub") sogar mit *„in angemessener Frist"* gleichgesetzt.[34]

2. Die Rechtsprechung des OGH zeigt weiters, dass die *Länge und Art* jener Frist, die gewahrt werden soll, Einfluss darauf hat, ob noch von „gehöriger Fortsetzung" oder von „unverzüglicher" Geltendmachung gesprochen werden kann. Bei einer *Fallfrist von einem Jahr* (etwa gem § 1111 ABGB) wird ein Zuwarten in der Dauer von mehr als drei und sogar mehr als zwei Monaten als nicht mehr „unverzüglich" angesehen.[35] Entsprechend wird zur *dreißigtägigen Frist* zur Einbringung der Besitzstörungsklage (§ 454 Abs 1 ZPO) vertreten, dass ein Zuwarten von mehr als einem Monat schadet.[36] Alle zu § 1111 ABGB zitierten Entscheidungen (in FN 35) weisen jedoch ausdrücklich darauf hin, dass „bei den wesentlich längeren Verjährungsfristen von drei Jahren" anderes zu gelten habe.[37] Im eingangs geschilderten Fall geht es um die Wahrung einer *zweijährigen Ausschlussfrist* (§ 2 Z 3 AnfO).[38]

---

[33] Ebenso (zur Fallfrist des § 1111 ABGB) OGH 14.11.1985 SZ 58/180.

[34] OGH 9.12.1997, 4 Ob 290/97v (kein sachlicher Unterschied zwischen „unverzüglich" und „in angemessener Frist"); 30.5.1994 JBl 1995, 177 (180); 30.11.1988 JBl 1989, 460 („unverzüglich, also in angemessener Frist"); 17.4.1985 SZ 58/58 („unverzüglich, das heißt in angemessener Frist"); *Schubert* in *Rummel*, Kommentar zum Allgemeinen Bürgerlichen Gesetzbuch II² (1992) § 1501 ABGB Rz 2. – In der handelsrechtlichen Literatur wird dagegen zwischen „sofort", „unverzüglich" und „in angemessener Frist" unterschieden: vgl *Kerschner* in *Jabornegg*, HGB § 377 HGB Rz 15; *Kramer* in *Straube*, Kommentar I² § 376 HGB Rz 24; *Koller* in Großkommentar⁴ (1985) § 376 HGB Rz 17; *Müller* in *Ebenroth/Boujong/Joost* (Hrsg), Handelsgesetzbuch II (2001) § 377 HGB Rz 88; diese Auslegung ist jedoch, wie oben aufgezeigt wurde (Punkt III.B.), hier nicht maßgebend.

[35] OGH 17.4.1985 SZ 58/58; 14.11.1985 SZ 58/180; 9.12.1997, 4 Ob 290/97v (tlw abgedruckt in RdW 1998, 265); 12.5.1999 immolex 2000, 46; 29.8.2000 ZIK 2000, 205.

[36] *Gitschthaler*, Die „nicht gehörig" fortgesetzte Besitzstörungsklage, RZ 1989, 76; vgl auch KG Krems 18.11.1987 MietSlg 39.763. – Zu einer anderen Sicht gelangt *G. Kodek*, Das Besitzstörungsverfahren (2002) 736 ff, da dieser Autor die Frist des § 454 ZPO als prozessuale Frist qualifiziert.

[37] Tatsächlich toleriert zwar der OGH dann, wenn es um die „gewöhnliche" Verjährung geht, unbegründete Stillstände im Zusammenhang mit einem „Ruhen des Verfahrens" bis zu fünf Monaten, freilich unter Einberechnung der gesetzlichen Mindestruhensdauer (§ 168 ZPO): OGH 18.9.1923 SZ 5/211 (etwas mehr als 2 Monate nach Ablauf der Mindestruhensfrist); 20.2.1935 JBl 1935, 387 f (knapp 2 Monate nach Ablauf der Mindestruhensfrist); 4.5.1982 Arb 10.109 (2 ¹/₂ Monate); 3.4.1984, 4 Ob 32/84 (2 ¹/₂ Monate nach Ablauf der Mindestruhensfrist); aus besonderen Umständen strenger freilich OGH 24.4.1992, 1 Ob 568/91 (1 Ob 567/92). Ohne Zusammenhang mit Ruhen des Verfahrens wurde die gerichtliche (Weiter-)Verfolgung des Anspruchs erst nach 5 Monaten (OGH 13.9.1989 JBl 1990, 469), 5 ¹/₂ Monaten (OGH 5.7.2001, 8 Ob 106/00x) und 7 Monaten (OGH 27.6.2001, 7 Ob 140/01s, 141/01p) als „nicht gehörig" qualifiziert. – Weitere Nachweise bei *König*, Die Anfechtung nach der Konkursordnung² (1993) Rz 416 FN 81; *Haun*, Die gehörige Fortsetzung des Verfahrens (Diss Innsbruck 1994).

[38] OGH 26.4.1990 SZ 63/71 (eine Fortsetzung 5 Monate nach Ablauf der Mindestruhensfrist ist im Zusammenhang mit § 2 Z 3 AnfO nicht mehr „gehörig").

3. Zudem ist zu bedenken, dass es zur Einhaltung der „unverzüglich" wahrzunehmenden Frist im Anfechtungsrecht nicht nur – wie in den „handelsrechtlichen" Fällen – einer formfreien Erklärung bedarf. Ebenso wenig bedarf es bloß – wie in den Fällen der „gehörigen Fortsetzung" des Verfahrens im engeren Sinn – eines Antrages auf „Wiederaufnahme" des ohnehin schon in Gang gesetzten (ruhenden) Verfahrens. Hier braucht es eine förmliche Klagseinbringung. Eine erstmalige Erhebung einer Klage verlangt aber – abgesehen von den dabei einzuhaltenden Förmlichkeiten – grundsätzliche Überlegungen über Erfolgsaussichten, Kostenrisiko usw; und dies angesichts eines „zahlungsunfähigen" Schuldners nicht nur für die Titelklage, sondern – und in erster Linie – auch für die Anfechtungsklage. Einer „unverzüglichen" Einbringung der Titelklage bedarf es ja nur, wenn ein Anfechtungsanspruch besteht und mit Aussicht auf Erfolg geltend gemacht werden kann. Wäre nämlich ein Anfechtungsanspruch nicht gegeben, könnte ein Konkurseröffnungsantrag ökonomischer sein, da wohl auch die Prozesskosten für eine (erfolgreiche) Titelklage beim Schuldner nicht einbringlich gemacht werden könnten.

4. Aus alldem folgt, dass für die Einbringung der Titelklage als Voraussetzung der späteren Anfechtungsklage auch ohne besondere Rechtfertigungsgründe jedenfalls ein Zeitraum bis zu 3 Monaten zur Verfügung steht, um die Sorgfaltsanforderungen des § 9 Abs 1 Z 2 AnfO (gerade noch) zu erfüllen. Die bisherigen Ausführungen zeigen aber auch, dass der Sorgfaltsmaßstab für die Einbringung und Betreibung der Titelklage für die Belange der Anfechtungsklage strenger ist als für die Belange der Titelklage selbst: Für die Titelklage selbst bedarf es – wie bereits erwähnt – regelmäßig keiner unverzüglichen Geltendmachung, es genügt, wenn die Forderung gegen den Schuldner innerhalb der Verjährungsfrist eingebracht wird. Daher ist auch das „gehörige Fortsetzen" der Titelklage für diese und für die dort erhobene Einrede der Verjährung nach den gewöhnlichen (zeitlichen) Maßstäben[39] zu messen. Für den nachfolgenden Anfechtungsprozess kann freilich – wegen der Notwendigkeit der Wahrung einer kürzeren Ausschlussfrist – dasselbe Fortsetzen (des Titelverfahrens) nicht sorgfältig genug sein.[40]

V. Fallspezifische Überlegungen

1. Dem eingangs wiedergegebenen Sachverhalt ist zu entnehmen, dass kurz nach Beginn der „unverzüglich" zu wahrenden Frist die von 24.12. bis 6.1. währenden „Weihnachts"-Gerichtsferien (§ 222 ZPO) fielen. Diese (ursprünglich auch zur wissenschaftlichen Weiterbildung der Richter dienende,[41] zwischenzeitlich erweiterte[42] und neuerdings zumindest in Nachbarländern bereits

---

[39] Oben Punkt IV.2.

[40] Im Klartext: Die (zutreffende) Abweisung der Einwendung im Titelprozess, das Verfahren sei nach einem Verfahrensstillstand nicht gehörig fortgesetzt worden, bedeutet nicht, dass eben dieses Titelverfahren auch für den folgenden Anfechtungsprozess als gehörig fortgesetzt iSd § 9 AnfO gilt!

[41] Materialien zu den neuen österreichischen Civilprozeßgesetzen I (1897) 780.

[42] BGBl 1983/135.

aufgehobene[43] oder aufhebungsbedrohte[44]) Einrichtung hat nicht nur eine ver-
dünnte gerichtliche „Versorgung" zur Folge. Während der Gerichtsferien kann
auch eine zur Vergleichs- und Klageführung erforderliche „nachhaltige rechts-
anwaltliche Tätigkeit nicht erwartet werden".[45] Dies bedeutet, dass diese Tatsache bei der Ausmessung der „Unverzüglichkeit", sofern diese gerichtliche
Schritte determiniert, nicht unberücksichtigt bleiben darf, die zur Verfügung stehende Frist also um die Zeit der Gerichtsferien zu verlängern ist.

2. Wenn eine Klage unverzüglich nach dem Scheitern von außergerichtlichen
Vergleichsverhandlungen (und wohl auch einer allfälligen Mediation[46]) eingebracht wird, verstößt eine Berufung auf die (angeblich zwischenzeitlich eingetretene) Verjährung oder Präklusion gegen Treu und Glauben bzw liegt ein
„Hemmungsgrund eigener Art"[47] vor.[48] Freilich müssen solche Vergleichsverhandlungen sinnvoll, also nicht von vorneherein aussichtslos sein oder später
aussichtslos geworden sein.

Diese generelle Rechtsfolge gilt auch im Zusammenhang mit der Einbringung
einer Anfechtungsklage. Der OGH[49] erachtete freilich eine Anfechtungsklage,
über welche am 2.3.1983 Ruhen des Verfahrens eingetreten war, am 10.11.1983
– also nach mehr als *acht* Monaten – als „nicht gehörig", weil nicht „unverzüglich, also ohne unnötigen Aufschub", fortgesetzt, obwohl Vergleichsverhandlungen (während des Ruhens des Verfahrens) stattgefunden haben; diese Vergleichsverhandlungen wurden aber mit „verfahrensfremden Personen" (auch
nicht mit dem Schuldner!) und nicht über den geltendgemachten Anfechtungsanspruch geführt und seien daher nicht als fallfristhemmend anzusehen. Richtig
dabei ist, dass bei der Prüfung der Gründe, die den Ablauf oder Weiterlauf einer
Präklusivfrist zu hemmen geeignet sind, ein strenger Maßstab anzulegen ist.[50]
Richtig ist weiters, dass Verhandlungen mit „quivis ex populo" als „Ablaufs-
hemmer" nicht in Betracht kommen.

---

[43] In der BRD wurden die Gerichtsferien bereits mit dBGBl 1996 I 1546 beseitigt.

[44] Für die Schweiz siehe: „Gerichtsferien sollen abgeschafft werden" in NZZ vom
21./22.7.2001, 31.

[45] So OGH 19.12.1990 SZ 63/223 zur Begründung, warum auch eine *vier*monatige
(grundlose) Untätigkeit noch als „gehörige Fortsetzung" angesehen werden konnte;
für eine Berücksichtigung der „Weihnachts- und Neujahrsferien" ebenso OGH
30.5.1994 JBl 1995, 177; 3.4.1984, 4 Ob 32/84.

[46] Für die Mediation gem § 99 EheG und Art XVI KindRÄG 2001 gelten diesbezüglich
Sonderbestimmungen; siehe auch § 28 MEntw eines Bundesgesetzes über gerichtsnahe Mediation (JMZ 4.440.1/432 – I 1/2001).

[47] So *Schubert* in *Rummel*, Kommentar II^2 § 1501 ABGB Rz 2.

[48] ZB OGH 29.4.1965 JBl 1967, 144; 21.10.1971 EvBl 1972/123; 18.1.1972 EvBl
1972/223; 17.4.1985 SZ 58/58 (zu Präklusivfristen); 14.11.1985 SZ 58/180;
10.11.1987 JBl 1988, 375 (zu Präklusivfristen); 31.1.1996 ZIK 1997, 30; 18.12.1996
ZIK 1997, 188; 18.10.2001, 2 Ob 259/01d; *Mader*, Verjährung und außergerichtliche
Auseinandersetzung, JBl 1986, 1 (7); *F. Bydlinski*, Vergleichsverhandlungen und Verjährung; Anlageschäden und überholende Kausalität, JBl 1967, 130 ff; *Langer*, ZIK
1997, 173.

[49] 26.4.1990 SZ 63/71, S 358.

[50] OGH 14.11.1985 SZ 58/180; 26.4.1990 SZ 63/71; 10.7.2001, 4 Ob 158/01s.

Andererseits darf aber nicht übersehen werden, dass sich die Anfechtung von Rechtshandlungen in einem *„Dreiecksverhältnis"* abspielt: Einerseits muss ein Anspruch gegen den Schuldner bestehen und titelmässig ausgewiesen sein, andererseits ergibt sich erst dann allenfalls ein Anfechtungsanspruch gegen den Anfechtungsgegner.[51] Ein Vergleich über die Titelforderung (bzw ihre [teilweise] anderwärtige Abdeckung) kann den Anfechtungsprozess vermeiden, ein solcher über den Anfechtungsanspruch allenfalls den Titelprozess. Daher erscheint es vordergründig zu argumentieren, dass etwa bei (Vergleichs-)Verhandlungen über die Titelforderung *nicht über den Anfechtungsanspruch selbst* verhandelt wird: Ein Anfechtungsanspruch besteht ja nur dann, wenn es *anderweitig* nicht zu einer Befriedigung der (Titel-)Forderung des (Anfechtungs-)Gläubigers kommt. Demnach „betreffen" auch Verhandlungen mit dem Schuldner über eine doch noch allenfalls mögliche Abdeckung der Titelforderung auch den Anfechtungsanspruch! Insofern ist daher *Langer*[52] vorbehaltlos zu folgen, wenn sie ausführt:

„Bei der Beurteilung der ,Unverzüglichkeit' sollte man aber schon aus Gründen der Prozessökonomie in den Fällen, in denen die Parteien eine außergerichtliche Einigung ernsthaft betreiben, keinen engherzigen Maßstab anlegen, wird doch durch eine derartige Einigung nicht nur der Anfechtungsprozess, *sondern zusätzlich auch der diesem vorgelagerte Schuldnerprozess vermieden.*"

Freilich werden völlig isolierte Vergleichsverhandlungen über einen dieser Ansprüche keine Fristen-Ablaufshemmung für den jeweils anderen Anspruch zur Folge haben. Verhandelt der potentielle Anfechtungskläger tatsächlich nur mit seinem Schuldner über die (Titel-)Forderung, ohne in irgendeiner Weise den potentiellen Anfechtungsgegner einzubeziehen, so hemmt dies den Ablauf der Anfechtungsfristen sicher nicht, ebenso wie umgekehrt ein Verhandeln über eine vergleichsweise Regelung des Anfechtungsanspruches mit dem potentiellen Anfechtungsgegner, ohne zumindest den Schuldner davon zu verständigen, den Ablauf etwaiger Verjährungs- bzw Präklusivfristen, denen die (Titel-)Forderung unterliegt, nicht hindert. Werden aber die anderen im „Dreiecksverhältnis" Beteiligten (Schuldner, Anfechtungsgegner) in irgendeiner Weise in die Vergleichsverhandlungen einbezogen, so ist solchen Vergleichsverhandlungen (bis zu ihrem Scheitern!) umfassende Ab- und Fortlaufshemmungswirkung zuzuerkennen.[53] Dabei sind an die Intensität des „Einbeziehens" nicht allzu große Anforderungen zu stellen, da eine besondere Schutzwürdigkeit nicht vorliegt: Immerhin haben beide (Schuldner und Anfechtungsgegner) an einer von der Rechtsordnung verpönten Rechtshandlung mitgewirkt.[54]

---

[51] Siehe BGH 2.3.2000 NJW 2000, 2022 (2023 f): „Der Anfechtungsanspruch ist ein Hilfs- und Nebenrecht der befriedigungsbedürftigen Forderung des Gläubigers gegen den Schuldner. Sein Bestand hängt vom Bestehen dieser Forderung mit ab. Das Anfechtungsrecht steht dem Gläubiger nur zu, wenn und soweit er eine Forderung gegen den Schuldner besitzt."

[52] *Langer,* ZIK 1997, 173.

[53] Vgl *F. Bydlinski*, JBl 1967, 135.

[54] In diesem Sinn in anderem Zusammenhang (bei der „Klagserzählung" der Anfechtungsklage) schon BGH 17.1.1985 NJW 1985, 1560 (1561 Pkt 3 aE).

Pacta sunt incerta

Zur relativen Verbindlichkeit von Verbrauchergeschäften

Heinz Krejci

I. Pacta sunt servanda

Pacta sunt servanda. Das Prinzip, an rechtlich Vereinbartes gebunden zu sein, ist ein Fundament privatautonomer Rechtsgestaltung.

Seit das Privatrecht in bestimmten seiner Ordnungsbereiche vom Grundsatz der formalen Vertragsfreiheit zugunsten des Schutzes typisch Verhandlungsschwacher – wie Arbeitnehmer oder Verbraucher – immer mehr abrückt, beginnt auch der Grundsatz, dass man an Versprochenes gebunden ist, erheblich durchlöchert zu werden.

Im Folgenden möchte ich über einige aktuelle Aspekte der verbraucherrechtlichen Korrosion des Grundsatzes „pacta sunt servanda" berichten.

Diese Korrosion erfolgt auf mehrfache Weise:

● zum einen durch eine erhebliche Erweiterung der allgemeinen zivilrechtlichen Nichtigkeits- und Anfechtungstatbestände,

● zum anderen durch den Ausbau umfassender Rücktrittsrechte und überdies

● durch die Einführung bemerkenswerter Möglichkeiten zu richterlichen Gestaltungseingriffen in Form von Mäßigungsrechten.

II. Zur „Inhaltskontrolle", insbesondere zu ihren Rechtsfolgen

1. Wer in seiner Verhandlungsposition gegenüber einem überlegenen Verhandlungspartner gestärkt werden soll, muss vor allem durch relativ zwingendes Gesetzesrecht davor geschützt sein, dass der Überlegene nicht jene vom Gesetzgeber vorgesehenen Rechtspositionen, welche die Interessen des Schwächeren berücksichtigen, vertraglich abbedingt.

Da das allgemeine Zivilrecht nach wie vor weitgehend aus dispositivem Gesetzesrecht besteht, sind die Möglichkeiten des Starken, den Schwachen im

Wege abdingender Vereinbarungen aus solchen gesetzlichen Rechtspositionen zu verdrängen, groß.

Dies führt im Verbraucherrecht in erster Linie dazu, dispositives Gesetzesrecht zu Gunsten des Verbrauchers zu relativ zwingendem Gesetzesrecht zu machen.

Damit hat sich der Gesetzgeber allerdings meist nicht begnügt. Er hat darüber hinaus auch noch ergänzende oder modifizierende Sonderregelungen geschaffen.

Zu fragen ist, welche Konsequenzen es hat, wenn dennoch Abweichendes vereinbart wurde.

Damit steht man vor der Frage, welche Rechtswirkungen verbraucherrechtswidrige Vereinbarungen nun tatsächlich haben. Liegt absolute oder bloß relative Nichtigkeit vor? Geht es um von Amts wegen wahrzunehmende oder um geltend zu machende Nichtigkeit?

2. Es ist in Österreich allgemein anerkannt, dass die Nichtigkeit einer Vereinbarung, die gegen aus Gründen des Verbraucherschutzes zwingend gestelltes Gesetzesrecht verstößt, nicht auch von jenem Vertragspartner, gegen den sich das Verbot richtet, geltend gemacht werden darf, sondern nur von jenem, zu dessen Schutz der Gesetzeszwang angeordnet wurde. Es handelt sich somit um eine Nichtigkeit, die nur vom Verbraucher selbst geltend gemacht werden kann.[1]

Dies läuft im Ergebnis cum grano salis auf eine Anfechtbarkeit solcher Regelungen hinaus.

Der Grund dafür liegt darin, dass der lediglich zu Zwecken des Verbraucherschutzes angeordnete Gesetzeszwang dogmatisch auf einer Kombination aus missbilligtem Vertragsinhalt und einer vom Gesetzgeber unterstellten Willensbildungsstörung auf Seite des Verbrauchers beruht: Nämlich auf jener Ungleichgewichtslage zwischen den Beteiligten, die dem Verbraucher typischerweise die Möglichkeit nehmen, seinen rechtsgeschäftlichen Willen hinreichend frei zu bilden.

Wir haben es also mit einem Zusammentreffen von *unerwünschter Inäquivalenz* der gegenseitigen vertraglichen Rechte und Pflichten einerseits und einer *Willensbildungsstörung* beim Verbraucher andererseits zu tun, ähnlich wie dies beim Wucher[2] oder in den Fällen der gröblichen Benachteiligung bei Verwendung allgemeiner Geschäftsbedingungen vorliegt.

Bei derartigen Kombinationen von Nichtigkeitsgründen ist das Instrument der Anfechtung adäquat und nicht das der absoluten, von Amts wegen oder auch vom Vertragspartner wahrzunehmenden Nichtigkeit.

All dies leuchtet ein, erscheint wohl auch konsequent, systemadäquat und vernünftig und wäre eigentlich angesichts des Umstandes, dass diese Lehren in Österreich bislang anerkannt sind,[3] nichts weiter als eine Reminiszenz.

---

[1] *Krejci*, Konsumentenschutzgesetz Kommentar (1986) 382 ff mwN.

[2] *Krejci* in *Rummel* (Hrsg), Kommentar zum Allgemeinen bürgerlichen Gesetzbuch I[3] (2000) § 879 ABGB Rz 252.

3. Nun hat es allerdings den Anschein, dass der EuGH anderer Meinung ist: Er spricht sich dafür aus, dass missbräuchliche Klauseln in Verbraucherverträgen von Amts wegen für ungültig erklärt werden müssen, weil nur dies dem Zweck der Richtlinie[4] (RL) entspreche.

Der Anlassfall der EuGH-Entscheidung Océano – Quintero vom 27.6.2000[5] betraf eine missbilligte Gerichtsstandsklausel.

Die Entscheidung des EuGH schließt zwar nicht völlig die Hoffnung des Lesers aus, der EuGH könnte seine Meinung lediglich auf Gerichtsstandsklauseln beziehen; liest man jedoch die Begründung, verringert sich die Hoffnung auf eine thematische Begrenzung der vom EuGH gemachten Aussagen erheblich.[6]

Vorauszuschicken ist, dass das KSchG eine zwingende Gerichtsstandsregelung kennt, die nicht unter dem Feldzeichen missbilligter Klauseln läuft. Daher hat § 14 KSchG mit der Entscheidung des EuGH keine Probleme. Die Unzuständigkeit eines Gerichts in Verbrauchersachen ist von Amts wegen wahrzunehmen.[7] Das steht bei uns ausdrücklich im Gesetz (§ 14 Abs 2 KSchG). Insofern könnte man angesichts der hier erwähnten EuGH-Entscheidung zur Tagesordnung übergehen. Die Begründung dieser Entscheidung überstrahlt jedoch den Anlassfall.

a) In der genannten Entscheidung vom 27.6.2000 erkannte der EuGH Folgendes für Recht:

„1. Der Schutz, den die Richtlinie 93/13/EWG des Rates vom 5.4.1993 über missbräuchliche Klauseln in Verbraucherverträgen den Verbrauchern gewährt, erfordert, dass das nationale Gericht von Amts wegen prüfen kann, ob eine Klausel des ihm vorgelegten Vertrages missbräuchlich ist, wenn es die Zulässigkeit einer bei den nationalen Gerichten eingereichten Klage prüft.

2. Das nationale Gericht muss die vor oder nach dieser Richtlinie erlassenen nationalen Rechtsvorschriften bei ihrer Anwendung so weit wie möglich unter Berücksichtigungen des Wortlauts und Zweckes dieser Richtlinie auslegen. Das Erfordernis einer RL-konformen Auslegung verlangt insbesondere, dass das nationale Gericht der Auslegung den Vorzug gibt, die es ihm ermöglicht, seine Zuständigkeit von Amts wegen zu verneinen, wenn diese durch eine missbräuchliche Klausel vereinbart worden ist."

b) Die Begründung des EuGH bietet beachtliche Ansätze zu einer über den Anlassfall hinausreichenden Bedeutung. So lesen wir:

---

[3] *Apathy* in *Schwimann*, Praxiskommentar zum ABGB V[2] (1997) § 879 ABGB Rz 36; *ders* in *Schwimann*, Praxiskommentar VI[2] (1997) § 6 KSchG Rz 1; *Krejci* in *Rummel*, ABGB I[3] § 6 KSchG Rz 9.

[4] Richtlinie 93/13/EWG des Rates vom 5.4.1993 über missbräuchliche Klauseln in Verbraucherverträgen.

[5] EuGH 27.6.2000, C – 240 bis 244/98, Océano Grupo Editorial SA – Roció Murciano Quintero, Slg 2000, I-04941; hiezu vgl *Rabl*, EuGH: Absolute Nichtigkeit von unfairen Verbraucherverträgen? ecolex 2000, 783; *Buchberger*, Die Entscheidung des EuGH in der Rs "Océano/Quintero" – der effet d'exclusion von Richtlinien, ÖJZ 2001, 441.

[6] Vgl *Rabl*, ecolex 2000, 783.

[7] Vgl zum Thema insb *Jelinek*, Gerichtszuständigkeit im Verbraucherprozess (§ 14 KSchG), in *Krejci* (Hrsg), Handbuch zum KSchG (1981) 859; s auch *Stölzle*, Gerichtsstand und Konsumentenschutzgesetz, AnwBl 1979, 392.

„Was die Frage betrifft, ob ein Gericht, das mit einem Rechtsstreit über einen Vertrag zwischen einem Gewerbetreibenden und einem Verbraucher befasst ist, von Amts wegen prüfen kann, ob eine Klausel dieses Vertrages missbräuchlich ist, so ist festzustellen, dass das durch die RL eingeführte Schutzsystem davon ausgeht, dass der Verbraucher sich gegenüber dem Gewerbetreibenden in einer schwächeren Verhandlungsposition befindet und einen geringeren Informationsstand besitzt, was dazu führt, dass er den vom Gewerbetreibenden vorformulierten Bedingungen zustimmt, ohne auf deren Inhalt Einfluss nehmen zu können."

„Das Ziel des Art 6 der RL, nach dem die Mitgliedstaaten vorsehen, dass missbräuchliche Klauseln für den Verbraucher unverbindlich sind, könnte nicht erreicht werden, wenn die Verbraucher die Missbräuchlichkeit solcher Klauseln selbst geltend machen müssten. In Rechtsstreitigkeiten mit niedrigem Streitwert könnten die Rechtsanwaltsgebühren höher sein als der streitige Betrag, was den Verbraucher davon abhalten könnte, sich gegen die Anwendung einer missbräuchlichen Klausel zu verteidigen. Zwar räumen die Verfahrensordnungen vieler Mitgliedstaaten dem Einzelnen in solchen Rechtsstreitigkeiten das Recht ein, sich selbst zu verteidigen, doch besteht die nicht zu unterschätzende Gefahr, dass der Verbraucher die Missbräuchlichkeit der ihm entgegenstehenden Klausel vor allem aus Unkenntnis nicht geltend macht. Infolgedessen kann ein wirksamer Schutz des Verbrauchers nur erreicht werden, wenn dem nationalen Gericht die Möglichkeit eingeräumt wird, eine solche Klausel von Amts wegen zu prüfen."

„Im Übrigen geht das durch die RL eingeführte Schutzsystem ... davon aus, dass die Ungleichheit zwischen Verbraucher und Gewerbetreibendem nur durch ein positives Eingreifen von dritter Seite, die von den Vertragsparteien unabhängig ist, ausgeglichen werden kann." Deshalb sehe Art 7 der RL vor, dass anerkannte Verbraucherschutzverbände die Gerichte anrufen können sollen, „um klären zu lassen, ob Vertragsklauseln, die im Hinblick auf eine allgemeine Verwendung abgefasst worden sind, missbräuchlich sind, und gegebenenfalls deren Verbot zu erreichen, auch wenn sie nicht konkret in einem Vertrag verwendet worden sind."

Es sei, heißt es weiter, schwerlich vorstellbar, „dass in einem System, das als Vorbeugungsmaßnahme die Zulassung bestimmter Verbandsklagen auf Abstellung von Missbräuchen, die den Verbraucherinteressen schaden, verlangt, ein Gericht eine missbräuchliche Klausel nur deshalb nicht ausschließen kann, weil der Verbraucher deren Missbräuchlichkeit nicht geltend gemacht hat. Die Möglichkeit des Gerichts, von Amts wegen die Missbräuchlichkeit einer Klausel zu prüfen, ist im Gegenteil als ein Mittel anzusehen, das geeignet ist, das in Art 6 der RL vorgeschriebene Ziel, nämlich zu verhindern, dass der einzelne Verbraucher an eine missbräuchliche Klausel gebunden ist, zu erreichen".

c) All diese Überlegungen des EuGH sind offensichtlich *allgemeiner* Natur; sie weisen keine besonderen Aspekte auf, die nur für Gerichtsstandsklauseln gelten sollten.

4. Daher bleibt selbst dann, wenn man die vorliegende EuGH-Entscheidung vorerst nur auf missbilligte Gerichtsstandsklauseln beziehen und für Österreich abtun wollte, zu prüfen, ob die Argumentation des EuGH so überzeugend ist, dass sie gerechtfertigtermaßen auf die Beurteilung aller missbräuchlichen Klauseln ausstrahlt.

a) Der EuGH schlägt die Fälle des Verbraucherschutzes allesamt über den Leisten jener absoluten Nichtigkeit, die zum Schutz von Allgemeininteressen, der öffentlichen Ordnung und Sicherheit angeordnet ist.

Die verfeinerte Kultur der jeweils normzweckadäquaten Varianten der Nichtigkeit bis hin zu den Anfechtungsmodellen reflektiert der EuGH nicht. Offenbar ist für ihn der Verbraucherschutz ein Anliegen von Allgemeininteressen, der öffentlichen Ordnung und der Sicherheit der Rechtsgemeinschaft.

Das ist wohl eine etwas übertriebene Sicht. In Wahrheit geht es lediglich darum, verhandlungs- und damit willensbildungsschwachen Vertragspartnern unter die Arme zu greifen. Dies sollte aber nur so erfolgen, dass derjenige, der den Vertrag nachträglich aus freien Stücken akzeptiert, dies auch tun darf.

Denn die Missbilligung der Klausel hängt nicht damit zusammen, dass der Inhalt der Klausel als solcher schon verwerflich, gesetz- oder sittenwidrig ist. Die Missbilligung hängt vielmehr damit zusammen, dass dem Verbraucher eine für ihn deshalb nachteiligere Rechtsposition zugeschoben wird, weil er seinen rechtsgeschäftlichen Willen nicht hinreichend frei bilden bzw durchsetzen kann.

b) Obwohl der EuGH das Verbraucherleitbild des durchschnittlich informierten und verständigen Verbrauchers vertritt, geht er hier von der Vorstellung eines offenbar nachwirkend hilflosen, auch weiterhin uninformierten Verbrauchers aus, der sich zum einen keinen Anwalt leisten kann und der auf die Informationshilfe des Gerichts angewiesen ist.

Macht man mit dieser Vorstellung ernst, so müsste das angerufene Gericht nicht nur jene Vertragsbestimmungen auf ihre Zulässigkeit prüfen, die Gegenstand des Klagebegehrens sind, sondern den Vertrag insgesamt, weil es ja sein könnte, dass der Vertrag selbst dann, wenn die klagsgegenständliche Vertragsbestimmung unstrittig gültig ist, aus anderen Gründen *insgesamt* unwirksam ist, nämlich deshalb, weil der Vertrag durch *andere,* unzulässige aber wesentliche Bestimmungen in seinen Bestandsfundamenten erschüttert wird.

Ist der Vertrag aber *insgesamt* unwirksam, spielt auch die klagsgegenständliche Vertragsbestimmung keine Rolle mehr. Das Prozessthema wird auf diese Weise enorm erweitert und das Gericht mit Nachforschungsarbeit belastet, die für einen Zivilprozess höchst unüblich ist.

c) Dass, wie der EuGH zum Ausdruck bringt, der Verbraucher dem Unternehmer gegenüber so schwach ist, dass er selbst im Prozess die missbräuchliche Klausel anerkennt, ist ein schwer nachvollziehbarer Gedanke:

Sollte der Verbraucher sich in der Tat auch nach Vertragsschluss so unterlegen fühlen, dass er sich alles gefallen lässt, dann wird er ohnehin nicht prozessieren.

Es ist nun in der Tat nicht zu leugnen, dass sich viele Verbraucher mit vielem abfinden, was ihnen Unternehmer an Vertragsregelungen zumuten.

Wer sich de facto auch an unzulässige Vertragsbestimmungen hält, respektiert bedauerlicherweise einen rechtswidrigen Zustand. So lange der Gesetzgeber aber keine Mechanismen öffentlich-rechtlicher Kontrolle einrichtet, um solche Missstände abzuschaffen, nützt auch eine noch so absolute Nichtigkeit nichts gegen die Effektivität privaten Unrechts. Das ist nun einmal die nachteilige Seite der Privatautonomie.

Im Arbeitsrecht finden wir zB öffentlich-rechtliche Einrichtungen im Bereich des Arbeitsschutzes, weil der Gesetzgeber den Schutz der Gesundheit der Arbeitnehmer nicht ausschließlich ihrer privatautonomen Disposition über eine diesbezügliche Rechtsverfolgung anheim stellen wollte. Soweit wir es jedoch ausschließlich mit relativ zwingenden Regeln des Arbeitsvertragsrechts zu tun haben, bleibt es dem betroffenen Arbeitnehmer überlassen, sein Recht geltend zu machen. Tut er es nicht, helfen ihm seine privatrechtlichen Ansprüche wenig. Hält er sich de facto an unzulässige Vertragsabreden, bleibt dies seine Sache.

Das ist im Verbraucherrecht nicht anders und kann nicht durch Sonderpflichten der Gerichte abgeschafft werden. Der bleibend Unterdrückte geht erst gar nicht zu Gericht.

d) Dass, wie der EuGH erwähnt, Unwissenheit derartiges Stillhalten fördert, ist richtig. Solche Unwissenheit zu beseitigen, ist die schwere Aufgabe beharrlicher Aufklärung. Dazu sind geeignete Einrichtungen zu schaffen. Sie haben eine schwere Last zu tragen. Denn es gilt Lethargie und Trägheit, aber auch Konfliktscheu, Wissensmangel und manchmal schlicht auch Dummheit zu bekämpfen. Wie dem auch sei: Verbraucher, die sich mit allem abfinden, kommen erst gar nicht bis zum Gericht.

Wer sich aber aufrafft, sein Recht zu behaupten, der wird sich bereits von der Überlegenheit des Unternehmers bei Vertragsschluss emanzipiert haben.

Dann wird er von sich aus die Nichtigkeit jener Vertragsbestimmungen geltend machen, von denen er hofft, dass sie das Gericht als missbilligenswert anerkennen wird.

e) Dass ferner, wie der EuGH meint, ein Rechtsvertreter, den man für einen solchen Prozess engagiert, deshalb weniger verrechnet, weil der Verbraucher eine missbilligenswerte Klausel akzeptiert und sich nicht auf ihre Nichtigkeit beruft, wodurch er überdies seine Prozesschancen verringert, ist eine etwas befremdliche Sicht der Dinge.

Typischerweise macht ein Verbraucher, der sich nun einmal entschlossen hat, gegen den Unternehmer vorzugehen, die Nichtigkeit einer missbräuchlichen Klausel entweder ohnehin geltend oder nur dann nicht geltend, wenn dies zur Verfolgung seiner Interessen entweder nicht notwendig ist oder wenn er sich vom „Stehenlassen" der Klausel angesichts besonderer Umstände seines Falles möglicherweise sogar einen Vorteil verspricht.

f) Dass Prozesse mit geringem Streitwert oft zu teuer sind, ist eine richtige Beobachtung, gibt aber nichts für die Ansicht her, dass das Gericht dazu aufgerufen ist, von sich aus nach missbräuchlichen Klauseln zu forschen.

g) Wird der Verbraucher vom Unternehmer geklagt und beruft sich dieser auf eine missbräuchliche Klausel, so erscheint es prima facie als eine geradezu naturgemäße Reaktion des Beklagten, die Ungültigkeit dieser Klausel geltend zu machen.

Dass der Verbraucher selbst eine solche Ungültigkeit mangels ausreichender juristischer Kenntnisse nicht erkennt, mag sein; sein Rechtsvertreter wird aber in der Regel über hinreichende Fähigkeiten verfügen, diesen Nachteil auszugleichen.

h) Dass sich ein Rechtsvertreter solche Gedanken im falsch verstandenen Interesse seines Mandanten deshalb verkneift, weil er den Prozess infolge geminderter geistiger Anstrengung billiger machen will, wobei er freilich wissen muss, dass er damit seinem Mandanten schadet, ist eine Überlegung, die nicht gerade aus dem Erfahrungsschatz des vollen Menschenlebens schöpft.

i) Von all dem abgesehen, wird es dem Gericht im Rahmen der Prozessleitung möglich sein, das latente Problem der Nichtigkeit einer Klausel so anzusprechen, dass erkennbar wird, ob der Verbraucher die Nichtigkeit der prozessentscheidenden Klausel geltend machen will oder nicht.

5. Die dogmatische Kraft der vom EuGH entwickelten Argumente für die Annahme, missbräuchliche Klauseln seien absolut nichtig und müssten von Amts wegen wahrgenommen werden, ist meines Erachtens bescheiden.

Doch was nützen Argumente gegen eine Entscheidungsbegründung, wenn das Ergebnis der Entscheidung zu akzeptieren ist?

Sollte der EuGH seine Ansicht von der absoluten Nichtigkeit missbilligenswerter Klauseln weiterhin beharrlich vertreten, stellt sich für Österreich durchaus die unangenehme Frage, ob und inwieweit der OGH gehalten ist, die EuGH-Rechtsprechung als das fortan gebotene Verständnis des Richtlinienwillens anzuerkennen und die bisherige österreichische Haltung zur Rechtswirkung missbilligter Klauseln umzustoßen.

Vorerst wollen wir sagen: Eine Schwalbe macht noch keinen Sommer. Sollte es aber dennoch Sommer werden, würde die Anerkennung der Vorstellung, verbraucherrechtlich missbilligte Vertragsklauseln würden absolut nichtig sein, die Vertragsbindung noch weiter lockern als der Gedanke, dass in diesem Falle lediglich eine geltendzumachende Nichtigkeit vorliegt.

III. Zur „Geltungskontrolle", insbesondere zum „Transparenzgebot"

1. Das Verbraucherrecht kennt neben der Inhaltskontrolle auch noch andere Mechanismen, die darauf hinauslaufen, vertragliche Bindungen erheblich zu destabilisieren.

Im Zusammenhang mit der Frage nach der Gültigkeit von Willenserklärungen geht es nicht immer nur um Fragen verpönten Vertragsinhalts. Vielmehr können auch andere „Fehler" dem gültigen Zustandekommen eines Vertrages entgegenstehen.

Hier ist ganz allgemein an § 869 ABGB über das Erfordernis der Verständlichkeit von Willenserklärungen, aber auch an die Regeln über die Vertragsinterpretation einschließlich der so genannten Unklarheitenregel des § 915 ABGB zu erinnern; insbesondere aber auch an die Vorschriften über die Vertragsanfechtung infolge Irrtums, List und Drohung (§§ 870 ff ABGB).

Das KSchG bescherte dem ABGB überdies den § 864a. Der Gesetzgeber hat für Fälle so genannter „überraschender Klauseln" in allgemeinen Geschäftsbedingungen eine gegenüber den bisherigen Regelungen weiter gefasste „Geltungskontrolle" etabliert:

„Nicht Vertragsbestandteil" wird, was „ungewöhnlichen Inhalts" und dem Vertragspartner des Verwenders der allgemeinen Geschäftsbedingungen „nachteilig" ist, wobei es dabei um keinen verpönten Nachteil geht; ein solcher würde ja im Wege der „Inhaltskontrolle" eliminierbar sein.

Für die Anwendung des § 864a ABGB genügt, dass der Vertragspartner des Verwenders der allgemeinen Geschäftsbedingungen mit solchen Bestimmungen „nach den Umständen, vor allem nach dem äußeren Erscheinungsbild der Urkunde, nicht zu rechnen brauchte; es sei denn", er wurde „besonders darauf hingewiesen".

Die Rechtsfolge, dass eine „überraschende Klausel" „nicht Vertragsbestandteil" wird, läuft letztlich auf eine Vertragsanfechtung hinaus. Es liegt beim Verbraucher, den Mangel geltend zu machen. Nachträgliche Heilung dieses Mangels durch Zustimmung des Verbrauchers ist allemal möglich. Denn der Grund des Mangels liegt ausschließlich in der gestörten Willensbildung des Verbrauchers, nicht aber in der Missbilligung des Vertragsinhalts als solchem.

2. Diese an sich schon weit reichende Möglichkeit, das berühmte „Kleingedruckte" anzugreifen, wurde nun im Bereich des Verbrauchergeschäftes um ein weiteres Instrument angereichert: das so genannte „Transparenzgebot".

a) Dabei handelt es sich um einen „EG-Import". Mit der KSchG-Novelle 1997 sollte die Vertragsklausel-RL (93/13/EWG) umgesetzt werden.

Art 5 dieser RL sieht vor, dass „alle dem Verbraucher in Verträgen unterbreiteten Klauseln ... stets klar und verständlich abgefasst sein müssen" und statuiert anschließend eine dem § 915 Satz 2 ABGB entsprechende Unklarheitsregel. Diese Bestimmung pflegt man das „Transparenzgebot" zu nennen.[8]

b) Unser Gesetzgeber war sich offenbar nicht sicher, ob es die österreichische Rechtslage erfordert, dieses „Transparenzgebot" der Vertragsklausel-RL ausdrücklich zu übernehmen, oder ob dies angesichts der bereits vorhandenen gesetzlichen Regelungen überflüssig sei.

Um – wie die RV zur KSchG-Nov 1997 meint – „allfällige Zweifel an der Richtlinienkonformität des österreichischen Privatrechts zu zerstreuen",[9] fügte der Gesetzgeber gleichsam sicherheitshalber dem § 6 Abs 2 KSchG einen weiteren Absatz hinzu. Er lautet:

„Eine in Allgemeinen Geschäftsbedingungen oder Vertragsformblättern enthaltene Vertragsbestimmung ist unwirksam, wenn sie unklar oder unverständlich abgefasst ist."

c) Seither wird darüber gestritten, welche Bedeutung diese Regelung für das österreichische Recht hat.

Die einen halten die neue Bestimmung für völlig überflüssig, weil ihr Anliegen bereits durch entsprechende Anwendung jener Regelungen zur Gültigkeit

---

[8] *Kosesnik-Wehrle/Lehofer/Mayer*, Konsumentenschutzgesetz (1997) § 6 Rz 106 ff; *Ulmer/Brandner/Hensen*, AGB-Gesetz⁹ (2001) § 9 Rz 87.

[9] ErläutRV 311 BlgNR 20. GP 23.

und Interpretation von Willenserklärungen erfüllt werden kann, die schon vor Schaffung des § 6 Abs 3 KSchG gegolten haben.[10]

Die anderen sehen in § 6 Abs 3 KSchG hingegen eine Weiterentwicklung des bisherigen Rechts.[11] Das Transparenzgebot erleichtere gegenüber der bisherigen Rechtslage den Angriff auf Allgemeine Geschäftsbedingungen. Dabei wird vor allem der Aspekt der „Klarheit" (und weniger jener der „Verständlichkeit") hervorgehoben.

Der Verbraucher soll nicht an Regelungen in Allgemeinen Geschäftsbedingungen gebunden sein, die er – oder besser: jemand, der dem gängigen Verbraucherleitbild entspricht[12] – nur unter Aufbieten aller (ihm subjektiv meist gar nicht geläufigen) Deutungs- und Auslegungskünste verstehen kann. Ein derartiger Aufwand für das Verstehen Allgemeiner Geschäftsbedingungen sei dem Verbraucher eben unzumutbar. Einseitig vorformulierte Texte müssten ohne unzumutbare Anstrengungen des Adressaten verständlich sein. Sind sie es nicht, so soll nach dieser Vorstellung das Regelwerk für den Verbraucher unverbindlich sein.

Es liegt nahe, dass dies der Verbraucher selbst geltend machen muss. Schließlich liegt auch hier keine Missbilligung des Inhalts der Allgemeinen Geschäftsbedingungen, sondern eine Willensbildungsstörung vor.

3. Wie immer man das „Transparenzgebot" deuten zu müssen glaubt, sollten derartige Bemühungen nicht als eigenständige österreichische Interpretation verstanden werden.

---

[10] Vgl *Wilhelm,* RV einer Nov zum KSchG, ecolex 1996, 581 (582): § 6 Abs 3 KSchG sei nichts weiter als eine Wiederholung der allgemeinen Bestimmtheitsregel des § 869 ABGB; *Wukoschitz,* Verbraucherschutz versus Vertragsfreiheit, RdW 1997, 264 (267), hält eine einschränkende Auslegung für geboten, passt § 6 Abs 3 KSchG also gleichfalls der schon bisher geltenden Rechtslage an; *Apathy* in *Schwimann,* Praxiskommentar VI[2] § 6 KSchG Rz 73 f sieht in § 6 Abs 3 KSchG gleichfalls nur eine mit § 869 ABGB übereinstimmende Regelung; *Mottl,* Änderungen des KSchG – Auswirkungen auf den Immobilienbereich, immolex 1997, 141 (144) sieht in § 6 Abs 3 KSchG „im wesentlichen" die Unklarheitsregel des § 915 ABGB bzw die in § 869 ABGB verankerten Vertragsvoraussetzungen verwirklicht. Hiezu schon *Krejci,* Konsumentenschutz und Bankgeschäfte, in Konsumentenpolitisches Jahrbuch 1996 – 1997 (1998) 139 ff (163 f). Zum Transparenzgebot allgemein *Schilcher,* Das Transparenzgebot im Vertragsrecht, in *Aicher/Holoubek* (Hrsg), Der Schutz von Verbraucherinteressen (2000) 99 ff.

[11] *Saria,* Zur Novellierung des ABGB, KSchG und VersVG durch BGBl I 1997/6, VR 1997, 96 (100), geht davon aus, dass § 6 Abs 3 KSchG die Anwendung der Unklarheitenregel des § 915 ABGB einschränkt: Was wegen mangelnder Transparenz unwirksam ist, kann nicht als günstigere Deutungsvariante zugunsten des Verbrauchers gültig sein. Auch *St. Korinek,* Intransparentes Transparenzgebot, JBl 1998, 149, geht davon aus, dass dem § 6 Abs 3 KSchG eigenständige Bedeutung zukommt. Deutlich dafür spricht sich auch *Graf,* Rechtsfragen des Telebanking (1998) 56 f, insb FN 140, aus. Vgl im Übrigen auch *Kiendl,* Die Richtlinie des Rates über missbräuchliche Klauseln in Verbraucherverträgen, JBl 1995, 87 ff, und *dies,* Unfaire Klauseln in Verbraucherverträgen (1997) 51 f, 199 f.

[12] Nach europäischer Vorstellung also der verständige und redliche Durchschnittsverbraucher, mit dem jener Unternehmer, der die Allgemeinen Geschäftsbedingungen verwendet, üblicher- und typischerweise zu tun hat; *Krejci,* Konsumentenpolitisches Jahrbuch 1996 – 1997, 164.

Denn aus den Materialien und der Geschichte dieser Gesetzesregel ergibt sich eindeutig, dass der Gesetzgeber nichts anderes wollte, als die einschlägige Vertragsklausel-RL im österreichischen Recht umzusetzen. Es ging also nicht darum, etwas österreichisch „Neues" zu kreieren.

Dem österreichischen Gesetzgeber ist zwar nicht verwehrt, über die Vorstellungen der RL hinaus Schutzregelungen zugunsten der Verbraucher aufzustellen. Es ist nur nicht erkennbar, dass im vorliegenden Fall ein diesbezüglicher „überschießender" Gestaltungswille des Gesetzgebers vorhanden war.

Es kommt daher vor allem darauf an, wie Art 5 Vertragsklausel-RL zu verstehen ist.

Auch wenn zutrifft, dass die Anregung für seine Formulierung dem deutschen Recht entstammt, so geht weder aus der Präambel für die RL noch aus sonstigen Bestimmungen hervor, dass Art 5 Vertragsklausel-RL ausschließlich oder maßgeblich gerade im Sinne der *deutschen* Regelung des „Transparenzgebotes" verstanden werden müsse.

Eine derartige Auslegung widerspräche wohl auch dem Selbstverständnis des Gemeinschaftsrechts.

Dies schließt freilich nicht aus, dass Art 5 Vertragsklausel-RL auf Grund eigenständiger teleologischer Erwägungen zu einem der deutschen Rechtslage im Wesentlichen gleichen Verständnis führen kann. Letztlich hat freilich der EuGH zu klären, wie Art 5 Vertragsklausel-RL „richtig" zu deuten ist.

4. Führt das Transparenzgebot auch oder sogar gerade bei mehrdeutigen Bestimmungen in Allgemeinen Geschäftsbedingungen eben deshalb zur Unwirksamkeit der „unklaren" (intransparenten) Klausel, so ist einer Anwendung des § 915 ABGB der Boden entzogen.

Dies führt freilich zum Einwand, dass solcherart der Verbraucher eine ihm günstige(re) Vertragsregelung verliert.

Dem wird allerdings entgegengehalten, dass es für den Verbraucher oft ohnehin besser sei, wenn statt des Textes der Allgemeinen Geschäftsbedingungen – mag auch eine günstigere Deutungsvariante bestehen – das dispositive Recht anzuwenden sei.[13]

Dieses Argument übersieht aber, dass Allgemeine Geschäftsbedingungen auch die Aufgabe der Spezialisierung übernehmen; oft also Regelungen getroffen werden, die im dispositiven gesatzten Recht überhaupt keine Entsprechung haben.

Dann finden sich für den Fall der Unanwendbarkeit der Allgemeinen Geschäftsbedingungen keine subsidiären ABGB-Regelungen und die strittige Ordnungsfrage ist überhaupt nicht geregelt.

Dies kann im konkreten Fall von erheblichem Nachteil sein, weil dadurch unter Umständen der Fortbestand des gesamten Vertrages in Frage stehen kann.

Man denke insbesondere an solche Allgemeinen Geschäftsbedingungen, die nicht bloß Nebenbestimmungen eines Vertrages gestalten, sondern weitgehend den Hauptgegenstand des Vertrages beschreiben, wie dies etwa bei Versicherungs- oder bei Bankbedingungen der Fall ist.

---

[13] In diesem Sinn *Graf*, Telebanking 56 f.

5. Wie dem auch sei: § 6 Abs 3 KSchG wird, sofern er in der Tat als Weiterentwicklung der bisherigen Regelungen über die Geltung rechtsgeschäftlicher Willenserklärungen verstanden werden sollte, noch viel Kopfzerbrechen bereiten.

Nach welchem Maßstab wird zu beurteilen sein, ob eine Regelung in Allgemeinen Geschäftsbedingungen hinreichend „klar" ist?

Wie ist der Empfängerhorizont des Verbrauchers, an den sich der Verwender der Allgemeinen Geschäftsbedingungen wendet, erstens allgemein zu definieren, und zweitens was gewinnt man daraus für die Bewertung der im konkreten Fall zur Diskussion stehenden AGB-Regel?

Welche Bedeutung kommt dem sachbedingten Schwierigkeitsgrad der in Allgemeinen Geschäftsbedingungen geregelten Materien zu?

Wenn man bedenkt, dass zB Allgemeine Versicherungsbedingungen nicht selten auch dem nicht einschlägig gebildeten Juristen erhebliche Verständnisschwierigkeiten bereiten, ist zu befürchten, dass eine allzu strenge Sicht des Transparenzgebotes geradezu branchengefährdend wirken kann.

Wie weit dürfen Allgemeine Geschäftsbedingungen termini technici verwenden, die dem Verbraucher nicht geläufig sind? Müssen solche Ausdrücke etwa im Text näher erklärt werden?

Wie „juristisch" formuliert dürfen Allgemeine Geschäftsbedingungen sein, die sich an Nichtjuristen wenden? Wie „technisch", „medizinisch" etc dürfen solche Texte sein, wenn sie sich an Nichttechniker, Nichtmediziner etc richten?

6. Auch Verweisungsfragen gehören hierher.

Wieweit dürfen zB Allgemeine Geschäftsbedingungen ergänzend auf vertragseinschlägige Gesetzesbestimmungen hinweisen?

Solche Hinweise findet man in Allgemeinen Geschäftsbedingungen immer wieder.

Ist solchen Textgestaltungen entgegengehalten, dass ein derartiger Gesetzesverweis das Transparenzgebot verletzen würde, weil auf diese Art der Verbraucher nicht auf hinreichend transparente Weise den Inhalt der für das geschlossene Geschäft relevanten Regelungen erfahren könnte?

Nun muss man in solchen Zusammenhängen in der Tat vorsichtig sein.

a) Ganz allgemein gilt, dass Allgemeine Geschäftsbedingungen das Vereinbarte klar und verständlich mitzuteilen haben. Geben Allgemeine Geschäftsbedingungen wesentliche Vertragsbestimmungen nicht wieder, sondern verweisen die Allgemeinen Geschäftsbedingungen stattdessen auf andere Texte, die dem Verbraucher nicht oder nur schwer zugänglich sind, dann ist das Gebot verletzt, dass dem Adressaten Allgemeiner Geschäftsbedingungen zumindest die Möglichkeit geboten werden muss, vom Inhalt der Bedingungen Kenntnis zu nehmen.[14] Gesetze sollten allerdings nicht zu jenen Texten zählen, von denen anzunehmen ist, dass es dem Normadressaten unzumutbar ist, sie aufzuspüren.

---

[14] *Koziol/Welser*, Grundriss des bürgerlichen Rechts I[12] (2002) 119; OGH 29.11.1995 VersE 1676.

b) Intransparenz kann auch dann vorliegen, wenn die inhaltliche Kombination des Textes der Allgemeinen Geschäftsbedingungen mit jenen bestimmter Gesetzesregeln erheblicher Bemühungen bedarf, um das letztlich angestrebte Ergebnis zu erfahren.

c) Besondere Kritik wurde im Übrigen schon vor Schaffung des Transparenzgebotes an der in Allgemeinen Geschäftsbedingungen immer wieder vorkommenden Anpassungsklausel geübt, wonach die AGB-Regelung nur Gültigkeit habe, „soweit dies gesetzlich zulässig ist".[15] Denn hier lässt sich nicht erkennen, inwieweit die Vertragsklausel konkret gültig ist. Solche Gestaltungsmethoden widersprechen schon dem Geist des § 864a ABGB.[16] Erst recht wird das Transparenzgebot verletzt.

d) Doch darf nicht gleich jedes Gesetzeszitat in Allgemeinen Geschäftsbedingungen als Verstoß gegen das Transparenzgebot gewertet werden.

Dient ein solches Zitat lediglich dazu, den Verbraucher über das in den Allgemeinen Geschäftsbedingungen ohnehin ausreichend abschließend Geregelte hinaus auch auf weitere, ohnehin geltende Rechtsnormen aufmerksam zu machen, dann ist in solchen Verweisen eine zusätzlich Serviceleistung der Allgemeinen Geschäftsbedingungen zu sehen.

Solche Verweise sind selbst dann zulässig, wenn die zitierten Gesetzesregeln selbst dem Verbraucher nicht hinreichend verständlich sein sollten. Denn das Transparenzgebot gilt (noch) nicht auch für den Gesetzgeber selbst. Wäre dies der Fall, gäbe es so manche Rechtsnorm, die als intransparent und deshalb für unanwendbar qualifiziert werden müsste.

Letztlich sollte das Transparenzgebot nicht anders verstanden werden als die ohnehin bereits bestehenden Vorschriften über das Erfordernis der Verständlichkeit von rechtsgeschäftlichen Willenserklärungen.

7. In der Praxis könnte dem Transparenzgebot, aller restriktiven und konservativen Deutung zum Trotz, dennoch erhebliche zusätzliche Sprengkraft zukommen. Das Transparenzgebot sensibilisiert jedenfalls die zur Verständlichkeits- und damit Geltungskontrolle Allgemeiner Geschäftsbedingungen berufenen Kräfte und birgt eine gefährliche Versuchung für den Rechtsanwender.

Denn das Transparenzgebot könnte dazu verleiten, sich knifflige Auslegungsfragen mit dem eher rüden als eleganten Hinweis zu ersparen, die strittige Regel sei schlicht und einfach intransparent.

Diese Versuchung wird vor allem dann an den Rechtsanwender herangetreten, wenn die strittige AGB-Bestimmung eine dispositive Gesetzesregel abbedingt, oder wenn man bei Fehlen einer solchen auf einfache Weise zu einem hypothetischen Parteiwillen gelangt, der die infolge Verletzung des Transparenzgebotes konstatierte Vertragslücke zu schließen vermag.

In allen anderen Fällen wird man wohl dazu neigen, trotz des Transparenzgebotes die strittige Vertragsregel für hinreichend transparent zu halten. Andern-

---

[15] Hiezu schon *Avancini* in *Krejci*, Handbuch 608 ff.

[16] In diesem Zusammenhang ist auch zu erwähnen, dass unzulässige AGB-Bestimmungen nicht im Sinne einer „geltungserhaltenden Reduktion" zu lesen sind; hiezu *Krejci*, KSchG Komm §§ 28 bis 30 Rz 15.

falls läuft der Rechtsanwender Gefahr, den Vertrag möglicherweise überhaupt zu zerstören: Ein Effekt, den der Verbraucher oft gar nicht will. Dann wird er aller Wahrscheinlichkeit nach die Intransparenz nicht geltend machen wollen.

Wer in diesem Zusammenhang allerdings die meines Erachtens fragwürdige Meinung vertritt, das Transparenzgebot sei Bestandteil der Inhalts- und nicht bloß der Geltungskontrolle, müsste mit dem EuGH zum Ergebnis gelangen, dass Intransparentes absolut nichtig sei. Dann kehrt sich der Verbraucherschutz evidentermaßen gegen jene, die zu schützen er vorgibt.

Die Rechtssicherheit erhöht das Transparenzgebot jedenfalls nicht.

8. Umso beunruhigender ist die trotzdem zu stellende Frage, warum eigentlich das Transparenzgebot nur Verbraucher schützen soll und warum nicht auch anderen Erklärungsadressaten die gleiche oder zumindest affine Wohltat zuteil werden soll, sich auf die Unklarheit Allgemeiner Geschäftsbedingungen zu berufen.

IV. Zu den Rücktrittsrechten, insbesondere zu jenen nach § 3a KSchG

1. Darf das Verbrauchergeschäft weder wegen eines missbilligenswerten Inhalts noch auf Grund überraschender Klauseln oder sonstiger Textunklarheiten für unverbindlich gehalten werden, so kann es sein, dass dem Verbraucher dennoch die Lösung aus der vertraglichen Umklammerung gelingt: Nämlich dann, wenn einer der verbraucherrechtlichen Tatbestände der besonderen Rücktrittsrechte des Verbrauchers erfüllt sind.

Ursprüngliches Leitbild dieser Rücktrittsrechte war das „Haustürgeschäft". Es gab allerdings immer schon auch noch andere, nicht an das Haustürgeschäft anknüpfende Rücktrittstatbestände, die allesamt vom Gedanken getragen waren, dass der Verbraucher in bestimmten Situationen vom werbenden Unternehmer zum Vertragsabschluss „überrumpelt" zu werden pflegt und in der Folge nach allgemeinem Zivilrecht keine ausreichende rechtliche Möglichkeit hat, das letztlich unerwünschte Geschäft wieder loszuwerden.

Diese Rücktrittstatbestände waren schon immer recht kompliziert gestaltet. Im Laufe der letzten Jahre kamen neue Facetten hinzu.

So zählen seit 1999 auch die so genannten Fernabsatzgeschäfte zum Kreis jener, von denen der Verbraucher zurücktreten darf (§§ 5e ff KSchG). Die Bestimmung ist umfangreich und alles andere als einfach formuliert, wie das gesamte Verbraucherrecht der Fernabsatzgeschäfte.

2. Interessanter erscheint demgegenüber das schon 1997 geschaffene Rücktrittsrecht des § 3a KSchG.

a) Ihm zufolge kann der Verbraucher auch dann von seinem Vertragsantrag oder Vertrag zurücktreten, wenn für seine Einwilligung maßgebliche Umstände, die der Unternehmer im Zuge der Vertragshandlungen als wahrscheinlich dargestellt hat, „nicht oder nur in erheblich geringerem Ausmaß" eintreten (§ 3a

Abs 1 KSchG). Der Verbraucher darf diese Änderung der Umstände allerdings naheliegenderweise nicht selbst veranlasst haben.

Solche „maßgeblichen Umstände" sind

1. die Erwartung der Mitwirkung oder Zustimmung eines Dritten, die erforderlich ist, damit die Leistung des Unternehmers erbracht oder vom Verbraucher verwendet werden kann,

2. die Aussicht auf steuerliche Vorteile,

3. die Aussicht auf eine öffentliche Förderung und

4. die Aussicht auf einen Kredit.

b) Es genügt, dass der Unternehmer diese Umstände lediglich „dargestellt" hat. Diese Darstellung muss wohl einen gewissen Bezug zum Vertragsabschluss haben, rechtliche Vertragsbedingung braucht sie jedoch nicht zu sein.

Auch muss keine tatsächliche Wahrscheinlichkeit gegeben sein, es genügt, dass die Umstände „als wahrscheinlich dargestellt" werden, auch wenn sie es gar nicht sind. Solche virtuellen Darstellungen sind klarerweise noch verwerflicher als Fehleinschätzungen von Realitäten.

Die „Darstellung" erfolgt durch den Unternehmer bzw seine Leute.

c) Schickt der Unternehmer den Verbraucher lediglich zu einem von ihm genannten Kreditinstitut mit dem Hinweis, der Verbraucher möge sich erkundigen, ob er für das Geschäft einen Kredit in Aussicht gestellt bekomme, und bestätigt dies das Kreditinstitut, dann fragt sich, was rechtens ist, wenn der Verbraucher in der Folge enttäuscht wird.

Ist in einem solchen Fall das Kreditinstitut etwa „Darstellungsgehilfe" des Unternehmers?

Möglicherweise dann, wenn der Unternehmer mit dem Kreditinstitut in laufender Geschäftsbeziehung in vergleichbaren Fällen steht.[17]

Es gibt noch andere Unsicherheiten, die dieser Rücktrittstatbestand mit sich bringt. Sie werden in Kauf genommen.

d) Der Verbraucher hat jedenfalls einen beachtlichen Vorteil:

Musste man sich früher in derartigen Fällen enttäuschter Erwartungen, die den geschlossenen Vertrag zu einer erheblichen Belastung werden ließen, mit Problemen der Irrtumsanfechtung, des Fortfalls der Geschäftsgrundlage oder der schlüssigen Bedingung herumschlagen, so erleichtert nunmehr der Gesetzgeber dem Verbraucher, sich aus seiner zivilrechtlichen Bindung zu lösen.

Ob im konkreten Einzelfall die Voraussetzungen für dieses Rücktrittsrecht tatsächlich gegeben sind, entscheidet der Richter. Die bemerkenswerten Generalklauseln des Rücktrittstatbestandes werden in manchen Fällen die Entscheidung nicht leicht vorhersehbar machen.

Die Scheu vor Prozessen mag die Unternehmer zu einer gegenüber früher konzilianteren Haltung gegenüber dem in seinen Erwartungen enttäuschten Verbraucher bewegen. Schon darin liegt ein Vorteil für Verbraucher.

---

[17] *Krejci*, Konsumentenpolitisches Jahrbuch 1996 – 1997, 158 f.

V. Zum richterlichen Mäßigungsrecht, insbesondere zu § 25d KSchG

1. Selbst wenn es weder zur Geltendmachung einer Nichtigkeit oder eines Anfechtungstatbestandes noch zur Ausübung eines verbraucherrechtlichen Rücktrittsrechts kommt, muss der Verbraucher nicht notwendig an den geschlossenen Vertrag so gebunden bleiben, wie er geschlossen wurde. Denn das Verbraucherrecht kennt auch noch verstärkte richterliche Mäßigungsrechte.

Seit Inkrafttreten des KSchG gibt es das richterliche Mäßigungsrecht bei zu hoch empfundenen An- und Reugeldern (§ 7 KSchG). Darüber ist hier nichts Neues zu berichten.

2. Bemerkenswerter ist aber die Neuerung des § 25d KSchG, der ein richterliches Mäßigungsrecht im Falle der Interzession eines Verbrauchers kennt.

a) Diese Regelung hängt mit der umfassenderen Frage zusammen, ob und inwieweit wirtschaftlich schwache Personen auf Grund ihres Naheverhältnisses zu einem Darlehensschuldner zur Mithaftung, Bürgschaft oder Garantie verpflichtet werden dürfen und können.

Paradebeispiel: Der die Darlehensrückzahlung schuldende Ehemann hat seine mithaftende Frau längst verlassen, ist über alle Berge und zahlt das Darlehen nicht zurück. Die verlassene Frau, die selbst kaum über Mittel verfügt, wird nunmehr von der Bank zur Haftung herangezogen und verliert auch noch das Wenige, was sie noch hat. Möglicherweise droht ihr der Privatkonkurs. Bei Kleinen sind die Banken hart.

b) Einen ersten, eher bescheidenen Ansatz zur Rettung bietet § 98 EheG, wonach das Scheidungsgericht mit Wirkung für den Gläubiger aussprechen kann, welcher Ehepartner fortan – in Abweichung vom Vertrag mit dem Gläubiger – Hauptschuldner und welcher lediglich Ausfallsbürge ist. Kommt es zu keiner Scheidung, versagt dieses Instrument einer Entlastung des Interzedenten.

c) Die §§ 25a bis 25c KSchG kennen eine Reihe von Informationspflichten des kreditgewährenden Unternehmers über die Härten der Mithaftung des Ehepartners. Interessant ist die Konsequenz der Verletzung der gegenüber dem Interzedenten bestehenden Informationspflicht über die dem Unternehmer erkennbare wirtschaftliche Lage des Schuldners.

Für den Fall, dass das Kreditinstitut diese Informationspflicht verletzt, und der Interzedent bei korrekter Information keine Haftung für den Kredit übernommen hätte, wird der Interzedent aus seiner Haftung frei (§ 25c KSchG).

Auch dies ist übrigens ein höchst interessanter Tatbestand der Vertragsauflösung.

Ob hier ein Anfechtungsrecht oder ein Rücktrittsrecht besteht, ob die Interzession automatisch wegfällt – all dies sagt § 25c KSchG nicht. Wir erfahren nur, dass der Interzedent nicht haftet.

Die damit verbundenen Vorfragen sind freilich so kompliziert, dass man ohnehin nicht darum herumkommt, über die Angelegenheit zumindest zu verhandeln, wenn nicht zu prozessieren.

Im Übrigen wird jener Interzedent selten zu finden sein, der erklärt, er hätte die ihm zugedachte Haftung auch übernommen, wenn ihn der Unternehmer über die wirtschaftliche Schwäche des Schuldners informiert hätte. Davon abgesehen wird es dem Unternehmer schwer fallen, den potentiellen Interzedenten über Umstände zu informieren, die aller Wahrscheinlichkeit nach dazu führen werden, dass der Informierte das Weite sucht und so dem Unternehmer ein Mithaftender durch die Lappen geht.

d) Über die Frage, ob und inwieweit unabhängig davon Verpflichtungen wirtschaftlich offensichtlich zu schwacher Angehöriger, die zur Mithaftung für aufgenommene Darlehen herangezogen werden, nichtig sein können, sagt das KSchG nichts.

3. Hingegen kennt § 25d KSchG ein interessantes richterliches Mäßigungsrecht:

a) Der Richter kann die Verbindlichkeit eines interzedierenden Verbrauchers „insoweit mäßigen oder auch ganz erlassen, als" die übernommene Haftung „in einem unter Berücksichtigung aller Umstände unbilligen Missverhältnis zur Leistungsfähigkeit des Interzedenten steht, sofern die Tatsache, dass der Verbraucher bloß Interzedent ist, und die Umstände, die dieses Missverhältnis begründet oder herbeigeführt haben, bei Begründung der Verbindlichkeit für den Gläubiger erkennbar waren".

Dabei sind wohl im Sinne eines „beweglichen Systems" verschiedene, im Gesetz aufgezählte Orientierungskriterien gegeneinander abzuwägen: Nämlich

● das „Interesse des Gläubigers an der Begründung der Haftung des Interzedenten",

● das Verschulden des Interzedenten an den Umständen, die das unbillige Missverhältnis seiner Verbindlichkeit zu seiner Leistungsfähigkeit begründet oder herbeigeführt haben,

● der Nutzen des Interzedenten aus der Leistung des Gläubigers sowie

● der „Leichtsinn, die Zwangslage, die Unerfahrenheit, die Gemütsaufregung oder die Abhängigkeit des Interzedenten vom Schuldner bei Begründung der Verbindlichkeit".

Damit eröffnet der Gesetzgeber dem Richter eine ebenso umfassende wie im Einzelfall bei Vertragsabschluss wohl kaum voraussehbare, nachträgliche Eingriffsmöglichkeit in die zwischen dem Gläubiger und dem Interzedenten bestehenden Rechtsbeziehungen.

Diese Regelung ist – entgegen der Meinung des Gesetzgebers – alles andere als ein Beitrag zur Rechtssicherheit.[18]

b) Eine besondere Anforderung an den Kreditgeber liegt im geforderten Bemühen, die wirtschaftlichen Insuffizienzen der Interzedenten zu erforschen. Denn der Tatbestand stellt nicht etwa bloß darauf ab, dass der Kreditgeber diese Insuffizienzen *kennt*, vielmehr schadet ihm bereits das *Kennenmüssen*.

c) Mäßigung aus Billigkeit bedeutet nicht, dass die hierzu veranlassende Vertragsbestimmung als solche bereits sittenwidrig und damit nichtig wäre.

---

[18] ErläutRV 311 BlgNR 20. GP 27.

Im gegebenen Zusammenhang sind freilich auch solche Fälle denkbar. Das ist nicht anders als bei anderen Mäßigungsrechten, zB bei jenem, das im Zusammenhang mit der Vereinbarung einer Vertragsstrafe vorgesehen ist (§ 1336 ABGB).

Als der Entwurf zur KSchG-Nov 1997, die den Vorschlag des § 25d enthielt, zur Begutachtung versendet wurde, entschied der OGH erstmals, dass die Übernahme von Haftungen durch Angehörige in bestimmten Fällen sittenwidrig sein kann.[19]

Als Begründung führte der OGH an: „Erst die Verbindung der strukturell ungleich größeren Verhandlungsstärke der Gläubigerbank gegenüber einem dem Hauptschuldner gutstehenden Angehörigen, dessen Verpflichtung seine gegenwärtigen und in absehbarer Zukunft zu erwartenden Einkommens- und Vermögensverhältnisse bei weitem übersteigt, mit weiteren, in der Person des Angehörigen liegenden, seine Entscheidungsfreiheit weitgehend beeinträchtigenden und der Gläubigerbank zurechenbaren Umständen kann in Ausnahmefällen ... zur Annahme der Sittenwidrigkeit und damit der Nichtigkeit des die Verpflichtung begründenden Rechtsgeschäftes führen."

Der OGH ist in der Formulierung seiner Begründung in keiner Hinsicht präziser als § 25d KSchG.

Der OGH müsste jedoch, will man seine Rechtsprechung mit § 25d KSchG in Einklang bringen, letztlich strengere Maßstäbe als § 25d KSchG anlegen, denn Nichtigkeitskriterien sind nun einmal von höherem Unwertgehalt als solche eines richterlichen Mäßigungsrechts. Andernfalls würde die Nichtigkeitsjudikatur die Mäßigungsgesetzgebung „überholen" bzw „unterlaufen".

d) Faszinierend und beklemmend zugleich ist die Frage, ob und inwieweit der nun einmal eingeschlagene Weg, vom Postulat strenger Vertragstreue zugunsten des wirtschaftlich schwachen Verpflichteten abzuweichen, verallgemeinerungsfähig ist.

Dass eine diesbezügliche Entwicklung ausgeschlossen werden kann, darf bezweifelt werden. Es liegt nun einmal in der Natur analogen Denkens, Gleiches gleich zu behandeln.

Was zwingt dazu, das Problem wirtschaftlich unzumutbarer Interzession auf Verbrauchergeschäfte bzw auf Angehörige zu beschränken?

Was zwingt überdies dazu, lediglich auf Interzessionen zu blicken? Kann nicht auch das Eingehen einer Hauptschuld als solcher auf vorhersehbare Weise die künftige Leistungskraft des Schuldners übersteigen?

Soll in Fällen vorhersehbarer (nicht bloß vorhergesehener) wirtschaftlicher Überforderung eines unterlegenen Schuldners ganz allgemein an die Stelle des Insolvenzverfahrens als des Endpunktes schuldnerischer Unfähigkeit, seinen Verpflichtungen nachzukommen, in Zukunft schon die prophylaktische Nichtigkeit und rechtzeitige richterliche Mäßigung der eingegangen Verpflichtung treten?

---

[19] OGH 27.3.1995 ecolex 1995, 638 = EvBl 1995/156 = JBl 1995, 651 = ÖBA 1995, 804.

Soll dann der potentielle Gläubiger verpflichtet sein, umsichtig zu ergründen, ob sich sein potentieller Schuldner das projektierte Schuldverhältnis überhaupt leisten kann, und den Schuldner entsprechend warnen müssen, sofern erkennbar wird, dass sich der Schuldner wirtschaftlich übernehmen könnte?

Sollen in der Tat Verträge nur mehr dann verbindlich bleiben, wenn den Gläubigern nicht vorhersehbar war, dass die Vertragserfüllung dem Schuldner wirtschaftliche Probleme bereiten wird?

Ist also der sich um die wirtschaftliche Lage des Schuldners nicht hinreichend kümmernde Gläubiger und nicht der Schuldner, der etwas verspricht, was er bei richtiger Selbsteinschätzung seiner Verhältnisse nicht zahlen kann, die fragwürdige Figur, gegen die sich die Rechtsordnung zu wenden hat?

Den Nachteil aus solchen, ihrer Verbindlichkeit beraubten Verträge hat jedenfalls der Gläubiger, der nicht sorgfältig genug die Leistungsfähigkeit des potentiellen Schuldners geprüft hat.

Da dieser Schuldner aber, der ja vom Gläubiger etwas haben will (zB ein Darlehen), seine eigene wirtschaftliche Situation naheliegenderweise eher vorteilhaft zu schildern trachtet, weil er ja sonst vom Gläubiger, der seine Ansprüche gegen den Schuldner ja durch eigene Leistungen an diesen erwirbt, nichts bekommt, stellt sich die Frage, was der Gläubiger zumutbarerweise unternehmen muss, um die Wahrheit über die wirtschaftliche Lage des Schuldners herauszufinden.

Hier droht sich die bisherige Welt von der Eigenverantwortung dessen, der einen Vertrag schließt, allmählich zu verwerfen. Noch ist nicht Sommer. Eine Schwalbe aber ist schon da.

VI. Schlussbemerkung

Diese Einblicke in eine bemerkenswerte Entwicklung der Destabilisierung von Versprochenem zum Schutz des Versprechenden mögen genügen. Facit: Pacta sunt incerta.

Kollektivvertragsänderung zum Nachteil der Arbeitnehmer

Franz Marhold/Günther Löschnigg

I. Problemstellung

Mit 1.12.1967 wurde zwischen dem Bundesministerium für Verkehr und verstaatlichte Unternehmen im Namen der Republik Österreich und der Gewerkschaft der Post- und Telegraphenbediensteten im Namen des Österreichischen Gewerkschaftsbundes ein Kollektivvertrag für die Beschäftigten des damaligen Bundesamtes für Zivilluftfahrt abgeschlossen, welcher im Folgenden als KV 1967 bezeichnet wird.

Die Ausgliederung des Bundesamtes für Zivilluftfahrt aus dem Bundesbereich und die Übernahme der Aufgaben des Bundesamtes durch die Austro Control, Österreichische Gesellschaft für Zivilluftfahrt mbH, erfolgte durch das Austro Control GmbH-Gesetz (ACG), BGBl 1993/898. Mit In-Kraft-Treten dieses Gesetzes wurden Änderungen des obigen Kollektivvertrages nicht mehr mit dem Ministerium, sondern mit der Austro Control GmbH ausverhandelt und abgeschlossen.

Für Mitarbeiter, die seit 1997 in die Austro Control GmbH eingetreten sind, kommt ein weiterer Kollektivvertrag – im Folgenden KV 1997 bezeichnet – zur Anwendung, der niedrigere Entgeltansprüche (im weiteren Sinn) vorsieht.

Im Rahmen des vorliegenden Beitrages ist zu prüfen, inwieweit Änderungen des KV 1967 – auch ohne Zustimmung der einzelnen betroffenen Arbeitnehmer – in jede Richtung möglich sind, insbesondere ob eine Novellierung des KV 1967 auch mit Anspruchsverlusten der Beschäftigten verbunden sein kann.

II. Zulässigkeit des KV 1967

Die Zuständigkeit zum Abschluss von Kollektivverträgen lag nach dem Kollektivvertragsgesetz 1947 (KVG 1947) – ebenso wie nunmehr nach dem ArbVG

1974 – vor allem bei den überbetrieblichen Interessenvertretungen. Das KVG 1947 enthielt jedoch bereits die Möglichkeit zum Abschluss von Firmenkollektivverträgen, dh von Kollektivverträgen, deren Geltungsbereich sich deshalb auf ein einzelnes Unternehmen beschränkt, da auf Arbeitgeberseite die Kollektivvertragsfähigkeit nicht einer Interessenvertretung, sondern dem Arbeitgeber zukommt. Konkret handelte es sich um § 5 KVG 1947, wonach öffentlich-rechtliche Körperschaften und die von diesen geführten Betriebe, Unternehmen, Anstalten, Stiftungen oder Fonds, die den Vorschriften des Art II KVG 1947 unterlagen, für den eigenen Bereich selbst kollektivvertragsfähig waren, sofern sie keiner kollektivvertragsfähigen Berufsvereinigung oder gesetzlichen Interessenvertretung angehört haben. Gebietskörperschaften, wie insbesondere der Bund, waren damit grundsätzlich kollektivvertragsfähig.[1]

Voraussetzung hiefür war,[2] dass die Gebietskörperschaften vom Geltungsbereich des Kollektivvertragsgesetzes erfasst waren. Gemäß § 1 Abs 2 KVG 1947 war dies nur dann der Fall, wenn auf die Dienstverhältnisse zu den Gebietskörperschaften keine Vorschriften Anwendung fanden, die den wesentlichen Inhalt des Dienstvertrages zwingend festlegten. Regelmäßig kam damit eine Kollektivvertragsfähigkeit des Bundes nicht in Frage, da auf privatrechtliche Dienstverhältnisse zum Bund ohnehin das Vertragsbedienstetengesetz (VBG) zur Anwendung gelangt und damit eine so gut wie sämtliche Arbeitsbedingungen umfassende Normierung existiert.[3]

Gemäß § 1 Abs 4 VBG können jedoch im Verordnungsweg einzelne Gruppen von Vertragsbediensteten von der Anwendung des VBG ausgenommen werden. Dies ist gemäß der Verordnung vom 5.12.1967, BGBl 1967/389, für die beim Bundesamt für Zivilluftfahrt beschäftigten Bediensteten erfolgt. Die Weiterwirkung des VBG gem § 2 Abs 1 VBG fiel mit In-Kraft-Treten des Kollektivvertrages für die Beschäftigten beim Bundesamt für Zivilluftfahrt weg.

Zu prüfen ist schließlich, ob der KV 1967 und sämtliche seiner Nachträge[4] die Wirksamkeitsvoraussetzung der Kundmachung erfüllt haben. Wäre dies nicht der Fall, dann wären der gesamte Kollektivvertrag bzw die nicht kundgemachten Teile des Kollektivvertrages nicht als Kollektivvertrag im Sinn des KVG 1947 bzw des ArbVG 1974 zu qualifizieren. Man müsste in diesen Fällen von einem so genannten „freien Kollektivvertrag",[5] der durch schlüssige Annahme der Dienstvertragsparteien zum Inhalt der Einzelarbeitsverträge geworden wäre, ausgehen. Eine solche Prüfung ist im Rahmen dieses Beitrages nicht vorgenommen worden. Es wird aber davon auszugehen sein, dass die Kollektivvertragsparteien den Kollektivvertrag bzw sämtliche Nachträge ordnungsgemäß hinterlegt und kundgemacht haben.

---

[1] Vgl allgemein insb *Borkowetz*, Kollektivvertragsgesetz[3] (1971) 108.
[2] Siehe oben.
[3] Vgl *Borkowetz*, KVG[3], 6.
[4] Laut zur Verfügung gestelltem Kollektivvertrag 50 an der Zahl.
[5] Zum Begriff vgl etwa *Schwarz/Löschnigg*, Arbeitsrecht[9] (2001) 94.

III. Übergangsrecht vom KVG 1947 zum ArbVG 1974

Bei der Prüfung des vorliegenden Kollektivvertrages sind zwei durch Gesetzesänderungen bedingte Schnittstellen in besonderer Weise zu beachten: Zum einen der Übergang vom KVG 1947 zum ArbVG 1974 und zum anderen der Übergang vom Bundesamt für Zivilluftfahrt zur Austro Control GmbH durch BGBl 1993/898.

Die Ablöse des KVG 1947 durch das ArbVG 1974 hat eine Reihe von Übergangsbestimmungen notwendig gemacht, die eine Rechtskontinuität im Hinblick auf Normen der kollektiven Rechtsgestaltung sicher stellten. So wurde durch § 165 ArbVG 1974 gewährleistet, dass die Kollektivvertragsfähigkeit des ÖGB/Gewerkschaft der Post- und Telegraphenbediensteten unverändert fortbesteht. Hinsichtlich der Kollektivvertragsfähigkeit der Gebietskörperschaften ist ebenfalls keine Änderung eingetreten. Die Bestimmung des § 7 ArbVG 1974 ist in Relation zu § 5 KVG 1947 sogar weiter gefasst.[6] Auch die Geltungsbereichsbestimmungen des § 1 Abs 2 Z 3 ArbVG 1974 und des § 1 Abs 2 KVG 1947 sind im Wesentlichen deckungsgleich.

Bei gleich bleibender Kollektivvertragsfähigkeit der Kollektivvertragsparteien und bei unveränderten Geltungsbereichsbestimmungen des VBG bzw des ArbVG 1974 ist es unzweifelhaft, dass der Bestand und die Wirksamkeit des KV 1967 gem § 164 Abs 1 ArbVG 1974 durch das In-Kraft-Treten des ArbVG 1974 nicht berührt wurden.

Mit In-Kraft-Treten des Austro Control GmbH-Gesetzes wurde die Kollektivvertragskontinuität gleichermaßen gewahrt. § 7 Abs 2 ACG sieht ausdrücklich vor, dass die kollektivvertraglichen und einzelvertraglichen Rechte und Pflichten der Bediensteten durch die Ausgliederung keine Änderungen erfahren sollen. Dieser Hinweis allein klärt aber nicht in ausreichendem Maße den Rechtsgrund für den Weiterbestand der kollektivvertraglichen Rechte und Pflichten. So könnten die zum Zeitpunkt des In-Kraft-Tretens des Austro Control GmbH-Gesetzes bestehenden Rechte und Pflichten aus dem Kollektivvertrag kraft Gesetzes aufrecht bleiben, wenngleich der Kollektivvertrag als Rechtsgrundlage untergeht bzw nicht mehr in Frage kommt. Eine derartige Konstruktion kennt etwa das Arbeitsvertragsrechts-Anpassungsgesetz (AVRAG) in Zusammenhang mit dem kollektivvertraglichen Entgelt beim Betriebsübergang mit Kollektivvertragswechsel.[7] Die kollektivvertraglichen Regelungen könnten auf Grund gesetzlicher Anordnung auch Inhalt der Einzelarbeitsverträge werden.[8] Schließlich – und

---

[6] Vgl *Cerny* in *Cerny/Gahleitner/Kundtner/Preiss/Schneller*, Arbeitsverfassungsrecht II² (2000) 90.

[7] Allgemein hiezu s insb *Holzer/Reissner*, Arbeitsvertragsrechts-Anpassungsgesetz (1998) 142; *Binder*, Arbeitsvertragsrechts-Anpassungsgesetz (2001) 199 mwN.

[8] So zB § 4 Abs 2 AVRAG hinsichtlich des kollektivvertraglichen Bestandschutzes bei Untergang des Veräußererbetriebes; s etwa *Schwarz/Löschnigg*, Arbeitsrecht aus trüber Quelle – eine kritische Betrachtung der jüngsten Gesetzgebung, ÖJZ 1994, 217 (222); *Gahleitner/Leitsmüller*, Umstrukturierung und AVRAG (1996) 140.

diese Variante hat das Austro Control GmbH-Gesetz gewählt – kann es zu einer unmittelbaren Weiterwirkung des Kollektivvertrages kommen. § 7 Abs 3 letzter Satz ACG stellt dies mit dem Hinweis klar, dass die Geltung des Kollektivvertrages durch das Gesetz nicht berührt wird. Diese Lösung ist keineswegs selbstverständlich, da mit In-Kraft-Treten des Austro Control GmbH-Gesetzes die Kollektivvertragsfähigkeit des Bundes für die Arbeitnehmer der Austro Control GmbH weggefallen ist,[9] eine Partei des Kollektivvertrages damit ihre Abschlusskompetenz und spezifische Rechtsfähigkeit verloren hat.

IV. Wirkungsweise des Kollektivvertrages

Die Entwicklungsgeschichte des Kollektivvertrages war lange Zeit geprägt von der Diskussion über seine Rechtsnatur und seine Rechtswirkung auf das Arbeitsverhältnis. Zwei Hauptthesen standen sich gegenüber. Die unterschiedlichen Erklärungsansätze ergaben sich daraus, dass zum einen von einer Einwirkung des Kollektivvertrages auf die Arbeitsverträge ohne Annahme einer Rechtsnormenwirkung ausgegangen, zum anderen hingegen der normative Teil des Kollektivvertrages als echte Rechtsnorm qualifiziert wurde.[10] Sowohl gem § 14 Abs 2 Einigungsamtsgesetz 1919 als auch gem § 9 Abs 1 KVG 1947 sollte nämlich der Kollektivvertrag „als Bestandteil" der Einzelarbeitsverträge gelten. Darauf aufbauend unterschied etwa *Borkowetz*[11] zwischen der Wirkungsweise staatlicher und kollektiver Rechtsvorschriften: Erstere gestalten die privaten Rechtsbeziehungen unmittelbar rechtsverbindlich, Zweitere werden hingegen Bestandteil des Arbeitsvertrages und haben daher als eine zwischen Dienstgeber und Dienstnehmer im Dienstvertrag getroffene Vereinbarung Geltung.[12]

Im Gegensatz zum Kollektivvertragsgesetz enthält das Arbeitsverfassungsgesetz keinen Hinweis mehr, dass die Regelungen des normativen Teils des Kollektivvertrages als Bestandteil des Individualvertrages gelten. § 11 Abs 1 ArbVG 1974 sieht vielmehr vor, dass die Bestimmungen des Kollektivvertrages unmittelbar rechtsverbindlich sind, soweit sie nicht die Rechtsbeziehungen zwischen den Kollektivvertragsparteien regeln. Damit hat der Gesetzgeber klargestellt, dass der Kollektivvertrag trotz seines privatrechtlichen Charakters als Gesetz im materiellen Sinn zu werten ist.[13] In diesem Sinn ist auch seine Qualifikation als Normenvertrag[14] zu verstehen: Das Zustandekommen ist vertraglicher Natur,

---

9   Allgemein vgl *Marhold*, Privatisierungsprobleme im Arbeitsrecht und Sozialrecht, in *Achatz/Isak/Marhold*, Privatisierung (1999) 71.

10 Zur Darstellung dieser Auffassungen vgl insb *Rußwurm*, Zur Frage der betrieblichen Gesamtvereinbarungen, DRdA 1954, 11; *Strasser*, Kollektivvertrag und Verfassung (1968) 9; *Mayer-Maly*, Hauptprobleme des deutschen und des österreichischen Tarifvertragsrechts, in *Mayer-Maly* (Hrsg), Kollektivverträge in Europa – Conventions Collectives de Travail (1972) 159; *Schwarz*, Arbeitsrecht und Verfassung (1972) 19.

11 *Borkowetz*, KVG³, 134.

12 Siehe auch OGH 26.9.1923 Jud 10 = SZ 5/215.

13 Vgl etwa OGH 6.12.1977 Arb 9639; OGH 4.11.1980 Arb 9914.

14 Vgl *Strasser*, ArbVG-Handkommentar (1975) 20.

seine Wirkungsweise eine staatlich-normative. Diese Auffassung wird von der Rechtsprechung uneingeschränkt geteilt: Der normative Teil des Kollektivvertrages ist objektives Recht, bedarf zu seiner Geltung keiner Transformation in den Einzelarbeitsvertrag und wird auch nicht Inhalt desselben.[15] Er wirkt kraft gesetzlicher Regelungsmacht unmittelbar auf die Rechtsverhältnisse ein.[16]

V. Änderung des Kollektivvertrages

A. Allgemeines

Es liegt im Wesen der Sachgerechtigkeit einer Norm, dass sie an veränderte Sachverhalte, Bedürfnisse der Rechtsgemeinschaft, reale Gegebenheiten etc angepasst werden kann. In welcher Form, nach welcher Vorgangsweise und mit welchen Beschränkungen hiebei in die Rechtsverhältnisse der Rechtsunterworfenen eingegriffen werden kann, hängt von der Art der Norm ab. Dies zeigt sich etwa in der Stellung einer Norm im Stufenbau der Rechtsordnung und im Gestaltungsspielraum der Norm, mittels einseitig oder zweiseitig zwingendem Recht regulativ eingreifen zu können.

Für den Kollektivvertrag steht – im Gegensatz zur Betriebsvereinbarung[17] – grundsätzlich außer Zweifel, dass kollektivvertragliche Ansprüche durch einen nachfolgenden Kollektivvertrag auch zu Ungunsten der Arbeitnehmer verändert werden können.[18] Dies betrifft den gesamten gesetzlichen Regelungsumfang des Kollektivvertrages, insbesondere die durch § 2 ArbVG 1974 vorgegebenen Inhalte. Besonders deutlich kommt dies in § 2 Abs 2 Z 3 ArbVG 1974 zum Ausdruck, wonach die Kompetenz des Kollektivvertrages selbst die Änderung kollektivvertraglicher Rechtsansprüche ehemaliger Arbeitnehmer umfasst. Soweit bestehende Arbeitsverhältnisse von kollektivvertraglichen Änderungen betroffen sind, ist dies nach der Systematik des Gesetzes unter § 2 Abs 1 Z 2 ArbVG 1974 zu subsumieren. Für den Fall, dass das Arbeitsverhältnis bereits beendet wurde, eine Änderung der kollektivvertraglichen Ansprüche sich aber nach Ansicht der Kollektivvertragsparteien als notwendig erweist, hat der Gesetzgeber die gesonderte Regelungskompetenz des § 2 Abs 2 Z 3 ArbVG 1974 vorgesehen.

---

[15] OGH 4.11.1980 Arb 9914.

[16] Zu den mittlerweile wohl ausgeräumten verfassungsrechtlichen Bedenken dieser Konstruktion vgl insb *Klecatsky*, Die kollektiven Mächte im Arbeitsleben und die Bundesverfassung, in *Floretta/Strasser* (Hrsg), Die kollektiven Mächte im Arbeitsleben (1963) 34; *Schwarz*, Zum Ausklang eines Theorienstreites, DRdA 1972, 234; s vor allem auch die Stellungnahmen des OGH und des VfGH zu einem Entwurf einer Bundesverfassungsgesetz-Novelle, DRdA 1972, 103.

[17] Vgl hiezu *Holzer*, Strukturfragen des Betriebsvereinbarungsrechts (1982) 159.

[18] Siehe insbesondere OGH 16.12.1992 DRdA 1993, 369 (*Resch*) = RdW 1993, 81 (*Runggaldier*, OGH: Verschlechterung einer kollektivvertraglichen Pensionsordnung durch nachfolgenden Kollektivvertrag zulässig – Anmerkungen zum Beschluß des OGH 16.12.1992, 9 Ob A 602/92, RdW 1993, 78) = ZAS 1995, 12 (*Schrammel*); OGH 6.7.1998 ARD 4984/9/98 = DRdA 1999, 32 (*Runggaldier*); OLG Linz 17.6.1999 ARD 5105/1/2000.

B. Rechtliche Grenzen bei Kollektivvertragsänderungen

Wie bereits dargestellt, stehen weder die Kompetenzbestimmungen noch die spezifischen Rechtswirkungen des Kollektivvertrages einer Abänderung von Kollektivvertragsbestimmungen durch einen neuen Kollektivvertrag im Rahmen seines Zuständigkeitsbereiches entgegen. Zu beachten ist allerdings, dass der Kollektivvertrag wie ein Gesetz im formellen Sinn an die Grundrechte gebunden ist.[19] Auffassungsunterschiede bestehen lediglich darüber, ob der Kollektivvertrag nur mittelbarer Grundrechtsbindung unterliegt oder unmittelbar an die Grundrechte gebunden ist. Der OGH[20] und *Strasser*[21] vertreten die Ansicht, dass bloß mittelbare Wirkung der Grundrechte anzunehmen sei; dh dass die in den Grundrechten zum Ausdruck gebrachten Wertungen über die privatrechtlichen Generalklauseln[22] einfließen und dadurch zur Nichtigkeit von Kollektivvertragsbestimmungen führen können. *Tomandl*[23] und *Marhold*[24] sind hingegen der Auffassung, der Kollektivvertrag sei unmittelbar an die Grundrechte gebunden.[25] Im Ergebnis gibt es zwischen der Annahme mittelbarer oder unmittelbarer Grundrechtsbindung kaum praktische Unterschiede, da auch nach der herrschenden Rechtsprechung festzuhalten ist, dass der Sittenwidrigkeitsmaßstab für den Kollektivvertrag keine größere Gestaltungsfreiheit eröffnet als für den einfachen Gesetzgeber. Praktisch relevant wird die Bindung des Kollektivvertrages an die Grundrechte vor allem im Zusammenhang mit dem Gleichheitssatz, mit der Achtung des Privat- und Familienlebens und mit dem Grundrecht auf Erwerbsausübungsfreiheit.[26] In der jüngeren Rechtsprechung hat der OGH die Grundrechtsbindung für Kollektivvertrag und Betriebsvereinbarung in gleicher Weise anerkannt.[27]

Für den vorliegenden Zusammenhang ist daher zunächst zu untersuchen, auf welche grundrechtlich geschützten Positionen sich ein Arbeitnehmer gegen die Kürzung von kollektivvertraglichen Ansprüchen durch Kollektivvertrag stützen könnte. Im Wesentlichen sind dies der Gleichheitsgrundsatz[28] sowie der Eigentumsschutz gem Art 5 StGG. In ständiger Rechtsprechung hat der Verfassungsgerichtshof aus dem den Gesetzgeber bindenden Gleichheitssatz der Bundesverfassung den Grundsatz abgeleitet, dass der überraschende und unverhältnismäßige Eingriff in erworbene Anwartschaften willkürlich und damit gleichheits-

---

[19] *Marhold*, Österreichisches Arbeitsrecht II² (1999) 89.

[20] Zuletzt in der E v 6.7.1998 DRdA 1999, 32 (*Runggaldier*).

[21] *Strasser*, Arbeitsrecht II⁴ (2001) 154 f.

[22] Insbesondere § 879 ABGB.

[23] *Tomandl*, Arbeitsrecht I⁴ (1999) 113, 133.

[24] *Marhold*, Arbeitsrecht II², 89.

[25] So auch noch der OGH in der E v 2.7.1957 Arb 6684.

[26] Vgl OGH 2.7.1957 Arb 6684; OGH 24.10.1978 Arb 9742 und OGH 16.12.1992 ZAS 1995, 12.

[27] OGH 6.9.2000 RdW 2001, 225; *Kreil*, Zur Kürzung von Betriebspensionen durch Betriebsvereinbarung – Anmerkungen zu OGH 6.9.2000, 9 Ob A 106/00d, RdW 2001, 222.

[28] Art 2 StGG, Art 7 Abs 1 B-VG.

widrig sein kann.[29] Der Verfassungsgerichtshof hat in seinem Erkenntnis vom 5.10.1989 VfSlg 12.186[30] ausgeführt: „Rechtsnormen zielen auf die Steuerung menschlichen Verhaltens. Diese Funktion können Rechtsvorschriften freilich nur erfüllen, wenn sich die Normunterworfenen bei ihren Dispositionen grundsätzlich an der geltenden Rechtslage orientieren können. Daher können gesetzliche Vorschriften mit dem Gleichheitsgrundsatz in Konflikt geraten, weil und insoweit sie die im Vertrauen auf eine bestimmte Rechtslage handelnden Normunterworfenen nachträglich belasten. Dabei ist es keineswegs ausgeschlossen, dass der einfache Gesetzgeber in Rechtspositionen prinzipiell eingreift. Die Eingriffe müssen jedoch geeignet sein, das vom Gesetzgeber verfolgte Ziel zu erreichen. Darüber hinaus muss der Eingriff verhältnismäßig sein." Daher widmet der österreichische Verfassungsgerichtshof dem Vertrauensschutz besondere Bedeutung, „wenn Personen schon während ihrer aktiven Berufstätigkeit ihre Lebensführung auf den Bezug einer später anfallenden Pension eingerichtet haben".[31] Hält man auch die Kollektivvertragsparteien – wie gezeigt – gemäß der herrschenden Rechtsprechung an die Grundrechte gebunden, dann entfaltet auch der vom Verfassungsgerichtshof entwickelte Grundsatz des Vertrauensschutzes in Bezug auf bereits erworbene Anwartschaften entsprechende Beschränkungen für die Kollektivvertragsparteien bei der Änderung kollektivvertraglicher Ansprüche. In der Tat hat der OGH im Zusammenhang mit der Einschränkung von Pensionsanwartschaften durch Kollektivvertrag bereits ausgesprochen, dass die Kollektivvertragsparteien dabei als Folge der mittelbaren Drittwirkung der Grundrechte insbesondere den Eigentumsschutz nach Art 5 StGG und Art 1 des ersten Zusatzprotokolls zur EMRK zu beachten haben. Auch wenn davon auszugehen ist, dass die Interessen der Arbeitnehmer durch ihre kollektivvertragsfähige Berufsvereinigung ausreichend vertreten werden und von diesen nicht weiter gehende Eingriffe in die Anwartschaften hingenommen werden als es das Wohl des Betriebes und der Arbeitnehmer unbedingt erfordert, ist dennoch zu prüfen, ob der Eingriff des Kollektivvertrages in bereits erworbene Anwartschaften verhältnismäßig erfolgt.

Die Verhältnismäßigkeitsprüfung wird dabei in einer ersten Stufe von der Art des Anspruches abhängen, in den eingegriffen wird. Aktive Arbeitnehmer haben grundsätzlich damit zu rechnen, dass ihre Entgeltansprüche im engeren Sinn durch Änderungskündigungen oder Verschlechterungsvereinbarungen eine Veränderung erfahren können. So hat der Verfassungsgerichtshof in seinem Austro Control GmbH-Erkenntnis[32] ausgeführt, dass nicht einmal die eigentumsrechtlich geschützte Position auf Fortbestand eines Rechtsverhältnisses mit einem bestimmten Vertragspartner verfassungsrechtlich garantiert ist, wenn die Dienstnehmer in einem prinzipiell kündbaren Dienstverhältnis stehen. Die Kürzung kollektivvertraglicher Monatsentgeltsätze durch Kollektivvertrag wird daher ge-

---

[29] Vgl dazu ausführlich *Tomandl*, Gedanken zum Vertrauensschutz im Sozialrecht, ZAS 2000, 129.
[30] Gleich lautend VfGH 14.3.1990 VfSlg 12.322 und VfGH 8.10.1990 VfSlg 12.485.
[31] VfGH 12.6.1990 VfSlg 12.568 und VfGH 18.6.1997 VfSlg 14.867.
[32] VfGH 6.12.1996 VfSlg 14.500.

ringeren Beschränkungen unterliegen als beispielsweise der Eingriff in Pensionsanwartschaften und Pensionszahlungen, die bereits in der Vergangenheit verdient
wurden und die nun in der Zukunft reduziert werden sollen. Klar ist, dass solche
Determinanten wie Geeignetheit und Verhältnismäßigkeit keine festen Konturen
besitzen.[33] Dies kann schon am Meinungsspektrum gegenüber der durch einfa-
ches Bundesgesetz erfolgten Erhöhung des Pensionsantrittsalters in der allgemeinen Sozialversicherung abgelesen werden. Nach der bislang vorliegenden Rechtsprechung[34] ist beispielsweise die Verschlechterung einer Pensions-Betriebsver-
einbarung bezüglich eines aktiven Arbeitnehmers, der 23 Jahre beim selben Arbeitgeber beschäftigt und 11 Jahre dem betrieblichen Pensionssystem zugehörig
war, um ca 32 bis 34% unzulässig. *Griller*[35] und *Runggaldier*[36] haben insbesondere im Zusammenhang mit der Kürzung kollektivvertraglicher Ruhegenussan-
sprüche durch Kollektivvertrag darauf hingewiesen, dass der Kollektivvertrag in
diesem Zusammenhang den Eigentumsgrundsatz und den verfassungsrechtlichen
Gleichheitssatz zu beachten habe. Im Anlassfall[37] hatte der OGH allerdings entschieden, dass die Arbeitnehmer kollektivvertragliche Verschlechterungen hinzunehmen haben. Konkret ging es um das Einfrieren bereits erworbener kollektivvertraglicher Pensionsanwartschaften. Ausgangspunkt war die auf einem Kollektivvertrag beruhende Pensionsordnung der DDSG. Die nach der bisherigen Pensionsordnung bestehenden Anwartschaften wurden zum Stichtag 30.9.1991 fest-
geschrieben und sollten nicht mehr weiter erhöht werden. Die in der ursprünglichen Pensionsordnung vorgesehene bedingte Pension sollte durch den Sozialplan
und eine befristete Abfertigung ersetzt werden. Der OGH stellt in seinem Beschluss fest, dass beide Verschlechterungen von den Arbeitnehmern hinzunehmen
sind, da sie rechtmäßig erfolgt sind und weder das Arbeitsverfassungsgesetz noch
grundrechtlich geschützte Rechtspositionen der Arbeitnehmer noch das Betriebspensionsgesetz verletzen. Schon aus dem Verhältnis zwischen dem Einfrieren
zukünftiger Pensionsanwartschaften und der Kürzung zukünftiger Leistungen –
im ersten Fall entschied der OGH, dass die Arbeitnehmer die Kürzung hinzunehmen haben, im zweiten Fall nicht – kann man erkennen, dass eine generelle Aussage zur Kürzungsbefugnis des Kollektivvertrages in Bezug auf kollektivvertraglich begründete Anwartschaften nicht möglich ist. Zu beachten ist, dass im
DDSG-Fall der OGH auch darauf Bezug nehmen konnte, dass durch Sozialplan
und Abfertigung das Einfrieren der Pensionsanwartschaften in einer gewissen
Weise abgefunden wurde. Dem gegenüber wurde in der Kürzungsentscheidung
gegenüber Betriebsvereinbarungen nur schlicht eine Kürzung zukünftiger Leistungen auch für ältere Arbeitnehmer vorgesehen. Im letzteren Fall wird jedenfalls
zu fordern sein, dass der Kollektivvertrag Übergangsbestimmungen enthält,

---

[33] Vgl *Tomandl,* ZAS 2000, 130.

[34] OGH 6.9.2000 RdW 2001, 225.

[35] *Griller*, Grundrechtsschutz für Betriebspensionen? in *Runggaldier/Steindl*, Handbuch
zur betrieblichen Altersversorgung (1987) 117 (124) mwN.

[36] *Runggaldier*, Möglichkeiten und Grenzen der Verschlechterung betrieblicher Ruhe-
geldordnungen, in *Runggaldier/Steindl*, Handbuch zur betrieblichen Altersversorgung
(1987) 157 (182 f).

[37] OGH 16.12.1992, 9 Ob A 602/92-3.

durch die die Rechtsstellung älterer Arbeitnehmer, die unter dem Geltungsbereich des Kollektivvertrages bereits längere Zeit Anwartschaften erworben haben, besonders geschützt wird. So führte auch der OGH in dem zitierten Beschluss aus, dass das Vertrauen der Arbeitnehmer, die dem Betrieb im Hinblick auf die zugesagte Betriebspension schon durch lange Zeit die Treue gehalten haben und zufolge ihres vorgerückten Alters kaum mehr in der Lage sind, mit dem Wechsel in eine andere Tätigkeit weitere Anwartschaften zu erwerben, unter dem Gesichtspunkt des Gleichheitssatzes stärker zu schützen ist, als das von Arbeitnehmern, die kürzer beschäftigt sind. Zu berücksichtigen ist ferner, dass das Gleichheitsgebot auch eine Gleichbehandlung der ausgeschiedenen mit den aktiven Arbeitnehmern gebietet. Dies drückt § 18 Betriebspensionsgesetz zwar nur als Ausgestaltung des allgemeinen Gleichbehandlungsgrundsatzes aus, der sich ausschließlich gegen den Arbeitgeber richtet, doch ist mit *Runggaldier*[38] festzuhalten, dass die Kollektivvertragsparteien auf Grund ihrer Bindungen an den verfassungsrechtlichen Gleichheitssatz auch in dieser Beziehung Gleichbehandlung zu wahren haben.

Im Prinzip kann daher festgehalten werden, dass trotz bestehender Grundrechtsbindung den Kollektivvertragsparteien ein erheblicher Gestaltungsspielraum bleibt, kollektivvertraglich begründete Rechte und Anwartschaften von Arbeitnehmern durch Kollektivvertrag wieder abzuändern. Eine allenfalls vorgenommene Kürzung muss geeignet sein, die von den Kollektivvertragsparteien verfolgten Ziele zu verwirklichen und sie muss verhältnismäßig sein, was bei Pensionsanwartschaften jedenfalls bedeutet, dass Übergangsbestimmungen zu Gunsten älterer Arbeitnehmer mit langer Betriebszugehörigkeit zu schaffen sind. Das Ausmaß der Kürzung ergibt sich letztendlich aus einer Interessenabwägung zwischen den Notwendigkeiten einer Entlastung der Betriebe im Zuständigkeitsbereich des Kollektivvertrages und dem Wohl der Arbeitnehmer. Diesen Interessenausgleich haben in erster Linie die Kollektivvertragsparteien selbst vorzunehmen. Dies schließt jedoch nicht aus, dass die Verhältnismäßigkeit vom Gericht geprüft werden kann. Prozessual haben allerdings die Arbeitnehmer substantiierte Behauptungen vorzutragen, nach denen die Verhältnismäßigkeit des Eingriffes nicht gewährleistet ist.

VI. Umwandlung kollektivvertraglicher Ansprüche in arbeitsvertragliche Ansprüche

Die unter Punkt V. behandelte Änderungskompetenz des Kollektivvertrages gilt vorweg[39] nur für kollektivvertragliche Ansprüche. Aus unterschiedlichen Gründen kann es sich aber bei vermeintlichen kollektivvertraglichen Ansprüchen um arbeitsvertragliche Ansprüche handeln. Darauf sei im Folgenden nur kurz hingewiesen.

---

[38] *Runggaldier*, RdW 1993, 81.
[39] Siehe auch Punkt VII.

A. Nichtvorliegen eines Kollektivvertrages im Sinn des ArbVG 1974

Kein Kollektivvertrag im Sinn des Gesetzes würde vorliegen, wenn die Kundmachung nicht gehörig erfolgt wäre. Dieses Problem wurde bereits unter Punkt II. geklärt.

B. Überschreitungen der Regelungskompetenz

Bewegt sich der Kollektivvertragsinhalt nicht innerhalb der durch das Gesetz, insbesondere § 2 ArbVG 1974, gesteckten Grenzen, könnte ebenfalls nicht mehr von einem gültigen Kollektivvertrag ausgegangen werden. Im Gegensatz zur Betriebsvereinbarung sind jedoch die Kompetenzen des Kollektivvertrages umfassend ausgestaltet, sodass bei dem vorliegenden Kollektivvertrag auf diese Frage nicht näher eingegangen werden muss.

C. Vertragliche Einigung

Kollektivvertragliche Ansprüche besitzen in der sozialpartnerschaftlichen Regelungspraxis eine hohe Bestandsfestigkeit. Kollektivvertragliche Rechte der Arbeitnehmer werden durch nachfolgende Kollektivverträge regelmäßig ausgeweitet und nicht eingeschränkt. Eine zusätzliche Bestandsgarantie für den Arbeitnehmer ist üblicherweise nicht notwendig und wird daher auch nicht angestrebt. Dennoch ist im Einzelfall zu prüfen, ob die Arbeitsvertragsparteien die kollektivvertraglichen Rechte nicht auch zum Inhalt des Arbeitsvertrages mit der Wirkung machen wollten, dass Änderungen des Kollektivvertrages zum Nachteil des Arbeitnehmers den arbeitsvertraglichen Anspruch nicht berühren. Eine derartige Absicht der Parteien des Arbeitsverhältnisses könnte sich auf Grund des atypischen Regelungsinhalts aber wohl nur aus einer entsprechend eindeutigen Formulierung des Arbeitsvertrages ergeben. Ein Verweis im Dienstzettel auf die Anwendung des jeweiligen Kollektivvertrages oder die bloße Aufzählung der kollektivvertraglichen Rechte im Arbeitsvertrag wird dieser Anforderung nicht gerecht.

VII. Vereinheitlichung arbeitsvertraglicher Ansprüche durch Kollektivvertrag

Arbeitsvertragliche Ansprüche können durch Kollektivvertrag dadurch vereinheitlicht werden, dass durch einen solchen das Anspruchsniveau auf den höchsten arbeitsvertraglichen Anspruch angehoben wird. Da der Kollektivvertrag immer Günstigeres regeln kann als der Einzelarbeitsvertrag[40] ist diese Vor-

---

[40] § 3 Abs 1 ArbVG.

gangsweise völlig unproblematisch. Will man arbeitsvertragliche Ansprüche auf ein mittleres oder niedrigeres Niveau vereinheitlichen, dann stellt sich sofort das Problem, dass in individuell vereinbarte höhere vertragliche Ansprüche durch Kollektivvertrag eingegriffen werden muss. In der Tat räumt das Arbeitsverfassungsgesetz den Kollektivvertragsparteien die Möglichkeit ein, günstigere Vereinbarungen in Betriebsvereinbarungen oder Arbeitsverträgen ausdrücklich auszuschließen. Damit verleiht der Kollektivvertrag seinen eigenen Bestimmungen absolut zwingende Wirkung. Dies kann zum Zweck der Herstellung einer einheitlichen Ordnung der Arbeitsbedingungen geschehen.[41] Macht der Kollektivvertrag von diesem Ordnungsprinzip Gebrauch, dann werden alle abweichenden nachrangigen Vereinbarungen, gleichgültig, ob sie vor dem Wirksamwerden des Kollektivvertrages oder erst während seiner Geltungsdauer geschlossen werden, rechtsunwirksam.[42] Mit der herrschenden Auffassung[43] ist davon auszugehen, dass nur im Ausnahmefall und nur dann, wenn der Kollektivvertrag ausdrücklich darauf hinweist, zweiseitig zwingende Wirkung angenommen werden kann.[44]

Wenn auch die grundsätzliche Rechtsmacht des Kollektivvertrages, Fix-Arbeitsbedingungen festzulegen, sich sowohl auf bestehende als auch auf zukünftige arbeitsvertragliche Regelungen bezieht, besteht dennoch eine erhebliche Notwendigkeit zur Differenzierung. In Bezug auf bereits getroffene arbeitsvertragliche Regelungen wirkt sich das Ordnungsprinzip wie ein Eingriff in bestehende Ansprüche aus und ist daher den selben Beschränkungen unterworfen, die bereits oben zur Frage ausgeführt wurden, inwieweit der Kollektivvertrag in bestehende kollektivvertragliche Ansprüche eingreifen kann. Im Prinzip besteht hier kein Unterschied. Ob die Rechtsposition, in die ein Kollektivvertrag eingreift, kollektivvertraglich begründet war oder bereits einzelvertraglich bestand, macht im Hinblick auf die Grenzen des zulässigen Eingriffs keinen Unterschied. Auch für das Ordnungsprinzip in Bezug auf bereits bestehende vertragliche Vereinbarungen ist daher zu fordern, dass der Kollektivvertrag den Grundsatz der Geeignetheit und der Verhältnismäßigkeit einhält. Macht der Kollektivvertrag vom Ordnungsprinzip Gebrauch und wirkt sich die absolut zwingende Wirkung des Kollektivvertrages auf günstigere einzelvertragliche Positionen aus, dann kann dies dadurch gerechtfertigt werden, dass ein Solidaritätsausgleich erfolgt, eine Rechtsbereinigung verwirklicht wird und das Ordnungsprinzip sich maßvoll unter Berücksichtigung der Billigkeit auf bestehende einzelvertragliche Ansprüche auswirkt. Jedenfalls muss das Ordnungsprinzip im neuen Kollektivvertrag besonders deutlich zum Ausdruck kommen.[45]

---

[41] *Tomandl*, Arbeitsrecht I^4, 150.

[42] *Tomandl*, Arbeitsrecht I^4, 150.

[43] *Strasser*, ArbVG-Handkommentar 36; *Marhold*, Arbeitsrecht II^2, 87; *Tomandl*, Arbeitsrecht I^4, 150.

[44] OGH 6.12.1977 ZAS 1978, 230 (*Marhold*).

[45] OLG Linz 17.6.1999 ARD 5105/1/2000.

Gedanken zur Reform der österreichischen Gerichtsorganisation

Peter G. Mayr

I. Einleitung

Es gibt wohl kein Thema im Bereich des zivilgerichtlichen Verfahrensrechts, das die breite Öffentlichkeit in den letzten Monaten in einem derartigen Ausmaß beschäftigt hat, wie die von Justizminister *Dr. Dieter Böhmdorfer* vorgeschlagene Reform der österreichischen Gerichtsorganisation. Ziel dieser Pläne ist (bzw war) eine grundlegende Strukturreform der österreichischen Gerichtsorganisation und im Besonderen eine Auflassung bzw Zusammenlegung von kleinen Bezirksgerichten zu größeren ökonomischen Einheiten. Diese Forderung hat – obwohl sie keineswegs neu ist – nicht nur eine relativ große Beachtung in den Massenmedien gefunden, sondern auch zu zahlreichen (medienwirksamen) Stellungnahmen insbesondere von Landes- und Lokalpolitikern geführt, die diese Pläne durchwegs mehr oder weniger heftig und polemisch abgelehnt haben. Es erscheint daher angebracht, sich mit dieser Thematik einmal fern von jeder Partei-, Standes- oder Lokalpolitik sachlich zu beschäftigen. Die folgenden Zeilen können und wollen allerdings keineswegs eine umfassende oder gar vollständige Behandlung der zahlreichen damit im Zusammenhang stehenden Fragen bieten,[1] sondern sie sollen nur einen komprimierten Überblick über die derzeitige Situation geben und die Notwendigkeit einer umfassenden Reform der österreichischen Gerichtsorganisation unterstreichen. Ich hoffe, dass ich damit dem Jubilar, der am positiven Abschluss meines Habilitationsverfahrens maßgeblich beteiligt war, eine kleine Freude bereiten kann.

---

[1] Eine solche gründliche Untersuchung wäre freilich als Grundlage für eine ausgewogene und gelungene Reform höchst notwendig. Leider ist in der Hektik und Schnelllebigkeit des heutigen universitären Alltags kaum mehr die dafür notwendige Zeit aufzutreiben.

II. Die Ausgangssituation

Die gegenwärtige Gerichtsorganisation in Österreich geht in ihren Grundsätzen auf die Mitte des 19. Jahrhunderts zurück.[2] Bei der Einrichtung der Bezirksgerichte ist man damals angeblich von der Vorstellung ausgegangen, dass das zuständige Bezirksgericht in einer Tagesreise mit einem Ochsenkarren erreichbar sein sollte. An der seinerzeit getroffenen Sprengeleinteilung hat sich in weiten Teilen Österreichs bis heute nichts Wesentliches geändert.[3] Dies hat zur Folge, dass derzeit[4] in Österreich 192 Bezirksgerichte bestehen, die zum Teil nur für sehr wenige Personen zuständig sind – zB weist der Sprengel des Bezirksgerichtes Mariazell nur 4.800 Einwohner auf[5] – und daher auch nur mit sehr wenigen Richtern besetzt sind. Im Detail lasten von diesen 192 Bezirksgerichten (statistisch gesehen)

28 (= 14,6%) nicht einmal einen Richter zur Gänze,

23 (= 12,0%) einen Richter,

47 (= 24,5%) 1,1 bis 1,9 Richter,

31 (= 16,1%) 2,0 bis 2,9 Richter,

31 (= 16,1%) 3,0 bis 4,9 Richter,

15 (= 7,8%) 5,0 bis 9,9 Richter und

17 (= 8,9%) mehr als 10 Richter aus.

Das bedeutet, dass mehr als die Hälfte aller Bezirksgerichte (nämlich 98) mit weniger als zwei Richtern und mehr als $^2/_3$ aller Bezirksgerichte (= 129) mit weniger als drei Richtern besetzt sind. Diese aktuellen Zahlen des Bundesministeriums für Justiz[6] sind insofern überraschend, als es in den letzten Jahrzehnten

---

[2]   Ausführlich zur Entwicklung der österreichischen Gerichtsorganisation zuletzt *Walzel von Wiesentreu*, Der Bundesstaat und die ordentliche Zivil- und Strafgerichtsbarkeit – rechtshistorische, verfassungsdogmatische und rechtspolitische Aspekte, in *Schambeck* (Hrsg), Bundesstaat und Bundesrat in Österreich (1997) 104 ff mit zahlreichen weiteren Nachweisen.

[3]   Siehe *Pernthaler/Rath-Kathrein*, Die Regionen in den Bundesstaaten und die Organisation des Gerichtswesens: Bericht Österreich, in: Regionale Autonomien und Organisation des Gerichtswesens. Berichte der Internationalen Tagung Arco 29.–30.9.1995 (Trient 1997) 28 f, welche angeben, dass sich die Zahl der Bezirksgerichte zwischen 1868 und heute zB in Oberösterreich nur von 46 auf 43, in Salzburg von 20 auf 16 und in Tirol von 21 auf 15 (siehe FN 12) verringert hat. In Vorarlberg ist der Stand der Bezirksgerichte mit sechs überhaupt gleich geblieben (siehe FN 13).

[4]   Bis zum 30.6.2002: S unten FN 68 und 69.

[5]   So Justizminister *Böhmdorfer* in der 67. Sitzung des Nationalrats der 21. GP, StenProt 49. Nach der Anfragebeantwortung des BMJ Zl 2367/AB 21. GP betreut etwa das BG Bad Radkersburg auch rund 8.800 Personen.

[6]   Die Zahlen sind parlamentarischen Anfragebeantwortungen des Justizministers entnommen, etwa Zl 1832/AB 21. GP. Teilweise ist dort aber auch von (nur) 191 Bezirksgerichten die Rede und von (nur) 16 Bezirksgerichten mit mehr als zehn Richtern: So etwa Zl 1246/AB 21. GP.

immerhin schon einige (kleinere) Gerichtsregulierungen gegeben hat[7] und überdies in letzter Zeit die Zuständigkeit der Bezirksgerichte durch mehrere Novellen deutlich ausgeweitet worden ist,[8] sodass heute mehr als 93% der insgesamt rund 3,7 Millionen gerichtlichen Geschäftssachen bei den Bezirksgerichten anfallen.[9] Sie zeigen aber, dass auf den bisher beschrittenen Wegen grundlegende Fortschritte offensichtlich nicht mehr zu erzielen sind.[10]

Betrachtet man die Landkarte Österreichs[11] so zeigen sich deutliche regionale Unterschiede: Im Westen Österreichs – also im Sprengel des Oberlandesgerichtes Innsbruck – spielt die behandelte Problematik keineswegs eine so große Rolle wie in den anderen OLG-Sprengeln. Nach der Auflösung der Bezirksgerichte Steinach und Ried in den Jahren 1977 bzw 1978[12] bestehen gegenwärtig in Tirol 15 Bezirksgerichte, und zwar in Hall (in Tirol), Hopfgarten, Imst, Innsbruck, Kitzbühel, Kufstein, Landeck, Lienz, Matrei (in Osttirol), Rattenberg, Reutte, Schwaz, Silz, Telfs und Zell am Ziller. Von diesen Bezirksgerichten sind nur zwei mit weniger als zwei Richtern besetzt, nämlich Matrei in Osttirol mit (statistisch gesehen) 0,8 und Hopfgarten mit 1,3 Richtern.

Ähnlich ist die Situation in Vorarlberg,[13] wo von den sechs Bezirksgerichten in Bezau, Bludenz, Bregenz, Dornbirn, Feldkirch und Schruns (Montafon) nur das letzte mit weniger als zwei Richtern (nämlich 1,6) besetzt ist. In anderen Bundesländern, insbesondere in Salzburg, in Ober-[14] und Niederösterreich und in der Steiermark, gibt es allerdings noch eine Vielzahl von Klein- und Kleinst-Gerichten.

---

[7] Nämlich 1976 in der Steiermark, 1977 bis 1979 in Kärnten und 1977 und 1978 in Tirol (siehe FN 12). Zuletzt hat es eine größere Sprengelreform mit Wirksamkeit ab dem 1.1.1992 in Niederösterreich gegeben: S BGBl 1991/586 und *Pernthaler/Rath-Kathrein*, Organisation des Gerichtswesens 42 f.

[8] Insbesondere durch Art IX Z 2 Erweiterte Wertgrenzen-Novelle 1989 BGBl 343 und Art VI Z 9 Erweiterte Wertgrenzen-Novelle 1997 BGBl I 140. Zuletzt bewirkte auch die Euro-Umstellung einen kleinen Zuständigkeitszuwachs der Bezirksgerichte: S Art 59 Z 2 des 2. Euro-Justiz-Begleitgesetzes BGBl I 2001/98. Systemwidrig erscheint in diesem Zusammenhang der Vorschlag des Ministerialentwurfs eines Außerstreitgesetzes (BMJ GZ 14.005/122-I 8/2000), wonach die Zuständigkeit für Enteignungssachen vom Bezirksgericht zum Landesgericht verlagert werden soll, während sonst im Außerstreitverfahren generell die Bezirksgerichte sachlich zuständig sind (§ 104a JN) und auch die (bisher bestehende) Sonderzuständigkeit des Landesgerichts für Todeserklärungen (§ 13 TEG) zum Bezirksgericht verlagert werden soll.

[9] So etwa die parlamentarische Anfragebeantwortung des BMJ Zl 1825/AB 21. GP.

[10] Siehe dazu *Mayr*, Jurisdiktionsnorm und Gerichtsorganisationsgesetz nach 100 Jahren, in *Mayr* (Hrsg), 100 Jahre österreichische Zivilprozessgesetze (1998) 42 f.

[11] Eine Reihe von Karten, Statistiken und anderen grafischen Darstellungen der Situation der Gerichtsorganisation in Österreich (und seinen Nachbarländern) findet sich auf der Homepage des BMJ: http://www.bmj.gv.at/aktuelles/download/gerichteneu.pdf.

[12] BGBl 1977/119 und BGBl 1977/525.

[13] Verordnung der Bundesregierung vom 19.1.1971 BGBl 33.

[14] In der parlamentarischen Anfragebeantwortung (noch von Justizminister *Michalek*) Zl 282/AB 21. GP werden nicht weniger als 20 Bezirksgerichte in Oberösterreich aufgezählt, bei denen weniger als 1,4 Richterplanstellen systemisiert sind.

Im internationalen Vergleich stellt die beschriebene Sprengel-Situation (in manchen Teilen Österreichs) – wie vom BMJ häufig betont wird[15] – geradezu eine „europäische Anomalie" dar: Zum Beispiel soll im Nachbarland Bayern das kleinste Amtsgericht zumindest sieben Richter auslasten und kommen dort durchschnittlich 169.000 Einwohner auf ein Eingangsgericht, in Österreich hingegen rund 42.000 auf ein Bezirksgericht.

Aber auch im innerösterreichischen Vergleich fällt auf, dass gegenwärtig nur rund halb so viele Bezirksverwaltungsbehörden als Bezirksgerichte – nämlich 99 – bestehen, obwohl man zugestehen muss, dass der „Normalbürger" im Laufe seines Lebens sicherlich öfter eine Bezirksverwaltungsbehörde als ein Bezirksgericht aufsuchen muss.[16]

Zu den 192 Bezirksgerichten kommen noch insgesamt 21 Gerichtshöfe, die auch als Eingangsgerichte tätig werden. Im Einzelnen bestehen

- 14 Gerichtshöfe für Zivil- und Strafsachen (LG Eisenstadt, LG Feldkirch, LG Innsbruck, LG Klagenfurt, LG Korneuburg, LG Krems an der Donau, LG Leoben, LG Linz, LG Ried im Innkreis, LG Salzburg, LG St. Pölten, LG Steyr, LG Wels und LG Wiener Neustadt);
- 2 Gerichtshöfe allein für Zivilsachen (in Graz und Wien);
- 2 Gerichtshöfe allein für Strafsachen (in Graz und Wien);
- das Handelsgericht Wien;
- das Arbeits- und Sozialgericht Wien und
- der Jugendgerichtshof Wien.

III. Die geltende Rechtslage

Nach Art 82 Abs 1 B-VG geht alle Gerichtsbarkeit vom Bund aus, dh dass die Gerichtsbarkeit in organisatorischer und funktioneller Hinsicht ausschließlich Sache des Bundes ist.[17] Art 83 Abs 1 B-VG ordnet zusätzlich an, dass „die Verfassung und Zuständigkeit der Gerichte ... durch Bundesgesetz festgestellt" wird. Dies bedeutet nach herrschender Lehre,[18] dass die gesamte Regelung dieses Bereiches nur in (Bundes-)Gesetzesform getroffen werden darf. Eine Aus-

---

[15] Siehe etwa die parlamentarische Fragebeantwortung des BMJ Zl 955/AB 21. GP. Die Richtigkeit (und die Vergleichbarkeit) dieser Zahlen ist allerdings (nicht ganz zu Unrecht) wiederholt bezweifelt worden.

[16] Im Rahmen einer österreichweiten Umfrage haben rund 60% der Befragten angegeben, nie mit der Justiz zu tun gehabt oder sich an eine Stelle der Justiz gewandt zu haben: Anfragebeantwortung des BMJ Zl 2014 und 2015/AB 21. GP.

[17] So etwa *Adamovich/Funk/Holzinger*, Österreichisches Staatsrecht II (1998) Rz 35.001. Eingehende Darstellungen der Verfassungslage geben etwa *Pernthaler/Rath-Kathrein*, Organisation des Gerichtswesens 18 ff oder *Walzel von Wiesentreu* in *Schambeck*, Bundesstaat 117 ff.

[18] Etwa *Adamovich/Funk/Holzinger*, Staatsrecht II Rz 35.002; *Piska* in *Korinek/Holoubek* (Hrsg), Österreichisches Bundesverfassungsrecht II (1999) Art 83 B-VG Rz 8 ff oder *Walter/Mayer*, Grundriß des österreichischen Bundesverfassungsrechts[9] (2000) Rz 761.

nahme von diesen Grundsätzen normiert jedoch das (Verfassungs-)Übergangs-gesetz vom 1.10.1920,[19] dessen § 8 Abs 5 lit d bestimmt, dass „Änderungen in den Sprengeln der Bezirksgerichte durch Verordnung der Bundesregierung mit Zustimmung der Landesregierung verfügt" werden. Diese als Provisorium gedachte Übergangsregelung,[20] deren Entstehungsgründe im Dunkeln liegen,[21] steht heute nach wie vor unverändert in Geltung. In der Auslegung des VfGH[22] bedeutet diese Bestimmung, dass die Errichtung, Auflassung und Zusammenlegung von Bezirksgerichten, soweit damit eine Sprengeländerung verbunden ist, immer nur durch eine Verordnung der Bundesregierung mit Zustimmung der betroffenen Landesregierung erfolgen kann. Diese Regelung gilt allerdings gem § 8 Abs 8 ÜG 1920 nicht für Wien[23] – dort gibt es daher ein eigenes Bezirksgerichts-Organisationsgesetz[24] – und auch nicht für die Gerichtshöfe erster und zweiter Instanz sowie die Arbeits- (und Sozial-)Gerichte.[25]

Den Landesregierungen kommt aufgrund der geschilderten Verfassungslage bei Sprengeländerungen der Bezirksgerichte also ein absolutes Vetorecht zu, welches aus föderalistischer Sicht zwar durchaus zu begrüßen sein mag,[26] das aber eine von den verschiedenen Bundesregierungen – unabhängig von ihrer parteipolitischen Zusammensetzung – seit vielen Jahren gewünschte Neugestaltung der Justizorganisation auf unterster Ebene nachhaltig behindert hat. Es hat daher auch schon viele Versuche gegeben, diese Blockade-Möglichkeit der Länder auf die eine oder andere Weise zu beseitigen:

So berichten etwa *Pernthaler/Rath-Kathrein*,[27] dass es schon 1981 eine Drohung des Bundes gegeben habe, das Zustimmungsrecht der betroffenen Landesregierung durch eine Verfassungsänderung zu beseitigen. Besonders bemerkenswert ist aber, dass noch in der vergangenen 20. Gesetzgebungsperiode die damalige SPÖ-ÖVP-Koalitionsregierung in ihrer Regierungsvorlage eines Struk-

---

[19] Übergangsgesetz vom 1. Oktober 1920, in der Fassung des BGBl 1925/368 (im Folgenden: ÜG 1920).

[20] Der (1925 eingefügte) § 8 Abs 5 ÜG 1920 gilt ausdrücklich nur „bis zu dem Zeitpunkt, in dem die Organisation der allgemeinen staatlichen Verwaltung in den Ländern durch das gemäß Art 120 des Bundes-Verfassungsgesetzes zu erlassende Bundesverfassungsgesetz und die Ausführungsgesetze hiezu geregelt ist".

[21] Siehe dazu *Pernthaler/Rath-Kathrein*, Organisation des Gerichtswesens 22 f.

[22] VfGH 20.6.1969 VfSlg 5977. Zu den Hintergründen dieser Entscheidung s *Walzel von Wiesentreu* in *Schambeck*, Bundesstaat 131 und *Pernthaler/Rath-Kathrein*, Organisation des Gerichtswesens 24.

[23] VfGH 11.3.1983 VfSlg 9667.

[24] BGBl 1985/203, zuletzt geändert durch BGBl I 1999/57; vgl dazu *Wresounig*, Gedanken zu den Entwicklungstendenzen im Organisationsgefüge der Gerichtsbarkeit in Niederösterreich und Wien, RZ 1994, 2/26.

[25] So jedenfalls VfGH 19.12.1978 VfSlg 8465; ausführlich kritisch dazu *Wresounig*, Verfassungsrechtliche Probleme in der österreichischen Gerichtsorganisation, RZ 1979, 237/261.

[26] *Pernthaler/Rath-Kathrein*, Organisation des Gerichtswesens 22, sprechen in diesem Zusammenhang von einem „Geschenk des Verfassungsgerichtshofes".

[27] *Pernthaler/Rath-Kathrein*, Organisation des Gerichtswesens 41 f.

turanpassungsgesetzes 1996 vorgeschlagen hatte, das Übergangsgesetz 1920 in der Form zu ändern, dass das (unbedingte) Zustimmungsrecht der betroffenen Landesregierung durch ein bloßes Anhörungsrecht ersetzt wird.[28] Begründet wurde dieser Vorschlag damit,[29] dass die derzeitige Verfassungsrechtslage die „ausständige Schaffung einer modernen leistungsfähigen Gerichtsstruktur auf bezirksgerichtlicher Ebene" behindere. Es seien deshalb die „durchaus im wohlverstandenen Interesse der Rechtsschutzsuchenden gelegenen Bemühungen" erfolglos geblieben, durch Einrichtung größerer und damit leistungsfähiger Bezirksgerichte der Justiz eine bessere Aufgabenerfüllung auf dieser Organisationsebene zu ermöglichen. Wenn auch bei den vorgesehenen Maßnahmen die Stärkung der Leistungskraft der Justiz im Vordergrund stehe, so könnten damit überdies die ohnehin knappen Personal- und Sachressourcen der Justiz – auch im Sinne wiederholter einschlägiger Empfehlungen des Rechnungshofes – besser genützt werden, was in kurzer Zeit erhebliche jährliche Ersparnisse erbringen könnte.

Dieser Reformpunkt wurde zwar in der Folge aus dem Strukturanpassungsgesetz 1996 ausgeklammert, mündete aber (auf Antrag eines ÖVP- und eines SPÖ-Abgeordneten) in einen wortgleichen „selbständigen Antrag" des Budgetausschusses.[30] Erst jetzt erwachte der Widerstand der (von der ÖVP regierten) Länder, was zur Folge hatte, dass der Ausschussantrag in der (vergangenen) 20. Gesetzgebungsperiode – trotz Protesten der SPÖ[31] – nicht mehr auf die Tagesordnung des Nationalrates gesetzt wurde und daher verfallen ist.

In der 21. Gesetzgebungsperiode wurde dann unter dem neuen Justizminister *Böhmdorfer* das im folgenden Kapitel beschriebene Konzept für eine „idealtypische Gerichtsorganisation" in Österreich ausgearbeitet. Als die Länder gegen die darin vorgesehene drastische Reduzierung der Eingangsgerichte (neuerlich) massiven Widerstand leisteten,[32] drohte der Minister einerseits mit einer Berücksichtigung bei den betreffenden Finanzausgleichsverhandlungen und andererseits zuletzt mit einem juristischen Schachzug: Er kündigte an, die Bezirksgerichtssprengel mangels der erforderlichen Zustimmung durch die Länder zwar unberührt zu lassen, notfalls aber die dazugehörenden Gerichte zu verlegen, sodass dann zwei Bezirksgerichte in einem Gebäude untergebracht wären.[33] Aus

---

[28] Art 79 der RV des Strukturanpassungsgesetzes 1996, 72 BlgNR 20. GP.

[29] 72 BlgNR 20. GP 299.

[30] Bericht und Antrag des Budgetausschusses über den Entwurf eines Bundesverfassungsgesetzes, mit dem das Übergangsgesetz 1920 geändert wird, 98 BlgNR 20. GP.

[31] Siehe die Diskussion in der 130. Sitzung des Nationalrates der 20. GP, StenProt 58 ff und schon vorher in der 16. Nationalratssitzung der 20. GP, insb StenProt 304 f.

[32] Siehe etwa aus den zahllosen Medienberichten: „Reform tut immer weh", Salzburger Nachrichten vom 3.3.2001, 7; „Justizminister startet ‚Überzeugungstour' durch die Bundesländer", Die Presse vom 17.4.2001, 8, oder „Böhmdorfers Sparpläne unter Beschuss", Tiroler Tageszeitung vom 15.5.2001, 6.

[33] Siehe die Zeitungsmeldung „Minister will Gerichte trotz Veto sperren", Die Presse vom 15.11.2001, 1 und 7, und die Reaktionen darauf: „SPÖ wirft Böhmdorfer ‚Verfassungsbruch' vor", Die Presse vom 16.11.2001, 9; „Justizminister denkt über Lockerung der Unversetzbarkeit nach", Die Presse vom 17.11.2001, 8 und „Gerichtsreform: Vorarlberg droht mit Widerstand", Die Presse vom 14.12.2001, 9.

heutiger Sicht kann man nur hoffen, dass es zu einer solchen nicht nur verfassungsrechtlich bedenklichen, sondern auch der gebotenen Klarheit der Gerichtsorganisation nicht dienlichen und insgesamt wenig zweckmäßigen (Not-)Maßnahme nicht kommen wird, sondern doch noch ein Kompromiss mit den betreffenden Landesregierungen erzielt werden kann.

IV. Die (ursprünglichen) Pläne des Justizministers

Nach den (ursprünglichen) Vorschlägen des Bundesministers für Justiz[34] soll in Hinkunft für alle erstinstanzlichen Rechtssachen ein und dieselbe Organisationsebene zuständig sein, was einen Wegfall der unterschiedlichen Eingangsinstanzen Bezirksgericht bzw Landesgericht bedeuten würde. Daraus ergibt sich eine Verminderung der derzeitigen vier Organisationsebenen (Bezirksgericht, Landesgericht, Oberlandesgericht, Oberster Gerichtshof) auf drei Ebenen (Regionalgericht, Oberlandesgericht, Oberster Gerichtshof).

Die unterste Instanz sollen die sog „Regionalgerichte" bilden, für welche (lediglich) eine Anzahl von 64 vorgesehen ist (bzw war). Dies würde einerseits eine sehr starke Konzentration im Bereich der bisher den (192) Bezirksgerichten zugewiesenen Rechtssachen bedeuten, andererseits aber auch eine gewisse Dezentralisation bei jenen Rechtssachen, die derzeit in die sachliche Zuständigkeit der Gerichtshöfe fallen (also insbesondere bei einem Streitwert über 10.000 Euro, Arbeits- und Sozialrechtssachen, Firmenbuch). Die Regionalgerichte am Sitz der bisherigen Landesgerichte sollen allerdings für die Schwerkriminalität (Schöffen-/Geschworenenverfahren und Einzelrichter mit großer U-Haftrate) zuständig bleiben. Als (gewisser) Ausgleich für den Wegfall eines Bezirksgerichtes sollen an den ehemaligen Gerichtsstandorten regelmäßige Gerichtstage[35] zur Vornahme gerichtlicher Geschäfte außerhalb des Gerichtssitzes abgehalten werden.[36] Darüber hinaus wurde vom Justizminister als Begleitmaßnahme zur Neuorganisation der Bezirksgerichte die Einrichtung eines „Rechtsberatungs-Service" an den aufzulassenden Gerichtsstandorten in Aussicht gestellt.[37]

Die zweite Instanz für alle Rechtsmittel gegen Entscheidungen der Regionalgerichte sollen einheitlich nur noch die (vier) Oberlandesgerichte (in Wien, Graz, Linz und Innsbruck) bilden, was eine deutliche Konzentration der Rechtsmittelgerichte bedeuten würde.

Letzte Instanz bleibt (selbstverständlich) der Oberste Gerichtshof, der nach der Ankündigung des Justizministeriums „nur mehr für grundsätzliche und richtungsweisende Entscheidungen" zuständig sein soll.

---

[34] Siehe etwa die parlamentarischen Anfragebeantwortungen des BMJ Zl 1825/AB und 1832/AB 21. GP.

[35] Siehe § 29 GOG und § 70 Geo.

[36] Siehe schon Art II der Vereinbarung gem Art 15a B-VG zwischen dem Bund und dem Land Niederösterreich BGBl 1991/585 und Erl des BMJ 17.12.1991 JABl 1992/4.

[37] Siehe die parlamentarische Anfragebeantwortung des BMJ Zl 2819/AB 21. GP und unten bei FN 60 ff.

V. Bewertung

1. Obwohl man sich generell hüten muss, allein schon vom Alter einer Rechtsquelle auf deren Reformbedürftigkeit zu schließen, ist vorerst festzustellen, dass die österreichische Gerichtsorganisation tatsächlich (schon längst) einer grundlegenden Reform bedarf.[38] Diese Diagnose ist spätestens seit der unter Justizminister *Klecatsky* Ende der 60er-Jahre ausgearbeiteten Studie „Gesamtreform der Justiz"[39] und trotz einiger Detailverbesserungen in den letzten Jahrzehnten[40] allgemein anerkannt.[41] Der Vorstoß von Justizminister *Böhmdorfer* stellt also – worauf auch das Justizministerium selbst immer wieder hinweist – grundsätzlich keine Neuerung dar. Allerdings gehen die Vorschläge des gegenwärtigen Ministers – wohl auch unter dem „Diktat der leeren Kassen" – teilweise weit über die bisher angestellten Überlegungen hinaus.

2. Die Rechtslage im Bereich der Gerichtsorganisation ist nicht nur veraltet sondern auch heillos zersplittert: Die zahllosen einschlägigen Rechtsquellen reichen von einer „Allerhöchsten Entschließung" aus dem Jahr 1852[42] über das (vielfach detail-novellierte) Gerichtsorganisationsgesetz von 1896[43] sowie über Regelungen aus der Zeit des Anschlusses Österreichs an das Deutsche Reich (für Binnenschifffahrtsstreitigkeiten),[44] anderen Spezialnormen[45] und unzähligen Verordnungen betreffend die Einrichtung von Bezirksgerichten in den Bundesländern[46] bis hin zum bereits oben erwähnten (FN 24) Bezirksgerichts-Organisationsgesetz für Wien, dessen 6. Novellierung sich derzeit gerade in parlamenta-

---

[38] Siehe etwa *Klecatsky*, Über die Notwendigkeit und das Ziel einer umfassenden Reform der österreichischen Gerichtsorganisation, in FS Schima (1969) 17.

[39] Zum Entstehen und Scheitern dieses umfassenden Reformplanes siehe ausführlich *Walzel von Wiesentreu* in *Schambeck*, Bundesstaat 129 ff.

[40] Zu nennen sind hier insb die Neuordnung der Arbeits- und Sozialgerichtsbarkeit durch das Arbeits- und Sozialgerichtsgesetz (BGBl 1985/104) und die (große) GOG-Novelle 1994 (BGBl 1994/507).

[41] Siehe etwa eingehend *Mayr* in *Mayr*, 100 Jahre ZPO 33 ff und kurz *ders*, Für eine Strukturreform der Gerichtsbarkeit, Salzburger Nachrichten vom 23.9.2000, 13, oder *Ofner*, Justizpolitische Überlegungen, RZ 2001, 82 f.

[42] Gemäß § 48 GOG sind ua die Vorschriften der mit Ministerialverordnung vom 19. Jänner 1853, RGBl 10, kundgemachten Allerhöchsten Entschließung vom 14. September 1852 über die Einrichtung der Gerichtsbehörden in Wirksamkeit geblieben. S auch das Bundesgesetz betreffend Änderungen der Allerhöchsten Bestimmungen über die Einrichtung der Gerichtsbehörden, BGBl 1993/91.

[43] Siehe die detaillierte Aufzählung der einschlägigen Novellen bei *Mayr*, 100 Jahre ZPO 296 ff. Zwischenzeitlich sind noch dazu gekommen: BGBl I 1999/5, BGBl I 1999/56 (und BGBl I 1999/76 – DFB), BGBl I 1999/164, BGBl I 2000/26, BGBl I 2001/19 und BGBl I 2001/95.

[44] Dazu *Mayr* in *Mayr*, 100 Jahre ZPO 41 f und zuletzt OGH 22.2.2000 ZVR 2000/80.

[45] Siehe etwa die Aufzählungen von *Feitzinger*, Gerichtsorganisationsgesetze – Analyse, zugleich ein Ansatz für eine Erneuerung, in *BMJ* (Hrsg), Die Verwaltung der Gerichte – Wege zu einem neuen Justizmanagement. Richterwoche 1991 Badgastein (1991) 53 f, 61.

[46] Siehe etwa die Aufzählung bei *Mayr* in *Rechberger* (Hrsg), Kommentar zur ZPO[2] (2000) § 2 JN Rz 1.

rischer Behandlung befindet.[47] Über die Sinnhaftigkeit und Notwendigkeit einer solchen klaren und rechtsstaatlich einwandfreien (gesetzlichen) Regelung der österreichischen Gerichtsorganisation, die – wie der nunmehrige Präsident des Rechnungshofes *Franz Fiedler* bereits vor Jahren treffend formuliert hatte – „nicht mehr als das Papier kostet, auf dem sie schriftlichen Niederschlag findet",[48] sollte eigentlich keine Diskussion notwendig sein.

Voraussetzung dafür ist freilich eine Bereinigung der verfassungsrechtlichen Grundlagen und diese kann meines Erachtens nicht in der – von der früheren SPÖ-ÖVP-Koalition vorgeschlagenen – halbherzigen Lösung bestehen, dass man das Zustimmungsrecht der Länder durch ein Anhörungsrecht ersetzt, sondern nur in einer gänzlichen Beseitigung der einschlägigen (Ausnahme-)Normen des Übergangsgesetzes von 1920. Dies würde den Weg (endlich) freimachen für ein neues umfassendes Gerichtsorganisationsgesetz (oder Gerichtseinrichtungsgesetz) für ganz Österreich, das durch die notwendigen Beschlussfassungen im National- und Bundesrat auch besser demokratisch legitimiert wäre als die bisherigen Verordnungen.

3. Schon die Einführung einer solchen einheitlichen Rechtsgrundlage wäre ein wichtiger Fortschritt, selbst wenn man die bestehende Gerichtsstruktur nur festschreiben und keinerlei Änderungen vornehmen würde. Selbstverständlich wäre es aber sinnvoll, diese Gelegenheit gleich auch für eine umfassendere Reform,[49] und hier wiederum in erster Linie für eine Beseitigung jenes Paradoxons zu nützen, dass es in (einem kleinen Land wie) Österreich zwar einen höchstens dreistufigen Instanzenzug, aber vier Gerichtsebenen gibt. Es sollte also (endlich) ein einheitliches Eingangsgericht eingeführt werden, wodurch insbesondere die zahlreichen das Verfahren unnötig verzögernden Streitigkeiten über die sachliche Zuständigkeit wegfallen würden. Diese Zuständigkeitsstreitigkeiten sind umso sinnloser, als nach derzeitiger Rechtslage – nachdem die Senatsgerichtsbarkeit im Gerichtshofverfahren praktisch beseitigt[50] und eine Anwaltspflicht auch in weiten Bereichen des bezirksgerichtlichen Verfahrens eingeführt worden ist[51] – keinerlei gravierende Unterschiede zwischen dem bezirksgerichtlichen und dem Gerichtshof-Verfahren mehr bestehen.[52] Es ist daher auch schon

---

[47] 399 BlgNR 21. GP.

[48] Siehe *Fiedler*, Zur österreichischen Gerichtsorganisation, Österreichisches Jahrbuch für Politik 1982 (1983) 171.

[49] Zu einer sinnvollen Reform der Gerichtsorganisation zuletzt ausführlich *Fasching*, Verfassungskonforme Gerichtsorganisation, Gutachten für den 10. ÖJT I/3 (1988) 36 ff; zustimmend *Walzel von Wiesentreu* in *Schambeck*, Bundesstaat 132 ff und *Mayr* in *Mayr*, 100 Jahre ZPO 40 f.

[50] Dazu *Mayr* in *Mayr*, 100 Jahre ZPO 43 ff. Der Ministerialentwurf einer Zivilverfahrens-Novelle 2001 (BMJ GZ 11.021/40-I 8/2000) hat daher konsequenterweise eine (auch formale) Beseitigung der erstinstanzlichen Senatsgerichtsbarkeit (und der Laienbeteiligung in Handelssachen) vorgesehen. Leider hat die Regierungsvorlage einer Zivilverfahrens-Novelle 2002 (962 BlgNR 21. GP) diesen sinnvollen Vorschlag nicht übernommen.

[51] § 27 ZPO idF Art X Z 1 WGN 1989 BGBl 343; dazu *Burgstaller*, Der fortschreitende Anwaltszwang, ÖBA 1990, 281.

[52] Die verbliebenen Unterschiede sind dargestellt etwa bei *Rechberger/Simotta*, Grundriß des österreichischen Zivilprozeßrechts[5] (2000) Rz 741 ff.

die Frage ventiliert worden, ob die gegenwärtige Zuständigkeitsabgrenzung zwischen Bezirksgericht und Gerichtshof nicht unsachlich und damit sogar verfassungswidrig (geworden) ist.[53]

Damit könnten auch die Rechtsmittel gegen die Entscheidungen der ersten Instanz bei einem (einzigen) Gerichtstyp konzentriert werden. Im Gegensatz zu den Plänen des Justizministeriums kann ich mir aber nicht vorstellen, dass diese Rechtsmittelinstanz (nur) von den (bestehenden vier) Oberlandesgerichten gebildet wird. Vielmehr erscheint es – wie schon in den früheren Plänen *Klecatskys* vorgeschlagen worden ist – sinnvoll, dass in jedem Bundesland (zumindest) ein solcher Gerichtshof eingerichtet wird.[54] Dieser Lösungsvorschlag würde nicht nur die Schaffung von – unter Umständen relativ weit entfernten – Mammut-Gerichten vermeiden, sondern auch dem föderalen Charakter des österreichischen (Bundes-)Staates besser Rechnung tragen.[55] Dem dagegen erhobenen Einwand, dass es nicht sinnvoll wäre, die derzeit bei den vier Oberlandesgerichten konzentrierten Justizverwaltungsaufgaben auf (zumindest) neun (Landes-)Gerichtshöfe aufzuteilen, könnte damit begegnet werden, dass diese Justizverwaltungsaufgaben nur den Gerichtshöfen am Sitz der gegenwärtigen Oberlandesgerichte (Wien, Graz, Linz, Innsbruck) zugewiesen werden.

4. Jener Grundgedanke, der seinerzeit bei der Einrichtung der Bezirksgerichte maßgebend war, nämlich dass der Zugang zur Gerichtsbarkeit auch in örtlicher Hinsicht allen Bevölkerungsschichten unter zumutbaren Bedingungen möglich sein muss, hat sicherlich auch heute noch Bedeutung. Allerdings darf man nicht übersehen, dass sich die Verkehrs- und Kommunikationsverhältnisse seit jener Zeit grundlegend geändert haben. Heute fahren viele Personen aus vergleichsweise völlig unbedeutenden Gründen oft wesentlich weiter als zum nächstgelegenen Bezirksgericht.[56]

Dazu kommt, dass nur eine gewisse Mindestgröße der Gerichtseinheiten eine heute auch in der Rechtsprechung notwendige, zumindest ansatzweise Spezialisierung (im Zivilrecht, Strafrecht, Familienrecht und in der Justizverwaltung) ermöglicht[57] sowie eine unkomplizierte wechselseitige Vertretung im Verhinde-

---

[53] *Lebitsch*, Verfassungsrechtliche Aspekte der Organisation der Bezirksgerichte, RZ 1994, 260 und *ders* in FS Hofer-Zeni (1998) 151 ff.

[54] Vgl dazu *Bussjäger*, Reform mit Fehler: Schreibtische in Zentrale bleiben, Die Presse vom 17.4.2001, 8 und „Landesgerichte im Visier", Die Presse vom 1.6.2001, 9.

[55] Gegen die Existenz der Oberlandesgerichte sind überdies bereits verfassungsrechtliche Bedenken geäußert worden: *Lebitsch*, RZ 1994, 261 f und *ders* in FS Hofer-Zeni (1998) 156 f.

[56] Damit im Einklang scheinen die Ergebnisse einer Umfrage im Auftrag der Notariatskammer zu stehen (deren Fragestellung und genaue Rahmenbedingungen allerdings zu Zweifeln Anlass geben), wonach die Frage der räumlichen Erreichbarkeit von Gerichten nicht im Vordergrund der Interessen der Bevölkerung steht: S die parlamentarische Anfragebeantwortung des BMJ Zl 2367/AB 21. GP und „Bürger sind nur selten bei Gericht. ‚Die Entfernung spielt keine Rolle'", Die Presse vom 29.5.2001, 8, oder „Entfernung zum Gericht unwichtig", Tiroler Tageszeitung vom 29.5.2001, 3.

[57] Siehe dazu den offenen Brief der vier Oberlandesgerichtspräsidenten: „Gerichtsreform wegen Spezialisierung notwendig", Tiroler Tageszeitung vom 18.5.2001, 6 oder „Richter für Gerichtsreform", Die Presse vom 17.5.2001, 8.

rungsfalle und eine leichtere Erreichbarkeit wenigstens eines Richters bei Gericht gewährleistet. Andererseits erscheint mir aber auch die Schaffung von unüberschaubaren und unpersönlichen Großgerichten nicht erstrebenswert zu sein. Dass mit einer Zusammenlegung von Kleinst-Gerichten (unter zwei Richtern) zu Einheiten mit einer effizient zu führenden Mindest- bzw Mittelgröße – zumindest mittel- und langfristig – auch nicht unbedeutende Einsparungseffekte zu erzielen sind, kann wohl nicht bestritten werden.[58]

Insgesamt ist daher eine wohl ausgewogene und auf die lokalen Verhältnisse und Traditionen Bedacht nehmende Neuaufteilung der Bezirksgerichtssprengel (also ohne „Rasenmäher-Methode") zu befürworten.[59] In diesem Sinne scheinen mir aber die (ursprünglich) vorgelegten Pläne von Justizminister *Böhmdorfer* mit der radikalen Reduktion auf bloß 64 Regionalgerichte als zu weit gehend. Ich könnte mir aber gut vorstellen, dass man sich bei einer Neustrukturierung der Eingangsgerichte weitgehend an die (bestehende und offenbar weitestgehend funktionierende) Organisation der Bezirksverwaltungsbehörden anlehnt und zusätzlich aus besonderen lokalen Gründen einige Gerichtsstandorte beibehält bzw neu vorsieht. So käme man statt der geplanten radikalen Reduktion *auf* ein Drittel der Gerichte zu einer (maßvollen) Reduktion *um* ein Drittel auf ca 125 Eingangsgerichte.

5. Die Abhaltung von Gerichtstagen an den ehemaligen Gerichtsstandorten ist grundsätzlich positiv zu beurteilen. Sollte der (nicht unwahrscheinliche) Fall eintreten, dass sich mit der Zeit herausstellt, dass an manchen Standorten tatsächlich kein oder nur ein geringerer Bedarf an Gerichtstagen besteht, kann der betreffende Erlass des BMJ leicht angepasst werden.

Was die Einrichtung von zusätzlichen Rechtsberatungsstellen anlangt, bei denen Rechtsanwälte oder Notare eine kostenlose Rechtsberatung erteilen sollen, ist hingegen eine vorsichtige Skepsis angebracht: Zu vieles scheint bei diesem „Rechtsberatungs-Service" noch ungeklärt zu sein.[60] Der Justizminister hat lediglich betont, dass die geplante Einrichtung zur „Optimierung der Rechtsversorgung der österreichischen Bevölkerung" beitragen werde. Während nämlich die Gerichte, die letztlich einen Rechtsstreit zu entscheiden haben, bei den

---

[58] Von Seiten des BMJ wird freilich immer wieder betont, dass bei den Bemühungen zur Herstellung einer modernen und leistungsfähigen Gerichtsstruktur „Aspekte der qualitativen Verbesserung der Rechtsversorgung der Bevölkerung" im Vordergrund stünden. Bei einer vollständigen Umsetzung des (ursprünglich geplanten) Konzeptes könnten jedoch Einsparungseffekte in der Höhe von rund 150 Millionen Schilling (rund 10,9 Millionen Euro) jährlich erzielt werden: So die parlamentarischen Anfragebeantwortungen des BMJ Zl 2014, 2015, 2084/AB 21. GP. In der Anfragebeantwortung Zl 3167/AB 21. GP ist von einer prognostizierten Ersparnis von etwa 1,1 Millionen Schilling (rund 80.000 Euro) pro Gerichtsstandort und Jahr die Rede.

[59] Zustimmend etwa auch *König*, Bereinigung der Gerichtsorganisation verbessert den Rechtsschutz, Die Presse vom 5.6.2001, 11 oder *Rechberger*, Die Presse vom 2.7.2001, 8.

[60] Siehe auch die parlamentarische Anfrage Zl 2534/J 21. GP und deren Beantwortung durch den BMJ Zl 2516/AB 21. GP.

Amtstagen[61] nur eine bloße Rechtsauskunft erteilen könnten – welche Tätigkeit überdies zu Zweifeln der Bevölkerung an der Unbefangenheit des Richters in einem nachfolgenden Rechtsstreit führen könnte[62] –, würden die beratenden Rechtsanwälte und Notare „auch konkrete Ratschläge für ein rechtliches Vorgehen" erteilen. Dabei sollen diese Personen den Rat „schriftlich dokumentieren" und für den Rat auch „haftungsrechtlich einstehen" müssen.[63] Wie dies in der Praxis funktionieren soll, ist (mir) unklar. Abgesehen vom Problem der Kosten und der Frage, welche Rechtsanwälte und Notare diese Beratung durchführen dürfen (oder müssen), ist etwa auch zu bedenken, dass eine solche Maßnahme, wenn sie auf Personen aus dem aufgelassenen Bezirksgerichtssprengel beschränkt wird, zu einer Besserstellung dieser Bevölkerungskreise führen würde, die in den Genuss einer fundierten kostenlosen Rechtsberatung kämen, während anderen Personen „nur" die allgemeine Rechtsauskunft bei den Amtstagen der Bezirksgerichte und die kostenlose „erste anwaltliche Auskunft"[64] zur Verfügung steht.

Auffallend ist, dass im Zusammenhang mit der Auflassung von Bezirksgerichten offenbar weder vom Justizministerium noch von den Ländern oder den Gemeinden eine Aktivierung und Reformierung des alten, aber (auf dem Papier) immer noch bestehenden Instituts der Gemeindevermittlungsämter ins Auge gefasst worden ist.[65]

VI. Aktuelle Entwicklung

Der oben dargestellte Plan einer umfassenden Reform der österreichischen Gerichtsorganisation ist – vorläufig jedenfalls – gescheitert: Wie der Justizminister im Sommer 2001 mitgeteilt hat, ist dieser Gesamtplan zwar nicht formell zurückgezogen, aber doch vorläufig zurückgestellt worden.[66] Übrig geblieben ist lediglich der alte Wunsch des Justizministeriums, die Zahl der Bezirksgerichte

---

[61] Die „Gerichtstage" nach § 439 ZPO werden in der Geo (§ 54) und in der Praxis – zur Unterscheidung von den „Gerichtstagen" nach § 29 GOG und § 70 Geo (oben FN 35) – als „Amtstage" bezeichnet. S dazu die ausführlichen Erläuterungen zu §§ 54 und 70 Geo von *Danzl*, Kommentar zur Geschäftsordnung für die Gerichte I. und II. Instanz (1999).

[62] So die Anfragebeantwortungen des BMJ Zl 2014 und 2015/AB 21. GP. Nach hM stellt allerdings die bloße Auskunfterteilung oder Äußerung einer Rechtsmeinung beim Amtstag noch keinen tauglichen Ablehnungsgrund dar: *Mayr* in *Rechberger*, ZPO² § 19 JN Rz 5; *Fucik* in *Rechberger*, ZPO² § 439 ZPO Rz 6 oder *Ballon* in *Fasching*, Kommentar zu den Zivilprozeßgesetzen I² (2000) § 19 JN Rz 10.

[63] So die parlamentarische Anfragebeantwortung des BMJ Zl 2432/AB 21. GP.

[64] Siehe § 53 Satz 2 RL-BA 1977.

[65] Dazu etwa *Mayr*, Streitschlichtung durch Gemeindevermittlungsämter, ÖGZ 1993, H 7, 9 ff oder *ders*, Einführung in die außergerichtliche Streitschlichtung, in *Mayr* (Hrsg), Öffentliche Einrichtungen zur außergerichtlichen Vermittlung von Streitigkeiten (1999) 4 ff mwN.

[66] Siehe die Pressemeldungen „Böhmdorfer will jedes zweite Bezirksgericht im Land zusperren", Die Presse vom 20.7.2001, 1 und 7; „Verhandlungen um Gerichtsreform festgefahren", Die Presse vom 7.9.2001, 8.

deutlich zu reduzieren, wobei jetzt der Justizminister mit aller Kraft den Plan verfolgt, (zumindest) jene Bezirksgerichte, die weniger als zwei Richter „zur Gänze mit richterlicher Tätigkeit" auslasten, aufzulassen. Aber gerade hier gibt es nach wie vor heftigen Widerstand der betroffenen Bundesländer.[67] Jedoch konnte der Justizminister jüngst wenigstens in zwei Bundesländern einen – wie es scheint sinnvollen – Kompromiss erzielen: Für Niederösterreich[68] und die Steiermark[69] treten am 1. Juli 2002 neue „Bezirksgerichte-Verordnungen" in Kraft, mit denen insgesamt 26 Bezirksgerichte mit anderen Bezirksgerichten zusammengelegt werden. Weitere einschlägige Verordnungen für andere Bundesländer sollen folgen, sind aber bislang an der (nach wie vor) fehlenden Zustimmung der betreffenden Landesregierungen gescheitert.[70]

VII. Zusammenfassung

Angesichts dieser neuen Situation muss nochmals zusammengefasst und betont werden: Eine grundlegende Reform der österreichischen Gerichtsorganisation ist notwendig. Sie sollte in der Schaffung einer einheitlichen und übersichtlichen Rechtsgrundlage, einer Verringerung der Gerichtsebenen auf drei und einer maßvollen Reduktion der Eingangsgerichte bestehen. Diese Reform sollte nach Abschluss der derzeit laufenden Regulierung der Bezirksgerichte unverzüglich angegangen werden (und dürfte dann auch leichter durchsetzbar sein): Als erster Schritt muss die verfassungsrechtliche Grundlage bereinigt werden (Aufhebung des § 8 Abs 5 lit d ÜG 1920). Daran unmittelbar anschließend sollte ein Bundesgesetz über die Einrichtung und Organisierung der ordentlichen Gerichte in Österreich beschlossen werden, welches nach einer ausreichenden Legisvakanz nur noch drei Gerichtsebenen (Eingangsgerichte, Rechtsmittelgerichte, Oberster Gerichtshof) vorsieht. Die Übergangszeit bis zum Wirksamwerden der neuen Strukturen muss schließlich dafür genützt werden, um die einschlägigen Verfahrensgesetze (insbesondere die Jurisdiktionsnorm[71] sowie die Zivil- und Strafprozessordnung) und das richterliche und staatsanwaltschaftliche Berufs- und Dienstrecht an die neuen Strukturen anzupassen.

---

[67] Siehe „Für Länder kein Konsens um Bezirksgerichte: ,Nichts hat sich geändert'", Die Presse vom 21.7.2001, 7, oder „Bund-Länder-Pakt: Großer Wurf oder heiße Luft? Ein Drittel der Einsparungen nicht ausverhandelt", Die Presse vom 25.10.2001, 27 und speziell zur schwierigen Situation in Oberösterreich die parlamentarische Anfragebeantwortung des BMJ Zl 2819/AB 21. GP.

[68] BGBl II 2002/81; dazu „Gerichts-Schließungen: ,Aushöhlung der ländlichen Regionen'", Die Presse vom 29.1.2002, 23 und die parlamentarischen Anfragebeantwortungen des BMJ Zl 3166 und 3167/AB 21. GP.

[69] BGBl II 2002/82; dazu „Steiermark: Zwölf Gerichte weniger", Die Presse vom 29.1.2002, 8.

[70] Dazu etwa „Feilschen um Bezirksgerichte", Der Standard vom 13.3.2002, Seite 12 oder „Weiter Ringen um BG", Salzburger Nachrichten vom 13.3.2002, Seite 7.

[71] Diese bedarf schon längerer Zeit, insb aber seit dem Anschluss Österreichs an das „europäische Zivilprozessrecht" einer gründlichen Reform; siehe *Mayr*, Die Reform des internationalen Zivilprozessrechts in Österreich, JBl 2001, 160 f.

Insolvenzvorsorge in Gesellschaftsverträgen

Gunter Nitsche

I. Personengesellschaften

Personengesellschaften[1] sind schon ihrer Struktur nach auf einen kleinen Kreis von Gesellschaftern angelegt. Sie beruhen auf der persönlichen Mitarbeit der Komplementäre und im Allgemeinen auch auf der engen Einbindung der Kommanditisten, denen mannigfaltige Mitwirkungs- und Kontrollbefugnisse (§§ 119, 164, 166 HGB) zukommen. Aus der Tatsache, dass ein Gesellschafterwechsel gesetzlich nicht vorgesehen ist, folgt, dass die Zahl der Gesellschafter im typischen Fall eng begrenzt ist.[2]

A. Unübertragbarkeit der Mitgliedschaft

Personengesellschaften gründen sich auf ein persönliches Vertrauensverhältnis ihrer Gesellschafter. Dem entspricht die Vorschrift des Art 7 Nr 3 EVHGB, wonach die Gesellschafter einander wechselseitig nur jene Sorgfalt schulden, die sie auch in eigenen Angelegenheiten anzuwenden pflegen. In den Materia-

---

[1] Die Ausführungen zu den Personengesellschaften gelten gleichermaßen für eingetragene Erwerbsgesellschaften, BGBl 1990/257 idF BGBl 1991/10.

[2] *Koppensteiner* in *Straube* (Hrsg), Kommentar zum Handelsgesetzbuch I[2] (1995) § 161 HGB Rz 1.

lien zur Entstehungsgeschichte der aus § 708 BGB abgeleiteten Bestimmung[3] wird auf den Normzweck verwiesen: Es sei anzunehmen, dass Parteien, die miteinander einen Gesellschaftsvertrag einzugehen beabsichtigen, „sich gegenseitig so nehmen wollen, wie sie einmal seien, dass jeder Teil von vorneherein die Individualität des anderen ins Auge fasse und daher nur verlange, dass er in den gemeinschaftlichen Angelegenheiten dieselbe Sorgfalt wie in den eigenen Angelegenheiten übe".[4] Wenn *Schiller* in der „Glocke" mahnt, „drum prüfe, wer sich ewig bindet", liegt dem der gleiche Gedanke zugrunde: Vor Eingehen der gesellschaftsvertraglichen Bindung möge jeder seinen neuen Partner prüfen, ob er sich mit ihm zu einer Wirtschafts- und Risikogemeinschaft zusammenschließen wolle, die auf der engen persönlichen Verbundenheit und dem besonderen Vertrauensverhältnis der Partner beruht. Mehr Sorgfalt als die, die er vorher beim Partner privat festgestellt hat, kann er danach auch in Gesellschaftsangelegenheiten nicht erwarten. Die Gemeinschaft besteht von ihrem Anfang bis zu ihrem Ende mit denselben Partnern fort – den Fall des Ausschlusses aus wichtigem Grund ausgenommen. Lediglich bei Tod eines Kommanditisten kann sich in dem von vornherein festgelegten, geschlossenen Kreis der Gesellschafter durch Eintritt der Erben eine dem Willen der Mitgesellschafter entzogene Veränderung ergeben (§ 177 HGB).[5]

B. Gesellschaftsanteil als Vermögenswert

Die Tatsache, dass der Gesellschaftsanteil des Gesellschafters einer Personengesellschaft als Summe seiner Mitgliedschaftsrechte nach dem Gesetz unübertragbar ist (Art 7 Nr 10 EVHGB), hat zur Konsequenz, dass auch eine Pfändung und exekutive Verwertung ausgeschlossen ist (Art 7 Nr 11 EVHGB). Andererseits bildet der Gesellschaftsanteil auch einen Vermögenswert, der dem Gläubigerzugriff nicht gänzlich entzogen werden kann. Der Gesetzgeber hat dieses Problem durch §§ 131, 135 HGB gelöst: Die Konkurseröffnung über das Vermögen eines Gesellschafters stellt einen Auflösungsgrund dar. Bei der Einzelexekution führt die Pfändung und Überweisung des Anspruchs auf das Auseinandersetzungsguthaben durch den Gläubiger eines Gesellschafters in weiterer Folge zur Befugnis des Gläubigers, die Gesellschaft gem § 135 HGB zu kündigen und dadurch die Auflösung der Gesellschaft herbeizuführen. Beide Bestim-

---

[3] Vgl *Ballerstedt*, Der gemeinsame Zweck als Grundbegriff des Rechts der Personengesellschaften, JuS 1963, 253.

[4] Nachweise bei *Ulmer*, Gesellschaft bürgerlichen Rechts und Partnerschaftsgesellschaft[3] (1997) § 708 BGB Rz 1.

[5] Verfügt der Kommanditist durch ein Legat über seinen Kommanditanteil, wird zunächst der ruhende Nachlass und mit der Einantwortung der Erbe Kommanditist. Dieser ist allerdings aufgrund der Legatsanordnung verpflichtet, den Anteil an den Vermächtnisnehmer abzutreten. Dafür ist freilich erforderlich, dass die übrigen Gesellschafter mit dem Legatar einen Aufnahmevertrag schließen, sodass dem Grundsatz, wonach das Hinzutreten eines neuen Gesellschafters stets der Zustimmung sämtlicher Mitgesellschafter bedürfe, auch in diesem Fall der Einzelrechtsnachfolge entsprochen ist. Vgl BGH 20.11.1975 WM 1976, 251.

mungen verfolgen den Zweck, den Gesellschaftsanteil letztlich in einen Geldanspruch zu verwandeln und dadurch die Befriedigung einer Forderung zu ermöglichen, wozu der Masseverwalter bzw der betreibende Gläubiger mangels Auflösung der Gesellschaft sonst nicht in der Lage wären.

Die Mitgesellschafter können jedoch das Ausscheiden des Gesellschafter-Schuldners herbeiführen, wenn sie die Fortsetzung der Gesellschaft beschließen. Die Besonderheit dieses Beschlusses liegt darin, dass weder der Gesellschafter-Schuldner noch der Masseverwalter bzw der betreibende Gläubiger berechtigt sind, daran mitzuwirken. Dies ist umso bemerkenswerter, als eine vollwertige Abschichtung des Gesellschafters nicht zwingend geboten ist, der Gesellschaftsvertrag also eine hinter der gesetzlichen Abfindungsregelung zurückbleibende Bewertung vorsehen kann. Die Höhe des Auseinandersetzungsguthabens darf lediglich nicht für den Fall des Gesellschafterkonkurses oder der Privatgläubigerkündigung niedriger sein, als dies für andere Fälle (zB Austrittskündigung durch den Gesellschafter selbst) gesellschaftsvertraglich vorgesehen ist.[6]

C. Geschlossener Kreis der Gesellschafter

Aus dem Gesagten ergibt sich: Bei Personengesellschaften können den bisherigen Gesellschaftern neue Mitgesellschafter nicht aufgezwungen werden. Ist auch nur ein einziger Gesellschafter mit dem Erwerbsinteressenten als neuem Mitglied der Gesellschaft nicht einverstanden, kann weder im Weg der Einzelexekution durch den betreibenden Gläubiger noch im Weg der Generalexekution durch den Masseverwalter ein Dritter den Gesellschaftsanteil erwerben und dadurch neuer Gesellschafter werden. Die Gesellschafter entscheiden darüber, wer neues Mitglied wird, ausschließlich selbst.

II. Gesellschaften mit beschränkter Haftung

Bei der GmbH ist die Gesellschafterstruktur größtenteils nicht anders als bei den Personengesellschaften. Wie ausführliche empirische Untersuchungen[7] gezeigt haben, bestanden 1991 die österreichischen GmbHs zu 28,6% aus Einmann-Gesellschaften, zu 64,3% aus zwei bis vier Gesellschaftern und zu 5,9% aus fünf bis zehn Gesellschaftern. Die Interessen der Gründungsgesellschafter, über jeden Gesellschafterwechsel selbst zu entscheiden und den Beitritt neuer Gesellschafter nur zuzulassen, wenn kein einziger der bisherigen Gesellschafter dagegen ist, besteht bei der GmbH nicht anders als bei den Personengesellschaften. Diesen Interessen, denen die gesetzliche Regel der freien Übertragbarkeit des Geschäftsanteils (§ 76 GmbHG) nicht entspricht, wird durch Vinkulierungs- und Aufgriffsklauseln in den GmbH-Gesellschaftsverträgen Rechnung getragen.

---

[6] *Koppensteiner* in *Straube*, HGB I² Art 7 Nr 15, 16 EVHGB Rz 23.

[7] *Reich-Rohwig*, Verbreitung und Gesellschafterstruktur der GmbH in Österreich, in FS Kastner (1972) 371; *Reich-Rohrwig*, Empirische Untersuchungen über die GmbH in Österreich, in FS Frotz (1993) 381.

Gesellschaftsvertragliche Übertragungsbeschränkungen dienen insbesondere der Wahrung der personalistischen Struktur der GmbH.[8] Die Aussage des OGH aus dem Jahr 1924,[9] dass „bei der GmbH immerhin ein gewisses persönliches Verhältnis der Gesellschafter bestehe, dessen Fortsetzung unter Umständen nicht mit jeder beliebigen Person erwünscht ist", hat auch heute noch unverändert Gültigkeit.

A. Vinkulierung als Regelfall

In der Praxis finden sich kaum mehr GmbHs, bei denen dem gesetzlichen Leitbild der freien Übertragbarkeit der Mitgliedschaft (§ 76 GmbHG) noch entsprochen wäre. Die Zustimmung zur Übertragung wird regelmäßig nicht von der Gesellschaft, vertreten durch den Geschäftsführer, sondern von den Gesellschaftern erteilt, was bedeutet, dass jeder Gesellschafter seine Zustimmung erteilen muss, widrigenfalls die Abtretung nicht rechtswirksam erfolgen kann. Eine solche Vertragsgestaltung ermöglicht die umfassende Kontrolle darüber, wer als neuer Gesellschafter an die Stelle des ausscheidenden Gesellschafters treten soll.[10] Gesellschaftsvertragliche Übertragungsbeschränkungen haben absolute Wirkung.[11] Werden sie nicht eingehalten, kann die Gesellschafterstellung nicht gültig erworben werden.

B. Geschäftsanteil als Vermögenswert

Es liegt nahe, nach Vertragsgestaltungen zu suchen, durch welche die „Zugangskontrolle" auch auf die Fälle der Verwertung des Geschäftsanteils durch den Gläubiger eines Gesellschafters im Weg der Einzelexekution wie auch durch den Masseverwalter im Weg der Generalexekution ausgedehnt werden kann. Für die erste Gruppe bietet § 76 Abs 4 GmbHG die gesetzliche Handhabe. Wenn ein Antrag auf Bewilligung der Exekution durch Verwertung eines vinkulierten Geschäftsanteils gestellt wird, so wird in der Praxis eine Tagsatzung zur Einvernahme der Parteien (§ 331 Abs 2 EO) anberaumt. Nach Möglichkeit soll das Einvernehmen zwischen dem Gläubiger, dem Gesellschafter-Schuldner und der Gesellschaft über den Schätzwert, zu dem der Geschäftsanteil übernommen werden kann, herbeigeführt werden. Im Einigungsfall unterbleibt die Schätzung. Anderenfalls beauftragt das Gericht einen Sachverständigen mit der Schätzung, beschließt den Schätzwert und stellt den Beschluss dem Gläubiger, dem Schuldner und der GmbH zu. Diese sind zur Rekurserhebung legitimiert. Dem Inter-

---

[8]   *Reich-Rohrwig*, Das österreichische GmbH-Recht[1] (1983) 617.

[9]   OGH 2.4.1924 SZ 6/133.

[10]   *Koppensteiner*, GmbH-Gesetz[2] (1999) § 76 Rz 4.

[11]   *Geist*, Zur Wirkung von Veräußerungsbeschränkungen bei GmbH-Geschäftsanteilen, ÖJZ 1996, 414; *Tichy*, Einführung und Aufhebung von Vinkulierungsklauseln und statutarischen Aufgriffsrechten mittels Mehrheitsbeschlusses, RdW 1998, 55 (58); OGH 16.12.1993 SZ 66/175.

esse der Gesellschaft daran, einen unwillkommenen Dritten am Erwerb der Gesellschafterstellung zu hindern, wird durch das Nominierungsrecht der Gesellschaft Rechnung getragen. Die GmbH kann binnen 14 Tagen einen Käufer – naheliegenderweise auch einen oder mehrere der bisherigen Mitgesellschafter – namhaft machen, der den Geschäftsanteil zum Schätzwert erwirbt. Erlegt der Erwerber den Übernahmepreis, ist damit das Ziel des Exekutionsverfahrens erreicht, ansonsten wird der Geschäftsanteil auch ohne Zustimmung der Gesellschaft nach den Vorschriften über die Fahrnisexekution veräußert. Die Übertragung durch Zuschlag bei der öffentlichen Versteigerung bzw durch Beschluss des Exekutionsgerichts über die freihändige Verwertung (§§ 271, 280 EO) bedarf keines Notariatsakts.[12]

C. Gesellschaftsvertragliche Vorsorge

Problematisch ist die Frage, ob § 76 Abs 4 GmbHG durch entsprechende Gestaltung des Gesellschaftsvertrages auf den Fall der Verwertung des Geschäftsanteils durch den Masseverwalter im Fall des Konkurses des Gesellschafters anwendbar gemacht werden kann. Nach dem Gesetz entfällt das Zustimmungserfordernis in diesem Fall.[13] Andererseits ergeben sich die mit dem Geschäftsanteil verbundenen Rechte und Beschränkungen nicht nur aus dem Gesetz, sondern auch aus dem Gesellschaftsvertrag, der grundsätzlich nach der Konkurseröffnung über einen Gesellschafter auch für den Masseverwalter unverändert weiter gilt. Kann also die Gesellschaft, wenn dies der Gesellschaftsvertrag gerade für den Insolvenzfall vorsieht, das Nominierungsrecht auch dann ausüben, wenn der Masseverwalter den Geschäftsanteil an einen Dritten veräußern will? Mit anderen Worten, kann § 76 Abs 4 GmbHG gesellschaftsvertraglich als Verwertungsbeschränkung zu Lasten des Masseverwalters ausgestaltet werden? Oder kann der Gesellschaftsvertrag für diesen Fall bereits vorsorglich Übertragungsgebote normieren?

D. Vier Beispiele aus der Vertragspraxis

Auch für solche Fälle hat die Vertragspraxis Vorsorge getroffen, wie nachstehende vier Beispielsfälle zeigen:

1. *„Im Fall der exekutiven Pfändung bzw. der Eröffnung des Insolvenzverfahrens über das Vermögens eines Gesellschafters scheidet dieser sofort aus der Gesellschaft aus. Sein Geschäftsanteil wächst den übrigen Gesellschaftern anteilsmäßig zu."*[14]

---

[12] OGH 26.9.1951 SZ 24/245 = HS 2249.

[13] *Koppensteiner*, GmbHG² § 76 Rz 8.

[14] Gesellschaftsvertrag der P. Gaststätten-GmbH; OLG Innsbruck 31.1.1985 NZ 1987, 323.

2. *„Jeder Gesellschafter, über dessen Vermögen ein Konkursverfahren eröffnet wird, ist verpflichtet, seinen Geschäftsanteil den übrigen Gesellschaftern zur Übernahme anzubieten."*[15]

3. *„Im Fall der Eröffnung des Konkurses über das Vermögen eines Gesellschafters sind die übrigen Gesellschafter berechtigt, den Geschäftsanteil des in Konkurs verfallenden Gesellschafters aufzugreifen und im Verhältnis ihrer Geschäftsanteile zu übernehmen. Wird dieses Aufgriffsrecht in Anspruch genommen, ist der Masseverwalter verpflichtet, die Stammeinlagen an die übrigen Gesellschafter über ihr Verlangen abzutreten."*[16]

4. *„Die entgeltliche oder unentgeltliche Übertragung der Namensaktien an berechtigte Personen ist jederzeit ohne Zustimmung der Hauptversammlung zulässig. Zu den berechtigten Personen zählen die übrigen Aktionäre sowie deren Deszendenten. Jede entgeltliche oder unentgeltliche Übertragung von Namensaktien an Dritte ist nur mit vorheriger Zustimmung der Hauptversammlung zulässig. Eine Übertragung ohne Zustimmung der Hauptversammlung löst nach Wahl der verbleibenden Aktionäre deren Aufgriffsrecht im Verhältnis ihrer Beteiligungen aus. Das Aufgriffsrecht gilt auch für den Fall der Verpfändung von Namensaktien oder der Exekutionsführung auf Namensaktien oder der Eröffnung eines Insolvenzverfahrens gegen einen Aktionär."*[17]

In den beiden Entscheidungen des OLG Innsbruck vom 31.1.1985[18] und vom 7.10.1986[19] wurde ausgesprochen, dass die vertragliche Vereinbarung einer Abtretungsverpflichtung bzw eines Aufgriffsrechts der Mitgesellschafter für den Fall der Insolvenz eines Gesellschafters kein Registrierungshindernis darstelle.

Auch in der Literatur werden derartige Vertragsgestaltungen überwiegend[20] als wirksam und für den Masseverwalter verbindlich angesehen. So schreiben *Gellis/Feil:*[21]

„Das statutarische Übernahmsrecht anderer Gesellschafter im Konkursfall ist relativ häufig und unterliegt keinen Bedenken."

Auch *Koppensteiner*[22] vertritt in seinem bedeutenden GmbH-Kommentar, an dem sich sowohl die Judikatur als auch die rechtsberatenden Berufe vorrangig orientieren, die Rechtsmeinung, dass es zulässig sei, im Gesellschaftsvertrag Übertragungsgebote zu normieren, an die im Konkurs über das Vermögen eines Gesellschafters auch der Masseverwalter gebunden sei:

---

[15] Gesellschaftsvertrag der X-GmbH; OLG Innsbruck 7.10.1986 NZ 1987, 321.

[16] Gesellschaftsvertrag der Y-GmbH, Beispiel aus dem Grazer Firmenbuch.

[17] Satzung der L & S Aktiengesellschaft, Beispiel aus dem Grazer Firmenbuch.

[18] NZ 1987, 323.

[19] NZ 1987, 321.

[20] Dafür: *Koppensteiner*, GmbHG² § 76 Rz 10; *Gellis/Feil*, Kommentar zum GmbH-Gesetz⁴ (2000) § 76 Rz 22; dagegen: *Reich-Rohrwig*, GmbH¹, 619.

[21] *Gellis/Feil*, GmbHG⁴ § 76 Rz 22.

[22] *Koppensteiner*, GmbHG² § 76 Rz 10.

„Meistens geht es aber darum, für den Fall der Vererbung des Anteils oder der Insolvenz eines Gesellschafters vorzusorgen. Mit Ausnahme von zwei Urteilen (OGH NZ 1981, 8; SZ 6/133), die aber nicht repräsentativ sind, sind solche Klauseln stets für unbedenklich gehalten worden. ... Die Befugnisse des Masseverwalters stehen nicht entgegen. Denn der Inhalt des Mitgliedschaftsrechts (des Anteils) ergibt sich aus dem Gesellschaftsvertrag, der für den Fall der Insolvenz daher auch ein Übertragungsgebot enthalten kann. Legitime Interessen der Gläubiger des Gemeinschuldners werden nicht beeinträchtigt, weil die Gegenleistung für den Anteil in die Masse fällt und nicht beliebig manipulierbar ist."

Daraus leitete die Praxis ab, dass derartige Vereinbarungen als Vorsorge für den Insolvenzfall eines Gesellschafters geeignet seien.

E. Kritik an der Vertragspraxis

Die Schlussfolgerung vom Fehlen eines Registrierungshindernisses auf die konkursrechtliche Wirksamkeit der Abtretungsverpflichtung muss Bedenken erwecken. Denn aus den Entscheidungen des OLG Innsbruck im Außerstreitverfahren[23] kann noch kein verlässliches Ergebnis für den im Prozessweg geltend zu machenden Anspruch auf Übertragung des Geschäftsanteils gegenüber dem Masseverwalter gewonnen werden. Vielmehr ist zu fragen, wie die Abtretungsverpflichtung bzw das Aufgriffsrecht zivilrechtlich zu qualifizieren sind und zu welchen Rechtsfolgen die Einbettung dieser Vertragsklauseln in das Insolvenzrecht führt.

F. Keine Anwachsung des Geschäftsanteils

Am einfachsten ist die Beantwortung der ersten Klausel, die das sofortige Ausscheiden des betroffenen Gesellschafters und das Anwachsen seines Geschäftsanteils bei den übrigen Gesellschaftern vorsieht. Der Umstand, dass der Geschäftsanteil stets ein einheitliches Mitgliedschaftsrecht darstellt (§ 75 Abs 2 GmbHG) und beim Erwerb eines weiteren Geschäftsanteils dieser und der bisherige Geschäftsanteil wiederum zu einem einheitlichen Geschäftsanteil verschmelzen, der der Summe beider Stammeinlagen entspricht,[24] darf nicht zur Annahme verleiten, dass die Addition der Stammeinlagen zur Akkreszenz des neuen mit dem bisherigen Geschäftsanteil führt. Die Anwachsung ist den Gesamthandgemeinschaften vorbehalten (Art 7 Nr 15 EVHGB). Akkreszenz bedeutet, dass sich bei Ausscheiden eines Gesellschafters ipso iure die gesamthän-

---

[23] Zur Beziehung des Außerstreitverfahrens zum streitigen Verfahren vgl *Jelinek*, Überlegungen zur Reform des Außerstreitverfahrens, NZ 1984, 73/100.

[24] *Kostner/Umfahrer*, Die Gesellschaft mit beschränkter Haftung⁵ (1998) Rz 689; VwGH 26.6.1996 ecolex 1996, 948.

derische Berechtigung der verbleibenden Gesellschafter entsprechend erweitert. Davon kann bei der GmbH keine Rede sein.

Somit stellt sich die Formulierung im ersten Beispiel als untauglicher Versuch dar, die für die Übertragung des Geschäftsanteils zwingend erforderliche Notariatsaktsform gesellschaftsvertraglich abzubedingen – was selbstverständlich nicht möglich ist.[25]

G. Übertragungsgebot als Antrag im Sinn des § 26 KO

Die Anbotsverpflichtung im zweiten Beispiel stellt sich im Sinne *Koppensteiners*[26] als gesellschaftsvertraglich normierter „Inhalt des Mitgliedschaftsrechts" dar. Für dieses Mitgliedschaftsrecht gelte, dass der Gesellschaftsvertrag „für den Fall der Insolvenz daher auch ein Übertragungsgebot enthalten" könne.

Dieses Argument hat zweifellos Überzeugungskraft. Warum sollte hinsichtlich der mit dem Geschäftsanteil verbundenen Pflichten durch die Konkurseröffnung eine Änderung eintreten? Warum sollte der Gesellschaftsvertrag für den Masseverwalter nicht mehr gelten?

Tatsächlich ist der Rechtsmeinung *Koppensteiners* in diesem Punkt nicht zu folgen. Der Grund liegt in der zivilrechtlichen Qualifikation des Übertragungsgebotes. Dieses ist bis zur Annahme durch die Mitgesellschafter als „Versprechen" iSd § 862 ABGB zu qualifizieren. Der im Gesellschaftsvertrag vorgesehenen Pflicht des Masseverwalters, den Geschäftsanteil zum Erwerb anzubieten, entspricht das korrespondierende Recht der Mitgesellschafter, den Geschäftsanteil aufzugreifen. Bis zum Zugang der Annahmeerklärung in notarieller Form liegt bloß die einseitige Willenserklärung vor, die noch keine Verpflichtung zu einer Leistung, sondern lediglich eine Bindung des Offerenten an sein „Versprechen" erzeugt.

Für derartige Anträge bestimmt § 26 KO, dass der Masseverwalter an sie nicht gebunden ist, wenn sie vor Konkurseröffnung noch nicht angenommen wurden. Der Antrag erlischt mit Eintritt der Wirkungen der Konkurseröffnung (§ 2 Abs 1 KO) ipso iure, ohne dass es einer Widerrufserklärung bedürfte.

§ 26 KO ist zwingend.[27] Vereinbarungen, die zum Nachteil der Konkursmasse von § 26 KO abweichen und eine Bindung des Masseverwalters an Anträge des Gemeinschuldners bewirken sollen, sind rechtsunwirksam.[28] Eine Belastung des Geschäftsanteils mit einer Anbotpflicht, die auch den Masseverwalter bindet, ist folglich nicht möglich.

---

[25] Einhellige Meinung: Vgl OGH 26.4.1990 NZ 1990, 279; OGH 17.10.1995 ecolex 1996, 172 = GesRZ 1996, 177 = NZ 1997, 90.

[26] *Koppensteiner*, GmbHG[2] § 76 Rz 10.

[27] *Gamerith* in *Bartsch/Pollak/Buchegger* (Hrsg), Österreichisches Insolvenzrecht I[4] (2000) § 26 Rz 1.

[28] *Gamerith* in *Bartsch/Pollak/Buchegger*, Insolvenzrecht I[4] § 26 Rz 23.

H. Aufgriffsrecht als Annahme des Antrags im Sinn des § 26 KO

Ändert sich die Rechtslage, wenn im dritten Beispiel an Stelle einer Angebotsverpflichtung zu Lasten des Masseverwalters ein Aufgriffsrecht zu Gunsten der Mitgesellschafter vereinbart wird?

Die Beurteilung bleibt die gleiche, weil der Vertrag in jedem Fall erst mit dem formgerechten Konsens beider Teile zustande kommt. Ob gesellschaftsvertraglich ein Recht zum Erwerb oder eine Pflicht zur Veräußerung vorgesehen ist, ist bedeutungslos. Auch eine Kaufoption erlischt durch Konkurseröffnung über das Vermögen des Optionsgebers.[29] Gleiches gilt für den Geschäftsanteil. Dieser stellt ein Exekutionsobjekt dar und fällt daher gem § 1 KO im Fall des Konkurses in die Masse. Die mit dem Geschäftsanteil verbundene Rechtsausübung steht dem Masseverwalter zu, eine Immunisierung durch bevorzugten Zugriff der Mitgesellschafter auf den Geschäftsanteil ist ausgeschlossen.

I. Zwischenergebnis

Als Zwischenergebnis ist festzuhalten: Entgegen der weit verbreiteten Vertragspraxis kann weder ein Aufgriffsrecht zu Gunsten der Mitgesellschafter noch eine Abtretungsverpflichtung zu Lasten des Masseverwalters im Fall der gerichtlichen Eröffnung eines Konkursverfahrens gültig vereinbart werden. Dies gilt für GmbH-Geschäftsanteile in gleicher Weise wie für Aktien (viertes Beispiel).

J. Noch nicht vollständig erfüllter zweiseitiger Vertrag gemäß § 21 KO

Das Erlöschen des vom Gemeinschuldner gestellten Antrags ist die notwendige Folge der Konkurseröffnung. Dieser Umstand führt in Einzelfällen dazu, dass die Übernahmsberechtigten im Zeitraum zwischen dem Eröffnungsbeschluss und Null Uhr des folgenden Tages den Aufgriff des Geschäftsanteils in notarieller Form erklären und diese Erklärung dem Empfänger noch rechtzeitig zugehen lassen.

Grundsätzlich ist die Zerlegung des Rechtsgeschäfts der Abtretung in Anbot und Annahme zulässig, wenn beide Urkunden in der Form des Notariatsaktes errichtet werden. Die gesellschaftsvertragliche Bestimmung stellt aber lediglich die Verpflichtung zur zukünftigen Abtretung dar, sodass es bei Einlangen der Aufgriffserklärung der Mitgesellschafter erst des Notariatsaktes seitens des Gemeinschuldners sowie der Zahlung des Übernahmspreises bedarf. Damit liegt zwar kein bloßer Antrag mehr vor, wohl aber ein zweiseitiger Vertrag, der weder vom Gemeinschuldner noch vom anderen Teil zur Zeit der Konkurseröffnung vollständig erfüllt worden ist. Für diesen Fall bestimmt § 21 Abs 1 KO,

---

[29] OGH 11.3.1993 AnwBl 1993, 621.

dass der Masseverwalter entweder an Stelle des Gemeinschuldners den Vertrag erfüllen und vom anderen Teil Erfüllung verlangen oder aber vom Vertrag zurücktreten kann.

Die Literatur zu § 21 KO ist fast unüberschaubar geworden.[30] Der Masseverwalter soll je nach Günstigkeit für die Masse zwischen der Vertragsdurchführung und dem Rücktritt wählen können. Dass die Aufgriffsvereinbarung im Gesellschaftsvertrag verankert ist, steht der Anwendung des § 21 KO nicht entgegen. Zwar sind Gesellschaftsverträge mehrseitige Rechtsgeschäfte, denen das Charakteristikum des Synallagma fehlt, doch ist die Abtretung des Geschäftsanteils nichts anderes als ein Kaufvertrag, der lediglich als Nebenabrede Aufnahme in den Gesellschaftsvertrag gefunden hat. Der Erfolg iSd § 21 KO ist erst eingetreten, wenn die Aufgriffsberechtigten den Geschäftsanteil wirksam erworben haben, wozu die Errichtung des Abtretungsvertrages oder korrespondierende Anbots- und Annahmeerklärungen jeweils in Notariatsaktsform, erforderlich sind. Die bloße einseitige Erklärung, den Geschäftsanteil aufzugreifen, reicht für die „vollständige Erfüllung" nicht aus. Tritt der Masseverwalter zurück, verwandelt sich der Erfüllungsanspruch der Aufgriffsberechtigten in einen Schadenersatzanspruch, der als Konkursforderung geltend gemacht werden kann, weil die Forderung aus der Zeit vor Konkurseröffnung stammt. Auch bei Vorkaufsrechten beschränkt sich der Anspruch des Vorkaufsberechtigten darauf, geladen zu werden oder – beim Freihandverkauf – Gelegenheit zu bekommen, den vom Dritten gebotenen Preis zu überbieten.

Vereinbarungen, wodurch die Anwendung des § 21 KO im Voraus ausgeschlossen oder eingeschränkt werden soll, sind nichtig (§ 25a KO). Daraus folgt, dass die Freiheit des Masseverwalters, über den Geschäftsanteil des Gemeinschuldners nach pflichtgemäßem Ermessen zu verfügen und den Geschäftsanteil auch durch Verkauf an einen Dritten zu verwerten, im Vorhinein durch den Gesellschaftsvertrag nicht eingeschränkt werden kann.

K. Anfechtbarkeit des vollständig erfüllten zweiseitigen Vertrages gemäß § 31 KO

Dem Anwendungsbereich des § 21 KO können die Mitgesellschafter nur dann entkommen, wenn es ihnen gelingt, im Zeitraum zwischen dem Eröffnungsbeschluss und Null Uhr des folgenden Tages die Annahme des Angebots, die Errichtung des Notariatsakts über die Abtretung und die Bezahlung des Abtretungsentgelts zu erledigen. Hilfreich ist dies für die Aufgriffsberechtigten in Wahrheit auch nicht. Von einer derartigen Aktion muss wegen der eklatanten Anfechtbarkeit der Abtretung und Zahlung dringend abgeraten werden. Gemäß § 31 KO unterliegen solche Rechtsgeschäfte der Anfechtung, wenn sie für die Gläubiger nachteilig sind und den Mitgesellschaftern die Zahlungsunfähigkeit oder der Eröffnungsantrag bekannt war oder bekannt sein musste.

---

[30] Vgl die Zusammenstellung bei *Gamerith* in *Bartsch/Pollak/Buchegger*, Insolvenzrecht I[4] Vor §§ 21–26 Rz 1.

III. Lösungsvorschlag

Damit ist jedoch nicht gesagt, dass eine gesellschaftsvertragliche Insolvenz-vorsorge nicht möglich wäre. Doch kann sie nicht in einer Form verwirklicht werden, die den Masseverwalter zu irgendeiner Disposition verpflichten würde. Vielmehr ist die Lösung aus der Parallele zum Erwerb des Geschäftsanteils von Todes wegen zu gewinnen.

1. Gemäß § 76 Abs 1 GmbHG sind Geschäftsanteile vererblich. Diese Be-stimmung ist zwingendes Recht. Die Testierfreiheit, also die Freiheit, letztwil-lige Verfügungen über den Geschäftsanteil zu treffen, kann keinem Gesellschaf-ter genommen werden. Sie kann auch nicht eingeschränkt werden. Es kann je-doch im Gesellschaftsvertrag ein Aufgriffsrecht zu Gunsten der Mitgesellschaf-ter vorgesehen werden, wenn der Geschäftsanteil durch Rechtsgeschäft von Todes wegen in die Hand bestimmter Personen gelangt, denen der Gesell-schaftsvertrag die Gesellschafterstellung auf Dauer nicht einräumt.

2. Solche Vertragsgestaltungen wurden von der Judikatur zu Recht für zuläs-sig erklärt.[31] Die gleiche Konsequenz kann auch für den Fall des Erwerbs des Geschäftsanteils vom Masseverwalter vorgesehen werden. Ein Dritter, der den Geschäftsanteil aus der Konkursmasse erwirbt, kann zur Abtretung verpflichtet werden. Damit wird in wirtschaftlicher Hinsicht auf das Interesse Dritter am Er-werb eingewirkt. Wenn auch krasse Missverhältnisse zwischen dem echten Wert des Geschäftsanteils und dem Aufgriffsentgelt unter der Einschränkung des § 879 ABGB zu sehen sind und Buchwertklauseln in vielen Fällen daran so-wie an der sinngemäßen Anwendung des Art 7 Nr 14 EVHGB (für Personenge-sellschaften) scheitern werden,[32] kann doch wirksam ein Aufgriffsentgelt verein-bart werden, das unter dem echten Wert der Beteiligung liegt. Weiters kann eine Erstreckung der Zahlungspflicht der aufgriffsberechtigten Mitgesellschafter über einen längeren Zeitraum vorgesehen sein.

3. Für die Gestaltung eines derartigen Aufgriffsrechts zu Gunsten der Mitge-sellschafter, wenn ein Dritter den Geschäftsanteil vom Masseverwalter erwirbt, wird folgendes Beispiel als Anregung für die eigene Vertragsgestaltung vorge-schlagen:

a) Für den Fall, dass nach dem Ableben eines Gesellschafters eine Person, die nicht selbst Mitgesellschafter oder direkter Nachkomme des Verstorbenen oder dessen Ehegatte ist, den Geschäftsanteil des Verstorbenen ganz oder zum Teil erworben hat, ist diese Person verpflichtet, den Geschäftsanteil über Ver-langen der Mitgesellschafter an diese abzutreten. Macht einer der Mitgesell-schafter von diesem Aufgriffsrecht keinen Gebrauch, wächst es den Mitgesell-schaftern aliquot zu. Das Abtretungsverlangen kann sofort nach dem Erwerb des Geschäftsanteils, längstens jedoch innerhalb von sechs Monaten ab Eintra-gung des Erwerbers als Gesellschafter im Firmenbuch ausgeübt werden.

---

[31] OLG Wien 16.7.1971 NZ 1973, 150; OGH 25.2.1993 ecolex 1993, 458; OGH 25.2.1993 GesRZ 1994, 141; OGH 31.5.1994 SZ 67/103.

[32] Zur Buchwertklausel bei gesellschaftsvertraglich vereinbarten Aufgriffsrechten vgl *Kostner/Umfahrer*, GmbH[5] Rz 716; *Koppensteiner*, GmbHG[2] Anh § 71 Rz 9.

Die Höhe des Entgelts für die Ausübung des Aufgriffsrechts bestimmt sich nach dem Schätzwert für den Geschäftsanteil gemäß dem jeweils aktuellen Gutachten der Kammer der Wirtschaftstreuhänder über die Unternehmensbewertung. Einigen sich der Abtretungsverpflichtete und die Aufgriffsberechtigten nicht binnen vier Wochen über die Höhe des Abtretungspreises, ist jeder Vertragsteil verpflichtet, den Betrag zu nennen, der seiner Einschätzung nach dem Wert des Geschäftsanteils entspricht, sowie die Methode der Wertermittlung bekannt zu geben. Dann ist von den Vertragsteilen einvernehmlich, im Nichteinigungsfall binnen zwei weiteren Wochen über Antrag auch nur eines Vertragsteiles durch Benennung seitens des Präsidenten der Kammer der Wirtschaftstreuhänder für das Bundesland, in dem die Gesellschaft ihren Sitz hat, ein Sachverständiger zu bestellen, der Wirtschaftstreuhänder sein muss, der mit der Bewertung des Geschäftsanteils beauftragt wird. Die Bewertung durch diesen Sachverständigen ist endgültig und für die Vertragsteile verbindlich. Die Kosten des Sachverständigen sind von demjenigen Vertragsteil allein zu tragen, dessen eigene Einschätzung vom Ergebnis des Sachverständigen weiter entfernt ist.

Die Abtretungsverpflichtung besteht im Nichteinigungsfall über Verlangen der Mitgesellschafter auch dann, wenn die Einigung über die Höhe des Entgelts noch nicht erfolgt ist. Doch hat der Abtretungsverpflichtete Anspruch auf angemessene Sicherheitsleistung.

b) Das für den Fall des Ablebens eines Gesellschafters eingeräumte Aufgriffsrecht findet auch auf den Fall Anwendung, dass eine Person den Geschäftsanteil eines Gesellschafters, über dessen Vermögen ein gerichtliches Insolvenzverfahren eröffnet wurde, oder gegen den die Exekution bewilligt wurde, erwirbt, es sei denn, der Erwerber ist selbst Mitgesellschafter oder ein direkter Nachkomme des Verpflichteten oder dessen Ehegatte. Diese Person ist ebenfalls verpflichtet, den Geschäftsanteil nach Maßgabe der oben genannten Bedingungen an die Mitgesellschafter abzutreten.

Zivilprozess und Gewaltentrennung

Richard Novak

I. Einleitung

Verfahrensrecht, auch das Zivilverfahrensrecht, zählt anerkanntermaßen zum öffentlichen Recht. Freilich vermag diese Schulweisheit nötiges Sachwissen nicht zu ersetzen. Der Öffentlichrechtler im engeren Sinn ist daher in einer prekären Lage, soll er prozessrechtliche Themen berühren. Zumal vor den Abgründen des Insolvenzrechtes muss er sich hüten. Es sind also mehr alte freundschaftliche Bande zu *Wolfgang Jelinek* Anlass des Beitrages denn fachliche Verbindungen.

Allerdings ist es keineswegs so, dass Zivilprozess- und Verfassungsrecht beziehungslos nebeneinander stünden. Ein ganz konkretes Bindeglied bildet etwa § 35 Abs 1 VfGG, wonach im verfassungsgerichtlichen Verfahren mangels anderweitiger Regelung „die Bestimmungen der Zivilprozessordnung und des Einführungsgesetzes zur Zivilprozessordnung sinngemäß anzuwenden" sind. Die Vorschrift und demnach Normierungen der ZPO werden vom VfGH vielfach praktiziert.[1] Einmal hat § 35 VfGG sogar, um noch weiter auszugreifen, eine wichtige Rolle im Rahmen einer Gesetzesprüfung gespielt. Mit der Zivilverfahrens-Nov 1983[2] war die Wiedereinsetzung des § 146 Abs 1 ZPO dadurch entschärft worden, dass leichte Fahrlässigkeit der Versäumung einer Prozesshandlung nicht schadet. Das galt – über § 35 VfGG – fortan auch für das Beschwerdeverfahren nach Art 144 B-VG. Hingegen war es im verwaltungsgerichtlichen Verfahren, nach § 46 Abs 1 VwGG dabei geblieben, dass die Partei eine Frist „ohne ihr Verschulden" versäumt haben musste. Eine Bedingung, die der VfGH sodann in VfSlg 10.367/1985 als verfassungswidrig aufgehoben hat. Infolge des durch Art 144 Abs 3 B-VG begründeten Naheverhältnisses, der „Verzahnung"

---

[1] Vgl nur aus der jüngeren Rsp zB VfSlg 14.825 und 15.005/1997 (Prozessvollmacht) oder VfSlg 15.478, 15.479/1999 (Berichtigung der Entscheidung).

[2] BGBl 135, Art IV Z 24.

von (allgemeiner) Verwaltungsgerichtsbarkeit und verfassungsgerichtlicher Sonderverwaltungsgerichtsbarkeit sei die differenzierende Behandlung der Wiedereinsetzung sachlich nicht gerechtfertigt, gleichheitswidrig geworden.[3]

Von der spezifischen Nahtstelle des § 35 VfGG abgesehen, kann umgekehrt die Verfassung potentiell auf breiter Front in das Prozessrecht hineinwirken. Das ergibt sich zwanglos aus der im Stufenbaumodell verbildlichten Gesamtstruktur der Rechtsordnung. Das Verfassungsrecht hat Höchstrang. Alles einfachgesetzliche Recht ist ihm untergeordnet und muss im Einklang mit den Erzeugungsregeln und inhaltlichen Vorgaben der Bundesverfassung stehen. Gewiss eine Konsequenz, die in Anbetracht der älteren und ehrwürdigen Traditionen des Zivil- und Strafrechts nicht immer und nicht gerne wahrgenommen worden ist.

Im größeren Überblick sind es namentlich zwei Bestimmungsstücke der Verfassung, die sich als wirksames Regulativ – und Korrektiv – des Prozessrechtes erwiesen haben; nämlich der Gleichheitssatz des Art 7 B-VG und das Prinzip der Gewaltentrennung. Nun hat es mit dem erstgenannten Gebot wieder eine eigene Bewandtnis. Gleichheit ist ein „Relationsbegriff";[4] weniger vornehm ausgedrückt: eine verfassungsrechtliche Allerwelts-Formel, die die Herstellung von Tatbestands- und Rechtsbeziehungen und deren wertende Gewichtung verlangt. Das kann ohne intime Sachkenntnis der jeweiligen Materie nicht geleistet werden. Knappe Hinweise müssen genügen. So hat der VfGH zB in VfSlg 13.581/1993 den Passus des § 219 Abs 2 ZPO, dass dritten Personen bei Glaubhaftmachung eines rechtlichen Interesses die Einsicht- und Abschriftnahme der Prozessakten „vom Vorsteher des Gerichtes" – in richterlicher Funktion – gestattet werden könne, als „dem dem Gleichheitsgebot immanenten Sachlichkeitsgebot" widerstreitend aufgehoben. In VfSlg 13.989/1994 wurde eine Anfechtung der Revisionsgrenzen-Fiktion des § 55 Abs 4 JN[5] für Verbandsklagen nach dem KSchG abgewiesen. Zur EO sind VfSlg 12.292/1990 und VfSlg 12.648/1991, die Bevorzugung des „Ärars" und öffentlicher Fonds bei der Drittschuldnererklärung (§ 302 aF) aufhebend, ergangen. Nicht zuletzt – das Insolvenzrecht betreffend – seien VfSlg 12.380/1990 (§ 12 Abs 1 KO), VfSlg 13.498/1993 (§ 25 KO aF) und VfSlg 13.832/1994 (§ 46 Abs 2 KO aF) genannt.

Es bleibt der zweite, leichter durchschaubare Angelpunkt der Rechtsprechung, mit dem die Probe aufs Exempel der Verfassung gemacht werden soll, das Gewaltentrennungsprinzip. Dass dieses Postulat von nebensächlicher Relevanz wäre, kann sicherlich nicht behauptet werden. Hat doch die Aufhebung des § 268 ZPO als verfassungswidrig im Jahr 1990 auch in der Prozessrechtslehre ein nachhaltiges Echo gefunden.[6] Darauf ist zurückzukommen. Außerdem ist

---

[3] Anpassung mit VwGG-Nov BGBl 1985/564.

[4] *Neisser/Schantl/Welan*, Betrachtungen zur Judikatur des Verfassungsgerichtshofes (Slg. 1967), ÖJZ 1969, 318/645 (648); *Korinek*, Gedanken zur Bindung des Gesetzgebers an den Gleichheitsgrundsatz nach der Judikatur des Verfassungsgerichtshofes, in FS Melichar (1983) 39 (44).

[5] IdF Erweiterte Wertgrenzen-Nov 1989 BGBl 343.

[6] Vgl bloß *Simotta*, Die Bedeutung einer strafgerichtlichen Verurteilung für den Zivilprozeß nach Aufhebung des § 268 ZPO, NZ 1991, 75; *V. Steininger*, Konsequenzen der Aufhebung des § 268 ZPO, in FS Matscher (1993) 477.

das Gefüge der Gewaltentrennung in sich wieder mehrschichtig und in einem Entwicklungszusammenhang zu sehen. Die Judikatur reicht weit in die Zeit zurück, da der formale Trennungsgrundsatz des Art 94 B-VG als das Ein und Alles der Gewaltenteilung erschien. Erst später – mit Verspätung – haben Art 6 EMRK und mit ihm materielle Aspekte Kontur gewonnen. Die dadurch losgetretenen Probleme sind noch nicht ausgestanden.

II. Die formell-organisatorische Komponente

A. Allgemeines

Nach Art 94 B-VG ist die Justiz von der Verwaltung „in allen Instanzen getrennt". Auf den grundlegenden, ja mehr, den baugesetzlichen Charakter des Trennungsgebotes iSd Art 44 Abs 3 B-VG – sei es als verselbständigtes „gewaltentrennendes", sei es als Bestandteil des rechtsstaatlichen Prinzips – ist hier nicht einzugehen. Ebenso wenig auf die Ausnahmeregelung des Art 87 Abs 2 B-VG zugunsten der durch Einzelrichter ausgeübten Justizverwaltung. In den Vordergrund zu rücken sind die Auswirkungen in concreto.

Trotz, vielleicht auch wegen seiner Kürze hat Art 94 B-VG den VfGH häufig beschäftigt. Schon in VfSlg 1423/1931 heißt es, die Vorschrift beziehe sich „nur auf die Organisation der Behörden" und besage, „dass ein(e) und dieselbe Behörde nicht gleichzeitig als Gerichts- und als Verwaltungsbehörde organisiert sein kann". Dem ist die einhellige Lehre gefolgt: Art 94 B-VG ist reine Organisationsnorm, er gebietet formelle Organtrennung.

Zugleich bringt das Zitat freilich bloß den historisch bedingten Minimalgehalt des Trennungsprinzips zum Ausdruck, der aus heutiger Sicht Reminiszenz wäre: Die „gemischten Bezirksämter" des Neoabsolutismus sind graue Vergangenheit. Die Judikatur hat vielmehr aus der Wurzel von einst eine Reihe weiterer Triebe gezüchtet. Sie erstrecken sich über das in der Praxis besonders wichtig gewordene Verbot eines übergreifenden Instanzenzuges – samt der einschränkenden Konzession an sog „sukzessive" Gerichtszuständigkeiten[7] – bis hin zur Verpflichtung des Gesetzgebers, die Vollzugsaufgaben Gerichten oder Verwaltungsbehörden in strikter, präziser Form zuzuordnen.[8]

B. Quasi-Weisungen

1. Immunität

Dass es zwischen Gericht und Verwaltungsbehörde keine Weisungsbindung geben darf, liegt der geschichtlichen Herkunftsbedeutung des Art 94 B-VG – Unzulässigkeit einer Mischorganisation – offenbar am nächsten; und ist für die Gerichte durch die Unabhängigkeitsgarantie des Art 87 Abs 1 B-VG zusätzlich

---

[7] ZB VfSlg 10.452/1985.
[8] VfSlg 2909/1955; dann zB VfSlg 8349/1978.

abgesichert. Die Annahme, dass der Gesetzgeber diese Banalität je missachtet haben könnte, mag theoretisch anmuten. Dennoch ist an eben diesem Punkt der Trennungsgrundsatz im Prozessrecht erstmals aktuell geworden. Es ging natürlich nicht um den groben Klotz echter Weisungen; wohl aber um weisungs-ähnliche Beziehungen, wie sie in den Verfahrensgesetzen gar nicht selten für den Sonderfall von Rechtsverhältnissen mit Auslandsberührung vorgesehen waren.

Nach Art IX Abs 3 EGJN hatte das Gericht im Zweifel, ob die inländische Gerichtsbarkeit über eine „exterritoriale" („Immunität genießende") Person begründet oder deren „Exterritorialität" („Immunität") anerkannt ist, hierüber die „Erklärung" des BMJ einzuholen; und Satz 2: „Diese ist für das Gericht bei Beurteilung der Zuständigkeit bindend". Die Regelung lautet heute noch sehr ähnlich.[9] Nur der zitierte zweite Satz ist weggefallen. Er wurde bereits in VfSlg 6278/1970, einer der frühesten einschlägigen Entscheidungen des VfGH, aufgehoben.[10]

Der Gerichtshof hat, ohne viel Federlesens und ohne unumwunden von einer Weisung zu sprechen, gemeint, die dubiose „Erklärung" lasse sich „unter keine der österreichischen Rechtsordnung bekannten Verwaltungsformen einreihen"; der Justizminister werde dadurch zu einer dem Gericht „zwar nicht organisatorisch, aber entscheidungsmäßig vorgesetzte(n) Behörde". Das sei mit Art 94 B-VG unvereinbar.

2. Aktorische Kaution

Ganz analog gelegen waren die Dinge bei der aktorischen Kaution des ausländischen Klägers. Nach der ursprünglichen Fassung des § 57 Abs 3 ZPO hatte das Gericht im Fall zweifelhafter Gegenseitigkeits-Praxis des fremden Staates die bewusste „Erklärung" des Justizministers zu begehren, die „bindend" war. VfSlg 9590/1982, die Aufhebung der in Satz 2 verfügten Bindungswirkung als verfassungswidrig, konnte sich mit einer Rekapitulation der Vorentscheidung zum EGJN begnügen. Das wäre im Grunde lediglich eine Fußnote wert.

Allerdings ist, anders als bei der Immunitäts-Regelung, VfSlg 9590 nicht das Ende der Geschichte gewesen. Der Gesetzgeber hat in der Zivilverfahrens-Nov 1983 reagiert und § 57 Abs 3 ZPO umgestaltet; ferner bei dieser Gelegenheit mit weiteren Bindungs-„Erklärungen" reinen Tisch gemacht.[11] Die aktorische Kaution als solche, dh die Befreiung davon bei Bewilligung der Verfahrenshilfe, war zudem in VfSlg 12.329/1990 Gegenstand einer Gleichheitsprüfung; der An-

---

[9] Sprachlich adaptiert durch die Erweiterte Wertgrenzen-Nov 1997 BGBl I 140 (Art V). Vgl zB auch OGH 14.2.2001 JBl 2001, 790.

[10] Vorangegangen war VfSlg 5630/1967 zu einer Erscheinung vice versa im damaligen PStG.

[11] Vgl § 57 Abs 3 ZPO idgF (BGBl 1983/135) und iVm § 4 Abs 1 IPRG. Weiters § 38 Abs 2 Z 3 JN (Rechtshilfe) und § 48 JN (Zuständigkeitsstreit mit ausländischen Behörden) idF vor der Zivilverfahrens-Nov 1983 (sowie § 63 Abs 2 ZPO idF vor dem VerfahrenshilfeG BGBl 1973/569). Den Rest besorgt hat VfSlg 10.300/1984 zum NotwegeG.

fechtung wurde keine Folge gegeben. Schließlich blieb es dem EuGH vorbehalten, seinerseits noch ein Kapitel hinzuzufügen und EU-Bürger kraft Anwendungsvorranges des Diskriminierungsverbotes gem Art 12 (ex-Art 6) Abs 1 EGV von der Sicherheitsleistung zu dispensieren.[12] Hier zeigt sich eindringlich, dass das Zivilverfahrensrecht seit 1995 nicht bloß verfassungsrechtlichen, sondern auch gemeinschaftsrechtlichen Determinanten zu gehorchen hat.

C. „Sonstige Verflechtungen"

Nach gefestigter Rechtsprechung verbietet Art 94 B-VG neben weisungsartigen Abhängigkeiten auch „sonstige verfahrensrechtliche Verflechtungen". Gemeint ist damit insb die Verklammerung von Gericht und Verwaltungsbehörde bei der Schaffung eines Vollzugsaktes. Als geradezu klassisches Beispiel kann das vormalige Gnadenverfahren der StPO und seine Aufhebung in VfSlg 13.273/1992 gelten.[13]

Zum ersten Mal indessen ist auch dieses Element des Trennungsgrundsatzes im Zivilprozess, nämlich beim seinerzeitigen Armenrecht virulent, wenn nicht schlagend geworden. In VfSlg 6945/1972 hatte der VfGH die maßgebenden Bestimmungen der ZPO über die Beigebung eines Armenanwaltes (Substituten) durch das Gericht und seine individuelle Bestellung durch die Rechtsanwaltskammer[14] aus der Erwägung heraus in Prüfung gezogen, sie verstießen gegen Art 94 B-VG. Die gesetzliche Konstruktion bewirke, dass „über einen einheitlichen, an das Gericht zu stellenden Antrag zwei Vollzugsbehörden – das Prozessgericht und der Ausschuss der Rechtsanwaltskammer – zu entscheiden haben" und derart Justiz und Verwaltung verfassungswidrigerweise „verfahrensrechtlich verflochten" werden.

Das Bedenken wurde letzten Endes im Wege verfassungskonformer Auslegung, mittels Annahme separater Rechtsakte zerstreut. Dass es trotzdem zur Aufhebung kam, geht auf das Konto des Legalitätsprinzips nach Art 18 Abs 1 B-VG und des Gleichheitssatzes. Der Gesetzgeber hat die Entscheidung zum Anlass einer Reform von Grund auf im VerfahrenshilfeG und in einer RAO-Nov genommen.[15]

III. Die materielle Dimension

A. Zur Entwicklung

Das Zivilprozessrecht hat, nach allem, das Seine dazu beigesteuert, dass die Organisationsvorschrift des Art 94 B-VG über weite Strecken „ausjudiziert" ist. Dasselbe lässt sich von Art 6 EMRK schwerlich behaupten. Auf diesem Gebiet ist manches nach wie vor im Fluss.

---

[12] Slg I 1997, 5325 (Saldanha); dazu *Czernich*, Die Ausländerprozeßkostensicherheit nach § 57 ZPO, ÖJZ 1998, 251.

[13] Zuvor bereits VfSlg 7376/1974 und 8158/1977.

[14] §§ 66 und 67 ZPO; dazu auch § 16 Abs 2 RAO.

[15] BGBl 1973/569 und 570. Gefolgt sind zur RAO VfSlg 9535/1982 und 12.638/1991.

Gemäß Art 6 Abs 1 Satz 1 der Konvention hat jedermann Anspruch, dass seine Sache in fairer Weise, öffentlich und in angemessener Frist „gehört wird, und zwar von einem unabhängigen und unparteiischen, auf Gesetz beruhenden Gericht" – eigentlich einem „Tribunal" –, „das über zivilrechtliche Ansprüche und Verpflichtungen oder über die Stichhaltigkeit der gegen ihn erhobenen strafrechtlichen Anklage zu entscheiden hat".

Allein schon die Formulierung ist umständlich und langatmig. Umso mehr ist es die damit verbundene Entwicklung. Der Marsch des Art 6 EMRK durch die Institutionen der österreichischen Rechtsordnung war dornenreich und wechselvoll. An eine Frühphase möglichster Abschottung haben sich in den 70er-Jahren – regelmäßig in Gefolgschaft der Straßburger Rechtsprechung – erste Anzeichen einer Neuorientierung geschlossen. Radikal war der Dammbruch der 80er-Jahre. Der VfGH hat die These, die „nachprüfende Kontrolle" des VwGH genüge den Anforderungen des Art 6 EMRK, für die Straf- und für den „Kernbereich" der Zivilsachen fallen gelassen. Die Einrichtung der unabhängigen Verwaltungssenate 1988 ist eine Spätfolge gewesen.[16] Die Befürchtung, dass Art 6 EMRK „umstürzende" Konsequenzen für die österreichische Verwaltungsorganisation mit sich bringen könnte,[17] hat sich in Grenzen bewahrheitet.

Gerade für die Gerichtsbarkeit scheint freilich das Gesagte übertrieben zu sein. Zentral und im hier einzig interessierenden Zusammenhang garantiert Art 6 EMRK in Zivilrechtssachen die Entscheidungszuständigkeit eines „Tribunals"; und dass die ordentlichen Gerichte diesem Begriff entsprechen, ist unzweifelhaft. In der Tat liegt denn auch der Schwerpunkt der nahezu uferlosen Judikatur im Bereich der Verwaltung. Immer wieder dreht es sich darum, ob in einer zivilrechtlichen oder angeblich zivilrechtlichen Angelegenheit überhaupt ein Gericht oder eine gerichtsähnliche Verwaltungsbehörde berufen werden musste; und ob ein vom Gesetzgeber bewusst eingesetztes Verwaltungs-„Tribunal" den strengen Kriterien des Art 6 EMRK, einschließlich des „äußeren Anscheins" der Unparteilichkeit, standhält.

Unmittelbar bleibt die ordentliche Gerichtsbarkeit von diesen Unwägbarkeiten abgeschirmt. Gleichwohl kann sie sich ihrem Sog nicht völlig entziehen. Die Probleme, mit denen primär die Verwaltung zu ringen hat, schlagen indirekt auf die Gerichtsbarkeit durch, wenn sie vorfrageweise rechtskräftige Verwaltungsakte achten soll.[18] Hinzugefügt sei, dass die Thematik praktisch und zum mindesten in dieser zugespitzten Form – stets im Licht der verfassungsgerichtlichen Judikatur – bisher nicht relevant geworden ist.[19]

---

[16] Vgl VfSlg 11.500 und 11.506/1987 sowie B-VG-Nov 1988 BGBl 685. Näherhin zum ganzen *Berka*, Die Grundrechte (1999) 440 ff.

[17] VfSlg 5100 und 5102/1965.

[18] Dazu, aus deutlich unterschiedlicher Perspektive *Walter*, Die Bindung der Zivilgerichte an rechtskräftige präjudizielle Bescheide nach AVG im Rahmen der Zivilprozeßordnung im Vorfragenbereich, ÖJZ 1996, 601 (609 f); *Kerschner*, Art 6 MRK und Zivilrecht, JBl 1999, 689.

[19] Was den OGH anlangt, vgl OGH 10.7.1991 SZ 64/98 (§ 190 ZPO) und OGH 11.10.1995 SZ 68/180 (Sandstrahlanlagen).

B. Bindungsprobleme

1. § 268 ZPO

Der Sachverhalt bereitet wenig Schwierigkeiten. Nach einem schweren Verkehrsunfall war der Schuld tragende Lenker wegen fahrlässiger Tötung und Körperverletzung rechtskräftig verurteilt worden. Im nachfolgenden Haftpflichtprozess wurden seitens des beklagten Versicherungsträgers neue Beweise angeboten, die mangels Parteistellung im Strafverfahren nicht hätten vorgebracht werden können. Das Zivilgericht erster Instanz ließ sich darauf angesichts der in § 268 ZPO verankerten Bindung an das Strafurteil nicht ein und sprach Schadenersatz zu; das OLG focht die genannte Bestimmung gem Art 140 B-VG beim VfGH an. Mit Erfolg in VfSlg 12.504/1990: Der VfGH geht, gestützt auf die Entstehungsgeschichte und die oberstgerichtliche Rechtsprechung, davon aus, dass § 268 ZPO die Rechtskraftwirkung des Strafurteils auch auf Dritte, am Verfahren Unbeteiligte erstrecke; eine restriktiv-verfassungskonforme Interpretation sei nicht möglich. Damit stehe die Vorschrift aber „in offenkundigem Widerspruch zu dem in Art 6 Abs 1 EMRK jedermann gewährleisteten Recht ...‚ von einem unabhängigen und unparteiischen Gericht gehört zu werden".

Die Entscheidung ist kurz; die Begründung, teilt man das § 268 ZPO unterlegte Rechtskraftverständnis, einleuchtend. Dennoch war VfSlg 12.504 ein Blitz aus heiterem Himmel. Doppelt überraschend, weil er nicht die heikle Beziehung Verwaltungsbehörde und Gericht, sondern sozusagen einen „justizinternen" Bindungskonflikt traf.

Das Erkenntnis hat, wie erwähnt, die Prozessrechtslehre wachgerüttelt; und § 268 ZPO bzw die durch den VfGH gerissene Lücke bewegt – namentlich im Dreiecksverhältnis der Haftpflichtversicherung – die Gemüter bis in die Gegenwart.[20]

2. Folgejudikatur

Die Parade-Entscheidung des VfGH von 1990 ist nicht vereinzelt geblieben. Mehr oder minder zur selben Zeit hat sich die Causa „Obermeier", ein Fall nach dem Invaliden-, dann BehinderteneinstellungsG[21] zugetragen. Gemäß § 8 Abs 2 des Gesetzes bedurfte die Kündigung eines begünstigten Behinderten der vorherigen „Zustimmung" des Behindertenausschusses; dh des zustimmenden Bescheides einer kollegialen, ansonsten aber normalen Verwaltungsbehörde. Das hätte – bezogen auf die Bindungsproblematik Verwaltungs- versus Gerichtsakt – gut ins Schema gepasst. Tatsächlich hat der EGMR in seinem Urteil gegen Österreich die Sache so gesehen; es ist von einer, den Art 6 EMRK verletzenden Bindung der Arbeitsgerichte an Verwaltungsentscheidungen die Rede, die eine

---

[20] Vgl FN 6. Ferner OGH 17.10.1995 SZ 68/195 (verst Senat); dazu *Albrecht*, Probleme der Bindung an strafgerichtliche Verurteilungen im Zivilverfahren, ÖJZ 1997, 201; jüngst *L. Fuchs*, Zur Bindungswirkung des verurteilenden Straferkenntnisses im Bereich der Kfz-Haftpflichtversicherung, ÖJZ 2001, 821/880.

[21] BGBl 1970/22 bzw 1988/721.

zivilrechtliche „Vorfrage" – konkret freilich in einer gleichsam zweifachen Vor-fragen-Situation – betreffen.[22] Der VfGH ist in VfSlg 12.933/1991 der gelegten Spur nicht gefolgt. § 8 Abs 2 BEinstG wurde isoliert wegen Verweigerung des Zuganges zu einem Tribunal aufgehoben.[23]

Im Übrigen hat VfSlg 12.504/1990 kleinere Nachbeben ausgelöst. Eine echte Variante findet sich in VfSlg 14.076/1995. § 539 Abs 2 ZPO schließt, verein-facht gesagt, die Wiederaufnahmsklage bei behaupteten Crimina aus, wenn das strafgerichtliche Verfahren „wegen mangelnden Tatbestandes oder wegen Man-gels an Beweisen zu einer Verurteilung nicht geführt hat". Das anfechtende Ge-richt erblickte darin eine – § 268 ZPO vergleichbare – Bindung an das Strafur-teil und sogar an die staatsanwaltschaftliche, also eine verwaltungsbehördliche Zurücklegung der Anzeige. Der VfGH hat abweisend entschieden und – nicht recht plausibel, wenn auch übereinstimmend mit der EKMR – die Wiederauf-nahme, ein Institut staatlicher Rechtsfürsorge „im Widerstreit zwischen Rechts-kraft und Rechtsrichtigkeit", vom Anwendungsbereich des Art 6 EMRK ausge-klammert.

Bei gänzlich anderem Sachzusammenhang nahe verwandt ist ferner VfSlg 14.145/1995 zur Krnt KrankenanstaltenO. Einem privaten Träger war durch Be-scheid der LReg die Gleichwertigkeit der von ihm betriebenen Anstalt mit dem nächstgelegenen Landeskrankenhaus attestiert worden. In – vermeintlicher – Bindung daran hatte die im Gesetz vorgesehene, Tribunal-Charakter besitzende „Schiedskommission" den Pflegegebührenersatz erhöht. Der letztere Bescheid wurde auf Grund von Beschwerden der betroffenen Sozialversicherungsträger vom VfGH aufgehoben. Die angenommene Gebundenheit an den Vorbescheid verletze, analog zu VfSlg 12.504/1990, die Beschwerdeführer, denen im Gleich-stellungsverfahren keine Parteieigenschaft zukomme, in dem durch Art 6 EMRK gewährleisteten Recht, von einem unparteiischen Gericht „gehört zu werden".[24]

Das ist fast die gesuchte Konstellation; lediglich mit der Abweichung, dass es sich bei der Krnt Schiedskommission eben nicht um ein Gericht, sondern um eine gerichtsähnliche Verwaltungsbehörde, wenn man will: um einen „verwal-tungsinternen" Konflikt gehandelt hat. Abschließend darf man, auch im Hin-blick auf die divergenten Anschauungen im Schrifttum,[25] getrost von einer offe-nen Problemlage sprechen.

C. Randfragen – 4. DVEheG und ASGG

Mit Art 6 EMRK ist über dem vertrauten Horizont formell-organisatorischer Trennung von Justiz und Verwaltung das Gebot materieller Gewaltenteilung

---

[22] Urteil v. 28.6.1990 EuGRZ 1990, 209.
[23] Saniert in BGBl 1992/313. Zur fehlenden Parteistellung des Arbeitgebers im Behinde-rungs-Statusverfahren nach § 14 Abs 2 BEinstG vgl VfSlg 11.934/1988.
[24] Vgl auch VfSlg 14.206/1995 und VfSlg 15.828/2000 (Disziplinarverfahren). Auf VfSlg 14.986/1997 (IESG) und 15.105/1998 (EO) sei bloß verwiesen.
[25] FN 18.

heraufgedämmert. Selbstverständlich nicht im Sinn eines Entweder-Oder; vielmehr in dem eines Sowohl-Als auch. Die formelle Organtrennung des Art 94 B-VG in den diversen Verästelungen behält ihren Wert. Zur Debatte steht ein zusätzlich verfassungsrechtlicher Justiz- oder Aufgaben-Vorbehalt für das Gericht bzw das „Tribunal". Dass damit unverändert einige Fragezeichen verknüpft sind, braucht nicht wiederholt zu werden und ist kein Wunder. Materielle Grenzen sind stets wertungsverhaftet und schwerer auszuloten als formelle. Unter diesem allgemeineren Aspekt verdienen in Kürze noch zwei Entscheidungen, eine davon jüngsten Datums, Erwähnung.

Nach § 24 Abs 1 der 4. DVEheG war zur Anerkennung ausländischer Entscheidungen in Ehesachen der BMJ berufen. Der VwGH hatte die Regelung mit dem Vorbringen angefochten, sie widerstreite Art 6 EMRK. Der VfGH gab dem Antrag im Erk 16.6.2001, G 25 ua/99, keine Folge. Er hält begründend fest, dass – anders als Eherechtssachen als solche – die bloß „prozessuale Anerkennung" nicht „in den Kernbereich der ‚civil rights' fällt". Selbst wenn man aber gegenteiliger Auffassung sein wollte, wäre in Anbetracht der zwischenzeitigen Rechtsprechung der Konventionsorgane „die nachprüfende Kontrolle des Verwaltungsgerichtshofes in diesem speziellen Fall ausreichend".

Das Erkenntnis steht nur in losem Zusammenhang mit der zuvor erörterten Thematik. Es betrifft nicht ein Bindungsproblem, sondern die Grundgarantie des Art 6 EMRK. Auch ist es schon wieder überholt; seit vergangenem Jahr obliegt die Anerkennung ausländischer Eheentscheidungen dem Gericht.[26] Immerhin hat der Fall jedoch mit dem Fragenkreis des internationalen Zivilprozessrechtes zu tun. Er ist ferner rein verfassungsrechtlich von Interesse: Der VfGH scheint geneigt, Straßburg auf halbem Weg entgegenzukommen.

Gestreift sei endlich VfSlg 14.709/1996. Der OGH begehrte die Aufhebung des § 54 (Abs 2 bis 4) ASGG als verfassungswidrig; er behauptete nicht mehr und nicht weniger, als dass ihm mit dem „besonderen Feststellungsverfahren" auf Antrag kollektivvertragsfähiger Körperschaften eine wesensfremde, gutachterliche Tätigkeit in Form von „Kautelarjurisprudenz" aufgehalst würde. Der VfGH hielt entgegen, das Verfahren sei wenigstens so weit „kontradiktorisch" ausgestaltet, dass es dem entspreche, „was Gerichtsbarkeit im materiellen Sinn ist", nämlich „die Fällung von Entscheidungen zwischen streitenden Parteien in Einzelfällen auf Grund bestehenden generellen Rechts".[27]

Hier taucht urplötzlich, wie aus dem Nichts und unabhängig von Art 6 EMRK, ein Inhalts-Begriff der Rechtsprechung auf. Bleibt nur unklar, wo er dogmatisch zu verorten wäre. Darüber haben weder der anfechtende OGH noch der den Antrag abweisende VfGH ein Wort verloren. Am ehesten wäre an Art 87 Abs 2 B-VG zu denken, an die „gerichtlichen Geschäfte" als Gegenstück zum – materiellen – Begriff der „Justizverwaltungssachen".

---

[26] §§ 228a bis 228d AußStrG und 4. DVEheG idF KindRÄG 2001 BGBl I 2000/135 (Art VI und XIII).

[27] Definition nach *Walter*, Verfassung und Gerichtsbarkeit (1960) 18.

IV. Verfassung und Prozessrecht

Nach dem heutigen Stand der Dinge sollte, das sei pro domo gesagt, ein verfassungsrechtlicher Beitrag in der Festschrift zu Ehren eines Prozessualisten nicht völlig fehl am Platz sein. Dass das Verwaltungsrecht „konkretisiertes Verfassungsrecht" ist, wird seit langem behauptet.[28] Es wäre gewiss überspannt, dasselbe für das Prozess-, das Strafrecht – weil „öffentliches Recht" – und gar für das Zivilrecht in Anspruch zu nehmen.

Dennoch ist die verfassungs-adäquate Tönung und Ausrichtung der genannten Rechtsgebiete im Wachsen. Dass eine zivil- oder strafrechtliche Vorschrift an Verfassungsmaßstäben gemessen und gegebenenfalls vom VfGH verworfen wird, gilt nicht mehr als Sensation. Diese Tatsache ist nicht nur dem Rang des Verfassungsrechtes gemäß; nicht nur zeigt sie die erhöhte Sensibilität der Fachgerichte für Verfassungsfragen. Sie hat es auch dem Verfasser erleichtert, *Wolfgang Jelinek* eine akademische Gabe zu widmen.

---

[28] Vgl *F. Werner*, Verwaltungsrecht als konkretisiertes Verfassungsrecht, DVB1 1959, 527.

„Amerikanisierung" oder „Verwilderung der Sitten"?

Divergenzen im materiellen Schadenersatzrecht und im Internationalen Zivilverfahrensrecht als Ursachen für ein geändertes Anwaltsverhalten

Willibald Posch

I. Zum Paradigmenwechsel beim Ersatz seelischen Leids

Der Jubilar hat vor einem Vierteljahrhundert mit einem Aufsatz zur Vererblichkeit des Schmerzengeldanspruchs[1] einen nachhaltigen Umdenkprozess in Lehre und Rechtsprechung begründet, der letztlich bewirkte, dass die zuvor fest etablierte Gerichtspraxis, wonach ein Anspruch auf Schmerzengeld entweder anerkannt oder gerichtlich geltend gemacht sein musste, um vererblich zu sein, überwunden wurde.

Der 2. Senat des Obersten Gerichtshofs hat nun in seiner Entscheidung vom 16. Mai 2001[2] unter ausdrücklicher Bezugnahme auf die einschlägigen Schriften von *Karner*[3] und wohl auch unter dem Eindruck der schrecklichen Folgen des Gletscherbahnunglücks in Kaprun vom 11. November 2000[4] seine bisherige Position zur Frage des Schmerzengeldanspruchs naher Angehöriger von Getöteten revidiert und in einem in der Originalausfertigung durch Fettdruck hervorgehobenen obiter dictum klargestellt, „dass ein Ersatz des Seelenschmerzes über den Verlust naher Angehöriger, der zu keiner eigenen Gesundheitsschädigung iSd § 1325 ABGB geführt hat, nur bei grober Fahrlässigkeit oder Vorsatz

---

[1] *Jelinek*, Die Persönlichkeit des Verletzten und das Entstehen des Schmerzengeldanspruchs, JBl 1977, 1.

[2] ZVR 2001/73.

[3] Insbesondere auf die Dissertation *Karners*, „Der Ersatz ideeller Schäden bei Körperverletzung" (1999) sowie seinen Aufsatz „Schmerzengeld für Angehörige", ecolex 2001, 37.

[4] Zu den Ursachen der Katastrophe vgl zuletzt „Todesbahn Kaprun: Außen High Tech, innen museal", Die Presse vom 8.3.2002, 3.

des Schädigers in Betracht" komme, während es „[b]ei leichter Fahrlässigkeit oder im Fall bloßer Gefährdungshaftung ... an der erforderlichen Schwere des Zurechnungsgrundes" fehle. Damit wurde ein weiterer Schritt zur Ausweitung des im Rechtsvergleich weithin als zu restriktiv empfundenen Ersatzregimes für immaterielle Schäden im Zusammenhang mit der Tötung naher Angehöriger getan.[5]

Der OGH hat sich dabei auch ausdrücklich von den auf dem Boden der älteren Rechtsprechung zu den „Schmerzengeldansprüche(n) für Angehörige der Opfer des Unglücks von Kaprun"[6] entwickelten Gedanken von *Danzl* abgewandt, der im Übrigen zu der in der zitierten OGH-Entscheidung nicht erheblichen Frage, ob die bei dem Unglück umgekommenen Passagiere der Bahn einen Schmerzengeldanspruch erworben haben könnten, die Meinung vertrat, dass „hier *die Kürze (Unmittelbarkeit/Plötzlichkeit) der Zeitspanne zwischen Schadensereignis und Tod* bei aller Tragik des Ereignisses beim Ablauf des Sterbevorgangs sämtlicher Opfer derart im Vordergrund stand, dass eine immaterielle Beeinträchtigung durch die ihn auslösende (und zeitlich vorangegangene) Körperverletzung als solche, welche damit *für sich* einen (auch vererblichen) Schmerzengeldanspruch nach § 1325 ABGB bzw § 12 Abs 1 Z 4 EKHG auslösen könnte, wohl nicht fassbar und damit ... konsequenterweise auch nicht zu vertreten ist".[7]

Genau hier besteht eine markante und zugleich kritische Divergenz zwischen dem restriktiven österreichischen und den überaus exzessiven US-amerikanischen Rechten, die ein amerikanisches Bundesdistriktsgericht zum Anlass nehmen könnte, seine Zuständigkeit hinsichtlich der Ansprüche der US-amerikanischen Hinterbliebenen der acht bei der Kapruner Brandkatastrophe umgekommenen US-Bürger zu bejahen. Denn das österreichische Recht könnte wegen des Fehlens eines Instituts, das dem in den US-Staaten gesetzlich vorgesehenen „*survival of action*"[8] voll entsprechen würde, als unzulänglich angesehen werden.[9]

---

[5] In diesem Zusammenhang sind auch die Ausführungen des Verfassers zur Frage des angemessenen Schadenersatzes von Hinterbliebenen eines schuldhaft Getöteten in einem unmittelbar nach dem Gletscherbahnunglück verfassten Aufsatz zu revidieren. Die österreichische Judikatur war und ist im europäischen Vergleich zwar nicht auffällig, objektiv und unter globaler Perspektive, jedoch wohl zu restriktiv; vgl *Posch*, Ambulance Chasing im Dienste US-amerikanischer Rechtshegemonie. Wird „forum shopping" durch in Österreich tätige Anwälte gesellschaftsfähig? Kritische Anmerkungen zu einem aktuellen Vorgang, ZfRV 2001, 14.

[6] So der mit einem Fragezeichen versehene Titel des Aufsatzes von *Danzl*, ZVR 2000, 398.

[7] *Danzl*, ZVR 2000, 399 f, Hervorhebungen im Original.

[8] Im *Common Law* galt bezüglich „*pain and suffering*" lange Zeit der Grundsatz „*actio personalis moritur cum persona*", doch haben die einzelnen US-Staaten in „*survival statutes*" die Vererblichkeit von Schmerzengeldansprüchen anerkannt, wobei für diese viel großzügigere Bemessungsgrundlagen angenommen werden. Dass die Opfer trotz der kurzen Zeit ihres Überlebens im Feuer nach den US-amerikanischen Standards einen Ersatzanspruch erworben hätten, steht außer Streit.

[9] Das ist einer der Gründe, warum es hinsichtlich der Hinterbliebenenansprüche der amerikanischen Opfer sinnvoll gewesen wäre, einen raschen Vergleich anzustreben (vgl dazu *Posch*, ZfRV 2001, 15 FN 14).

Zur Ersetzung des österreichischen durch amerikanisches Recht wäre es dann nur ein kleiner Schritt.

Ist somit mit der Wahl des Themas dieses Beitrags eine bewusste Berührung mit einem materiellrechtlichen Arbeitsgebiet des Jubilars angestrebt worden, lässt zudem der prozessrechtliche Inhalt der folgenden Ausführungen hoffen, dass sie auf sein Interesse stoßen könnten.

II. Die Folgen von Kaprun

Unzweifelhaft ist das „größte zivile Unglück in Österreich seit dem Ringtheaterbrand von 1881"[10] geeignet, vergleichbar nachhaltige Spuren im österreichischen Recht zu hinterlassen wie jenes historisches Ereignis. Dafür sorgte auch das penetrante Auftreten eines „Staranwaltes" aus den USA, der sich gerade als ein in einem der so genannten „Holocaust-Fälle" engagierter Rechtsanwalt im Lande befand.

Diese seit den im Oktober 1996 gegen die drei größten schweizerischen Banken eingeleiteten, auf die Herausgabe von Guthaben von Holocaustopfern gerichteten Verfahren[11] notorische Tätigkeit der amerikanischen Anwälte hat eine solide Grundlage in der Zuständigkeitsregelung des *„Alien Tort Claims Act"*, der bestimmt, dass das Bundesdistriktsgericht die ursprüngliche Zuständigkeit für jede zivilrechtliche Klage eines Ausländers habe, die aus einer Schädigung resultiert, die in der Verletzung des Völkerrechts oder eines völkerrechtlichen Vertrags, an dem die Vereinigten Staaten als Partei beteiligt sind, zugefügt worden ist.[12]

Wie das Urteil des *US District Court* für den *Central District of California* in der Rechtssache *Maria V. Altmann vs Republic of Austria et al* vom 8.5.2001[13] illustriert, konnte der beklagten Republik Österreich in diesem um die Herausgabe von Klimt-Gemälden geführten Rechtsstreit auch der *Foreign Sovereign Immunity Act* nicht bei der Bekämpfung der Zuständigkeitserklärung des Gerichts helfen. Auch der *forum non conveniens* Einwand scheiterte, da ein österreichisches Gericht wegen des in Österreich möglichen Verjährungseinwands und der in Österreich geltenden Regelung der Tragung der Gerichts- und Anwaltskosten nicht als ein *adequate forum* angesehen wurde.

---

[10] Die Presse vom 8.3.2002, 3. Dort aber falsche Jahresangabe (1871), der Ringtheaterbrand ereignete sich am 8.12.1881. Das Theater ist erst 1874 eröffnet worden. Richtig ist, dass damals 386 Todesopfer zu beklagen waren.

[11] Dazu *Bazyler,* Nuremberg in America: Litigating the Holocaust in United States Courts, 34 U.Rich.L.Rev. 1 (2000).

[12] *„The district court shall have original jurisdiction of any civil action by an alien for a tort only, committed in violation of the law of nations or a treaty of the United States"*, 28 U.S.C. § 1350. Zur völkerrechtlichen Problematik der ACTA-Rechtsprechung vgl *Rau*, Schadensersatzklagen wegen extraterritorial begangener Menschenrechtsverletzungen: der US-amerikanische Alien Tort Claims Act, IPRax 2000, 558.

[13] CV 00-8913 FMC (AIJx).

Obwohl der *Alien Tort Claims Act* keine Grundlage für die Zuständigkeit eines amerikanischen Bundesgerichts für Ersatzansprüche von Hinterbliebenen der Opfer der Kapruner Seilbahnkatastrophe bieten kann, hat einer dieser „Staranwälte" unter eklatanter Missachtung der hierzulande für Rechtsanwälte geltenden Standesregeln[14] in einem beispiellosen Akt von Justizimperialismus[15] den Eindruck vermittelt, dass es gänzlich problemlos wäre, für alle Hinterbliebenen der Opfer vor einem US-Bundesgericht ca 1,5 €-Millionen je Todesfall an Schadenersatz zu erstreiten und zwar unabhängig davon, ob die Kläger US-Bürger, Österreicher, Deutsche, Japaner oder Slowenen sind oder ihren gewöhnlichen Aufenthalt bzw Wohnsitz in den USA, Österreich, Deutschland, Japan oder Slowenien haben.

Dass es aber weder nach den US-amerikanischen Grundsätzen des Internationalen Verfahrensrechts noch auch nach den von US-Staat zu US-Staat divergierenden Anknüpfungsregeln eine einigermaßen sicher zu prognostizierende Angelegenheit sei, dass sich ein amerikanisches Bundesdistriktgericht für die Ersatzklagen der Opfer – zumindest soweit sie nicht US-Bürger sind – für zuständig erklären und US-amerikanisches Recht anwenden würde, ist in den juristischen Fachzeitschriften ausgeführt worden,[16] während die Tagespresse den medienwirksamen Auftritten des apostrophierten „US-Staranwalts" mit wachsender Skepsis breiten Raum widmete.

Die Bedenken, die gegen die Substanz dieser medienwirksamen Auftritte allenthalben erhoben wurden, konnten nicht verhindern, dass durch sie in Österreich ganz offenbar eine gewisse Verwilderung der Sitten im Anwaltsberuf ausgelöst wurde. So wird die Funktion des Anwalts als „Organ der Rechtsprechung" und „Rechtsfreund" immer stärker überlagert durch ein Denken, das den Anwalt primär in der Rolle des „Freundes der eigenen Brieftasche" sieht – und dies, obwohl in Österreich die von den US-amerikanischen *trial lawyers* gepflogene Praxis der *quota-litis*-Vereinbarungen, die im Zusammenwirken mit der Mitwirkung von Laien an der Entscheidungsfindung im Zivilprozess eine wesentliche Ursache für die teilweise astronomisch hohen Ersatzzusprüche durch Jury-Gerichte waren bzw sind, mit guten Gründen von § 879 Abs 2 ABGB als sittenwidrig qualifiziert werden.[17]

Wie anders sollte man erklären können, wenn in Fortbildungsseminaren für Anwälte die auf die Erzielung eines möglichst günstigen Kompromisses gerich-

---

[14] Zur disziplinären Verfolgung des Einsatzes unzulässiger Druckmittel durch Rechtsanwälte vgl zB OBDK 21.4.1986 AnwBl 1987, 76; OBDK 21.10.1991 AnwBl 1992, 393; OBDK 2.12.1991 AnwBl 1993, 431; OBDK 12.12.1994 AnwBl 1995, 511.

[15] Vgl dazu die Ausführungen des Verfassers in Der Standard vom 18./19.11.2000, 38 und 15.3.2001, 37.

[16] Zu den Zuständigkeitsfragen vgl *Posch*, ZfRV 2001, 14, zur Frage des anzuwendenden Rechts *Koch*, Forum Shopping mit dem Seilbahnunglück von Kaprun? RdW 2001, 264.

[17] *Quota-litis*-Vereinbarungen sind vor allem zum Schutz der Klienten vor unlauteren Spekulationen und im Interesse des Ansehens des Standes der Rechtsanwälte verboten.

teten, alle denkbaren Druckmittel exzessiv ausschöpfenden Aktivitäten eines *Ed Fagan* als vorbildlich empfohlen werden? Wie anders sollte man auch vor dem Hintergrund der österreichischen Rechtsordnung die Klage der Hinterbliebenen eines während des Abschiebevorganges unter überaus aufklärungsbedürftigen Umständen verstorbenen Afrikaners, der sich illegal in Österreich aufgehalten hatte, auf 1 Million € Schmerzengeld und Schadenersatz[18] begreifen? Man sollte meinen, dass auch noch so tragische Umstände eines Falles einen Anwalt nicht dazu veranlassen dürften, das österreichische Schadenersatzrecht und seine Anwendung für einseitig außer Kraft gesetzt zu erklären. Es fällt schwer, Gründe zu finden, die eine solche Vorgehensweise legitimieren könnten.

III. Amerikanisierung des anwaltlichen Verhaltens?

Die Taktik, die hinter der Vorgehensweise von *Ed Fagan*[19] und Konsorten steht, ist ganz wesentlich darauf gerichtet, bei den involvierten österreichischen Juristen und Unternehmen durch einseitige Darstellung der diesen ohnedies kaum bekannten und transparenten Unwägbarkeiten der Rechtsdurchsetzung vor US-amerikanischen Gerichten Unsicherheit und Bereitschaft zu klägerfreundlichen Vergleichen hervorzurufen. Dass dieses geradezu typische Verhalten amerikanischer „Prozessanwälte" primär durch ein starkes Eigeninteresse an möglichst hohen „*contingency fees*" motiviert ist, kann anhand einer Entscheidung des *US District Court* für den *Southern District of New York* und eines Beschlusses eines besonderen, für die „Zentralisierung von Zivilverfahren" eingerichteten Richtersenats,[20] die kurz hintereinander im November 2001 ergangen sind, und ihrer Erklärung durch *Fagan* dargetan werden.

Am 15. November 2001 hat in der Rechtssache *Rudolph Kern and Angela Kern, Individually and on behalf of the Estate of Erich Kern, Plaintiffs,* gegen *Oesterreichische Elektrizitaetswirtschaft AG, Wagner Biro AG, Swoboda Karoserie (sic!) AG, Baubedarfszentrum Stadlbauer AG, Gletscherbahnen Kaprun AG, ABC Corporations 1-10, John Does 1-10, Defendants. LTC (Ret) John S. Hablett, et al, Plaintiffs,* gegen *Oesterreichische Elektrizitaetswirtschaft AG, Wagner Biro AG, Swoboda Karoserie AG, Baubedarfszentrum Stadlbauer AG, Gletscherbahnen Kaprun AG, ABC Corporations 1-10, John Does 1-10, Defendants*[21] der *US District Court* für den *Southern District of New York* dem Einwand der Österreichischen Elektrizitätswirtschaft AG, sie könne, weil zu 51%

---

[18] Vgl *M. Simoner*, 1 Million Euro für Omofumas Tod, Der Standard vom 27.2.2002. In dieser Summe sind die Unterhaltsansprüche der Kinder und Eltern des Getöteten nicht enthalten.

[19] Zu Person und Arbeitsweise von *Ed Fagan* vgl schon New York Times vom 8.9.2000 und Welt am Sonntag vom 24.9.2000, 69: „Holocaust Anwalt im Zwielicht".

[20] Dabei handelt es sich um den von 28 U.S.C. § 1407 vorgesehenen *Judicial Panel on Multidistrict Litigation*.

[21] 01 Civ. 264 (SAS), 01 Civ. 266 (SAS), 2001 U.S. Dist. LEXIS 18720.

im Eigentum der Republik Österreich stehend, Immunität nach dem *Foreign Sovereign Immunity Act* beanspruchen, Rechnung getragen und die Klage gegen diese Beklagte abgewiesen. Was der beklagten Republik Österreich in dem Verfahren vor dem *US District Court* für den *Central District of California* in Sachen *Maria V. Altmann vs Republic of Austria et al* nicht gelungen war, gelang der Österreichischen Elektrizitätswirtschaft AG in dem durch die Seilbahnkatastrophe von Kaprun ausgelösten Schadenersatzverfahren: Als teilverstaatlichtes Unternehmen konnte sie sich der Klage unter Berufung auf die Immunität ihrer Hauptaktionärin entziehen.

Die gegen die übrigen beklagten Unternehmen gerichteten Klagen blieben aufrecht und nur vier Tage später, am 19. November 2001, beschloss der *Judicial Panel on Multidistrict Litigation* gem 28 U.S.C. § 1407, die insgesamt sechs Klagen, die *Kern, Hablett et al* vor Bundesdistriktsgerichten in Kalifornien, Colorado, Florida und in New York[22] eingebracht hatten, verfahrensmäßig am südlichen Distrikt von New York zu „zentralisieren".[23] Die Bedeutung dieser, einer Ordination[24] vergleichbaren Übertragung der Klagen „*In Re Ski Train Fire in Kaprun, Austria, On November 11, 2000*" und die Beauftragung der Richterin *Shira Ann Scheindlein* mit der Durchführung der „*coordinated and consolidated pretrial proceedings*" wurde unterschiedlich dargestellt. Während *Ed Fagan* behauptete, dass das Gericht in New York seine „Zuständigkeit für die Kaprun-Klage eindeutig bekundet habe", hielt die Gletscherbahnen Kaprun AG in einer Aussendung fest, dass mit der Entscheidung nur festgelegt worden sei, „dass allererste Verfahrensschritte gebündelt in New York abzulaufen hätten".[25]

Zweifellos ist die zuletzt wiedergegebene Auffassung der Wahrheit näher, denn der Spruch des Panel ist keine „Bekundung der Zuständigkeit des Gerichts in New York". Das Panel ist nämlich kein Gericht, sondern ein aus sieben „*circuit and district judges*" konstituiertes Gremium, dessen Mitglieder „*from time to time*" vom Obersten Bundesrichter bestimmt werden.[26] Es darf auch keineswegs vernachlässigt werden, dass die gegenständlichen Klagen offenbar durchwegs von US-Bürgern erhoben worden sind.[27]

Schließlich darf auch die Feststellung des *Judicial Panel On Multistate Litigation*, „*that the Southern District of New York provides a convenient forum for a litigation involving an incident overseas and numerous foreign defendants*" jedenfalls nicht als eine endgültige Entscheidung über einen von den Beklagten erhobenen *Forum non conveniens*-Einwand missdeutet werden. Vor allem ist

---

[22] Am *US District Court for the Southern District of New York* wurden drei Klagen eingebracht, an den anderen Distriktgerichten jeweils nur eine.

[23] 2001 U.S. Dist. LEXIS 19214.

[24] § 28 JN.

[25] Vgl die einschlägige, unter http://oesterreich.orf.at abrufbare Meldung des ORF.

[26] 28 U.S.C. § 1407 (d).

[27] Der ORF (FN 25) berichtete, dass *Ed Fagan* seine Klage „zunächst einmal im Namen von acht amerikanischen Opfern der Kaprun-Katastrophe eingebracht" habe.

die Aussagekraft, die der Zentralisierungsbeschluss für die Beurteilung der Aussichten der Hinterbliebenen nichtamerikanischer Opfer, dass ihre Ersatzansprüche von einem US-Bundesdistriktsgericht nach dem Recht eines US-amerikanischen Staates abgesprochen werden, haben könnte, sehr gering!

Tatsächlich ist eine Prognose, wie es weitergehen wird, nicht leicht zu treffen. Das hat zunächst seinen Grund darin, dass die USA unbeirrt an ihrem exorbitanten „General-Doing-Business"-Gerichtsstand festhalten. So hat die zweite Kommission der seit 1893 existierenden Haager Konferenz für Internationales Privatrecht in ihrer 19. Sitzung, die vom 6. bis 22. Juni 2001 tagte, einen Vorentwurf über ein „Übereinkommen über Zuständigkeit und ausländische Urteile in Zivil- und Handelssachen" diskutiert. Dabei erwiesen sich die kontroversiellen Auffassungen der USA und der Europäischen Union und ihrer Mitgliedstaaten in der Frage der Zuständigkeitsbegründung durch das allgemeine „*doing business*" als unversöhnlich: Ein Unternehmen, das in den USA Geschäfte betreibt, soll auch weiterhin dort vor einem Bundesdistriktsgericht geklagt werden können, auch wenn seine Geschäftätigkeit keinerlei sachlichen Bezug zur Klagsmaterie hat. Während also die amerikanischen Delegierten in Den Haag die in diesen Fällen bisher verweigerte Vollstreckbarkeit von Urteilen in Europa und der übrigen Welt anstrebten, lehnten die Vertreter der Europäischen Union und ihrer Mitgliedstaaten „allgemeine Geschäftätigkeit" als Grundlage für Zuständigkeit in den USA ab. Sie verlangten vielmehr das Vorhandensein einer kausalen Beziehung zwischen der eingeklagten Forderung und der Geschäftätigkeit, somit einen so genannten „*Transacting-Business*"-Gerichtsstand.[28]

Die Prognostizierbarkeit der Entscheidung über die Zuständigkeit wird aber auch dadurch erschwert, dass die US-Richter sich in ihrem weitgehend richterrechtlich determinierten Rechtssystem als völlig unabhängig von anderen Staatsgewalten betrachten, mitunter ein extrem US-zentriertes Rechtsverständnis („*America first!*") entwickeln und im Umgang mit internationalen Sachverhalten kaum ausgebildet sind.

Es muss daher abgewartet werden, welches Gewicht dem Umstand beigemessen werden wird, dass das Kaprun-Desaster nur hinsichtlich der ausländischen Opfer und der Ansprüche ihrer Hinterbliebenen ein internationaler Sachverhalt ist und objektiv keine sehr „*significant relationship*" zum Recht eines US-Staates festgestellt werden kann,[29] und dass hinsichtlich der Hinterbliebenen österreichischer Opfer keine „*state interests*"[30] für die Befassung eines US-amerikanischen Gerichts oder die Beurteilung der Ansprüche nach einem amerikanischen Recht sprechen.

---

[28] Vgl den Bericht des Vertreters des österreichischen BMJ, *G. Musger*, n:\text\tarko\ tar.659.sam, vom 6.7.2001.

[29] An dieser orientiert § 145 des Restatement 2d of Conflict of Laws die Frage des anzuwendenden Rechts in internationalen Schädigungssachverhalten. Da nur zwischen der Bergbahnen Kaprun AG und den Opfern ein Vertragsverhältnis bestanden hat, sind die meisten Ansprüche als außervertraglich zu qualifizieren.

[30] Wie das Interesse eines US-Staates, dass seine Bürger im Ausland fair entschädigt werden.

IV. Die Folgen: Verwilderung der Sitten österreichischer „Rechtsfreunde"?

Ed Fagan hat nun, Medienberichten zufolge, vor diesem Hintergrund geäußert, „dass sich auch Betroffene aus anderen Staaten seiner (zunächst nur namens acht amerikanischer Angehörigen von Kaprunopfern eingebrachten) Klage anschließen könnten" und davon gesprochen, dass „er bereits mehr als 100 mögliche Kläger aus Deutschland, Österreich, Slowenien und Japan gefunden" habe,[31] und ihnen unter Hinweis darauf, dass in vergleichbaren amerikanischen Schadenersatzprozessen „[u]mgerechnet zwischen 30 und 80 Millionen Schilling pro Todesfall[32] ... als angemessen gelten" würden, gewaltige Summen in Aussicht gestellt; und er hat hinzugefügt, „dass diese Summen bei einer Verurteilung doppelt so hoch ausfallen könnten". Konsequenterweise hat denn auch der Redakteur des ORF im November 2001 den Schluss gezogen, „dass es *Fagan* in erster Linie darauf anlegt, zu einem Vergleich zu kommen, bevor es die Beklagten auf einen Prozess ankommen lassen".[33]

Da es ganz wesentlich von der Qualität der Anwälte der Beklagtenseite und ihrer „*expert witnesses*" abhängt, hinsichtlich welcher Ansprüche ein US-Gericht sich für zuständig erklären und welches Recht es anwenden wird, steht zu hoffen, dass die beklagten österreichischen Unternehmen bei der Auswahl ihrer amerikanischen Prozessvertreter keine Kosten gescheut und die richtige Wahl getroffen haben.[34] Mögen die Honorare der Beklagtenanwälte, gemessen am österreichischen Tarifsystem, auch sehr hoch erscheinen, erweisen sie sich doch als sinnvolle Investition, wenn die Abwehr der Klagen gelingt.

Den österreichischen Unternehmen, die sich nach der Kaprun-Katastrophe Ansprüchen vor US-Gerichten ausgesetzt sehen, dürfte es im Übrigen nur ein geringer Trost sein, dass sich auch in anderen Staaten vergleichbare Vorgänge ereignet haben. So sah sich die deutsche Bahn AG nach dem ICE-Unglück von Eschede am 3. Juni 1998 mit der Situation konfrontiert, dass die mit der Kulanzzahlung von 30.000 DM Schmerzensgeld je Opfer nicht zufriedenen Hinterbliebenen versuchen, mit Hilfe US-amerikanischer Anwälte zu deutlich mehr Geld zu gelangen. Da sich unter den 101 Opfern auch eine US-Bürgerin befand, wurde das schon bekannte Spiel aktiviert, in dessen Zentrum die Behauptung steht, dass vor US-Gerichten für alle Hinterbliebenen deutlich höhere Beträge erstritten werden könnten und die Bahn AG dieser Gefahr nur entgehen könnte, wenn man möglichst hohe Vergleichsbeträge akzeptierte.[35] Da verwundert es

---

[31] Vgl die Meldung des ORF über die Zentralisierungs-Entscheidung vom 19.11.2001 (FN 25).

[32] Umgerechnet ca 2,2 bis 5,8 Mio €.

[33] ORF http://oesterreich.orf.at (FN 25).

[34] Jede Partei nominiert eigene Gutachter, in concreto auch einen, der über das österreichische Recht Auskunft gibt.

[35] Die Hinterbliebenen einiger deutscher Opfer versuchen, vor Gerichten in Deutschland zusätzlich zu den 30.000 DM hohe Beträge zu erstreiten. Das Landgericht Lüneburg hat mit Urteil vom 4.12.2001 (9 O 139/01) eine solche Klage abgelehnt; das Berliner

denn auch nicht, dass gegen die Deutsche Bahn AG auch von den zwei bei dem Eisenbahnunglück von Brühl[36] schwer verletzten Amerikanern vor einem Gericht in Maryland eine auf Schadenersatz und Schmerzengeld gerichtete Klage in der Höhe von jeweils mindestens einer Million US-$ erhoben worden ist.[37]

Um diesen im Wesentlichen durch die Zulässigkeit von Erfolgshonoraren in den USA offenbar zur Tugend gewordenen Basarmethoden von „Rechtsfreunden" einen Riegel vorzuschieben, wird es neben einer in Grenzen gehaltenen Anpassung der Schmerzengeldsummen auch und vor allem einer globalen Gerichtsstands- und Vollstreckungsordnung bedürfen, die sich jedoch keinesfalls als Oktroi US-amerikanischer Gerechtigkeitsvorstellungen darstellen darf.

Landgericht hat sich in einem bei ihm anhängigen Verfahren am 19.2.2002 vertagt. In diesem Verfahren begehrt der Beklagtenvertreter zusätzlich zu den Leistungen der Bahn noch bis zu 250.000 € für seine Mandanten.

[36] Es forderte am 6.2.2000 9 Tote und 149 Verletzte.

[37] Vgl Der Spiegel 8/2002, 66: „Justiz – Millionenklage in Maryland".

218

Chancen und Risken der freien Sanierung

Walter H. Rechberger

I. Einleitung

Seit dem Insolvenzrechtsänderungsgesetz (IRÄG) 1997[1] (es trat – zumindest weitgehend – am 1. Oktober 1997 in Kraft[2]), das internationalen Trends folgend die Möglichkeiten der gerichtlichen Unternehmenssanierung neuerlich zu verbessern suchte, sind in der österreichischen Literatur keine Stellungnahmen zur außergerichtlichen oder „freien" Sanierung[3] auffindbar. Wenn jetzt gem § 1 Abs 1 AO die Eröffnung eines Ausgleichsverfahrens auch schon bei bloß drohender Zahlungsunfähigkeit[4] möglich ist und mit Hilfe des ebenfalls im Zuge des IRÄG 1997 geschaffenen Unternehmensreorganisationsgesetzes (URG)[5] die Reorganisation *solventer* Unternehmen gefördert werden soll,[6] so bedeutet das

---

[1] BGBl I 1997/114.

[2] Siehe dazu *Chiwitt-Oberhammer*, Inkrafttreten des IRÄG 1997 und des IESG-Änderungsgesetzes, ZIK 1997, 113.

[3] „Freie Sanierung" ist eine erfolgreiche Wortschöpfung von *K. Schmidt* auf dem 54. Deutschen Juristentag (vgl *K. Schmidt*, Möglichkeiten der Sanierung von Unternehmen durch Maßnahmen im Unternehmens-, Arbeits-, Sozial- und Insolvenzrecht, Gutachten D 103 zum 54. Deutschen Juristentag 1982).

[4] In der deutschen Literatur wird freilich die Auffassung vertreten, dass mit der Einführung des Eröffnungstatbestands der drohenden Zahlungsunfähigkeit der außergerichtlichen Sanierung nicht die Chancen genommen werden: Vgl *Seagon* in *Buth/Hermanns* (Hrsg), Restrukturierung, Sanierung, Insolvenz (1998) § 3 Rz 11.

[5] BGBl I 1997/114.

[6] Dem war bisher allerdings nur mäßiger Erfolg beschieden. Vgl dazu *Reckenzaun/Hadl*, Erste (positive) Erfahrungen mit dem Unternehmensreorganisationsverfahren, ZIK 2001, 90.

freilich noch nicht jenen „Paradigmenwechsel", den in Deutschland – zumindest nach Meinung mancher – das In-Kraft-Treten der Insolvenzordnung (InsO) am 1. Jänner 1999 bewirkt haben soll: Die verstärkte Orientierung am US-amerikanischen Recht soll dort der gerichtlichen Sanierung zum Durchbruch verhelfen,[7] was den Stellenwert der außergerichtlichen Sanierung tatsächlich zu vermindern geeignet sein könnte. Immerhin sind aber auch die Maßnahmen des österreichischen Gesetzgebers Anlass genug, wieder einmal die Chancen und die Risken der freien Sanierung gegeneinander abzuwägen, um eine Prognose über deren Zukunftsfähigkeit abgeben zu können.

II. Literarische Stellungnahmen

Diskretion, die als einer der Vorteile der freien Sanierung gegenüber der gerichtlichen gilt,[8] scheint zwar auch ein Kennzeichen der österreichischen literarischen Diskussion über diese Art der Sanierung zu sein, doch ist festzustellen, dass die wenigen Stellungnahmen eindeutig positiv sind. Das beginnt schon in der Zwischenkriegszeit: Nicht nur, dass die „Insolvenzrechtspäpste" *Bartsch* und *Pollak* in ihrem Großkommentar[9] den außergerichtlichen Ausgleich im Allgemeinen positiv sehen;[10] *Pollak* hat an anderer Stelle[11] sogar zum Ausdruck gebracht, den außergerichtlichen Ausgleich gegenüber dem gerichtlichen zu bevorzugen. Auch gegen Ende des 20. Jahrhunderts und in jüngerer Zeit gibt es einige literarische Bemerkungen, die eine solche Beurteilung erkennen lassen.[12] Ausführlich – und positiv – haben sich in Österreich aber nur drei Autoren mit der außergerichtlichen Sanierung beschäftigt.[13] *Jelinek* stellt im Rahmen seiner Untersuchung der gerichtlichen Sanierungshilfen[14] auch die „Beziehungen zum außergerichtlichen Ausgleich" dar, *Adam*[15] bietet vor allem eine sehr illustrative

---

[7] Vgl idS etwa *Smid*, Grundzüge des neuen Insolvenzrechts³ (1999) § 1 Rz 24.

[8] Vgl dazu näher unten Punkt IV.A.

[9] *Bartsch/Pollak*, Konkurs-, Ausgleichs-, Anfechtungsordnung und deren Einführungsverordnungen II³ (1937).

[10] Siehe dazu *Jelinek*, Gerichtliche Sanierungshilfen – Ausgleichsverfahren und Vorverfahren, in *Ruppe* (Hrsg), Rechtsprobleme der Unternehmenssanierung (1983) 47 (60).

[11] *Pollak*, Kaufmännische Körperschaften und Ausgleich, JBl 1928, 189 ff.

[12] Vgl *Barchetti*, Ist die Tätigkeit der konzessionierten Ausgleichsvermittler tatsächlich strafgesetzbuchwidrig? ÖJZ 1977, 263 f; *Kosch*, Schonzeit für Konkursanten? Internationaler Kreditschutz 1985/1, 35 (38); *Holzhammer*, Insolvenzrecht⁵ (1996) 5; *Rechberger/Thurner*, Insolvenzrecht (2001) Rz 20.

[13] Vgl im Übrigen zu dem in Österreich allerdings sehr moderat geführten „Glaubenskrieg" zwischen Befürwortern und Gegnern des außergerichtlichen Ausgleichs die (Diskussions-)Beiträge von *Jelinek*, Rechtliche Grenzen der Kreditgewährung, Sondertagung 1983 des ÖJT (1984) 47 ff, 79 ff, einerseits und *Koren*, ebenda 88 ff, andererseits.

[14] *Jelinek* in *Ruppe*, Unternehmenssanierung 59 ff.

[15] *Adam*, Außergerichtliche Sanierungs- bzw Liquidationsverfahren, Internationaler Kreditschutz 1984/1, 30.

Darstellung der Praxis der außergerichtlichen Sanierung und *Konecny*[16] beschreibt neuerlich und ausführlich das „Verhältnis außergerichtliche Sanierung – Sanierung durch Gerichtsverfahren". Dabei springt ins Auge, dass die literarische Aufmerksamkeit gegenüber der außergerichtlichen Sanierung in Österreich nach den Neuerungen, die das Insolvenzrechtsänderungsgesetz (IRÄG) 1982[17] mit sich gebracht hatte, größer geworden ist. Zu erklären ist dies damit, dass schon das IRÄG 1982 die *gerichtliche* Sanierung forcieren wollte,[18] womit sich die Frage ergab, was das für die außergerichtliche Sanierung zu bedeuten hätte. Freilich zeigen die genannten Stellungnahmen, dass die freie Sanierung ihre Bedeutung durchaus behaupten konnte.

Der positive Tenor der österreichischen Stellungnahmen zur außergerichtlichen Sanierung stimmt auch mit der ganz überwiegenden Meinung in der deutschen Literatur überein. Deren Grundposition kann wohl am besten mit einem Satz *Stürner*s[19] charakterisiert werden, den dieser Autor seiner positiven Bewertung der Tatsache, dass in gewissen Branchen die Zahl der außergerichtlichen Vergleiche die der gerichtlichen überwiege, hinzufügt: *„Wo immer Rechtspersonen ihre Angelegenheiten ohne Hilfe des Staates regeln, soll man dies begrüßen."* Immer wieder wird in deutschen Stellungnahmen betont, dass die wirksamsten Unternehmenssanierungen „früh, schnell und still, also außerhalb des Insolvenzverfahrens" erfolgen[20] und die freie Sanierung „das schnellste, beste und geräuschloseste Mittel (ist), um die einem in Schwierigkeiten geratenen Unternehmen gewährten Kredite zu retten".[21] *Maus*[22] sieht objektive und subjektive Argumente, die für den außergerichtlichen Vergleich und gegen das (vor dem In-Kraft-Treten der deutschen InsO analog zum österreichischen gerichtlichen Ausgleichsverfahren geregelte) gerichtliche Vergleichsverfahren sprechen.

Im Gegensatz zu Österreich gibt es in Deutschland bereits durchaus Auseinandersetzungen mit der Frage des Einflusses der Insolvenzrechtsreform auf die Chancen der außergerichtlichen Sanierung. So ist etwa *Häsemeyer*[23] auch im Kontext des Insolvenzplans der InsO,[24] dem zweifellos ein größerer Anwendungsbereich zukommt als dem vormaligen Zwangsvergleichs- bzw Vergleichsverfahren, bei seiner Auffassung von der „Opportunität eines außergerichtlichen Sanierungsversuchs" geblieben; auch der Insolvenzplan werde die Instrumente

---

[16] *Konecny*, Insolvenz und Sanierung in Österreich, DZWir 1994, 227 (230 ff).

[17] BGBl 1982/370.

[18] Vgl dazu nur *Rechberger/Thurner*, Insolvenzrecht Rz 4.

[19] *Baur/Stürner*, Zwangsvollstreckungs-, Konkurs- und Vergleichsrecht, Band II Insolvenzrecht[12] (1990) § 25.4.

[20] Diese Formulierung wird – von *Maus* in *Gottwald* (Hrsg), Insolvenzrechts-Handbuch (1990) § 5 RdN 90 – gleichfalls *K. Schmidt* zugeschrieben.

[21] *Heinsius*, Das Unternehmen in der Krise – Probleme der Insolvenzvermeidung aus rechtsvergleichender Sicht, in *Birk/Kreuzer* (Hrsg), Das Unternehmen in der Krise – Probleme der Insolvenzvermeidung aus rechtsvergleichender Sicht (1986) 147 (148).

[22] *Maus* in *Gottwald*, Insolvenzrechts-Handbuch § 5 RdN 91.

[23] *Häsemeyer*, Insolvenzrecht[2] (1998) 580 ff.

[24] Vgl die ausführliche Darstellung und Kritik des Insolvenzplanverfahrens bei *Smid/Rattunde*, Der Insolvenzplan (1998) Rz 16 ff.

der freien Sanierung nicht verdrängen. Auch *Eidenmüller* lässt in seiner umfangreichen Untersuchung der Mechanismen der Unternehmensreorganisation[25] keinen Zweifel daran, dass die außergerichtliche Reorganisation eines insolventen oder insolvenzbedrohten Unternehmens auch nach Einführung des Insolvenzplanverfahrens der deutschen InsO die effizienteste Form der Krisenbewältigung darstellt. Wegen der gesetzlich angeordneten Wirkungserstreckung auf Dritte und der Vielzahl von Eingriffsmöglichkeiten für staatliche Institutionen sei das Insolvenzplanverfahren der außergerichtlichen Unternehmensreorganisation vor allem unter dem Gesichtspunkt privatautonomer Gestaltungsmöglichkeiten immer noch unterlegen.[26]

III. Praktische Bedeutung

In Deutschland ist die große praktische Bedeutung der freien Sanierung – vor Einführung der InsO – allein schon am Erfolg der „juristischen Handreichungen"[27] für deren Durchführung abzulesen. Er spricht dafür, dass solche Sanierungen in der Praxis um einiges häufiger vorgekommen sind, als man *prima facie* annehmen möchte – was *Heinsius*[28] überzeugend damit begründet, dass „nicht die gelungenen, sondern die fehlgeschlagenen freien Sanierungen" in Presse und Öffentlichkeit spektakulär seien. Schätzungen über das Verhältnis der freien Sanierungen zur Gesamtzahl aller Insolvenzen in Deutschland lagen in der Vergangenheit bei 20 bis 30% bzw rund $1/4$ dieser Gesamtzahl[29] – gewiss keine *quantité négligeable*. Aktuelle Schätzungen über die Situation nach Einführung der InsO sind allerdings nicht auffindbar.

In Österreich gibt es so gut wie keine verlässlichen Zahlenangaben zur außergerichtlichen Sanierung. Ginge man davon aus, dass auch hierzulande etwa 20 bis 30% der Unternehmensinsolvenzen außergerichtlich bereinigt werden, so bedeutete dies, dass es im Jahr 2001 bei einer Gesamtzahl (unter Einrechnung der abgewiesenen Konkursanträge) von 5.178 Unternehmensinsolvenzen[30]

---

[25] *Eidenmüller*, Unternehmenssanierung zwischen Markt und Gesetz (1999) insb 328 ff.

[26] Bei *Buth/Hermanns* in *Buth/Hermanns* (Hrsg), Restrukturierung. Sanierung. Insolvenz (1998) § 13 Rz 45 wird zwar „eine Diskussion der beiden Alternative ... nicht geführt", aber doch der außergerichtliche Vergleich als stets sinnvolle Möglichkeit der Sanierung bezeichnet, zumal „die Kosten des Insolvenzverfahrens entfallen, die negative Publizität des Verfahrens vermieden werden und die hier noch nicht so weit fortgeschrittene Krise eher überwunden werden kann".

[27] So *Häsemeyer*, Insolvenzrecht[2] 581. Zu nennen sind: *Künne,* Außergerichtliche Vergleichsordnung[7] (1968) mit den berühmten 90 „Richtlinien"; *Uhlenbruck*, Gläubigerberatung in der Insolvenz (1983) und *Groß*, Sanierung durch Fortführungsgesellschaften[2] (1988).

[28] *Heinsius* in *Birk/Kreuzer*, Unternehmen in der Krise 147.

[29] Vgl *Künne*, Vergleichsordnung[7] Einl XXXII; *Uhlenbruck*, Typische Symptome in den durch Strukturwandel gefährdeten Betrieben – Versuch einer Insolvenzanalyse, DBW 1977, 312; *ders*, Gläubigerberatung 147; *Maus* in *Gottwald*, Insolvenzrechts-Handbuch § 5 RdN 90; *Häsemeyer*, Insolvenzrecht[2] 582 FN 14.

[30] Die Zahlenangaben sind der „Insolvenzstatistik 2001" des KSV entnommen.

ca 1.200 bis 2.200 erfolgreiche freie Sanierungen hätte geben müssen. Das scheint freilich einigermaßen zu hoch gegriffen. Vom Kreditschutzverband von 1870 weiß man, dass er jährlich ca 200 solcher außergerichtlicher Sanierungen registriert, was allein schon immerhin rund die *doppelte Anzahl* der im Jahr 2001 „bereinigten" gerichtlichen Ausgleichsverfahren – es waren 107[31] – bedeutet.

IV. Die Chancen der freien Sanierung

A. Diskretion, Schnelligkeit, Kostenvorteil

Dass als Vorteile der freien Sanierung idR zuerst *Diskretion und Schnelligkeit* genannt werden, liegt auf der Hand. Die durch keine noch so wohl überlegte Maßnahme zu beseitigende *crux* jeder gerichtlichen Sanierung liegt darin, dass durch die Eröffnung eines Verfahrens die Schwierigkeiten eines Unternehmens oder gar schon seine (drohende) Insolvenz öffentlich bekannt werden.[32] *Uhlenbruck*s Einschätzung,[33] dass das Insolvenzverfahren „schon wegen der damit verbunden Publizität die letzte, weit schlechteste Art der Schuldenbereinigung (ist)", kann ebenso wenig widerlegt werden wie *Eidenmüller*s Hinweis,[34] dass die Eröffnung eines gerichtlichen Insolvenzverfahrens, wie sanierungsfreundlich es auch ausgestaltet sein mag, „vom Markt kaum jemals als eine gute, sondern fast immer als eine schlechte Nachricht aufgenommen werden (wird)".[35]

Was nun die Publizität des gerichtlichen Sanierungsverfahrens betrifft, so braucht bloß daran erinnert zu werden, dass die österreichische Ausgleichsordnung nicht weniger als 12 öffentliche Bekanntmachungen[36] vorsieht. Und wenn

---

[31] Diese Zahl ist insofern äußerst bemerkenswert, als sie zeigt, dass die Maßnahmen des IRÄG 1997 doch zu greifen beginnen. Die „bereinigte" Zahl der gerichtlichen Ausgleiche hat sich nämlich gegenüber 2000 (mit dem historischen Tiefststand von 52 derartigen Verfahren) mehr als verdoppelt! Vgl dazu noch im Text unter Punkt VI.

[32] Vgl dazu schon *Rechberger*, Bemerkungen zur österreichischen Insolvenzrechtsreform, ZZP 98 (1985) 257 (261).

[33] *Uhlenbruck*, Das neue Insolvenzrecht (1994) 40.

[34] *Eidenmüller*, Unternehmenssanierung 4.

[35] Der Stellenwert der Diskretion wird einmal mehr durch den bisher nur geringen Erfolg des Unternehmensreorganisationsverfahrens nach dem URG bewiesen (vgl schon bei FN 4), das zwar einer grundsätzlich sinnvollen Überlegung (nämlich die Sanierung schon vor der Insolvenz zu betreiben; vgl dazu im Text unter Punkt V.A.) entspringt, aber ua daran leidet, dass es sich eben um ein *gerichtliches* Verfahren handelt.

[36] Es handelt sich um jene der Eröffnung des Ausgleichsverfahrens (§§ 4, 5), der Bestellung eines anderen Ausgleichsverwalters (§ 29), der Erstreckung der Frist zur Annahme des Ausgleichs (§ 68 Abs 4), der Bestätigung des Ausgleichs (§ 49), der Aufhebung des Ausgleichsverfahrens (§ 58), der Überwachung der Ausgleichserfüllung durch Sachwalter (§ 59), der Bestellung eines anderen Sachwalters (§ 60), der Bestellung eines anderen Vorsitzenden der Gläubiger (§ 61), der Tagsatzung über die Rechnung des Sachwalters (§ 62), der Beendigung der Überwachung durch Sachwalter (§ 64), der Beendigung des fortgesetzten Verfahrens (§ 65) und der Einstellung des Ausgleichsverfahrens (§ 69).

die öffentlichen Bekanntmachungen des Insolvenzverfahrens in Österreich seit 1.1.2000 gem § 173a KO durch Aufnahme in die Insolvenzdatei erfolgen, die über die Internet-Adresse www.edikte.justiz.gv.at abgerufen werden kann[37] (womit die Bekanntmachungen durch Anschlag an der Gerichtstafel sowie durch Veröffentlichungen im Amtsblatt zur Wiener Zeitung und im Zentralblatt für die Eintragungen in das Firmenbuch in der Republik Österreich überflüssig wurden), so werden die bekannt gemachten Ereignisse heute – was ja auch Sinn der Sache ist – noch viel „bekannter" als früher!

Aber nicht nur die Diskretion eröffnet der außergerichtlichen Sanierung bessere Chancen, es ist vor allem auch die Möglichkeit, sie *rasch* über die Bühne zu bringen. Die Erfolgsaussichten einer Sanierung sind umso größer, je schneller sie durchgeführt werden kann. Immer wieder wird darauf hingewiesen, dass – je nach Branche in verschiedener Intensität – Geschäftspartner des Schuldners zögern, während eines Gerichtsverfahrens weitere Verträge mit ihm abzuschließen, weil so lange ungewiss bleibt, ob die Sanierung letztlich geschafft wird oder nicht.[38]

Auch die *Kostenvorteile* der freien Sanierung sind nicht zu unterschätzen. Schon dadurch, dass sie im Regelfall schneller vonstatten geht als die gerichtliche, ist sie oft auch billiger, weil eben Verfahrenskosten wegfallen. Da gewisse „Fixkosten", etwa jene für die Prüfung des Unternehmens durch Wirtschaftstreuhänder, nicht zu vermeiden sind, soll nicht der Erfolg der Sanierung in Frage gestellt werden, wird der Kostenvorteil aber nicht immer als ausschlaggebend für die Entscheidung für den außergerichtlichen Ausgleich gesehen.[39] Allerdings geht es nicht nur um die Verfahrenskosten (die sog *direkten* Insolvenzkosten), sondern auch um die Kostenbelastung durch die durch das gerichtliche Verfahren zwangsläufig verursachte Behinderung der Geschäftstätigkeit des Unternehmens (die sog *indirekten* Insolvenzkosten).[40]

B. Privatautonome Rechtsgestaltung

Zuletzt hat *Eidenmüller*[41] den autonomen Willensentschluss aller Beteiligten, sich um die Sanierung des in die Krise geratenen Unternehmens zu bemühen, als besonderes Positivum der außergerichtlichen Sanierung bezeichnet. Dieser Autor sieht im Vertragscharakter der außergerichtlichen Reorganisationsmaßnahmen *vier Vorteile*: Kein Gläubiger wird schlechter gestellt als er ohne sie

---

[37] Zur Insolvenzdatei allgemein vgl *Mohr*, Insolvenzdatei bereits abrufbar, ZIK 1999, 156 ff; zur geplanten Erweiterung der Insolvenzdatei *dens*, Der Ministerialentwurf der Insolvenzrechts-Novelle 2002, ZIK 2001, 118.

[38] Vgl dazu *Maus* in *Gottwald*, Insolvenzrechts-Handbuch § 5 RdN 93.

[39] IdS *Maus* in *Gottwald*, Insolvenzrechts-Handbuch § 5 RdN 93. *Eidenmüller*, Unternehmenssanierung 337 dagegen bezeichnet den Kostenvorteil sogar als das wichtigste Motiv für die Gläubiger, eine Unternehmensreorganisation unter Vermeidung eines gerichtlichen Verfahrens anzustreben.

[40] Vgl dazu Näheres bei *Eidenmüller*, Unternehmenssanierung 331 ff.

[41] *Eidenmüller*, Unternehmenssanierung 340 ff.

stünde; durch privatautonom initiierte, konsensuale Lösungen wird das reorganisationsrelevante Wissen optimal mobilisiert; durch die privatautonome Verfahrensgestaltung ist der Anreiz für die Beteiligten, dieses Wissen einzubringen, besonders stark; einvernehmliche Lösungen werden meist auch dauerhaft akzeptiert.

C. Flexibilität

Bessere Chancen hat die außergerichtliche Sanierung auch deshalb, weil sie – eben als „Kind der Vertragsfreiheit"[42] – eine weit größere, nach verschiedensten Richtungen verstehbare Flexibilität der Vereinbarungen zwischen dem Schuldner und seinen Gläubigern erlaubt als die gerichtliche. Diese Flexibilität besteht hinsichtlich der Quoten und Zahlungsfristen, der Einbeziehung privilegierter Gläubiger, der Gläubigergleichbehandlung und des Sanierungsmanagements.

Flexibilität hinsichtlich Quoten und Zahlungsfristen bedeutet, dass der außergerichtliche Ausgleich nicht an Mindestquoten und Zahlungsfristen gebunden ist, wie sie § 3 Abs 1 Z 3 AO vorsieht, und dass eine etappenweise Vorgangsweise möglich ist, bei der zuerst einmal ein kurzfristiges Moratorium vereinbart wird, um ein Sanierungskonzept für den später zu regelnden Sanierungsausgleich zu erarbeiten.[43]

Besonders wichtig ist auch die *Flexibilität* der außergerichtlichen Sanierung *hinsichtlich der Einbeziehung der privilegierten Gläubiger*: Es liegt auf der Hand, dass eine erfolgreiche Sanierung ohne Abstriche für diese Gläubigergruppe (die meist Großgläubiger sind) kaum denkbar ist.[44] Solche Gläubiger sind aber auch durchaus freiwillig bereit, ihren Beitrag zur Sanierung zu leisten, weil ein Scheitern der Sanierung auch ihre Sicherheiten in Gefahr bringen könnte (beispielsweise wegen unsicherer Verwertungschancen) und überdies – was in Deutschland und Österreich vor allem bei Großbanken zutrifft – oft deshalb ein Eigeninteresse an der Sanierung besteht, weil die Kreditgeber der Unternehmungen an diesen selbst beteiligt sind.[45] Die Verhandlungen mit privilegierten Gläubigern können auch noch während eines Konkurs- oder – was wohl praktischer ist – Ausgleichsverfahrens stattfinden, an dem diese Gläubiger ja wegen ihrer Sicherheiten oder sonstigen Vorrechte gar nicht teilnehmen.[46] Auf

---

[42] *Künne*, Vergleichsordnung[7] Einl XXIX; *Häsemeyer*, Insolvenzrecht[2] 581.

[43] Vgl dazu vor allem *Adam*, Sanierungs- bzw Liquidationsverfahren 33.

[44] Vgl dazu *Jelinek* in *Ruppe*, Unternehmenssanierung 54; *Konecny*, DZWir 1994, 231.

[45] Vgl dazu *Konecny*, DZWir 1994, 231; *Picot/Aleth*, Unternehmenskrise und Insolvenz (1999) Rz 508 ff. *Heinsius* in *Birk/Kreuzer*, Unternehmen in der Krise 148, meint in diesem Zusammenhang, man sollte statt von der Macht der Banken besser von deren Ohnmacht sprechen, weil es sich diese in einem solchen Fall weniger als sonst leisten könnten, ein in Schwierigkeiten geratenes Unternehmen fallen zu lassen.

[46] Zur Rechtsstellung der Absonderungsgläubiger im deutschen Insolvenzplan vgl *Otte* in *Kübler/Prütting* (Hrsg), Kommentar zur Insolvenzordnung II (1998) § 223 Rz 3 ff und *Häsemeyer*, Insolvenzrecht[2] 596; zu jener in Österreich, *Rechberger/Thurner*, Insolvenzrecht Rz 114 ff.

diese Weise können dann die nötigen Mittel aufgebracht werden, um die Konkursgläubiger bzw die nicht bevorrechteten Ausgleichsgläubiger zu befriedigen, worauf es zur Aufhebung des Konkurses nach § 167 KO bzw zur Einstellung des Ausgleichsverfahrens nach § 67 Abs 1 Z 1 AO kommen wird.

Ein weiteres, freilich schon mehr diskussionswürdiges, Kriterium der Flexibilität der außergerichtlichen Sanierung wird in der Unmaßgeblichkeit des Grundsatzes der *par conditio creditorum* gesehen, sodass *für verschiedene Gläubigergruppen* auch *verschiedene Quoten* vereinbart werden können. Aus der Praxis wird vor allem von der Tendenz berichtet, Kleingläubiger durch eine höhere Quote oder sogar durch Vollzahlung besser zu stellen.[47] Gläubiger mit geringeren Forderungen erhalten deshalb nicht selten die vollen Forderungsbeträge, um ein längerfristiges Moratorium zur Prüfung der Vermögenslage des Schuldners abzusichern oder schlicht deshalb, weil „renitente" Gläubiger[48] auf andere Weise nicht gehindert werden können, einen Konkurseröffnungsantrag[49] zu stellen.[50] *Jelinek*[51] hat freilich zu Recht darauf aufmerksam gemacht, dass derartige Klauseln unter der Voraussetzung des § 46 Abs 3 AO durchaus auch in gerichtlichen Ausgleichen zulässig sind.[52] Neben solchen Klauseln hat *Jelinek* aus der Praxis auch andere Lösungen erhoben, bei denen zumindest diskutiert wird, ob sie nicht gleichfalls auch im gerichtlichen Ausgleichsverfahren in Frage kommen: So etwa die Einräumung eines Wahlrechts an jeden Gläubiger zwischen geringerer Zahlung in kürzerer Frist und höherer Zahlung in längerer Frist[53] oder zwischen Zahlung und Beteiligung.[54]

Gilt nun im Gegensatz zur Situation beim gerichtlichen Ausgleich insofern für die freie Sanierung *kein Gleichbehandlungsgrundsatz*, als die Gläubiger ganz verschiedene Quoten erhalten können, so muss diese wiederum die Gläubi-

---

[47] Vgl dazu *Adam*, Sanierungs- bzw Liquidationsverfahren 33.

[48] So *Habscheid*, Zur rechtlichen Problematik des außergerichtlichen Sanierungsvergleichs, in GdS Bruns (1980) 253 (256).

[49] Vor dem IRÄG 1997 gab es in Österreich so gut wie kein Hindernis dafür, Konkursanträge als Druckmittel zu missbrauchen. Wenn die Forderung nach der Konkursantragstellung vom Schuldner beglichen wurde, so wurde der Antrag wieder zurückgezogen und das Konkursverfahren trotz Vorliegens der Eröffnungsvoraussetzungen nicht eröffnet (s dazu *Reich-Rohrwig/Zehetner*, Das neue Insolvenzrecht. IRÄG 1997 und IESG [1997] 26 f). Mit der Neufassung des § 70 Abs 4 KO durch das IRÄG 1997 wird nun die missbräuchliche Konkursantragstellung verhindert. Die zitierte Vorschrift sieht vor, dass bei der Entscheidung über den Konkurseröffnungsantrag die Zurückziehung des Antrags oder die Befriedigung der Forderung des Gläubigers nach der Antragstellung nicht zu berücksichtigen ist. In Wahrheit entscheidet das Konkursgericht daher im ersten Fall von Amts wegen.

[50] Zum Verhältnis der für den Insolvenzplan zwingend vorgeschrieben Gruppenbildung (§ 222 InsO) zur Gläubigergleichbehandlung und den daraus resultierenden Problemen (Stichwort „Obstruktionsverbot") vgl *Häsemeyer*, Insolvenzrecht[2] 597 f und 603 ff.

[51] *Jelinek* in *Ruppe*, Unternehmenssanierung 64.

[52] Vgl dazu auch *Pollak* in *Bartsch/Pollak*, Komm II[3] 405.

[53] Gegen die Zulässigkeit im gerichtlichen Ausgleich *Pollak* in *Bartsch/Pollak*, Komm II[3] 93; dafür *Petschek/Reimer/Schiemer*, Insolvenzrecht (1973) 724 FN 16.

[54] Dagegen allerdings *Pollak* in *Bartsch/Pollak*, Komm II[3] 94.

ger in einer Weise gleich behandeln, die dem gerichtlichen Ausgleich gerade fremd ist: Alle Gläubiger, die nicht voll befriedigt werden, *müssen zustimmen* – worin der wohl größte Nachteil des außergerichtlichen Ausgleichs liegt.[55] Wie *Maus*[56] für Deutschland berichtet, gibt es aber kaum außergerichtliche Sanierungen, in denen nicht einzelne Gläubiger die vollständige Erfüllung ihrer Forderung oder doch eine höhere als die allgemein angebotene Quote verlangen.

Gerade die Problematik der „renitenten Gläubigerminorität",[57] der „Störenfriede",[58] „Akkordstörer",[59] „Trittbrettfahrer"[60] oder wie immer man die Gläubiger sonst noch nennen mag, die nicht „mitspielen" wollen, hat in der deutschen Lehre und Rechtsprechung teilweise wieder zur Forderung nach Gläubigergleichbehandlung geführt, wobei für das außergerichtliche Vergleichsverfahren ein sog „modifizierter Gleichbehandlungsgrundsatz"[61] entwickelt wurde, der wiederum aus dem Grundsatz von Treu und Glauben des § 242 BGB hergeleitet wird. Einer der Hauptvertreter dieser These ist *Künne*,[62] der in seiner Richtlinie 49 ua davon ausgeht, dass jeder einzelne Gläubiger idR mit einer gleichmäßigen Befriedigung der Beteiligten rechnet, wenn der Schuldner im üblichen Rundschreiben eine solche gleichmäßige Befriedigung zur Grundlage seines Vorschlages macht; ferner sei jeder einzelne Gläubiger nach Treu und Glauben zum Rücktritt berechtigt, wenn sich die durch die Umstände gerechtfertigte Erwartung der Gleichbehandlung nicht bewahrheitet.[63] Durchgesetzt haben sich die Ansätze, aus einer „Interessen- oder Gefahrengemeinschaft" der Gläubiger auch außerhalb des Insolvenzverfahrens deren Gleichbehandlung (oder gar die Zulässigkeit von Mehrheitsentscheidungen[64]) abzuleiten, aber auch in Deutschland nicht. Die hM nimmt nach wie vor an, dass für den außergerichtlichen Vergleich das Gebot der Gläubigergleichbehandlung *nicht* gilt,[65] und bestätigt so *Emmerichs*[66] treffende

---

[55] Dazu *Bartsch/Heil*, Grundriß des Insolvenzrechts[4] (1983) Rz 56; *Jelinek* in *Ruppe*, Unternehmenssanierung 62 f; *Adam*, Sanierungs- bzw Liquidationsverfahren 33; *Kosch*, Schonzeit für Konkursanten? (FN 11) 38; *Konecny*, DZWir 1994, 231; für Deutschland *Uhlenbruck*, Die GmbH & Co. KG in Krise, Konkurs und Vergleich (1985) 93; *Maus* in *Gottwald*, Insolvenzrechts-Handbuch § 5 RdN 94; *Häsemeyer*, Insolvenzrecht[2] 604.

[56] *Maus* in *Gottwald*, Insolvenzrechts-Handbuch § 5 RdN 94.

[57] *Habscheid* in GdS Bruns 256.

[58] *Häsemeyer*, Insolvenzrecht[2] 584.

[59] *Künne*, Vergleichsordnung[7] 362 ff, 398 f; *Picot/Aleth*, Unternehmenskrise Rz 510; *Eidenmüller*, Unternehmenssanierung 345.

[60] *Eidenmüller*, Unternehmenssanierung VI.

[61] So *Habscheid* in GdS Bruns 256; *Picot/Aleth*, Unternehmenskrise Rz 512.

[62] *Künne*, Vergleichsordnung[7] 354.

[63] Vgl zum Gleichbehandlungsgrundsatz auch *Kohler-Gehrig*, Außergerichtlicher Vergleich zur Schuldenbereinigung und Sanierung (1987) 63.

[64] Vgl dazu *Habscheid* in GdS Bruns 261 ff.

[65] So ausdrücklich *Maus* in *Gottwald*, Insolvenzrechts-Handbuch § 5 RdN 94 unter Berufung auf *Weber* in *Jäger/Lent*, Konkursordnung mit Einführungsgesetzen II/1[8] (1973) § 181 KO RdN 1.

[66] *Emmerich*, Die Sanierung I (1930) 59.

Formulierung, die Sonderbefriedigung einzelner Gläubiger beim außergerichtlichen Vergleich sei „eine manchmal mit gewisser Missbilligung angesehene, aber geduldete Erscheinung". Daraus ergibt sich, dass die Einräumung von Sondervorteilen für Gläubigerminoritäten nur dann ausscheidet, wenn die anderen Gläubiger dem Vergleich ausdrücklich nur unter der Bedingung zugestimmt haben, „dass kein Gläubiger mehr als der andere erhält".[67] Dem entspricht die von *Jelinek*[68] berichtete Vorgangsweise für den Fall, dass nicht alle betroffenen Gläubiger demselben Gläubigerschutzverband angehören (der für eine entsprechende Willensbildung unter seinen Mitgliedern zu sorgen pflegt): Der Schuldner müsse dann versprechen, auch mit den übrigen Gläubigern bei sonstiger Unwirksamkeit des Arrangements zu keinen besseren Bedingungen zu akkordieren (das ist die sog „Meistbegünstigungsklausel").

Ob ein Gläubiger seine Zustimmung zu einem außergerichtlichen Vergleich widerrufen kann, weil ein anderer (nicht beigetretener) Gläubiger bevorzugt wird, oder aber gebunden bleibt, hängt daher in erster Linie von der Auslegung der vertraglichen Absprachen ab, wobei ein hypothetischer Quoten- und Kostenvergleich mit einem sonst einzuleitenden gerichtlichen Verfahren eine Rolle spielen kann.[69] Die deutsche Rechtsprechung[70] tendiert dabei zur Auslegung, dass die Gläubiger, die dem Vergleich zugestimmt haben, gebunden bleiben, wenn die Sonderrechte nur einer Minorität von Gläubigern gewährt werden und die Vergleichsdurchführung nicht gefährdet wird.

Konecny[71] berichtet aus der Praxis, dass derartige Probleme freilich in den – gar nicht seltenen – Fällen nicht entstünden, in denen es bei der freien Sanierung auf das „Mitspielen" einiger weniger Großgläubiger ankommt. Diese seien sich zumeist im Hinblick auf die Höhe ihrer Ansprüche darüber im Klaren, dass die Rettung des Schuldnerunternehmens nur durch ihre Forderungsverzichte bewirkt werden könne; deshalb stießen sie sich auch nicht an der Befriedigung der finanziell unbedeutenden Gläubiger, die wiederum aus Diskretionsgründen vom Ausgleichsversuch nicht einmal verständigt würden. Je mehr Gläubiger jedoch in die Meinungsbildung einbezogen werden müssen, desto schwieriger werde die Situation und desto größer die Gefahr, dass einzelne einen wirtschaftlich vernünftigen Sanierungsversuch vereiteln.

Eidenmüller[72] sieht letztlich einen (positiven) Hauptakzent der Flexibilität der freien Sanierung gegenüber dem Gerichtsverfahren in der *Flexibilität des Sanierungsmanagements* und verweist in diesem Zusammenhang auf Stimmen in Deutschland, die Zweifel daran äußern, ob gerichtlich bestellte Insolvenzverwalter der Aufgabe der Unternehmensfortführung unter Erhaltung des Unternehmenswertes gewachsen seien.

---

[67] So *Maus* in *Gottwald*, Insolvenzrechts-Handbuch § 5 RdN 94; *Picot/Aleth*, Unternehmenskrise Rz 512.

[68] *Jelinek* in *Ruppe*, Unternehmenssanierung 63.

[69] Dazu eingehend *Habscheid* in GdS Bruns 258 ff.

[70] BGH 7.5.1985 ZIP 1985, 1279 (1280 f); 12.12.1991 ZIP 1992, 191.

[71] *Konecny*, DZWir 1994, 231; vgl weiters bei *Häsemeyer*, Insolvenzrecht² 581 und *Picot/Aleth*, Unternehmenskrise Rz 511.

[72] *Eidenmüller,* Unternehmenssanierung 337 ff.

V. Risken der freien Sanierung

Alle Stellungnahmen zur freien Sanierung heben das Risiko schwerwiegender zivil- und strafrechtlicher[73] Folgen für den Fall hervor, dass der Sanierungsversuch fehlschlägt und es doch zu einem gerichtlichen Insolvenzverfahren kommt.[74] Für *König*[75] ist das die Konsequenz der „Akzentuierung in Richtung gerichtliche Sanierung" im Falle der Insolvenz; die nicht unter gerichtlicher Kontrolle stattfindende Sanierungsbemühung gehe bei dieser Vermögenslage auf Risiko des Sanierers. Demgegenüber hält *Eidenmüller*[76] die außergerichtliche Sanierung gleichsam für die natürliche Methode der Unternehmensreorganisation, deren Vorteile für ihn so sehr überwiegen, dass die Beantragung des gerichtlichen Insolvenzverfahrens nur mit dem Vorliegen besonderer Hindernisse für die freie Sanierung erklärbar ist. Als solche nennt er die Präsenz von Minderheiten oder einzelnen Akkordstörern, die sich sinnvollen Sanierungskonzepten widersetzen, den Entzug betriebsnotwendigen Vermögens durch gesicherte Gläubiger sowie spezifische Verhandlungshindernisse, die sich „aus strategischem Verhalten, Besonderheiten der menschlichen Psyche und aus der Beteiligung von Vertretern an den Verhandlungen" ergeben können. Die rechtlichen Hindernisse für eine außergerichtliche Sanierung, nämlich das Fehlen eines spezifisch insolvenzrechtlichen Handlungsinstrumentariums und besondere Haftungsrisiken – die *Eidenmüller* nur zum Teil ökonomisch legitimiert sieht – stellen für diesen Autor dagegen keine *grundsätzlichen* Hürden dar.

Im Folgenden soll dargestellt werden, worin die genannten Risken konkret bestehen. Vorher soll noch erörtert werden, wie lange eine freie Sanierung überhaupt zulässig ist. Es versteht sich nämlich von selbst, dass das Risiko der freien Sanierung umso geringer sein wird, je früher (vor dem Stadium der Insolvenz) sie unternommen wird.

A. Freie Sanierung *in statu cridae*?

Alle bisher genannten Autoren – ob österreichischer oder deutscher Provenienz – gehen ohne weiteres davon aus, dass die sog freie Sanierung sowohl vor als auch nach Eintritt der Voraussetzungen für ein gerichtliches Sanierungsverfahren[77] und auch noch nach dem Eintritt der Zahlungsunfähigkeit bzw Überschuldung zulässig ist. Es werden sogar – wie zum Teil schon erwähnt – auch Möglichkeiten erörtert, eine freie Sanierung und ein Insolvenzverfahren *gleich-*

---

[73] Vgl dazu näher unten Punkt V.C.

[74] Vgl zB *Häsemeyer*, Insolvenzrecht[2] 586; *Picot/Aleth*, Unternehmenskrise Rz 636 ff; *Smid*, Grundzüge[3] § 1 Rz 33; *Rechberger/Thurner*, Insolvenzrecht Rz 21.

[75] *König*, Die Anfechtung nach der Konkursordnung[2] (1993) Rz 288.

[76] *Eidenmüller*, Unternehmenssanierung 344. Vgl dort (344 ff) die ausführliche Darstellung der Hindernisse für eine außergerichtliche Sanierung.

[77] Mit Ausnahme des Reorganisationsverfahrens nach dem URG (vgl dazu schon bei FN 6) ist ein gerichtliches Sanierungsverfahren in Österreich immer ein Insolvenzverfahren!

zeitig zu betreiben: So, wenn – vor In-Kraft-Treten der InsO – darauf hingewiesen wurde, dass der Schuldner vorsorglich einen Vergleichsantrag stellen müsse, um die Konkurssperre zu erreichen, wenn nicht sämtliche Gläubiger zum Stillhalten zu bewegen sind;[78] oder in dem schon geschilderten Fall, dass erst während eines Konkurs- oder Insolvenzverfahrens mit den bevorrechteten Gläubigern über Forderungsverzichte verhandelt wird.

Es scheint allerdings, als sei in Deutschland diesbezüglich im Gefolge der InsO in der Tat eine Änderung eingetreten: Als Indiz dieser Wende wird etwa die Entscheidung des BGH[79] gelten können, in der es das Höchstgericht für unzulässig erklärt, wenn eine erkennbar (es schadet bereits leichte Fahrlässigkeit) dauernd zahlungsunfähige oder überschuldete Genossenschaft einen außergerichtlichen Vergleich mit ihren Gläubigern anstrebt. In einem solchen Fall hätten die Vorstandsmitglieder vielmehr die Pflicht, einen Antrag auf Eröffnung eines Insolvenzverfahrens zu stellen. Damit trägt der BGH zweifellos einem erklärten Ziel des deutschen Reformgesetzgebers, nämlich die *gerichtliche* Sanierung[80] verstärkt zu forcieren, Rechnung.

In Österreich kann von einer derartigen Wende nicht die Rede sein: Wenn auch der Vorschlag von *Konecny,*[81] in § 69 Abs 2 KO eindeutig klarzustellen, dass ein Konkursantrag auch dann nicht schuldhaft verzögert gestellt wird, „wenn eine aussichtsreiche außergerichtliche Sanierung versucht wird", vom Gesetzgeber nicht aufgegriffen wurde, so dürfte diese Formulierung doch nach wie vor der vorherrschenden Meinung in Rechtsprechung und Lehre entsprechen.[82] Für die herrschende Strafrechtsdoktrin, auf die noch einzugehen sein wird, wäre eine derartige Klarstellung im Übrigen schon deshalb nicht notwendig, weil das für sie geltendes Recht darstellt.[83] Freilich darf nicht verschwiegen werden, dass auch in Österreich die Meinung vertreten wird, eine außergerichtliche Sanierung nach Eintritt der Insolvenz sei sogar gesetzlich verboten. Vor al-

---

[78] Vgl dazu *K. Schmidt*, Organverantwortlichkeit und Sanierung im Insolvenzrecht der Unternehmen, ZIP 1980, 328 (333); *Häsemeyer*, Insolvenzrecht[2] 584.

[79] BGH 26.10.2000 ZIP 2001, 33.

[80] Vgl dazu etwa *Smid/Rattunde*, Insolvenzplan Rz 17.

[81] *Konecny* in einem (unveröffentlichten) Diskussionspapier für die Insolvenzrechtskommission des BMJ.

[82] Vgl dazu auch OGH 17.11.1987 SZ 60/244, wonach auch das Anstreben eines außergerichtlichen Ausgleichs zu einer höheren Quote bei günstigen Finanzierungschancen ein objektiv taugliches Sanierungsinstrument darstellt, sofern sich die Bemühungen in vernünftigen zeitlichen Grenzen halten. Nach wohl überwiegender Lehre darf die 60-Tages-Frist des § 69 Abs 2 KO auch zur Fortsetzung eines bereits bei der Überschuldungsprüfung berücksichtigten Sanierungsversuches ausgeschöpft werden, wenn die Aussicht besteht, dass der Sanierungsversuch innerhalb dieser Frist so weit vorangetrieben werden kann, dass wieder eine positive Fortbestehensprognose oder ein gerichtlicher bzw außergerichtlicher Ausgleich erzielt wird (vgl *Dellinger* in *Konecny/Schubert* [Hrsg], Kommentar zu den Insolvenzgesetzen § 67 KO Rz 106 mwN).

[83] Der Täter muss durch eine der in § 159 Z 1 bis Z 5 StGB taxativ aufgezählten kridaträchtigen Handlungen grob fahrlässig seine Zahlungsunfähigkeit herbeiführen (vgl dazu unten Punkt V.D.).

lem *König*[84] und *Koren*[85] wandten sich im Rahmen der Diskussion über die Anfechtbarkeit von Sanierungskrediten gegen die „Denaturierung" der Frist des § 69 Abs 2 KO: Sie sei keine „Schonfrist", während der „der Insolvente und seine Partner alle möglichen Rettungsversuche (ungestraft) unternehmen dürfen".[86] *König*[87] findet schon in der KO des Jahres 1914 „eine eindeutige Akzentuierung in Richtung gerichtliche Sanierung" und sieht im Eintritt des Konkursgrundes und damit der Konkursantragspflichten eine „absolute Grenze" für außergerichtliche Sanierungsbemühungen.

Die immer wieder zitierte Wendung von dieser „absoluten Grenze" hat offenbar den BGH zum Urheber[88] und ist durch *K. Schmidt*[89] – der freilich betont, dass in rechtspolitischer Hinsicht allen Versuchen, „die ‚Flucht' in die freie Sanierung zu diskreditieren", mit Entschiedenheit entgegenzutreten sei[90] – zum geflügelten Wort der deutschen Insolvenzrechtsliteratur geworden. Sie erklärt sich daraus, dass die Bestimmungen der deutschen Gesetze über die Insolvenzantragspflicht bei juristischen Personen (vgl § 130a Abs 1 und § 177 HGB, § 64 Abs 1 GmbHG, § 92 Abs 2 AktG, § 99 Abs 1 GenG)[91] den organschaftlichen Vertreter verpflichten, „ohne schuldhaftes Zögern, spätestens aber drei Wochen nach Eintritt der Zahlungsunfähigkeit oder Überschuldung" die Eröffnung des Insolvenzverfahrens zu beantragen. Nimmt man das wörtlich, werden Sanierungsmaßnahmen außergerichtlicher Art nach Eintritt der Insolvenz tatsächlich „weitgehend ausgeschlossen";[92] innerhalb von drei Wochen kann nichts mehr saniert, sondern eben bloß noch der Insolvenzantrag vorbereitet werden. Nach herrschender deutscher Auffassung ist daher der Beginn der dreiwöchigen Frist erst mit der positiven Kenntnis des organschaftlichen Vertreters anzusetzen.[93] Es würde dem Sinn und Zweck der die Insolvenzantragspflicht regelnden Bestimmungen widersprechen, wenn ein organschaftlicher Vertreter, der erst nach drei Wochen den Insolvenzeröffnungsgrund erkennt, ohne jede Bedenkzeit zur Stellung eines Antrags gezwungen werden würde. Mit dem Abstellen auf die positive Kenntnis bleibt somit mehr Zeit für Sanierungsmaßnahmen.[94]

Was nun die österreichischen gesetzlichen Grundlagen betrifft, so ist nicht nachvollziehbar, dass die Insolvenzreform des Jahres 1914 in erster Linie auf

---

[84] *König*, Anfechtung[2] Rz 288, 290.

[85] *Koren*, Wirtschaftlichkeit und Gesetzestreue in der Insolvenzpraxis – Der materielle Konkurs, Jahrbuch für Controlling und Rechnungswesen '90, 270 (292 ff); *ders*, Die insolvenzrechtliche Problematik bei der Sanierung, ÖGWTZ 1985/4, 47 f.

[86] *König*, Anfechtung[2] Rz 290.

[87] *König*, Anfechtung[2] Rz 288, 290.

[88] Vgl BGH 9.7.1979 BGHZ 75, 96 (111).

[89] *K. Schmidt*, Juristentagsgutachten D 104.

[90] *K. Schmidt*, Juristentagsgutachten D 103.

[91] Vgl dazu etwa auch die Auflistung bei *Picot/Aleth*, Unternehmenskrise Rz 619.

[92] So *Uhlenbruck*, Insolvenzrecht 41.

[93] *Picot/Aleth*, Unternehmenskrise Rz 635 mwN. Nach *K. Schmidt*, ZIP 1980, 330 kommt es dagegen auf das objektive Zutagetreten des Insolvenzgrundes an.

[94] Siehe bei *Altmeppen*, Probleme der Konkursverschleppungshaftung, ZIP 1997, 1173 (1177).

die gerichtliche Sanierung gesetzt hätte. Hat doch erst der Gesetzgeber des IRÄG 1982 (auch) die Sanierungsfunktion des Insolvenzverfahrens herausgestrichen[95] und in weiterer Folge jener des IRÄG 1997 diesen Gedanken verstärkt und erstmals (!) ein Reorganisationsverfahren für *solvente* Unternehmen eingeführt.[96] Soweit ersichtlich, wurde zumindest vor diesen Insolvenznovellen niemals in Frage gestellt, dass zur Beseitigung einer Unternehmenskrise wahlweise die außergerichtliche Sanierung oder das gerichtliche (Insolvenz-)Verfahren zur Verfügung standen.[97] Erst die Regelungen des IRÄG 1982 und die Tatsache, dass die Materialien zu diesem Gesetz „geradezu geflissentlich Hinweise auf die außergerichtliche Sanierungspraxis zu vermeiden scheinen",[98] lassen Ansatzpunkte für eine „Akzentuierung" der Insolvenzgesetze zugunsten einer gerichtlichen Sanierung erkennen. Trotzdem plädiert *Adam*[99] – der durchaus konzediert, dass aus der Neuregelung des § 69 Abs 2 KO bzw § 1 AO zweifelsfrei der Wille des Gesetzgebers zu erkennen ist, nach dem Eintritt der Konkursvoraussetzungen dürfe „alsbald nur mehr der Weg eines gerichtlichen Insolvenzverfahrens" beschritten werden – zu Recht dafür, die Frage, wie lange nach dem Eintritt der Zahlungsunfähigkeit der Schuldner noch den Weg einer außergerichtlichen Bereinigung der Unternehmenskrise gehen darf, durch eine „vernünftige Auslegung" dieser Bestimmung zu lösen: Der in § 69 Abs 2 Satz 2 KO angeführte Fall könne bei wirtschaftlicher Betrachtung nicht der einzige Fall eines nicht schuldhaften Zögerns mit der Antragstellung sein. Vergleichbare Situationen sieht *Adam* etwa dann, wenn der Schuldner schon vor dem Eintritt der Zahlungsunfähigkeit eine außergerichtliche Sanierung seines Unternehmens begonnen und sorgfältig betrieben hat – der plötzliche Eintritt der Zahlungsunfähigkeit könne dann die Perfektionierung der außergerichtlichen Vereinbarung nicht hindern. Genauso zu behandeln sei aber auch der Fall, dass der Schuldner den Weg der außergerichtlichen Sanierung zwar erst bei Eintritt der Zahlungsunfähigkeit, aber mit aller Ernsthaftigkeit und Sorgfalt eingeschlagen hat; freilich stehe er dann unter Erfolgszwang, innerhalb von 60 Tagen zu einem positiven Abschluss der außergerichtlichen Vereinbarung zu kommen.

Aus der vom Gesetzgeber des IRÄG 1997 neuerlich unterstrichenen Absicht des Gesetzgebers des IRÄG 1982, den insolvent gewordenen Schuldner so früh wie nur möglich zur Einleitung eines gerichtlichen Insolvenzverfahrens zu veranlassen,[100] ist aber – wiederum im Anschluss an *Adam*[101] – auch eine Maxime für die *außergerichtliche* Sanierung abzuleiten: Es ist notwendig, dass sich der

---

[95] Vgl dazu JAB 1147 BlgNR 15. GP 2 ff.

[96] Vgl dazu JAB 734 BlgNR 20. GP 32, 45; *Reich-Rohrwig/Zehetner*, Insolvenzrecht 45 ff.

[97] So auch *Adam*, Sanierungs- bzw Liquidationsverfahren 30 und *Reich-Rohrwig/Zehetner*, Insolvenzrecht 17, 29.

[98] *Jelinek* in *Ruppe*, Unternehmenssanierung 60.

[99] *Adam*, Sanierungs- bzw Liquidationsverfahren 30 f.

[100] Die dahin gehende *ratio* des § 69 Abs 2 KO kann nicht ernsthaft bestritten werden; *König*s Kritik (Anfechtung[2] Rz 290) an der Sichtweise, hier eine „Schonfrist" für den Schuldner zu sehen, ist absolut berechtigt.

[101] *Adam*, Sanierungs- bzw Liquidationsverfahren 31.

Schuldner so früh wie möglich einer drohenden Krisensituation bewusst wird und sich entschließt, deren Behebung ernsthaft anzustreben. In der Praxis zeigt sich freilich eine gewisse „Zurückhaltung" der Schuldner hinsichtlich des gerichtlichen Insolvenzverfahrens, für die es mannigfaltige Gründe[102] gibt: die Scheu vor dem Eingeständnis einer Krisensituation und vor der Publizitätswirkung jedweder Sanierungsprozedur, die Vernachlässigung des betrieblichen Rechnungswesens oder, sofern es ein solches gibt, die nicht genügende Beachtung von Krisenindikatoren, das Fehlen einer entsprechenden Beratung durch einen Wirtschaftstreuhänder oder einen anderen Fachmann und – *last but not least* – die Mentalität, es werde schon nichts geschehen, also das berühmte „Weiterwursteln". Was sich also zuerst ändern müsste, ist die Gesinnung der Wirtschaftstreibenden – wie das zu bewerkstelligen wäre, kann die Rechtswissenschaft freilich nicht beantworten.

B. Risiko: Anfechtbarkeit von Sanierungskrediten

Um ein Unternehmen aus der Krise zu führen, bedarf es zunächst einmal Kapital, da jegliche Sanierungsbemühungen zum Scheitern verurteilt sind, wenn das Unternehmen aus Mangel an liquiden Mitteln nicht fortgeführt werden kann. Der Umstand der Zahlungsunfähigkeit zeigt ja nur zu gut, dass das vorhandene Kapital aufgezehrt oder Kapital von vornherein nicht in ausreichendem Maß vorhanden war. In unserem Zusammenhang interessiert nur die Beschaffung von Fremdkapital *(„fresh money")*, welches dem Unternehmen von Banken oder Kreditinstituten in Form von Sanierungskrediten[103] zur Verfügung gestellt wird.[104] Während Sanierungskredite, die nach Eröffnung eines Insolvenzverfahrens gegeben werden, in Deutschland wie in Österreich privilegiert werden (wobei diese Situation freilich selten vorkommt, solche Sanierungskredite aber noch seltener auch zu einer langfristigen Sanierung führen), verdienen Kredite, die außerhalb des Insolvenzverfahrens im Wege der freien Sanierung zur Verfügung gestellt werden, nach *K. Schmidt*[105] kein Privileg, denn „wer von den Gestaltungsmöglichkeiten der freien Sanierung Gebrauch macht, muss auch den Preis solcher Freiheit – das Risiko – hinnehmen". Wäre auch – wie schon angedeutet – eine generelle Ablehnung der außergerichtlichen Sanierung *in statu cridae* lebensfremd, so ist doch hinsichtlich der Anfechtbarkeit von Sanierungs-

---

[102] Vgl auch dazu die Auflistung bei *Adam*, Sanierungs- bzw Liquidationsverfahren 31.

[103] Im Gegensatz dazu wird mit einem sog Überbrückungskredit versucht, einen bloßen Liquiditätsengpass zu beseitigen, ohne dass es darauf ankommt, ob ein sich in einer Krise befindliches Unternehmen überhaupt saniert werden kann. Die Vergabe solcher Kredite begründet nicht automatisch den Vorwurf einer Konkursverschleppung (*Buchalik* in *Buth/Hermanns*, Restrukturierung § 2 Rz 72 f).

[104] Vgl dazu *Picot/Aleth*, Unternehmenskrise Rz 501 ff; *Buchalik* in *Buth/Hermanns*, Restrukturierung § 2 Rz 57, 75; *Bork*, Einführung in das Insolvenzrecht (1995) Rz 369 ff.

[105] *K. Schmidt*, Das Insolvenzrisiko der Banken zwischen ökonomischer Vernunft und Rechtssicherheit, WM 1983, 490 (494).

krediten der strengen Beurteilung *Königs*[106] grundsätzlich zuzustimmen. Als Begründung dafür genügt es fast, den berühmten Einleitungssatz von *Levys* Konkursrecht[107] zu zitieren: „Die Quelle aller Konkurse ist der Kredit".

Festzuhalten ist, dass ein „Sanierungskredit" nur dann diesen Namen verdient, wenn er auch tatsächlich eine durchgreifende Sanierung des Unternehmens *(turn around)* ermöglicht; *Uhlenbruck*[108] bezeichnet deshalb die Eignung des Sanierungskredits zur nachhaltigen Sanierung des Unternehmens als Zulässigkeitsvoraussetzung eines solchen. *Heinsius*[109] verweist dazu auf die schon auf das Reichsgericht zurückgehende deutsche Rechtsprechung, Kreditinstituten, die ihren Kunden um eigener Vorteile willen Kredite zur Verfügung stellen, welche zwar die Pflicht zur sofortigen Konkursanmeldung beseitigen, ihrer Größe nach jedoch „erkennbar nicht geeignet sind, eine durchgreifende Sanierung des Unternehmens zu ermöglichen", die Haftung gegenüber Drittgläubigern und der Konkursmasse aufzuerlegen, wenn die Sanierung scheiterte. Somit sind an einen Sanierungskredit – um dem Vorwurf der Konkursverschleppung zu entgehen – *strenge Anforderungen* zu stellen. Die kreditgewährende Bank hat jedenfalls darzulegen, dass sie im Zeitpunkt der Kreditvergabe vom Erfolg der Sanierung überzeugt sein durfte.[110]

Vermag ein Sanierungskredit aber eine bereits eingetretene Zahlungsunfähigkeit endgültig oder auch nur vorübergehend zu beseitigen, so ist die Besicherung, die der Kreditgeber in Kenntnis der Zahlungsunfähigkeit (bzw in deren schuldhafter Unkenntnis) Zug um Zug vom Kreditnehmer gegen die Darlehensgewährung in Empfang genommen hat, auch dann *anfechtungsfest*, wenn trotzdem – und noch während der 6-Monats-Frist – der Konkurs eröffnet wird. Nach einhelliger Auffassung muss die Insolvenz, von der der Anfechtungsgegner Kenntnis hatte oder haben musste, bis zur Konkurseröffnung angedauert haben; der ursprüngliche anfechtungsrechtliche Mangel der Rechtshandlung (Kreditgewährung in Kenntnis oder in schuldhafter Unkenntnis der Zahlungsunfähigkeit) wird also durch eine zwischenzeitige wirtschaftliche Erholung geheilt.[111] Nach der Judikatur[112] besteht auch kein Anfechtungsrecht, wenn ein Rechtsgeschäft (Sanierungskredit) nach objektiven Gesichtspunkten zum Zeitpunkt seiner Eingehung nicht nachteilig war oder der Anfechtungsgegner eine rechtzeitige und gehörige Prüfung der Sanierungsaussichten bei der Kreditvergabe vorgenommen hat. Wenn die Gewährung eines Sanierungskredits *ex ante* ökonomisch indiziert ist und im Interesse der Gläubiger liegt, so kann sie *ex post* auch dann nicht rechtswidrig werden, wenn sich die Verhältnisse ungünstiger entwickeln

---

[106] *König*, Anfechtung² Rz 295 ff.

[107] *Levy*, Konkursrecht² (1926).

[108] *Uhlenbruck*, Insolvenzrecht 59.

[109] Vgl *Heinsius* in *Birk/Kreuzer*, Unternehmen in der Krise 149.

[110] *Buchalik* in *Buth/Hermanns*, Restrukturierung Rz 5.

[111] Vgl *König*, Anfechtung² Rz 289 FN 92 sowie die grundlegende E OGH 12.2.1987 SZ 60/21 = AnwBl 1987, 361 = GesRZ 1987, 208 = ÖBA 1987, 338 = RdW 1987, 197.

[112] OGH 12.2.1987 SZ 60/21; 13.9.1988 ÖBA 1989, 440.

als prognostiziert.[113] Im Ergebnis soll daher (wie auch nach deutschem Recht[114]) den Banken nur das Risiko einer profunden Kreditprüfung und einer begleitenden Sanierungskontrolle auferlegt werden, nicht jedoch jenes des tatsächlichen Sanierungserfolgs.

C. Risiko: Haftung für Konkursverschleppung

Als zweites typisches Risiko ist jenes der Gefahr einer Haftung für Konkursverschleppung zu nennen. Gemäß § 69 Abs 2 Satz 1 KO ist bei Vorliegen der Voraussetzungen für eine Konkurseröffnung ohne schuldhaftes Zögern, spätestens aber 60 Tage nach dem Eintritt der Zahlungsunfähigkeit, die Konkurseröffnung zu beantragen. Diese zivilrechtliche Verpflichtung trifft sämtliche Gesellschaftsorgane gegenüber den aktuellen und potentiellen Gläubigern. Bei § 69 Abs 2 KO handelt es sich – so wie auch bei § 159 StGB (dazu gleich unten Punkt D.) – um ein Schutzgesetz im Sinne des § 1311 ABGB, das sowohl Alt- als auch Neugläubiger schützt.[115]

Als Neugläubiger gelten diejenigen Gläubiger, die ihre Gläubigerstellung erst zu einem Zeitpunkt erworben haben, zu dem der Schuldner seine Konkursantragspflicht bereits schuldhaft verletzt hat. Sie sind bei schuldhafter Konkursverschleppung so zu stellen, als hätten sie mit dem Schuldner *nicht kontrahiert*; im Ergebnis ist ihnen daher der Vertrauensschaden (negatives Interesse) zu ersetzen.[116] Bei einer Unternehmenskrise bestehen spezifische Verhaltenspflichten von organschaftlichen Vertretern im Außenverhältnis zu Dritten. Eine Haftung aus *culpa in contrahendo* ist insbesondere dann zu bejahen, wenn ein organschaftlicher Vertreter auf Grund einer solchen Krise verpflichtet ist, über die prekären wirtschaftlichen Verhältnisse des Unternehmens Auskunft zu erteilen.[117] Diese in Deutschland entwickelte *Aufklärungspflicht bei Konkursreife* wurde von der österreichischen Lehre[118] und Rechtsprechung[119] übernommen.

Jene Gläubiger, die mit der Gesellschaft zu einem Zeitpunkt kontrahiert haben, in dem die Konkurseröffnungsvoraussetzungen des § 69 Abs 2 KO noch nicht eingetreten waren (sog *Altgläubiger*), sind hingegen auf den *Quotenschaden* verwiesen; dieser entspricht der Differenz zwischen der Summe, die der

---

[113] *Eidenmüller*, Unternehmenssanierung 377.

[114] Von einem Erfolg der Sanierung darf die Bank schon dann überzeugt sein, wenn keine ernsthaften Zweifel am Gelingen des Sanierungsversuchs bestehen (OLG Düsseldorf 30.6.1983 ZIP 1983, 786).

[115] *Feil*, Konkursordnung[3] (2000) § 69 KO Rz 3 (6); OGH 29.4.1998 ZIK 1999, 36.

[116] OGH 22.10.1997 SZ 70/125 = ecolex 1998, 327. Zur älteren Judikatur, insb zur Abgrenzung von Quoten- und Vertrauensschaden vgl *Dellinger*, Quo vadis Kridahaftung? wbl 1994, 44; *ders*, Quotenschaden oder Vertrauensschaden? Zum Schutzzweck der Konkursantragspflicht, wbl 1996, 173.

[117] Näheres bei *Picot/Aleth*, Unternehmenskrise Rz 221 ff mwN.

[118] Vgl dazu *Dellinger*, wbl 1994, 44 mwN; *Rosbaud/Manquet*, Die „fahrlässige Krida" geht – was bleibt? Zur Reform des § 159 StGB, wbl 2001, 101.

[119] OGH 4.10.1989 ecolex 1990, 289.

235

Altgläubiger bei rechtzeitiger Konkurseröffnung erhalten hätte und jener, die er auf Grund der verschuldeten Konkursverschleppung erhält.[120]

D. Risiko: Strafdrohung des § 159 StGB

Seit der Reform des Kridastrafrechts im Jahr 2000[121] wird durch § 159 Abs 1 StGB nur mehr die „grob fahrlässige Beeinträchtigung von Gläubigerinteressen"[122] strafrechtlich sanktioniert. Die Zahlungsunfähigkeit bzw das Setzen einer gläubigerschädigenden Handlung nach Eintritt der Zahlungsunfähigkeit muss nunmehr durch eine der in § 159 Abs 5 Z 1 bis 5 StGB taxativ aufgezählten „kridaträchtigen" Handlungen herbeigeführt werden. Handlungen, deren Unwirtschaftlichkeit nicht auf der Hand liegt, sind – weil sie eben nicht gegen die „Grundsätze ordentlichen Wirtschaftens" verstoßen – strafrechtlich nicht sanktionierbar. Mit der erschöpfenden Aufzählung dieser Handlungen und der Einschränkung des Strafbarkeitsbereiches auf „grob fahrlässiges" Verhalten[123] soll nun eine schärfere Grenze zwischen wirtschaftlichem Fehlverhalten und Misswirtschaft gezogen werden. Nur mehr ein grob unwirtschaftliches Verhalten ist als kridaträchtig zu qualifizieren.[124] Im Gegensatz dazu enthielt § 159 StGB aF (fahrlässige Krida) Generalklauseln, nach denen ein Unternehmer nur dann sicher sein konnte, einer strafgerichtlichen Verurteilung zu entgehen, wenn er „möglichst risikoscheu, vorsichtig und investitionsfeindlich"[125] handelte.[126,127]

---

[120] OGH 9.10.1997 ecolex 1998, 329.

[121] BGBl I 2000/58.

[122] Vgl dazu allgemein beispielsweise *Braun*, Zahlungsunfähigkeit im Strafrecht – Auswirkungen der Kridareform, ecolex 2001, 381 ff; *Flora*, § 159 StGB – Die grob fahrlässige Beeinträchtigung von Gläubigerinteressen, ecolex 2001, 176 ff; *H. Wegscheider*, „Fahrlässige Krida" neu! JBl 2001, 287 ff.

[123] Der Begriff der „groben Fahrlässigkeit" beinhaltet eine ungewöhnliche, auffallende Sorglosigkeit, die letztlich nach dem Einzelfall zu beurteilen ist; vgl dazu *Breiter*, Die grob fahrlässige Beeinträchtigung von Gläubigerinteressen (§ 159 StGB nach der Kridareform – ein erster Befund), AnwBl 2000, 659 f; idS *Keppert*, Die (vorläufige) Reform des Kridastrafrechts aus der Sicht des Buchsachverständigen. Entkriminalisierungstendenzen im Wirtschaftsstrafrecht, SWK 2001, W 57 (661 f). Zum Sorgfaltsmaßstab allgemein vgl *Lewisch*, Sorgfaltsmaßstäbe im Schadenersatz- und Strafrecht, ÖJZ 2000, 489 ff (496).

[124] Vgl *Rainer* in *Triffterer*, Praxiskommentar, 6. TL (2001) § 159 StGB Rz 4; *H. Wegscheider*, JBl 2001, 289.

[125] *Flora*, ecolex 2001, 176.

[126] So stieg im Jahr 1999 die Anzahl der Verurteilungen nach § 159 StGB aF (fahrlässige Krida) auf 1.723 an und war damit das siebenthäufigste Delikt (von rund 200 ausgewiesenen) in Österreich, vgl *Manquet*, Politische Vorgaben und Ziele der Reform des Kridastrafrechts, in *Fuchs/Keppert* (Hrsg), Grundfragen des Kridastrafrechts (2001) 13.

[127] *Fuchs*, Einleitung, in *Fuchs/Keppert*, Grundfragen 10 f weist allerdings darauf hin, dass die so erzielte Einschränkung der Strafbarkeit nach § 159 StGB in der Praxis zu einer Ausdehnung der Strafbarkeit wegen anderer, schwererer Delikte führen könnte, da die fahrlässige Krida immer auch einen Auffangtatbestand für die betrügerische

Als weitere Maßnahme wurde durch die StGB-Novelle 2000 das Erfordernis der Gläubigermehrheit in § 159 Abs 1 StGB[128] beseitigt und damit der schon seit dem IRÄG 1997 im Insolvenzrecht bestehenden Rechtslage angepasst.

Was den Personenkreis derer betrifft, die auch strafrechtliche Konsequenzen einer Sanierungsmaßnahme zu befürchten haben, so ist im Hinblick auf das Fahrlässigkeitsdelikt des § 159 StGB darauf hinzuweisen, dass die Streitfrage, ob bei einem Fahrlässigkeitsdelikt eine *Beteiligung nach § 12 StGB* in Frage kommt, heute *im positiven Sinn* als geklärt angesehen werden kann: Auch den, der als Kreditgeber, Unternehmensberater, Gesellschafter oder Angestellter einen maßgeblichen Einfluss auf die Geschäftsführung ausübt, trifft eine *eigene* unternehmens- und gläubigerschutzspezifische *Sorgfaltspflicht*; er haftet bei Einverständnis mit dem Gemeinschuldner gem § 12 zweite oder dritte Alternative, § 14 Abs 1, § 159 StGB.[129]

In diesem Zusammenhang stellt sich auch die Frage nach der strafrechtlichen *Verantwortung der Banken bei einer Kreditgewährung.*[130] Voraussetzung für die Haftung der Bank ist, dass sie – wie bereits erwähnt – einen maßgeblichen Einfluss auf die Geschäftsführung ausübt und eine unternehmensbezogene Sorgfaltspflicht in gläubigerschädigender Weise verletzt. Eine solche Pflichtverletzung liegt beispielsweise vor, wenn ein Kreditgeber in einem die Geschäftsführung bindenden Unternehmensbeirat für eine gläubigerschädigende Maßnahme stimmt.[131] Für sich allein betrachtet, liegt nun – im Gegensatz zu § 159 StGB aF – keine kridaträchtige Handlung vor, wenn leichtfertig bzw unverhältnismäßig Kredit gewährt wird, da diese Handlung nicht von der taxativen Aufzählung des § 159 Abs 3 StGB erfasst ist.[132] Da der Insolvenz regelmäßig eine Kreditbenutzung vorangeht, würde deren Strafbarkeit einer indirekten Generalklausel gleichkommen.[133] Straflos gestellt wurde nun auch die verspätete Konkursantragstellung, da die sog Konkursverschleppung bereits über die zivilrecht-

---

Krida (§ 156 StGB) oder den Betrug (§ 146 StGB) darstellte, wenn die Beweislage nicht eindeutig war bzw sich Verteidigung und Staatsanwaltschaft auf fahrlässige Krida einigten. Vgl dazu auch *Dannecker*, Insolvenzstrafrecht – notwendiger Gläubigerschutz oder Wirtschaftshemmnis? in *Fuchs/Keppert*, Grundfragen 93.

[128] Kritisch, ob die Gläubigermehrheit wirklich entfallen ist, *Nemec*, Kridastrafrecht aus der Sicht der Strafverfolgung, in *Fuchs/Keppert*, Grundfragen 98 mit der Begründung, dass in § 159 Abs 4 StGB die Wendung „seiner Gläubiger oder wenigstens eines von ihnen" aufscheint, und sich diese qualifizierende Bestimmung ausdrücklich auf die Tat nach Abs 1 leg cit beziehe.

[129] *Rainer* in *Triffterer*, Praxiskommentar § 159 StGB Rz 16; *Rosbaud/Manquet*, wbl 2001, 100.

[130] Vgl dazu näher *Koziol*, Kreditgewährung in der Krise, ÖBA 1992, 673 (677); *Nagele*, Außergerichtliche Unternehmenssanierung und Haftung für Konkursverschleppung, ZIK 1995, 39 (41).

[131] *Rainer* in *Triffterer*, Praxiskommentar § 159 StGB Rz 16.

[132] *Rainer* in *Triffterer*, Praxiskommentar § 159 StGB Rz 37; *Brandstetter*, Die Reichweite der Kridatatbestände nach der Reform des § 159 StGB, in *Fuchs/Keppert*, Grundfragen 44.

[133] Vgl *Rosbaud/Manquet*, wbl 2001, 100; *Dellinger* in *Fuchs/Keppert*, Grundfragen 50.

liche Haftung ausreichend abgesichert erschien.[134] Das so oft betonte Risiko der Strafbarkeit von Sanierungsmaßnahmen dürfte sich somit auf Grund der vom Gesetzgeber mit der StGB-Novelle 2000 angestrebten „Entkriminalisierung" des Kridastrafrechts kaum mehr als schwerwiegendes Hindernis für die freie Sanierung darstellen.[135] Im Übrigen ist die dadurch erreichte Konvergenz insolvenzrechtlicher und strafrechtlicher Bestimmungen durchaus zu begrüßen. *Bertel*[136] hatte sie schon vor 20 Jahren eingemahnt, indem er es der *ratio* des IRÄG 1982 entsprechend bezeichnete, den Eintritt der Zahlungsunfähigkeit nicht schon von einer schlechten wirtschaftlichen Prognose abhängig zu machen, sondern erst mit dem wirtschaftlichen Zusammenbruch eintreten zu lassen: „Konkurse zu vermeiden und Unternehmen, wo immer möglich, zu sanieren", sei die Devise.

Dazu kommt, dass die oben dargestellte Streitfrage des insolvenzrechtlichen Schrifttums, ob es die 60-Tages-Frist des § 69 Abs 2 KO dem Schuldner auch gestatte, außergerichtliche Sanierungsmaßnahmen zu setzen, in der strafrechtlichen Literatur schon vor der StGB-Novelle 2000 nicht existierte:[137] Nach *Leukauf/Steininger*[138] muss der Schuldner den Insolvenzantrag nur dann sogleich stellen, wenn er „von vornherein nicht an eine Sanierung (denkt) oder eine solche realistischerweise nicht zu erwarten ist". Die Rechtsprechung stimmt damit überein; so zB wenn es heißt,[139] dass der Schuldner innerhalb der 60-Tages-Frist „ernstzunehmende und sinnvolle Sanierungsversuche" betreiben könne, während er das Insolvenzverfahren sofort beantragen müsse, wenn die Aussichtslosigkeit einer Sanierung für ihn erkennbar werde. Nach der neuen Rechtslage ist freilich nur mehr das *grob fahrlässige Nichterkennen* des Setzens einer kridaträchtigen Handlung, die zur Zahlungsunfähigkeit führt, tatbestandsmäßig. Für die Strafbarkeit eines Sanierungsversuchs ergibt sich dann aber eine Parallelsituation zur Frage der Anfechtbarkeit eines Sanierungkredites: Jeder Sanierungsversuch, der – wenn auch nur vorübergehend – die Zahlungsunfähigkeit eines Unternehmens beseitigt, kann nicht nach § 159 StGB strafbar sein, mag er sich auch später als unzureichend erweisen.[140]

---

[134] *Dannecker* in *Fuchs/Keppert*, Grundfragen 82. Für eine Beibehaltung der Strafbarkeit der Konkursverschleppung trat zB *Dellinger*, Zahlungsunfähigkeit, Kridastrafrecht, ecolex 1998, 297, ein.

[135] Abzuwarten bleibt allerdings, inwieweit sich die Bedenken von *Fuchs* (vgl FN 127) bewahrheiten.

[136] *Bertel*, Die fahrlässige Krida, in FS Koren (1993) 419.

[137] Vgl nur *Leukauf/Steininger*, Kommentar zum StGB (1992) § 159 StGB Rz 30.

[138] *Leukauf/Steininger*, Kommentar § 159 StGB Rz 30.

[139] OGH 29.3.1990 RdW 1990, 375.

[140] Vgl *Bertel/Schwaighofer*, Österreichisches Strafrecht[6] (2000) § 159 StGB Rz 12; *Rainer* in *Triffterer*, Praxiskommentar § 159 StGB Rz 47. Übermäßige Kreditbenutzung und -gewährung ist nach neuer Rechtslage nur mehr dann strafbar, wenn gegen § 159 Abs 5 Z 2 oder 3 StGB verstoßen wird, weil dadurch ein außergewöhnlich gewagtes Geschäft abgeschlossen oder übermäßiger Aufwand betrieben wird (vgl dazu *Dannecker* in *Fuchs/Keppert*, Grundfragen 82).

E. Risiko: Missbrauch durch den Schuldner

Von nahezu allen Autoren übereinstimmend betont wird die Wichtigkeit der Person des Sanierungsmanagers (in Deutschland meist als Treuhänder bezeichnet), der die freie Sanierung durchführt.[141] Erfahrung, Geschick und Seriosität des Sanierungsverantwortlichen sind die Garantie für die Qualität der außergerichtlichen Sanierung. Von der Persönlichkeit des Sanierungsmanagers bzw von der Schlagkraft seiner Organisation hängt es auch ab, ob die immer wieder beschworene Gefahr des Missbrauchs durch den Schuldner eingedämmt werden kann. In gewisser Weise muss der Sanierungsmanager auch die Agenden übernehmen, die dem Gericht bei der gerichtlichen Sanierung zukommen.

Eine Missbrauchsgefahr könnte auch darin begründet sein, dass die Gläubiger über die tatsächliche wirtschaftliche Lage des Schuldners nicht ausreichend informiert werden. Allerdings hat die Praxis heute genügend Instrumente entwickelt, um gegen ein mögliches Informationsmanko Abhilfe zu schaffen.[142] Dabei handelt es sich aber in gewisser Weise um den schmalen Weg zwischen *Scylla* und *Charybdis*: Die Gläubigerinformation kann die außergerichtliche Sanierung durch Misstrauensabbau erleichtern, sie kann aber auch dazu führen, dass jener Grad an Diskretion überschritten wird, ohne den die freie Sanierung nicht funktionieren kann.

VI. Ergebnis

Versucht man unter Abwägung der oben erörterten Vor- und Nachteile und unter Einbeziehung der mit der deutschen InsO einhergehenden Überlegungen den aktuellen Stellenwert der außergerichtlichen Sanierung zu definieren, so ergibt sich meines Erachtens folgendes Bild: Die Absicht des österreichischen Insolvenzrechtsgesetzgebers, mit Maßnahmen wie der Einführung des Unternehmensreorganisationsverfahrens, der Zulassung der Eröffnung des Ausgleichsverfahrens schon bei bloß drohender Zahlungsunfähigkeit oder der sog „Entkriminalisierung" des Kridastrafrechts der Sanierung im Wege eines gerichtlichen Sanierungsverfahrens mehr Attraktivität zu verleihen, ist zweifellos *positiv* zu bewerten. Festzuhalten ist dabei, dass diese Maßnahmen weit hinter jenen des deutschen Gesetzgebers zurückgeblieben sind, hat doch die InsO die Trennung in ein Konkurs- und ein Vergleichsverfahren aufgegeben, um ein einheitliches Insolvenzplanverfahren zu schaffen, das die Akzente noch stärker auf die gerichtliche Sanierung verlagert. In der deutschen Insolvenzrechtsliteratur hat nun aber – wie oben dargestellt – bereits eine gewisse Neubewertung der außergerichtlichen Sanierung stattgefunden. Wenn auch noch nicht viele Stellungnahmen vorliegen, so ist doch die Übereinstimmung bemerkenswert, mit

---

[141] Vgl etwa *Adam*, Sanierungs- bzw Liquidationsverfahren 33; *Häsemeyer*, Insolvenzrecht[2] 602; *Buchalik* in *Buth/Hermanns*, Restrukturierung § 2 Rz 21 ff; *Eidenmüller*, Unternehmenssanierung 337 ff.

[142] Vgl dazu *Konecny*, DZWir 1994, 231.

der der freien Sanierung ungebrochene Attraktivität bescheinigt wird. Meines Erachtens besteht für Österreich kein Anlass für eine andere Sichtweise, zumal hierzulande die gesetzlichen Maßnahmen ja zurückhaltender als in Deutschland ausgefallen sind. Vor allem aber ist kein anderes Ergebnis der in dieser Arbeit vorgenommenen Abwägung der Vor- und Nachteile der freien Sanierung möglich, als dieser – im Sinne von *Eidenmüller* – zu bescheinigen, von ihrem Ansatz her die eigentlich konkurrenzlose Methode der Unternehmenskrisenbewältigung zu sein. Das liegt schlicht daran, dass der Stellenwert privatautonomer Rechtsgestaltung durch verbesserte Gerichtsverfahren niemals beeinträchtigt werden kann – es geht hier nämlich gar nicht um Konkurrenz, sondern um *sinnvolle Ergänzung*.

Das Manko dieser Bilanz liegt darin, dass weder in Deutschland noch in Österreich aktuelles Zahlenmaterial über freie Sanierungen auffindbar ist. Wenn nun aber die gerichtliche Sanierung besser funktionieren soll, so muss sich das im österreichischen Insolvenzrechtssystem in einem *Anstieg der Zahl der gelungenen Ausgleiche* niederschlagen. Und das war 2001 auch tatsächlich zum ersten Mal der Fall: Nach dem Negativrekord des Jahres 2000 mit seinen bloß 52 „bereinigten" Ausgleichsverfahren (das sind nur 0,97% der gesamten Insolvenzen!) bedeutet die Zahl von 107 Ausgleichen (das sind immerhin 2,07% aller Insolvenzen dieses Jahres) mehr als eine Verdoppelung. Da die Gesamtinsolvenzzahl weiter zurückgegangen ist (von 5.340 im Jahr 2000 auf 5.178 im Jahr 2001), ist der Schluss zulässig, dass es sich dabei in der Tat um eine beachtliche Qualitätsverbesserung des Ergebnisses der gerichtlichen Verfahren handelt, während es keinerlei Indiz dafür gibt, dass damit außergerichtliche Sanierungen sozusagen in den gerichtlichen Bereich „herübergeholt" worden wären. Ein „negativer" Einfluss der erfreulichen Entwicklung des Jahres 2001 auf die freie Sanierung ist daraus jedenfalls nicht ableitbar.

Dogmatische und pragmatische Überlegungen zur Haftung der Gerichtssachverständigen

Bernd Schilcher

I. Die Bedeutung der Gerichtssachverständigen, ihre Rolle und die umstrittene Form ihrer Haftung

Der Jubilar hat in seinem wissenschaftlichen Werk und seiner akademischen Lehre als feinsinniger Prozessualist und kenntnisreicher Zivilrechtler gleichermaßen beeindruckt. Es liegt daher nahe, ihm zum gegebenen Anlass eine Arbeit zu widmen, deren Thema für beide Bereiche bedeutsam, im Zivilrecht allerdings auch umstritten ist: Die Haftung der Gerichtssachverständigen. Dies umso mehr, als sich *Jelinek* selbst mit Rechtsfragen des Sachverständigen im Zivilprozess eingehend auseinander gesetzt hat.[1]

Es gehört zu den juristischen Binsenweisheiten, dass die Bedeutung der Sachverständigen im Allgemeinen wie vor allem auch die der gerichtlich bestellten immer noch zunimmt.[2] Die wachsende Pluralität der sozialen, ethnischen und kulturellen Verhältnisse, die immer noch steigende Spezialisierung und Technisierung unserer Umwelt und in letzter Zeit vor allem auch die rasch um sich greifende Internationalisierung des Rechts und der zugrunde liegenden Lebenssachverhalte im Zuge einer umfassenden Globalisierung machen es für den Ein-

---

[1]   *Jelinek*, Der Sachverständige im Zivilprozeß, in *Aicher/Funk* (Hrsg), Der Sachverständige im Wirtschaftsleben (1990) 45.

[2]   Vgl *Fasching*, Die Ermittlung von Tatsachen durch Sachverständige im Zivilprozeß, in FS Matscher (1993) 97; *Rüffler*, Der Sachverständige im Zivilprozeß (1995) 1 ff; *Rebhahn*, Staatshaftung wegen mangelnder Gefahrenabwehr (1997) 340 bis 344. – Doch zeigen auch zunehmend umfangreichere Darstellungen zum Recht und zur Haftung der Sachverständigen ihre wachsende Bedeutung auf: vgl zB *Döbereiner/Keyserlingk*, Sachverständigenhaftung (1979); *Jessnitzer/Frieling*, Der gerichtliche Sachverständige[10] (1992).

zelnen unmöglich, die vielen wichtigen Zusammenhänge zu erkennen und zu durchschauen.[3] Er braucht ergänzenden Sachverstand. Das gilt in erster Linie auch für den Richter. Je komplexer die täglichen gerichtshängigen Sachverhalte werden, desto stärker entwickelt sich die Position des Sachverständigen im Prozess und desto abhängiger wird der Richter vom Wissen der Experten.[4] Und nicht nur er: Von ihrem Urteil hängt natürlich im weiten Umfang auch das Wohl und Wehe der Parteien ab.[5] Dieses Phänomen ist weltweit verbreitet und wird keineswegs nur positiv empfunden.[6]

Hinzu kommt, dass auch Spezialisten nicht unfehlbar sind. Erweist sich ein Sachverständigengutachten im Nachhinein als falsch und behauptet jemand, durch diesen Fehler einen Schaden erlitten zu haben, so stellt sich die Frage nach der Haftung der Experten für ihr unrichtiges Urteil. Die Antwort darauf ist im österreichischen Recht schon seit langem strittig. Eine Einigung scheint nicht in Sicht.

II. Argumente für und gegen eine Amtshaftung der Gerichtssachverständigen

Der OGH hat schon vor mehr als 70 Jahren Position bezogen. In der bekannten Entscheidung „Lichtreklame"[7] bejahte er die unmittelbare Haftung eines Sachverständigen für sein fehlerhaftes Gutachten den Prozessparteien gegenüber dem Grunde nach und stützte den Schadenersatzanspruch auf § 1295 ABGB. Der Sachverständige habe nämlich weniger einen „falschen Rat" iSd § 1300 ABGB erteilt, als vielmehr eine „vom Willen der Prozessparteien unabhängige Hervorrufung einer bestimmten richterlichen Überzeugung" verursacht, für deren Richtigkeit er nach § 1299 ABGB – somit bei jedem objektiven Versehen – einstehen müsse.

Voraussetzung einer Haftung im Einzelnen sei allerdings,

1. dass das Gutachten für den Ausgang des Vorprozesses „ausschlaggebend" war; und

2. dass es sich als objektiv unrichtig erweist.

Diese Formeln gelten heute noch.[8]

---

[3] Vgl zur Mitwirkung des Sachverständigen bei der Ermittlung des „fremden Rechts", des Gewohnheits- und Statutenrechts § 4 IPRG bzw § 271 ZPO.

[4] So *Jelinek* in *Aicher/Funk*, Der Sachverständige 71; *Fasching*, Lehrbuch des österreichischen Zivilprozeßrechts[2] (1990) Rz 1007; *ders* in FS Matscher 97; *Rüffler*, Der Sachverständige 2 ff zitiert den Sachverständigen als „heimlichen Richter"; *Rechberger/Simotta*, Grundriß des österreichischen Zivilprozeßrechts[5] (2000) Rz 634.

[5] So schon *Welser*, Sachverständigenhaftung und Insolvenzverfahren, NZ 1984, 92.

[6] Vgl zB *Krammer*, Die „Allmacht" des Sachverständigen – Untersuchungen zur Unabhängigkeit und Kontrolle der Sachverständigentätigkeit, in Schriftenreihe der Niederösterreichischen Juristischen Gesellschaft H 54 (1990); *Deixler-Hübner*, Fortschreitender Einsatz von Sachverständigen. Notwendigkeit oder Gefahr? RZ 1992, 251.

[7] OGH 5.11.1929 SZ 11/225 = JBl 1930, 190.

[8] So OGH 30.6.1977 SZ 50/98 („Super statt Diesel") mwN; OGH 10.4.1986, 8 Ob 505/86 („Anstoß-Winkel II").

Gleichzeitig lehnt der Gerichtshof die Qualifikation des Gerichtssachverständigen als „Organ" iSd § 1 Abs 2 AHG strikt ab.[9]

In einem „klassischen obiter dictum"[10] meinte der erste Senat des OGH dann erst vor kurzem, es sei denkbar, von der bisherigen Rechtsprechung abzugehen, da sie im Schrifttum mehrfacher Kritik unterzogen wurde. In der Folge fühlte sich der Senat jedoch durch zwei Initiativen des Gesetzgebers so sehr in seiner bisherigen Rechtsprechung bestätigt, dass er in der Entscheidung „Unsachgemäße Narkose" wieder reumütig zur persönlichen Haftung der Gerichtssachverständigen zurückkehrte.[11]

Als Begründung für seine Ablehnung einer Amtshaftung des Gerichtssachverständigen nennt der OGH in seiner Judikatur eine ganze Reihe von Argumenten.

1. So ist der Gerichtssachverständige seiner Meinung nach nur „Beweismittel" und treffe selbst keine Entscheidungen. Er stelle dem Richter lediglich die diesem fehlenden Kenntnisse zur Verfügung und Tatsachen fest (OGH 4.5.1955 SZ 28/116; OGH 13.1.1965 RZ 1965, 83; OGH 20.3.1985, 1 Ob 7/85; OGH 24.4.2001 JBl 2001, 788). Daher sei er auch kein „Richtergehilfe".

2. Trotz „öffentlicher Bestellung" seien dem Gerichtssachverständigen „keine hoheitlichen Aufgaben" übertragen; er sei nicht in den „hoheitlichen Meinungsbildungsprozess eingebunden" (OGH 20.3.1985, 1 Ob 7/85; OGH 24.4.2001 JBl 2001, 788).

3. Der Gerichtssachverständige besorge auch deshalb keine hoheitlichen Aufgaben, weil man nach der Judikatur des Verfassungsgerichtshofs nur mit den typisch hoheitlichen Mitteln wie Bescheid und Zwangsgewalt hoheitlich handeln könne (OGH 8.5.1953 SZ 26/119; OGH 30.6.1982 JBl 1983, 158).

---

[9] OGH 20.3.1985 SZ 58/42 („Anstoß-Winkel I"); OGH 14.1.1987 SZ 60/2 („Ersitzung"); OGH 28.10.1987, 3 Ob 561/86 („Warmwasserzentralheizungsanlage"); OGH 23.4.1992 ecolex 1992, 627 (*Wilhelm*) („Hausschwamm"); OGH 13.6.2000 EvBl 2000/206 = RdW 2000, 661 („Innsbrucker Liegenschaft").

[10] *Rummel* in der Besprechung der Entscheidung OGH 19.1.1999 JBl 1999, 672 (673).

[11] Nachdem die Untergerichte bereits auf Amtshaftung umgeschwenkt waren: OGH 24.4.2001 JBl 2001, 788. Die erste Initiative betraf die neue Regelung des § 141 Abs 5 EO iVm dem gleichfalls neuen Liegenschaftsbewertungsgesetz 1992, nach der der Sachverständige dem Ersteher und allen Beteiligten für Vermögensnachteile haftet. Dies führte zur Judikaturwende für Schadenersatzansprüche des Erstehers gegen den Gerichtssachverständigen in OGH 13.6.2000 EvBl 2000/206 = RdW 2000, 661 – s unten.

Die zweite Initiative sieht der OGH in der nunmehr gesetzlich vorgesehenen Versicherungspflicht von allgemein beeidigten gerichtlichen Sachverständigen und Dolmetschern – § 2 Abs 2 Z 1 und § 2a Abs 1 bis 4 der SDG-Novelle BGBl I 1998/168 zum Sachverständigen- und Dolmetschergesetz – vor ihrer Eintragung in die Liste. Dadurch sei ein gewichtiger Grund für die Beibehaltung der bisherigen Judikatur gegeben: Die unmittelbare Verantwortlichkeit des Sachverständigen ist durch ihre Versicherungsdeckung ökonomisch abgesichert. (So ausdrücklich in OGH 24.4.2001 JBl 2001, 788 [790]; s allerdings die kritischen Glossen von *Krammer*, SV 2001, 133 und *Rummel*, JBl 2001, 673).

4. Auch sei der Gerichtssachverständige kein Beamter, er könne strafrechtlich nicht wegen Amtsmissbrauchs verfolgt werden, sondern nur wegen falscher Beweisaussage (OGH 14.1.1987 SZ 60/2; OGH 24.4.2001 JBl 2001, 788).

5. Sowohl der nach § 52 Abs 2 AVG als auch der mit gerichtlichem Beweisbeschluss bestellte Sachverständige habe sich iSd § 1299 ABGB schon vor seiner Bestellung zu seinem Wissen „öffentlich bekannt" und „ohne Not freiwillig ein Geschäft übernommen" (OGH 20.3.1985 SZ 58/42).

6. Das alles sei nun im Vergleich zum so genannten Amtssachverständigen völlig anders:

● Dieser sei „einer Behörde beigegeben" und werde damit „Teil der hoheitlich tätigen Behörde" (OGH 20.3.1985, 1 Ob 7/85).

● § 53 Abs 1 AVG stelle den Amtssachverständigen einem Verwaltungsorgan gleich; beide könnten nicht abgelehnt werden (OGH 19.4.1972 EvBl 1972/315; OGH 20.3.1985 SZ 58/42). Da der Amtssachverständige sohin nicht privatwirtschaftlich tätig sein könne, bleibe nur die hoheitliche Tätigkeit übrig (OGH 20.3.1985, 1 Ob 7/85).

Es liegt auf der Hand, dass diese Argumente nicht unwidersprochen bleiben konnten. So haben sich vor allem *Zechner* und *Reischauer* eingehend und kritisch mit dem Standpunkt des OGH auseinander gesetzt.

Reischauer wirft dem Gerichtshof zunächst vor, dass er einen falschen Gegensatz zwischen Gerichtssachverständigen und Amtssachverständigen konstruiere.[12] Es käme nämlich nur auf die Funktion der beiden an und nicht auf deren Anstellungsverhältnis. Und diese Funktion sei völlig gleich: Beide Sachverständigen würden selbst keine Entscheidungen treffen, sondern lediglich „das Qualifikationsmanko des Juristen in nicht juristischen Fragen" substituieren; weder der eine noch der andere sei in den Entscheidungsprozess direkt eingebunden und jedes der Gutachten unterliege der freien Beweiswürdigung.

Dass gerade nicht die Qualität als Beamter entscheidend für die Organstellung sei, zeige vor allem die höchstrichterliche Judikatur zu den so genannten „Beleihungen". *Reischauer* erwähnt ausdrücklich die privaten Kfz-Begutachtungsstellen, denen der OGH hoheitliche Tätigkeit zuerkennt.[13]

Diese Judikatur hat der Gerichtshof in jüngerer Zeit sogar noch kräftig ausgebaut. Von der (privaten) Straßentransport-Begleitung bei Schwertransportern (OGH 22.11.1995 SZ 68/220) und den Wiener Stadtwerken als Gasanlage-Prüfer (OGH 22.8.1996 SZ 69/188) über einen privaten Arbeitgeber für Strafgefangene im sog „gelockerten Strafvollzug" (OGH 4.6.1996 SZ 69/132) bis hin zur Kesselprüfstelle (OGH 27.3.2001 JBl 2001, 722) sieht der OGH in allen Fällen „beliehene Unternehmen, (denen) zumindest unterstützende Mitwirkung bei Besorgung der hoheitlichen Aufgaben" zukomme[14] und die daher als „Organe" anzusehen sind.

---

[12] *Reischauer* in *Rummel* (Hrsg), Kommentar zum Allgemeinen bürgerlichen Gesetzbuch II² (1992) § 1299 ABGB Rz 23.

[13] OGH 18.2.1981 SZ 54/19 („ARBÖ technischer Dienst"); zuvor schon OGH 19.4.1972 EvBl 1972/315 („Wasserbausachverständiger"); OGH 13.9.1978 SZ 51/126 („Abbruchunternehmer").

[14] So ausdrücklich OGH 27.3.2001 JBl 2001, 722 (723).

Sowohl *Reischauer* als auch *Zechner* betonen, dass die Tätigkeit eines gerichtlichen Sachverständigen die „sicherlich viel intensivere Hoheitstätigkeit" sei als beispielsweise das Liegenlassen einer schadhaften Waschmuschel im Duschraum einer Schule durch den Direktor (OGH 11.1.1978 EvBl 1978/101), der solcherart zum Organ wurde – *Reischauer* – als auch der Unfall eines Chauffeurs auf Dienstfahrt, der damit gleichfalls hoheitlich handelte – *Zechner*.[15]

Auch aus den Bestimmungen über die Befangenheit und Ablehnung könne keine relevante Unterscheidung zwischen Amtssachverständigen und Gerichtssachverständigen abgeleitet werden. Wenn § 53 Abs 1 AVG die Befangenheitsvorschriften des § 7 AVG gleichermaßen auf Verwaltungsorgane und Amtssachverständige anwende, so stelle § 355 ZPO den Sachverständigen hinsichtlich der Ablehnungsgründe gleichfalls dem Richter gleich.

Die fehlende Ablehnungsmöglichkeit beim Amtssachverständigen beweise ebenfalls nichts, denn nach § 19 JN kann ein Richter abgelehnt werden und ist dennoch zweifellos ein Organ. (Dasselbe gilt im Übrigen für den Gerichtskommissär: OGH 28.6.1988 JUS 1988, 21).

Schließlich gehe auch die Argumentation, der Gerichtssachverständige habe ohne Not freiwillig ein Geschäft übernommen (OGH 20.3.1985 SZ 58/42), an der Sache vorbei: § 1299 ABGB gelte nämlich für Selbständige wie für Unselbständige.[16] Daher sei auf einen Sachverständigen, der, wie der gerichtliche, zu seiner Tätigkeit verpflichtet ist, § 1299 ABGB ebenso anwendbar wie zB auf eine Kfz-Begutachterstelle, die ihre Aufgaben freiwillig übernommen habe und dennoch als Organ gelte.

Noch eingehender und kritischer befasst sich *Zechner*[17] mit den Meinungen des OGH. Im Streit, ob der Gerichtssachverständige nur Beweismittel oder Richtergehilfe sei, greift *Zechner* zunächst auf Argumente der älteren Lehre zurück.[18] Der Gerichtssachverständige sei demnach Richtergehilfe, weil das Gericht die Begutachtung von Amts wegen anordnen könne, selbst gegen den Willen der Parteien (§ 183 Abs 1 Z 4 und Abs 2 ZPO); die Auswahl der Sachverständigen ebenfalls durch das Gericht erfolge und die Parteien nur gehört werden müssen (§ 351 ZPO); der Sachverständige aus denselben Gründen abgelehnt werden könne wie der Richter und das Gericht schließlich den Parteienanträgen auf Zuziehung von Sachverständigen nicht Folge leisten müsse. Das alles seien starke Argumente für eine Gleichstellung mit dem Richter.

---

[15] Vgl auch *Davy*, Genehmigung und Beaufsichtigung technischer Anlagen aus der Sicht des Amtshaftungsrechts, ZfV 1983, 485, der in diesem Zusammenhang noch die Beispiele der Postbeförderung durch einen privaten Pferdekutscher (OGH 18.9.1963 SZ 36/115), das Halten eines Lawinenhundes (OGH 10.1.1968 SZ 41/2) und das Chauffieren eines Sektionschefs (OGH 15.1.1970 SZ 43/10) hervorhebt.

[16] So auch der OGH 3.5.1966 Arb 8278 und OGH 1.2.1972 DRdA 1972, 246.

[17] *Zechner*, Der gerichtliche Sachverständige – Privater oder Beweisorgan im Sinne des § 1 Abs 2 AHG? JBl 1986, 415.

[18] *Stuckmann-Koch*, Civilprozessordnung[7] (1900) 495 ff; *Seuffert*, Kommentar zur Civilprozessordnung[11] (1910) 630; *Sperl*, Lehrbuch der bürgerlichen Rechtspflege (1930) 444 ff.

In jüngerer Zeit wurde weiters darauf hingewiesen, dass zwischen dem Sachverständigen und dem Gericht durch den hoheitlichen Bestellungsakt ein öffentlich-rechtliches Pflichtverhältnis begründet werde, das den Sachverständigen zur Tätigkeit verpflichte (§ 353 Abs 1 ZPO), die zudem eine Erhebungsbefugnis umfasse und das Gericht ermächtige, die Erstellung von Befund und Gutachten notfalls zu erzwingen (§ 354 ZPO). Zudem erfolge die Honorierung des Sachverständigen durch eine öffentlich-rechtliche Gebühr.[19]

Alle diese Argumente sprechen nach *Zechner* sehr stark für die Funktion des Gerichtssachverständigen als Richtergehilfen. Dafür kann *Zechner* auch den OGH selbst zitieren: „Das Ablehnungsrecht der Parteien ergibt sich beim Sachverständigen aus seiner Stellung als Hilfsorgan des Gerichts."[20] Und: „Der Sachverständige ist ein Hilfsorgan des Richters. An seiner Tätigkeit besteht ein erhebliches öffentliches Interesse."[21]

Dieser Richtergehilfe handelt nach *Zechner* aber auch hoheitlich, selbst wenn er unmittelbar kein Imperium ausübe. Dies folge daraus, dass die Abgrenzung zwischen hoheitlicher und privatwirtschaftlicher Tätigkeit heute gerade nicht mehr allein nach den rechtstechnischen Mitteln erfolge. Vielmehr sei es die „Summe von Realakten, die in einem unmittelbaren, engen inneren und äußeren Zusammenhang mit dem hoheitlich zu vollziehenden Bereich der Gerichtsbarkeit" stehen. Hierher gehören somit alle vorbereitenden Tätigkeiten für die Erzielung hoheitlicher Ergebnisse, wie das schon in der oben aufgezeigten Beleihungsjudikatur des OGH zum Ausdruck kommt.

Diese Gleichstellung der vorbereitenden Tätigkeiten mit den Akten der tatsächlichen „Befehlsgewalt" ist heute als herrschende Meinung anzusehen. So heißt es in der jüngsten einschlägigen Entscheidung des OGH zur Beleihung (OGH 27.3.2001 JBl 2001, 722) ausdrücklich: Eine Person müsse, um als hoheitlich handelnd angesehen zu werden, „nicht selbst hoheitlich handeln, sondern es genügt ein Verhalten im Dienst der Erreichung hoheitlicher Zielsetzung. Ob die Privatperson mit Hoheitsrechten mit der Verpflichtung, diese wahrzunehmen, beliehen und dadurch mit der Kompetenz, über die Erlassung von Hoheitsakten selbständig zu entscheiden, ausgestattet oder bloß in die Erfüllung hoheitlicher Aufgaben eingebunden wird, um andere Organe bei deren Besorgung hoheitlicher Aufgaben zu unterstützen oder zu entlasten, ohne dass damit eine Kompetenz zur Setzung von Hoheitsakten Kraft selbständiger Entschließung verbunden wäre, ist dabei gleichgültig, weil in jedem Fall eine Heranziehung von Privatpersonen zur Besorgung hoheitlicher Aufgaben und damit deren Organstellung zu bejahen ist."

Diese Auffassung wird auch von der neueren öffentlich-rechtlichen Lehre geteilt. „Auch Tätigkeiten, die solchen imperiellen Akten vorgelagert sind oder

---

[19] Vgl dazu ausführlich *Jelinek* in *Aicher/Funk*, Der Sachverständige 60 ff.

[20] So OGH 13.5.1976 SZ 49/67 = JBl 1976, 599. Vgl auch schon OGH 5.7.1934 SZ 16/143: Der Sachverständige bei Gericht ist „Hilfsorgan einer öffentlichen Behörde". Das ist im Übrigen auch die Auffassung des BGH: BGH 30.1.1968 NJW 1968, 787 und BGH 18.12.1973 NJW 1974, 312 bezeichnen den Gerichtssachverständigen ausschließlich als Gehilfen des Richters.

[21] OGH 5.5.1983 SZ 56/74 („AKH-Gutachter").

diese ausführen, gehören zum Bereich der hoheitlichen Verwaltung."[22] Daher sei beispielsweise der Streifendienst in einem Polizeifahrzeug Teil der „hoheitlichen Sphäre", selbst wenn im konkreten Fall kein Akt der Befehls- und Zwangsgewalt gesetzt wurde.

Wie weit diese „hoheitliche Sphäre" im Einzelfall reiche, müsse nach „systematischen und teleologischen Gesichtspunkten" geprüft werden, wobei von der Annahme auszugehen sei, dass die Reichweite der Hoheitssphäre „nicht scharf abgegrenzt werden" könne.

III. Die „herrschende Lehre" und ihre Gründe gegen die Organstellung der Gerichtssachverständigen

Vergleicht man die Argumente der Befürworter einer Amtshaftung für Gerichtssachverständige mit den Ansichten des OGH, so sind die ersteren den letzteren ganz entschieden überlegen. Zudem widerspricht die Beleihungsjudikatur des OGH selbst eindeutig und nachhaltig seiner Ablehnung der Organstellung des Gerichtssachverständigen. Was liefert nun aber die – angeblich – herrschende Lehre an neuen und besseren Einsichten, auf die sich der OGH immer wieder bezieht? Er nennt in seinen Begründungen abwechselnd *Fasching, Koziol, Welser* und *Schragel*.[23]

Fasching geht zunächst von einer „Doppelstellung des Sachverständigen" im Gerichtsverfahren aus, weil dieser sowohl das fehlende Fachwissen des Richters

---

[22] So ausdrücklich *Adamovich/Funk/Holzinger*, Österreichisches Staatsrecht II – Staatliche Organisation (1998) Rz 27004.

[23] *Koziol*, Österreichisches Haftpflichtrecht II[2] (1984) 190; *Welser*, NZ 1984, 92; *Loebenstein/Kaniak* in *Schragel* (Hrsg), Kommentar zum Amtshaftungsgesetz[2] (1985) Rz 38 und *Fasching*, Lehrbuch[2] Rz 997. Vgl auch *Funk*, Die Aufgaben des Sachverständigen im Rahmen rechtlicher Entscheidungen, in *Aicher/Funk*, Der Sachverständige 18, der die Differenzierung zwischen dem Gerichtssachverständigen und dem Amtssachverständigen iSd OGH-Judikatur nur referiert. Argumente für die hM finden sich indessen bei *Rebhahn*, Staatshaftung 342 f: Demnach fehlt dem Gerichtssachverständigen für eine Organstellung die „Eingliederung in den Verwaltungsapparat"; er sei nicht „integraler Bestandteil des behördlichen Verfahrens". Weiters würde die Haftungsbegrenzung auf grobe Fahrlässigkeit im Regressweg „kaum zur Qualität" seiner Gutachten beitragen. Besser sei es daher, den Sachverständigen für jede Fahrlässigkeit einstehen zu lassen und das ökonomische Interesse der Verfahrensparteien an der Durchsetzbarkeit ihrer Ansprüche durch Haftpflichtversicherungen zu wahren. Dem ist zu entgegnen, dass die Gerichtssachverständigen heute de facto längst unentbehrliche Bestandteile der Rechtsfindung sind, die daher auch de iure anerkannt gehören. Das behauptete dringende Bedürfnis an direkter Haftung der Sachverständigen bei jeder Fahrlässigkeit lässt sich in der Judikatur der österreichischen und deutschen Gerichte gerade nicht nachweisen: Der BGH hält die Haftung für grobe Fahrlässigkeit für den „Normalfall" (BGH 18.12.1973 NJW 1974, 312 ua) und der OGH versucht die Haftung bisweilen sogar auf Vorsatz zu beschränken (OGH 5.5.1983 SZ 56/74; OGH 7.7.1992 JBl 1993, 518 [*Koziol*]). Zur Problematik s unten Punkt IV.

substituiere („Beweismittel") als auch Gehilfe des Richters sei, da er vielfach an dessen Rechtsposition angeglichen werde: So nach §§ 355, 359 und 362 ZPO gemeinsam mit seiner amtswegigen Bestellung nach § 183 Abs 1 Z 4 und § 351 Abs 1 ZPO.

Dennoch hält *Fasching* den Gerichtssachverständigen für „kein Organ der Gerichtsbarkeit und keine Amtsperson, denn er wird für den Einzelfall besonders und fallweise bestellt und hat seine persönlichen Fähigkeiten zur Verfügung zu stellen". Das sei beim Amtssachverständigen anders.

Beide Argumente überzeugen nicht. Wie aus § 1 Abs 2 AHG unzweifelhaft hervorgeht, ist es für die Organqualität im Amtshaftungsrecht vollkommen ohne Belang, ob eine Person „dauernd oder vorübergehend oder für den einzelnen Fall bestellt" wird. *Faschings* Ansicht widerspricht daher schon dem Wortlaut des Gesetzes. Und was seinen Vergleich mit dem Amtssachverständigen betrifft, so gilt das von *Reischauer* und *Zechner* Vorgebrachte: *Beide* stellen nichts anderes als ihre „persönlichen Fachkenntnisse zur Verfügung". Es gibt kein besonderes „amtliches Fachwissen", das anders oder gar „höherwertiger" einzustufen sei.[24]

Die Zitierung *Koziol*s wie auch *Welser*s als Vertreter einer „Ablehnungsfront" gegen die Organqualität des Gerichtssachverständigen ist im Grunde unfair. Beide haben an den zitierten Stellen nämlich die Amtshaftung überhaupt nicht im Auge, sondern gehen – allerdings ganz selbstverständlich und daher ohne jede Begründung – nur der Haftung eines Sachverständigen den Prozessparteien gegenüber nach, äußern sich also lediglich zur Frage der Haftungsreichweite Dritten gegenüber.

So nimmt *Koziol*[25] an, dass Gerichtssachverständige infolge ihrer öffentlichrechtlichen Bestellung Sorgfaltspflichten sowohl gegenüber dem Staat als auch gegenüber den Prozessparteien hätten.

Welser[26] wiederum rügt an der angeführten Stelle den OGH, dass dieser in mehreren Folgeentscheidungen (OGH 5.7.1934 SZ 16/143 und OGH 9.12.1936 JBl 1937, 58) auch noch andere Dritte als die Prozessparteien in die Haftung des Sachverständigen einbezogen habe. Nicht mehr und nicht weniger. Von einer dezidierten Stellungnahme beider Autoren zum Problem der Amtshaftung für Gerichtssachverständige kann daher keine Rede sein.

---

[24] Der angebliche „Vorrang des Amtssachverständigen-Beweises" nach § 52 Abs 1 AVG – so ausdrücklich *Mayer*, Der Sachverständige im Verwaltungsverfahren, in *Aicher/Funk*, Der Sachverständige 134 – ist primär eine Kosten- und Finanzierungsfrage der Verwaltung. – Etwas überraschend kommen auch *Rechberger/Simotta*, Grundriß[5] Rz 634 zum gleichen Schluss wie *Fasching*, obwohl sie von anderen Prämissen ausgehen. Bei ihnen ist der Gerichtssachverständige nämlich „*in erster Linie* Gehilfe des Richters" und erst „*in zweiter Linie*" (persönliches) Beweismittel". Dennoch teilen sie – fast wörtlich – die Auffassung *Fasching*s, dass der Sachverständige „kein Organ und keine Amtsperson iSd AHG (ist), da er nur im einzelnen Prozess bestellt wird, um seine Fachkunde zur Verfügung zu stellen" (*Rechberger/Simotta*, Grundriß[5] Rz 635).

[25] *Koziol*, Haftpflichtrecht II², 190.

[26] *Welser*, NZ 1984, 95.

Schragel allerdings unternimmt eine gründliche Auseinandersetzung mit einer Reihe von Gegenargumenten *Reischauer*s, *Davy*s und *Zechner*s.[27] Vieles davon ist zunächst eine Wiederholung bekannter Argumente. Der gerichtlich bestellte Sachverständige sei kein Organ der Amtshaftung, weil er selber keine Entscheidung treffe, sondern nur Beweismittel liefere. Daher haften Sachverständige den betroffenen Prozessparteien unmittelbar und persönlich. Eine andere Auffassung habe der OGH nur im „ARBÖ-technischer-Dienst"-Fall vertreten (OGH 18.2.1981 SZ 54/19) und bei den Amtssachverständigen. *Schragel* meint dazu lapidar, dass nicht hoheitlich tätig sei, wer bloß „Hilfsfunktionen" erfülle.[28] Dem widerspricht aber die gesamte Beleihungsjudikatur des OGH.

Wenn *Schragel* weiters nur jenen „Fachkommissionen" oder „Anstalten" (wie zB der Bundesanstalt für Pflanzenschutz) Organqualität zubilligt, denen ex lege Entscheidungskompetenz eingeräumt wurde, dann ist das in doppelter Hinsicht problematisch. Zum einen widerspricht diese Auffassung, wie gesagt, der Beleihungsjudikatur des OGH wie auch der jüngeren öffentlich-rechtlichen Lehre und zum anderen begegnen solche Kommissionen und Anstalten in aller Regel verfassungsrechtlichen Bedenken, jedenfalls wenn sie, wie zB die jüngste Agentur des Bundes im Lebensmittelrecht und im landwirtschaftlichen Bereich weisungsfrei gestellt sind und nicht dem Bereich der Selbstverwaltung angehören. Ihnen fehlt in aller Regel die verfassungsrechtliche Ermächtigung.[29]

Hilfreich und weiterführend sind hingegen die Hinweise *Schragel*s auf mögliche Amtshaftungskonstellationen im Zusammenhang mit Gerichtssachverständigen. Ein Beispiel *Davy*s aufgreifend meint er, dass die Zerstörung einer Maschine bei einer Belastungsprobe im Zuge einer sachverständlichen Untersuchung möglicherweise eine Amtshaftung auslöse; ebenso wie eine „unrichtige Auswahl der Sachverständigen", falsche Fragestellungen und unrichtige Auswertung der Gutachten.[30] Das sind immerhin erste Ansätze für eine notwendige Differenzierung. Immer und überall kann der Staat seine Verantwortung für die für ihn tätigen Sachverständigen offenbar doch nicht ausschließen. Die entscheidende Frage lautet nur, wann und nach welchen Kriterien eine Amtshaftung für Gerichtssachverständige angemessen ist und wann nicht.

---

[27] *Loebenstein/Kaniak* in *Schragel*, Kommentar[2] Rz 38.

[28] *Loebenstein/Kaniak* in *Schragel*, Kommentar[2] Rz 38.

[29] So ausdrücklich VfGH 14.3.1996 VfSlg 14.473 und *Adamovich/Funk/Holzinger*, Österreichisches Staatsrecht II Rz 27048.

[30] In diesem Sinne auch *Funk* in *Aicher/Funk*, Der Sachverständige 18, der Amtshaftung bei Auswahlverschulden sowie Leitungs- und Überraschungsfehlern der Behörde annimmt. Vgl für das deutsche Recht *Jessnitzer/Frieling*, Sachverständige[10] Rz 696 ff, wo nur im Falle von Behörde- oder Beamtengutachten Amtshaftung angenommen wird. Hier besteht ein deutlicher Unterschied zum österreichischen Recht. – Für den deutschen BGH sind Rechtsverletzungen „anlässlich" der Erstattung eines Gutachtens wie im oben erwähnten Maschinenfall oder bei der Schädigung eines Patienten im Zuge einer ärztlichen Untersuchung Grund für eine Haftung des Sachverständigen schon bei leichter Fahrlässigkeit, während er im „Normalfall" der Gutachterhaftung nur für grobe Fahrlässigkeit einstehen lässt; BGH 30.1.1968 NJW 1968, 787 und BGH 18.12.1973 NJW 1974, 312 sowie *Döbereiner/Keyserlingk*, Sachverständigenhaftung Rz 240 und 241.

IV. Erweiterung der Sachverständigenhaftung einerseits und drastische Einschränkung auf der anderen Seite – erklärungsbedürftige Widersprüche in der jüngeren Judikatur des OGH

Für die Klärung dieser Frage ist es nützlich, der jüngeren Judikatur des OGH zum Haftungsproblem der Sachverständigen im Allgemeinen und der Gerichtssachverständigen im Besonderen nachzugehen. Diese Judikatur ist freilich nicht einheitlich, sondern zum Teil zwiespältig und widersprüchlich.

So dehnt der OGH auf der einen Seite den Kreis der „Dritten" nach einer Periode „größter Zurückhaltung"[31] wiederum kräftig aus; auf der anderen Seite gibt es eine Reihe von Hinweisen darauf, dass der Gerichtshof die Haftung für Sachverständige beträchtlich einschränken möchte, nicht zuletzt deshalb, weil er befürchtet, dass sich sonst kaum noch Sachverständige für die Übernahme ihrer wichtigen Aufgaben finden würden.

Was die Haftungserweiterung betrifft, so stellt die Entscheidung im Fall der „Innsbrucker Liegenschaft" (OGH 13.6.2000, 1 Ob 79/00z) eine deutliche Abkehr von einer jahrzehntelangen Rechtsprechungslinie dar.

Ausgehend von der Entscheidung des OGH 2.12.1964 JBl 1965, 319 anerkannte der OGH eine Haftung des Sachverständigen grundsätzlich nur seinem Auftraggeber gegenüber. Die Gegenmeinung *Scheucher*s, der auf die Bedürfnisse des Verkehrs abstellt,[32] lehnte er ab. „Ausnahmen" wollte er im Sinne der Lehre von *Franz Bydlinski* nur bei sittenwidrigem oder betrügerischem Verhalten machen, sowie allerdings auch beim Gerichtssachverständigen.[33] Letzteres beispielsweise im Fall OGH 5.7.1934 SZ 16/143. Dort hatte ein Vormundschaftsgericht, gestützt auf ein falsches Schätzgutachten des Gerichtssachverständigen, auf der Liegenschaft einer Minderjährigen ein Hypothekardarlehen gewährt. Als der Schuldner nicht zahlte und die Liegenschaft weit unter ihrem Wert versteigert werden musste, erlitt die Minderjährige einen beträchtlichen Schaden. Diesen wollte sie vom Gerichtssachverständigen ersetzt erhalten.

Der OGH gab dem Klagebegehren mit der Begründung statt, ein gerichtlicher Sachverständiger, der eine Liegenschaft schätze, tue dies auch „im Hinblick darauf, dass solche Gutachten ... im Allgemeinen nicht dazu bestimmt sind, den Besteller über den Wert der Liegenschaft zu unterrichten, sondern dem Geldgeber als Richtschnur für die Höhe des zu gewährenden Darlehens zu dienen".

Verstärkend käme noch hinzu, dass der Sachverständige „als Bestellter des Gerichts", also in seiner Eigenschaft „als Hilfsperson einer öffentlichen Behörde" gehandelt habe.

Koziol nahm diese Ansicht des OGH, zu der sich auch *F. Bydlinski* bekannte, auf, allerdings nur um eine Haftung gegenüber den Prozessparteien zu begrün-

---

[31] So *Wilhelm*, Exekutiver Erwerb: Haftung des Sachverständigen? ecolex 1992, 626.

[32] *Scheucher*, Die Haftung des Sachverständigen für sein Gutachten, ÖJZ 1961, 288.

[33] Vgl *F. Bydlinski*, JBl 1965, 320 f (Entscheidungsanm).

den.[34] Eine Haftung gegenüber dem Ersteher der Liegenschaft wurde – mit Ausnahme von OGH 9.12.1936 JBl 1937, 58 – von der Rechtsprechung wie auch vom Großteil der Lehre stets abgelehnt.[35] Dafür gibt es zwei Begründungen.

Erstens wurde vom OGH verneint, dass die verfahrensrechtlichen Normen, aufgrund derer Schätzgutachten erstellt werden (§§ 140 bis 144 EO, §§ 14 ff Realschätzordnung), auch den Schutz der Ersteher bezweckten. Und zum Zweiten wurde ganz allgemein formuliert, dass eine Haftung des Sachverständigen für Dritte nur eintrete, „wenn der Besteller des Gutachtens gerade auch die Interessen des Dritten bei der Bestellung des Gutachtens mitverfolgt".[36] Dem entspricht die Ansicht *Koziol*s, wonach eine Haftung Dritten gegenüber nur „ausnahmsweise" denkbar sei, zB bei Vorliegen eines Vertrags mit Schutzwirkung zugunsten Dritter.[37]

Nachdem *Novotny*[38] eine analoge Anwendung des § 1089 ABGB vorgeschlagen hatte und *Wilhelm* darauf verwies, dass Gutachter im Prinzip auch deliktische Sorgfaltspflichten gegenüber Dritten haben können,[39] änderte der OGH seine Meinung in dem schon erwähnten „Innsbrucker Liegenschaftsfall".

Hier hatte ein Gerichtssachverständiger ein schlampiges Gutachten verfasst und nahezu 30 Quadratmeter mehr für eine zu versteigernde Eigentumswohnung angegeben als tatsächlich vorhanden waren.

Gestützt auf eine Änderung der Rechtslage – an die Stelle der Realschätzordnung trat das Liegenschaftsbewertungsgesetz 1992 bei gleichzeitiger Einführung des § 141 Abs 5 EO – wodurch nunmehr die Verantwortung für die Befundaufnahme einer Schätzung dem Gerichtssachverständigen auferlegt wird und nicht mehr dem Vollstreckungsorgan, sah der OGH in den Verfahrensvorschriften der EO und des Liegenschaftsbewertungsgesetzes auch Schutzgesetze zugunsten des Erstehers. Dies gelte selbst für den so genannten reinen Vermögensschaden, den der Kläger im gegenständlichen Fall geltend machte.[40]

---

[34] *Koziol*, Haftpflichtrecht II², 190.

[35] So OGH 7.6.1984 SZ 57/105; OGH 14.1.1987 SZ 60/2; OGH 23.4.1992 ecolex 1992, 627; OGH 12.6.1997, 8 Ob 25/97b; *F. Bydlinski*, JBl 1965, 320 (Entscheidungsanm); *Koziol*, Haftpflichtrecht II², 190; *Welser*, NZ 1984, 95. Diese Ablehnung ist nicht zuletzt deshalb für den Ersteher peinlich, weil ihm nach § 189 Abs 2 EO keine Gewährleistungs-, Irrtums- oder laesio enormis-Ansprüche zustehen.

[36] OGH 14.1.1987 SZ 60/2 mit Verweis auf OGH 11.7.1985 RdW 1985, 306; OGH 22.12.1970 SZ 43/236.

[37] Vgl auch *Welser*, Die Haftung für Rat, Auskunft und Gutachten (1983) 84 ff. Kritisch dazu *Harrer*, Die zivilrechtliche Haftung des Sachverständigen, in *Aicher/Funk*, Der Sachverständige 181, der einen Vertrag mit Schutzwirkung zugunsten Dritter ablehnt und auf die oft „konträren Interessen" zwischen dem Auftraggeber und beispielsweise seiner Bank aufmerksam macht.

[38] *Novotny*, Die Haftung des gerichtlich bestellten Sachverständigen gegenüber dem Ersteher in der Liegenschaftszwangsversteigerung, JBl 1987, 282.

[39] Mit Berufung auf OGH 27.6.1984 SZ 57/122 und OGH 30.6.1988 ÖBA 1989, 89.

[40] Vgl nunmehr auch OGH 23.1.2001 ecolex 2001, 436 („Auseinandersetzungs-Guthaben"), wo der Sachverständige für die Richtigkeit seines Gutachtens auch gegenüber Dritten haftet, wenn der Besteller für den Sachverständigen erkennbar die Interessen „eines oder mehrerer bestimmter Dritter mitverfolgt". Das trifft zu, wenn der Sachver-

Mit dieser Entscheidung kommt der OGH der deutschen Rechtsprechung näher, die schon seit langem dem Kreditgeber, dem Bürgen, Käufer oder Versicherer Ansprüche gegenüber dem Sachverständigen des Auftraggebers gewährt.[41] Dabei spielt bisweilen die Erwägung eine Rolle, ob das Gutachten erkennbar für einen Dritten bestimmt war[42] oder ob der Sachverständige vermittels einer besonderen staatlichen Anerkennung über besonders ausgewiesene Sachkunde verfügt.[43]

Deutlich an deutschen Vorbildern orientiert sich freilich auch jene Judikatur des OGH, die den Anspruch gegen Gerichtssachverständige drastisch einschränkt.

In der schon erwähnten Entscheidung „AKH-Gutachter" (OGH 5.5.1983 SZ 56/74) hatte sich die Klägerin zum Zweck der Planung des Wiener AKH mit anderen Unternehmungen zu einer Arbeitsgemeinschaft zusammengeschlossen. Später wurden Strafverfahren gegen einzelne leitende Mitarbeiter der Klägerin eingeleitet und der nunmehrige Beklagte zum Gerichtssachverständigen bestellt. Mit der Behauptung, dass Teile des Gutachtens dieses Sachverständigen falsch wären und die Klägerin durch ihr Bekanntwerden in der Öffentlichkeit eine Kreditschädigung erlitten habe, begehrt die Klägerin, diese Teile zu widerrufen und den Widerruf in einzelnen Tageszeitungen zu veröffentlichen.

Der OGH lehnte dieses Begehren nahezu ausschließlich mit Berufung auf deutsches Recht sowie deutsche Lehre und Judikatur ab. Aus „Interesse an einem sachgerechten Funktionieren der Rechtspflege" seien in Deutschland Unterlassungsklagen oder Widerrufsansprüche bei Strafanzeigen, Beschwerden und Eingaben sowie bei Aussagen von Zeugen und Parteien stets abgelehnt worden.[44] Diese Überlegungen müssten für einen Gerichtssachverständigen noch in besonderem Maße gelten. Er sei immerhin „Hilfsperson des Richters. An seiner Tätigkeit besteht ein erhebliches öffentliches Interesse. Dessen Beschränkung müsste die Rechtsprechung entscheidend beeinträchtigen". Aus diesem Grund könne gegen ihre Gutachten kein Widerrufsbegehren gestellt werden. „Jede andere Auslegung würde zu dem Ergebnis führen, dass eine sachgerechte Durchführung eines Prozesses nicht mehr möglich ist". Und: „Das Interesse an einer ordnungsgemäßen Rechtspflege gebietet daher die Ausnehmung der Tätigkeit eines Sach-

---

ständige damit rechnen muss, dass sein Gutachten „die Grundlage" für deren Disposition bedeuten wird. Was nunmehr „mit dem Vorbringen eines Vertrages zugunsten Dritter oder mit Schutzwirkung zugunsten Dritter bzw dem Bestehen einer objektiv-rechtlichen Sorgfaltspflicht zugunsten Dritter begründet werden kann". – Ebenso ließ der OGH im Fall „Goldgrube" vom 20.11.1996 SZ 69/258 eine Ersatzklage der Bank gegen den fehlerhaft handelnden Schätzgutachter in der Höhe von ATS 4,9 Millionen zu, weil letzteren „eine objektive Sorgfaltspflicht zugunsten Dritter trifft, wenn er damit rechnen muss, dass sein Gutachten die Grundlage für dessen Dispositionen bilden würde".

[41] BGH 2.11.1983 NJW 1984, 355; BGH 26.11.1986 NJW 1987, 1758; BGH 10.11.1994 BGHZ 127, 378; BGH 19.12.1996 NJW 1997, 1235.

[42] BGH 7.7.1998 NJW-RR 1998, 1343.

[43] BGH 10.11.1994 BGHZ 127, 378. Dagegen freilich die Lehre, vgl *Palandt*, Kommentar zum Bürgerlichen Gesetzbuch[60] (2001) § 328 BGB Rz 34 mit zahlreichen Nachweisen. – *Döbereiner/Keyserlingk*, Sachverständigenhaftung Rz 19 sehen eine allgemeine Drittwirkung kraft öffentlicher Bestellung des Gutachters: Sie erfolge „gerade auch zum Schutz des Publikums".

[44] Mit Zitaten von *Palandt*, *Staudinger* und dem *Reichsgerichtsräte*-Kommandar(!).

verständigen aus jenen Bestimmungen (hier: § 1330 Abs 2 ABGB), die allenfalls einen Unterlassungs- oder Widerrufsanspruch begründen können."

Noch einen Schritt weiter ging der OGH in seiner Entscheidung „Edelsteine" (OGH 7.7.1992 JBl 1993, 518 [*Koziol*]). Hier hatte ein privater Sachverständiger schon im Befund über den Wert zweier Weißgoldschrauben mit je einem Diamanten geirrt: Er legte seinem Gutachten jeweils nur die Hälfte des Gewichts der Diamanten zugrunde und kam damit auf einen Wert der Weißgoldschrauben von ATS 30.000,–, während der Auftraggeber sie um ATS 60.000,– gekauft hatte. Letzterer fühlte sich daher vom Verkäufer der Edelsteine „gelegt" und verlangte von ihm, dem nunmehrigen Kläger, das Geld zurück. Dieser musste sich erst durch ein Zweitgutachten, das den Wert der Weißgoldschrauben in der Höhe des Kaufpreises bestätigte, „frei beweisen". Er verlangte nunmehr vom ersten Gutachter die Kosten des Zweitgutachtens ersetzt sowie immateriellen Schadenersatz wegen besonders kränkender Rufschädigung und die künftige Unterlassung einer ähnlich falschen Befundung.

Der OGH wies das Klagebegehren mit der Begründung ab, „dass das Interesse an einer ordnungsgemäßen Rechtspflege die Ausnehmung der Tätigkeit eines Sachverständigen" auch dann rechtfertige, wenn dieser als Privatgutachter tätig geworden sei.[45] Auch sein Gutachten sei „ein unverzichtbares Element der Meinungsbildung".

Beide Entscheidungen sind vermutlich im Ergebnis richtig. Der AKH-Sachverständige hatte sein Gutachten „nicht öffentlich" vorgebracht und war für die Weitergabe dieses Gutachtens an die Presse nicht verantwortlich. Wie bei Strafanzeigen, Beschwerden und Eingaben hatte der „Empfänger" (das Gericht) ein „berechtigtes Interesse" daran, sodass eine Haftung schon nach dem Wortlaut des § 1330 Abs 2 letzter Satz ABGB nur bei Kenntnis des unrichtigen Inhalts des Gutachtens in Frage kam. Tatsächlich haben die beiden Untergerichte auch in diesem Sinne entschieden. Die Bezugnahme auf die deutsche Judikatur durch den OGH war daher im Grunde überflüssig.[46]

Für den „Edelsteinfall" hob *Koziol* in seiner Entscheidungsbesprechung mit Recht hervor, dass überhaupt keine Kreditschädigung vorliege: Der Gutachter hatte sich ja nur im Gewicht der Diamanten geirrt und keinerlei Behauptungen

---

[45] So gleichfalls BGH 18.10.1977 GRUR 1978, 258 („Schriftsachverständiger").

[46] Aus den soeben genannten gesetzlichen Gründen lehnte der OGH beispielsweise im Fall „Schischule" – OGH 26.6.1990 SZ 63/110 – eine Klage nach § 1330 Abs 2 ABGB ab. Nicht auf deutsche Vorbilder hat sich der OGH gottlob im „Grafologen"-Fall berufen – OGH 5.9.2000 JBl 2001, 227. Dort hatte ein vollkommen unzulängliches grafologisches Gutachten einen Rechtsanwalt in die Gefahr der Strafverfolgung gebracht. Er klagte den Gutachter auf Ersatz der Kosten des notwendigen Gegengutachtens und erhielt Recht. Da der Gutachter mit der Strafverfolgung des Klägers rechnen musste, musste er auch haften. – Ganz anders das deutsche Recht. Hier lehnte der BGH im oben (FN 45) zitierten Fall „Schriftsachverständiger" – BGH 18.10.1977 GRUR 1978, 258 – das Widerrufsbegehren der Klägerin ab, die durch ein gleichfalls falsches Grafologen-Gutachten in den Verdacht geraten war, zahlreiche anonyme Briefe mit obszönem Inhalt geschrieben zu haben. Da ein Gutachten stets ein Werturteil sei, könne es nicht widerrufen werden, weil dies gegen das Grundrecht der freien Meinungsäußerung verstieße, befand der BGH.

über den Kläger selbst angestellt.[47] Deshalb, und nicht „im Interesse einer ordnungsgemäßen Rechtspflege", war die Klage abzuweisen.

Tatsächlich sind die Argumente der beiden Erkenntnisse des OGH auch weniger dogmatisch als pragmatisch. Sie stellen Zweckmäßigkeitsüberlegungen im unmittelbaren Anwendungsbereich des Rechtes dar.[48]

Noch in der schon zitierten Entscheidung „Lichtreklame" (OGH 5.11.1929 SZ 11/225) hatte der OGH derartige Überlegungen glattwegs ignoriert. Durch ein fehlerhaftes Gutachten war der Kläger im Vorprozess zur Zahlung des vollen Kaufpreises für eine mangelhafte Lichtreklame verurteilt worden. Diesen Betrag verlangt er nunmehr vom Sachverständigen zurück. Während das Gericht erster Instanz dem Klagebegehren entsprach, wies das Berufungsgericht den Anspruch des Klägers ab. Seine Begründung war durchwegs pragmatisch. Da ein rechtskräftiges Urteil im Vorprozess den Rechtsstreit „richtig und endgültig gelöst" habe und dieses Urteil mangels Wiederaufnahme- oder Nichtigkeitsgründen „von jedermann zu respektieren sei"; da weiters eine „Neuaufrollung" unzulässig erscheine, weil diesfalls ein Widerspruch zu „den Bedürfnissen einer geordneten Rechtspflege" eintrete, der „den Interessen der rechtssuchenden Bevölkerung selbst" entgegenstehe, dürfen „von dem Gerichte befugte Sachverständige und Zeugen zivilrechtlich überhaupt nicht verantwortlich gemacht werden". Ohne ein Wort zu diesen Ansichten zu verlieren, stellte der OGH die Entscheidung des Erstgerichts wieder her.

Die Übereinstimmung der Argumentation des Berufungsgerichts mit den Erkenntnissen deutscher Gerichte ist augenfällig. So hatte der BGH in der berühmten „Wiegand-Affäre" 1973 ganz ähnlich argumentiert.[49] Herr Wiegand hatte sich viele Jahre hindurch als „Sozialanwalt" gefühlt und Strafvollzugsbehörden öffentlich und drastisch zur Pflichterfüllung angehalten. 1967 wurde er deswegen rechtskräftig zu einer Gefängnisstrafe von 2 Jahren wegen Beleidigung in 23 Fällen, übler Nachrede, wissentlich falscher Anschuldigung, Beamtennötigung und Widerstand gegen die Staatsgewalt verurteilt.

Auf Grund eines Gutachtens des Gerichtssachverständigen, das ihm „psychopathische primäre Querulanz mit eindeutigem Krankheitswert" attestierte, wurde Wiegand 3 Monate im „festen Haus" einer psychiatrischen Klinik untergebracht. Die Pressestelle der Staatsanwaltschaft veröffentlichte zudem die maßgeblichen Stellen des Gutachtens. Später wurde durch andere Gutachten festgestellt, dass der Gerichtssachverständige Unrecht hatte. Daraufhin klagte Wiegand den Gutachter auf Schadenersatz wegen Beeinträchtigung seiner Persönlichkeitsrechte und Verletzung der persönlichen Freiheit. Zur Überraschung vieler wies der BGH das Klagebegehren ab. Als ersten Grund nannte der Gerichtshof „die Stellung des Sachverständigen als Gehilfen des Richters". Würde dieser wegen bloß fahrlässiger Gutachtensfehler verurteilt, sei seine „innere Unabhängigkeit" ebenso gefährdet wie das allgemeine Interesse am „Funktionieren der Rechtspflege".

---

[47] *Koziol*, JBl 1993, 519.

[48] Vgl zur Bedeutung der „Pragmatik" im Recht *P. Koller*, Theorie des Rechts[2] (1997) 203, 213. Demnach werden Normen erst im „pragmatischen Kontext", zu dem vor allem „die Berücksichtigung ihrer Zweckorientierung" gehört, „vollständig begreifbar".

[49] BGH 18.12.1973 JZ 1974, 548.

Das zweite Argument betraf die Gefahr des Wiederaufrollens von Prozessen. Eine solche Wiederholung widerspreche der Rechtssicherheit. Bald würden unterlegene Parteien die Obsiegenden klagen, möglicherweise auch die Rechtsanwälte und Zeugen, argwöhnte der BGH.

Schließlich wies der Gerichtshof auch noch auf die „staatsbürgerliche Pflicht" des Sachverständigen hin, der gegenüber private Interessen zurücktreten müssten. Alle diese Argumente zusammen führten gleichfalls zur „Herausnahme" des Gerichtssachverständigen aus dem Haftungszusammenhang: Er würde – so der BGH – nur bei Vorsatz schadenersatzpflichtig.

Diese Entscheidung hat viel Ablehnung und Kritik gefunden.[50] Vor allem wurde gerügt, dass der Gerichtshof die unberechtigte Einschränkung der persönlichen Freiheit iSd Art 2 Abs 2 GG durch das Sachverständigengutachten vollkommen übergangen habe. Das deutsche Bundesverfassungsgericht nahm daraufhin bei einer ähnlichen Freiheitsentziehung wegen eines falschen Gutachtens die Haftung des Gerichtssachverständigen zumindest für grobe Fahrlässigkeit an.[51]

Dass der OGH trotz der massiven Kritik an der Entscheidung des BGH im Falle Wiegand die *pragmatischen Argumente* des Gerichtshofs im Wesentlichen übernommen hat, ist weniger von dogmatischer Bedeutung – im Ergebnis hat der Gerichtshof ja durchaus Recht –, zeigt aber deutlich die innere Befindlichkeit des österreichischen Höchstgerichtes auf. Auch der OGH hat offenbar Sorgen. Und mit Recht: Wohin soll das immer wieder Aufrollen der Prozesse führen? Wer wird sich noch bereit erklären, in komplexen Fällen zu gutachten, wenn über ihm ständig das Damoklesschwert einer Haftung schwebt? Nunmehr sogar erweitert auf die Ersteher einer Liegenschaft.

V. Gute Gründe für eine Amtshaftung als Staatshaftung auch für Gerichtssachverständige: Der Beitrag der ökonomischen Analyse des Rechts, die neue internationale Unternehmenshaftung und die Rechtsprechung des EuGH zur Entwicklung einer europäischen Staatshaftung

Diese pragmatischen Fragen und Argumente geben somit in erster Linie ein Bild der höchstgerichtlichen Gemütslage wieder. Dieses Bild ist deshalb bedeutsam, weil es verständlich macht, warum der Gerichtshof eine Amtshaftung für Gerichtssachverständige letztlich – neben anderen Gründen – als unzureichend

---

[50] Vgl *Hellmer*, NJW 1974, 556 (Entscheidungsanm); *Hopt*, JZ 1974, 551 (Entscheidungsanm); *Rasehorn*, Zur Haftung für fehlerhafte Sachverständigengutachten, NJW 1974, 1172; *Damm*, Die zivilgerichtliche Haftung der gerichtlichen Sachverständigen – BGHZ 62, 54, JuS 1976, 359.

[51] BVerfG 11.10.1978 NJW 1979, 305.

empfindet: Er will – wie auch der BGH – in vielen Fällen offensichtlich über-haupt keine Haftung von Sachverständigen und glaubt, dieses Ergebnis bei direkter Verantwortung eher zu erreichen als vermittels der Amtshaftung.

Damit geraten aber dogmatische und pragmatische Überlegungen in einen Konflikt. Denn es ist ja nicht zu übersehen, dass die Judikatur dadurch in Extre-men schwankt: Einmal Haftung für jede Fahrlässigkeit (Dogmatik), dann wieder gänzliche „Herausnahme aus dem Haftungszusammenhang" (Pragmatik). Wie soll man aber in letzterem Fall dogmatisch begründen, dass beispielsweise der Richter eines Prozesses als Organ des Staates zumindest für grob fahrlässige Fehler im Regress einstehen muss, der Sachverständige hingegen überhaupt nicht? Hier wird offensichtlich ein Haftungsprivileg geboren, das möglicher-weise eine pragmatische Rechtfertigung in der Sorge um die ordnungsgemäße Rechtspflege findet, sicher jedoch nicht in einer Dogmatik, die der Gleichbe-handlung verpflichtet ist. Dasselbe trifft auch auf den Gegensatz zwischen der Beleihungsjudikatur des OGH und seiner eisernen Ablehnung der Organqualität des Gerichtssachverständigen zu. Im ersteren Fall gilt offensichtlich eine Art „Midas-Theorie" des Hoheitlichen: Wer mit irgendwelchen, auch noch so entfernten Hoheitsfunktionen – Transportbegleitung, Arbeitgeberfunktion für Strafgefangene, Abbruch von Häusern usw – auch nur in Berührung kommt, wird selber hoheitlich. Hingegen nützt dem Gerichtssachverständigen selbst eine öffentliche Bestellung und seine notwendige, ja sogar erzwingbare Betei-ligung an der – hoheitlichen – Urteilsfindung nichts: Er bleibt privat. Semel privatim semper privatim.

Der Grund dafür ist wiederum nicht im Dogmatischen zu suchen, sondern in einer hier zu Lande meist unausgesprochenen Pragmatik: Man fürchtet – wie es der BGH ausdrücklich formuliert hat – die Vervielfachung der Gefahr des Prozessaufrollens, wenn der Staat für alle Beteiligten – Richter, Sachverständi-gen, Zeugen einstehen soll. Diese Befürchtung ist generell nicht von der Hand zu weisen und beispielsweise auch der Grund, weshalb man im US-amerikani-schen Recht nach wie vor sogar den Richtern „absolute immunity for acts committed within the scope of their office (garantiert) even if they acted in bad faith" (*Pierson v. Ray*, 386 U.S. 547 [1967]). Nur stimmt es natürlich nicht im österreichischen System im Vergleich mit der derzeitig geübten Praxis. Denn tatsächlich kann man auch jeden dieser Beteiligten – mit Ausnahme des Rich-ters – direkt und einzeln klagen und damit beliebig Prozesse aufrollen. Und wenn man das sogar bei jeder Fahrlässigkeit des Sachverständigen darf, dann ist die zweite pragmatische Gefahr, dass sich bald niemand mehr für das Amt des Gerichtssachverständigen findet und somit das „Funktionieren der Rechtspre-chung" gefährdet ist, doch weitaus realer als wenn man den Gerichtssachver-ständigen gleichermaßen schützt wie den Amtssachverständigen und den Rich-ter: Nämlich durch seine Herausnahme aus der unmittelbaren Verantwortung gegenüber den Prozessparteien und anderen Personen und seine Einbindung in eine umfassende Amtshaftung für Gerichtsfehler.

Für eine solche Einbeziehung sprechen eine Reihe von Gründen, die bislang in der Diskussion um die Haftung von Sachverständigen noch nicht erörtert worden sind. Da ist zunächst das Argument der *ökonomischen Schule des*

Rechts, wonach der Staat die weitaus effizientere Haftungsadresse darstellt als der einzelne Sachverständige. Er ist als Träger der Gerichtsbarkeit und der Verwaltung sowohl „cheapest cost avoider" als auch „cheapest spreader".[52] Das heißt, der Staat beherrscht das Risiko fehlerhafter Gutachten besser als der einzelne Experte selbst, weil er es mit relativ geringerem Aufwand verhindern kann (beispielsweise durch umfassende Qualitätskontrollen und Qualifizierungsmaßnahmen), und – soweit dies misslingt – weil er die Kosten der Schadenersatzleistungen weitaus günstiger zu verteilen vermag als der einzelne Sachverständige.

Dies gilt selbst dann, wenn man nunmehr – als eine erste Geste an die ökonomische Effizienz – eine Pflicht-Haftpflichtversicherung zugunsten jedes Sachverständigen eingeführt hat, der in eine Liste der Gerichte eingetragen werden möchte. Auch im Vergleich zum versicherten Sachverständigen bleibt der Staat als Haftender ökonomisch attraktiver und effizienter.

Aber nicht nur die größere *Schadenstragungsfähigkeit* und *Risikoverteilungskapazität* des Staates sprechen für eine Amtshaftung bei Gerichtssachverständigen, sondern auch die europäische und internationale Entwicklung der *Unternehmenshaftung* einerseits und der *Staatshaftung* auf der anderen Seite.

So tritt weltweit, ausgehend von der US-amerikanischen „Enterprise Liability" zunehmend die unmittelbare Verantwortlichkeit des Unternehmensträgers an die Stelle der alten „Vicarious Liability", bei der ein „Geschäftsherr" erst durch das Verschulden seiner „Gehilfen" haftbar wird.[53]

Im Bereich der Hoheitsverwaltung entspricht dieser Entwicklung die „Europäisierung des Staatshaftungsrechts" (*G. Brüggemeier*) durch die Rechtsprechung des EuGH. Dieser hat seit einigen Jahren mit großem Erfolg eine „originäre Staatshaftung für Gemeinschaftsrecht" durchgesetzt.

Hier wird effektiver Schutz bei europarechtswidrigem Handeln der Gemeinschaft und ihrer Organe, der Mitgliedstaaten und ihrer Institutionen sowie einzelner privater Akteure gewährleistet. Die „Schöppenstedt-Formel" vom „hinreichend qualifizierten Verstoß" („sufficiently serious breach") als Haftungsvoraussetzung aus dem Brasserie-Urteil[54] ist dabei flexibel genug, um vor allem auch in den Fällen des reinen Vermögensschadens, die in den vorliegenden Konstellationen die Regel sind, ausreichend Rechtsschutz zu bieten.

---

[52] Im Sinne der klassischen Definition von *Calabresi*, The Costs of Accidents (1970), vor allem aber *Calabresi*, Optimal Deterence and Accidents, Yale Law Journal 1975, 656; zur Bedeutung für das österreichische Recht *Gimpel-Hinteregger*, Grundlagen der Umwelthaftung (1994) 47 ff. Wenn der Gesetzgeber der SDG-Novelle 1998 nunmehr eine Pflicht-Haftpflichtversicherung für eingetragene Sachverständige einführt, so ist das ein erster Schritt zur Anerkennung ökonomischer Effizienz. Damit mag der Gesetzgeber tatsächlich eine Versicherung für die direkte Klage der Sachverständigen gemeint haben. Bei der Umwandlung in eine Amtshaftung für Gerichtssachverständige lässt sich diese aber zwanglos auf Regressansprüche reduzieren (siehe sogleich).

[53] Vgl Näheres dazu bei *G. Brüggemeier*, Prinzipien des Haftungsrechts (1999) 126. – Ein erstes, wichtiges Indiz für diese Entwicklung findet sich bereits in § 2 Abs 1 AHG: Demnach muss der Kläger ein konkretes, fehlerhaft handelndes Organ gar nicht nennen.

[54] EuGH 5.3.1996, Rs C-46 und 48/93, Brasserie du Pêcheur SA – Bundesrepublik Deutschland und The Queen – Secretary of State for Transport, ex parte Factortame Ltd ua, Slg 1996, I-1029.

Auch der OGH anerkennt mittlerweile eine Amtshaftung wegen unrichtiger Anwendung des Gemeinschaftsrechts in Österreich.[55] Und auch er verwendet dort die Formel vom „hinreichend qualifizierten Verstoß gegen das Gemeinschaftsrecht" und richtet seine Judikatur am Grundsatz effektiver, dh voller Kompensation aus.

Im Zuge dieser notwendigen Erneuerung des österreichischen Amtshaftungsrechts wird es zweifellos zu weiteren entscheidenden Veränderungen kommen. Das gilt nicht nur für die Staatshaftung für legislatorisches Unrecht, sondern auch für verschiedene Einzelheiten. Im Fall der Abschiebung eines türkischen Arbeitnehmers beispielsweise wurde auf Grund des Art 6 ARB 1/80 erst unlängst die Frage nach einer *Naturalrestitution* im Amtshaftungsrecht akut: Wäre der OGH nämlich zur Meinung gelangt, dass die Schubhaft und Abschiebung des Türken gemeinschaftsrechtswidrig war, so hätte er wohl auf Gestattung des Aufenthalts in Österreich erkennen müssen. Dies obgleich das AHG selbst nur den Geldersatz kennt.[56]

Insgesamt entscheidend aber ist, dass der EuGH mit seiner Staatshaftungsjudikatur (Art 288 II EGV in Verbindung mit der Francovich-Doktrin) „weitgehend nationalstaatliche Reformforderungen nach einer originären und ausschließlichen Außenhaftung des Staates umgesetzt und so für einen entsprechenden Harmonisierungsdruck gesorgt hat".[57] Im Vordergrund steht nicht mehr die überkommene Orientierung am Fehlverhalten einzelner Amtsorgane, sondern viel stärker die objektive Verletzung von Gemeinschaftsrecht durch die Gemeinschaft selbst oder durch ihre Mitgliedstaaten.

Diese neue Entwicklung vom Amtshaftungsrecht zur Staatshaftung, die der oben geschilderten Entwicklung der privaten Unternehmenshaftung entspricht, wird auch vor innerstaatlichen Amts-(Staats-)Haftungsfällen nicht Halt machen.

Der OGH hat daher gute Gründe, gerade diesen Umbau der traditionellen Amtshaftung zum Anlass zu nehmen, den Staat jedenfalls für gravierende Fehler seiner Gerichts- und Verwaltungsexperten im Sinne des „hinreichend qualifizierten Verstoßes" haften zu lassen.

VI. Resümee

Die Vorteile einer solchen Staatshaftung für Gerichts- und Verwaltungsfehler liegen auf der Hand:

● Diese Haftung schafft erstmals gleiche Bedingungen zwischen Amtssachverständigen und Gerichtssachverständigen und entspricht so dem Prinzip der Gleichbehandlung.

---

[55] Vgl OGH 6.10.2000 JBl 2001, 322 („Niederlassungsfreiheit") mwN.
[56] OGH 21.6.2000 ecolex 2001, 99 (*B. Jud*) („Abschiebung") – ARB: Assoziationsratsbeschluss zum Assoziationsabkommen zwischen der EWG und der Türkei 1963 v. 19.9.1980.
[57] *G. Brüggemeier*, Prinzipien 145.

● Die Sachverständigen selbst werden nicht mehr direkt in Anspruch genommen, sondern sind nur noch einem Regressanspruch ausgesetzt, der auf grobes Verschulden beschränkt ist und „aus Gründen der Billigkeit" gemäßigt werden kann. Die neue Pflicht-Haftpflichtversicherung für Sachverständige kann bei solchen Regressansprüchen gute Dienste leisten.

● Diese Lösung hebt auch den bislang ungeklärten Gegensatz zwischen der Beleihungsjudikatur des OGH, bei der hoheitliche „Hilfsfunktionen" für eine Organstellung regelmäßig ausreichen, und der bisherigen Ablehnung einer Organstellung des Gerichtssachverständigen wegen seiner bloßen „Hilfsfunktion" auf.[58]

Dogmatisch lässt sich die Amtshaftung für Gerichtssachverständige durch mehrere Überlegungen begründen.

1. Zunächst einmal aus der – vor allem auch im Vergleich mit den Wertungen der Beleihungsjudikatur – ausreichenden Nähe der gerichtlichen wie behördlichen Sachverständigentätigkeit zur „hoheitlichen Sphäre". (Der Sachverständige als „Organgehilfe" des Richters bzw Behördenvertreters.)

2. Sodann durch die Idee der forensischen Integration des Sachverständigen in den richterlichen – wie auch verwaltungsbehördlichen – Rechtsfindungs- und Entscheidungsprozess. *Davy* hat hier ganz richtig gesehen, dass gegen ein „Herausnehmen von Expertenfehlern aus fehlerhaftem behördlichem Verhalten" in erster Linie spricht, dass es dem Gesetzgeber erkennbar auf die Gesamtqualität des Meinungsbildungsprozesses wie auch seines Er-

---

[58] Wie notwendig diese Aufhebung der Gegensätze ist, zeigt ein besonders krasses Beispiel einer verfehlten Ablehnung der Organfunktion, nämlich die E „HNO-Facharzt" – OGH 23.11.1999 JBl 2000, 320. Hier wurde ein etwas schwerhöriger Wehrpflichtiger von der Stellungskommission zu einem HNO-Facharzt geschickt, der ständig vom Bundesheer herangezogen wurde. Wegen einer fehlerhaften Audiometrie attestierte er dem Wehrpflichtigen volle Tauglichkeit, sodass dieser seine Wehrpflicht normal erfüllen musste. Als er sich nach Ableistung des Präsenzdienstes für einen außerordentlichen Dienst in Zypern meldete, wurde seine leichte Schwerhörigkeit bei weiteren Untersuchungen entdeckt und der Einsatz abgelehnt. Die Klage des Abgelehnten gegen den Bund auf Ersatz der entgangenen, sehr guten Bezahlung auf Zypern wurde vom OGH gleichfalls abgewiesen: Da der HNO-Arzt nicht Mitglied der Stellungskommission sei, sondern nur „Außenstehender mit beratenden Funktionen", sei er kein Organ. Als „äußerst zweifelhaft" wurde gleichzeitig ein Verschulden der Stellungskommission bei der Beurteilung des Gutachtens eingestuft. – Sieht man davon ab, dass hier der Ersatz des begehrten reinen Vermögensschadens tatsächlich schwer zu begründen ist, weil eine entsprechende Schutznorm fehlt, ist aber jedenfalls die Ablehnung der Organfunktion des HNO-Arztes falsch. Zum einen sieht der OGH im Tierarzt durchaus ein Organ des Bundes bei der Fleischbeschau – OGH 8.10.1984 SZ 57/149 – und zum anderen widerspricht die abgelehnte Organfunktion in jeder Hinsicht der Beleihungsjudikatur des OGH, bei der stets beratende und andere Hilfsfunktionen ausreichen, um aus einem Privaten ein Organ zu machen. Besonders befremdlich sind aber die Konsequenzen für die Wehrpflichtigen: Werden sie von eigenen Bundesheerärzten untersucht, haftet der Bund; lagert das Bundesheer die Ärzte aus, so wird auch die Haftung des Bundes ausgelagert. Damit hat es der Bund in der Hand, über seine eigene Haftung zu bestimmen.

gebnisses in Gestalt eines Urteils oder Bescheides ankommt.[59] Das macht ja auch die immer noch wachsende Bedeutung der Experten aus – dass ohne sie kaum noch gerichtliche oder behördliche Entscheidungen möglich sind. („Notwendige integrierte Organgehilfen" – anstelle der „heimlichen" Richter.)

• Schließlich stellt die Einbeziehung des Gerichtssachverständigen in die Amts-(Staats-)Haftung einen tauglichen Kompromiss zwischen den wichtigsten dogmatischen und pragmatischen Topoi des OGH dar.

1. Die Gerichte können sich – wie zum Teil schon bisher – auf gravierende Sachverständigenfehler konzentrieren, die zudem für den Vorprozess – bei Beachtung der freien Beweiswürdigung des Richters dort – tatsächlich kausal wurden.[60] (Erster Topos gegen die Sorge um die Rechtssicherheit wegen des häufigen „Wiederaufrollens" bereits abgeschlossener Prozesse.)

2. Der Sachverständige selbst wird nur „ausnahmsweise" einer Haftung im Regressweg ausgesetzt, sodass – in Verbindung mit der neuen Pflicht-Haftpflicht-Versicherung – die Sorge um die ausreichende Bereitschaft für Sachverständigentätigkeit unbegründet bleibt und die Aufrechterhaltung einer „ordnungsgemäßen Rechtspflege" gewahrt erscheint. (Zweiter Topos.)[61]

3. Wobei diese Lösung die höchst erklärungsbedürftigen Extreme der gegenwärtigen rechtlichen Situation vermeidet: Die volle Haftung bei jeder leichten Fahrlässigkeit des Gerichtssachverständigen auf der einen Seite – seine gänzliche „Herausnahme" aus dem Haftungszusammenhang in Fällen der Kreditschädigung auf der anderen.

• Zusammenfassend lautet daher die neue Haftungs-Doktrin für die Gerichtssachverständige bei Berücksichtigung der öffentlichen Interessen an der Rechtssicherheit und an der Funktionstüchtigkeit der Rechtspflege folgendermaßen:

1. Der Staat haftet im „Normalfall" für gravierende Mängel der Gutachten der Gerichtssachverständigen iSd § 1299 ABGB (objektiver Maßstab), soweit diese Gutachten „ausschlaggebend" für die Entscheidung des Gerichtes waren. (So ausdrücklich OGH 5.11.1929 SZ 11/225 = JBl 1930, 190.)

---

[59] *Davy*, ZfV 1983, 493; er spricht dort ausdrücklich von „entscheidungsunterstützenden Experten"; insofern ist auch *Kaniak/Loebenstein* in *Schragel*, Kommentar² Rz 38 zuzustimmen, wenn sie vorschlagen, „die Erfüllung einer hoheitlichen Aufgabe als Einheit" zu sehen. Vgl auch *Hauer*, Unternehmen im Dienst der Hoheitsverwaltung, JBl 1993, 481 (492), der den Staat für die Fehler privater Sachverständiger zumindest im Außenverhältnis „nach den Regeln des Amtshaftungsrechts" haften lassen möchte, auch wenn er ihn nicht als Verwaltungsorgan qualifiziert.

[60] Wie schwer das in der Praxis ist, zeigen zahlreiche Beispiele aus der ablehnenden OGH-Judikatur wegen fehlender Kausalität. Vgl etwa OGH 30.6.1977 SZ 50/98 („Super statt Diesel"); OGH 10.4.1986, 8 Ob 505/86 („Anstoß-Winkel II") ua.

[61] Die „grobe Fahrlässigkeit" im Regress wird – dem Zweck der Einschränkung entsprechend – jedenfalls subjektiv zu verstehen sein; umso mehr, als es in den Normalfällen stets um den Ersatz reiner Vermögensschäden geht.

2. Von diesem „Normalfall" kann es Abweichungen in beiden Richtungen geben. Wurden die Gutachten beispielsweise vom Gericht, von der Behörde oder vom Staatsanwalt veröffentlicht (so wie im Fall „Schriftsachverständiger" BGH 18.10.1977 GRUR 1978, 258) und konnten die eintretenden schweren Nachteile für besonders schutzwürdige Rechtsgüter der Parteien oder Dritter (Leben, Gesundheit, Freiheit) objektiv vorhergesehen werden, dann genügen bereits geringe Mängel und Fehler des Gutachtens für Haftung des Staates.

3. Umgekehrt kann dessen Haftung auf Vorsatz eingeschränkt werden, wenn es dafür besonders starke öffentliche Interessen gibt – wie zB in den Anzeige- und Beschwerdefällen, die nicht an die Öffentlichkeit gelangen (vgl § 1330 Abs 2 letzter Satz ABGB).

Zur Sicherheitsleistung für Prozesskosten im schiedsgerichtlichen Verfahren*

Norbert Schoibl

I. Vorbemerkung

Streitigkeiten im nationalen und vor allem internationalen Wirtschaftsverkehr werden durch Schiedsgerichtsvereinbarungen in immer größerem Umfang der staatlichen Gerichtsbarkeit entzogen.

In diesem Beitrag soll, ausgehend von dem nationalen Modell der cautio iudicatum solvi im österreichischen Zivilverfahren, der Frage nachgegangen werden, ob eine ausländische Partei, die vor einem Schiedsgericht, idR mit Sitz in Österreich, Klage erhebt, auf Antrag der von ihr beklagten Partei in einem internationalen Schiedsverfahren in gleicher Weise Sicherheit für die Verfahrenskosten zu leisten hat, wie dies das österreichische Zivilverfahrensrecht für die Verfahren vor den ordentlichen Zivilgerichten in den §§ 57 ff ZPO vorsieht.

---

* Dem Jubilar O.Univ.-Prof. Dr. *Wolfgang Jelinek* gewidmet, der mit zahlreichen Arbeiten auch im Bereich des Schiedsgerichtswesens, wie zB in der FS Schwarz 1991 oder der FS Matscher 1993, an die Öffentlichkeit getreten ist.

II. Das Modell der Sicherheitsleistung nach österreichischem Zivilprozessrecht[1]

A. Sicherheitsleistungen im österreichischen Verfahrensrecht

1. Sicherheitsleistungen im Verfahrensrecht: Allgemeines

a) Sicherheitsleistungen im Zivilprozessrecht sollen die künftige Leistungs-fähigkeit eines potentiell Leistungspflichtigen sicherstellen, um Ersatzansprüche von Betroffenen abzusichern, die aus der Prozessführung resultieren (dh also vorbeugen, dass ein künftig Leistungspflichtiger zur Leistungszeit nicht leisten kann), und so eine präventive Schutzfunktion erfüllen.[2]

b) Die Vorschriften der ZPO über die Sicherheitsleistung sind rein verfah-rensrechtlicher Natur; aus ihnen können auch keine materiellen Verpflichtungen zur Sicherheitsleistung abgeleitet werden.[3]

c) Sicherheitsleistungen sind nur zu leisten, wenn es das Gesetz ausdrücklich vorsieht, wie zB in §§ 38, 57 ff, 407, 458 ZPO.

2. Wesen der prozessualen Sicherheitsleistung: Deckungsfonds

a) Die prozessuale Sicherheitsleistung (bzw deren gerichtlicher Erlag) schafft einen präventiven Deckungsfonds für den Anspruch des potentiell Leistungs-berechtigten. Sie gewährt ihm allerdings nur ein akzessorisches gesetzliches Pfandrecht für die gesicherte Forderung an der erlegten Sicherheit, nicht aber einen direkten Ausfolgungs- oder Bewilligungsanspruch. Will der Leistungsbe-rechtigte auf die Sicherheit greifen, dann muss er sich erst einen Exekutionstitel für seinen Anspruch schaffen, wie zB bei einer Prozesskostensicherheitsleistung

---

[1] Dieser Überblick über die österreichische Rechtslage folgt *Fasching*, Lehrbuch des österreichischen Zivilprozeßrechts[2] (1990) Rz 472 ff und der Kommentierung der §§ 56 ff ZPO von *Schoibl* in *Fasching* (Hrsg), Kommentar zu den Zivilprozeßgesetzen II[2] (2002, in Druck).

[2] *Holzhammer*, Österreichisches Zivilprozeßrecht[2] (1976) 115; *Fasching*, Lehrbuch[2] Rz 472; *Schoibl*, Verbandsklage und aktorische Kaution im Ministerialentwurf 1991 eines Umwelthaftungsgesetzes, ÖJZ 1992, 601 (607); *ders*, Die Bürgschaft als Prozeß-sicherheit nach § 56 Abs 2 ZPO im österreichischen Recht und im Lichte des Europäi-schen Gemeinschaftsrechts, JBl 1997, 215 (216); *ders* in *Fasching*, Komm II[2] Vor § 56 ZPO Rz 2, 9 ff (in Druck).

[3] *Fasching*, Lehrbuch[2] Rz 472; *Schoibl*, JBl 1997, 216; *ders* in *Fasching*, Komm II[2] Vor § 56 ZPO Rz 6 (in Druck); OLG Wien 28.8.1931 ZBl 1932/15; weiters kurz aus deut-scher Sicht *Baumbach/Lauterbach/Albers/Hartmann*, Zivilprozeßordnung[60] (2002) Übersicht § 108 ZPO Rz 2.

durch einen Kostenbeschluss, für andere Ansprüche durch ein Urteil, mit dessen Hilfe er exekutive Befriedigung aus der Sicherheitsleistung erlangen kann.[4]

b) Die Pflicht zur Sicherheitsleistung kann nicht durch unmittelbaren Zwang, sprich durch eine zwangsweise Durchsetzung der Sicherheitsleistung, verwirklicht werden, sondern nur durch indirekten Zwang, dass die von der Sicherheitsleistung abhängige Prozess- bzw Rechtshandlung ansonsten unterbleibt.

3. Zum Erlag und dem Schicksal der aufgetragenen Sicherheitsleistung

Die prozessuale Sicherheitsleistung wird durch Beschluss des Gerichtes aufgetragen. Sie ist nach ihrem Erlag entweder auf Antrag oder von Amts wegen dem Erleger zurückzustellen, wenn der Sicherstellungsgrund weggefallen ist.

4. Gegenstand der prozessualen Sicherheitsleistung

a) Die Sicherheitsleistung muss grundsätzlich ein vom Streitgegenstand des Verfahrens verschiedenes Vermögen des Bestellers sein.[5]

b) Die Art der gerichtlich angeordneten prozessualen Sicherheitsleistung hängt dabei nach § 56 ZPO grundsätzlich von den Parteien und ihrer Vereinbarung ab; das Gericht ist an eine Parteienvereinbarung gebunden.[6] In Ermangelung einer solchen ist die Sicherheitsleistung in Form von Bargeld oder von mündelsicheren Wertpapieren zu leisten; fehlt es an solchen, dann durch Erlag anderer inländischer, an einer Börse notierten Wertpapiere, die nach richterlichem Ermessen genügende Deckung bieten (§ 56 Abs 1 ZPO). Auch Einlagebücher eines inländischen Kreditinstitutes, sowie subsidiär auch eine Hypothek an einem inländischen Grundstück sowie zahlungsfähige Bürgen mit inländischem allgemeinen Gerichtsstand sind nach den verba legalia zulässig (§ 56 Abs 2 ZPO).[7] In der forensischen Praxis in Österreich kommt hier der Bankgarantie besondere Bedeutung zu.[8]

---

[4] *Fasching*, Lehrbuch[2] Rz 472; *Schoibl*, ÖJZ 1992, 608; *ders*, JBl 1997, 217; *ders* in *Fasching*, Komm II[2] Vor § 56 ZPO Rz 3 f (in Druck).

[5] *Fasching*, Lehrbuch[2] Rz 474; *Schoibl* in *Fasching*, Komm II[2] Vor § 56 ZPO Rz 21 (in Druck); OGH 15.3.1950 SZ 23/63.

[6] *Fasching*, Lehrbuch[2] Rz 474; *Schoibl*, JBl 1997, 217; *ders* in *Fasching*, Komm II[2] § 56 ZPO Rz 5, 7 (in Druck).

[7] Näher dazu *Schoibl* in *Fasching*, Komm II[2] § 56 ZPO Rz 9 f, 12 ff, 23 ff, 30 ff (in Druck) mwN aus Lehre und Rsp.

[8] Siehe näher *Schoibl*, Die Bankgarantie als prozessuale Sicherheitsleistung nach § 56 ZPO, ÖBA 1997, 159; sowie *Oberhammer*, Befristete und kündbare Bankgarantien als prozessuale Sicherungsmittel? ÖBA 1999, 26; *Schoibl* in *Fasching*, Komm II[2] § 56 ZPO Rz 55 ff (in Druck).

B. Die Sicherheitsleistung für Prozesskosten des ausländischen Klägers: Die „aktorische Kaution" nach § 57 ZPO

1. Zweck

a) Zum Schutz der vor inländischen Gerichten Geklagten vor missbräuchlicher oder Kosten verursachender Rechtsanmaßung durch ausländische Kläger ordnet das österreichische Zivilverfahrensrecht, wie viele andere Prozessordnungen (etwa die ZPO), eine Prozesskostensicherheitsleistung für ausländische Kläger, denen die Ressourcen der österreichischen Justiz grundsätzlich gleichberechtigt zur Verfügung gestellt werden, an. Normzweck des Modells ist der – ausgewogene und nicht willkürliche – Schutz des Beklagten vor kostenverursachender Rechtsanmaßung durch ausländische Kläger in österreichischen Zivilverfahren: Wird der Beklagte mit einer (unbegründeten) Klage vor einem österreichischen Gericht „überzogen", so wird, jedenfalls im Idealfall, die Klage als unbegründet abgewiesen. Der Beklagte hat jedoch die Last, sich zu verteidigen, wodurch ihm idR ein nicht unerheblicher Aufwand und Kosten entstehen. Der Beklagte erhält zwar im Fall seines Prozesssieges einen Kostenersatzanspruch, dessen Realisierung jedoch allein sein Risiko ist. Dieses besteht gleichermaßen in Inlands- und Auslandsfällen, wobei es allerdings besonders deutlich zu Tage tritt, wenn der unterlegene Kläger seinen allgemeinen Gerichtsstand im Ausland hat, nur dort über Vermögen verfügt und möglicherweise dort ein Vollstreckungsdurchgriff wegen Prozesskosten nicht so einfach möglich ist, sodass wegen seines Prozessaufwandes der obsiegende Beklagte eine fremde Gerichtsbarkeit bemühen muss. Daher gewährt auch das österreichische Zivilverfahrensrecht in den §§ 57 ff ZPO die Möglichkeit zur Auferlegung einer Sicherheitsleistung für die dem Beklagten, der zu Unrecht von einem ausländischen Kläger geklagt worden ist, entstehenden Prozesskosten.[9]

Von dem Erlag der Sicherheitsleistung wird grundsätzlich die weitere Justizgewährung österreichischer Gerichte abhängig gemacht: Wird die auferlegte Sicherheitsleistung nicht rechtzeitig vom Kläger geleistet, dann wird das anhängige Verfahren für beendet erklärt.[10] Die aktorische Kaution des österreichischen Verfahrensrechtes dient, wie etwa das vergleichbare deutsche Modell in § 110 dZPO, somit als präventiver Deckungsfonds zur Realisierung der Prozesskostenersatzansprüche gegen den potentiell unterliegenden ausländischen Kläger.

b) Es handelt sich somit hier um eine der letzten – wenn auch durch zahlreiche und einschneidende Ausnahmen im Interesse eines ungehinderten und nicht diskriminierenden Zugangs von Ausländern zur inländischen Ziviljustiz sehr abgemilderte – Regelungen der ZPO fremdenrechtlicher Natur, die einer Prozesspartei auf Grund ihrer ausländischen Staatsbürgerschaft (Staatsbürgerschaftsprinzip) und mangels allgemeinen Gerichtsstands im Inland (Aufenthaltsprinzip) gewisse

---

[9] Näher dazu *Schoibl* in *Fasching*, Komm II² § 57 ZPO Rz 3 (in Druck) mwN.

[10] ISd exemplarisch auch *Geimer*, Internationales Zivilprozeßrecht⁴ (2001) Rz 2002.

prozessuale Lasten auferlegen kann.[11] Pro futuro sollte daher die (restliche) Anknüpfung an die Staatsangehörigkeit des Klägers in § 57 ZPO fallen gelassen, nachdem im österreichischen Zivilprozessrecht schon lange – seit der Zivilverfahrens-Novelle 1983 – auf den problematischen Befreiungsgrund der (verbürgten) Gegenseitigkeit verzichtet wurde, und nur mehr darauf abgestellt werden, wo der Kläger seinen allgemeinen Gerichtsstand (Aufenthalt) bzw wo er vollstreckungsfähiges und -unterworfenes Vermögen hat.[12]

2. Die Verfahrensparteien: Der Kläger und der antragstellende Beklagte

Die Sicherheitsleistungspflicht trifft nach § 57 ZPO Kläger, die Ausländer sind und im Inland keinen gewöhnlichen Aufenthalt haben, gleichgültig, ob der antragstellende Beklagte österreichischer Staatsbürger ist oder nicht,[13] oder ob sich dieser im Inland aufhält oder nicht. Diese kosmopolitische Sicht des österreichischen Modells ist zu begrüßen.

Staatenlose Kläger sind dabei Inländern gleichgestellt, wenn sie im Inland ihren gewöhnlichen Aufenthalt haben oder als Flüchtlinge im Sinn der Genfer Flüchtlingskonvention Inländern gleichgestellt sind.

3. Befreiungstatbestände

Im Sinn eines durch Art 6 Abs 1 EMRK garantierten Rechts auf freien und ungehinderten Zugang zu österreichischen Gerichten, der Vermeidung von Diskriminierungen im Rahmen der Ausübung der vom europäischen Gemeinschaftsrecht gewährleisteten Grundfreiheiten[14] und zur Gewährleistung des Gleichheitsgrundsatzes im Verfahren kennt das österreichische Zivilprozessrecht eine Reihe von Befreiungsmöglichkeiten von der Sicherheitsleistungspflicht auch für aus-

---

[11] Ein solches Modell erscheint, bei entsprechender grundrechts- und gemeinschaftskonformer Ausdifferenzierung, auch rechtspolitisch sinnvoll, denn in vielen Fällen mit Auslandsberührung muss der im österreichischen Verfahren obsiegende Beklagte seinen Kostenerstattungsanspruch eben im Ausland durchsetzen.

[12] So auch *Schoibl* in *Fasching*, Komm II[2] § 57 ZPO Rz 7 (in Druck); weiters gleichsinnig zum vergleichbaren deutschen Modell nach § 110 dZPO idF des 3. RPflÄndG 1998 *Geimer*, Internationales Zivilprozeßrecht[4] Rz 2004c; *Schütze*, Die Verpflichtung einer nicht partei- und prozessfähigen Partei zur Stellung einer Ausländersicherheit, IPRax 2001, 193 (194).

[13] Seine Nationalität ist daher, iSd oben ausgeführten Schutzintentionen des § 57 ZPO, unerheblich.

[14] So ist für klagende Staatsangehörige sowie juristische Personen aus einem anderen EU/EWR-Mitgliedstaat die Auferlegung einer aktorischen Kaution ausgeschlossen, s Art 12 EGV (ex Art 6 EG-V), Art 4 EWR-Abk. Dazu s näher die Ausführungen von *Czernich*, Die Ausländerprozeßkostensicherheit nach § 57 ZPO, ÖJZ 1998, 251 und nunmehr *Schoibl* in *Fasching*, Komm II[2] § 57 ZPO Rz 27 ff (in Druck) mit umfassenden Nachweisen aus der europäischen Rsp und dem Schrifttum.

ländische, an sich kautionspflichtige Kläger:[15] So ist, neben dem Fall der bewilligten Verfahrenshilfe des ausländischen Klägers (§ 64 Abs 1 Z 2 ZPO) und bei einer Vielzahl von Klagen (Ehe-, Mandats-, Wechselmandats-, Scheckrückgriffsverfahren, Widerklagen, Aufforderungsverfahren nach § 57 Abs 2 Z 3 und Z 4 ZPO), wo das Modell ausdrücklich von vornherein keine Anwendung findet, insbesondere dann keine aktorische Kaution zu leisten, wenn staatsvertragliche Regelungen etwas anderes vorsehen[16] (§ 57 Abs 1 ZPO). Weitere, in der forensischen Praxis wichtige Ausnahmen sieht § 57 Abs 2 ZPO vor, wenn er ausländische Kläger, die ihren gewöhnlichen Aufenthalt in Österreich (Z 1) oder hinreichendes unbewegliches (Liegenschafts-)Vermögen in Österreich (Z 3) haben oder in deren Aufenthaltsstaat eine österreichische Prozesskostenentscheidung vollstreckt wird (Z 1a),[17] von der grundsätzlich bestehenden Sicherheitsleistungspflicht nach § 57 Abs 1 ZPO ausdrücklich ausnimmt.

4. Antragstellung

Die Prozesskostensicherheitsleistung wird nur auf rechtzeitigen und bestimmten Antrag des Beklagten auferlegt:[18] Der Beklagte hat nach § 59 Abs 1 ZPO den Antrag bei sonstiger Präklusion in der ersten Tagsatzung bzw der direkt aufgetragenen Klagebeantwortung – nach der Zivilverfahrens-Novelle 2002 (ZVN 2002) nunmehr in der Klagebeantwortung bzw im Einspruch oder in den Einwendungen (gem § 59 Abs 1, § 239 und § 248 ZPO idF ZVN 2002[19]) – und vor (mündlicher oder schriftlicher) Einlassung in die Hauptsache zu stellen; er bildet damit eine relative Prozessvoraussetzung. Im Antrag ist auch die Höhe der begehrten Sicherheitsleistung anzugeben (§ 59 Abs 2 ZPO).

5. Unterbrechung des laufenden Verfahrens in der Hauptsache

Der rechtzeitig gestellte Antrag unterbricht das (Haupt-)Verfahren in der Hauptsache (§ 61 Abs 1 ZPO): Der Beklagte ist bis zur Entscheidung darüber

---

[15] Näher zu den einzelnen Befreiungstatbeständen des österreichischen Zivilprozessrechts nach § 57 ZPO, sei es nach dem HPÜ 1954, der CMR, dem COTIF, dem RBÜ, den diversen bi- und multilateralen Staatsverträgen etc, s nunmehr *Schoibl* in *Fasching*, Komm II² § 57 ZPO Rz 91 ff und im Anhang zu § 57 ZPO (in Druck) mwN aus Rsp und Lehre.

[16] Siehe zB im Rahmen des europäischen Zivilprozessrechts für das Vollstreckungsverfahren Art 45 EuGVÜ/LGVÜ, Art 51 EuGVVO, Art 31 EheVO.

[17] So ist zB für Kläger aus dem LGVÜ-Mitgliedstaat Polen der Erlag einer aktorischen Kaution im Erkenntnisverfahren seit 1.2.2000 ausgeschlossen; zum aktuellen Ratifikationsstand des LGVÜ s *Schoibl*, Zum zeitlichen Anwendungsbereich und zum Ratifikationsstand des Brüsseler Übereinkommens und zum Konkurrenzverhältnis der beiden europäischen Gerichtsstands- und Vollstreckungsübereinkommen EuGVÜ – LGVÜ, ÖJZ 2000, 481 (487).

[18] Näher dazu *Schoibl* in *Fasching*, Komm II² § 59 ZPO Rz 4 ff, 25 ff (in Druck).

[19] BGBl I 2002/76; s dazu die RV, 962 BlgNR 21. GP 22 und den JAB zur ZVN 2002, 1049 BlgNR 21. GP 2.

nicht verpflichtet, das Verfahren in der Hauptsache fortzusetzen; dh dem Sicherheitsleistungsantrag kommt die Wirkung einer (seltenen) echten prozesshindernden Einrede zu.

6. Nachträglicher Eintritt der Verpflichtung zur Sicherheitsleistung

Verliert der Kläger erst während des anhängigen Rechtsstreites die Inländereigenschaft und verlegt seinen gewöhnlichen Aufenthalt in das Ausland oder fällt erst später im Verfahren ein Kautionsbefreiungsgrund (siehe § 57 Abs 2 und § 68 ZPO) weg, muss nach § 58 ZPO der Antrag unmittelbar nach Fortfall des entsprechenden Befreiungstatbestandes gestellt werden.[20]

7. Entscheidung über den Antrag

a) Über den Antrag wird sofort zu verhandeln sein und umgehend (§ 239 Abs 2 und § 243 ZPO bzw ab 1.1.2003 dann gem § 258 ZPO idF ZVN 2002[21]), allenfalls nach Einholung von Entscheidungsgrundlagen, etwa über das ausländische Recht und das Vollstreckungsverhalten des Aufenthaltsstaates des Klägers (§ 57 Abs 3 ZPO iVm § 4 Abs 1 IPRG), entschieden.

b) Die Entscheidung über den Antrag auf Prozesskostensicherheitsleistung erfolgt mit Beschluss. Wird dem Antrag auf Kautionsleistung stattgegeben, dann ist nach § 60 Abs 1 ZPO dem Kläger eine Frist zu setzen, innerhalb der er die Kaution in der im Beschluss ziffernmäßig bestimmten Höhe und Art bei Gericht zu erlegen hat oder seine Unfähigkeit, sie zu leisten, in einer auf seinen Antrag hin anzuberaumenden Tagsatzung eidlich zu bekräftigen hat (Ablegung des „Paupertätseides"); ansonsten wäre bei Abweisung des Antrages die Fortsetzung des Verfahrens von Amts wegen anzuordnen.[22]

c) Bei der Bestimmung der Höhe sind die für die Verteidigung des Beklagten voraussichtlich erwachsenden Kosten des gesamten Verfahrens zu Grunde zu legen (§ 60 Abs 2 ZPO).

d) Der Kläger ist im Beschluss auch über die Folgen des Nichterlages bzw der Unterlassung der Eidesleistung zu belehren (§ 60 Abs 3 ZPO).

8. Folgen des Nichterlages der aktorischen Kaution

a) Hat der Kläger in der ihm vom Gericht gem § 60 Abs 1 ZPO gesetzten Frist die Prozesskostensicherheit in der beschlossenen Form nicht erlegt, noch um eine Tagsatzung zur Ablegung des Paupertätseides ersucht, dann ist nach § 60 Abs 3 ZPO auf Antrag des Beklagten, nach Anhörung des Klägers, die Klage vom Gericht mit Beschluss als ohne Anspruchsverzicht zurückgenommen zu erklären (Klagsrücknahme ohne Anspruchsverzicht). Dadurch wirkt der erfolgreiche An-

---

[20] *Schoibl* in *Fasching*, Komm II² § 58 ZPO Rz 12 (in Druck).

[21] Siehe dazu die RV zur ZVN 2002, 962 BlgNR 21. GP 33.

[22] Siehe näher *Schoibl* in *Fasching*, Komm II² § 60 ZPO Rz 3, 4 ff und § 61 ZPO Rz 17 (in Druck).

trag auf Prozesskostensicherheitsleistung nunmehr als echte prozesshindernde Einrede (und damit als echte Sachverhandlungsvoraussetzung),[23] die zwar die neuerliche Einklagung der selben Forderung nicht zu verhindern vermag, aber auch für künftige Prozesse mit dem gleichen Kläger dem Beklagten jeweils wieder einen Prozesskostensicherheitsleistungsantrag mit allen Folgen ermöglicht.

b) Wird dagegen die Sicherheit rechtzeitig geleistet oder der Paupertätseid abgelegt, so ist das Verfahren auf Antrag einer Partei fortzusetzen (§ 62 Abs 1 ZPO).

9. Ergänzung der Sicherheitsleistung

Ergibt sich im Laufe des Rechtsstreites, dass die geleistete Sicherheit nicht hinreicht, so kann deren Ergänzung beantragt werden. Diesem Antrag kommt nach § 62 Abs 2 ZPO jedoch keine aufschiebende Wirkung zu, allerdings ist der Ergänzungsbeschluss direkt vollstreckbar.[24]

III. Die Anwendung des Modells der aktorischen Kaution nach den §§ 57 ff ZPO auf österreichische Schiedsverfahren?

a) Im Schiedsverfahrensrecht steht es grundsätzlich den Parteien in (vor allem internationalen) Schiedssachen weitgehend frei, abgesehen von unverzichtbaren (Mindest-)Garantien für ein ordnungsgemäßes, faires Verfahren (insbesonders zur Wahrung der Gleichbehandlung der Parteien und des rechtlichen Gehörs), das Verfahrensrecht durch parteiautonome Vereinbarung zu bestimmen (siehe etwa aus österreichischer Sicht § 587 ZPO oder aus deutscher Sicht § 1042 dZPO nF); dem steht die Unterwerfung unter ein institutionelles Schiedsgericht mit eigener Verfahrensordnung (wie ICC Paris, Internationales Schiedsgericht der Wirtschaftskammer Österreich, American Arbitration Association, London Court of International Arbitration, Netherlands Arbitration Institute, WIPO etc) oder einer ad hoc-Schiedsgerichtsordnung (wie der UNCITRAL-Schiedsgerichtsordnung) gleich.

b) Auch das österreichische Zivilverfahrensrecht überlässt, wie das deutsche Recht, die Verfahrensgestaltung weitgehend der Parteiautonomie, sodass die Schiedsparteien im Schiedsvertrag oder in einer besonderen schriftlichen Vereinbarung die von den Schiedsrichtern einzuhaltenden Verfahrensregeln selbst festlegen können;[25] ansonsten können – subsidiar – die Schiedsrichter das Verfahren

---

[23] *Schoibl* in *Fasching*, Komm II² § 60 ZPO Rz 1 (in Druck) mwN.

[24] *Schoibl* in *Fasching*, Komm II² § 62 ZPO Rz 16, 24 ff (in Druck).

[25] Herrschende Meinung, s nur *Fasching*, Lehrbuch² Rz 2206; *Rechberger/Melis* in *Rechberger*, Kommentar zur ZPO² (2000) § 587 ZPO Rz 1; OGH 9.9.1987 SZ 60/171 = RdW 1988, 12; OGH 22.9.1994 ZfRV 1995, 35.
Für das (neue) deutsche Schiedsverfahrensrecht nur statt vieler *Baumbach/Lauterbach/Albers/Hartmann*, ZPO⁶⁰ § 1042 ZPO Rz 1 f; *Geimer* in *Zöller*, Zivilprozeßordnung²² (2001) § 1042 ZPO Rz 1; *Schwab/Walter*, Schiedsgerichtsbarkeit⁶ (2000) Kap 15 II, III mwN.

im Rahmen des ihnen vom Gesetzgeber eingeräumten Verfahrensermessens weitgehend selbst bestimmen (§ 587 Abs 1 ZPO, § 1042 dZPO nF). Dabei dürfen allerdings weder die Parteien im Rahmen ihrer Parteiautonomie noch die Schiedsrichter im Rahmen ihrer „von freiem Ermessen" geprägten (Verfahrens-) Autonomie[26] zur Wahrung der „rules of natural justice"[27] von den zwingenden Verfahrensvorschriften des österreichischen Zivilverfahrensrechts, wie sie sich aus den §§ 587 bis 589 ZPO und aus den Aufhebungsgründen des § 595 Abs 1 ZPO ergeben (insbesondere Wahrung des Grundsatzes des rechtlichen Gehörs, der Gleichbehandlung der Schiedsparteien, der Unmittelbarkeit des Verfahrens, der ordentlichen gewillkürten Parteienvertretung, der Sachverhaltsermittlung, der Anfechtbarkeit des Schiedsspruchs), abgehen. Andere Vorschriften des österreichischen Zivilverfahrensrechts können ohne entsprechende Parteienvereinbarung (die auch noch nach Konstituierung des Schiedsgerichts als Ergänzung oder in Abänderung früherer Vereinbarungen möglich ist) oder schiedsrichterliche Übereinkunft nur insoweit analog angewendet werden, als dies für die Beurteilung allgemeiner Verfahrenstatbestände des Schiedsverfahrens notwendig ist;[28] was aber im Ergebnis in der schiedsrichterlichen Praxis zu einer weit gehenden Beachtung der in der Zivilprozessordnung enthaltenen Verfahrensbestimmungen in österreichischen Schiedsverfahren führt.

c) Einige Verfahrensordnungen[29] institutioneller Schiedsinstanzen, wie zB die Arbitration Rules 1998 des London Court of International Arbitration in Art 25 (ex Art 15)[30] oder die Arbitration Rules 1994 der WIPO in Art 46,[31] bzw nationale Regelungen für Schiedsverfahren, wie zB der (neue) englische „Arbitration Act 1996" in Sect 38,[32] enthalten im Wesentlichen vergleichbare Bestimmungen über eine (aktorische) Kaution in einem Schiedsverfahren nach dem Modell der

---

[26] Vgl zu den unabdingbaren Beschränkungen des „freien Ermessens" aus österreichischer Sicht nur *Fasching*, Schiedsgericht und Schiedsverfahren im österreichischen und im internationalen Recht (1973) 98.

[27] *Gottwald*, Internationale Schiedsgerichtsbarkeit, in *Gottwald* (Hrsg), Internationale Schiedsgerichtsbarkeit (1997) 55; weites *Schlosser,* Das Recht der internationalen privaten Schiedsgerichtsbarkeit[2] (1989) Rz 629 ff; in diesem Sinn s statt vieler, auch schon *Fasching*, Schiedsgericht 97 f und *Matscher*, Probleme der Schiedsgerichtsbarkeit im österreichischen Recht, JBl 1975, 412/452 (460 f).

[28] Herrschende Meinung, s nur *Fasching*, Schiedsgericht 99; *Fasching*, Lehrbuch[2] Rz 2206; *Rechberger/Melis* in *Rechberger*, ZPO[2] § 587 ZPO Rz 2.
     In diesem Sinn auch die überwiegende Meinung in Deutschland s zB *Rabe*, Prozeßkostensicherheit in Schiedsgerichtsverfahren, TranspR 1988, 182 (184); *Haase*, Das Erfordernis der Prozeßkostensicherheit iSd § 110 ZPO im schiedsgerichtlichen Verfahren, BB 1995, 1252 (1253); *Schütze*, Schiedsgericht und Schiedsverfahren[3] (1999) Rz 131.

[29] Einen umfassenden rechtsvergleichenden Überblick gibt hier *Sandrock*, Zur Prozesskostensicherheit in internationalen Schiedsverfahren, in FS Gaul (1997) 607; *ders,* The Cautio Judicatum Solvi in Arbitration Proceedings, Journal of International Arbitration 14/2 (1997) 17.

[30] Dazu s *Sandrock* in FS Gaul 636 mwN.

[31] Dazu s *Sandrock* in FS Gaul 637 mwN; *Lörcher*, Neue Verfahren der internationalen Streiterledigung in Wirtschaftssachen (2001) 362 ff.

[32] Dazu s *Sandrock* in FS Gaul 628 ff mwN; sowie zum alten Recht auch noch *Schlosser,* Schiedsgerichtsbarkeit[2] Rz 589.

Prozesskostensicherheitsleistung nach staatlichem Verfahrensrecht (oder die konkurrierende Zuständigkeit staatlicher Gerichte für eine Auferlegung einer Prozesskostensicherheitsleistung in Schiedsverfahren), andere schweigen dazu, wie etwa die österreichische oder die deutsche Zivilprozessordnung.

d) Vereinbaren Parteien für das Schiedsgericht österreichisches Zivilverfahrensrecht, werden sie idR die Vorschriften der österreichischen Zivilprozessordnung im Allgemeinen, wie dies für die Beurteilung allgemeiner Verfahrenstatbestände (Partei- und Prozessfähigkeit, Vertretung, Fristenlauf etc, aber auch des Kostenrechts der ZPO[33]) notwendig ist, zur Vermeidung eines ansonsten entstehenden Norm- und Regelungsdefizits im Schiedsverfahren einhalten wollen, sofern sie nichts anderes durch eine entsprechende Parteienvereinbarung oder (subsidiär durch) schiedsrichterliche Bestimmung vorsehen.[34] So ist, wie der OGH[35] unter Zustimmung der Lehre[36] in seiner Rechtsprechung zu Fragen des schiedsgerichtlichen Verfahrens immer wieder, nicht zuletzt im Hinblick auf die diesbezüglich übereinstimmenden Regeln in den Verfahrensordnungen der institutionellen Schiedsgerichte und die Eigenschaften der Parteien als Subjekte des internationalen Wirtschaftsverkehrs,[37] betont, etwa „Kostenersatz im schiedsgerichtlichen Verfahren dann zuzuerkennen, wenn dies im Schiedsvertrag oder einer Zusatzvereinbarung ausdrücklich festgelegt ist. Fehlt eine solche Vereinbarung, können die Schiedsrichter in Anwendung des § 587 Abs 1 ZPO die Kostenersatzvorschriften der ZPO analog für anwendbar erklären".[38]

e) Auf Grund des von den Parteien autonom angestrebten Abgehens von der allgemeinen staatlichen Gerichtsbarkeit durch Abschluss einer Schiedsvereinbarung und dem idR bekannten Auslandsbezug einer oder mehrerer Parteien wird hier zwar ein weiter Beurteilungsspielraum Platz greifen müssen, nicht zuletzt auch unter Berücksichtigung der grundsätzlich bestehenden allgemeinen Kostenvorschusspflicht in Schiedsverfahren:[39] Zwar hat sich im Schiedsverfahren

---

[33] Siehe OGH 12.4.2000 ÖBl 2001, 137 (140); *Rechberger/Melis* in *Rechberger*, ZPO² § 587 ZPO Rz 4; *Schlosser,* Schiedsgerichtsbarkeit² Rz 700; weiters vgl noch OGH 22.3.1995 JBl 1995, 598 (599).

[34] Siehe allgemein *Fasching*, Schiedsgericht 99 ff sowie *Rechberger/Melis* in *Rechberger*, ZPO² § 587 ZPO Rz 2.

[35] So OGH 12.4.2000 ÖBl 2001, 140; weiters vgl OGH 13.6.1933 Rsp 1933/234; OGH 25.11.1936 Rsp 1937/17; OGH 1.10.1952 SZ 25/252; OGH 22.3.1995 JBl 1995, 599.

[36] Siehe zB *Sperl*, Lehrbuch der Bürgerlichen Rechtspflege (1930) 726; *Fasching*, Der Kostenersatzanspruch des Beklagten bei Unzuständigkeitsausspruch des Schiedsgerichtes, in FS Habscheid (1989) 93 (94 FN 2); *ders*, Lehrbuch² Rz 2212; *Loewe*, Kostenersatz im Schiedsverfahren, in FS Matscher (1993) 327 (329); *Rechberger/Melis* in *Rechberger*, ZPO² § 587 ZPO Rz 4. Kritisch dagegen *Schlosser,* Schiedsgerichtsbarkeit² Rz 700.

[37] *Fasching* in FS Habscheid 94 FN 2.

[38] Was auch nach österreichischem Rechtsverständnis konkludent durch Überreichung entsprechender Kostennoten geschehen kann, s OGH 22.3.1995 JBl 1995, 599; *Fasching*, Schiedsgericht 109, 129 sowie auch *Sperl*, Lehrbuch 726; *Fasching* in FS Habscheid 95. IdS auch, statt vieler, aus der dhM *Maier,* Handbuch der Schiedsgerichtsbarkeit (1979) Rz 508.

[39] Siehe nur statt vieler *Fasching*, Kostenvorschüsse zur Einleitung schiedsgerichtlicher Verfahren, JBl 1993, 545 mwN; *Loewe* in FS Matscher 327 ff.

der (spätere) Schiedsbeklagte durch den Abschluss der Schiedsvereinbarung damit einverstanden erklärt, dass sein Rechtsstreit mit dem ausländischen Schiedskläger vor einem bestimmten Schiedsgericht ausgetragen werden soll, sodass er nicht in dem Maß schutzwürdig wie der Beklagte vor dem ordentlichen staatlichen Gericht erscheint,[40] trotzdem ist prinzipiell kein einleuchtender Grund erkennbar, warum ein Schiedsbeklagter in einem, idR doch gleichfalls kostenintensiven Schiedsverfahren[41] so viel weniger schutzbedürftig sein sollte als in einem ordentlichen Gerichtsverfahren,[42,43] zumal zwischenzeitig auch ein Wandel in den Vermögensverhältnissen des (nunmehrigen) Schiedsklägers oder den politischen Verhältnissen seines Heimatstaates eingetreten sein kann oder dass die Zwangsvollstreckung eines eventuellen Kostenersatzanspruches nunmehr aus anderen Gründen als wenig aussichtsreich erscheint. Auch ist für keine Partei bei Abschluss der Schiedsvereinbarung ihre potentielle spätere Parteirolle vorhersehbar, mag es zwar in der Folge in der Klägerrolle für eine Partei „lästig" sein, auf eine entsprechende Einrede des Beklagten eine Sicherheitsleistung zu erlegen, so kann diese Last aber auch zu einer „Wohltat, wenn die gleiche Partei geklagt wird",[44] werden.

f) Um die Schutzfunktion der §§ 57 f ZPO daher in (österreichischen) Schiedsverfahren nicht völlig zu unterlaufen und einen, möglicherweise interessenwidrigen Verzicht der Parteien[45] auf diese Funktion von vornherein anzunehmen – kann doch der im Rahmen der Parteiautonomie gelegene Abschluss eines Schiedsvertrages mit (ausländischen) Partei(en) prima vista zu keinem automatischen Verzicht auf das, im Schiedsverfahren allenfalls analog anzuwendende Kostenrecht der ZPO und das damit in Beziehung stehende, gesetzliche Antragsrecht auf Sicherheitsleistung nach §§ 57 f ZPO führen –, wird eine positive wie auch negative Verpflichtung zur Leistung einer Prozesskostensicherheit für

---

[40] So die abl Argumentation von *Riezler*, Internationales Zivilprozeßrecht und prozessuales Fremdenrecht (1949) 429 f; ihr im Wesentlichen folgend *Schütze* in *Schütze/Tscherning/Wais*, Handbuch des Schiedsverfahrens[2] (1990) Rz 593; *Nagel/Gottwald*, Internationales Zivilprozeßrecht[4] (1997) § 4 Rz 77.

[41] Zumal im Einzelfall sich offenbar auch nicht alle späteren Schiedsparteien bei Abschluss einer Schiedsgerichtsvereinbarung detaillierte Gedanken über kostenrechtliche Problemstellungen des jeweiligen nationalen Rechts ihrer „Schiedspartner" machen, worauf *Rabe*, TranspR 1988, 184 und *Haase*, BB 1995, 1255 nachdrücklich hinweisen.

[42] So etwa auch *Danelzik*, Sicherheitsleistung für die Prozeßkosten (1976) 37; *Rabe*, TranspR 1988, 184; *Schütze* in *Wieczorek/Schütze*, Zivilprozeßordnung und Nebengesetze I/2[3] (1994) § 110 ZPO Rz 15; *Schütze*, Schiedsgericht[3] Rz 227a und 225; *Schwab/Walter*, Schiedsgerichtsbarkeit[6] Kap 16 Rz 23.

[43] Die Gegenmeinung hat hier *Riezler*, Internationales Zivilprozeßrecht 429 f begründet; ihm etwa folgend *Graupner/Lipps*, Prozeßkostensicherheit in Schiedsgerichtsverfahren in Großbritannien, RIW/AWD 1963, 314 (315); *Nagel/Gottwald*, Internationales Zivilprozeßrecht[4] § 4 Rz 77.

[44] *Rabe*, TranspR 1988, 184; gleichsinnig *Haase*, BB 1995, 1255 f.

[45] Hier könnten in der Praxis sehr wohl auch Fragen des wirtschaftlichen und sozialen Ungleichgewichts zwischen den Parteien, der Verwendung von Massenverträgen etc, hereinspielen.

den jeweiligen ausländischen, wie aber auch inländischen[46] Schiedskläger nach dem Modell der §§ 57 ff ZPO im Einzelfall möglich erscheinen und im Wege einer (ausdrücklichen oder konkludenten) Vereinbarung iSd § 587 ZPO parteiautonom vereinbart werden können;[47] darin wird auch keine unsachliche Benachteiligung eines der Vertragsteile zu erblicken sein: Wenn dem Schiedsbeklagten ein Kostenerstattungsanspruch vom Schiedsgericht zuerkannt werden kann, ist kein Grund einzusehen, warum dieser Kostenerstattungsanspruch im Schiedsverfahren nicht im Einzelfall durch eine Sicherheit nach dem Modell der cautio iudicatum solvi der §§ 57 f ZPO abgesichert werden sollte.[48]

Haben die Parteien dagegen keine oder eine unvollständige Vereinbarung über das Schiedsverfahren bzw keine Vereinbarung über eine Pflicht zur Prozesskostensicherheitsleistung getroffen, ist, da von einem vorsätzlichen (und möglicherweise schwerwiegenden) Verzicht der Schiedsparteien auf diese Institution im Fall der „Nichtregelung" nicht auszugehen ist, die Bestimmung des Verfahrens selbst – und damit auch einer entsprechenden Verfahrenslast wie eine Kautionsleistung – im Einzelfall dem Schiedsgericht[49] im Rahmen dessen Verfahrensermessens überlassen (so „nach freiem Ermessen" des § 587 Abs 1 ZPO, gleichsinnig § 1042 dZPO nF): In diesem Fall kann das Schiedsgericht, sofern es nicht eine generell umfassende Verfahrensordnung mit entsprechendem Inhalt erlässt, auch einzelne Verfahrensschritte beschließen und so im Einzelfall auch

---

[46] So zutreffend auch schon *Fasching*, Schiedsgericht 106.

[47] So auch *Fasching*, Schiedsgericht 106; *Reiner*, Handbuch der ICC-Schiedsgerichtsbarkeit (1989) 163; *Rechberger/Rami*, Kostensicherheit im Schiedsverfahren, ecolex 1998, 387 (387).
Vgl auch die inzwischen wohl hM in Deutschland, idR ohne Einschränkungen für eine generelle Anwendbarkeit des § 110 dZPO in deutschen Schiedsverfahren *Danelzik*, Sicherheitsleistung 35, 37, 38; *Maier*, Handbuch Rz 223; *Rabe*, TranspR 1988, 184 f; *Wais* in *Schütze/Tscherning/Wais*, Handbuch² Rz 352; *Schütze* in *Wieczorek/Schütze*, ZPO I/2³ § 110 ZPO Rz 15; *Haase*, BB 1995, 1254, 1255, 1256; *Sandrock* in FS Gaul 638, 639, 642; *Schütze*, Schiedsgericht³ Rz 227a; *Schwab/Walter*, Schiedsgerichtsbarkeit⁶ Kap 16 Rz 23; *Baumbach/Lauterbach/Albers/ Hartmann*, ZPO⁶⁰ § 1042 ZPO Rz 9.
Dagegen weitgehend einschränkend auf eine (positive) „ausdrückliche Vereinbarung" bis gänzlich ablehnend *Sperl*, Lehrbuch 795 sowie *Riezler*, Internationales Zivilprozeßrecht 429, 430; *Schütze* in *Schütze/Tscherning/Wais*, Handbuch² Rz 593; *Raeschke-Kessler/Berger/Lehne*, Recht und Praxis des Schiedsverfahrens⁴ (1995) Rz 356 ff; *Nagel/Gottwald*, Internationales Zivilprozeßrecht⁴ § 4 Rz 77; *Geimer*, Internationales Zivilprozeßrecht⁴ Rz 3859; *Geimer* in *Zöller*, ZPO²² § 1042 ZPO Rz 40.

[48] Vgl gleichsinnig zur analogen Anwendung von Kostenersatzvorschriften der ZPO in einem Schiedsverfahren OGH 12.4.2000 ÖBl 2001, 137 (140); weiters auch noch allgemein *Rechberger/Melis* in *Rechberger*, ZPO² § 587 ZPO Rz 4.

[49] Für eine konkurrierende Zuständigkeit sowohl des staatlichen österreichischen Zivilgerichts wie auch des Schiedsgerichts besteht, entgegen etwa dem Vorschlag für das deutsche Schiedsverfahren von *Sandrock* in FS Gaul 639 ff, 642 f, mE weder unter dem Blickwinkel der Dringlichkeit wegen einer allgemeinen Vorschusspflicht des Beklagten bereits vor Bildung des (funktionsfähigen) Schiedsgerichts noch wegen „verhindernder" (devisen-)rechtlicher Bestimmungen udgl Raum und auch kein Bedarf.

eine aktorische Kaution über den Schiedskläger[50] verhängen.[51,52] Diese Festlegung einer entsprechenden Verfahrensregelung erfolgt einseitig durch das Schiedsgericht und bedarf keiner Zustimmung der Parteien;[53] für die Beschlussfassung gelten die im § 591 ZPO enthaltenen Abstimmungsregeln.[54]

g) Dabei sollte, nicht zuletzt im Lichte der europäischen Rechtsentwicklung, meines Erachtens in österreichischen Schiedsverfahren von dem, das Modell des § 57 ZPO noch mitprägende und diskriminierende Staatsangehörigkeitsprinzip zu Gunsten des Aufenthaltsprinzips im Wege der Verfahrensautonomie des Schiedsgerichts abgegangen und die Pflicht zu einer Prozesskostensicherheitsleistung nicht allein von der Ausländereigenschaft des Klägers,[55] sondern vielmehr primär von der drohenden Uneinbringlichkeit der eventuellen Kostenentscheidung beim Kläger abhängig gemacht werden.[56]

h) Bei, auch einseitiger Festsetzung einer solchen Verpflichtung zur Sicherheitsleistung durch das Schiedsgericht darf jedoch nicht außer Acht gelassen werden, dass eine über die §§ 57 f ZPO hinausgehende Prozesskostensicherheitsleistungspflicht oder eine nicht angemessene, dh zu hohe Prozesskostensicherheitsleistung zu einer unzulässigen Verweigerung des rechtlichen Gehörs (iSd § 595 Abs 1 Z 2 und Z 6 ZPO[57]) und in der Folge im Einzelfall zu einer Infragestellung des Zugangs zur Justiz führen könnte.

i) Das Modell der aktorischen Kaution nach §§ 57 f ZPO ist daher im österreichischen Schiedsverfahren entsprechend anwendbar, wobei sich die Geltendmachung der Einrede auf Verlangen des Beklagten als echte verfahrenshindernde Einrede darstellt. Es darf daher eine Sicherheitsleistung unter den Voraussetzungen des § 57 ZPO analog gefordert und auferlegt werden,[58] wobei dies grundsätzlich unter Beachtung der Schutzintentionen dieses Modells nicht als eine unerlaubte Rechtsausübung angesehen werden kann.[59]

---

[50] Weiter gehend für eine Anforderung von Sicherheiten von beiden Parteien unter Hinweis auf entsprechende ICC-Rechtsprechung *Sandrock* in FS Gaul 647.

[51] *Fasching*, Schiedsgericht 106. Vgl weiters für die dhM nur statt vieler *Maier*, Handbuch Rz 223; *Haase*, BB 1995, 1254, 1255; *Schütze*, Schiedsgericht[3] Rz 227a und 225.

[52] In diesem Sinn auch jüngst im Ergebnis, allerdings im Wege ergänzender Vertragsauslegung nach den Vorschriften des ABGB, *Rechberger/Rami*, ecolex 1998, 387, die damit von einer, im Interesse der Parteien (etwa wegen mangelnder Vollstreckungsmöglichkeit eines Kostenersatzanspruches im Staat des unterlegenen Klägers) zu schließenden Vertragslücke ausgehen.

[53] In diesem Sinn wohl *Fasching*, Schiedsgericht 99; vgl auch *Schlosser* in Stein/Jonas, Kommentar zur Zivilprozeßordnung VII/2[21] (1994) § 1034 ZPO Rz 6; *Geimer* in Zöller, ZPO[22] § 1042 ZPO Rz 28.

[54] *Fasching*, Schiedsgericht 99.

[55] Damit könnten mE auch vermögenslose österreichische Kläger im Schiedsverfahren – im Unterschied zur Regelung de lege lata im staatlichen Zivilverfahren nach § 57 ZPO – erfasst werden; idS auch schon *Fasching*, Schiedsgericht 106.

[56] In diesem Sinn auch *Rechberger/Rami*, ecolex 1998, 387 (allerdings im Wege der ergänzenden Schiedsvertragsauslegung). Vgl hier auch noch *Sandrock* in FS Gaul 643 ff.

[57] Siehe *Fasching*, Schiedsgericht 106; weiters vgl *Schwab/Walter*, Schiedsgerichtsbarkeit[6] Kap 16 Rz 23.

[58] In diesem Sinn etwa auch *Wais* in Schütze/Tscherning/Wais, Handbuch[2] Rz 352; *Schütze*, Schiedsgericht[3] Rz 227a.

[59] So auch *Haase*, BB 1995, 1257.

IV. Das schiedsgerichtliche Verfahren und die Auferlegung einer Sicherheitsleistung, Folgen des Nichterlages und weiterer Verfahrensfortgang

a) Wird dem Antrag des Schiedsbeklagten stattgegeben, so hat das Schiedsgericht dem Kläger eine bestimmte Sicherheitsleistung[60] aufzuerlegen und iSd § 60 ZPO eine Frist zum Erlag zu bestimmen.[61]

b) Im Fall des Nichterlags der vom Schiedsgericht auferlegten Prozesskostensicherheitsleistung empfiehlt es sich, im Interesse einer fairen und ökonomischen Verfahrensführung, das „Zurücknahme"-Modell des § 60 Abs 3 ZPO auch im Schiedsverfahren analog anzuwenden und die Schiedsklage auf Antrag des Schiedsbeklagten mittels Beschlusses des Schiedsgerichts „für zurückgenommen" zu erklären. Dem säumigen Schiedskläger stünde gegen diese „Zwischenentscheidung" des Schiedsgerichts allenfalls[62] ein Aufhebungsantrag an das staatliche Gericht im Rahmen des § 583 Abs 2 Z 2 ZPO wegen verweigerter Fällung einer meritorischen Entscheidung durch das Schiedsgericht offen.[63,64]

c) Eine Verfahrensfortführung nur mit dem Beklagten nach § 587 ZPO erscheint dagegen nicht zielführend, da ja gerade dann dem weiterverhandelnden Beklagten voraussichtlich uneinbringliche Kosten entstehen würden, damit die angestrebten Schutzintentionen unterlaufen würden, und auch ein allenfalls gefällter Schiedsspruch vom säumigen, nicht teilnehmenden Schiedskläger in der Folge wegen Verletzung des rechtlichen Gehörs nach § 595 Abs 1 ZPO angefochten werden könnte.[65]

---

[60] Im Rahmen des § 56 iVm § 60 Abs 1 und Abs 2 ZPO.

[61] Die Möglichkeit der Ablegung eines sicherheitsleistungsbefreienden Paupertätseides nach § 60 ZPO wird hier im Schiedsverfahrensrecht, auch im Licht des zwingenden § 588 ZPO, nicht zur Anwendung kommen.

[62] Sofern nicht nach § 585 ZPO abbedungen.

[63] So auch *Fasching*, Schiedsgericht 106; *Rechberger/Rami*, ecolex 1998, 387; vgl weiters auch noch *Rechberger/Melis* in *Rechberger*, ZPO² § 583 ZPO Rz 1; OGH 25.2.1997 RdW 1997, 599.

[64] Eine Aufhebungsklage nach § 595 Abs 1 Z 2 ZPO kann hier im Fall eines Zurücknahmebeschlusses mangels Vorliegens eines, die strittige Schiedssache erledigenden Schiedsspruches nicht in Betracht kommen, s *Rechberger/Rami*, ecolex 1998, 389; sowie *Rechberger/Melis* in *Rechberger*, ZPO² § 595 ZPO Rz 2; vgl weiters auch noch *Fasching*, Schiedsgericht 125 f, 144 f; OGH 25.2.1997 RdW 1997, 599. Gleiches gilt auch für den Fall, dass das Schiedsgericht in seinem Verfahren formlos innehält, s *Rechberger/Rami*, ecolex 1998, 389; vgl weiters auch noch *Rechberger/Melis* in *Rechberger*, ZPO² § 595 ZPO Rz 2.

[65] *Rechberger/Rami*, ecolex, 1998, 388; vgl weiters *Fasching*, Schiedsgericht 106.

Pfandrechte in der EU-Insolvenzverordnung

Hubertus Schumacher

I. Einleitung

A. Entwicklung zur EuInsVO

Die Bemühungen, ein europäisches Insolvenzübereinkommen zu schaffen, reichen bis in die 60er-Jahre zurück.[1] Nach vielen gescheiterten Versuchen[2] wurde 1995 der Text eines „Übereinkommens über das Insolvenzver-

---

[1] Zur Entwicklung vgl *Jelinek,* Der Vorentwurf eines Übereinkommens über den Konkurs, Vergleich und ähnliche Verfahren, in *Schwind* (Hrsg), Probleme des europäischen Gemeinschaftsrechts (1976) 381 ff; *Schumacher,* Neue Entwicklungen im internationalen Insolvenzrecht, RdW 1991, 39 f; *Taupitz,* Das (zukünftige) europäische Internationale Insolvenzrecht – insbesondere aus international-privatrechtlicher Sicht, ZZP 111 (1998) 315; *Herchen,* Das Übereinkommen über Insolvenzverfahren der Mitgliedstaaten der Europäischen Union vom 23.11.1995 (2000) 21 ff; *Leible/Staudinger,* Die europäische Verordnung über Insolvenzverfahren, KTS 2000, 535.

[2] Vgl etwa *Goeth,* Verordnung (EG) Nr 1346/2000 über Insolvenzverfahren, ZIK 2000, 148; *Oberhammer/Vogler,* Europäisches Insolvenzrecht ante portas, ecolex 2001, 658.

fahren"³ präsentiert und von allen EG-Mitgliedstaaten bis auf das Vereinigte Königreich unterzeichnet.⁴ Über Initiative Deutschlands und Finnlands erließ der Rat der Europäischen Union am 29.5.2000 die *Verordnung (EG) Nr 1346/2000 über Insolvenzverfahren*.⁵ Inhaltlich beruht die EU-Insolvenzverordnung (EuInsVO) im Wesentlichen unverändert⁶ auf dem mangels Unterzeichnung durch das Vereinigte Königreich nicht zustande gekommenen EU-Insolvenzübereinkommen (EuInsÜ).

Die EuInsVO „geht von der Tatsache aus, dass aufgrund der großen Unterschiede im materiellen Recht ein einziges Insolvenzverfahren mit universaler Geltung für die gesamte Gemeinschaft nicht realisierbar ist".⁷ Sie soll dessen ungeachtet effiziente und wirksame grenzüberschreitende Insolvenzverfahren schaffen.⁸ Die EuInsVO ist am 31.5.2002 in Kraft getreten⁹ und gilt EU-weit, nicht jedoch für Dänemark.¹⁰ Anzuwenden ist die EU-Insolvenzverordnung auf Insolvenzverfahren, die nach ihrem In-Kraft-Treten eröffnet worden sind.¹¹ Sie ersetzt die zwischen den EU-Mitgliedstaaten geschlossenen insolvenzrechtlichen Übereinkünfte,¹² daher auch die österreichischen Abkommen mit Belgien,¹³ Deutschland,¹⁴ Frankreich¹⁵ und Italien.¹⁶

---

3 Zu diesem *Rauscher*, EU-Insolvenzübereinkommen, ZIK 1995, 179; *Balz*, Das neue Europäische Insolvenzübereinkommen, ZIP 1996, 948; *Mohr*, Das Insolvenzrechtsänderungsgesetz 1997 (1997) 51 f (Abdruck 225 ff); *Burgstaller/Keppelmüller* in *Burgstaller* (Hrsg), Internationales Zivilverfahrensrecht (2000) Rz 7.86 ff. – Abgedruckt ist das Übereinkommen bei *Keppelmüller*, Österreichisches Internationales Konkursrecht (1997) 244 (Anhang IX); *ZIP-Dokumentation*, Europäisches Übereinkommen über Insolvenzverfahren, ZIP 1996, 976.

4 Zu den Hintergründen dieser Haltung des Vereinigten Königreichs *Goeth*, ZIK 2000, 148 f.

5 Verordnung (EG) Nr 1346/2000 des Rates vom 29.5.2000, ABl L 160 vom 30.6. 2000; Abdruck bei *Kübler/Prütting* (Hrsg), Kommentar zur Insolvenzordnung II (2000) Anh II 1a; zu ihr und ihrer Entstehung *Buchegger* in *Bartsch/Pollak/Buchegger* (Hrsg), Österreichisches Insolvenzrecht I⁴ (2000) Einleitung Rz 18, § 1 Rz 119 FN 184 f; *D. Buchberger/R. Buchberger*, Das System der „kontrollierten" Universalität des Konkursverfahrens nach der Europäischen Insolvenzverordnung, ZIK 2000, 149; *Leible/Staudinger*, KTS 2000, 533 ff; *Lehr*, Die neue EU-Verordnung über Insolvenzverfahren und deren Auswirkungen für die Unternehmenspraxis, KTS 2000, 577.

6 Literatur und der Erläuternde Bericht von *Virgós/Schmit* zum EuInsÜ (EB-InsÜ) sind daher grundsätzlich auch zur Auslegung der EuInsVO heranziehbar.

7 Erwägungsgrund Nr 11; vgl *Jayme/Kohler*, Europäisches Kollisionsrecht 2000: Interlokales Privatrecht oder universelles Gemeinschaftsrecht? IPRax 2000, 458.

8 Erwägungsgrund Nr 2.

9 Art 47 EuInsVO.

10 Zur Ausnahme Dänemarks siehe Erwägungsgrund Nr 33.

11 Art 43 EuInsVO.

12 Art 44 Abs 1 EuInsVO; vgl *Lehr*, KTS 2000, 585.

13 BGBl 1975/385.

14 BGBl 1985/233; zur Genese des Übereinkommens *Schumacher*, Die Entwicklung österreichisch-deutscher Insolvenzrechtsbeziehungen, ZZP 103 (1990) 418.

15 BGBl 1980/237.

16 BGBl 1990/44; zu diesem *Schumacher*, Österreichisch-italienischer Insolvenzvertrag in Kraft, ecolex 1990, 405.

Wolfgang Jelinek hat wie kaum ein anderer das moderne österreichische Insolvenzrecht geprägt. Das IRÄG 1982,[17] Markstein österreichischer Insolvenzrechtsentwicklung und legistischer Ausgangspunkt des heute unbestrittenen Fortführungs- und Sanierungsgedankens, trägt seine Handschrift. Der Jubilar hat sich freilich auch schon lange vor der Gestaltwerdung der EuInsVO mit den insolvenzrechtlichen Entwicklungen auf europäischer Ebene eingehend befasst.[18] Dem Praktiker ist überdies bekannt, dass in seinen beliebten Seminaren häufig auch die Rechtsposition des „Absonderers" eine wichtige Rolle spielte. Nahe liegend ist es daher, *Wolfgang Jelinek* zum runden Geburtstag eine Arbeit über die Pfandrechte in der im Mai 2002 in Kraft getretenen EuInsVO zu widmen.

B. Internationale Kredite und Sicherheiten

Für die Kreditwirtschaft ist die EuInsVO von großer Bedeutung: Die zunehmende Internationalisierung von Wirtschafts- und Unternehmensverflechtungen bedingt auch grenzüberschreitende Kreditbeziehungen. Damit geht einher, dass dingliche Sicherungsrechte des Kreditgebers auch auf Vermögensgegenständen begründet werden, die nicht im Staat des *Interessenmittelpunktes des Kreditnehmers,* liegen. Der „Mittelpunkt der hauptsächlichen Interessen" ist freilich gem Art 3 Abs 1 EuInsVO der internationale Zuständigkeitsgrund für die Eröffnung eines Hauptinsolvenzverfahrens. Dass das Sicherungsgut nicht im Staat der Verfahrenseröffnung liegt, kann sich freilich auch nachträglich, so insbesondere bei beweglichen Pfändern durch deren Lageveränderung, aber auch durch Verlegung des Interessenmittelpunktes des Kreditnehmers in einen anderen Staat, ergeben. Liegen Vermögensgegenstände, an denen dingliche Sicherungsrechte des Kreditgebers bestehen, außerhalb des Staates der Eröffnung eines Hauptverfahrens, stellt sich die Frage nach dem auf diese Sicherungsrechte anwendbaren Insolvenzrecht. Die EuInsVO sieht hier teilweise überraschende Regelungen vor. Der Kreditgeber muss sich daher schon vor Eingehung internationaler Kredit- und Sicherungsgeschäfte über die Behandlung seiner dinglichen Sicherungsrechte nach der EuInsVO klar werden. „Dingliche Rechte Dritter" werden in Art 5 EuInsVO geregelt. Von dieser Regelung sind vor allem die *Pfandrechte* betroffen.[19]

II. Ausnahme von der lex fori concursus

A. Pfandrechte, Hypotheken, Vormerkung

Ein nach Art 3 Abs 1 EuInsVO eröffnetes Hauptinsolvenzverfahren erfasst, außer im Fall der vorangehenden Eröffnung eines Partikularverfahrens in einem

---

[17] Zu diesem *Jelinek,* Das Insolvenzrechtsänderungsgesetz 1982 (Vortragsbericht), JBl 1983, 144; *ders,* Der Werdegang des Insolvenzrechtsänderungsgesetzes 1982, in *Jelinek* (Hrsg), Insolvenz- und Wirtschaftsstrafrecht (1987) 137.

[18] *Jelinek* in *Schwind,* Probleme des europäischen Gemeinschaftsrechts 381 ff.

[19] Der Eigentumsvorbehalt wird separat in Art 7 EuInsVO geregelt.

anderen Staat,[20] das *gesamte Vermögen* des Schuldners, unabhängig von dem Staat, in dem es belegen ist.[21] Gem Art 16 Abs 1 EuInsVO werden die gem Art 3 EuInsVO eröffneten Verfahren in allen Mitgliedstaaten anerkannt, sobald die Entscheidung im Eröffnungsstaat wirksam ist. Grundsätzlich gilt nach Art 4 EuInsVO für das Insolvenzverfahren und seine Wirkungen das Insolvenzrecht des Mitgliedstaates, in dem das Verfahren eröffnet wird, also die *lex fori concursus*. Für die „dinglichen Rechte eines Gläubigers oder eines Dritten" geht die Verordnung allerdings von diesem Prinzip ab: Gemäß Art 5 Abs 1 EuInsVO wird

> *„das dingliche Recht eines Gläubigers oder eines Dritten an körperlichen oder unkörperlichen, beweglichen oder unbeweglichen Gegenständen des Schuldners ..., die sich zum Zeitpunkt der Eröffnung des Insolvenzverfahrens im Gebiet eines anderen Mitgliedstaats befinden, ... von der Eröffnung des Verfahrens nicht berührt."*

Aus der Aufzählung des Art 5 Abs 2 EuInsVO ergibt sich konkretisierend, dass zu den von der ausländischen Eröffnung eines Insolvenzverfahrens[22] „nicht berührten" Rechten vor allem folgende Rechte zählen: Verwertungs- und Befriedigungsrechte, „insbesondere aufgrund eines Pfandrechts oder einer Hypothek" (lit a); das ausschließliche Recht, eine Forderung einzuziehen, insbesondere aufgrund eines Pfandrechts an einer Forderung oder aufgrund einer Sicherheitsabtretung dieser Forderung (lit b);[23] das Recht, die Herausgabe des Gegenstands von jedermann zu verlangen, der diesen gegen den Willen des Berechtigten besitzt oder nutzt (lit c) und das dingliche Recht, die Früchte eines Gegenstands zu ziehen (lit d). Hier zeigt sich bereits, dass die Ausnahme von der lex fori concursus Pfandrechte an beweglichen und unbeweglichen Sachen (Hypotheken) und die aus dem Pfandrecht resultierenden Einzelansprüche (zB Herausgabeansprüche, Verwertungsrechte) betrifft.[24]

Darüber hinaus wird gem Art 5 Abs 3 EuInsVO das in einem öffentlichen Register eingetragene und gegen jedermann wirksame Recht, ein dingliches Recht im Sinne des Abs 1 zu erlangen, dem dinglichen Recht gleichgestellt. Die deutsche Lehre[25] geht aufgrund dieser Bestimmung davon aus, dass die *Vormerkung* im deutschen Recht (§ 883 BGB) von der Eröffnung eines Insolvenzverfahrens in einem anderen Mitgliedstaat nicht berührt wird. Art 5 Abs 3 EuInsVO erscheint freilich auch auf die österreichische Vormerkung (§ 453 ABGB)[26] an-

---

[20] Art 3 Abs 4 EuInsVO.

[21] Vgl EB-InsÜ Rz 95.

[22] Konkurs oder Ausgleich: Art 2 lit a, Anhang A EuInsVO.

[23] Nach *Trunk*, Internationales Insolvenzrecht (1998) 358 FN 20 (zum EuInsÜ), fallen sogar Vindikationsansprüche unter Art 5, sodass Art 7 (Eigentumsvorbehalt) „im Grunde überflüssig" sei.

[24] Im Zweifelsfall, ob ein dingliches Recht im Sinne des Art 5 Abs 1 EuInsVO vorliegt, ist insbesondere auf die Parameter laut Rz 103 des EB-InsÜ abzustellen.

[25] *Taupitz*, ZZP 111 (1998) 333; *Kemper* in *Kübler/Prütting*, InsO Art 102 EGInsO Rz 146; *Leible/Staudinger*, KTS 2000, 552 mwN.

[26] §§ 35 ff GBG.

wendbar: Denn auch die österreichische Vormerkung ist im Grundbuch eingetragen und entwickelt ein gegen jedermann wirksames Recht, im Fall der Rechtfertigung (§ 40 GBG) in ihrem Rang ein dingliches Recht zu erwerben. Daher
ist davon auszugehen, dass auch eine im österreichischen Grundbuch eingetragene Vormerkung von einem ausländischen Konkursverfahren im Sinne des
Art 5 Abs 1 EuInsVO „nicht berührt" wird.

Ausgenommen von diesem Schutz vor ausländischen Insolvenzwirkungen ist
die *Nichtigkeit, Anfechtbarkeit oder relative Unwirksamkeit* des dinglichen
Sicherungsrechtes, sofern sie auf der *Benachteiligung der Gesamtheit der Gläubiger beruht*: Zur Beurteilung solcher Rechtshandlungen bestimmt Art 5 Abs 4
EuInsVO grundsätzlich die *lex fori concursus*. Vgl unter Punkt IV.

B. Ratio der Sonderanknüpfung

Die Bestimmung, dass dingliche Rechte „von der Eröffnung des Verfahrens
nicht berührt" werden (Art 5 Abs 1 EuInsVO), berücksichtigt *Verkehrsschutz
und Rechtssicherheit* des Geschäftsverkehrs in anderen Staaten als dem der Verfahrenseröffnung.[27] Der Erläuternde Bericht zum EuInsÜ[28] konkretisierte: „Poli-
tisches Grundziel ist der Schutz des Wirtschaftsverkehrs im Staat der Belegenheit
und die Rechtssicherheit in bezug auf die Rechte, die an diesen Vermögensgegenständen bestehen." Der Kreditgeber soll daher durch die Eröffnung eines ausländischen Konkursverfahrens nicht mit Insolvenzwirkungen konfrontiert werden, die er nicht vorhersehen konnte[29] und bei deren Kenntnis der Kredit entweder überhaupt nicht oder zu anderen Konditionen vergeben worden wäre.[30] Art 5
Abs 1 EuInsVO schottet daher – beruhend auf diesen Schutzüberlegungen –
Pfandrechte an Vermögensgegenständen des Schuldners vor einer Wirkungserstreckung der ausländischen Insolvenzeröffnung ab.[31]

Art 5 Abs 1 EuInsVO verhindert freilich nicht insolvenzrechtliche Beschränkungen des Sicherungsrechts aufgrund eines *Partikular- bzw Sekundärinsolvenzverfahrens* im Staat der Belegenheit des Sicherungsgegenstandes.[32] Hiezu
unter Punkt III.A.

---

[27] EB-InsÜ Rz 92 f; *Taupitz*, ZZP 111 (1998) 333; vgl *Chalupsky*, Das europäische
Übereinkommen über Insolvenzverfahren, in *Baudenbacher* (Hrsg), Aktuelle Pro-
bleme des Europäischen und Internationalen Wirtschaftsrechts I (1998) 297 (351);
Goeth, ZIK 2000, 149; *Lehr*, KTS 2000, 579.

[28] EB-InsÜ Rz 97, mit Hinweis auf die wichtige Funktion der dinglichen Rechte im Kre-
ditbereich; zum Erläuternden Bericht vgl FN 6.

[29] Allgemein zu dieser Problematik *Wilmowsky*, Europäisches Kreditsicherungsrecht
(1996) 224 ff, 286 ff.

[30] Vgl *Taupitz*, ZZP 111 (1998) 330; *Leible/Staudinger*, KTS 2000, 552; *Kemper* in
Kübler/Prütting, InsO Art 102 EGInsO Rz 143; Erwägungsgrund Nr 25 Satz 1.

[31] Vgl *Kemper* in *Kübler/Prütting*, InsO Art 102 EGInsO Rz 142.

[32] Art 3 Abs 4, Art 28 EuInsVO.

C. Entstehen des Pfandrechtes

1. Kollisionsrechtliche Anknüpfung

Der Schutz des Art 5 Abs 1 EuInsVO vor den Wirkungen eines ausländischen Insolvenzverfahrens setzt voraus, dass im Zeitpunkt der ausländischen Verfahrenseröffnung ein dingliches Recht an der Sache bereits *entstanden* ist (näher hiezu unter 2.).[33] Dies erklärt sich aus dem Verkehrsschutzgedanken des Art 5 Abs 1 EuInsVO, der den Kreditverkehr und daher die ihn sichernden dinglichen Rechte schützen will.[34]

Die Bestimmung wehrt nun zwar die Einwirkung der ausländischen Insolvenzeröffnung auf das enstandene dingliche Sicherungsrecht ab, sagt aber nicht, welches Recht über das *Entstehen* dieses Rechts zu befinden hat. Daher erscheint Art 5 Abs 1 EuInsVO nicht als Kollisionsnorm, sondern als Sachnorm, die eine *Immunisierung* dinglicher Rechte vor ausländischen Konkurswirkungen verfügt.[35] Freilich wird im internationalen Sachenrecht zur Beurteilung des Entstehens der Sicherheit regelmäßig auf die lex rei sitae verwiesen.[36] Hievon geht offensichtlich auch der Erwägungsgrund Nr 25 Satz 2 der EuInsVO aus: „Die *Begründung, Gültigkeit und Tragweite* eines solchen dinglichen Rechts sollte sich deshalb regelmäßig nach dem Recht des Belegenheitsorts bestimmen und von der Eröffnung des Insolvenzverfahrens nicht berührt werden".[37] Problematisch ist es daher, zur Lösung der kollisionsrechtlichen „Vorfrage", nach welchem Recht die Entstehung des dinglichen Rechts zu beurteilen ist (Sicherungsrechtsstatut), grundsätzlich das allgemeine IPR des Konkurseröffnungsstaates mit der Begründung heranzuziehen, dass sich die Frage der Unberührbarkeit ausländischer Sicherungsrechte primär im Eröffnungsstaat stellt.[38] Denn auf diesem Weg wäre die oben dargestellte ratio des Art 5 EuInsVO – *Vertrauensschutz und Rechtssicherheit des Geschäftsverkehrs* – nicht konsequent eingehalten, weil das dem Kreditgeber unbekannte IPR des Konkurseröffnungsstaates darüber entscheiden würde, welches Sicherungsrechtsstatut zur Beurteilung des Entstehens seiner Sicherheit heranzuziehen ist. Dagegen vermag der Sicherungsnehmer das allgemeine IPR des Staates der belegenen Sicherheit schon anlässlich der Sicherheitenbestellung zu prüfen und einzukalkulieren: Bei Hypotheken ist dies grundsätzlich möglich, bei beweglichen Sicherheiten wird es aufgrund ihrer „Mobilität" im Vorhinein nur in eingeschränktem, dem Sicherungsnehmer aber zurechenbaren Ausmaß möglich sein. Richtigerweise entscheidet daher das allgemeine IPR des Staates, in dem die Sicherheit belegen ist, darüber, welches Sachenrecht über das Entstehen der Sicherheit bestimmt.

---

[33] Hiezu EB-InsÜ Rz 96 und Rz 103.

[34] Näher zum „Entstandensein" des Sicherungsrechts unter 2.

[35] *Taupitz*, ZZP 111 (1998) 334.

[36] *Kemper* in *Kübler/Prütting*, InsO Art 102 EGInsO Rz 141; vgl *Chalupsky* in *Baudenbacher*, Aktuelle Probleme 353; *Taupitz*, ZZP 111 (1998) 335; *Buchberger/Buchberger*, ZIK 2000, 151; *Lehr*, KTS 2000, 579; *Czernich*, Internationales Kreditsicherungsrecht im Geschäftsverkehr der Banken, ÖBA 2000, 1068.

[37] Kursivsetzung vom Verfasser; vgl EB-InsÜ Rz 95 (in der Regel lex rei sitae).

[38] So etwa *Taupitz*, ZZP 111 (1998) 335.

2. Voll entstandene Pfandrechte

a) Zusammengesetzte Erwerbsvorgänge

Die Nichtberührung durch die lex fori concursus gilt nur für dingliche Rechte, die bereits *vor der Verfahrenseröffnung voll entstanden* sind: Bei Entstehungstatbeständen, die aus mehreren Akten bestehen, wird daher darauf abgestellt, dass der *Gesamttatbestand* vor jenem Zeitpunkt abgeschlossen sein muss.[39] Sollte das Sicherungsrecht erst nach der Verfahrenseröffnung (voll) entstanden sein, findet Art 5 Abs 1 EuInsVO keine Anwendung: Es wäre in einem solchen Fall die Wirkung der Verfahrenseröffnung auf das Pfandrecht nach der lex fori concursus (Art 4 EuInsVO) zu beurteilen.[40] Dieser Grundsatz ist aus Art 5 Abs 1 EuInsVO zu folgern, zumal dort die Entstehung des „dinglichen Rechts" implizite vorausgesetzt ist. Wann und unter welchen Voraussetzungen das „Entstandensein" des dinglichen Rechts zu bejahen ist, ist nach dem Sicherungsrechtsstatut zu beurteilen, welches nach dem IPR des Lageortes der Sicherheit heransteht (regelmäßig nach den Normen der lex rei sitae: siehe oben unter 1.).

b) Modus der Pfandrechtsbegründung

Dieser Grundsatz hat aus österreichischer Sicht vor allem Bedeutung bei der für den Pfandrechtserwerb notwendigen *Modussetzung* (§§ 451 f ABGB), die in der Praxis häufig nicht Zug-um-Zug mit der Krediteinräumung und Sicherungsabrede vollzogen wird. Ist die Entstehung des Pfandrechts nach österreichischem Recht zu beurteilen,[41] dann muss beim Faustpfand die körperliche oder symbolische Übergabe und bei Hypotheken die Überreichung des grundbücherlichen Eintragungsgesuchs bereits vor dem Zeitpunkt der Eröffnung des ausländischen Insolvenzverfahrens vollzogen sein, um den Schutz des Art 5 Abs 1 EuInsVO vor den ausländischen Insolvenzwirkungen genießen zu können. Hat sich dagegen die Bank mit einer „hinterlegten Pfandbestellungsurkunde" begnügt und wird im Ausland über den Schuldner das Hauptinsolvenzverfahren eröffnet, schützt Art 5 Abs 1 EuInsVO nicht vor den ausländischen Konkurswirkungen.

c) Pfandbestellungsurkunde und Ranganmerkung

Eine vom Schuldner unterfertigte *Pfandbestellungsurkunde und ein Ranganmerkungsbeschluss*, der nach §§ 13 KO, AO iVm § 56 Abs 3 GBG die Einverleibung des Pfandrechts auch noch nach der Insolvenzeröffnung gewährleistet, schützen mE nicht vor den ausländischen Insolvenzwirkungen: Wohl geht man anfechtungsrechtlich in Österreich davon aus, dass bei Zusammentreffen dieser Urkunden in den Händen des Gläubigers die Sicherheit bereits „entstanden"

---

[39] *Keppelmüller*, An der Schwelle zu einem europäischen Insolvenzrecht? wbl 1996, 341 FN 43; *Leible/Staudinger*, KTS 2000, 550 mit Hinweis auf die EB-InsÜ Rz 96 und Rz 103.

[40] *Buchberger/Buchberger*, ZIK 2000, 151.

[41] Siehe oben unter Punkt C.1.

sei.[42] Allerdings wird der Tatbestand des „dinglichen Rechts" im Sinne des Art 5 Abs 1 EuInsVO schon begrifflich vor Überreichung der Pfandbestellungsurkunde und des Ranganmerkungsbeschlusses bei Gericht nicht zu bejahen sein. Daher ist gerade bei grenzüberschreitenden Kreditgeschäften, wenn die Eröffnung eines ausländischen Hauptinsolvenzverfahrens in Frage kommen könnte,[43] auf die bücherliche Einverleibung der österreichischen Hypothek zu achten.

d) Zeitpunkt der Konkurseröffnung

Im Fall der Eröffnung des Konkurses durch ein österreichisches Gericht ist überdies zu fragen, ob es maßgeblich auf den Tag der Beschlussfassung des Konkursgerichts, den Tag der Aufnahme des Ediktes in die Insolvenzdatei oder auf den hierauf folgenden Tag (Eintritt der Konkurswirkungen: § 2 Abs 1 KO) ankommt, wenn beurteilt werden soll, ob das Pfandrecht noch vor der Verfahrenseröffnung voll entstanden ist oder nicht. Nach dem Wortlaut des Art 5 Abs 1 EuInsVO ist auf den Zeitpunkt der „Eröffnung des Verfahrens" abzustellen. Nun könnte argumentiert werden, dass die EuInsVO damit nicht den Eintritt der *Wirkungen* der Konkurseröffnung meint, sondern bereits die Veröffentlichung der konkursgerichtlichen Beschlussfassung, allenfalls auch diese selbst. Eine Differenzierung zwischen Eröffnungsentscheidung des Gerichts bzw deren Publikation einerseits und dem Eintritt der Konkurswirkungen andererseits ist allerdings auch in Art 5 Abs 1 EuInsVO offensichtlich nicht gewollt: Gerade dieser Bestimmung geht es ja um die Abschirmung der Sicherungsrechte vor ausländischen *Konkurswirkungen,* sie hat also nur eine „wirksame" Konkurseröffnung im Auge, auf deren Zeitpunkt abzustellen ist. Nach österreichischem Recht bestimmt sich der Zeitpunkt der Konkurseröffnung nach § 2 Abs 1 KO:[44] Seit dem IRÄG 1997 treten die Wirkungen der Konkurseröffnung erst mit Beginn des der öffentlichen Bekanntmachung des Inhalts des Konkursediktes folgenden Tages ein. Für die Abschottung von ausländischen Pfandrechten vor den Wirkungen einer österreichischen Verfahrenseröffnung kommt es daher auf den der Aufnahme des Ediktes in die Insolvenzdatei folgenden Tag an. An diesem Tag treten die Wirkungen des österreichischen Insolvenzverfahrens ein. Das auf ausländischem Vermögen begründete Pfandrecht muss daher, um von den Wirkungen des österreichischen Konkurses nicht betroffen zu sein, vor diesem Tag voll entstanden sein.

D. Lageort des Pfandgegenstandes

Die Anwendung des Art 5 Abs 1 EuInsVO setzt voraus, dass sich der Pfandgegenstand im *Zeitpunkt der Eröffnung des Insolvenzverfahrens im Gebiet eines*

---

[42] *König,* Die Anfechtung nach der Konkursordnung[2] (1993) Rz 297; *Koziol/Bollenberger* in *Bartsch/Pollak/Buchegger,* Insolvenzrecht I[4] § 30 Rz 15.

[43] ZB: Hauptsitz des Kreditnehmers liegt in einem anderen Mitgliedstaat (Art 3 Abs 1 EuInsVO).

[44] So auch zum Anfechtungsrecht *Koziol/Bollenberger* in *Bartsch/Pollak/Buchegger,* Insolvenzrecht I[4] § 27 Rz 42; vgl auch *Buchegger* in *Bartsch/Pollak/Buchegger,* Insolvenzrecht I[4] § 2 Rz 3.

anderen Mitgliedstaats befindet. Gemäß Art 2 lit g der EuInsVO „befinden" sich körperliche Gegenstände im Staat des Lageortes, in öffentlichen Registern eingetragene Gegenstände oder Rechte im Mitgliedstaat, unter dessen Aufsicht das Register geführt wird, und Forderungen in jenem Mitgliedstaat, in dessen Gebiet der Drittschuldner den Mittelpunkt seiner hauptsächlichen Interessen im Sinne des Art 3 Abs 1 EuInsVO hat. Bei Liegenschaften ist die Bestimmung des Lageortes unproblematisch. Bei Fahrnissen „in transitu" könnte es zur Lagebestimmung auf den Zeitpunkt der Eröffnung des Verfahrens ankommen. Geht es um die Frage der Betroffenheit eines Sicherungsrechtes auf einer beweglichen Sache durch österreichische Konkurswirkungen, dann ist auf den der Aufnahme des Ediktes der Konkurseröffnung in die Insolvenzdatei folgenden Tag abzustellen (siehe oben Punkt II.C.2.d).

E. Keine Beeinträchtigung des dinglichen Rechts

Die Wendung des Art 5 Abs 1 EuInsVO, dass das dingliche Recht des Gläubigers „von der Eröffnung des Verfahrens nicht berührt" wird, ist dahin zu verstehen, dass die dinglichen Rechte an einem im anderen Staat belegenen Vermögensgegenstand des Schuldners *weder vom Verfahrensrecht noch vom speziellen Insolvenzkollisionsrecht des Eröffnungsstaates berührt werden.*[45] Die mit der Eröffnung des Hauptinsolvenzverfahrens verbundenen Wirkungen vermögen daher grundsätzlich ein auf ausländischem Vermögen begründetes Pfandrecht nicht zu beeinträchtigen. Dazu ist aber auch die ratio des Art 5 EuInsVO zu berücksichtigen: Es geht der Verordnung um den Schutz des *Kreditgeschäftsverkehrs* (oben Punkt II.B.). Hieraus folgt freilich, dass der Schutz vor ausländischen Insolvenzwirkungen nur den *vertraglich* begründeten dinglichen Rechten zugute kommt, nicht aber den exekutiv erworbenen Sicherungsrechten, insbesondere also nicht den Zwangspfandrechten.

Beispielhaft, zum Schutz vor österreichischen Konkurswirkungen: Verdient der Schuldner sein Entgelt bei einem im Ausland ansässigen Arbeitgeber,[46] erlöschen *vertragliche Pfandrechte am Arbeitsentgelt* gem § 12a KO nicht,[47] denn die Wirkungen der österreichischen Konkurseröffnung strahlen nicht auf ein im Ausland begründetes Forderungspfandrecht aus. Oder: Bei der Verwertung von im Ausland gelegenen Liegenschaften können *Sondermassekosten* des Masseverwalters nicht gem § 49 Abs 1 KO vor den Hypotheken befriedigt werden, soferne dies zu einer Beeinträchtigung der Pfandrechte führt. Dies ist insbesondere bei einer Überlastung der Liegenschaft bzw bei einer Beeinträchtigung der Deckungsposition des letzten Pfandgläubigers durch die Sondermassekosten anzunehmen. Ebenso wenig kann die Realisierung eines Pfandrechtes an einem im Ausland gelegenen Pfandgegenstand wegen einer beabsichtigten Unternehmens-

---

[45] *Taupitz*, ZZP 111 (1998) 335; str in der deutschen Lehre, vgl *Buchberger/Buchberger*, ZIK 2000, 151.

[46] Daher liegt der Vermögensgegenstand gem Art 2 lit g EuInsVO im Ausland.

[47] Zur hieraus resultierenden Problematik für den Privatkonkurs siehe *Seiser/Hintringer*, Probleme des Schuldenregulierungsverfahrens bei Grenzgängern, ZIK 1999, 84 (86).

fortführung im österreichischen Konkurs (§§ 11 Abs 2, 3 KO) aufgeschoben werden. Fraglich ist, ob das gesetzliche Vermieterpfandrecht auf einer ausländischen Liegenschaft der Begrenzung des § 48 Abs 4 KO auf die im letzten Jahr vor der Konkurseröffnung offenen Bestandzinse unterliegt: Allerdings wird das gesetzliche Pfandrecht auch in den vertraglichen Entschluss des Vermieters vor Eingehung des Bestandvertrags einbezogen werden, sodass bei teleologischer Auslegung (Punkt II.B.) auch dieses Pfandrecht den Schutz vor ausländischen Verfahrenswirkungen genießen sollte. Dagegen sind die in den letzten 60 Tagen vor Insolvenzeröffnung *zwangsweise* auf ausländischem Vermögen begründeten Pfandrechte nicht vor dem (bedingten) Erlöschen gem § 12 KO geschützt.

Beispielhaft, zum Schutz vor Wirkungen eines in Deutschland eröffneten Insolvenzverfahrens: Die gem § 217 InsO möglichen Eingriffe in Absonderungsrechte ohne Einwilligung des Berechtigten aufgrund eines *Insolvenzplans*[48] können aufgrund Art 5 Abs 1 EuInsVO ein vertragliches Pfandrecht auf einer außerhalb Deutschlands gelegenen Liegenschaft nicht beeinträchtigen.

Freilich sind die ein dingliches Sicherungsrecht berührenden Regelungen des *am Belegenheitsort geltenden Insolvenzrechts* zu beachten. Dieses vermag im Fall der Eröffnung eines *Sekundärkonkursverfahrens* die Sicherungsrechte sehr wohl zu beeinträchtigen. Geht es daher dem Hauptinsolvenzverwalter darum, ein durch das ausländische Konkursrecht bedingtes Erlöschen oder eine Beschränkung des dinglichen Sicherungsrechtes herbeizuführen, dann muss er im Ausland die Eröffnung des Sekundärverfahrens beantragen.[49] Diese Wirkungen konnte der Gläubiger freilich bei Krediteinräumung und Bestellung des Vertragspfandes mitberücksichtigen.

F. Erfassung des Pfandgegenstands durch die lex fori concursus

1. Vermögenseinbezug in die Masse ohne Berührung des dinglichen Rechts

Der *Vermögensgegenstand* selbst, an dem das Pfandrecht haftet, bleibt nicht von den Wirkungen des ausländischen Insolvenzverfahrens verschont. Die Freiheit von deren Berührung genießt nur das *dingliche Sicherungsrecht* als solches.[50] Auf den Pfandgegenstand ist daher die lex fori concursus insoweit anzuwenden, als dadurch das Sicherungsrecht selbst nicht beeinträchtigt wird. Hieraus folgert etwa, dass eine nach Pfandverwertung erübrigende *Hyperocha* in die ausländische Masse einzubeziehen ist. Auch kann das Gericht oder der Verwalter im Hauptinsolvenzverfahren Sicherungsmaßnahmen gegen *devastierende Einwirkungen des Schuldners* auf eine Liegenschaft im Ausland veranlas-

---

[48] Vgl nur *Otte* in *Kübler/Prütting*, InsO § 217 Rz 49 und Rz 59.

[49] Der Hauptverwalter ist zum Antrag gem Art 29 lit a EuInsVO legitimiert.

[50] Vgl *Taupitz*, ZZP 111 (1998) 339; *Ch. Paulus*, Die europäische Insolvenzverordnung und der deutsche Insolvenzverwalter, NZI 2001, 505 (513).

sen, wenn und soweit diese Sicherungsmaßnahmen das dingliche Recht des Gläubigers nicht beeinträchtigen.

Weiters ergibt sich daraus: Wenn der Verwalter im Hauptverfahren die gesicherte Forderung aus der Insolvenzmasse erfüllt und der Gläubiger dadurch gleich wie im Fall der Verwertung seines Pfandes gestellt wird, vermag der Verwalter das Sicherungsrecht seinerseits zum Erlöschen zu bringen.[51] Der Verwalter, der gem Art 18 Abs 1 EuInsVO im anderen Mitgliedstaat alle Befugnisse ausüben darf, die ihm nach dem Recht des Eröffnungsstaates zustehen, kann nun das unbelastete Grundstück verwerten.

a) Keine Beeinträchtigung der Pfandverwertung durch den Gläubiger

Ein bewegliches Pfand kann der Verwalter eines Hauptinsolvenzverfahrens in die Masse ziehen, weil der Vermögensgegenstand von den grenzüberschreitenden Konkurswirkungen erfasst wird.[52] Fraglich ist dies aber dann, wenn die *Verwertung des Pfandrechts* nach den Vorschriften der lex rei sitae für den Pfandgläubiger günstiger ist: Das Verwertungsrecht des Gläubigers zählt zu den Bestandteilen des Pfandrechtes und Art 5 Abs 2 lit a EuInsVO erwähnt explizit als unberührt auch das Recht, den Gegenstand zu verwerten oder verwerten zu lassen. Das Recht des Verwalters, den Gegenstand in die Masse zu ziehen, darf daher auch nicht die *Rechtsdurchsetzung des Pfandgläubigers* beeinträchtigen. Der Pfandgläubiger vermag den Schutz des Art 5 Abs 1 EuInsVO auch dann geltend zu machen, wenn die Pfandverwertung nach den Vorschriften der lex rei sitae für ihn günstiger ist, als eine Verwertung durch den Masseverwalter nach der lex fori concursus. In diesen Fällen prägt sich daher der Schutz des Art 5 Abs 1 EuInsVO auch dahingehend aus, dass nur die nach Verwertung durch den Pfandgläubiger erübrigende *Hyperocha in die ausländische Masse einzubeziehen* ist.

b) Keine Beeinträchtigung des Pfandrechtes

Im Hinblick auf das österreichische *Faustpfandprinzip* (§ 451 ABGB) ist überdies zu bedenken, ob die Herausgabe des beweglichen Pfandes an den ausländischen Verwalter gem § 467 ABGB zum Erlöschen des Pfandrechts führen könnte. Diese Rechtsfrage ist hier nicht weiter zu vertiefen,[53] ihre Erwähnung soll aber zu einer grundsätzlichen Überlegung führen: Das Gebot des Art 5 Abs 1 EuInsVO, dass dingliche Rechte durch die ausländische Verfahrenseröffnung grundsätzlich nicht berührt werden, darf nicht auf dem Weg des Einbezugs des Pfandgegenstands in die Masse ausgehöhlt werden. Das hat die EuInsVO er-

---

[51] *Taupitz*, ZZP 111 (1998) 339.

[52] *Paulus*, NZI 2001, 513.

[53] Gegen ein Erlöschen spricht zB, dass der Einbezug des Pfandgegenstands durch den ausländischen Verwalter keine freiwillige Maßnahme des Pfandgläubigers ist: Vgl zum Abhandenkommen des Pfandes ohne Willen des Gläubigers *Hinteregger* in *Schwimann* (Hrsg), Praxiskommentar zum ABGB II² (1998) § 467 ABGB Rz 6.

kannt, zumal sie in Art 18 Abs 1 verfügt, dass der Hauptverwalter Sachen nur „vorbehaltlich der Art 5 und 7" aus dem Gebiet des anderen Staates entfernen darf. Das „Berührungsverbot" des Art 5 Abs 1 EuInsVO ist daher bei beweglichen Pfändern immer auch dann zu beachten, wenn der Einbezug des Vermögensgegenstands in die Masse rechtlich oder faktisch zu einer Beeinträchtigung oder gar zu einem Erlöschen des Pfandrechts führen würde.

2. Ausfolgung der Hyperocha an den Verwalter im Hauptverfahren

Weiters folgt aus der Anwendung der lex fori concursus auf die Pfandsache selbst, dass nach Befriedigung des Pfandgläubigers die *Hyperocha* in das Hauptinsolvenzverfahren zu ziehen ist.[54] Eine *Hyperochapfändung* durch einen Gläubiger scheitert nach der Konkurseröffnung regelmäßig an der auch im anderen Staat aufgrund der lex fori concursus geltenden Exekutionssperre (Art 4 Abs 2 lit f EuInsVO). Wurde noch vor der Konkurseröffnung der Pfandgegenstand im anderen Staat verwertet und die Forderung auf Auszahlung der Hyperocha gegen den Drittschuldner (zB Exekutionsgericht) gepfändet, dann genießt dieses Pfandrecht keinen Schutz des Art 5 Abs 1 EuInsVO: Die Bestimmung will den Kreditverkehr schützen, sodass bei teleologischer Auslegung nur Vertragspfandrechte vor ausländischen Konkurswirkungen abgeschottet sind (oben unter Punkt II.B. und E.). Auf das Zwangspfandrecht kommen die Wirkungen der Eröffnung des Insolvenzverfahrens zum Tragen.

III. Zugriff des ausländischen Insolvenzverwalters

A. Beschränkungen des dinglichen Rechts durch ein Sekundärinsolvenzverfahren

Der Insolvenzverwalter muss, will er die dinglichen Sicherungsrechte an ausländischem Vermögen zugunsten der Masse beschränken, im Ausland ein *Sekundärinsolvenzverfahren* gem Art 29 EuInsVO einleiten.[55] Dingliche Rechte werden daher potentiell durch die Normen des Staates des Sekundärverfahrens beschränkt. Dies kann der Masse des Hauptverfahrens mittelbar zugute kommen, weil einerseits die im Hauptinsolvenzverfahren angemeldeten Forderungen an den Ausschüttungen im Sekundärinsolvenzverfahren (dieses kann nur ein Liquidationsverfahren sein)[56] partizipieren (Art 32 Abs 2 EuInsVO), andererseits, weil auch ein Überschuss im Sekundärinsolvenzverfahren der Masse des Hauptinsolvenzverfahrens auszufolgen ist (Art 35 EuInsVO).

---

[54] Vgl Erwägungsgrund Nr 25.

[55] Hievon geht Erwägungsgrund Nr 25 aus; vgl *Taupitz*, ZZP 111 (1998) 333; *Paulus*, NZI 2001, 513.

[56] Art 27 Abs 1 iVm Art 2 lit c, Anhang B EuInsVO.

B. Mangels Niederlassung kein Sekundärinsolvenzverfahren

Die Eröffnung eines Sekundärinsolvenzverfahrens setzt freilich voraus, dass der Schuldner in jenem Staat eine *Niederlassung* hat.[57] Eine Niederlassung im Sinne der Art 2 lit h EuInsVO ist jeder Tätigkeitsort, an dem der Schuldner einer wirtschaftlichen Aktivität von nicht vorübergehender Art nachgeht, die den Einsatz von Personal und Vermögenswerten voraussetzt. Vor diesem Hintergrund könnte der Kreditgeber daran interessiert sein, dingliche Sicherungsrechte möglichst an jenen Vermögensgegenständen zu begründen, die in Mitgliedstaaten gelegen sind, in denen der Schuldner *keine Niederlassung* hat. Ein allgemeiner Vermögensgerichtsstand ist in der EuInsVO nicht anerkannt, sodass in diesen Fällen die *internationale Zuständigkeit* zur Eröffnung des Sekundärverfahrens fehlt.[58] In einem solchen Fall muss daher der Gläubiger mit den Beschränkungen seines dinglichen Rechts durch die Eröffnung eines Sekundärinsolvenzverfahrens nicht rechnen. Anderseits werden seine dinglichen Sicherungsrechte auch durch die Eröffnung des Hauptverfahrens in einem anderen Mitgliedstaat nicht berührt (Art 5 Abs 1 EuInsVO). In der deutschen Literatur[59] wurden diese *„ungeahnten Vorteile"* ausländischer Sicherungsrechte bereits vor dem Hintergrund des (nicht in Kraft getretenen) EuInsÜ heftig kritisiert. Sie sind im Wesentlichen eine Folge der fehlenden Akzeptanz des bloßen Vermögensgerichtsstandes. Freilich ist der Niederlassungsbegriff weit auszulegen, was den in diesen Konstellationen möglichen Vorteil im Ergebnis reduzieren wird.[60]

IV. Einredetatbestand gegen Anfechtungen

Insoweit wegen Benachteiligung der Gesamtheit der Gläubiger eine *Anfechtung, Nichtigkeit oder relative Unwirksamkeit der Sicherheit* in Frage steht, muss sich allerdings auch der im Ausland gesicherte Gläubiger den Bestimmungen *der lex fori concursus* stellen. Das verfügt Art 5 Abs 4 EuInsVO durch seinen Verweis auf Art 4 Abs 2 lit m EuInsVO, der zu dieser Beurteilung die lex fori concursus heranzieht. Interessant ist in diesen Fällen für den Sicherungsnehmer der *Einredetatbestand des Art 13 EuInsVO*: Danach findet Art 4 Abs 2 lit m EuInsVO dann keine Anwendung, wenn der durch die benachteiligende Handlung Begünstigte nachweist, dass

1) für die angefochtene Rechtshandlung das Recht eines anderen Mitgliedstaates als des Staates der Verfahrenseröffnung maßgeblich ist und

2) dass in diesem Fall die Handlung „in keiner Weise nach diesem Recht angreifbar ist".[61]

---

[57] Art 27 iVm Art 3 Abs 2 EuInsVO; vgl Erwägungsgrund Nr 25; *Taupitz*, ZZP 111 (1998) 337; *Leible/Staudinger*, KTS 2000, 552.

[58] Zu den Gründen *Taupitz*, ZZP 111 (1998) 337.

[59] *Taupitz*, ZZP 111 (1998) 338 (zum EuInsÜ) mwN.

[60] Vgl die Definition in Art 2 lit h EuInsVO.

[61] Zu diesem Einredetatbestand vgl *Taupitz*, ZZP 111 (1998) 328; *Leible/Staudinger*, KTS 2000, 556 f.

Was die Bestellung von Pfandrechten betrifft, kann dieser Einredetatbestand durchaus von Bedeutung sein: Bei im Ausland gelegenen Pfändern wird auf Rechtshandlungen, die zur dinglich wirksamen Pfandbestellung führen, meist ein anderes Sicherungsrechtsstatut als jenes der lex fori concursus maßgebend sein. Insofern ist bei diesen Pfandrechten häufig die erste Alternative des Einredetatbestands des Art 13 EuInsVO (anderes Recht maßgebend) zu bejahen. Dann ist aber noch ein umfassender Rechtsvergleich vorzunehmen: Der Sicherungsnehmer muss den zusätzlichen Nachweis erbringen, dass nach dem auf sein Pfandrecht anwendbaren Privat- und Insolvenzrecht (meist die lex rei sitae), die angefochtene Rechtshandlung *„in keiner Weise angreifbar"* ist. Nach dieser Formulierung genügt es daher nicht, dass der Sicherungsnehmer etwa nur die fehlende konkursrechtliche Anfechtbarkeit nachweist. Der Begünstigte muss vielmehr auch die Angreifbarkeit seiner Sicherstellung nach anderen, insbesondere materiellrechtlichen Bestimmungen, ausschließen können. Im Einzelfall wird dies einen eingehenden Rechtsvergleich zwischen der lex fori concursus und dem auf das Pfandrecht anwendbaren Recht erfordern, der sich im Prozess gegen den Insolvenzverwalter in einer entsprechend umfassenden Behauptungs- und Beweislast des beklagten Sicherungsnehmers niederschlägt.

Der Gläubiger einer in Österreich gelegenen dinglichen Sicherheit hat daher gegen den ausländischen Insolvenzverwalter dann, wenn er diesen Beweis der „absoluten Konsistenz" seines Rechts nach österreichischem Recht führen will, insbesondere auch die Klippen der Publizitätserfordernisse des österreichischen Pfandrechts zu umschiffen, was bekanntlich bei beweglichen Pfändern und beim Forderungspfandrecht nicht immer einfach ist. Freilich muss er auch das schlagkräftige österreichische Anfechtungsrecht im Prozess „wegargumentieren" können.[62] Ein Dorado für den, der gerne hypothetische Prozesse führt!

---

[62] Im anfechtungsrechtlichen Rechtsvergleich könnten insbesondere unterschiedliche Anfechtungsfristen maßgeblich sein.

Die internationale Zuständigkeit für Verfahren betreffend die elterliche Verantwortung für die gemeinsamen Kinder der Ehegatten (Art 3 f EheVO)*

Daphne-Ariane Simotta

I. Einleitung

Mit 1.3.2001 ist die Verordnung (EG) Nr 1347/2000 des Rates vom 29. Mai 2000 über die Zuständigkeit und die Anerkennung und Vollstreckung von Entscheidungen in Ehesachen und in Verfahren betreffend die elterliche Verant-

---

* Wie ich aus persönlichen Gesprächen weiß, ist *Wolfgang Jelinek* sehr am internationalen Zivilverfahrensrecht interessiert. Ich widme ihm daher diesen Beitrag mit den herzlichsten Glückwünschen zu seinem 60. Geburtstag.

wortung für die gemeinsamen Kinder der Ehegatten[1] (im Folgenden: EheVO) in Kraft getreten. In dieser Verordnung ist neben der internationalen Zuständigkeit für Ehesachen in den Art 3 und 4 auch jene für Verfahren betreffend die elterliche Verantwortung für die gemeinsamen Kinder der Ehegatten, die im Zusammenhang mit einem Eheverfahren angestrengt werden, geregelt. Der folgende Beitrag soll nun – in Ergänzung meines Aufsatzes über die internationale Zuständigkeit in Ehesachen[2] – aufzeigen, wann österreichische Gerichte nach der EheVO für Verfahren betreffend die elterliche Verantwortung für die gemeinsamen Kinder international zuständig sind.

II. Die internationale Zuständigkeit für Verfahren betreffend die elterliche Verantwortung nach der EheVO

A. Der sachliche Anwendungsbereich der EheVO

1. Allgemeines

Gemäß Art 1 Abs 1 lit b gilt die EheVO für zivilgerichtliche Verfahren, die die *elterliche Verantwortung für die gemeinsamen Kinder der Ehegatten* betreffen und *aus Anlass eines in Art 1 Abs 1 lit a EheVO genannten Verfahrens* betrieben werden.

Gerichtlichen Verfahren stehen gem Art 1 Abs 2 EheVO andere in einem Mitgliedstaat amtlich anerkannte Verfahren gleich. Dh auch Verwaltungsverfahren[3] betreffend die elterliche Gewalt fallen in den Anwendungsbereich der EheVO. Unter den Begriff „zivilgerichtliche Verfahren" sind neben dem streitigen Verfahren *auch „außerstreitige Verfahren"* zu subsumieren.[4] Nach österreichischem Recht sind alle Verfahren betreffend die elterliche Verantwortung für die gemeinsamen Kinder der Ehegatten im Außerstreitverfahren zu erledigen.

---

[1]   ABl 2000 L 160 S 19; s auch den Erlass des BMJ v 10.1.2001 zum Inkrafttreten der „Brüssel II-Verordnung" und der international-zivilverfahrensrechtlichen Vorschriften des KindRÄG 2001, JABl 2001/14, 61.

[2]   *Simotta*, Die internationale Zuständigkeit Österreichs in eherechtlichen Angelegenheiten – Ein Vergleich zwischen der EheVO und dem autonomen österreichischen Recht, in FS Geimer (2002) 1115.

[3]   *Gottwald* in *Lüke/Wax* (Hrsg), Münchener Kommentar zur Zivilprozeßordnung III[2] (2001) Art 1 EheGVO Rz 1; *Neumayr/Anzinger* in *Burgstaller* (Hrsg), Internationales Zivilverfahrensrecht II (2001) Art 1 EheGVVO Rz 3; *Kropholler*, Europäisches Zivilprozeßrecht[7] (2002) Einl Rz 87.

[4]   *Neumayr/Anzinger* in *Burgstaller*, Internationales Zivilverfahrensrecht II Art 1 EheGVVO Rz 3; *Simotta* in FS Geimer 1144.

2. Begriff der elterlichen Verantwortung

Welche Verfahren die elterliche Verantwortung betreffen, wird in der EheVO nirgends geregelt. Der Begriff *„elterliche Verantwortung"* ist freilich nicht nach dem innerstaatlichen Recht des Gerichtsstaates, sondern *autonom auszulegen*.[5] Da im *Borrás*-Bericht[6] darauf hingewiesen wird, dass der Begriff „elterliche Verantwortung" bereits in verschiedenen internationalen Übereinkünften[7] und im Besonderen im Haager Kinderschutzübereinkommen von 1996[8] auftaucht und sein Gebrauch einer gewissen terminologischen Vereinheitlichung dient, und außerdem der Art 10 KSÜ Vorbild für Art 3 EheVO war, wird der in Art 1 Abs 1 lit b und Art 3 EheVO verwendete Begriff „elterliche Verantwortung" *im Sinne des KSÜ auszulegen* sein.[9] Nach Art 1 Abs 2 KSÜ umfasst der Begriff „elterliche Verantwortung" *die elterliche Sorge und jedes andere entsprechende Sorgeverhältnis, das die Rechte, Befugnisse und Pflichten der Eltern, des Vormundes oder eines anderen gesetzlichen Vertreters in Bezug auf die Person oder das Vermögen des Kindes bestimmt.* Demnach wird – anders als es der Wortlaut bei engem Verständnis vermuten ließe – mit der „elterlichen Verantwortung" nicht nur *der gesamte Bereich der elterlichen Obsorge* einschließlich

---

[5] Der Erwägungsgrund Nr 10 im ursprünglichen Verordnungsentwurf (ABl C 247 E v 31.8.1999), der einer autonomen Auslegung entgegenstand, wurde auf Vorschlag des Europäischen Parlaments (A5-0057/1999, 6, Änderungsantrag Nr 4) geändert. Vgl den geänderten Vorschlag der Kommission vom 17.3.2000, KOM/2000/0151 endg – CNS 1999/0110 (ABl C 274 E v 26.9.2000 S 13 ff) und Erwägungsgrund Nr 11 der EheVO. Für eine autonome Auslegung treten *Neumayr/Anzinger* in *Burgstaller*, Internationales Zivilverfahrensrecht II Art 1 EheGVVO Rz 9 ein.

[6] *Borrás*, Erläuternder Bericht zu dem Übereinkommen aufgrund von Artikel K.3 des Vertrags über die Europäische Union über die Zuständigkeit und die Anerkennung und Vollstreckung von Entscheidungen in Ehesachen, ABl 1998 C 221 RdN 24.

[7] ZB in Art 27 Abs 2 bis 4 des Übereinkommens über die Rechte des Kindes, BGBl 1993/7 und in Art 26 Abs 1 lit b des Übereinkommens über den Schutz von Kindern und die Zusammenarbeit auf dem Gebiet der internationalen Adoption v 29.5.1993, BGBl III 1999/145.

[8] Haager Übereinkommen über die Zuständigkeit, das anzuwendende Recht, die Anerkennung, Vollstreckung und Zusammenarbeit auf dem Gebiet der elterlichen Verantwortung und der Maßnahmen zum Schutz von Kindern v 19.10.1996 (im Folgenden: KSÜ), das von Österreich bisher (Stand: 1.5.2002) nicht ratifiziert worden ist, dessen baldige Ratifizierung jedoch in den ErläutRV zum KindRÄG 2001 (296 BlgNR 21. GP 44) angekündigt worden ist. Nichtamtliche deutsche Übersetzung in RabelsZ 62 (1998) 502 ff, in englischer Sprache unter http://www.hcch.net/e/conventions/text34e.html; zum Ratifikationsstand http://www.hcch.net/e/status/stat34e.html; s dazu *Siehr*, Das neue Haager Übereinkommen von 1996 über den Schutz von Kindern, RabelsZ 62 (1998) 464; *Pirrung*, Das Haager Kinderschutzübereinkommen vom 19. Oktober 1996, in FS Rolland zum 70. Geburtstag (1999) 277; *Roth/Döring*, Zur geplanten Revision des Haager Minderjährigenschutzabkommens von 1961, FuR 1999, 195 ff.

[9] *Sumampouw*, Parental Responsibility under Brussels II, in FS Siehr (2000) 729 (731); *Helms*, Die Anerkennung ausländischer Entscheidungen im Europäischen Eheverfahrensrecht, FamRZ 2001, 257 (258). Im Erlass des BMJ v 10.1.2000, JABl 2001/14, 61 wird unter dem Begriff der elterlichen Verantwortung nur die Obsorge verstanden. So auch *Neumayr/Anzinger* in *Burgstaller*, Internationales Zivilverfahrensrecht II Art 1 EheGVVO Rz 9.

der Regelung des Rechts auf persönlichen Verkehr (Besuchsrecht)[10,11] und der Festlegung des (hauptsächlichen) Aufenthalts des Kindes, sondern *auch* die *Vormundschaft und Pflegschaft* erfasst.[12]

Nach § 144 ABGB umfasst die Obsorge die Pflege und Erziehung des Kindes, dessen gesetzliche Vertretung sowie die Verwaltung des Kindesvermögens. Demnach fallen nach österreichischem Recht alle Verfahren, welche die Pflege und Erziehung des Kindes, die Vermögensverwaltung und die gesetzliche Vertretung des Kindes betreffen, unter den in Art 1 Abs 1 lit b und Art 3 EheVO verwendeten Begriff „Verfahren betreffend die elterliche Verantwortung". An erster Stelle wären dabei die gerichtliche Genehmigung einer aus Anlass einer (streitigen oder einvernehmlichen) Scheidung, Aufhebung oder Nichtigerklärung der Ehe getroffenen Vereinbarung der Eltern darüber, bei welchem Elternteil sich das Kind hauptsächlich aufhalten soll und ob ihnen beiden oder nur einem von ihnen die Obsorge zukommen soll (vgl § 177 ABGB und § 55a Abs 2 EheG) sowie die Entscheidung des Gerichtes, welchem Elternteil nach der Eheauflösung die Obsorge zukommt (§ 177a ABGB), zu nennen. Allerdings wird, wenn das Gericht – mangels gütlicher Einigung der Eltern – darüber zu entscheiden hat, welchem Elternteil künftig allein die Obsorge zusteht, die Annexzuständigkeit des Art 3 EheVO im Regelfall nicht zur Anwendung kommen. Denn nach § 177a Abs 1 ABGB hat das Gericht nur dann eine Entscheidung über die Obsorge zu fällen, wenn innerhalb einer angemessenen Frist nach der Scheidung, Aufhebung oder Nichtigerklärung der Ehe der Eltern eine Vereinbarung über den hauptsächlichen Aufenthalt des Kindes oder über die Betrauung mit der Obsorge nicht zustande kommt oder diese nicht dem Wohl des Kindes entspricht. Mit rechtskräftiger Beendigung des Eheauflösungsverfahrens endet aber auch die Annexzuständigkeit des Art 3 EheVO, es sei denn, dass das Verfahren betreffend die elterliche Verantwortung noch vor rechtskräftiger Beendigung des Eheverfahrens eingeleitet worden ist (Art 3 Abs 3 EheVO). Ähnliches gilt auch für die Genehmigung einer von den Ehegatten aus Anlass der einvernehmlichen Scheidung gem § 55a Abs 2 EheG getroffenen Vereinbarung über den hauptsächlichen Aufenthalt der Kinder, die Obsorge und die Ausübung des Rechts auf persönlichen Verkehr. Obwohl das Vorliegen einer Vereinbarung

---

[10] *Hausmann*, Neues internationales Eheverfahrensrecht in der EU, The European Legal Forum 2001, 271 (274); *Neumayr/Anzinger* in *Burgstaller*, Internationales Zivilverfahrensrecht II Art 1 EheGVVO Rz 9; *Wagner*, Die Anerkennung und Vollstreckung von Entscheidungen nach der Brüssel II-Verordnung, IPRax 2001, 73 (76 f). Nach *Gottwald* in MüKo ZPO III² Art 1 EheGVO Rz 3 gehören nach deutschem Recht auch Verfahren auf Herausgabe eines Kindes zu den Verfahren betreffend die elterliche Verantwortung.

[11] Es soll hier darauf hingewiesen werden, dass die EheVO durch eine Verordnung des Rates über die Zuständigkeit und die Anerkennung und Vollstreckung von Entscheidungen über die elterliche Verantwortung, KOM/2001/0505 endg – CNS 2001/0204 (ABl C E v 27.11.2001 S 269) ergänzt werden soll. Siehe auch IPRax 2001 H 6, Anh V.

[12] Vgl *Lagarde*, Rapport explicatif de la convention concernant la compétence, la loi applicable, la reconnaissance, l'exécution et la coopération en matière de responsabilité parentale et de mesures de protection des enfants (1997) RdN 14; *Helms*, FamRZ 2001, 258.

über die in § 55a Abs 2 EheG genannten wesentlichen Scheidungsfolgen eine Voraussetzung für die einvernehmliche Scheidung ist, kann die Ehe gem § 55a Abs 3 letzter Satz EheG auch dann geschieden werden, wenn die allenfalls erforderliche gerichtliche Genehmigung der Scheidungsfolgenvereinbarung noch nicht vorliegt. Der Antrag auf Genehmigung der von den Ehegatten geschlossenen Vereinbarung über den hauptsächlichen Aufenthalt der Kinder, die Obsorge und das Besuchsrecht wird, weil die Ehegatten die Scheidungsfolgenvereinbarung meistens erst vor Gericht schließen und die einvernehmliche Scheidung idR in einer einzigen Tagsatzung erledigt wird, in den meisten Fällen erst nach Rechtskraft des Scheidungsbeschlusses gestellt werden.

Ferner wird das Gericht aus Anlass der Scheidung, Aufhebung oder Nichtigerklärung der Ehe häufig eine Regelung des Besuchsrechts (§ 148 ABGB) treffen müssen.

Zur elterlichen Verantwortung iSd Art 10 Abs 2 KSÜ gehören nach österreichischem Recht weiters die Festlegung und Ermittlung des Aufenthalts des Kindes sowie die Mitwirkung bei dessen Zurückholung (§ 146b ABGB), Verfahren über die Herausgabe des Kindes,[13] die Entscheidung über die Ausbildung des Kindes (§ 147 ABGB), die Feststellung, dass die Obsorge gem § 145 ABGB auf den anderen Elternteil, die Großeltern oder Pflegeeltern übergegangen ist, Entscheidungen betreffend die Vermögensverwaltung durch die Eltern (vgl §§ 149 f ABGB), die gerichtliche Genehmigung von Vertretungshandlungen und Einwilligungen eines Elternteils, sofern die Vermögensangelegenheit nicht zum ordentlichen Wirtschaftsbetrieb gehört sowie die gerichtliche Genehmigung der Klagserhebung und von Verfügungen über den Verfahrensgegenstand (§ 154 Abs 3, § 154a ABGB), der Ausspruch des Gerichtes, dass dem minderjährigen Kind infolge merkbar verzögerter Entwicklung, einer psychischen Krankheit oder einer geistigen Behinderung für eine einzelne oder einen Kreis von Angelegenheiten die erforderliche Einsichts- und Urteilsfähigkeit oder Geschäftsfähigkeit fehlt (§ 154b ABGB),[14] die Entziehung oder Einschränkung der Obsorge (vgl § 176 ABGB) und Verfügungen des Gerichtes zur Erzwingung des Informations- und Äußerungsrechts des Elternteils, dem die Obsorge nicht zukommt (§ 178 ABGB). Dazu würden noch die Vormundschafts- und Pflegschaftssachen (vgl §§ 187 ff ABGB) kommen.

Es stellt sich jedoch die Frage, ob der Rat der EU bei der Erlassung der EheVO wirklich von einem so weiten Begriff der elterlichen Verantwortung ausgegangen ist. Sehr fraglich scheint mir vor allem, ob tatsächlich auch solche Verfahren betreffend die elterliche Verantwortung in den Anwendungsbereich des Art 3 EheVO einbezogen werden sollten, in denen auch anderen Personen als den Ehegatten und deren gemeinsamen Kindern[15] Parteistellung zukommt.

---

[13] Vgl für die deutsche Rechtslage *Gottwald* in MüKo ZPO III² Art 1 EheGVO Rz 3.

[14] Die Bestimmung des § 154b ABGB tritt an die Stelle der Verlängerung der Minderjährigkeit (§ 173 ABGB), nach der die Obsorge auch über das Volljährigkeitsalter hinaus ausgedehnt werden konnte.

[15] Zur Rechtsstellung minderjähriger Kinder im Obsorgeverfahren s *Deixler-Hübner*, Die neuen familienrechtlichen Verfahrensbestimmungen, in *Ferrari/Hopf* (Hrsg), Reform des Kindschaftsrechts (2001) 115 ff.

Das sind Verfahren, in denen es um die Obsorge bzw gesetzliche Vertretung durch andere Personen als die Ehegatten geht, wie zB im Vormundschafts- und Pflegschaftsverfahren oder etwa bei der Betrauung der Großeltern oder Pflegeeltern mit der Obsorge (vgl §§ 145, 176, 186a, 187 ABGB). Meines Erachtens ist auf Verfahren betreffend die elterliche Verantwortung, zu denen – außer den gemeinsamen Kindern der Ehegatten – auch Personen, die nicht Parteien des anhängigen Eheverfahrens sind, als Parteien beizuziehen sind, Art 3 EheVO nicht anzuwenden. Dass außer dem Kind keine anderen Personen als die Ehegatten, deren Ehe aufgelöst werden soll, am Verfahren betreffend die elterliche Verantwortung beteiligt werden sollten, geht ganz deutlich aus der Ablehnung des Vorschlages hervor, die Annexzuständigkeit des Art 3 EheVO nicht nur für die gemeinsamen Kinder der Ehegatten, sondern für alle Kinder der Familie zu eröffnen. Zu Recht wird im *Borrás*-Bericht[16] darauf hingewiesen, dass durch die Annexzuständigkeit des Art 3 EheVO die Grundrechte des in einem anderen Mitgliedstaat[17] lebenden zweiten Elternteils beeinträchtigt werden könnten. Aus dieser Stelle im *Borrás*-Bericht lässt sich ableiten, dass die Annexzuständigkeit des Art 3 EheVO immer dann nicht zum Tragen kommt, wenn die elterliche Verantwortung (Obsorge) nicht beiden Ehegatten oder einem Ehegatten allein zukommt oder sie jemand anderem als den Ehegatten oder einem von ihnen übertragen werden soll.

Weiters stellt sich die Frage, ob unter den Begriff „Verfahren, die die elterliche Verantwortung für die gemeinsamen Kinder der Ehegatten betreffen und die aus Anlass eines Eheauflösungsverfahrens betrieben werden" auch Verfahren zu subsumieren sind, die nicht in einer engen Verbindung mit dem anhängigen Eheverfahren stehen bzw die nicht notwendigerweise Folge der angestrebten Eheauflösung sind.

> Beispiel: Während der Anhängigkeit des Scheidungsverfahrens stellt das Kind gem § 147 ABGB einen Antrag, das Gericht möge über seine Ausbildung entscheiden.

Besteht zwischen dem Verfahren betreffend die elterliche Verantwortung und dem Eheauflösungsverfahren kein enger Zusammenhang, sondern wäre das Verfahren betreffend die elterliche Verantwortung auch dann anhängig gemacht worden bzw notwendig gewesen, wenn das Eheauflösungsverfahren nicht anhängig wäre, dann handelt es sich bei dem Verfahren betreffend die elterliche Verantwortung nicht um ein solches, welches „aus Anlass eines Eheverfahrens iSd Art 1 Abs 1 lit a EheVO betrieben wird". Für diese einschränkende Auslegung des Begriffes „Verfahren betreffend die elterliche Verantwortung, die aus Anlass eines Eheauflösungsverfahrens betrieben werden" ergeben sich im *Borrás*-Bericht einige Anhaltspunkte:

In der RdN 23, in der dargelegt wird, warum auch Verfahren betreffend die elterliche Verantwortung in den Anwendungsbereich der EheVO aufgenommen worden sind, wird Folgendes ausgeführt:

---

[16] *Borrás*-Bericht RdN 25.

[17] Das muss natürlich auch für einen in einem Drittstaat lebenden Elternteil gelten.

„Komplexer ist das Thema der elterlichen Verantwortung, da das innerstaatliche Recht in einigen Mitgliedstaaten vorschreibt, daß eine Entscheidung in einer Ehesache auch die Fragen der elterlichen Verantwortung einbezieht, während in anderen Mitgliedstaaten die eherechtlichen Fragen und die Fragen des Schutzes der Kinder streng getrennt werden, weshalb die Entscheidung in der Ehesache nicht notwendigerweise die elterliche Verantwortung regelt und eine Entscheidung über letztere sogar anderen Stellen überlassen werden kann."

Weiters heißt es in der RdN 25, in der es um die Frage geht, ob nur Verfahren betreffend die elterliche Verantwortung für die gemeinsamen Kinder der Ehegatten oder auch solche, in denen es auch um die elterliche Verantwortung für Kinder aus früheren Beziehungen der Ehegatten („Kinder der Familie") geht, in den Anwendungsbereich der EheVO einbezogen werden sollten:

„Es hat sich ... die Vorstellung durchgesetzt, nur gemeinsame Kinder einzubeziehen, da es um Fragen der elterlichen Verantwortung geht, die sich *in enger Verbindung*[18] mit einem Antrag auf Ehescheidung, Trennung ohne Auflösung des Ehebandes oder Ungültigerklärung einer Ehe stellen."

In den Anwendungsbereich der EheVO sollten demnach nur jene Fragen der elterlichen Verantwortung einbezogen werden, die notwendigerweise im Zusammenhang mit der Auflösung der Ehe zu regeln sind. Ziel der Verordnung ist es nämlich, eine umfassende *Regelung aller auf die Kinder bezogenen Scheidungsfolgen* zu ermöglichen.[19] Demnach fallen, auch wenn sie während der Anhängigkeit eines Eheauflösungsverfahrens anhängig gemacht werden, Pflegschaftsverfahren und Verfahren zur Bestellung eines Vormundes nicht in den Anwendungsbereich der EheVO.

Verlangt man, damit auf das Verfahren betreffend die elterliche Verantwortung die EheVO zur Anwendung kommt, dass es in einem engen Konnex zum anhängigen Eheauflösungsverfahren steht, dann reduziert sich nach österreichischem Recht der Anwendungsbereich der EheVO auf *Verfahren zur Regelung der Obsorge und des Besuchsrechts*[20] sowie auf Verfahren über die *Herausgabe des Kindes*.[21]

Unabhängig davon, ob man für die Anwendung der EheVO einen engen Zusammenhang zwischen dem Verfahren betreffend die elterliche Verantwortung und dem Eheauflösungsverfahren für erforderlich hält oder nicht, ist Art 3 EheVO, wie sich aus Art 4 KSÜ ergibt, in dem jene Angelegenheiten aufgezählt sind, für die das KSÜ nicht gilt,[22] auf folgende Angelegenheiten nicht anwend-

---

[18] Hervorhebung von der Verfasserin.

[19] *Musger*, Internationales Zivilverfahrensrecht in der Brüssel-II-Verordnung und im KindRÄG 2001, RZ 2001, 89 (90).

[20] Vgl den Erlass des BMJ v 10.1.2000, JABl 2001/14; *Musger*, RZ 2001, 90; *Neumayr/Anzinger* in *Burgstaller*, Internationales Zivilverfahrensrecht II Art 1 EheGV-VO Rz 9.

[21] Vgl für die deutsche Rechtslage *Gottwald* in MüKo ZPO III² Art 1 EheGVO Rz 3; *Wagner*, IPRax 2001, 76.

[22] Denn wie bereits erwähnt, soll der in Art 1 Abs 1 lit b und Art 3 EheVO verwendete Begriff der elterlichen Verantwortung iSd (Art 1 Abs 2) KSÜ verstanden werden.

bar: Auf die Feststellung und Anfechtung des Eltern-Kind-Verhältnisses,[23] auf Adoptionsentscheidungen und Maßnahmen zur Vorbereitung einer Adoption sowie auf die Ungültigerklärung und den Widerruf der Adoption, auf den Namen und Vornamen des Kindes, auf die Volljährigerklärung, auf Unterhaltspflichten,[24] auf trusts und Erbschaften, auf die soziale Sicherheit, öffentliche Maßnahmen allgemeiner Art in Angelegenheiten der Erziehung und Gesundheit, auf Maßnahmen infolge Straftaten, die von Kindern begangen wurden und auf Entscheidungen über Asylrecht und Einwanderung.

3. Gemeinsame Kinder der Ehegatten

Art 3 EheVO gilt ferner nur für Verfahren betreffend die elterliche Verantwortung *für die gemeinsamen Kinder der Ehegatten.* Unter den gemeinsamen Kindern der Ehegatten sind sowohl *deren eigene leiblichen Kinder* als auch die von beiden Ehegatten *adoptierten Kinder* zu verstehen.[25] Auch das leibliche Kind eines Ehegatten, das vom anderen gem § 179 Abs 2 Satz 2 ABGB adoptiert worden ist, ist zu den gemeinsamen Kindern der Ehegatten zu zählen.[26]

Nicht von Art 3 EheVO werden dagegen Kinder erfasst, die zwar zur Familie gehören, jedoch aus einer früheren Beziehung eines der Ehegatten stammen.[27] Dies wird damit begründet, dass bei den nicht gemeinsamen Kindern der Ehegatten keine Verbindung zwischen der Entscheidung betreffend die elterliche Verantwortung und der Eheauflösung bestehe und außerdem die Grundrechte eines in einem anderen Mitgliedstaat lebenden zweiten Elternteils beeinträchtigt werden könnten.[28] Die internationale Zuständigkeit für Verfahren betreffend die elterliche Verantwortung für die nicht gemeinsamen Kinder der Ehegatten, die aus Anlass eines Eheverfahrens betrieben werden, richtet sich daher nach dem autonomen Recht,[29] dh in Österreich nach § 110 JN und einschlägigen interna-

---

[23] So auch *Neumayr/Anzinger* in *Burgstaller*, Internationales Zivilverfahrensrecht II Art 1 EheGVVO Rz 9.

[24] So auch *Musger*, RZ 2001, 91; *Neumayr/Anzinger* in *Burgstaller*, Internationales Zivilverfahrensrecht II Art 1 EheGVVO Rz 9. Für die Unterhaltssachen gilt freilich die am 1.3.2002 in Kraft getretene Verordnung (EG) Nr 44/2001 des Rates v 22.12.2000 über die gerichtliche Zuständigkeit und die Anerkennung und Vollstreckung von Entscheidungen in Zivil- und Handelssachen, ABl 2001 L 12 S 1 (im Folgenden: EuGVVO).

[25] *Borrás*-Bericht RdN 25; *Gottwald* in MüKo ZPO III² Art 1 EheGVO Rz 3; *Neumayr/Anzinger* in *Burgstaller*, Internationales Zivilverfahrensrecht II Art 1 EheGVVO Rz 9; *Kropholler*, Europäisches Zivilprozeßrecht⁷ Einl Rz 86.

[26] *Neumayr/Anzinger* in *Burgstaller*, Internationales Zivilverfahrensrecht II Art 1 EheGVVO Rz 10.

[27] *Boele-Woelki*, Brüssel II: Die Verordnung über die Zuständigkeit und die Anerkennung von Entscheidungen in Ehesachen, ZfRV 2001, 121 (125); *Gottwald* in MüKo ZPO III² Art 1 EheGVO Rz 3; *Kropholler*, Europäisches Zivilprozeßrecht⁷ Einl Rz 86.

[28] *Borrás*-Bericht RdN 25.

[29] *Borrás*-Bericht RdN 25; *Boele-Woelki*, ZfRV 2001, 125; *Neumayr/Anzinger* in *Burgstaller*, Internationales Zivilverfahrensrecht II Art 1 EheGVVO Rz 10.

tionalen Übereinkommen (dem Haager Minderjährigenschutzabkommen[30] bzw in Zukunft dem KSÜ).

Da wie bereits erwähnt, das dem Art 3 EheVO als Vorbild dienende KSÜ als Auslegungshilfe heranzuziehen ist, wird der in Art 1 Abs 1 lit b und Art 3 EheVO verwendete Begriff „Kind" bzw *„Kinder" ähnlich wie in Art 2 KSÜ* zu verstehen sein. Nach Art 2 KSÜ ist das Übereinkommen auf *Kinder von der Geburt bis zur Vollendung des 18. Lebensjahres*[31] anzuwenden. Da man in den meisten Ländern mit Vollendung des 18. Lebensjahres bereits volljährig wird, lässt sich aus Art 2 KSÜ ableiten, dass volljährige Kinder nicht unter den in Art 1 Abs 1 lit b und Art 3 EheVO verwendeten Begriff „Kinder" zu subsumieren sind. Dies entspricht auch § 172 Abs 1 ABGB, nach dem die Obsorge (= elterliche Verantwortung) mit der Volljährigkeit des Kindes endet. Aus § 21 Abs 2 ABGB ergibt sich e contrario, dass die Volljährigkeit mit Vollendung des 18. Lebensjahres eintritt. Soweit allerdings das im Gerichtsstaat anzuwendende Recht – ähnlich wie der durch das KindRÄG 2001 aufgehobene § 173 ABGB – wegen verzögerter Reife des Kindes udgl eine Verlängerung der Minderjährigkeit und damit eine elterliche Verantwortung auch noch für Kinder, die älter als 18 Jahre sind, kennt, fallen diese Verfahren, auch wenn die Kinder bereits älter als 18 Jahre sind, unter Art 1 Abs 1 lit b und Art 3 EheVO. Denn die EheVO legt – anders als das KSÜ – für ihren Anwendungsbereich keine altersmäßige Begrenzung fest, sondern stellt darauf ab, dass das im Zusammenhang mit einem Eheverfahren anhängig gemachte Verfahren die elterliche Verantwortung betrifft. Außerdem spricht für diese Auslegung auch der Zweck des Art 3 EheVO, durch den eine gemeinsame Verhandlung und Entscheidung über die Ehesache und die im Zusammenhang mit der Eheauflösung auftretenden Fragen der elterlichen Verantwortung ermöglicht werden soll.

Nicht unter den Begriff „Kinder" fallen jedoch, wie sich aus Art 2 KSÜ ergibt, geschäftsunfähige Volljährige und der nasciturus.

4. Aus Anlass eines Eheverfahrens betriebene Verfahren betreffend die elterliche Verantwortung

Von der EheVO werden Verfahren betreffend die elterliche Verantwortung für die gemeinsamen Kinder der Ehegatten nur dann erfasst, wenn sie *aus Anlass eines Eheverfahrens* iSd Art 1 Abs 1 lit a EheVO *betrieben werden*, nicht hingegen solche, die selbständig geführt werden.[32] Die internationale Zuständig-

---

[30] Übereinkommen über die Zuständigkeit der Behörden und das anzuwendende Recht auf dem Gebiet des Schutzes von Minderjährigen, BGBl 1975/446 (im Folgenden: MSA).

[31] Anders als das MSA, das nur Personen erfasst, die sowohl nach dem Recht ihres gewöhnlichen Aufenthaltes als auch nach dem Recht ihres Heimatstaates *minderjährig* sind. Die Anknüpfung an ein konkretes Alter des Kindes erleichtert die Rechtsanwendung und schafft Rechtssicherheit (*Roth/Döring*, Das Haager Abkommen über den Schutz von Kindern, JBl 1999, 758 [759]).

[32] *Gottwald* in MüKo ZPO III² Art 1 EheGVO Rz 3; *Neumayr/Anzinger* in *Burgstaller*, Internationales Zivilverfahrensrecht II Art 1 EheGVVO Rz 1.

keit für Verfahren betreffend die elterliche Verantwortung, die nicht im Zusammenhang mit einer Ehesache iSd Art 1 Abs 1 lit a EheVO geführt werden, richtet sich nach autonomem österreichischen Recht, dh nach § 110 JN und einschlägigen internationalen Übereinkommen (dem Haager MSA und in Zukunft dem KSÜ).[33]

Aus Anlass eines Eheverfahrens wird ein Verfahren betreffend die elterliche Verantwortung nur dann betrieben, wenn das Verfahren betreffend die elterliche Verantwortung *entweder gleichzeitig mit dem Eheverfahren iSd Art 1 Abs 1 lit a EheVO oder erst nach diesem anhängig gemacht wird.*[34]

Der englische und französische Wortlaut des Art 3 EheVO, nach dem es darauf ankommt, dass die Gerichte des Mitgliedstaates die Zuständigkeit in Ehesachen bereits ausüben („exercising jurisdiction", „la compétence est exercée") spricht eigentlich dagegen, eine Annexzuständigkeit auch dann schon anzunehmen, wenn das Eheverfahren und das Verfahren betreffend die elterliche Verantwortung gleichzeitig anhängig gemacht werden. Meines Erachtens würde es jedoch einen übertriebenen Formalismus bedeuten, wenn der Ehegatte, der das Eheverfahren und das Verfahren betreffend die elterliche Verantwortung (gem Art 3 EheVO) im selben Mitgliedstaat anhängig machen will, erst das Einlangen der Eheklage bzw des Antrages auf einvernehmliche Scheidung bei Gericht abwarten müsste, um dann im selben Staat (vielleicht auch bei derselben Stelle) den Antrag auf eine Entscheidung betreffend die elterliche Verantwortung einbringen zu können. Ganz deutlich zeigt sich, wie formal das Abstellen auf die Gerichtsanhängigkeit wäre, wenn die Eheklage bzw der Antrag auf einvernehmliche Scheidung direkt bei Gericht überreicht wird. Der Kläger (Antragsteller) bräuchte nur zu warten, bis er auf der Eheklage bzw dem Antrag auf einvernehmliche Scheidung den Eingangsstempel erhalten hat, dann könnte er – wenn dasselbe Gericht zuständig ist – sofort den Antrag betreffend die elterliche Verantwortung einbringen. Daher kommt meines Erachtens Art 3 EheVO *auch* bei *gleichzeitigem Anhängigmachen* des Eheverfahrens und des Verfahrens betref-

---

[33] *Neumayr/Anzinger* in *Burgstaller*, Internationales Zivilverfahrensrecht II Art 1 EheGVVO Rz 9 und Art 3 EheGVVO Rz 4.

[34] Dass die Annexzuständigkeit des Art 3 EheVO die Anhängigkeit eines Eheauflösungsverfahrens voraussetzt, geht klarer als aus dem deutschen Wortlaut des Art 3 Abs 1 EheVO aus den anderen Sprachfassungen hervor. Der englische Wortlaut des Art 3 EheVO lautet nämlich: „The Courts of a Member State *exercising* jurisdiction by virtue of Article 2 on an application for divorce, legal separation or marriage annulment shall have jurisdiction in a matter relating to parental responsibility over a child of both spouses where the child is habitually resident in that Member State." Die französische Version des Art 3 EheVO lautet wie folgt: „Les juridictions de l' État membre où *la compétence est exercée* en vertu de l' article 2 pour statuer sur une demande en divorce, en séparation de corps ou en annulation du mariage des époux sont compétentes pour toute question relative à la responsabilité parentale à l' égard d' un efant commun des époux, lorsque l' enfant a sa résidence habituelle dans cet État membre." (Hervorhebungen von der Verfasserin.) Auf die Anhängigkeit der Ehesache stellen ebenfalls *Neumayr/Anzinger* in *Burgstaller*, Internationales Zivilverfahrensrecht II Art 3 EheGVVO Rz 4 und *Kropholler*, Europäisches Zivilprozeßrecht[7] Einl Rz 86 ab.

fend die elterliche Verantwortung zur Anwendung.[35] Die potentielle Kompetenz für das Statusverfahren genügt dagegen für die Annexzuständigkeit nach Art 3 EheVO nicht.[36]

Die Frage, in welchem Zeitpunkt das Eheverfahren als anhängig anzusehen ist, bestimmt sich nach Art 11 Abs 4 EheVO; demnach kommt es auf den Zeitpunkt an, zu dem das verfahrenseinleitende Schriftstück bei Gericht eingereicht worden ist. Es ist somit der Zeitpunkt der *Gerichtsanhängigkeit* ausschlaggebend. Wann die Annexzuständigkeit des Art 3 EheVO endet, ist in Art 3 Abs 3 EheVO geregelt. Näheres dazu siehe Punkt IV.

Zu den *Ehesachen* iSd Art 1 Abs 1 lit a EheVO zählen die Ehescheidung, die Trennung ohne Auflösung des Ehebandes und die Ungültigerklärung der Ehe. Nach österreichischem Recht fallen die *Klage auf Scheidung* (§§ 46 bis 55 EheG), *Aufhebung* (§§ 33 bis 44 EheG) oder *Nichtigerklärung der Ehe* (§§ 20 bis 28 EheG) sowie die *einvernehmliche Scheidung* (§ 55a EheG) unter den Begriff der Ehesachen iSd Art 1 Abs 1 lit a EheVO.[37] Dagegen kann – wie bereits an anderer Stelle[38] ausführlich dargestellt worden ist – die nach autonomem österreichischem Recht ebenfalls unter den Begriff der Ehesachen (vgl § 49 Abs 2 Z 2b und § 76 Abs 1 JN) fallende Klage auf Feststellung des Bestehens oder Nichtbestehens der Ehe nicht unter die Ehesachen iSd Art 1 Abs 1 lit a EheVO subsumiert werden,[39] weil sie nicht in Art 1 Abs 1 lit a EheVO genannt ist und überdies zu keiner Änderung des ehelichen Status führt. Wenn daher im

---

[35] Vgl im österreichischen Recht die Attraktionszuständigkeiten des § 76a JN und des § 114a Abs 2 und 3 JN, die auch dann zur Anwendung kommen, wenn die in den § 76a und § 114a Abs 2 und 3 JN genannten Verfahren gleichzeitig anhängig gemacht werden. Bei den Attraktionszuständigkeiten des § 114a Abs 2 und 3 JN ist dies aber auch nicht ausdrücklich im Gesetz angeordnet. Näheres s bei *Simotta* in *Fasching* (Hrsg), Kommentar zu den Zivilprozeßgesetzen I² (2000) § 114a JN Rz 24 f, Rz 41.

[36] *Hau*, Das System der internationalen Entscheidungszuständigkeit im europäischen Eheverfahrensrecht, FamRZ 2000, 1333 (1338); *Neumayr/Anzinger* in *Burgstaller*, Internationales Zivilverfahrensrecht II Art 3 EheGVVO Rz 4.

[37] *Simotta* in FS Geimer 1144; vgl auch den Erlass des BMJ v 10.1.2001, JABl 2001/14, 61.

[38] *Simotta* in FS Geimer 1147 ff.

[39] *Neumayr/Anzinger* in *Burgstaller*, Internationales Zivilverfahrensrecht II Art 1 EheGVVO Rz 8; *Simotta* in FS Geimer 1147 ff; für die vergleichbare deutsche Rechtslage *Gottwald* in MüKo ZPO III² Art 1 EheGVO Rz 2; *Helms*, FamRZ 2001, 259. Auch *Kohler*, Internationales Verfahrensrecht für Ehesachen in der Europäischen Union: Die Verordnung „Brüssel II", NJW 2001, 10 (13) scheint dieser Ansicht zu sein. AA sind dagegen *Hau*, Internationales Eheverfahrensrecht in der Europäischen Union, FamRZ 1999, 484 (485); *Pirrung*, Europäische justitielle Zusammenarbeit in Zivilsachen – insbesondere das neue Scheidungsübereinkommen, ZEuP 1999, 834 (843 f); *Gruber*, Die neue „europäische Rechtshängigkeit" bei Scheidungsverfahren, FamRZ 2000, 1129 (1130); *Hau*, FamRZ 2000, 1333; *Vogel*, Internationales Familienrecht – Änderungen und Auswirkungen durch die neue EU-Verordnung, MDR 2000, 1045; *Schack*, Das neue internationale Eheverfahrensrecht in Europa, RabelsZ 2001, 615 (620); *Wagner*, IPRax 2001, 76 FN 58; *Kropholler*, Europäisches Zivilprozeßrecht⁷ Einl Rz 86 sowie aus niederländischer Sicht *Boele-Woelki*, ZfRV 2001, 122.

Zusammenhang mit einer Klage auf Feststellung des Bestehens oder Nichtbestehens einer Ehe ein Verfahren betreffend die elterliche Verantwortung anhängig gemacht wird, dann richtet sich die internationale Zuständigkeit für das Verfahren betreffend die elterliche Verantwortung nach autonomem Recht.

Eine Trennung ohne Auflösung des Ehebandes ist dem derzeit geltenden österreichischen Eherecht fremd.[40] Wenn allerdings das nach §§ 18, 20 IPRG anzuwendende ausländische Recht eine solche (als Vorstufe zur Ehescheidung) vorsieht, kann im Zusammenhang mit der Klage[41] auf Trennung ohne Auflösung des Ehebandes ein Verfahren betreffend die elterliche Verantwortung bei den Gerichten des in Art 3 EheVO genannten Mitgliedstaates eingeleitet werden. Auch für Verfahren betreffend die elterliche Verantwortung, die im Zusammenhang mit der Umwandlung einer Trennung ohne Auflösung des Ehebandes in eine Ehescheidung betrieben werden, gibt es eine Annexzuständigkeit nach Art 3 EheVO. Freilich kommt diese, weil in Art 3 EheVO ausdrücklich auf die internationale Zuständigkeit nach Art 2 EheVO abgestellt wird, dann nicht zum Tragen, wenn sich die internationale Zuständigkeit für die Umwandlung der Trennung ohne Auflösung des Ehebandes in eine Ehescheidung auf Art 6 EheVO stützt, dh sie in dem Staat durchgeführt wird, der die Trennung ohne Auflösung des Ehebandes ausgesprochen hat. In einem solchen Fall richtet sich die internationale Zuständigkeit für das Verfahren betreffend die elterliche Verantwortung nach autonomem Recht.

B. Der persönliche Anwendungsbereich

Die EheVO ist anzuwenden, wenn *einer* der Ehegatten entweder seinen gewöhnlichen Aufenthalt in einem Mitgliedstaat hat oder die Staatsangehörigkeit eines Mitgliedstaates besitzt.[42] Dabei ist im Fall des Vereinigten Königreichs

---

[40] *Simotta* in FS Geimer 1144.

[41] Auch wenn nach ausländischem Recht die Trennung ohne Auflösung des Ehebandes im Außerstreitverfahren zu erfolgen hätte, müsste in Österreich eine Trennungs*klage* erhoben werden. Denn die anzuwendende Verfahrensart bestimmt sich nach der lex fori. Nach § 1 AußStrG ist aber im außerstreitigen Verfahren nur insofern vorzugehen, als es die Gesetze ausdrücklich anordnen. Dh, gibt es keine ausdrückliche Zuweisung ins Außerstreitverfahren, ist die Rechtssache im streitigen Verfahren zu erledigen. Das österreichische Recht kennt seit In-Kraft-Treten des EheG keine Trennung ohne Auflösung des Ehebandes, sodass ein auf ausländisches Recht gestütztes diesbezügliches Begehren mangels einer ausdrücklichen Zuweisung ins Außerstreitverfahren im Zivilprozess zu erledigen ist. Sollte der Rechtsschutzwerber irrtümlicherweise statt einer Klage auf Trennung ohne Auflösung des Ehebandes einen diesbezüglichen Antrag im Außerstreitverfahren stellen, dann wäre dieser gem § 40a JN in eine Klage umzudeuten. Näheres zu § 40a JN s bei *Simotta*, Das Vergreifen in der Verfahrensart und seine Folgen (§ 40a JN), in FS Fasching (1988) 463 ff.

[42] *Kohler*, NJW 2001, 11; *Neumayr/Anzinger* in *Burgstaller*, Internationales Zivilverfahrensrecht II Vor Art 1 EheGVVO Rz 10 und Art 7 EheGVVO Rz 2; *Simotta* in FS Geimer 1149; aA *Puszkajler*, Das internationale Scheidungs- und Sorgerecht nach Inkrafttreten der Brüssel II-Verordnung, IPRax 2001, 81 (82), nach dem beide Ehegatten Staatsangehörige des Verfahrensstaates sein müssen.

und Irlands das „domicile" in einem dieser Staaten der Staatsangehörigkeit gleichgestellt. Angehörige von Drittstaaten (= von Staaten, die nicht Mitglied der EU sind, und von Dänemark) mit gewöhnlichem Aufenthalt in einem Mitgliedstaat werden damit von der EheVO ebenso erfasst wie Staatsangehörige von Mitgliedstaaten, die in einem Drittstaat leben.[43]

Wenn der *Antragsgegner* bzw bei der einvernehmlichen Scheidung, bei der es keinen Antragsgegner gibt, einer der Ehegatten[44] seinen *gewöhnlichen Aufenthalt* in einem Mitgliedstaat der EheVO hat oder *Staatsangehöriger eines Mitgliedstaates* ist, oder er im Fall des Vereinigten Königreichs und Irlands sein „domicile" dort hat, dann darf ein Verfahren vor den Gerichten eines anderen Mitgliedstaates *ausschließlich nach Maßgabe der Art 2 bis 6 EheVO geführt werden* (vgl Art 7 Abs 1 EheVO). Näheres siehe Punkt V.

Im Fall der Annexzuständigkeit des Art 3 EheVO kommt es für deren zwingenden Charakter darauf an, dass der *Antragsgegner im Verfahren betreffend die elterliche Verantwortung*[45] die Staatsangehörigkeit eines Mitgliedstaates besitzt oder im Fall des Vereinigten Königreichs und Irlands sein „domicile" dort hat oder seinen gewöhnlichen Aufenthalt in einem Mitgliedstaat hat.

Hat der Antragsgegner weder seinen gewöhnlichen Aufenthalt in einem Mitgliedstaat der EheVO noch die Staatsangehörigkeit eines Mitgliedstaates und hat er auch kein „domicile" im Vereinigten Königreich oder in Irland, besitzt aber der Antragsteller die Staatsangehörigkeit eines Mitgliedstaates oder hat er seinen gewöhnlichen Aufenthalt in einem Mitgliedstaat, dann richtet sich die internationale Zuständigkeit primär nach Art 2 bis 6 EheVO.[46] Soweit sich allerdings aus Art 2 bis 6 EheVO keine Zuständigkeit eines Gerichtes eines Mitgliedstaates ergibt, bestimmt sich gem Art 8 Abs 1 EheVO die internationale Zuständigkeit nach dessen eigenem Recht (sog *Restzuständigkeiten*).

Als Restzuständigkeiten für die Eheklagen kommen nach österreichischem Recht – wie an anderer Stelle bereits näher ausgeführt[47] – § 76 Abs 2 Z 1, § 76 Abs 2 Z 3 Fall 2 und § 76 Abs 2 Z 3 Fall 3 JN in Betracht. Bei der einvernehmlichen Scheidung gibt es hingegen keine Restzuständigkeit.[48] Es soll aber bereits an dieser Stelle darauf hingewiesen werden, dass eine Restzuständigkeit für das Eheverfahren keine Annexzuständigkeit nach Art 3 EheVO begründet, da in

---

[43] *Kohler*, NJW 2001, 11; *Neumayr/Anzinger* in *Burgstaller*, Internationales Zivilverfahrensrecht II Vor Art 1 EheGVVO Rz 10 und Art 7 EheGVVO Rz 2; *Schütz*, Zwischenstaatliche Vereinbarungen, die für Familienrichter bedeutsam sein könnten, RZ 2001, 54 (59); *Simotta* in FS Geimer 1149 f.

[44] *Simotta* in FS Geimer 1150.

[45] Es kann nämlich sein, dass der Ehegatte, der im Eheauflösungsverfahren der Antragsgegner ist, dies nicht auch im Verfahren betreffend die elterliche Verantwortung ist.

[46] *Hau*, FamRZ 1999, 486; *ders*, FamRZ 2000, 1340; *Kohler*, NJW 2001, 11; *Simotta* in FS Geimer 1150; nach *Musger*, RZ 2001, 91 bleiben dagegen die nationalen Vorschriften *neben* jenen der EheVO anwendbar.

[47] *Simotta* in FS Geimer 1121 f.

[48] *Simotta* in FS Geimer 1121.

Art 3 EheVO ausdrücklich darauf abgestellt wird, dass sich die internationale Zuständigkeit auf *Art 2* EheVO stützt.[49]

Art 3 EheVO kommt dann zur Anwendung, wenn das gemeinsame *Kind* der Ehegatten *entweder seinen gewöhnlichen Aufenthalt in dem Mitgliedstaat* hat, *in dem* das *Eheverfahren* aufgrund des Art 2 EheVO *anhängig ist* (Abs 1) *oder* es *in einem anderen Mitgliedstaat seinen gewöhnlichen Aufenthalt* hat *und* zusätzlich *die in Art 3 Abs 2 EheVO genannten Voraussetzungen erfüllt* sind. Näheres siehe Punkt III.

Hat das Kind seinen gewöhnlichen Aufenthalt nicht in dem Mitgliedstaat, in dem das Eheauflösungsverfahren anhängig ist und sind auch die in Art 3 Abs 2 EheVO genannten Voraussetzungen nicht erfüllt, besitzt aber der Antragsgegner im Verfahren betreffend die elterliche Verantwortung die Staatsangehörigkeit eines Mitgliedstaates[50] oder hat er seinen gewöhnlichen Aufenthalt in einem Mitgliedstaat, dann richtet sich die internationale Zuständigkeit für das Verfahren betreffend die elterliche Verantwortung nach dem autonomen Kompetenzrecht im Heimat- oder Aufenthaltsstaat des Antragsgegners. Dies ergibt sich aus dem Wortlaut des Art 7 EheVO.[51] Dh hat der Ehegatte, der im Verfahren betreffend die elterliche Verantwortung der Antragsgegner ist, seinen gewöhnlichen Aufenthalt in Österreich und/oder besitzt er die österreichische Staatsangehörigkeit, dann richtet sich die internationale Zuständigkeit für das Verfahren betreffend die elterliche Verantwortung nach autonomem österreichischen Recht, dh nach § 110 JN und dem MSA.

Wenn zwar nicht der Antragsgegner, wohl aber der Antragsteller seinen gewöhnlichen Aufenthalt in einem Mitgliedstaat hat oder die Staatsangehörigkeit eines Mitgliedstaates besitzt und sich aus Art 3 EheVO keine internationale Zuständigkeit ergibt, dann kommen gem Art 8 Abs 1 EheVO die Restzuständigkeiten nach dem MSA und § 110 JN zum Tragen. Als Restzuständigkeiten kommen Art 4 MSA, § 110 Abs 1 Z 1 und § 110 Abs 1 Z 2 Fall 2 JN[52] in Frage. Obwohl in Art 4 MSA und in § 110 Abs 1 Z 1 JN auf die Staatsangehörigkeit des Kindes abgestellt wird, spielt hier, anders als im Eheauflösungsverfahren, die in Art 8 Abs 2 EheVO angeordnete Gleichstellung des Staatsangehörigen eines anderen Mitgliedstaates, der seinen gewöhnlichen Aufenthalt in Österreich hat, mit einem Inländer, keine Rolle. Denn hat das ausländische Kind seinen gewöhnlichen Aufenthalt in Österreich (also dort, wo auch das Eheauflösungsverfahren anhängig ist), dann ergibt sich die internationale Zuständigkeit schon aufgrund des Art 3 EheVO, und nicht aufgrund einer Restzuständigkeit iSd Art 8 EheVO.

[49] *Borrás*-Bericht RdN 35; *Puszkajler*, IPRax 2001, 83; aA *Jayme/Kohler*, Europäisches Kollisionsrecht 2000: Interlokales Privatrecht oder universelles Gemeinschaftsrecht? IPRax 2000, 454 (457); *Neumayr/Anzinger* in *Burgstaller*, Internationales Zivilverfahrensrecht II Art 3 EheGVVO Rz 5 lassen die Frage offen.

[50] Im Fall des Vereinigten Königreichs und Irlands tritt an die Stelle der Staatsangehörigkeit das „domicile" in einem dieser Staaten.

[51] Vgl für den Fall, dass sich für das Eheverfahren aus den Art 2 bis 6 EheVO keine internationale Zuständigkeit ergibt, der Antragsgegner aber die Staatsangehörigkeit eines Mitgliedstaates besitzt: *Hau*, FamRZ 2000, 1340; *Simotta* in FS Geimer 1118.

[52] Näheres s *Fucik* in *Fasching*, Komm I² § 110 JN Rz 2.

C. Der räumliche Anwendungsbereich der EheVO

Die EheVO gilt gem Art 1 Abs 3 für *alle Mitgliedstaaten der EU mit Ausnahme* des Königreichs *Dänemark*. Dänemark ist demnach Drittstaat.[53]

D. Der zeitliche Anwendungsbereich der EheVO

Die Verordnung ist gem Art 42 Abs 1 auf alle gerichtlichen Verfahren anzuwenden, die nach dem In-Kraft-Treten der Verordnung eingeleitet worden sind. Die EheVO ist gem Art 46 mit 1.3.2001 in Kraft getreten. Bei der internationalen Zuständigkeit nach Art 3 EheVO handelt es sich um eine Annexzuständigkeit, welche die Anhängigkeit bzw das gleichzeitige Anhängigmachen eines Eheverfahrens iSd Art 1 Abs 1 lit a EheVO in einem sich aufgrund des Art 2 EheVO ergebenden Mitgliedstaat voraussetzt. Die internationale Zuständigkeit für die Ehesache kann sich aber nur dann auf Art 2 EheVO stützen, wenn das Eheverfahren nach In-Kraft-Treten der EheVO anhängig gemacht worden ist. Dh Art 3 EheVO kommt jedenfalls dann zur Anwendung, wenn *sowohl das Eheverfahren als auch das Verfahren betreffend die elterliche Verantwortung nach dem 28.2.2001 eingeleitet worden sind*. Ist das Eheverfahren bereits vor dem 1.3.2001 anhängig gemacht worden, wird aber das Verfahren betreffend die elterliche Verantwortung erst nach dem 28.2.2001 eingeleitet, dann ist Art 3 EheVO jedenfalls dann nicht anzuwenden, wenn sich die nach autonomem Recht ergebende internationale Zuständigkeit für die Ehesache nicht mit jener, die sich nach Art 2 EheVO ergeben hätte, deckt.

Beispiel: Am 8.1.2001 wurde eine Scheidungsklage in Österreich eingebracht. Die Ehefrau besitzt die österreichische, der Ehemann die ungarische Staatsbürgerschaft. Die Ehefrau hat ihren Wohnsitz bzw gewöhnlichen Aufenthalt in Budapest, der Ehemann wohnt dagegen in München. Die internationale Zuständigkeit Österreichs ergibt sich hier gem § 76 Abs 2 Z 1 JN aufgrund der österreichischen Staatsbürgerschaft der Ehefrau. Nach Art 2 Abs 1 lit a EheVO wären dagegen, weil die Staatsangehörigkeit eines Ehegatten für sich allein nicht zur Begründung der internationalen Zuständigkeit ausreicht und der Beklagte seinen „gewöhnlichen Aufenthalt"[54] in Deutschland hat, die deutschen Gerichte für die Scheidungsklage international zuständig.

Dagegen könnte die Anwendung des Art 3 EheVO in dem Fall in Erwägung gezogen werden, in dem das Verfahren betreffend die elterliche Verantwortung nach dem 28.2.2001 eingeleitet worden ist, das Eheverfahren zwar schon vor diesem Zeitpunkt anhängig gemacht worden ist, die sich nach autonomem Recht ergebende internationale Zuständigkeit aber mit jener nach Art 2 EheVO übereinstimmt.

---

[53] *Neumayr/Anzinger* in *Burgstaller*, Internationales Zivilverfahrensrecht II Art 1 EheG-VVO Rz 12.

[54] Der in Art 2 EheVO verwendete Begriff „gewöhnlicher Aufenthalt" ist im Sinne des ständigen Wohnsitzes zu verstehen. Näheres s Punkt III.B.

Beispiel: Die Ehegatten besitzen beide die ungarische Staatsangehörigkeit. Nach dem Scheitern ihrer Ehe zieht die Frau nach Preßburg, der Mann nach Eisenstadt. Die Frau bringt vor dem 1.3.2001 die Scheidungsklage gestützt auf § 76 Abs 2 Z 2 JN, dh aufgrund des gewöhnlichen Aufenthalts des Beklagten, in Österreich ein. Wäre auf die Scheidungsklage schon die EheVO anwendbar gewesen, dann wären, da auch nach Art 2 Abs 1 lit a 3. Gedankenstrich EheVO der „gewöhnliche Aufenthalt"[55] des Beklagten einen Anknüpfungspunkt für die internationale Zuständigkeit darstellt, ebenfalls die österreichischen Gerichte international zuständig.

Meines Erachtens sollte die Annexzuständigkeit des Art 3 EheVO für nach dem 28.2.2001 eingeleitete Verfahren betreffend die elterliche Verantwortung auch dann gelten, wenn das Eheverfahren zwar noch vor In-Kraft-Treten der EheVO anhängig gemacht worden ist, der betreffende Mitgliedstaat aber auch bei Anwendung des Art 2 EheVO für die Ehesache international zuständig gewesen wäre. Durch Art 3 EheVO wird nämlich die Möglichkeit geschaffen, dass in ein und demselben Staat über die Eheauflösung und das Sorge- und Besuchsrecht entschieden werden kann. Art 3 EheVO dient somit der Verfahrenskonzentration und der Verfahrensökonomie. Art 3 EheVO ist daher in diesem Sinne auszulegen. Für diese Auslegung spricht auch die Übergangsvorschrift des Art 42 Abs 2 EheVO, nach der Entscheidungen, die nach In-Kraft-Treten dieser Verordnung in einem vor diesem In-Kraft-Treten eingeleiteten Verfahren ergangen sind, nach Maßgabe des Kapitels III anerkannt und vollstreckt werden, sofern das Gericht aufgrund von Vorschriften zuständig war, die mit den Zuständigkeitsvorschriften des Kapitels II oder eines Abkommens übereinstimmen, das zum Zeitpunkt der Einleitung des Verfahrens zwischen dem Ursprungsmitgliedstaat und dem ersuchten Mitgliedstaat in Kraft war. Ähnliches bestimmt auch Art 66 Abs 2 EuGVVO.

Die Frage, ob Art 3 EheVO auch dann gilt, wenn das Eheverfahren vor dem 1.3.2001 eingeleitet worden ist, spielt für die internationale Zuständigkeit Österreichs freilich nur dann eine Rolle, wenn das Kind seinen gewöhnlichen Aufenthalt nicht in Österreich hat. Denn hat das Kind – so wie in Art 3 Abs 1 EheVO angeordnet – seinen gewöhnlichen Aufenthalt in Österreich, dann ergibt sich – unabhängig davon, wo und wann ein Eheauflösungsverfahren eingeleitet worden ist – bereits aufgrund des gewöhnlichen Aufenthalts des Kindes die internationale Zuständigkeit Österreichs (Art 1 MSA, § 110 JN).

III. Anwendungsvoraussetzungen des Art 3 EheVO

A. Gemeinsame Anwendungsvoraussetzungen für die Abs 1 und 2

Die Annexzuständigkeit des Art 3 EheVO gilt, wie bereits erwähnt, nur für Verfahren betreffend die elterliche Verantwortung für die gemeinsamen Kinder der Ehegatten. Näheres siehe Punkt II.A.3. Sie kommt nur dann zur Anwen-

---

[55] Siehe die vorige FN.

dung, wenn ein *Eheverfahren in einem sich aus Art 2 EheVO*[56] *ergebenden Mitgliedstaat* (gerichts-)anhängig ist oder gleichzeitig anhängig gemacht wird. Ergibt sich die internationale Zuständigkeit in der Ehesache dagegen aus einer Restzuständigkeit (Art 8 EheVO),[57] dann richtet sich, da in Art 3 Abs 1 EheVO ausdrücklich der Art 2 EheVO zitiert ist, die internationale Zuständigkeit für Verfahren betreffend die elterliche Verantwortung für die gemeinsamen Kinder der Ehegatten nicht nach Art 3 EheVO,[58] sondern nach autonomem Recht. Betrifft das Verfahren betreffend die elterliche Verantwortung mehrere Kinder, dann müssen für jedes einzelne Kind die in Art 3 EheVO vorgesehenen Bedingungen erfüllt sein.[59]

B. Anwendungsvoraussetzungen nach Art 3 Abs 1 EheVO

Die Stellen des Mitgliedstaates dessen Gerichte nach Art 2 EheVO für die Ehesache zuständig sind, sind nach Art 3 Abs 1 EheVO nur dann auch für die Entscheidung betreffend die elterliche Verantwortung zuständig, wenn das Kind seinen gewöhnlichen Aufenthalt in diesem Staat hat (Art 3 Abs 1 EheVO entspricht Art 5 KSÜ). Damit wird dem tragenden Prinzip entsprochen, dass zwischen der Person und dem die internationale Zuständigkeit beanspruchenden Mitgliedstaat eine faktische Bindung bestehen muss.[60] Der gewöhnliche Aufenthalt des Kindes ist als Anknüpfungsmoment für die internationale Zuständigkeit allgemein anerkannt, da die Gerichte im Aufenthaltsstaat aufgrund ihrer Sachnähe regelmäßig am besten in der Lage sind, eine dem Wohl des Kindes entsprechende Entscheidung zu treffen.[61]

Anders als in der EuGVVO bzw im EuGVÜ/LGVÜ, in denen in Art 59 f bzw Art 52 f geregelt ist, wie der Wohnsitz bzw Sitz der beklagten Partei zu ermitteln ist, regelt die EheVO nirgends, wie der gewöhnliche Aufenthalt der für die internationale Zuständigkeit maßgeblichen Personen (Ehegatten und Kinder) zu bestimmen ist. Aus diesem Umstand darf freilich nicht der Schluss gezogen werden, dass sich der gewöhnliche Aufenthalt nach dem autonomen Recht des

---

[56] Dazu ausführlich *Simotta* in FS Geimer 1151.

[57] § 76 Abs 2 Z 1, § 76 Abs 2 Z 3 Fall 2, § 76 Abs 2 Z 3 Fall 3. Näheres bei *Simotta* in FS Geimer 1119.

[58] *Borrás*-Bericht RdN 35; *Puszkajler*, IPRax 2001, 83; aA *Jayme/Kohler*, IPRax 2000, 457; *Neumayr/Anzinger* in *Burgstaller*, Internationales Zivilverfahrensrecht II Art 3 EheGVVO Rz 5 lassen die Frage offen.

[59] *Borrás*-Bericht RdN 26; *Neumayr/Anzinger* in *Burgstaller*, Internationales Zivilverfahrensrecht II Art 1 EheGVVO Rz 11.

[60] *Neumayr/Anzinger* in *Burgstaller*, Internationales Zivilverfahrensrecht II Art 3 EheGVVO Rz 2.

[61] *Kropholler*, Europäisches Zivilprozeßrecht[7] Einl Rz 101.

Gerichtsstaates, also nach der lex fori bestimmen würde.[62] Vielmehr wird im *Borrás*-Bericht[63] – wenngleich zum Art 2 EheVO – darauf hingewiesen, dass der Begriff des gewöhnlichen Aufenthalts in demselben Sinn zu verstehen sei, in dem der EuGH[64] den *ständigen Wohnsitz* definiert hat. Demnach ist unter dem Begriff „gewöhnlicher Aufenthalt" *„jener Ort* zu verstehen, *den der Betroffene als ständigen oder gewöhnlichen Mittelpunkt seiner Lebensinteressen in der Absicht gewählt hat, ihm Dauerhaftigkeit zu verleihen,* wobei für die Festlegung dieses Wohnsitzes alle hierfür wesentlichen tatsächlichen Gesichtspunkte zu berücksichtigen sein werden". Vergleicht man die im *Borrás*-Bericht angeführte Definition des gewöhnlichen Aufenthalts mit § 66 JN, so zeigt sich, dass der gewöhnliche Aufenthalt iSd Art 2 EheVO dem Wohnsitz iSd § 66 Abs 1 JN entspricht.

Da es für den „gewöhnlichen Aufenthalt" im Sinne der EheVO auf das willensmäßig bedingte Dasein-Wollen auf Dauer ankommt, es aber nicht leicht feststellbar ist, worauf der Wille einer Partei tatsächlich gerichtet war, werden sich bei der Feststellung des gewöhnlichen Aufenthalts der Verfahrensparteien erhebliche Schwierigkeiten ergeben.[65] Außerdem setzt die Absicht zum dauernden Aufenthalt die *freie Verfügungsfähigkeit* der *Person* über *ihren Aufenthalt* voraus. Demnach kann – zumindest nach österreichischem Recht – eine geistig behinderte oder psychisch kranke Person, wenn für sie zur Besorgung aller Angelegenheiten ein Sachwalter nach § 273 Abs 3 Z 3 ABGB bestellt worden ist,[66] oder wenn die Wohnsitzbegründung in den Wirkungskreis eines nur für einen Teilbereich bestellten Sachwalters fällt,[67] eine Person, die den Gebrauch der Vernunft nicht hat (§ 865 ABGB)[68] oder ein Minderjähriger, selbst wenn er die Absicht hat, dort dauernd zu bleiben, durch einen dauernden Aufenthalt keinen ständigen Wohnsitz und damit auch keinen gewöhnlichen Aufenthalt im Sinne der EheVO begründen.[69] Da es aber in den Verfahren betreffend die elterliche Verantwortung gerade um minderjährige Kinder bzw Personen geht, die eines

---

[62] *Hau,* FamRZ 2000, 1334.

[63] *Borrás*-Bericht RdN 32.

[64] ZB EuGH 15.9.1994, Rs C-452/93, *Pedro Magdalena Fernandez/Kommission,* Slg 1994, I-4295 Rz 22.

[65] Deswegen wurde § 66 JN durch die Zivilverfahrens-Novelle 1983 (BGBl 1983/135) auch dahin geändert, dass sich der allgemeine Gerichtsstand des Beklagten nicht mehr bloß nach dessen Wohnsitz, sondern auch nach dessen gewöhnlichem Aufenthalt richtet. Näheres zum Begriff des gewöhnlichen Aufenthalts iSd § 66 Abs 2 JN s bei *Simotta* in *Fasching,* Komm I[2] § 66 JN Rz 21 ff.

[66] *Fasching,* Lehrbuch des österreichischen Zivilprozeßrechts[2] (1990) Rz 273; *Mayr* in *Rechberger* (Hrsg), Kommentar zur ZPO[2] (2000) § 66 JN Rz 2; *Simotta* in *Fasching,* Komm I[2] § 66 JN Rz 11; LGZ Wien 13.4.1989 EFSlg 60.706.

[67] *Simotta* in *Fasching,* Komm I[2] § 66 JN Rz 12.

[68] *Simotta* in *Fasching,* Komm I[2] § 66 JN Rz 11; ferner für die Rechtslage vor dem Sachwaltergesetz VwGH 1.4.1930 VwSlg A 16.067.

[69] *Simotta* in FS Geimer 1156.

Vormundes oder Sachwalters bedürfen, wird daher der Begriff des gewöhnlichen Aufenthalts in Art 3 EheVO in einem anderen Sinn verstanden werden müssen als in Art 2 EheVO.[70] Als Auslegungshilfen bieten sich das KSÜ und das MSA an, in denen ebenfalls an den gewöhnlichen Aufenthalt des Kindes angeknüpft wird. Demnach ist als gewöhnlicher Aufenthaltsort jener Ort anzusehen, an dem der Schwerpunkt der sozialen Bindungen, der Daseinsmittelpunkt des Kindes liegt.[71] Kriterien dafür sind die Einbindung des Kindes in seine Umwelt in familiärer, schulischer und sozialer Hinsicht sowie ein tatsächlicher oder beabsichtigter Aufenthalt von mindestens sechs Monaten.[72]

Wird der Aufenthalt des Kindes aus dem Staat, in dem das Eheauflösungsverfahren anhängig ist, in einen anderen Staat verlegt, und sind die Voraussetzungen des Art 3 Abs 2 EheVO nicht erfüllt, dann ist durch den Aufenthaltswechsel die internationale Zuständigkeit für das Verfahren betreffend die elterliche Verantwortung weggefallen. Hier gilt – anders als sonst im internationalen Zivilverfahrensrecht[73] – der *Grundsatz der perpetuatio iurisdictionis nicht.*[74]

Damit die internationale Zuständigkeit für die Obsorgeentscheidung von einem Elternteil nicht durch ein widerrechtliches Verbringen oder Zurückhalten des Kindes manipuliert werden kann,[75] bestimmt Art 4 EheVO, dass die nach Maßgabe des Art 3 EheVO zuständigen Gerichte ihre *Zuständigkeit in Einklang mit den Bestimmungen des Haager Übereinkommens* vom 25.10.1980 über die

---

[70] AA *Kropholler*, Europäisches Zivilprozeßrecht[7] Einl Rz 101, der den in Art 3 EheVO gebrauchten Begriff des gewöhnlichen Aufenthalts in dem selben Sinn wie in Art 2 EheVO verstanden wissen will.

[71] *Kropholler* in *Staudinger*, Kommentar zum Bürgerlichen Gesetzbuch[13] (1993) Vorbem zu Art 19 EGBGB Rz 128; *Roth/Döring*, JBl 1999, 761; BGH 5.2.1975 IPRspr 1975/83 = NJW 1975, 1068.

[72] *Henrich*, Internationales Familienrecht (1989) § 7 II 1c zu dem Begriff in Art 1 MSA; *Roth/Döring*, JBl 1999, 761; OLG Hamm 12.12.1973 NJW 1974, 1053; OLG Stuttgart 18.11.1977 NJW 1978, 1746.

[73] Die perpetuatio iurisdictionis ergibt sich für alle in Österreich anhängig gemachten Verfahren e contrario aus § 29 JN. *Rechberger/Simotta*, Grundriß des österreichischen Zivilprozeßrechts[5] (2000) Rz 69; *Ballon* in *Fasching*, Komm I[2] § 29 JN Rz 10; für den Anwendungsbereich des LGVÜ und des EuGVÜ (EuGVVO) bejaht *Schlosser*, EuGVÜ (1996) Art 2 Rz 8 ausdrücklich den Grundsatz der perpetuatio iurisdictionis.

[74] *Borrás*-Bericht RdN 39: „In dem Übereinkommen wurde Abstand davon genommen, eine perpetuatio jurisdictionis des Gerichtsstands der Ehescheidung in bezug auf den Schutz der gemeinsamen Kinder zu begründen."

[75] Vgl *Borrás*-Bericht RdN 41: „Damit wird gewährleistet, daß der gewöhnliche Aufenthalt des Kindes weiterhin als Zuständigkeitskriterium dienen kann, auch wenn infolge eines widerrechtlichen Verbringens oder Zurückhaltens faktisch eine Änderung des Aufenthaltsorts eingetreten ist." Ähnlich *Neumayr/Anzinger* in *Burgstaller*, Internationales Zivilverfahrensrecht II Art 4 EheGVVO Rz 1.

zivilrechtlichen Aspekte internationaler Kindesentführung,[76] insbesondere dessen Art 3[77] und Art 16,[78] auszuüben haben.

Durch Art 4 EheVO wird weiters verhindert, dass eine Obsorgeentscheidung im neuen Aufenthaltsstaat unter Berufung auf einen möglicherweise neu begründeten Aufenthalt ergeht, bevor über die (eventuelle) Pflicht zur Rückgabe des Kindes nach dem HKÜ entschieden worden ist.[79]

C. Anwendungsvoraussetzungen nach Art 3 Abs 2 EheVO

1. Allgemeines

Hat das Kind seinen gewöhnlichen Aufenthalt nicht in dem Staat, in dem das Eheverfahren anhängig ist, sondern in einem anderen Mitgliedstaat, dann kommt die Annexzuständigkeit des Art 3 EheVO nach dessen Abs 2[80] nur dann zum Tragen, wenn zumindest *ein Ehegatte die elterliche Verantwortung* für das Kind *hat und* die *Zuständigkeit der betreffenden Gerichte von den Ehegatten anerkannt worden ist und in Einklang mit dem Wohl des Kindes steht.*

---

[76] BGBl 1988/512 (im Folgenden: HKÜ).

[77] Art 3 HKÜ lautet:

„(1) Das Verbringen oder Zurückhalten eines Kindes gilt als widerrechtlich, wenn

a) dadurch das Sorgerecht verletzt wird, das einer Person, Behörde oder sonstigen Stelle allein oder gemeinsam nach dem Recht des Staates zusteht, in dem das Kind unmittelbar vor dem Verbringen oder Zurückhalten seinen gewöhnlichen Aufenthalt hatte und

b) dieses Recht im Zeitpunkt des Verbringens oder Zurückhaltens allein oder gemeinsam tatsächlich ausgeübt wurde oder ausgeübt worden wäre, falls das Verbringen oder Zurückhalten nicht stattgefunden hätte.

(2) Das unter Buchstabe a genannte Sorgerecht kann insbesondere kraft Gesetzes, aufgrund einer gerichtlichen oder behördlichen Entscheidung oder aufgrund einer nach dem Recht des betreffenden Staates wirksamen Vereinbarung bestehen."

[78] Art 16 HKÜ lautet:

„Ist den Gerichten oder Verwaltungsbehörden des Vertragsstaats, in den das Kind verbracht oder in dem es zurückgehalten wurde, das widerrechtliche Verbringen oder Zurückhalten des Kindes im Sinn des Artikels 3 mitgeteilt worden, so dürfen sie eine Sachentscheidung über das Sorgerecht erst treffen, wenn entschieden ist, dass das Kind aufgrund dieses Übereinkommens nicht zurückzugeben ist, oder wenn innerhalb angemessener Frist nach der Mitteilung kein Antrag nach dem Übereinkommen gestellt wird."

[79] *Borrás*-Bericht RdN 41; *Hau*, FamRZ 2000, 1338; *Gottwald* in MüKo ZPO III[2] Art 4 EheGVO Rz 2; *Neumayr/Anzinger* in *Burgstaller*, Internationales Zivilverfahrensrecht II Art 4 EheGVVO Rz 1; *Kropholler*, Europäisches Zivilprozeßrecht[7] Einl Rz 104.

[80] Diesem diente Art 10 Abs 1 KSÜ zum Vorbild (*Borrás*-Bericht RdN 38).

2. Elterliche Verantwortung zumindest eines Ehegatten

Zum Nachweis der Behauptung, dass die elterliche Verantwortung zumindest einem Ehegatten zusteht, wird dem Antrag entweder eine frühere Entscheidung über die elterliche Verantwortung für das Kind oder eine diesbezügliche Bestätigung der zuständigen Stelle beizulegen sein. Hat das Gericht Bedenken, ob tatsächlich einem der Ehegatten die elterliche Verantwortung für das betreffende Kind zukommt, wird es, weil dies eine Voraussetzung für die internationale Zuständigkeit nach Art 3 Abs 2 EheVO ist, von Amts wegen in dem Staat, in dem sich das Kind gewöhnlich aufhält, Erhebungen darüber anstellen müssen, ob und wem die elterliche Verantwortung für das Kind tatsächlich zukommt.

3. Anerkennung der internationalen Zuständigkeit durch die Ehegatten

Eine weitere Voraussetzung für die Annexzuständigkeit nach Art 3 EheVO besteht darin, dass die internationale *Zuständigkeit der betreffenden Gerichte von den Ehegatten anerkannt worden ist.* Während der Antragsteller die internationale Zuständigkeit eindeutig schon dadurch anerkennt, dass er in dem Staat, in dem das Eheverfahren anhängig ist, einen Antrag betreffend die elterliche Verantwortung einbringt,[81] ist es unklar, ob der Antragsgegner die internationale Zuständigkeit des Staates, in dem das Eheverfahren anhängig ist, ausdrücklich anerkennen muss oder ob eine Einlassung auf das Verfahren iSd Art 24 EuGVVO als Anerkenntnis genügt.[82] Meines Erachtens spricht gegen die Ansicht, es genüge eine konkludente Anerkennung des Antragsgegners in Form der rügelosen Einlassung auf das Verfahren, der Wortlaut des Art 3 Abs 2 EheVO. Hätte der Gesetzgeber wirklich die rügelose Einlassung als zur Begründung der internationalen Zuständigkeit ausreichend angesehen, dann hätte er Art 3 EheVO sicherlich dahin gehend formuliert, dass der Antragsgegner gegen die internationale Zuständigkeit keinen Einwand erheben darf. Außerdem muss – arg „anerkannt *worden ist*" – die Anerkennung der internationalen Zuständigkeit bereits vor Einbringung des Antrages betreffend die elterliche Verantwortung erfolgt sein.

---

[81] Bei der Gerichtsstandsvereinbarung nach § 104 JN wird jedenfalls die Ansicht vertreten, dass der Kläger, der die Klage beim vereinbarten Gericht einbringt, zu der (vereinbarten) Zuständigkeit steht, auch wenn die Zuständigkeitsvereinbarung ohne Bevollmächtigung durch den Kläger abgeschlossen oder die vom Kläger herrührende, die Zuständigkeitsvereinbarung enthaltende Urkunde nur vom Beklagten allein unterschrieben worden ist. Näheres s bei *Simotta* in *Fasching*, Komm I² § 104 JN Rz 26 und Rz 60 mwN.

[82] Nach *Vogel*, MDR 2000, 1048 und *Neumayr/Anzinger* in *Burgstaller*, Internationales Zivilverfahrensrecht II Art 3 EheGVVO Rz 3 genügt eine rügelose Einlassung auf das Verfahren; undeutlich *Musger* (RZ 2001, 91), nach dem die Ehegatten die Zuständigkeit „akzeptieren" müssen.

Die rügelose Einlassung auf das Verfahren kann meines Erachtens deshalb nicht mit der Anerkennung der internationalen Zuständigkeit gleichgesetzt werden, weil in Art 3 Abs 2 EheVO von den Parteien ein aktives Tun, nämlich die Anerkennung, und nicht ein passives Verhalten gefordert wird. Meines Erachtens kann von einer Anerkennung der internationalen Zuständigkeit nur dann gesprochen werden, wenn sich Antragsteller und Antragsgegner genau der Tragweite ihrer Handlung bewusst sind. Lässt sich der Antragsgegner rügelos auf das Verfahren ein, ist ihm in vielen Fällen ja gar nicht bewusst, dass eine internationale Unzuständigkeit vorliegt und dass durch die Nicht-Erhebung der diesbezüglichen Einrede die internationale Unzuständigkeit heilt.

Gegen die Gleichsetzung der Anerkennung der internationalen Zuständigkeit mit der rügelosen Einlassung sprechen noch zwei gewichtige Argumente. Erstens, wie noch unter Punkt V. näher ausgeführt werden wird, handelt es sich bei den in Art 2 bis 6 EheVO geregelten internationalen Zuständigkeiten, wenn der Antragsgegner entweder die Staatsangehörigkeit eines Mitgliedstaates besitzt[83] oder in einem Mitgliedstaat seinen gewöhnlichen Aufenthalt hat, um internationale Zwangszuständigkeiten.[84] Das Wesen dieser Zwangszuständigkeiten liegt darin, dass eine abweichende internationale Zuständigkeit weder durch eine Gerichtsstandsvereinbarung noch durch eine rügelose Einlassung auf das Verfahren begründet werden kann.[85] Ließe man für die Anerkennung die rügelose Einlassung auf das Verfahren genügen, wäre dies ein Widerspruch zu Art 7 EheVO. Zweitens muss das Gericht, weil es sich bei der Annexzuständigkeit nach Art 3 EheVO um eine Zwangszuständigkeit handelt, das Vorliegen der internationalen Zuständigkeit bereits in limine litis von Amts wegen prüfen (vgl nur Art 9 EheVO): Es hat hier nicht – wie im Fall der prorogablen internationalen Unzuständigkeit – abzuwarten, ob der Antragsgegner säumig ist oder es zu einer Heilung der (prorogablen) internationalen Unzuständigkeit durch rügelose Einlassung des Antragsgegners kommt.[86] Wie kann das Gericht aber in limine litis, also in einem Stadium des Verfahrens, in dem der Antragsgegner noch gar nicht in das Verfahren einbezogen worden ist, feststellen, ob dieser die internationale Zuständigkeit des Staates, in dem die Ehesache anhängig ist, für das Verfahren betreffend die elterliche Verantwortung für die gemeinsamen Kinder anerkannt hat, wenn für die Anerkennung der internationalen Zuständigkeit die rügelose Einlassung auf das Verfahren genügen soll? Die Voraussetzungen für die internationale Zuständigkeit müssen doch bereits im Zeitpunkt der Erhebung des Antrages (dh der Gerichtsanhängigkeit, vgl § 29 JN) vorliegen. Meines Erachtens wird daher der Antragsteller seinem Antrag eine Urkunde beilegen müssen, in der der Antragsgegner die internationale Zuständigkeit des Staates, in dem die Ehesache anhängig ist, ausdrücklich anerkennt. Denkbar wäre auch, dass der Antragsgegner die internationale Zuständigkeit des Staates, in dem das Ehever-

---

[83] Siehe FN 50.

[84] *Simotta* in FS Geimer 1165.

[85] *Gottwald* in MüKo ZPO III[2] Art 7 EheGVO Rz 1; *Musger*, RZ 2001, 92; *Simotta* in FS Geimer 1165.

[86] *Rechberger/Simotta*, Grundriß[5] Rz 520 mwN. Ausführlich *Schoibl* in *Fasching*, Komm I[2] Anh § 42 JN Rz 14 ff.

fahren anhängig ist, dadurch anerkennt, dass er im Antrag auf Regelung der elterlichen Verantwortung einen entsprechenden Passus unterschreibt. Weist der Antragsteller in seinem Antrag nicht nach, dass der Antragsgegner die internationale Zuständigkeit anerkannt hat, dann wird das Gericht den Antrag zur Verbesserung zurückstellen müssen,[87] allenfalls wird es den Antragsgegner selbst befragen müssen, ob er damit einverstanden ist, dass in dem Staat, in dem das Eheauflösungsverfahren anhängig ist, auch über die elterliche Verantwortung abgesprochen wird. Denn das Gericht hat insbesondere im Hinblick darauf, dass der Verstoß gegen die Zuständigkeitsbestimmungen der Art 2 bis 6 EheVO, obwohl es sich dabei um Zwangszuständigkeiten handelt, kein Anerkennungs- und Vollstreckungshindernis bildet, von Amts wegen Erhebungen[88] darüber anzustellen, ob die internationale Zuständigkeit gegeben ist oder nicht. Das Gericht ist auch nicht an die Angaben des Antragstellers gebunden, sondern hat ein materielles Prüfungsrecht.[89] Kommt das Gericht aufgrund seiner Erhebungen zum Ergebnis, dass der Antragsgegner nicht – so wie in Art 3 Abs 2 EheVO gefordert – die internationale Zuständigkeit des Staates, in dem das Eheverfahren anhängig ist, anerkannt hat, dann ist – soweit die internationale Zuständigkeit nicht nach autonomem Recht (§ 110 JN, MSA) gegeben ist – der Antrag auf Regelung der elterlichen Verantwortung wegen mangelnder internationaler Zuständigkeit mit Beschluss zurückzuweisen.

4. Einklang mit dem Kindeswohl

Dritte Voraussetzung dafür, dass in dem Staat, in dem die Ehe der Eltern aufgehoben, geschieden oder für nichtig erklärt wird, auch über die elterliche Verantwortung entschieden werden darf, ist, dass *dies in Einklang mit dem Wohl des Kindes* steht. Wann es mit dem Wohl des Kindes in Einklang steht, dass nicht die Stellen jenes Staates, in dem es seinen gewöhnlichen Aufenthalt hat, sondern die Stellen jenes Staates, in dem ein Verfahren auf Auflösung der Ehe seiner Eltern anhängig ist, eine Entscheidung betreffend die elterliche Verantwortung erlassen, wird nicht so einfach festzustellen sein.[90] Meines Erachtens steht die Verschiebung der internationalen Zuständigkeit von dem Staat, in dem das Kind seinen gewöhnlichen Aufenthalt hat, zu jenem Staat, in dem das Eheauflösungsverfahren anhängig ist, jedenfalls dann nicht mit dem Wohl des Kindes in Einklang, wenn das Kind durch sie einen Nachteil erleidet. Dagegen entspricht sie dann auf jeden Fall dem Wohl des Kindes, wenn das Kind dadurch, dass die Entscheidung in einem anderen Staat als in jenem, in dem es seinen gewöhnlichen Aufenthalt hat, ergeht, einen Vorteil hat.

---

[87] *Schoibl* in *Fasching*, Komm I² Anh § 42 JN Rz 10; HG Wien 4.3.1997, 1 R 40/70x.

[88] *Simotta*, Die Neuregelung der internationalen Zuständigkeit durch die Wertgrenzen-Novelle 1997, in FS Schütze (1999) 831 (869); *Schoibl* in *Fasching*, Komm I² Anh § 42 JN Rz 10.

[89] Siehe die vorige FN.

[90] Vgl *Kropholler*, Europäisches Zivilprozeßrecht⁷ Einl Rz 102, der im Zusammenhang mit Art 3 Abs 2 EheVO von einer komplizierten und in ihrer vierten Voraussetzung recht unscharfen Normierung spricht.

Von größter Bedeutung für die Beurteilung der Frage, ob die Verschiebung der internationalen Zuständigkeit für das Kind vorteilhaft ist oder nicht, wird vor allem *das anzuwendende materielle Recht* sein. Ist nicht in beiden Staaten, in denen über die elterliche Verantwortung entschieden werden könnte, dasselbe materielle Recht anzuwenden, so ist zu prüfen, welches materielle Recht für das Kind zu einem günstigeren Ergebnis führen würde. Wenn zB das Recht des einen Staates eine gemeinsame Obsorge der geschiedenen Eltern kennt, das andere hingegen nicht, dann wäre es für das Kind günstiger, wenn das Obsorgeverfahren in jenem Staat durchgeführt werden würde, in dessen Recht eine gemeinsame Obsorge vorgesehen ist.

Weiters wäre meines Erachtens zu prüfen, wie in beiden Staaten die *Verfahren* betreffend die elterliche Verantwortung *ausgestaltet* sind. Von zentraler Bedeutung wären dabei unter anderem die Fragen, ob dem Kind volle Parteistellung zukommt bzw welche Rechte es hat, ob es durch einen Kinderanwalt vertreten wird und ab welchem Alter es zu hören ist. Umso mehr das Kind auf das Verfahren rechtlich Einfluss nehmen kann, desto günstiger ist es für das Kind, wenn die Entscheidung betreffend die elterliche Verantwortung in dem betreffenden Staat getroffen wird. So wird es meines Erachtens mit dem Wohl des Kindes besser in Einklang stehen, wenn das Verfahren betreffend die elterliche Verantwortung in jenem Staat durchgeführt wird, in dem dem Kind dieselben Parteirechte wie seinen Eltern zukommen bzw in dem es durch einen eigenen Kinderanwalt vertreten wird, als in einem Staat, in dem dies nicht der Fall ist.

Bei Abwägung der Frage, ob die internationale Zuständigkeit des Staates, in dem das Eheauflösungsverfahren anhängig ist, in Einklang mit dem Wohl des Kindes steht, werden aber auch Erwägungen praktischer Natur eine Rolle spielen, wie zB ob dem Kind eine weitere Reise zu Gericht zumutbar ist[91] und ob es der Gerichtssprache mächtig ist.[92] Ist das Kind nämlich der Gerichtssprache nicht mächtig, kann, weil sich der Sachverständige nicht (ohne Dolmetsch) mit dem Kind verständigen kann, kein Gutachten ergehen,[93] das Kind kann sein Anliegen nicht ohne Zuhilfenahme eines Dolmetschers vorbringen und der persönliche Eindruck des Richters vom Kind wird auch ein anderer sein. Meines Erachtens stünde es nicht in Einklang mit dem Kindeswohl, wenn über die elterliche Verantwortung in einem Staat entschieden werden würde, dessen Gerichtssprache das Kind nicht beherrscht, weil durch die Sprachbarriere das rechtliche Gehör des Kindes beeinträchtigt wird.

Es wird sich erst im Laufe der Zeit zeigen, wieweit die Gerichte in der Lage sind, handhabbare Kriterien zu entwickeln, wann die Zuständigkeit der Stellen jenes Staates, in dem das Eheauflösungsverfahren anhängig ist, mit dem Kindeswohl in Einklang steht.[94]

An dem Umstand, dass in Art 3 Abs 2 EheVO die Annexzuständigkeit davon abhängig gemacht wird, ob diese in Einklang mit dem Wohl des Kindes steht,

---

[91] *Vogel*, MDR 2000, 1048.

[92] *Vogel*, MDR 2000, 1048.

[93] *Vogel*, MDR 2000, 1048.

[94] *Vogel*, MDR 2000, 1048.

ist meines Erachtens zu Recht Kritik geübt worden.[95] Denn durch den Kindeswohlaspekt müssen Fragen der Begründetheit der Entscheidung bereits auf der Zuständigkeitsebene erörtert werden.[96] Außerdem macht es das Erfordernis des Einklanges mit dem Kindeswohl für den Rechtssuchenden sehr schwer vorherzusehen, ob die Gerichte bzw Stellen des Staates, in dem das Eheauflösungsverfahren anhängig ist, die internationale Zuständigkeit auch für das Verfahren betreffend die elterliche Verantwortung bejahen werden.[97] Der Antragsteller, der sich auf Art 3 Abs 2 EheVO beruft, geht somit ein sehr großes Risiko ein, dass sein Antrag auf eine Entscheidung betreffend die elterliche Verantwortung wegen mangelnder internationaler Zuständigkeit zurückgewiesen werden könnte. Die Zurückweisung des Antrages hat für den Antragsteller nicht nur die Folge, dass er die Kosten des zurückgewiesenen Antrages zu bezahlen hat, sondern es kann ihm auch noch passieren, dass der andere Ehegatte ihm inzwischen mit seinem Antrag im Mitgliedstaat, in dem das Kind seinen gewöhnlichen Aufenthalt hat, zuvorgekommen ist. Umgekehrt kann ein Ehegatte das Verfahren betreffend die elterliche Verantwortung im Aufenthaltsstaat jahrelang dadurch blockieren, dass er wohl wissend, dass dies nicht in Einklang mit dem Wohl des Kindes steht, in dem Mitgliedstaat, in dem das Eheverfahren anhängig ist, einen Antrag auf Entscheidung über die elterliche Verantwortung stellt. Denn solange nicht rechtskräftig über die internationale Zuständigkeit des Staates, in dem das Eheverfahren anhängig ist, abgesprochen worden ist, kann gem Art 11 EheVO das später im Aufenthaltsstaat des Kindes anhängig gemachte Verfahren auf Entscheidung über die elterliche Verantwortung, wenn es denselben Anspruch betrifft, nicht fortgesetzt werden.

IV. Zeitliche Begrenzung der Anwendbarkeit des Art 3 EheVO (Art 3 Abs 3 EheVO)[98]

Wie bereits erwähnt, setzt die Anwendung des Art 3 EheVO unter anderem voraus, dass bei Einleitung des Verfahrens betreffend die elterliche Verantwortung ein Eheverfahren iSd Art 1 Abs 1 lit a EheVO entweder bereits anhängig ist[99] oder gleichzeitig anhängig gemacht wird. Ist das Eheverfahren infolge einer rechtskräftigen (stattgebenden oder abweisenden) Entscheidung in der Ehesache oder aus einem anderen Grund beendet, besteht gem Art 3 Abs 3 lit a und lit c

---

[95] *Vogel*, MDR 2000, 1048; *Kropholler*, Europäisches Zivilprozeßrecht[7] Einl Rz 102.

[96] *Vogel*, MDR 2000, 1048.

[97] Ähnlich *Vogel*, MDR 2000, 1048.

[98] Dem Art 3 Abs 3 EheVO diente Art 10 Abs 2 KSÜ zum Vorbild (*Neumayr/Anzinger* in *Burgstaller*, Internationales Zivilverfahrensrecht II Art 3 EheGVVO Rz 6).

[99] So auch *Gottwald* in MüKo ZPO III[2] Art 3 EheGVO Rz 5 und *Neumayr/Anzinger* in *Burgstaller*, Internationales Zivilverfahrensrecht II Art 3 EheGVVO Rz 4.

EheVO[100] keine Möglichkeit mehr, ein Verfahren betreffend die elterliche Verantwortung in dem Mitgliedstaat anhängig zu machen, dessen Stellen (gem Art 2 EheVO) für die Ehesache iSd Art 1 Abs 1 lit a EheVO zuständig gewesen sind. Die internationale Zuständigkeit bestimmt sich dann nach innerstaatlichem (autonomen) Recht (dh nach § 110 JN) oder nach einschlägigen internationalen Übereinkommen.[101]

Wenn allerdings in dem Zeitpunkt, in dem die Entscheidung in der Ehesache rechtskräftig geworden ist, ein Verfahren betreffend die elterliche Verantwortung bereits anhängig ist, dann kann gem Art 3 Abs 3 lit b EheVO das Verfahren betreffend die elterliche Verantwortung in dem Mitgliedstaat noch zu Ende geführt werden, in dem das Eheverfahren anhängig gewesen ist.[102] Hier endet die Annexzuständigkeit nämlich erst dann, wenn das Verfahren betreffend die elterliche Verantwortung entweder durch eine rechtskräftige Entscheidung oder aus einem sonstigen Grund beendet worden ist. Es gilt somit hier der *Grundsatz der perpetuatio iurisdictionis*.[103]

Aus dem *Borrás*-Bericht[104] geht hervor, dass der in Art 3 Abs 3 lit a und lit b EheVO gebrauchte Begriff der Rechtskraft im Sinne der *formellen Rechtskraft* zu verstehen ist. Andere Gründe, die außer der formellen Rechtskraft der Sachentscheidung zur Verfahrensbeendigung führen, sind die rechtskräftige Zurückweisung des verfahrenseinleitenden Antrages bzw die (tatsächlich erfolgte oder fingierte)[105] Zurücknahme der Eheklage oder des Antrages auf einvernehmliche Scheidung,[106] die Zurücknahme des Antrages auf eine Entscheidung betreffend die elterliche Verantwortung,[107] der Tod eines Ehegatten[108] (vgl nur § 460 Z 8 ZPO[109] und § 224 Abs 2 letzter Satz AußStrG) sowie der Tod oder der Eintritt der Volljährigkeit des Kindes, hinsichtlich dessen die Entscheidung betreffend die elterliche Verantwortung gefällt werden soll.

---

[100] Die in Art 3 Abs 3 lit a und lit c EheVO angeführten Beendigungsgründe stimmen mit Art 10 Abs 2 KSÜ überein. *Gottwald* in MüKo ZPO III² Art 3 EheGVO Rz 6; *Neumayr/Anzinger* in *Burgstaller*, Internationales Zivilverfahrensrecht II Art 3 EheGVVO Rz 5; *Kropholler*, Europäisches Zivilprozeßrecht⁷ Einl Rz 103.

[101] *Borrás*-Bericht RdN 39 lit a; *Hau*, FamRZ 2000, 1338; *Neumayr/Anzinger* in *Burgstaller*, Internationales Zivilverfahrensrecht II Art 3 EheGVVO Rz 6.

[102] So auch *Neumayr/Anzinger* in *Burgstaller*, Internationales Zivilverfahrensrecht II Art 3 EheGVVO Rz 7.

[103] AA *Borrás*-Bericht RdN 39 lit b.

[104] Im *Borrás*-Bericht RdN 39 lit a wird nämlich darauf abgestellt, dass es nicht mehr möglich ist, Berufung oder irgend einen anderen Rechtsbehelf gegen die Entscheidung einzulegen.

[105] Vgl § 460 Z 5 und Z 10 ZPO, § 221 Abs 2 AußStrG.

[106] *Borrás*-Bericht RdN 39 lit c; *Gottwald* in MüKo ZPO III² Art 3 EheGVO Rz 5.

[107] *Gottwald* in MüKo ZPO III² Art 3 EheGVO Rz 5.

[108] *Borrás*-Bericht RdN 39 lit c.

[109] Wenn die Ehenichtigkeitsklage allerdings vom Staatsanwalt erhoben worden ist, ist das Verfahren gem § 84 der 1. DVEheG gegen den überlebenden Ehegatten fortzusetzen.

V. Wesen der Zuständigkeitsbestimmungen der Art 3 f EheVO (Art 7 EheVO)

Hat der Antragsgegner seinen gewöhnlichen Aufenthalt in einem Mitgliedstaat oder ist er Staatsangehöriger eines Mitgliedstaates oder hat er sein „domicile" im Vereinigten Königreich oder in Irland, dann darf gem Art 7 EheVO ein Verfahren vor den Gerichten eines *anderen*[110] Mitgliedstaates nur nach Maßgabe der Art 3 f EheVO durchgeführt werden. Sollten die Ehegatten – was insbesondere beim Antrag auf Genehmigung einer Vereinbarung über die Obsorge und das Besuchsrecht denkbar ist – einen gemeinsamen Antrag auf eine Entscheidung betreffend die elterliche Verantwortung stellen, es also keinen Antragsgegner gibt, dann ist Art 7 EheVO so zu lesen, dass die Art 3 f EheVO dann zwingend anzuwenden sind, wenn einer der Ehegatten seinen gewöhnlichen Aufenthalt in einem Mitgliedstaat oder sein „domicile" im Vereinigten Königreich oder in Irland hat oder einer von ihnen die Staatsangehörigkeit eines Mitgliedstaates besitzt.[111]

Ergibt sich – was bei Verfahren betreffend die elterliche Verantwortung dann möglich ist, wenn das betreffende Kind seinen gewöhnlichen Aufenthalt nicht in dem Staat hat, in dem die Ehesache iSd Art 1 Abs 1 lit a EheVO anhängig ist, und auch die in Art 3 Abs 2 EheVO normierten Voraussetzungen nicht gegeben sind – aus Art 3 f EheVO keine internationale Zuständigkeit, dann erlaubt der Wortlaut des Art 7 EheVO den Rückgriff auf autonomes Kompetenzrecht im Heimat- bzw Aufenthaltsstaat des Antragsgegners. Dh es ist, wenn der Antragsgegner die österreichische Staatsangehörigkeit besitzt oder in Österreich seinen gewöhnlichen Aufenthalt hat, zu prüfen, ob nach § 110 JN bzw dem MSA österreichische Gerichte für das Obsorgeverfahren international zuständig sind.

Aus Art 7 EheVO folgt, dass die Art 3 f EheVO, wenn der Antragsgegner seinen gewöhnlichen Aufenthalt in einem Mitgliedstaat oder sein „domicile" im Vereinigten Königreich oder in Irland hat oder Staatsangehöriger eines Mitgliedstaates ist, *ausschließlichen und ausschließenden Charakter*[112] haben, dh die Art 3 f EheVO genießen absoluten Vorrang vor dem die internationale Zuständigkeit regelnden autonomen Recht.[113]

Nach österreichischer Terminologie handelt es sich bei den Art 3 f EheVO, wenn die Voraussetzungen des Art 7 EheVO vorliegen, um internationale Zwangszuständigkeiten.[114] Dh, *Zuständigkeitsvereinbarungen*, die Art 3 f

---

[110] Vgl *Hau*, FamRZ 2000, 1340: „Soweit Art 7 EheVO den Vorrang der Art 2 ff EheVO anordnet, bezieht sich dies ausdrücklich nur auf das Verhältnis zwischen den Mitgliedstaaten."

[111] Vgl für die von den Ehegatten gemeinsam einzubringende einvernehmliche Scheidung *Simotta* in FS Geimer 1165.

[112] *Borrás*-Bericht RdN 44; *Vogel*, MDR 2000, 1047; *Gottwald* in MüKo ZPO III² Art 7 EheGVVO Rz 1.

[113] *Musger*, RZ 2001, 90; *Neumayr/Anzinger* in *Burgstaller,* Internationales Zivilverfahrensrecht II Art 7 EheGVVO Rz 3.

[114] *Simotta* in FS Geimer 1165.

EheVO abändern, sind *unzulässig*.[115] Auch gibt es bei einem Verstoß gegen Art 3 f EheVO *keine Heilung* der internationalen Unzuständigkeit durch rüge-lose Einlassung auf das Verfahren.[116] Bei einem Verstoß gegen die internationa-len Zwangszuständigkeiten der Art 3 f EheVO liegt daher nach österreichischer Terminologie eine *unprorogable*[117] und überdies *unheilbare internationale Un-zuständigkeit* vor.

Anders als der Verstoß gegen die in Art 22 EuGVVO genannten ausschließli-chen Zuständigkeiten, welcher gem Art 35 und Art 41 EuGVVO ein Anerken-nungs- und Vollstreckungshindernis bildet, stellt der Verstoß gegen die Zustän-digkeitsbestimmungen der Art 2 bis 6 EheVO *kein Hindernis für* die Anerken-nung von Eheentscheidungen und *die Anerkennung und Vollstreckung von Ent-scheidungen betreffend die elterliche Verantwortung* aus anderen Mitgliedstaa-ten dar.[118] In Art 17 EheVO wird nämlich ausdrücklich normiert, dass die Zu-ständigkeit des Gerichts des Ursprungsstaates nicht nachgeprüft werden darf und sich die Überprüfung der Vereinbarkeit mit dem ordre public (Art 15 Abs 1 lit a und Abs 2 lit a EheVO) nicht auf die in Art 2 bis 8 EheVO vorgesehenen Vorschriften über die Zuständigkeit erstrecken darf. Dh der Verstoß gegen die internationalen Zwangszuständigkeiten der Art 2 bis 6 EheVO *heilt mit Rechts-kraft* der Entscheidung.

VI. Das Verhältnis des Art 3 EheVO zum autonomen Recht der Mitgliedstaaten und zu einschlägigen internationalen Abkommen

Soweit Art 3 EheVO anwendbar ist, verdrängt er den die internationale Zu-ständigkeit in Vormundschafts- und Pflegschaftssachen regelnden § 110 JN.[119] Überdies genießt er gem Art 37 EheVO Vorrang gegenüber dem MSA und dem KSÜ.

---

[115] *Gottwald* in MüKo ZPO III² Art 2 EheGVO Rz 4; *Musger*, RZ 2001, 92; *Simotta* in FS Geimer 1165.

[116] Vgl die vorige FN.

[117] Eine unprorogable internationale Unzuständigkeit liegt dann vor, wenn die internatio-nale Zuständigkeit nicht durch Parteienvereinbarung begründet werden kann. *Simotta* in *Fasching*, Komm I² § 104 JN Rz 118.

[118] Eine Ausnahme sieht Art 42 Abs 2 EheVO für Entscheidungen vor, die nach In-Kraft-Treten der EheVO in einem vor dem In-Kraft-Treten eingeleiteten Verfahren ergangen sind. Diese werden nur anerkannt und vollstreckt, wenn das Gericht auf-grund von Vorschriften zuständig war, die mit den Art 2 bis 6 EheVO oder den Zu-ständigkeitsvorschriften eines Abkommens übereinstimmen, das zum Zeitpunkt der Einleitung des Verfahrens zwischen dem Ursprungsmitgliedstaat und dem ersuchten Mitgliedstaat in Kraft war.

[119] *Musger*, RZ 2001, 90.

VII. Zweck und Bedeutung des Art 3 EheVO

Art 3 EheVO regelt *nur* die *internationale Zuständigkeit,*[120] nicht aber die sachliche oder örtliche Zuständigkeit[121] für Verfahren betreffend die elterliche Verantwortung für die gemeinsamen Kinder der Ehegatten, die aus Anlass einer Eheauflösung betrieben werden. Aus Art 3 EheVO kann daher keineswegs abgeleitet werden, dass in dem Staat, in dem das Eheverfahren anhängig ist, dieselbe Stelle in der Ehesache und hinsichtlich der elterlichen Verantwortung zu entscheiden hat. Der Sinn des Art 3 EheVO liegt vielmehr lediglich darin, dass die Entscheidung in beiden Fragen *Stellen ein und desselben Mitgliedsstaates* obliegen.[122] Ziel der Verordnung ist es, eine umfassende Regelung aller auf die Kinder bezogenen Scheidungsfolgen zu ermöglichen.[123]

Die Frage, *ob ein und dieselbe Stelle* über die Ehesache und hinsichtlich der elterlichen Verantwortung *zu entscheiden hat* und *ob* das Verfahren betreffend die elterliche Verantwortung mit dem Eheauflösungsverfahren *zu gemeinsamer Verhandlung und Entscheidung verbunden* werden kann, richtet sich *nach autonomem Recht.*[124] Es ist aber nicht erforderlich, dass nach dem Recht des Gerichtsstaates tatsächlich eine Verbindung der Verfahren erfolgen kann.[125]

Das österreichische Recht kennt – anders als bei den sonstigen Streitigkeiten aus dem Eheverhältnis und den außerstreitigen Eheangelegenheiten, für die während der Anhängigkeit eines Eheprozesses in erster Instanz gem § 76a und § 114a Abs 3 JN das Gericht, bei dem die Ehesache anhängig ist, (individuell[126]) zuständig ist – *keine Annexzuständigkeit* für die die Kinder betreffenden Folgesachen. Das kann dazu führen, dass verschiedene Bezirksgerichte für das Eheverfahren und das Verfahren betreffend die elterliche Verantwortung örtlich zuständig sind. Während nämlich bei der örtlichen Zuständigkeit in Ehesachen und für die einvernehmliche Scheidung in § 76 Abs 1 und § 114a Abs 1 JN an den (letzten) gemeinsamen gewöhnlichen Aufenthalt *der Ehegatten* bzw den gewöhnlichen Aufenthalt *eines Ehegatten* angeknüpft wird, wird in dem die örtliche Zuständigkeit für Vormundschafts- und Pflegschaftssachen regelnden § 109 JN[127] primär an den gewöhnlichen Aufenthalt bzw in Ermangelung eines solchen an den Aufenthalt *des Kindes* angeknüpft. Hat das Kind demnach seinen (gewöhnlichen) Aufenthalt nicht dort, wo seine Eltern ihren gemeinsamen gewöhnlichen Aufenthalt haben bzw gehabt haben bzw wo sich der für die örtliche Zuständigkeit maßgebende Elternteil gewöhnlich aufhält, dann ist es ausge-

---

[120] *Borrás*-Bericht RdN 37; *Puszkajler*, IPRax 2001, 82; *Kropholler*, Europäisches Zivilprozeßrecht[7] Einl Rz 100.

[121] *Kohler*, NJW 2001, 12; *Kropholler*, Europäisches Zivilprozeßrecht[7] Einl Rz 100.

[122] *Borrás*-Bericht RdN 37.

[123] *Musger*, RZ 2001, 90.

[124] *Borrás*-Bericht RdN 37; *Kropholler*, Europäisches Zivilprozeßrecht[7] Einl Rz 100.

[125] *Musger*, RZ 2001, 90.

[126] Eine abweichende Gerichtsstandsvereinbarung ist zulässig. *Simotta* in *Fasching*, Komm I[2] § 76 JN Rz 3 und § 114 JN Rz 44.

[127] Ausführlich *Fucik* in *Fasching*, Komm I[2] § 109 JN.

schlossen, dass das Gericht, das über die Ehesache bzw über die einvernehmliche Scheidung zu entscheiden hat, auch die Entscheidung über die Obsorge und das Besuchsrecht hinsichtlich der gemeinsamen Kinder der Ehegatten fällen bzw eine diesbezügliche Vereinbarung der Ehegatten (vgl § 55a Abs 2 EheG) genehmigen kann.

> Beispiel: Die Ehegatten wohnen schon seit längerem getrennt. Die Ehefrau wohnt zusammen mit ihrer minderjährigen Tochter in Wien-Döbling, der Ehemann in Graz. Ihren gemeinsamen gewöhnlichen Aufenthalt hatten die Ehegatten früher in Baden bei Wien. Die Ehefrau bringt wegen Ehebruches gem § 76 Abs 1 Satz 2 JN die Scheidungsklage am gewöhnlichen Aufenthalt des beklagten Ehemannes, dh beim BGZ Graz ein. Für die Genehmigung der Vereinbarung über die Obsorge und das Besuchsrecht bzw eine diesbezügliche Entscheidung ist dagegen gem § 109 Abs 1 JN das BG Döbling zuständig, weil in dessen Sprengel das minderjährige Kind seinen gewöhnlichen Aufenthalt hat.

Darauf, dass dieses Auseinanderfallen der örtlichen Zuständigkeit in Ehe- und Kindschaftssachen verhindert, dass der Richter, der schon einen persönlichen Eindruck von den Ehegatten im Eheprozess gewonnen hat, auch über die im Zusammenhang mit der Eheauflösung auftretenden Kindschaftssachen entscheidet[128] und dazu führt, dass Beweisaufnahmen doppelt durchgeführt werden müssen oder – in Durchbrechung des Unmittelbarkeitsgrundsatzes – nach dem im Außerstreitverfahren analog anzuwendenden § 281a ZPO aus dem Eheverfahren übernommen werden müssen, habe ich[129] bereits mehrfach hingewiesen. Besonders misslich ist das Auseinanderfallen der örtlichen Zuständigkeit bei der einvernehmlichen Scheidung. Nach § 55a Abs 2 EheG darf die Ehe nur dann einvernehmlich geschieden werden, wenn die Ehegatten eine schriftliche Vereinbarung ua über den hauptsächlichen Aufenthalt der Kinder, die Obsorge, die Ausübung des Rechtes auf persönlichen Verkehr und die Unterhaltpflicht hinsichtlich ihrer gemeinsamen Kinder für den Fall der Scheidung dem Gericht unterbreiten oder vor Gericht schließen. Nach § 177 Abs 3 ABGB ist jedoch die Vereinbarung über den hauptsächlichen Aufenthalt der Kinder und die Obsorge genehmigungspflichtig. Für diese Genehmigung ist das Vormundschaftsgericht zuständig. Ist nun das Bezirksgericht, das für die einvernehmliche Scheidung zuständig ist, nicht auch für die Vormundschaftssachen zuständig, dann kann es passieren, dass die Ehegatten eine Vereinbarung über den hauptsächlichen Aufenthalt der Kinder und die Obsorge dem Gericht unterbreiten oder gem § 225 AußStrG unter dessen Anleitung schließen, die dann hinterher vom Vormundschaftsgericht nicht genehmigt wird. Meines Erachtens ist es für die Rechtssuchenden unverständlich, dass ein Richter eine Vereinbarung (als Vergleich) protokolliert, der dann ein anderer Richter mit der Begründung, sie entspreche nicht dem Kindeswohl, die Genehmigung versagt. Wenngleich die Nichtgenehmigung der Vereinbarung über den hauptsächlichen Aufenthalt der Kinder und die

---

[128] Eine Verbindung des Verfahrens betreffend die elterliche Verantwortung mit dem Eheverfahren ist – außer es handelt sich um eine einvernehmliche Scheidung – wegen unterschiedlicher Verfahrensarten nicht möglich.

[129] *Simotta*, Die sachliche Zuständigkeit in Ehe- und Familiensachen, JBl 1980, 348 (351); *dies*, Die Änderungen der Zuständigkeit in Ehe- und Familiensachen in der geplanten „Zivilverfahrens-Novelle", ÖJZ 1982, 29 (30 ff) und 66 (70).

Obsorge die einvernehmliche Scheidung unberührt lässt, wird sie doch häufig dazu führen, dass nun heftige Streitigkeiten bezüglich der Obsorge auftreten, die wahrscheinlich nicht oder nicht in dieser Heftigkeit entstanden wären, wenn der Scheidungsrichter die Ehegatten gleich darauf hinweisen hätte dürfen, dass die von den Ehegatten angestrebte Vereinbarung nicht genehmigt werden würde bzw wenn er mit dieser Begründung die Protokollierung der Vereinbarung ablehnen dürfte. Denn solange die Scheidung noch nicht ausgesprochen worden ist, ist vor allem, wenn ein Ehegatte sehr eilig geschieden werden will, die Bereitschaft nachzugeben und zu einer gütlichen Obsorgevereinbarung zu kommen, sicher größer als nach der Scheidung, wo man sein Ziel schon erreicht hat. Außerdem liegt die ratio des § 55a Abs 2 EheG, wonach sich die Ehegatten vor der Scheidung über die Scheidungsfolgen einigen müssen, darin, dass es bei der einvernehmlichen Scheidung, anders als bei der streitigen Scheidung, wo nach der Scheidung der Streit um den Unterhalt und das Vermögen sowie der Kampf um das Kind meistens erst richtig losgeht, zwischen den Ehegatten keine Streitigkeiten über die Scheidungsfolgen geben soll. Die Gefahr, dass es, obwohl die Scheidung einvernehmlich erfolgt ist, zu einem Streit um die Obsorge und das Besuchsrecht kommt, könnte man einerseits dadurch verringern, dass – anders als nach der derzeit geltenden Rechtslage – ohne das Vorliegen einer bereits genehmigten Vereinbarung über die Obsorge, die Ehe nicht einvernehmlich geschieden werden darf[130] und andererseits dadurch, dass der Scheidungsrichter auch für die Genehmigung der Vereinbarung über die Obsorge zuständig ist.

Wie bereits an anderen Stellen mehrfach ausgeführt,[131] sollte nach dem Vorbild des § 76a und § 114a Abs 1 JN auch für die kinderbezogenen Ehefolgesachen eine individuelle Annexzuständigkeit geschaffen werden, wonach das Gericht, bei dem eine Ehesache in erster Instanz anhängig ist bzw das in erster Instanz über die Ehesache entschieden hat, auch für die Entscheidung über die Obsorge und das Besuchsrecht zuständig ist. Weiters sollte das für die einvernehmliche Scheidung zuständige Gericht statt des Vormundschaftsgerichtes die für die Wirksamkeit der Vereinbarung über die Obsorge und das Besuchsrecht erforderliche pflegschaftsgerichtliche Genehmigung erteilen dürfen. Das In-Kraft-Treten der EheVO wäre meines Erachtens der geeignete Anlass für eine derartige Gesetzesänderung. Die Regelung des Art 3 EheVO über die internationale Annexzuständigkeit für Verfahren betreffend die elterliche Verantwortung bleibt nämlich nur Stückwerk, wenn nicht das betreffende innerstaatliche (autonome) Recht vorsieht, dass das Gericht, bei dem das Eheverfahren anhängig ist, auch für die aus

---

[130] Denn vor der Scheidung ist es sicher leichter zu einer von beiden Ehegatten akzeptierten Lösung zu kommen als nachher. Außerdem wäre den Ehegatten dann bewusst, welche Konsequenzen die Scheidung für sie bezüglich der Obsorge und des Besuchsrechtes hätte. Vielleicht würde sich mancher Ehegatte die Scheidung noch einmal überlegen, wenn er wüsste, wie selten er nach der Scheidung sein Kind besuchen kann. Dem Einwand, dass die einvernehmliche Scheidung verzögert werden könnte, wenn das Vorliegen einer bereits genehmigten Vereinbarung über die Obsorge und das Besuchsrecht Scheidungsvoraussetzung wäre, ist entgegenzuhalten, dass es ja von den Ehegatten selbst abhängt, ob sie eine dem Kindeswohl entsprechende Vereinbarung zustande bringen oder nicht.

[131] Siehe FN 129.

Anlass der Eheauflösung betriebenen Verfahren betreffend die elterliche Verantwortung für die gemeinsamen Kinder der Ehegatten zuständig ist. Außerdem kann die im Fall der Anhängigkeit eines Eheauflösungsverfahrens von § 109 JN abweichende örtliche Zuständigkeit für Verfahren betreffend die elterliche Verantwortung mit einem Größenschluss gerechtfertigt werden. Wenn keine Bedenken dagegen bestehen, dass – nur weil dort ein Eheauflösungsverfahren anhängig ist – in Abweichung von § 110 JN – unter den in Art 3 Abs 2 EheVO genannten Voraussetzungen eine Entscheidung betreffend die elterliche Verantwortung in einem Staat ergeht, in dem das Kind nicht seinen gewöhnlichen Aufenthalt hat, dann müsste es auch unbedenklich sein, wenn das Gericht, bei dem das Eheauflösungsverfahren anhängig ist, (in Abweichung von der gesetzlichen örtlichen Zuständigkeit) hinsichtlich der elterlichen Verantwortung entscheidet. Ist doch die Frage, in welchem Staat die Entscheidung betreffend die elterliche Verantwortung ergeht, von viel größerer Bedeutung als die Frage, an welchem Ort das Verfahren durchgeführt wird. Denn von der Frage, in welchem Staat die Entscheidung betreffend die elterliche Verantwortung ergeht, hängt das anzuwendende materielle Recht, die Ausgestaltung des Verfahrens und was vor allem für das Kind von großer Bedeutung sein kann, die verfahrensrechtliche Stellung der Verfahrensbeteiligten ab. Dagegen hat die örtliche Zuständigkeit weder einen Einfluss auf das anzuwendende materielle Recht noch auf die Stellung der Verfahrensbeteiligten. Die einzige unangenehme Folge, die eine von § 109 JN abweichende örtliche Zuständigkeit für das Kind haben kann, ist die, dass es möglicherweise einen weiteren Weg zu Gericht hat. Wenn man allerdings bedenkt, dass aufgrund des Art 3 EheVO das Kind gezwungen werden kann, vor den Gerichten eines anderen Staates als jenem, in dem es seinen gewöhnlichen Aufenthalt hat, zu erscheinen, dann kann der möglicherweise aus der Verschiebung der örtlichen Zuständigkeit resultierende längere Weg zu Gericht nicht ernsthaft als Argument gegen eine Annexzuständigkeit des Gerichtes der Ehesache dienen.

VIII. Zusammenfassung

Zusammenfassend ergibt sich, dass für Verfahren betreffend die elterliche Verantwortung für die gemeinsamen Kinder der Ehegatten gem Art 3 EheVO österreichische Gerichte dann zuständig sind, wenn

– das Verfahren auf Scheidung, Aufhebung oder Nichtigerklärung der Ehe oder auf einvernehmliche Scheidung oder auf Trennung ohne Auflösung des Ehebandes gem Art 2 EheVO in Österreich anhängig ist oder gleichzeitig anhängig gemacht wird und

a) das Kind seinen gewöhnlichen Aufenthalt in Österreich hat (vgl Art 3 Abs 1 EheVO) oder

b) das Kind in einem anderen Mitgliedstaat seinen gewöhnlichen Aufenthalt hat, zumindest einer der Ehegatten die elterliche Verantwortung für das Kind hat, die Zuständigkeit der betreffenden Gerichte von den Ehegatten anerkannt worden ist und im Einklang mit dem Wohl des Kindes steht (vgl Art 3 Abs 2 EheVO).

Für ein Eheverfahren iSd Art 1 Abs 1 lit a EheVO sind gem Art 2 EheVO[132] österreichische Gerichte dann international zuständig, wenn

– beide Ehegatten ihren gewöhnlichen Aufenthalt in Österreich haben;
– die Ehegatten zuletzt beide ihren gewöhnlichen Aufenthalt in Österreich hatten, sofern einer von ihnen dort noch seinen gewöhnlichen Aufenthalt hat;
– der Antragsgegner seinen gewöhnlichen Aufenthalt in Österreich hat;
– im Falle eines gemeinsamen Antrages einer der Ehegatten seinen gewöhnlichen Aufenthalt in Österreich hat;
– der Antragsteller seinen gewöhnlichen Aufenthalt in Österreich hat, wenn er sich dort seit mindestens einem Jahr unmittelbar vor der Antragstellung aufgehalten hat;
– der Antragsteller seinen gewöhnlichen Aufenthalt in Österreich hat, wenn er sich dort seit mindestens sechs Monaten unmittelbar vor der Antragstellung aufgehalten hat und Staatsangehöriger des betreffenden Mitgliedstaates ist;
– beide Ehegatten die österreichische Staatsangehörigkeit besitzen.

---

[132] Näheres dazu s bei *Simotta* in FS Geimer 1151.

Insolvenz-Ausfallgeld
Lohnsteuer und lohnabhängige Abgaben

Otto Taucher

I. Vorbemerkungen

Seit langem ist in Österreich unbestritten, dass die Arbeitnehmer bei Zahlungsunfähigkeit ihres Arbeitgebers eines besonderen Schutzes bedürfen. Das Lohnrisiko des Arbeitnehmers bei Insolvenz (Konkurs, Ausgleich) des Arbeitgebers wurde aus diesem Grund bereits mit Wirkung seit 1.1.1978 durch das Insolvenz-Entgeltsicherungsgesetz BGBl 1977/324 auf den Insolvenz-Ausfallgeld-Fonds übertragen (seit 1.8.2001 werden die Aufgaben auf dem Gebiet der Insolvenz-Entgeltsicherung sowie die Betriebsführung und die Besorgung aller Geschäfte des Insolvenz-Ausfallgeld-Fonds von der „IAF Service GmbH" wahrgenommen [BGBl I 2001/88]).

Auf europäischer Ebene ist der diesbezügliche Schutz der Arbeitnehmer durch die Insolvenzrichtlinie (80/987/EWG) harmonisiert worden.

Nachstehend soll gezeigt werden, wie sich das Lohnsteuerrecht (bzw das Recht der lohnabhängigen Abgaben[1] – Dienstgeberbeitrag inkl Zuschlag [im Folgenden: DB bzw DZ], Kommunalsteuer [Lohnsummensteuer]) langsam und schrittweise – teilweise durch die (VfGH-)Judikatur initiiert – an dieses durch das IESG geschaffene Rechtsinstitut „herangetastet" hat bzw „herantasten hat müssen". Ich hoffe, dass dieses Thema – das im Schnittpunkt zentraler Fragen des Lohnsteuerrechts, des Insolvenzrechts und des Arbeits- bzw Sozialrechts angesiedelt ist – das Interesse des Jubilars und Adressaten dieser Festschrift findet, dem ich auf diesem Wege meine herzlichsten Glückwünsche für die – vermutlich weiterhin von Arbeit geprägte – Zukunft übermitteln möchte.

---

[1] Da die Sozialversicherungsbeiträge nach dem ASVG, die Arbeitslosenversicherungsbeiträge, der Wohnbauförderungsbeitrag, die Arbeiterkammerumlage sowie die Beiträge nach dem Nachtschwerarbeits- und dem Schlechtwetterentschädigungsgesetz nicht darunter fallen – vgl etwa VfGH 2.10.1969 VfSlg 6039 und zuletzt VfGH 27.6.2001 ARD 5239/16/2001 (sie fließen nämlich nicht einer Gebietskörperschaft zu, was aber dem Abgabenbegriff immanent wäre) – werden sie im Folgenden auch nicht in die Betrachtung miteinbezogen.

Es erscheint nun sinnvoll – vor der Erörterung der Anpassungsschritte auf dem Gebiet des Lohnsteuerrechts – zuerst (soweit erforderlich) das System der Insolvenz-Entgeltsicherung und das der Lohnsteuer darzustellen.

II. System der Insolvenz-Entgeltsicherung

Durch das IESG sind die Ansprüche der durch eine Insolvenz betroffenen Belegschaft grundsätzlich gesichert.[2] Dies betrifft in erster Linie den Bereich der Konkurs- und Ausgleichsforderungen, also jener Ansprüche, die dem Grunde nach der Zeit vor der Insolvenzeröffnung zuzuordnen sind. Das Insolvenz-Ausfallgeld wird nur für gesicherte Ansprüche (§ 1 Abs 2 und § 1a IESG) geleistet. Gesichert sind Entgeltansprüche (insbesondere Ansprüche auf laufendes Entgelt und auf Entgelt aus der Beendigung des Arbeitsverhältnisses), Schadenersatzansprüche (etwa Kündigungsentschädigungen) sowie sonstige Ansprüche (wie zB Aufwandsentschädigungen bei Dienstreisen). Diese Ansprüche müssen einerseits im Konkurs- bzw Ausgleichsverfahren angemeldet werden (§ 1 Abs 5 IESG), andererseits muss der Dienstnehmer, um in den Genuss des Insolvenz-Ausfallgeldes zu kommen, einen diesbezüglichen Antrag binnen 6 Monaten ab Eröffnung des Insolvenzverfahrens bei der nunmehr zuständigen Stelle der IAF-Service GmbH einbringen (§ 6 IESG). Im Idealfall werden die Ansprüche sowohl vom Masseverwalter als Konkursforderung anerkannt (als Ausgleichsforderung festgestellt) als auch dem Dienstnehmer im vollen Umfang des angemeldeten *Nettobetrages* das Insolvenz-Ausfallgeld zuerkannt. Gemäß § 3 leg cit werden nämlich die gesetzlichen Abzüge (die ansonsten bei Lohnzahlungen anfallen) mit dem Insolvenz-Ausfallgeld nicht erstattet. Das bedeutet, dass dem Arbeitnehmer (nur) der *Nettolohn* erstattet wird (Sozialversicherungsbeiträge und Lohnsteuer werden dem Arbeitnehmer somit nicht bezahlt).[3] Der Anspruch des Arbeitnehmers gegenüber dem Arbeitgeber, der gleichzeitig Gemeinschuldner bzw Ausgleichsschuldner ist, geht mit der Forderungsanmeldung gesicherter Ansprüche auf den Insolvenz-Ausfallgeld-Fonds über (§ 11 IESG).

Gespeist wird der Insolvenz-Ausfallgeld-Fonds vor allem durch einen Zuschlag zu dem vom Arbeitgeber (laufend) zu leistenden Anteil des Arbeitslosenversicherungsbeitrages (§ 12 IESG). Auf Grund der Legalzession (§ 11 IESG) kommen dem „Fonds" bezüglich gesicherter Ansprüche auch die auf die Dienstnehmerforderungen entfallenden insolvenzrechtlichen Quoten zugute.

III. System der Lohnbesteuerung

Bei Einkünften aus nichtselbstständiger Arbeit wird die Einkommensteuer durch Abzug vom Arbeitslohn erhoben (Lohnsteuer, § 47 EStG). Schuldner der Lohnsteuer ist der Arbeitnehmer (§ 83 EStG). Die Berechnung, Einbehaltung

---

[2] Vgl dazu – weiterführend – die Kommentierung des IESG durch *Holzer/Reissner/Schwarz*, Die Rechte des Arbeitnehmers bei Insolvenz[4] (1999). Weiters *Schwarz/Löschnigg*, Arbeitsrecht[9] (2001) 404 ff.

[3] Vgl ErläutRV 464 BlgNR 14. GP 9.

und Abfuhr der Lohnsteuer obliegt aber dem auch dafür haftenden Arbeitgeber. Der Arbeitnehmer wird nur in den in § 83 Abs 2 EStG taxativ aufgezählten Fällen vom Finanzamt unmittelbar in Anspruch genommen (das ist insbesondere dann der Fall, wenn die Unrichtigkeit des Lohnsteuerabzuges auf Umstände zurückzuführen ist, die ausschließlich der Arbeitnehmer zu verantworten hat). Die Einbehaltung der Lohnsteuer hat bei jeder Lohnzahlung zu erfolgen.

Die Steuerbelastung der Arbeitnehmer leitet sich zwar aus der des Einkommensteuerrechts ab, sie ist aber doch wesentlich dadurch gekennzeichnet, dass für „sonstige Bezüge" tarifliche Sondervorschriften (Tarifbegünstigungen) bestehen, die auch im Zuge der Veranlagung nicht progressionswirksam werden (§ 41 Abs 4 EStG).

Mit jeder Lohnzahlung geht weiters die Verpflichtung zur Leistung eines Dienstgeberbeitrages (DB – § 41 Abs 2 FLAG) inkl Zuschlags (DZ – § 57 Abs 7 HKG bzw § 122 Abs 7 WKG) und der Kommunalsteuer (§ 5 KommStG, vormals Lohnsummensteuer – § 25 Abs 1 GewStG) einher.

Das Lohnsteuersystem ist somit durch einen ausgeprägten Verpflichtungskatalog des Arbeitgebers und durch Tarifbegünstigungen für die sonstigen Bezüge[4] gekennzeichnet; deshalb wird im Folgenden auch der jeweilige Bereich getrennt betrachtet.

IV. Insolvenz-Ausfallgeld und Dienstgeber

1. Im Zeitpunkt der Einführung der Insolvenz-Entgeltsicherung durch BGBl 1977/324 galt bereits der jetzt noch geltende lohnsteuerrechtliche Grundsatz (§ 78 EStG), dass der Arbeitgeber die Lohnsteuer bei jeder Lohnzahlung einzubehalten hat.

Obwohl der Begriff der „Lohnzahlung" – schon das verbum legale „...*zahlung*" legte ein solches Verständnis nahe – als Auszahlung bzw als Abfluss aus der Vermögenssphäre des Arbeitgebers zu verstehen gewesen wäre – was das Verständnis miteinschloss, dass nicht die (Netto-)Auszahlung des Insolvenz-Ausfallgelds durch den Insolvenz-Ausfallgeld-Fonds als Lohnzahlung des insolventen Arbeitgebers zu deuten gewesen wäre, sondern erst die Entrichtung der (Ausgleichs- bzw Konkurs-)Quote durch den Arbeitgeber an den „Fonds" – muss in der Finanzverwaltung und bei den Lohnsteuerprüfern (lange) die gegenteilige Auffassung vorgeherrscht haben, da es einiger VwGH-Erkenntnisse bedurfte, um in der Finanzverwaltung einen Meinungsumschwung herbeizuführen.

Schon im Erkenntnis vom 5.10.1982, 82/14/0127[5] stellte der VwGH erstmals unzweifelhaft klar:

„Die besondere Konstruktion des Insolvenz-EntgeltsicherungsG führt dazu, dass die um die gesetzlichen Abzüge verminderten (Netto-)Lohnbeträge den Arbeitnehmern in der Regel früher zufließen als im Zeitpunkt, in dem der Arbeitgeber die korrespondierende Quotenzahlung leistet. Erst der letztgenannte Zeitpunkt aber ist mangels ander-

---

[4]   Vgl VfGH 18.6.2001 ARD 5232/19/2001 = AStN 2001 H 14, 3 = ÖStZB 2002/49.
[5]   ARD-HB 1983, 137 = ÖJZ 1983/316 F = REDOK 7789 = SWK 1983, K 8.

weitiger Regelung allgemein und daher auch hier maßgebend für die Einbehaltungs-
pflicht des Arbeitgebers und den Fälligkeitszeitpunkt für die Abfuhr der einbehaltenen
Beträge."

Diese Auffassung wurde mit Erkenntnis vom 2.8.1995, 93/13/0056[6] bestätigt:[7]

> „Der Arbeitgeber muss die Lohnsteuer in jenem Zeitpunkt einbehalten, zu dem er als
> Arbeitgeber Zahlungen unter dem Rechtstitel Arbeitslohn leistet, was im Falle von
> Zahlungen durch das Arbeitsamt nach den Bestimmungen des Insolvenz-Entgeltsiche-
> rungsgesetzes der Zeitpunkt ist, in dem der Arbeitgeber (die Konkursmasse) die ohne
> Änderung des Rechtsgrundes an den Insolvenz-Ausfallgeld-Fonds übergegangene
> Lohnforderung letzterem (quotenmäßig) ersetzt."

Nicht unerwähnt soll bleiben, dass auch die „A"-Senate des VwGH diese
Auffassung ihren Entscheidungen zugrundelegten (zB Erkenntnis vom 26.2.
1986, 82/16/0268):

> „Zahlungen von *Insolvenz-Ausfallgeld* stellen *keine* vom Arbeitgeber (der Masse)
> getätigten *Lohnzahlungen* dar und lösen daher für ihn (für sie) *weder* eine *Einbehal-
> tungsverpflichtung* nach § 78 Abs 1 EStG *noch* eine *Abfuhrverpflichtung* nach § 79
> Abs 1 EStG aus. Das ergibt sich nicht zuletzt daraus, dass diese Zahlungen keineswegs
> zum Untergang von gegen den Arbeitgeber bestehenden Lohnforderungen, sondern im
> Gegenteil dazu führten, dass diese Forderungen ohne Änderung des Rechtsgrundes
> nach § 11 Abs 1 IESG auf den Insolvenz-Ausfallgeldfonds übergehen. *Erst die Erfül-
> lung* dieser *übergegangenen Forderungen* durch Zahlungen an den Fonds *ist für den
> Arbeitgeber „Lohnzahlung"* iSd § 78 Abs 1 EStG und erst bei diesen Zahlungen be-
> steht die Verpflichtung, die auf sie entfallende Lohnsteuer der Arbeitnehmer einzube-
> halten und danach gem § 79 Abs 1 EStG abzuführen. Da erst von da an „einzubehal-
> tende Lohnsteuer" vorliegt, wird *auch* die in § 82 Abs 1 zweiter Satz EStG vorgese-
> hene *Haftung des Arbeitgebers erst ab diesem Zeitpunkt* wirksam. Dass nach § 4 Abs 2
> lit a Z 3 BAO der Abgabenanspruch schon im Zeitpunkt des Zufließens der steuerab-
> zugspflichtigen Einkünfte an den Arbeitnehmer als den Abgabepflichtigen entsteht, ist
> für die Frage der Fälligkeit der Zahlung seitens eines abfuhrpflichtigen Arbeitgebers
> (die nur nach den §§ 78, 79 EStG zu beurteilen ist) nicht von Bedeutung.

> Daraus, dass die *Einbehaltungs- und Abfuhrverpflichtung* des Arbeitgebers (der
> Masse) erst *im Zeitpunkt* der *Erfüllung* der auf den *Insolvenz-Ausfallgeldfonds* überge-
> gangenen Forderungen durch Zahlungen an den Fonds eintritt, *folgt nicht*, dass dem
> anspruchsberechtigten Arbeitnehmer deshalb, weil im Zeitpunkt der Erlassung des be-
> züglichen Bescheides durch das Arbeitsamt mangels erfolgter Zahlung noch *keine Ein-
> behaltungs- und Abfuhrverpflichtung* des Arbeitgebers (der Masse) besteht, Insolvenz-
> Ausfallgeld für geltend gemachte (vereinbarte) Bruttoansprüche *ohne Verminderung
> um die Lohnsteuer* gebührt.

> § 3 Abs 2 IESG muss im Zusammenhalt mit den obzitierten steuerrechtlichen Normen
> (und in Übereinstimmung mit den Absichten des Gesetzgebers) wie folgt verstanden
> werden:

> Für *lohnsteuerpflichtigen Arbeitslohn* gebührt, sofern er einen gesicherten Anspruch
> iSd § 1 Abs 2 IESG darstellt, *Insolvenz-Ausfallgeld* (unter Beachtung der sonstigen
> Abzüge) nur in der Höhe des um jene (fiktive) *Lohnsteuer verminderten Betrages*, der
> vom Arbeitgeber (der Masse) im Falle einer Lohnzahlung im Zeitpunkt der Fälligkeit
> des Arbeitslohnes durch ihn (sie) einzubehalten gewesen wäre.

---

[6] ARD 4690/32/95 = ecolex 1996, 42 = ÖStZ 1996, 62 = ÖStZB 1996, 171 = ZIK 1996,
     105.

[7] Vgl dazu *Liebeg*, Lohnsteuerrecht versus Insolvenzrecht? ÖStZ 1997, 110.

Unter den gesetzlichen Abzügen iSd § 3 Abs 3 IESG – bezogen auf die Lohnsteuer – ist *nicht* die unter Bedachtnahme auf eine fiktive Durchführung eines Jahresausgleiches *verminderte Lohnsteuer* gemeint.

Darin, dass der Gesetzgeber den Arbeitnehmern einen öffentlich-rechtlichen Anspruch auf Insolvenz-Ausfallgeld nur für den um die (fiktiven) gesetzlichen Abzüge verminderten privatrechtlichen Anspruch gegen den Arbeitgeber (die Masse) iSd § 1 Abs 1 IESG und nicht auch für diese gesetzlichen Abzüge selbst eingeräumt hat, ist eine abschließende Regelung dergestalt zu erblicken, dass dem Arbeitnehmer auch dann *kein Insolvenz-Ausfallgeld* für die *gesetzlichen Abzüge* gebührt, wenn sie (zur Gänze oder zum Teil) nicht aus dem Titel des Vertrages, sondern aus jenem des Schadenersatzes begehrt werden."

Betreffend die Ausstellung (und Übermittlung) der Lohnsteuerbescheinigung (des Lohnzettels [§ 84 EStG]) zwecks Jahresausgleich bzw Arbeitnehmerveranlagung schlugen die LStR 1986, AÖF 1996/19, folgenden (praktischen) Weg vor: Der Arbeitgeber (Masseverwalter) hatte die vom „Fonds" geleisteten Bezüge und die darauf entfallende (fiktiv ermittelte, aber nicht effektiv einbehaltene) fixe (§ 67 Abs 9 EStG) bzw laufende Lohnsteuer auf der (Jahres-)Lohnsteuerbescheinigung (dem Lohnzettel) auszuweisen.

Die Verpflichtung zur Leistung der Lohnnebenkosten war (und ist) zwar nicht ex lege an die Lohnzahlung (iSd § 78 EStG) geknüpft, auf Grund der jeweiligen tatbestandlichen Anknüpfung (arg: „gewähren" – FLAG und KommStG bzw „bezahlten" – GewStG) ist jedoch ein rechtlicher Gleichklang auszumachen: Insoweit eine Lohnzahlung des Arbeitgebers *iSd § 78 EStG* vorliegt, fiel (und fallen) Dienstgeberbeitrag inkl Zuschlag und Kommunalsteuer (Lohnsummensteuer), somit im Falle der Insolvenz-Entgeltsicherung nur von den Quotenzahlungen des Arbeitgebers (der Masse) an.

2. Mit BGBl I 1998/9 wurden § 78 Abs 1 EStG folgende Sätze angefügt (mit Wirkung ab 10.1.1998):

Als Lohnzahlungen des Arbeitgebers gelten weiters Leistungen, die vom Insolvenz-Ausfallgeld-Fonds im Rahmen eines Ausgleichsverfahrens des Arbeitgebers für Arbeitslöhne des Arbeitnehmers erbracht werden. Derartige Leistungen sowie die darauf entfallende Lohnsteuer sind als Bezüge und Lohnsteuer des Arbeitnehmers in den Lohnzettel (§ 84) aufzunehmen.

In den Erläuternden Bemerkungen[8] wurde versucht, den Sinninhalt dieser Neuregelung zu erhellen:

„Die Ergänzung des Tatbestandes soll klarstellen, dass Zahlungen des Insolvenz-Ausfallgeld-Fonds im Ausgleichsverfahren des Arbeitgebers steuerlich so zu behandeln sind, als wären diese Zahlungen unmittelbar durch den Arbeitgeber vorgenommen worden. Dies gilt sowohl für die Ermittlung des Anspruches des Arbeitnehmers gegenüber dem Fonds wie auch für die Behandlung der Bezüge und der rechnerischen Lohnsteuer im Zuge der (Arbeitnehmer-)Veranlagung."

Bei einem systematischen Verständnis dieses promulgierten Zusatzes war diesem folgender Inhalt beizumessen: Durch diesen Zusatz sollte nicht etwa die Insolvenz-Ausfallgeld-Zahlung (schon) als Lohnzahlung des Arbeitgebers iSd § 78 Abs 1 EStG gedeutet werden[9] – was der Gesetzeswortlaut nicht ausge-

---

[8] 933 BlgNR 20. GP 12.

[9] Mit der Rechtsfolge des Entstehens der Verpflichtung zur Einbehaltung der Lohnsteuer (§ 78 EStG) und Abfuhr an das Finanzamt (§ 79 EStG).

329

schlossen hat – sondern es war bloß *für* die Ermittlung des Anspruches des Arbeitnehmers gegenüber dem Fonds wie auch *für* die steuerliche Behandlung der Bezüge im Zuge der (Arbeitnehmer-)Veranlagung zu fingieren, dass das Insolvenz-Ausfallgeld (schon) unmittelbar durch den Arbeitgeber ausbezahlt worden sei.

Im Konkursfall wurde deshalb – wie bisher – (erst) im Zeitpunkt der Quotenzahlungen an den „Fonds" der Lohn iSd § 78 EStG vom Arbeitgeber ausbezahlt, auch die lohnabhängigen Abgaben fielen erst zu diesem Zeitpunkt an. In Form eines Gegenschlusses aus dem letzten Satz des § 78 Abs 1 EStG wurde schließlich die Auffassung[10] vertreten, dass bei einem Konkurs keine spezifische Regelung hinsichtlich der Erstellung eines Lohnzettels (durch den Arbeitgeber – § 84 EStG) bestünde und deshalb eine solche auch unterbleiben könne.[11]

Auch im Ausgleichsverfahren war das Insolvenz-Ausfallgeld bloß für den Fall der Berechnung des Anspruches des Arbeitnehmers gegenüber dem „Fonds" und für die steuerliche Behandlung – weiterhin – fiktiv so zu betrachten, als wären diese Zahlungen unmittelbar durch den Arbeitgeber vorgenommen worden.[12] Für dieses Insolvenz-Ausfallgeld hatte aber der Arbeitgeber (§ 78 Abs 1 letzter Satz EStG) einen Lohnzettel auszustellen und darauf die Leistungen des Fonds bzw die diesbezüglichen Bruttobezüge sowie die darauf entfallende – fiktiv ermittelte, nicht effektiv abgezogene – Lohnsteuer auszuweisen. Bei der Veranlagung des Arbeitnehmers (§ 41 Abs 1 EStG) kam diese (fiktive) Lohnsteuer nach Maßgabe des § 46 Abs 1 Z 2 iVm § 41 Abs 4 EStG zur Anrechnung.

Die – fiktiv – abgezogenen Lohnsteuerbeträge waren nach den LStR 1999 Rz 1194 vom Finanzamt sowohl im Konkurs- als auch im Ausgleichsverfahren geltend zu machen, nach Auffassung des VwGH[13] besteht – demgegenüber – dazu keine Verpflichtung.[14]

Hinsichtlich der lohnabhängigen Abgaben wurde in der Literatur[15] die Auffassung vertreten, dass die mit BGBl I 1998/9 eingefügten Sätze den bisherigen

---

[10] LStR 1999 Rz 1198, AÖF 1998/200 idF 2000/77.

[11] Dies war deshalb (sachlich) gerechtfertigt, weil (sämtliche) Zahlungen im Konkursverfahren immer nach dem Belastungsprozentsatz zu versteuern waren (vgl Punkt V.1.) und diese in die (Arbeitnehmer-)Veranlagung tatbestandsmäßig – sowieso – nicht (progressionswirksam) eingingen.

[12] Vgl ErläutRV 933 BlgNR 20. GP 12.

[13] VwGH 2.8.1995 ARD 4690/32/95 = ecolex 1996, 42 = ÖStZ 1996, 62 = ÖStZB 1996, 171 = ZIK 1996, 105.

[14] „Eine Pflicht des Finanzamtes zur Anmeldung von lohnabhängigen Abgaben im Konkurs kommt begrifflich nicht in Betracht, weil dem Finanzamt die Höhe dieser vom Arbeitgeber zu ermittelnden Abgaben angesichts ihrer Abhängigkeit von dem vom Arbeitgeber ausbezahlten Arbeitslohn gar nicht bekannt sein kann, was für außerhalb eines Konkursverfahrens bezahlte Arbeitslöhne in gleicher Weise wie für solche gilt, die während eines Konkursverfahrens, sei es auch durch quotenmäßige Befriedigung lediglich von Konkursforderungen, gezahlt werden" (VwGH 2.8.1995 ARD 4690/32/95 = ecolex 1996, 42 = ÖStZ 1996, 62 = ÖStZB 1996, 171 = ZIK 1996, 105). Vgl demgegenüber *Liebeg*, ÖStZ 1997, 110.

[15] Vgl *Taucher*, Kommunalsteuer-Kommentar (1998) § 5 Rz 51.

DB-, DZ- und Kommunalsteuerabzug unberührt lassen. Demnach galten die „Vorschüsse" des Insolvenz-Ausfallgeld-Fonds – wie bisher – erst dann als vom Arbeitgeber „gewährt" (§ 5 KommStG, § 41 Abs 3 FLAG), wenn dieser die Quotenzahlungen geleistet hat.

3. Seit 1.1.1991 ist bei der Zahlung von Bezügen durch den Insolvenz-Ausfallgeld-Fonds direkt an die Arbeitnehmer steuerlich nicht mehr zwischen Konkurs- und Ausgleichsverfahren zu unterscheiden. (Indirekt) ausgelöst durch das VfGH-Erkenntnis vom 2.12.1999, G 106/99[16] – in welchem dieser die starre Regelung der Besteuerung von Nachzahlungen (im Insolvenzverfahren) als nicht sachgerecht beurteilt hatte – wurde die Besteuerung der Nachzahlungen im Insolvenzverfahren neu geregelt. Mit BGBl I 2000/142 wurden nämlich die beiden letzten Sätze des § 78 Abs 1 EStG gestrichen und das Insolvenz-Ausfallgeld betreffend in § 67 Abs 8 lit g bzw § 69 Abs 6 EStG Folgendes normiert:

> „Nachzahlungen in einem Insolvenzverfahren sind, soweit sie Bezüge gem § 67 Abs 3, 6 oder 8 lit e oder f betreffen, mit dem festen Steuersatz zu versteuern. Von den übrigen Nachzahlungen ist nach Abzug der darauf entfallenden Beiträge iSd § 62 Z 3, 4 und 5 ein Fünftel steuerfrei zu belassen. Der verbleibende Betrag ist als laufender Bezug mit einer vorläufigen laufenden Lohnsteuer iHv 15% zu versteuern." (§ 67 Abs 8 lit g)
>
> „Bei der Auszahlung von Insolvenz-Ausfallgeld durch den Insolvenz-Ausfallgeld-Fonds hat die auszahlende Stelle zur Berücksichtigung der Bezüge im Veranlagungsverfahren bis zum 31.1. des folgenden Kalenderjahres einen Lohnzettel (§ 84) auszustellen und an das Finanzamt der Betriebsstätte zu übermitteln. In diesem Lohnzettel ist die bei der Ermittlung des Auszahlungsbetrages gem § 67 Abs 8 lit g berechnete Lohnsteuer, soweit sie nicht auf Bezüge iSd § 67 Abs 3, 6 oder 8 lit e oder f entfällt, als anrechenbare Lohnsteuer auszuweisen." (§ 69 Abs 6)

Bei Auszahlung von Insolvenz-Ausfallgeld durch den Insolvenz-Ausfallgeld-Fonds ist somit nunmehr von der auszahlenden Stelle (IAF-Service GmbH) – und nicht mehr vom Arbeitgeber – zur Berücksichtigung der Bezüge im (Arbeitnehmer-)Veranlagungsverfahren bis zum 31.1. des folgenden Kalenderjahres ein Lohnzettel (§ 84 EStG 1988) auszustellen und an das Finanzamt der Betriebsstätte zu übermitteln. Im Lohnzettel sind die dem Insolvenz-Ausfallgeld zugrundeliegenden Bruttobezüge und (ua) auch die (fiktive) 15%ige Lohnsteuer als anrechenbare Steuer für laufende Bezüge auszuweisen.

Nach den LStR 2002 Rz 1107a und 1198, AÖF 2001/255, ist der gem § 3 Abs 1 IESG das Ausmaß des Insolvenz-Ausfallgeldes mindernde (fiktiv berechnete 15%ige) Lohnsteuerbetrag als Konkurs-(Ausgleichs-)Forderung (bedingt) anzumelden.[17] Sollte zum Zeitpunkt der Anmeldung die genaue Ermittlung dieser Lohnsteuerforderung (noch) nicht möglich sein, bestehen nach den LStR 2000 keine Bedenken, die entsprechenden Beträge zu schätzen. Demgegenüber besteht nach dem VwGH-Erkenntnis 2.8.1995, 93/13/0056[18] eine solche (Anmelde-)Verpflichtung nicht.

---

[16] ARD 5098/13/2000 = AStN 2000 H 2, 3 = FJ 2000, 189 = ÖStZB 2000/223.

[17] So auch *Liebeg*, ÖStZ 1997, 110. Vgl dazu auch ÖStZ 2002, 184 (Fachgruppe für Insolvenzrecht der österreichischen Richtervereinigung, Zur Reform des Insolvenzsteuerrechts – von der Praxis für die Praxis).

[18] ARD 4690/32/95 = ecolex 1996, 42 = ÖStZ 1996, 62 = ÖStZB 1996, 171 = ZIK 1996, 105.

Es scheint, dass sich diesbezüglich die gleiche Rechtsprechungsdifferenz abzeichnet,[19] wie sie (derzeit) zwischen dem OGH und dem VwGH betreffend die Qualifikation der aus der Berichtigung des Vorsteuerabzuges iSd § 12 Abs 10 UStG resultierenden Forderung als Konkursforderung[20] oder als Masseforderung[21] besteht:

Der OGH begründet seine Einstufung der Vorsteuerberichtigung als Konkursforderung damit, dass die Grundlage für die Vorsteuerberichtigung nicht die „Änderung der Verhältnisse", die für den Vorsteuerabzug maßgebend gewesen seien (also die Verwertung der mit Absonderungsrechten belasteten Liegenschaften des Gemeinschuldners), sei, sondern der vor der Eröffnung des Konkursverfahrens getätigte Vorsteuerabzug des nunmehrigen Gemeinschuldners. Bei der Vorsteuer handle es sich nicht um etwas Endgültiges, sondern bis zum Ablauf der Frist des § 12 Abs 10 UStG um einen bedingten Anspruch des Abgabengläubigers. Die Forderung aus der Vorsteuerberichtigung bestehe daher schon bedingt im Zeitpunkt der Konkurseröffnung und sei daher als Konkursforderung zu qualifizieren.[22]

Demgegenüber argumentiert der VwGH für die Zuordnung zu der Masseforderung – unter Zitierung abgabenrechtlicher Literatur[23] – damit, dass der Gemeinschuldner

---

[19] Vgl dazu auch *Beiser*, Fragen zum Spannungsfeld zwischen Insolvenzrecht und Abgabenrecht, ZIK 2001, 182.

[20] OGH 27.11.1997 ARD 4902/18/98 = ecolex 1998, 206 = ZIK 1998, 25; OGH 25.2.2000 ZIK 2000/72, 60; OGH 27.4.2000 ARD 5142/31/2000 = ZIK 2000/209, 163; OGH 23.11.2000 ZIK 2001/105, 58 sowie zuletzt OGH 21.12.2000 ARD 5246/38/2001 = ZIK 2001/104, 57 (der OGH ist auch in dieser E [trotz neuer Umsatzsteuer-Rechtslage, BGBl 1998/79] bei seiner ursprünglichen Auffassung geblieben): Hat sich der Masseverwalter – aus welchen Gründen immer – ausdrücklich (nach BGBl 1998/79) für die *Nichtoption* der *Steuerpflicht* bei einem *Grundstücksumsatz* entschieden, indem er erklärte, er mache von der Wahlmöglichkeit, von der *Umsatzsteuer* unecht befreit zu sein, Gebrauch, bleibt es für die *Einordnung* des *Berichtigungsbetrages* nach § 12 Abs 10 ff UStG für *vor* der *Konkurseröffnung* auf den *Betriebsliegenschaften* getätigte *Investitionen* dabei, dass es sich hiebei nur um eine *Konkursforderung* handelt, weil der die Steuerpflicht auslösende Sachverhalt (getätigter Vorsteuerabzug des nunmehrigen Gemeinschuldners) bereits *vor Konkurseröffnung* verwirklicht wurde.

Geändert hat sich nämlich die Rechtslage durch *Aufhebung* des § 12 Abs 14 UStG mit BGBl I 1998/79 nur insoweit, als der Berichtigungsbetrag, der in der Folge einer gem § 6 Abs 1 Z 9 lit a UStG unecht steuerbefreiten Grundstückslieferung anfiel, dem *Käufer* der Liegenschaft nicht gesondert in Rechnung gestellt werden kann. Diesem steht, auch wenn die Steuer *wirtschaftlich* auf ihn *überwälzt* werden sollte, daher *kein Vorsteuerabzug* zu. Dadurch wird auch die Konsequenz vermieden, dass im Falle des *Konkurses* der *Erwerber* der *Liegenschaft* den auf ihn überwälzten *Berichtigungsbetrag* zur Gänze gegenüber der Finanzbehörde als *Vorsteuer* geltend machen konnte, der Fiskus aber aus der Masse *nicht* den *gesamten* Berichtigungsbetrag, sondern *nur* die *Quote* erhält. An der *Einordnung* der zu korrigierenden Vorsteuer gem § 12 Abs 10 ff UStG als *Konkursforderung* ist durch diese Novellierung keine Änderung eingetreten.

[21] VwGH 19.10.1999 ARD 5100/16/2000 = ÖStZ 1999, 639 = ÖStZB 2000/92 = ZIK 1999, 201; VwGH 25.11.1999 ARD 5100/17/2000 = ÖJZ 2001/35 F = ÖStZB 2000/160 und zuletzt VwGH 26.9.2000 ARD 5216/41/2001 = ÖStZB 2001/395.

[22] Dieser Ansicht hat sich schließlich die Finanzverwaltung angeschlossen – BMF-Erl vom 5.6.2000 AÖF 2000/109.

[23] *Gaigg*, Die Vorsteuer in der Insolvenz, in *Achatz* (Hrsg), Umsatzsteuer in der Insolvenz (1998) 35 ff (insb 43); *Kristen*, Berichtigung des Vorsteuerabzuges im Insolvenzverfahren – Masseforderung oder Konkursforderung? ZIK 1998, 46 ff; *Ruppe*, Umsatzsteuergesetz Kommentar² (1999) § 12 Rz 198. Vgl auch ÖStZ 2002, 188 ff.

schon alle Voraussetzungen für den Vorsteuerabzug erfüllt hat. Erst die Veräußerung durch den Masseverwalter begründet die Berichtigungspflicht gem § 12 Abs 10 UStG. Dies ergibt sich auch aus der Berechnung des Berichtigungsanspruches, weil der Vorsteuerabzug gerade insoweit nicht zurückzuzahlen ist, als der Gemeinschuldner das Grundstück während eines bestimmten Zeitraumes bestimmungsgemäß verwendet hat. Nur insoweit ein Grundstück nicht bestimmungsgemäß verwendet wird, ist die Vorsteuer zurückzuzahlen. Der die Abgabenpflicht auslösende Sachverhalt iSd § 46 Abs 1 Z 2 KO liege – entgegen der Auffassung des OGH – nicht in der seinerzeitigen Anschaffung des Grundstückes. Die Pflicht zur Berichtigung der Vorsteuer und die daraus resultierende Forderung des Abgabengläubigers beruht vielmehr darauf, dass sich die Verhältnisse, die für den Vorsteuerabzug maßgebend waren, geändert haben. Erst mit der steuerfreien Veräußerung des Grundstückes und nicht schon mit der seinerzeitigen Lieferung wird die Abgabenpflicht (gem § 4 BAO) ausgelöst.[24]

Die gleichen Argumente können nämlich auch bei der Meinungsverschiedenheit ins Treffen geführt werden, ob die fiktiv zu berechnenden Lohnsteuerbeträge (die in die [Arbeitnehmer-]Veranlagung eingehen) verpflichtend im Insolvenzverfahren anzumelden sind oder nicht. *Für eine Forderungsanmeldung* könnte der – insolvenzrechtlich entwickelte[25] – Gedanke sprechen, dass die Abgabenforderung ihre Wurzel im vom Arbeitnehmer (schon) erfüllten Arbeitsverhältnis hat,[26] *dagegen* eine (formale) Anknüpfung an § 4 BAO,[27]

---

[24] Vgl dazu auch RdW 2000, 53 (VwGH gegen OGH: Vorsteuerberichtigung begründet eine Masseforderung).

[25] Für die insolvenzrechtliche Qualifikation von Abgabenforderungen ist nämlich nicht das Entstehen der Steuerschuld auf der Grundlage eines abgabenrechtlich relevanten Sachverhaltes, sondern die Begründung dieses Sachverhaltes in dem Sinn maßgebend, als darauf abzustellen ist, wann ein *solventer* Unternehmer (bei einem „normalen" Geschehensablauf) das steuerbare Verhalten – in concreto die Lohnauszahlung iSd § 78 EStG (auf die Zeitschiene projiziert *vor oder nach* der Insolvenzeröffnung) gesetzt hätte. Eine formale (effektive) Anknüpfung an § 4 BAO ist nämlich nicht geboten (AB 1147 BlgNR 15. GP 6 f und 20).

[26] Und zwar in dem Verständnis, dass zu diesem Zeitpunkt – somit vor der Insolvenzeröffnung – (schon) ein Anspruch auf Auszahlung von Arbeitslohn besteht.

[27] Diese (formale) Bindung an § 4 BAO hat der VwGH zuletzt im Erk 24.10.2001, 2001/0130, 0131 wieder deutlich zum Ausdruck gebracht (wobei nicht unerwähnt bleiben darf, dass nach seiner Sicht etwa die Wirkung eines Ausgleichs nicht schon im Zuge der Abgabenfestsetzung, sondern erst im Zuge der Abgabeneinhebung zum Tragen zu bringen ist): „Für Zwecke der Zuordnung zu Masseforderungen (§ 46 KO) einerseits und den ‚einfachen' Konkursforderungen (§ 50 KO) andererseits ist bei Abgaben der Zeitpunkt des Entstehens der Abgabenschuld (§ 4 BAO) maßgebend. Die Frage der Zuordnung zu einer insolvenzrechtlichen Forderungskategorie ist sohin aus dem Gesichtswinkel der Abgabenschuldentstehung beurteilt zu lösen. Sie ist hingegen von den Fälligkeitsregelungen des Abgabenrechts unabhängig zu sehen. Entsteht die Abgabenschuld vor Eröffnung des Konkursverfahrens, so gehört sie zu den Verbindlichkeiten, von denen der Schuldner durch den rechtskräftig bestätigten Zwangsausgleich gem § 156 Abs 1 KO anteilig befreit wird, gleichgültig ob die Abgabenschuld vor oder während des Konkursverfahrens oder nach dessen Beendigung abgabenbescheidmäßig geltend gemacht wird. In diesem Fall gilt und wirkt die besondere Entrichtungs- und Tilgungsordnung des Insolvenzrechtes und verdrängt die abgabenrechtlichen Bestimmungen dieser Art. Diese Rechtsfolgen treten unabhängig von der Länge des Zeitraumes ein, der zwischen der Entstehung des Abgabenanspruches und der Eröffnung des Insolvenzverfahrens verstrichen ist.

weil diesbezüglich die Steuerschuld erst mit der (effektiven) Lohnauszahlung entsteht.[28]

Von den Quotenzahlungen (an den „Fonds") hat dann der Arbeitgeber die Lohnsteuer einzubehalten und den Dienstgeberbeitrag inkl Zuschlag bzw die Kommunalsteuer[29] zu berechnen und abzuführen.

V. Insolvenz-Ausfallgeld und Dienstnehmer

1. Im Zeitpunkt der Einführung des Insolvenz-Ausfallgeld-Fonds durch BGBl 1977/324 waren Nachzahlungen und nachträgliche Zahlungen von laufenden und sonstigen Bezügen für abgelaufene Kalenderjahre, die neben dem laufenden Arbeitslohn vom selben Arbeitgeber oder in einem Konkursverfahren geleistet wurden, und nicht auf einer willkürlichen Verschiebung des Auszahlungszeitpunktes beruhten, mit dem Steuersatz zu besteuern, der tarifmäßig dem letzten laufenden Arbeitslohn entsprach (§ 67 Abs 8 EStG), wobei diese nach dem Belastungsprozentsatz ermittelte Lohnsumme als fixe Lohnsteuer gewertet wurde (Abs 9 leg cit), womit die damit belasteten Arbeitsentgelte nicht tarifwirksam in die (Arbeitnehmer-)Veranlagung einbezogen werden mussten.

Mit dem Belastungsprozentsatz waren sämtliche Lohnzahlungen in einem Konkursverfahren, somit auch das gem § 3 Abs 1 IESG gebührende Insolvenz-

---

Das Recht bzw die Pflicht der Abgabenbehörde, Abgabenansprüche im Abgabenfestsetzungsverfahren bescheidmäßig geltend zu machen, wird aber durch einen Zwangsausgleich nicht berührt. Erst im Abgabeneinhebungsverfahren ist dem Umstand Rechnung zu tragen, dass der Gemeinschuldner gem § 156 Abs 1 KO durch den rechtskräftig bestätigten Ausgleich von der Verbindlichkeit befreit wird, seinen Gläubigern den Ausfall, den sie erleiden, nachträglich zu ersetzen, gleichviel, ob sie am Konkursverfahren oder an der Abstimmung über den Ausgleich teilgenommen oder gegen den Ausgleich gestimmt haben oder ob ihnen ein Stimmrecht überhaupt nicht gewährt worden ist. Das im Abgabenfestsetzungsbescheid enthaltene Leistungsgebot betrifft somit stets den materiell-rechtlichen Abgabenanspruch, welcher Gegenstand der Abgabenfestsetzung ist. Die Prüfung der Frage, ob und in welcher Höhe der Abgabenanspruch zum Zeitpunkt der Abgabenfestsetzung noch aushaftet bzw inwieweit er bereits durch Zahlungen befriedigt wurde, erfolgt hingegen nicht im Abgabenfestsetzungsverfahren, in welchem die Abgabenverrechnung unberücksichtigt bleiben muss, sondern erst im Abgabeneinhebungsverfahren.

[28] Diesen Meinungsstreit verdeutlichen augenscheinlich das Erkenntnis des VwGH 19.10.1995 ARD 4721/16/96 = ÖStZ 1996, 128 = ÖStZB 1996, 308 und die E des OGH 26.1.1995 ARD 4655/33/95 = ZIK 1995, 153. Während der VwGH (19.10.1995 ARD 4721/16/96 = ÖStZ 1996, 128 = ÖStZB 1996, 308) den Anspruch der Abgabenverwaltung auf Zahlung der Grunderwerbsteuer bei Wegfall eines ursprünglichen Befreiungstatbestandes im Konkurs als Masseforderung qualifiziert hat, wurde vom OGH (26.1.1995 ARD 4655/33/95 = ZIK 1995, 153) diese Forderung bloß als Konkursforderung angesehen. Vgl auch ÖStZ 2002, 184 f.

[29] Auch bei diesen lohnabhängigen Abgaben besteht keine einhellige Meinung, ob diese von den Abgabengläubigern (bedingt) anzumelden sind oder nicht. Nach der Sicht des OGH wird eine Forderungsanmeldung erforderlich sein, nach der Auffassung des VwGH dagegen nicht.

Ausfallgeld,[30] zu versteuern. Demgegenüber war beim Insolvenz-Ausfallgeld, das im Falle eines Ausgleichsverfahrens gebührte, zu differenzieren:[31] Wurde es für (Arbeits-)Zeiträume geleistet, die vor dem Kalenderjahr der Auszahlung lagen, kam der Belastungsprozentsatz zum Tragen; ist es aber für das Auszahlungs(kalender)jahr zugestanden, war es mit dem laufenden Tarif zu versteuern (zu belasten).[32]

Die Rechtsfolgen dieser unterschiedlichen Belastungssituation waren nicht unerheblich: Während es bei den mit dem Belastungsprozentsatz versteuerten Bezugsteilen bei dieser Belastung blieb und diese Entgelte somit nie progressionswirksam geworden sind, wurden die nach dem laufenden Tarif belasteten Bezugsteile in die (Arbeitnehmer-)Veranlagung progressionswirksam miteinbezogen, wobei jedoch die auf diese Bezugsteile entfallende (fiktive) Lohnsteuer auf die Steuerschuld anzurechnen (§ 46 Abs 1 Z 2 EStG) war. Andererseits konnten die Arbeitnehmer, die im Jahr der Auszahlung von – um den Belastungsprozentsatz verminderten – Insolvenz-Ausfallgeld keine weiteren Einkünfte oder nur mehr steuerfreies Arbeitslosenentgelt bezogen haben, ihre Werbungskosten (Aus- und Fortbildungskosten, Kosten der Arbeitssuche etc), Sonderausgaben und außergewöhnlichen Belastungen tatbestandsmäßig nicht geltend machen, während die Geltendmachung dieser Ausgaben – einhergehend mit einer Belastungsreduktion – bei den nach dem laufenden Tarif versteuerten Bezügen systemimmanent war (und ist).

Überdies gab es bei der Berechnung des Belastungsprozentsatzes gehäufte Anwendungsprobleme: So wurde einerseits von der Literatur[33] die von der Finanzverwaltung vorgegebene und von der Praxis zugrundegelegte Berechnungsformel schon vom Ansatz her als verfehlt eingestuft. Andererseits musste der VwGH bzw der OGH mehrmals mit Fragen zur Interpretation der verba legalia „... Steuersatz, der tarifmäßig dem letzten laufenden Arbeitslohn entspricht" befasst werden. Danach war der Belastungsprozentsatz „arbeitgeberbezogen" zu verstehen[34] und das letzte (volle) Kalenderjahr (zur Ermittlung des Belastungsprozentsatzes) relevant, in dem der Arbeitnehmer (durchgehend) von seinem (ehemaligen) Arbeitgeber (laufenden) Arbeitslohn erhalten hat. Nur dann, wenn kein ganzjähriger

---

[30] De facto erfolgte die Versteuerung in der Form, dass das Insolvenz-Ausfallgeld um den Belastungsprozentsatz vermindert ausbezahlt wurde.

[31] Nach den ErläutRV (933 BlgNR 20. GP 12) waren Zahlungen des „Fonds" im Ausgleichsverfahren schon *immer* (fiktiv) so zu versteuern – somit auch schon vor dem BGBl I 1998/9; die ErläutRV gehen nämlich davon aus, dass die Ergänzung des Tatbestandes (§ 78 Abs 1 EStG) bloß *klarstellende* Bedeutung gehabt hätte.

[32] Effektiv erfolgte die Besteuerung (fiktiv) in der Form, dass das Insolvenz-Ausfallgeld um die (fiktive) Steuer vermindert wurde, die der Arbeitgeber bei gedachter unmittelbarer Auszahlung auf Grund des Belastungsprozentsatzes bzw des laufenden Tarifs einzubehalten gehabt hätte.

[33] Vgl *Taucher*, Kollegiengeldabgeltung für Wintersemester, ÖHZ 1984 H 1/2, 8f und *ders*, Der Belastungsprozentsatz gem § 67 Abs 8 EStG, FJ 1992, 166 ff.

[34] VwGH 20.10.1992 ARD 4425/26/93 = ecolex 1993, 195 = FJ 1993, 146 = ÖJZ 1994/15 F = ÖStZ 1993, 47 = ÖStZB 1993, 303 = RdW 1993, 168; VwGH 15.12.1992 ARD 4428/42/93 = ecolex 1993, 195 = FJ 1993, 147 = ÖStZB 1993, 274; OGH 15.1.1992 ARD 4340/27/92 = ecolex 1992, 353 = wbl 1992, 125.

Zufluss von Arbeitslohn „auszumachen" war, musste jenes Kalenderjahr herangezogen werden, in dem zuletzt[35] (laufender) Arbeitslohn bezahlt worden ist; dieser war dann auf ein volles Kalenderjahr umzurechnen.[36]

Im Erkenntnis vom 2.12.1999, G 106/99[37] hat der VfGH schließlich die Sachlichkeit der Besteuerung bestimmter Bezugsteile mit dem Belastungsprozentsatz geprüft und auf Grund ihrer (unterschiedlichen) Rechtsfolgen erkannt, dass diese diejenigen Arbeitnehmer (unsachlich) benachteiligen, die im Jahr der Zahlung von Insolvenz-Ausfallgeld gar keine (steuerpflichtigen) Einkünfte oder nur steuerfreie Arbeitslosengelder bezogen haben:

> „Der VfGH kann keine Rechtfertigung dafür finden, dass auch an die Stelle einer Besteuerung nach dem (laufenden) Tarif nur deshalb, weil § 67 anderen Steuerpflichtigen Vorteile bringt, der Nachteil einer Besteuerung nach dem Belastungsprozentsatz unanwendbar sein soll. Ob in die Veranlagung eine Nachzahlung einbezogen wird oder nicht, ist unter dem Blickwinkel der Verwaltungsökonomie gleichgültig. Die Sachlichkeit der Versteuerung nach dem Belastungsprozentsatz hängt auch nicht etwa davon ab, dass die damit verbundenen Vorteile durch Nachteile in anderen Fällen wieder ausgeglichen werden. Diese Nachteile sind keine notwendige Folge des § 67 Abs 8 EStG, sie ergeben sich vielmehr nur aus der Starrheit der vom Gesetzgeber gewählten Regelung. Sie greift einerseits, was den Anfall von Werbungskosten, Sonderausgaben und außergewöhnlichen Belastungen betrifft, rein zufällig und trifft andererseits besonders jene Arbeitnehmer, die im Jahr der Nachzahlung gar kein Einkommen oder nur mehr (steuerfreies) Arbeitslosengeld beziehen, sodass die (laufende) Tarifbesteuerung unter Berücksichtigung der Abzugsposten häufig gar keine oder doch nur eine geringere Steuerbelastung ergäbe."

2. Der Gesetzgeber hat in der Folge die Starrheit der bisherigen Regelung nicht etwa durch die Einräumung einer Optionsmöglichkeit auf Tarifbesteuerung beseitigt, sondern die Besteuerung von Nachzahlungen im Insolvenzverfahren neu (und systemkonform) geregelt.

Das mit 1.1.2001 (diesbezüglich) in Kraft getretene Normenmaterial habe ich schon im Punkt IV.3. wiedergegeben. Danach sind Zahlungen auf Grund eines

---

[35] VwGH 20.10.1992 ARD 4425/26/93 = ecolex 1993, 195 = FJ 1993, 146 = ÖJZ 1994/15 F = ÖStZ 1993, 47 = ÖStZB 1993, 303 = RdW 1993, 168.

[36] Nicht geteilt werden kann die Auffassung des OGH (15.1.1992 ARD 4340/27/92 = ecolex 1992, 353 = wbl 1992, 125), dass (im Zuge der Errechnung des Belastungsprozentsatzes) bei Nachzahlungen nicht auf den im letzten Jahr tatsächlich ausgezahlten Arbeitslohn abzustellen ist, sondern auf den geschuldeten. Dadurch – so der OGH – soll verhindert werden, dass Arbeitnehmer mit Nachzahlungen besser gestellt werden als Arbeitnehmer, deren Lohn rechtzeitig gezahlt wurde. „Würde man bloß auf den ausgezahlten Lohn abstellen, könnte durch niedrigere Akontierungen in dem für die Ermittlung des Belastungsprozentsatzes maßgeblichen Jahr eine Lohnsteuerbelastung auch erheblicher Nachzahlungen völlig vermieden werden." Diese Sicht verkennt nicht nur den pauschalierenden Charakter des Belastungsprozentsatzes, der auch auf (nachgezahlte) Bezugsteile Anwendung findet, die bei Aufrollung steuerfrei bleiben oder wesentlich geringer besteuert würden (VwGH 30.1.1991, 90/13/121), sondern übersieht auch, dass jede „willkürliche" Verschiebung des Auszahlungszeitpunktes schon von vornherein die Anwendung des Belastungsprozentsatzes ausschließt. Der (Steuer-)Gesetzgeber scheint somit den berechtigten Bedenken des OGH – (schon) vorweg – Rechnung getragen zu haben (vgl *Taucher*, FJ 1992, 167 FN 60).

[37] ARD 5098/13/2000 = AStN 2000 H 2, 3 = FJ 2000, 189 = ÖStZB 2000/223.

Konkurs- oder Ausgleichsverfahrens gleich zu behandeln. Das Insolvenz-Ausfallgeld ist ua um die 15%ige (fiktive) Steuerbelastung zu kürzen, die diesbezüglichen Bruttobezüge gehen dann – abgesehen von den Kostenersätzen gem § 26 EStG sowie von den sonstigen Bezügen gem § 67 Abs 3,[38] Abs 6[39] und Abs 8 lit e[40] bzw f[41] EStG und dem Fünftel Steuerbefreiung – in die (Pflicht-) Veranlagung (§ 41 Abs 2 Z 2 EStG) ein. Dadurch wird es zu einer Rückzahlung der vom „Fonds" in Abzug gebrachten (fiktiven) Steuer kommen, wenn für das gesamte steuerpflichtige Einkommen eine geringere Steuer anfällt, oder es wird zu Nachzahlungen kommen, wenn sich eine höhere Einkommensteuer ergibt; diesbezüglich ist jedoch der vom „Fonds" zurückbehaltene 15%ige (fiktive) Steuerbetrag auf die Steuerschuld anzurechnen (§ 46 Abs 1 Z 2 EStG).

VI. Resümee

Die seit 1.1.2001 geltende Rechtslage betreffend die steuerliche Erfassung von Insolvenz-Ausfallgeldern ist durch die Gleichmäßigkeit in der Besteuerung gekennzeichnet.[42] Die Höhe der Steuerbelastung hängt nicht mehr davon ab, ob es sich bei den Lohnnachzahlungen um Konkurs- oder Ausgleichsforderungen handelt. Außerdem stellt diese Regelung sicher, dass angefallene Werbungskosten, Sonderausgaben und außergewöhnliche Belastungen jedenfalls berücksichtigt werden können. Durch den (fixen) vorläufigen Steuersatz von 15% tritt eine verwaltungsmäßige Vereinfachung ein, die sowohl dem Fonds (bei der Leistung des Insolvenz-Ausfallgeldes) als auch dem Arbeitgeber (bei der Quotenzahlung an den Fonds) zugute kommt.

---

[38] Gesetzliche Abfertigungen.

[39] Freiwillige Abfertigungen und Abfindungen, die *anlässlich* der Beendigung des Dienstverhältnisses anfallen – vgl dazu die Rz 1084 ff der LStR 2002, AÖF 2001/255, und die dort eingebundene VwGH-Judikatur.

[40] Pensionsabfindungen.

[41] Zahlungen anlässlich der Beendigung des Dienstverhältnisses im Rahmen von Sozialplänen (§ 109 Abs 1 Z 1 bis 6 ArbVG).

[42] Vgl auch ErläutRV 311 BlgNR 21. GP 170 und 172.

338

Autorenverzeichnis

DDr. Kostas E. *Beys*, em. Prof. (Athen)

Dr. Wolfgang *Brehm*, Prof. (Bayreuth)

Dr. Alfred *Burgstaller*, ao.Univ.-Prof. (Linz)

Dr. Astrid *Deixler-Hübner*, ao.Univ.-Prof. (Linz)

Dr. Gerhard *Hopf*, Hon.Prof. (Graz), Sektionschef im BMJ (Wien)

Mag. Dr. Thomas *Klicka*, Prof. (Münster/Wien)

Dr. Dr.h.c. Gernot *Kocher*, o.Univ.-Prof. (Graz)

Dr. Andreas *Konecny*, Univ.-Prof. (Wien)

Dr. Bernhard *König*, o.Univ.-Prof. (Innsbruck)

Dr. Heinz *Krejci*, o.Univ.-Prof. (Wien)

MMag. DDr. Günther *Löschnigg*, ao.Univ.-Prof. (Graz)

Dr. Franz *Marhold*, o.Univ.-Prof. (Graz)

Dr. Peter G. *Mayr*, ao.Univ.-Prof. (Innsbruck)

Dr. Gunter *Nitsche*, Univ.-Prof. (Graz)

Dr. Richard *Novak*, o.Univ.-Prof. (Graz)

Dr. Willibald *Posch*, o.Univ.-Prof. (Graz)

Dr. Dr.h.c. Walter H. *Rechberger*, o.Univ.-Prof. (Wien)

Dr. Bernd *Schilcher*, o.Univ.-Prof. (Graz)

Mag. Dr. Norbert *Schoibl*, ao.Univ.-Prof. (Salzburg)

Dr. Hubertus *Schumacher*, tit.ao.Univ.-Prof., Univ.-Doz., Rechtsanwalt (Innsbruck)

MMag. Dr. Daphne-Ariane *Simotta*, o.Univ.-Prof. (Graz)

Dr. Otto *Taucher*, ao.Univ.-Prof., Steuerberater (Graz)

Verzeichnis der wissenschaftlichen Veröffentlichungen von Wolfgang Jelinek

Bekämpfung anfechtbarer und nichtiger Beschlüsse, in Neuerungen des deutschen Aktiengesetzes 1965 – Ihre Bedeutung für das österreichische Recht, Wirtschaftspolitische Blätter 1967 H 1, 27.

Zur Bindung des Zivilgerichts an die verurteilende strafgerichtliche Entscheidung, Diskussionsbeitrag in Verhandlungen des 3. Österreichischen Juristentages 1967 II/1, 85.

Beteiligte, Parteien und Vertreter in kartellrechtlichen Verfahren, ÖBl 1968, 25.

Die Wiederaufnahmsklage wegen neuer Tatsachen und Beweismittel im Eheprozeß, JBl 1968, 510 und 555.

Das Kridarecht der S.E., Wirtschaftspolitische Blätter 1969, Beilage zu H 1 (Die Europäische Aktiengesellschaft) XXXVII.

§ 53a Ausgleichsordnung – Bedeutung und Wirkungen, ÖJZ 1970, 5 und 34.

Zur Auslegung des § 461 ABGB, Diskussionsbeitrag in Verhandlungen des 4. Österreichischen Juristentages 1970 II/3, 73.

Entwurf einer Novelle zur JN und zur ZPO (im Auftrag der Österreichischen Richtervereinigung, gemeinsam mit *Bachofner* und *Griehsler*).

Das „Klagerecht" auf Unterlassung, ÖBl 1974, 125.

Zwangsvollstreckung zur Erwirkung von Unterlassungen – Zugleich ein Beitrag zur Unterlassungsklage und zur einstweiligen Verfügung (Habilitationsschrift) (1974).

Fortentwicklung des Geringfügigkeitsgrundsatzes im Zivilprozeß, ÖJZ 1975, 484 und 505.

§ 1489 ABGB und die Strafrechtsreform, Diskussionsbeitrag in Verhandlungen des 6. Österreichischen Juristentages 1976 II/4, 59.

Der Liquidationsausgleich – Anerkennung und Fortentwicklung, in FS Reimer (1976) 185.

Der Vorentwurf eines Übereinkommens über den Konkurs, Vergleiche und ähnliche Verfahren, in *Schwind* (Hrsg), Probleme des Europäischen Gemeinschaftsrechts (1976) 381.

Die heutige rechtliche Bedeutung der Judikate, Sprüche, Gutachten und Plenarentscheidungen des Obersten Gerichtshofes, RZ 1976, 137.

Lösung von Verträgen über Wohnraum und richterliche Kontrolle – Gedanken zu einer interessengerechten Neuregelung, Diskussionsbeitrag in Verhandlungen des 6. Österreichischen Juristentages 1976 II/2, 48.

Die Persönlichkeit des Verletzten und das Entstehen des Schmerzengeldanspruchs, JBl 1977, 1.

Grundfragen der Erneuerung des Außerstreit- und des Insolvenzverfahrensrechts, in Bundesministerium für Justiz (Hrsg), Verbesserter Zugang zum Recht (1979) 107.

Zur Verbandsklage nach dem Konsumentenschutzgesetz, Diskussionsbeitrag in Verhandlungen des 7. Österreichischen Juristentages 1979 II/3, 59.

Die Novellierung der österreichischen Ausgleichs- und Konkursordnung – Können die Erwartungen der Wirtschaft erfüllt werden? in Kreditschutzverband von 1870 (Hrsg), Internationales Symposium für Kreditschutz (1980) 118.

Insolvenz-Gesetze, Konkursordnung, Ausgleichsordnung, Anfechtungsordnung, Nebengesetze, 2. Auflage (1980).

Die „Verbandsklage" (§§ 28 – 30 KSchG), in *Krejci* (Hrsg), Handbuch zum Konsumentenschutzgesetz (1981) 785.

Entscheidungsanmerkung zu OGH 14.5.1980, 3 Ob 30/80, JBl 1981, 486.

Entscheidungsanmerkung zu OGH 31.10.1980, 1 Ob 661/80, JBl 1981, 488.

Entscheidungsanmerkung zu OGH 21.1.1981, 6 Ob 815/80, JBl 1981, 483.

Gerichtszuständigkeit im Verbraucherprozeß (§ 14 KSchG), in *Krejci* (Hrsg), Handbuch zum Konsumentenschutzgesetz (1981) 859.

Zu Fragen der Sozialgerichtsbarkeit, Diskussionsbeitrag in Bundesministerium für Justiz (Hrsg), Enquete über die Schaffung einer Sozialgerichtsbarkeit am 6. April 1981, 135.

Zum Unterbringungs- und Anhaltungsrecht, Diskussionsbeitrag in Österreichische Juristenkommission (Hrsg), Rechtliche Vorsorge für geistig und psychisch Behinderte (1981) 197 und 291.

Das Insolvenzrechtsänderungsgesetz 1982 (Vortragsbericht), JBl 1983, 144.

Gerichtliche Sanierungshilfen – Ausgleichsverfahren und Vorverfahren, in *Ruppe* (Hrsg), Rechtsprobleme der Unternehmenssanierung (1983) 47.

Insolvenzgesetze, Neufassung 1983. Mit Verweisungen auf das bisher geltende Recht und auf Parallelbestimmungen sowie Anmerkungen zu den Anwendungsbereichen, Manz Textausgabe (1983).

Privatbeteiligung im Strafverfahren gegen den Gemeinschuldner, GesRZ 1983, 169.

Besondere Verwalter im Insolvenzverfahren, RdW 1984, 330.

Das neue österreichische Vorverfahren, ZIP 1984, 495.

Entscheidungsanmerkung zu OGH 8.5.1984, 10 Os 71, 74/84, GesRZ 1984, 170.

Insolvenzgesetze, 2. erweiterte Auflage (1984).

Privatbeteiligung im Strafverfahren gegen den Gemeinschuldner, GesRZ 1984, 19.

Überlegungen zur Reform des Außerstreitverfahrens, NZ 1984, 73 und 100.

Zu Rechtsfragen des Kreditrechts aus insolvenzrechtlicher Sicht, Diskussionsbeitrag in Rechtliche Grenzen der Kreditgewährung – Sondertagung des Österreichischen Juristentages am 16. Juni 1983 (1984) 47 und 79.

Zur Reform des Außerstreitverfahrens – Die Regelungs- und Streitentscheidungsverfahren, in *Kralik/Rechberger/Jelinek* (Hrsg), Zur Reform des Außerstreitverfahrens (1984) 57.

Der deutsch-österreichische Konkursvertrag, hrsg von der Bundesstelle für Außenhandelsinformation (1985).

Zu Fragen der Rechtstechnik, der Amswegigkeit, der Entscheidungsform und der Rechtsmittel im Zusammenhang mit der Reform des Außerstreitverfahrens, in Gesellschaft zum Studium und zur Erneuerung der Struktur der Rechtsordnung (Hrsg), Grundlegende Neuerungen des Außerstreitverfahrens (1985) 1.

Konkursfreiheit und Gläubigerrecht, in FS Kralik (1986) 229.

Allgemeine Auswirkungen der Konkurseröffnung auf außerstreitige Verfahren, in FS Wagner (1987) 203.

Der Werdegang des Insolvenzrechtsänderungsgesetzes 1982, in *Jelinek* (Hrsg), Insolvenz- und Wirtschaftsstrafrecht (1987) 137.

Forderungsfeststellung und Wiederaufnahme im Konkursverfahren, in FS Fasching (1988) 245.

Einflüsse des österreichischen Zivilprozeßrechts auf andere Rechtsordnungen, in Wissenschaftliche Vereinigung für Internationales Verfahrensrecht (Hrsg), Das deutsche Zivilprozeßrecht und seine Ausstrahlung auf andere Rechtsordnungen (1989) 41.

Der Sachverständige im Zivilprozeß, in *Aicher/Funk* (Hrsg), Der Sachverständige im Wirtschaftsleben (1990) 45.

Bemerkungen zur Streitverkündung und zur einfachen Nebenintervention in der privaten Schiedsgerichtsbarkeit, in FS Schwarz (1991) 511.

Insolvenzgesetze, 3. erweiterte Auflage (1991).

Kompetenzverteilung zwischen Insolvenzverwalter und Insolvenzgläubigern, in *Leipold* (Hrsg), Insolvenzrecht im Umbruch (1991) 21.

Die Fortwirkung der Pfändung bei Erneuerung des Arbeitsverhältnisses nach § 299 Abs 1 öEO nF, ZZP 105 (1992) 444.

Festgabe für *Hans W. Fasching* zum 70. Geburtstag (Hrsg gemeinsam mit *Böhm*, *Konecny* und *Buchegger*) (1993).

Gunther Griehsler – Zum 65. Geburtstag, GesRZ 1993, 1.

Zustandekommen des Schiedsspruchs und Ableben des Schiedsrichters, in FS Matscher (1993) 219.

Konkursordnung, 4. neuerlich erweiterte Auflage (1995).

Verfassungsrechtliche Aspekte der Zwangsvollstreckung in Österreich, DIKE International 1996/3, 301 (gemeinsam mit *Nunner*, *Gaedke* und *Zangl*).

Kein konkursfreies Vermögen im Konkurs juristischer Personen, ZIK 1997, 115 (gemeinsam mit *Nunner*).

Liegenschaftsbezogene Konkursanfechtung vor österreichischen Gerichten nach Konkurseröffnung in Deutschland, in FS zum 100jährigen Bestand der Kanzlei Kaan, Cronenberg & Partner (1998) 29.

Konkursordnung, 5. neuerlich erweiterte Auflage (1999).

Kommentierung der §§ 59 bis 62 KO (Konkursaufhebung) in *Konecny/Schubert* (Hrsg), Kommentar zu den Insolvenzgesetzen (2001) (gemeinsam mit *Nunner-Krautgasser*).

Strukturen konkursverfahrensrechtlicher Organisationsentscheidungen, in FS Krejci II (2001) 1789.

Unterbleiben der Realisierung von Massebestandteilen und Nachtragsverteilung, in FS Sprung (2001) 195.

Der vollstreckbare Notariatsakt in der Gegenwart (in Druck).